KB264305

대이교도대전 III-2

THOMAS AQUINAS
SUMMA CONTRA GENTILES
Liber Tertius (III-2)

Translated with introduction and notes by LEE Jaekyung

© Benedict Press, Waegwan, Korea 2025

중세철학총서 004
대이교도대전 III-2

2025년 5월 30일 교회 인가
2025년 8월 28일 초판 1쇄

지은이   토마스 아퀴나스
역주자   이재경
펴낸이   박현동
펴낸곳   성 베네딕도회 왜관수도원 ⓒ 분도출판사
찍은곳   분도인쇄소

등록   1962년 5월 7일 라15호
주소   04606 서울 중구 장충단로 188 분도빌딩(분도출판사 편집부)
            39889 경북 칠곡군 왜관읍 관문로 61(분도인쇄소)
전화   02-2266-3605(분도출판사) · 054-970-2400(분도인쇄소)
팩스   02-2271-3605(분도출판사) · 054-971-0179(분도인쇄소)
홈페이지   www.bundobook.co.kr

ISBN   978-89-419-2512-5 94160
            978-89-419-0751-0 (세트)

저작권법에 의해 보호를 받는 저작물이므로 무단 전재와 무단 복제를 금합니다.
이 책의 본문 종이는 FSC® 인증을 받은 친환경 용지를 사용했습니다.

중세철학총서 004

토마스 아퀴나스

대이교도대전 III-2

이재경 역주

분도출판사

【중세철학총서 간행위원】

강상진 · 김성찬 · 박승찬 · 신창석 · 이재경 · 이재룡(위원장) · 차윤석

【일러두기】

1. 이 번역본은 토마스 아퀴나스의 *Summa contra Gentiles*, 3 vols. (eds.) C. Pera, P. Marc, and P. Caramello (Turin: Marietti 1961~1967)를 라틴어 원본으로 삼되 *Opera Omnia* (ed.) Enrique Alarcón, http://www.corpusthomisticum.org에 따라 더러 수정한 부분도 있다.

2. 원문 이해를 돕기 위해 역주자가 보충한 내용은 [ ] 안에 넣었다.

3. 주요 인명과 책명은 처음 한 번만 원어를 병기했다.

4. 성경 인용은 토마스 아퀴나스가 사용한 불가타 역본에서 역주자가 직접 옮겼으나, 필요에 따라 일부는 한국천주교주교회의가 간행한 2005년판 『성경』을 각주로 달았다.

간행사

'중세철학총서'는 대략 5세기에서 15세기에 이르는 시기 동안 라틴어로 저술된 철학 문헌들을 원문과 한글의 대역본으로 간행하고자 한다. 지금 독자의 손안에 펼쳐진 이 책은 그러한 총서의 일환이다. 총서가 대상으로 삼는 문헌들이 저술된 1,000년에 걸친 긴 세월이나 그러한 저술들을 쓴 공간과 그 역사적 배경의 상이성을 감안하면 총서의 기획 의도에 관해 몇 마디 말이 필요할 것 같다.

그토록 오랜 세월과 다양한 역사적 · 공간적 분포에도 불구하고, 이 시기의 철학 문헌들은 모두 보편교회의 이상 속에서 당대의 문화와 삶을 관통한 그리스도교라는 종교적 배경을 하나의 공통의 틀로 지니고 있다. 6세기 로마에서 쓴 보에티우스의 작품이건, 8세기 샤를마뉴 대제의 궁정에서 쓴 알퀴누스의 작품이건, 13세기 이탈리아에서 쓴 토마스 아퀴나스의 작품이건, 14세기 파리 혹은 옥스퍼드 대학에서 어떤 주제에 관해 쓴 작품이건 간에 그리스도교라는 큰 지평 위에서, 더 넓게 잡자면 유일신적 계시종교의 지평 위에서 철학의 문제들과 씨름했다. '중세철학총서'를 하나의 총서 형태로 기획할 수 있었던 것은 무엇보다도 철학사의 다른 시기와 구별되는 이 지평 때문이었다.

그런데 문제는 공유된 지평에서 중세철학 일반을 '철학' 아닌 것으로 폄하할 이유를 도출하거나 철학으로 인정한다 하더라도 무시해도 좋을 지적 작업으로 평가하는 태도다. 지평은 그 위에서 일어나는 작업들이 한결같이 호교론적 관심에서 진행되었다거나 모두 일정한 한계를 가질 수밖에 없음을 의미하지 않는다. 이 지평은 무수히 다양할 뿐만 아니라 서로 대립·모순되는 전통의 이해와 풀어야 할 문제들의 해답들을 낳았으며, 이 갈등과 긴장의 연속이 없었다면 주어진 답과 지평 너머로 나아가려는 노력조차 없었을 것이다. 중세철학 고유의 성취라고 여겨지는 사유나 소위 주류 해석과 갈등하면서 다른 방식의 세계 이해를 추구했던 노력들은, 궁극적으로 그리스도교적 지평에서 전개되었지만 대단한 내적 동력과 발전상을 보여 준다. 중세적 지평 밖으로 나아가려는 시도 자체가 철학의 이름으로 정당화되고, 그렇게 해서 근세라는 새로운 지평이 열리지 않았던가? 근세철학이 의식적으로 자신들의 정체성을 위해 그토록 강조해서 선전했던 중세와의 단절 노력에도 불구하고, 의식되지 않은 수준에서 더 깊은 연속성이 서양 지성사와 서양 문명을 관통하는 것으로 보인다. 이 다양성과 내적 동력, 깊은 수준에서 이루어지는 근세적 태도까지의 연속성의 뿌리를 추적하고 이해하는 일이, 중세에는 철학이 없었다는 선입견에 머무는 것보다 훨씬 의미 있는 일일 것이다.

중세철학의 커다란 특징인 종교적 배경이 철학이라는 지적 활동의 장애 요소로 작용했는지, 아니면 이전까지 경험하지 못했던 사유지평의 확장을 가져왔는지는 중세철학의 평가와 관련해서 첨예한 입장 차이를 보이는 물음 중 하나이다. 이차문명으로 출발한 중세가 자의식과 독자성을 확보해

가는 과정에서 기초 자료였던 고전 철학의 지적 전통들을 자신의 지평 안에서 체계적으로 오해한 것인지, 아니면 긍정적인 의미의 창조적 변형에 성공한 것인가라는 물음도 역시 마찬가지다. 대답이 궁극적으로 어느 쪽으로 나건 간에, 이런 식의 물음은 우리가 오늘날 철학이라고 부르는 지적 활동의 한계와 정당성에 관한 깊이 있는 통찰을 필요로 할 것이다. 중세철학이 단순한 역사적 관심을 넘어 철학적 관심을 요구할 수 있는 것도 바로 이러한 관점에서다.

중세철학의 성취와 한계를 인정하거나 비판하는 일, 혹은 중세철학이 서 있던 지평 자체를 수용하거나 비판하는 일은, 중세철학이 수용했던 전통과 거기서부터 만들어 낸 논증들, 그리고 그러한 작업이 궁극적으로 중세적 지평에서 점하는 위치와 역할에 대한 면밀한 이해를 요구한다. '중세철학총서'는 이러한 이해에 필요한 문헌적 토대를 구축할 목적으로 기획되었다.

특히 대역판 형식을 통해서 추구하는 바는 다음 두 가지로 압축할 수 있을 것이다: 대역본에 실리는 원문은 한글 번역을 통해 온전히 전달할 수 없는 원전의 의미를 위한 교정적 기준으로 작용할 것이며, 동시에 번역만 가지고는 쉽게 확인할 수 없는 중심 개념들의 연원 내지 철학사적 연속성을 추적하는 데 도움을 줄 것이다. 철학사의 다른 어느 시기보다 전통을 힘주어 강조한 중세철학은, 전통과는 다른 입장을 취할지라도 전승된 개념에 대한 해석으로부터 그 차이를 밝혀 나가는 방식을 취했던 만큼, 한국어로는 쉽게 고정되기 어려운 전문용어들과 그 연속성의 추적은 이 방식을 통해 어느 정도 보충될 수 있으리라 믿는다. 아울러, 이 총서를 기반으로 향후 중량감 있는 학계의 이차 연구 작업들이 더욱 편리하고 효율적으로 진행될 수 있기를 기대해 마지않는다.

수용하든 비판하든, 중세철학의 이해를 통해 철학사 전체의 균형 있는 이해가 가능해지고, 그를 통해 우리가 '철학', 더 나아가 '인문학'이라고 부르는 지적 작업의 성격과 한계에 대한 이해를 넓히는 것이 '중세철학총서'의 궁극적 지향점이다.

중세철학이라는 무지의 대해는 넓고, 얼마나 많은 돌을 던져 넣어야 그나마 발을 디딜 수 있는 섬이 확보될지조차 아직 짐작할 수 없는 형국이지만, 그런 심정으로 총서의 한 권 한 권을 발간해 나갈 생각이다. 한 마리의 제비가 왔다고 봄이 온 것은 아니듯, 총서 한 권이 발행되었다고 총서가 의도했던 바가 이루어지는 것은 아닐 것이다. 많은 분의 관심과 격려 속에 총서가 속속 간행되면서 총서의 목적이 실현될 날이 가까워지기를 감히 희망할 뿐이다.

2007년 예수 부활 대축일
중세철학총서 간행위원장 이재룡

【약어표】

    □ 아리스토텔레스

APo   *Analytica posteriora*
『분석론 후서』

APr   *Analytica priora*
『분석론 전서』

Cat   *Categoriae*
『범주론』

DA   *De anima*
『영혼론』

DCM   *De caelo et mundo*
『천지론』

Gen et Corr   *De generatione et corruptione*
『생성소멸론』

Met   *Metaphysica*
『형이상학』

NE   *Ethica Nicomachea*
『니코마코스 윤리학』

PA   *De partibus animalium*
『동물 부분론』

Phys   *Physica*
『자연학』

Pol   *Politica*
           『정치학』

Rhet   *Rhetorica*
           『수사학』

□ 토마스 아퀴나스

CT   *Compendium Theologiae*
           『신학요강』

DEE   *De ente et essentia*
           『존재자와 본질에 대하여』

DUI   *De unitate intellectus*
           『지성단일성』

In BDT   *Super librum Boethii de Trinitate expositio*
           『보에티우스의 삼위일체론 주해』

In DA   *In Aristotelis libros de anima expositio*
           『아리스토텔레스의 영혼론 주해』

In Met   *In Aristotelis libros Metaphysicorum expositio*
           『아리스토텔레스의 형이상학 주해』

In NE   *In Aristotelis libros Ethicorum expositio*
           『아리스토텔레스의 니코마코스 윤리학 주해』

In PA   *In Aristotelis libros Posteriorum analyticorum expositio*
           『아리스토텔레스의 분석론 후서 주해』

In PH   *In Aristotelis libros Perihermeneias expositio*
           『아리스토텔레스의 명제론 주해』

In Phys	*In Aristotelis libros Physicorum expositio* 『아리스토텔레스의 자연학 주해』
In Sent	*Scriptum super libros Sententiarum* 『페트루스 롬바르두스의 명제집 주해』
QDA	*Quaestio disputata de anima* 『영혼에 관한 토론 문제』
QDP	*Quaestiones disputatae de potentia* 『권능에 관한 토론 문제』
QDSC	*Quaestio disputata de spiritualibus creaturis* 『영적 피조물에 관한 토론 문제』
QDV	*Quaestiones disputatae de veritate* 『진리론』
QQ	*Quaestiones Quodlibetales* 『자유 토론 문제집』
SCG	*Summa contra Gentiles* 『대이교도대전』
ST	*Summa Theologiae* 『신학대전』

□ 교부 문헌

PG	Patrologia Graeca (ed.) J.-P. Migne. 161 vols., Paris 1837~1886.
PL	Patrologia Latina (ed.) J.-P. Migne. 221 vols., Paris 1844~1864.

SUMMA CONTRA GENTILES
Liber Tertius

|차례|

SUMMA CONTRA GENTILES
Liber Tertius

『대이교도대전』 해제

'천사적 박사'Doctor Angelicus라는 별명을 지닌 토마스 아퀴나스Thomas Aqui-nas(1224/5~1274)는 스콜라철학의 완성자로 인정받고 있다. 그는 아리스토텔레스의 사상, 신플라톤주의, 아랍 철학자들의 사상을 비판적 안목에서 선별적으로 수용하여 그리스도교 신학 사상을 교부들의 사상에 접목함으로써 위대한 체계를 이루어 놓았다.

이러한 특성이 가장 잘 나타나는 것은 그의 불후의 명작 『신학대전』*Summa Theologiae*과 『대이교도대전』*Summa contra Gentiles*이다. 책 제목만 아는 사람들은 이 책들을 한 권의 책으로 오해하기 쉽지만, 『신학대전』의 경우 당대의 신학과 철학을 모두 망라한 백과사전적 대작으로, 영역본이 60권에 이른다. 『대이교도대전』도 통상 다섯 권으로 나누어 출판될 만큼 방대한 분량이다.

국내에서는 2003년 '한국 중세철학회'가 창립된 이래 토마스 아퀴나스에 대한 연구가 비약적인 발전을 이루어, 토마스에 대한 개론서도 여러 권 소개된 바 있다. 그렇지만 실제로 그의 작품을 우리말로 읽을 수 있는 기회는 여전히 제한되어 있다.[1] 토마스 아퀴나스의 주요 저작들이 완역된다면 그의 진면목을 느낄 수 있겠지만, 이런 작업은 서구에서도 수십 년에 걸쳐 이루어진 엄청난 과업이다. 현재 그의 주저 『신학대전』이 여러 연구자들의 공동 작업으로 전체 분량의 오분의 일 정도가 우리말로 번역되어 있다. 이러한 현실 속에서 수년 전부터 국내 토마스 전문가들이 『대이교도대전』을 나누어 번역해 왔고 마침내 분도출판사의 '중세철학총서'를 통해 출간되기 시작했다.

본 해제에서는 토마스 아퀴나스의 생애를 개괄적으로 소개하고(제1장), 『대이교도대전』과 관련된 기존 연구 성과를 나름대로 정리해 보려 한다.

우선 전승되는 여러 제목 중에서 무엇이 적절한 것이며 어떤 판본들이 활용되고 있는지 살핀다(제2장). 이어서 저술 시기를 검토하여 『대이교도대전』이 1258년에서 1265년 사이에 저술되었다는 사실을 확정지을 것이다(제3장). 가장 흥미로운 '집필 의도' 부분에서는 토마스가 거슬러 저술하는 '이교도'들이 누구인지, 그들을 거슬러 저술했다면 어떤 독자들을 대상으로 하는지 등과 관련된 토마스 전문가들의 논쟁사를 상세하게 소개하고 입장을 밝힐 것이다(제4장). 『대이교도대전』의 방법론'에서는 흔히 '철학대전' Summa philosophica, '호교대전'Summa apologetica, 혹은 '신학에 대한 논고' 등으로 여겨지곤 했던 이 작품의 성격을 규명한다. 과연 무엇이 맞는가? 이 작품을 이성적 탐구의 시도로 읽어야 하는가, 신앙에 의해 규정된 논술로 읽어야 하는가?(제5장). 끝으로 『대이교도대전』의 전체 구성과 세부 구조를 살핀다. 주요 내용은 각 권에 딸린 개별 해제에서 밝혀질 것이다.

---

[1] 토마스 아퀴나스의 체계적이고 종합적인 사고를 맛볼 수 있는 또 한 권의 책이 『신학요강』(*Compendium Theologiae*)이다. 그러나 이 책은 토마스의 사상을 개관하는 데는 도움이 되지만, 그 치밀함에서는 앞서 언급한 두 권의 대작과 비견될 수 없다.

1. 토마스 아퀴나스의 생애

토마스 아퀴나스는 1225년경 이탈리아 남부 아퀴노 마을의 귀족 가문에서 태어났다. 부모는 그를 5세 때 인근의 한 베네딕도회 수도원에 봉헌하여 초등교육을 받게 했다. 지적으로 조숙했던 토마스는 14세에 나폴리 대학에 입학했다. 많은 대학에서 금지하는 아리스토텔레스가 이 대학에서는 정식 교과목으로 채택되어 있었기 때문에, 토마스는 자신의 학문에 결정적 영향을 미치게 될 이 철학자를 다른 학생들보다 먼저 접할 수 있었다. 그러나 토마스는 나폴리에서 더 중요한 만남을 체험했다. 당시 그곳에는 새로운 탁발수도회인 도미니코회가 활동하고 있었다. 토마스는 그들의 청빈한 생활, 해박한 성경 지식, 열정적 복음 선포에 깊은 감명을 받고 그 수도회에 입회하기를 원했다.

토마스가 도미니코회 총장의 뜻에 따라 당시 신학의 중심지인 파리 대학으로 길을 떠나자, 그가 교회의 고위 성직자가 되기를 원했던 가족들은 도중에 그를 납치하여 혼자 있는 시간에 아름다운 여인을 들여보내 유혹도 해 보고 윽박지르기도 하는 등, 갖은 수단으로 그의 마음을 돌리려 했고, 그 후 한 해 동안 감금하기도 했다. 숱한 어려움을 이겨 낸 토마스는 자신의 결정을 확고히 밝히고 가족의 동의를 얻어, 마침내 도미니코회에 정식으로 입회했다.

1245년 가을, 파리에 도착한 그는 이곳에서 알베르투스 마뉴스Albertus Magnus(1200~1280)라는 위대한 스승을 만나게 된다. 알베르투스는 당시 '보편박사'라고 불릴 만큼 박학다식했으며, 특히 아리스토텔레스 철학을 그리스도교 세계로 받아들이는 데 결정적 공헌을 했다. 토마스는 이 훌륭한 스승 밑에서 공부하며 그에게서 개방적인 정신을 물려받았다. 토마스의 뒤어난 재능을 높이 평가한 알베르투스는, 몸집이 크고 과묵하여 붙여진 그의 별명 '벙어리 황소'에 대해 이렇게 말했다고 한다. "우리는 이 사람을 벙어리 황소라고 부르지만, 장차 그가 가르치게 되면 그 울음소리가 전 세계에 울려 퍼질 것이다." 이 영감靈感에 찬 예언은 바로 실현되었다.

토마스는 파리 대학에서 규정보다 젊은 나이로 강의를 시작했고, 1257년에는 사상의 차이에도 꾸준한 우정을 이어 가던 프란치스코 수도회의 보나벤투라Bonaventura(1217?~1274)와 함께 교수단에 받아들여졌다. 당시 전 유럽의 학생들이 모여든 파리 대학에서 그의 명성은 삽시간에 퍼져 나갔다.

1259년 토마스는 파리를 떠나 이탈리아로 돌아가 9년 동안 여러 교황청 소속 학원과 수도원에서 강의하다가, 1269년부터 1272년까지 다시 파리 대학에서 강의했다. 이 시기에 그의 학문 활동은 절정에 이른다. 특히 아리스토텔레스의 정통 주석자로 자처하던 라틴 아베로에스주의자들과 논쟁을 벌이며 그리스도교의 진리를 옹호했다. 그 후 이탈리아에 머물며 수도회 학교들과 나폴리 대학에서 강의했다. 토마스는 교황의 초청으로 리옹 공의회에 가던 1274년 3월에 포사노바의 한 수도원에서 서거했다.

1323년에 성인품에 올랐으며, 1879년에는 그의 사상이 교황 레오 13세의 회칙 「영원하신 아버지」Aeterni Patris에 의해 가톨릭교회의 공식 학설로 인정되었다.

2. 『대이교도대전』의 제목과 판본

2.1 『대이교도대전』의 제목

『대이교도대전』은 『신학대전』과 『그리스인들의 오류 논박』*Contra errores Graecorum*에 이어 가장 많이 전승된 토마스의 작품이다.[2] 184개의 수사본과 20개의 파편들이 이 작품을 포함하고 있다.[3] 라틴어 제목 '숨마 콘트라 젠틸레스'Summa contra gentiles에 대해서는 설명이 필요하다. '숨마'는 본디 '주요 내용' 또는 '요약'이라는 뜻으로, 스콜라학의 전성기에 대작의 제목으로 많이 사용되던 낱말이다. 스콜라 학자들은 '숨마'를 통해 그들의 학설을 엄격한 체계적 형식으로 서술했다. 따라서 이 말은 중세 대학을 중심으로 거의 모든 학술 분야에서 전개된 조직적 서술 양식을 일컫는다.[4] 물론 이것이 이 작품의 유일한 제목은 아니다. 몇몇 수사본에서는 '믿지 않는 이들의 오류들을 거스르는 가톨릭 신앙의 진리에 대한 책'Liber de veritate Catholicae Fidei contra errores infidelium이라는 제목이 사용되었다.[5] 이는 호교론적 의미와 함께 가톨릭 사상의 중요성을 강조한 제목이다. 이 저술의 호교론적 목적만 강조하는 이들은 이를 '호교대전'이라 부르기도 했다.[6] 저술 방법에 강조점을 둘 때는 '철학대전'이라 부르기도 했다. 이는 토마스의 『신학대전』과 대비시켜 이성적 방법에 의한 가톨릭 신앙의 해명이라는 방법적 의도에 주안점을 둔 것이다. '철학대전'이라는 명칭은 그리 오래되지는 않았지만 몇몇 라틴어 편집본에 수용되었다가,[7] 세월이 흐르면서 다시

---

[2] Gauthier (1993) 23.

[3] 와이스헤이플 (1998) 218. 와이스헤이플에 따르면 『대이교도대전』은 교재용이 아니었음에도 1304년 2월 파리 대학에서 판매까지 되고 있었다. 도서 목록에는 57개 분책으로 기재되어 있었고 가격은 44데나리온이었다. 이는 55개 분책인 『신학대전』의 삼분의 일 가격이다. 이 작품은 14세기와 15세기에 걸쳐 근동 지방 여러 나라 말로 번역되었다.

[4] 신창석 (1993) 3-40.

[5] 방 스텐베르겐도 이 제목이 '아마 더 근원적'일 것이라고 말했으며[van Steenberghen (1977) 300], 터그웰도 이것을 더 '적절한 제목'(proper title)으로 보았다[Tugwell (1988) 252]. 마리에티(Marietti)의 투린판 편집본(Turiner Ausgabe)도 이 제목을 받아들였다. 토마스 관련 문헌 대부분이 이 편집본에서 도입된 텍스트의 연속 번호를 채택하고 있다.

[6] Chenu (1982) 325.

[7] Gauthier (1993) 146.

사라져 버렸다.[8] 이와 대조적으로 많은 수사본, 특히 오래된 수사본과 목록들에는 '숨마 콘트라 젠틸레스'라는 제목이 사용되었다.[9] 이 제목을 토마스 자신이 붙였다고 보기는 어렵지만,[10] 어쨌든 매우 오래된 제목임은 분명하다. 근래 중세철학계에서는 대부분 이 제목을 채택하고 있기에 본 번역도 '숨마 콘트라 젠틸레스', 『대이교도대전』을 제목으로 택했다.[11]

2.2 『대이교도대전』의 판본

『대이교도대전』은 토마스의 자필 원고가 현존하는 특별한 작품들 중 하나다.[12] 자필로 전승된 장들은 적어도 한 번은 검토되었고, 더 많은 부분이 두세 번 수정되었으며, 최종 수정까지 치면, 네 번까지도 수정되었다.[13] 토마스 스스로 『대이교도대전』을 읽고, 변경하고, 여러 번 고쳐 썼기 때문에 우리는 '토마스 자신이 수정한 작품'을 다루고 있다고 생각해도 좋다.

인쇄되어 나온 가장 아름다운 판본은 1473년 스트라스부르의 헨리쿠스 아리미넨스Henricus Ariminensis 출판사에서 나온 첫째 판이다. 도미니코 수도회 총원장 페라라의 실베스테르Franciscus Sylvester Ferrariensis는 1508년에서 1517년 사이에 『대이교도대전』에 대한 탁월한 주해를 집필했다. 베니스에서 1589년에, 안트베르펜에서 1612년에 나온 판본에 이 주해가 실려 있

---

[8] Bormann (1999) 1491 이하; Chenu (1982) 331.

[9] Grabmann (1949) 290.

[10] Gauthier (1993) 112: "그러나 이 제목은 전혀 진본일 가능성이 없다."

[11] 우리말로는 『대(對)이교도대전』 『반(反)이교도대전』 『이교도논박대전』 등으로 다양하게 번역되어 왔으나, 현재 국내 학계에서는 『대이교도대전』이 폭넓게 통용되고 있다.

[12] 『대이교도대전』 제I권 제13장부터 제III권 제120장까지, 전체 분량의 삼분의 일 정도가 자필로 남아 있으나 누락된 부분도 많다. 바티칸 도서관(Vat. lat. 9850, fol. 2ra-89vb)에 보관되어 있다.

[13] Torrell (1995) 120.

다. 현존하는 최고의 비판적 판본은 1920년에서 1930년 사이에 출간된 레오니나 위원회Commissio Leonina의 대형 판본Editio Leonina 13권에서 15권이다.[14] 레오니나판은 토미즘의 전통을 따르려는 매우 강한 경향 안에서 주해된 텍스트의 편집본과 함께 실베스테르의 해석을 받아들였다.[15] 최초의 원고가 레오니나판에 함께 편집·수록되어 있기 때문에, 토마스의 작업 과정과 사상의 발전 과정을 살필 수 있는 기회를 얻을 수 있다.

3. 『대이교도대전』의 저술 시기

저술 연대가 결정되기 어려운 토마스의 몇몇 작품과는 달리 『대이교도대전』의 경우, 저술 연대 결정의 전문가인 고티에R.-A. Gauthier에 의해서 상당히 정확하게 저술 연대가 규정되었다. 이 작품은 여러 장소에서 거의 7년에 걸쳐 저술되었다. 고티에는, 친필 원고의 앞부분이 (파리 체류 기간에 저술된 것이 확실한) '보에티우스의 작품 주해서'들과 '이사야서 주해'와 동일한 양피지에 동일한 파리제 잉크로 기록되어 있으며, 그다음부터는 다른 잉크가 사용되었다는 사실을 발견했다.[16] 이처럼 세밀한 부분까지 검토한 고티에의 결론에 따르면, 『대이교도대전』 각 권의 저술 시기는 다음과 같이 추정된다.[17]▶

---

[14] 고티에의 판단에 따르면, 이 판본에 제시된 텍스트는 훌륭하지만 전승된 수사본들을 불완전하게 고려했기 때문에, 오늘날의 문헌 비판 기준을 적용할 때 엄격한 의미의 비판본이라고는 할 수 없다[Gauthier (1993) 37].

[15] Schönberger (2001) 14.

[16] Gauthier (1993) 10. 폴리오 15쪽부터는 양피지가 바뀌고, 14쪽 뒷면(43째 줄)에서는 잉크의 변화가 확인된다. 토렐은 토마스가 파리를 떠나 이탈리아로 여행한 시점부터 이런 변화가 생긴 것으로 추정한다[Torrell (1995) 120].

제I권 제1-53장: 프랑스 파리, 1258~1259[18]

제53-102장: 이탈리아, 1259~1261[19]

제II권: 이탈리아 오르비에토, 1261~1262

제III권: 이탈리아 오르비에토, 1263~1264[20]

제IV권: 이탈리아 오르비에토, 1264~1265[21]

1960년대에 피에르 마르크P. Marc는 이 작품의 저술 연대를 훨씬 더 늦게, 즉 토마스의 제2차 파리 체류 시기로 잡으려 했으나, 그의 방대한 증명 과정[22]은 아무에게도 확신을 주지 못했다.[23] 질Gils은 고티에의 명제에 대체로

---

[17] "토마스는 제I권 첫 53장의 초고를 1259년 여름 이전에 파리에서 저술했음이 거의 확실하다. 1260년부터는 이탈리아에서 이 53장을 검토하고 54장부터 나머지를 저술했다. 토마스가 제III권 제84장을 1261년 이전에 저술했을 리는 없으니, 제II권과 제III권을 이 시기에 작업하고 있었음이 분명하다. 제IV권이 1263년 말이나 1264년 이전에 완성되지는 않았지만, 1265년에서 1267년 이전에 완성되었다는 사실도 확실하거나 매우 개연성이 높다"[Torrell (1995) 120]. Gauthier (1993) 7 이하; Gauthier (1996) 486-488. 이런 입장은 질(Gils)이 사용한 아리스토텔레스 텍스트, 완결된 공의회 문서들, 특히 말씀 이론의 발전 과정에 대한 연구 등을 통해 추인되었다.

[18] 와이스헤이플[(1998) 213]에 따르면, 안토니오 다브레샤가 시성식에 제시한 증거를 통해 『대이교도대전』의 일부가 파리에서 집필되었음을 알 수 있다. 안토니오는, 토마스의 제자이자 '파리에서 오랫동안' 토마스와 함께 지냈던 니콜라스 마르시악(Nicolas Marciac)에게서 들었다면서, 토마스가 가난을 무척 사랑하여 『대이교도대전』을 집필하는 동안 제대로 된 종이(양피지)를 쓰지 않고 평범한 종잇조각으로 만족했다고 주장했다.

[19] 토마스가 이 두 해 동안 어디 머물렀는지에 대한 문서상의 증거가 없어서, 고티에는 저술 장소를 결정하는 데 매우 신중했다. 와이스헤이플에 따라 토렐은, 토마스가 제1차 파리 교수 시절 후 다시 고향 수도원으로 가려고 나폴리로 되돌아갔다는 주장을 가장 그럴듯한 가설로 여긴다[Torrell (1995) 118 이하].

[20] 아리스토텔레스 번역이 통용되기 시작한 연대에 대한 정확한 지식과 각각의 특색을 짚어 보면, 이탈리아에서 저술된 『대이교도대전』의 부분들이 1250년대 파리에서 회람되던 아리스토텔레스가 아니라 1260년에서 1265년 사이에 이탈리아에서 알려진 아리스토텔레스를 인용하고 있음을 알 수 있다. "새 작품들, 즉 독일인 헤르마누스에 의한 『수사학』 번역 『좋은 운명론』(Liber de bona fortuna) 번역, 무엇보다 모에르베케의 윌리엄의 초기 번역들 『정치학』과 동물에 관한 책들이 번역되기 시작했음이 확인된다. 따라서 제III권 제85장의 저술 연대는 1263년에서 1264년까지로 늦춰져야 한다"[Gauthier (1993) 100].

동의하면서도, 자필 원고의 흔적들에 대한 후대의 숙고들을 참작하여 "토마스가 제2차 파리 체류 기간 동안 그토록 선호하던 작품에 세미콜론 몇 개라도 수정했을 것이라는 가정"도 배제하지는 않았다.[24] 그러나 이 정도의 수정을 인정한다고 해도, 이것이 이미 제안된 저술 시기에 의문을 제기할 만큼 본질적인 변화는 아니다. 따라서 우리는 고티에의 결론을 수용해도 무방할 것이다: "토마스가 1265년 9월 로마 여행을 떠나기 전에『대이교도대전』을 완성했다고 추정해도 좋다. 그렇다면 제IV권은 1264년에서 1265년 사이에 저술되었음이 분명하다."[25] 저술 연대를 이렇게 추정함으로써『대이교도대전』이 라틴 아베로에스주의를 공격하기 위해 저술되었다고 하는 주장도 완전히 설득력을 잃게 되었다.[26]▶

---

[21] 제IV권의 '가능한 가장 빠른 저술 연대'(Termninus post quem)는 공의회와 교부 문헌의 탐구를 통해 쉽게 확정된다. 토마스는 '콜렉시오 카시넨시스'(Collectio Casinensis)를 활용했는데, 이 문헌은 최초의 네 공의회, 무엇보다도 에페소 공의회와 칼케돈 공의회 문서들에 접근할 수 있게 해 주었다. 그는『명제집 주해』를 작성할 때까지 이 문헌의 존재를 몰랐고 이탈리아로 돌아온 후 비로소 알게 되었다. 그러나 코트로나의 니콜라스(Nicolas de Cotrona)가 저술한『그리스인들의 오류를 논박하는 성령의 발출과 삼위일체 신앙론』(*Liber de processione Spiritus sancti et fide Trinitatis contra errores Graecorum*)은 분명히 알고 있었다. 교황 우르바누스 4세가 의심할 여지 없이 1263년 또는 1264년 초에 검토하도록 제시한 이 책을 토마스는『그리스인들의 오류 논박』에서 반박했다[H. Dondaine (1941) 156-162]. 이것은 처음 세 권의 지술 시기와 관련된 우리의 정보들과 딱 들어맞는다. 고티에는 제IV권과 작품 전체의 '가능한 가장 늦은 저술 연대'(Termnius ante quem)를 1265년 이전으로 잡을 수 있다고 믿는다. 이는 토마스 자신이『대이교도대전』을 반복 · 인용한다는 사실로 확정된다.『신앙의 근거』(*De rationibus fidei*)에서도 여러 번 인용하고『신학요강』은『대이교도대전』과 명백히 연결되어 있다. 토마스가『영혼론 주해』에서 아베로에스를 철저히 논박하지 않는 것은 그 작업을 다른 곳에서 이미 충분히 수행했기 때문이다[Gauthier (1984) 207].

[22] Marc (1967) 312-387.

[23] Torrell (1995) 121 ; 와이스헤이플 (1998) 539 : "그러나 마르크의 연대 규정은 우리가 알고 있는 다른 모든 역사적 정보와 어긋날 뿐 아니라, 그 가설을 지지하는 논거들 자체도 전혀 설득력이 없다."

[24] Gils (1992) 204-207.

[25] Gauthier (1993) 108.

4. 『대이교도대전』의 집필 의도

4.1 교수 활동 외의 저작

토마스는 신학적 지식 전체를 설명하려고 여러 번 시도했다. 첫 번째 시도는 의무적인 것이었다. 토마스 이전 세대부터 신학에서는 성경이 물론 가장 권위 있는 저서였지만, 아리스토텔레스의 재발견으로 신학 분야에서도 직접적으로 성경을 가르치는 자리에 신학의 명제들을 교과서적으로 설명하는 방식이 등장한다. 이 과정이 가장 성공적으로 이루어진 저작은 페트루스 롬바르두스Petrus Lombardus(1095?~1160)의 『명제집』Sententiae이다. 당시 이 『명제집』은 교부들의 가르침에 대한 풍부한 자료들을 제공하고 전체를 체계적으로 조직화한 것으로 정평이 나 있었다. 따라서 최초의 프란치스코회 신학 교수인 헤일즈의 알렉산더Alexander Halesius(1185?~1245)가 교과서로 채택한 이래, 파리에서 신학을 가르치는 학자들은 교수 자격을 얻기 전에 이 책을 주해해야 하는 관례가 정착되었다.[27] 그러나 토마스는, 기본적 맥락을 끊임없이 다루는 주해 작업에는 같은 내용을 거듭 반복해야 하는 불편이 따른다고 보았다.[28] 이것이 『대이교도대전』을 집필한 이유인 듯하다. 당시 토마스는 방대한 분량의 '토론 문제집들'Quaestiones disputatae을 작업하고 있었음에도, 파리 체류 마지막 시기에 이미 이 '대전'을 저술하고 있었기 때문이다.

◀[26] 토마스가 이 작품을 저술하기 시작할 즈음 라틴 아베로에스주의는 이 작업의 필요성을 납득시켜야 할 만한 위협으로 대두되지 못했다. 물론 이 작품으로 토마스의 선견지명을 증명하려는 노력은 더욱 불필요하다. Schönberger (2001) 9-10 참조.

[27] 로저 베이컨(Roger Bacon)은 이 관례를 비판했다. 토마스도 『신학대전』 서문에서 어느 정도 유보적인 입장을 취했다.

[28] 토마스는 이런 불편을 피하고 싶어서 『신학대전』을 계획하게 되었다고 말한 바 있다.

스콜라철학의 문학적 장르는 일반적으로 대학의 필요와 교육 과정과 밀접하게 연관되어 있었다. 그러나『대이교도대전』은 그 형태와 동기에서 대학 교육과 명시적 상관 관계가 없다. 그렇다고 이 작품이 제작 방식이나 양식에서 '스콜라적' 형태를 완전히 탈피했다는 뜻은 아니다. 그 사유 과정이 질문과 절節의 형태로 이루어진 토론의 틀 밖에서 발전했을지라도, 동일한 처리 방식, 동일한 간결함, 동일한 언어가 발견된다. 그러나 이 작품은 어떠한 개인적 동기로 설정된 특정 목표를 이루기 위한 것이고, 이 목표가 요구하는 방법을 저자 자신이 선택한 것이다. 그러므로『대이교도대전』을 제대로 이해하려면 이 목표 설정과 방법에 관한 이해가 선행되어야 한다. 토마스가『대이교도대전』을 저술하게 된 개인적 동기는 무엇인가?

우선 제목부터 이 작품의 비판적 경향을 기대하게 만든다. 그러나 토마스 전문가들은 이런 성급한 판단을 경계하라고 충고한다. 가령 피퍼J. Pieper에 따르면 제목과 달리 "이 작품은 전혀 논쟁적인 작품이 아니다".[29] 고티에도, 토마스 자신이 서론에서 밝히는 바와 같이, '진리의 묘사와 오류의 반박'이라는 지혜로운 자의 두 과제 가운데, 후자는 다만 논리적으로 도출되었을 뿐 아니라 실제적 수행에서도 부차적 의미만 지니고 있다고 주장한다.[30] 저술 시기가 어느 정도 정리되어 확정된 것과는 대조적으로『대이교도대전』의 집필 목적은 매우 격렬한 토론의 대상으로 남아 있다. 이 문제는, 제목에서 말하는 '이교도'gentiles가 도대체 누구이며, 누가 이 이교도들과 대적해야 할 '대전'의 예상 독자인가라는 질문과 밀접하게 관련되어 있다.

---

[29] Pieper (1987) 19; Pieper (1990) 141.

[30] Gauthier (1993) 147.

4.2 『대이교도대전』 예상 독자에 관한 논쟁

'콘트라 젠틸레스'contra gentiles, '이교도들을 거슬러'라는 표현은 저서가 목표로 삼는 예상 독자들에 대한 단서를 제시해 줄 것처럼 보이지만, 애석하게도 토마스는 그에 대한 정확한 정보를 제공하지 않는다. 사실 '젠틸레스'라는 단어는 이 저술에서 매우 드물게 등장한다. 토마스에게 이 개념은 일반적으로 이교도를 의미하지만, 더 정확하게는 고대의 이교도들을 의미한다. 『대이교도대전』에서 이 개념은 열두 군데 나오는데, 그때마다 토마스는 이 개념에 후자의 의미를 부여한다. 명백히 비판받을 자들은 '젠틸레스'라고 불리지도 않았을뿐더러, 토마스는 모든 신앙의 오류들을 체계적으로 다루려 하지도 않았다.[31] 그렇다면 도대체 '이교도'란 누구인가?

　전통적으로 많은 학자가 이에 대한 해답을 중세의 한 증언을 통해서 얻으려 했다. 카탈루냐 출신의 도미니코회 수사 페트루스 마르실리우스Petrus Marsilius는 1313년에 쓴 『아라곤 왕 자코모 1세 연대기』에서 도미니코회 세 번째 총장이자 위대한 법학자인 페냐포르트의 라이문두스Raymond of Penyafort(1175?~1275)의 활동을 칭송한다.[32] 라이문두스는 2년 동안(1238~1240) 도미니코회 총장을 지낸 후 바르셀로나에서 활동하다가 1275년 1월 6일에 죽었다. 이 사람은 스페인 땅에 있는 무어인들의 존재에 불안을 느꼈고, 이 무슬림들을 회개시킬 수 있으리라는 새로운 희망에 사로잡혔다. 그래서 젊은 수도회 동료에게 선교사들을 지성의 무기로 무장시켜 줄 것을 요청했다. 페트루스 수사는 이 사실을 이렇게 증언한다.

> 그[페냐포르트의 라이문두스]는 비신앙인들을 개종시키려는 열망에 불타, 같은 수도회의 저명한 성경 교수이자 신학 교수이며 알베르

---

[31] Schönberger (2001) 7.　　　　　　　　[32] Marc (1967) 72-73.

투스와 함께 전 세계 성직자 가운데 가장 위대한 철학자로 인정받
는 토마스 아퀴나스 수사에게, 비신앙인들의 오류를 물리칠 수 있
고 어둠의 음침한 분위기를 흩어 버리고 믿을 태세가 되어 있는 사
람들에게 참된 빛의 가르침을 계시할 수 있는 작품을 하나 써 달라
고 청했다. 그 교수는 장상의 겸손한 청원을 받아들여 감히 능가할
수 없을 만큼 훌륭한 작품『대이교도대전』을 집필했다.[33]

그라프만M. Grabmann 같은 연구자는 당연히 그런 증언들에 열광하며 의지
했다. 제I권 제6장에 나타나는 그리스도교의 신적 보증과 인간적인, 너무
나 인간적인 이슬람과의 대립은 일차적으로 반反이슬람적 공격 방향을 말
해 주는 듯하다. 라몬 마르티Ramón Martí(1220?~1284 이후)가 「신앙의 단검」
Pugio fidei이라는 유대교와 이슬람교 반박 문서에서 『대이교도대전』 한 장
전체를 인용한 것은 결코 우연이 아니다. 『대이교도대전』 제IV권의 설명
에서 이슬람교와 전혀 상관없는 오류들을 비판했다는 사실도 이런 사실을
약화시키지 않는다. 왜 아닌가? 그라프만도, "무어인들에게 선교하기 위
한 학문적 무기라는 협소한 목적을 넘어서는 목표와 의도"를 인정한다. 그
럼에도 그는 "이 작품의 계획, 구조와 방법은 논쟁적이고 호교적인 목적을
암시한다".[34]

그라프만은 이 주장에 더 자세한 근거는 제시하지 않는다. 그러나 그는
고르체M. Gorce에 의해 제시된 해석, 즉 『대이교도대전』이 이미 라틴 아베
로에스주의를 거슬러 저술되었다는 해석[35]▶을 반박할 근거들은 가지고 있

---

[33] 와이스헤이플 (1998) 213(일부 번역 수정하고 대괄호 부분은 역자 보충). 라틴어 원전은
Chenu (1982) 326에서 재인용. 셰뉘는 "실제로 이 증언은 해결하는 것보다 더 많은 문제를
야기하고 있다"고 말한다.

[34] Grabmann (1949) 291-292.

다. 토마스가 이 작품을 구상할 때 라틴 아베로에스주의는 아직 긴박한 문
제가 아니었다는 그라프만의 반박은 정당하다.[36] 셰뉘도 이 저술을 자연스
럽게 스페인에서 가장 긴박했던 그리스도교와 이슬람의 관계라는 '보편적'
지평 위에 놓고 있기 때문이다. 바르셀로나에는 13세기 중반에 이미 선교
사 교육을 담당할 고등교육기관 '아랍 대학'studium arabicum이 설립되었다.
이 대학은 언어 교육에 큰 가치를 두었는데, 훗날 라이문두스 룰루스Ray-
mundus Lullus(1232?~1315)도 그 필요성을 강하게 역설한 바 있다.

저 증언을 신뢰한 와이스헤이플도, 『대이교도대전』은 "초심자들을 위한
것이 아니라 투쟁해야 할 오류들을 체험한 적 있는 선교사들을 위한 것이
다"[37]라고 말했다. 와이스헤이플은 『대이교도대전』을 『신학대전』과 비교하
면서, 토마스가 『대이교도대전』에서 호교론적 작업을 하고 있음을 강조한
다. 특히 이때는 그리스도인과 무슬림 · 유대인 · 이단자들을 대립시켜 온
핵심 주제들이 다루어졌다. 『신학대전』이 대상으로 삼는 초심자들에게는
그 자체로 진리를 입증할 수 있는 한두 개의 엄선된 논거로 충분하지만,[38]
스페인과 북아프리카 선교사들에게는 이교도 철학에 포함된 오류들이 무
엇인지 증명하고 그리스도교가 참되다는 것을 비신앙인들에게 납득시킬
만한 상당량의 논거가 필요했고, 가끔은 변증적 유형의 논거도 필요했다
는 것이다.[39]

◀[35] Gorce (1930) 223-243.

[36] van Steenberghen (1977) 298.

[37] 와이스헤이플 (1998) 213.

[38] 같은 책, 217: "토마스는 이 주제들 가운데 상당수를 『신학대전』에서 훨씬 더 체계적으
로 다루지만 『신학대전』은 초심자들에게 신학 전반을 소개하는 데 지향점을 둔다는 점이 다르
다. 따라서 『신학대전』에서는 초심자가 신학 연구를 진전시키기 전에 알아야 할 것들을 유기
적으로 종합하는 데 도움 되는, 더 직접적이고 단순한 논술만 사용된다"(번역 일부 수정).

[39] 같은 책, 218.

셰뉘는 이 증언이 문제를 해결하기보다는 오히려 야기한다고 말하면서도, 일반적인 내용을 좀 더 포괄적인 차원에서 수용하는 듯하다. 『대이교도대전』은 13세기에 이슬람을 대적하는 그리스도교의 상황과 관련되어 있다는 것이다. 토마스의 작품은 처음부터 삶과 밀접한 의미를 지녔는데, 이는 후대의 관점으로 평가절하되어서는 안 된다. 셰뉘에 따르면, "하나의 이론이 이보다 더 '역사적'이었던 적은 드물었다".[40] 1250년대에 그리스도교의 거대 전략이 변화를 맞아 선교사적 정신과 고등 문화의 위기가 동일한 문제에서 만나게 된다. 바로 이 접점에 『대이교도대전』이 있다.[41]

많은 학자가 주목하지는 않았지만, 셰뉘는 대이교도 전선戰線이 '이슬람에 침투한 스페인의 선교사들'에서 파리 대학으로 옮겨질 개연성에 관해 언급했다.[42] 그러나 아베로에스주의가 라틴 세계에서 본격적인 위기를 초래할 준비는 되어 있었지만 아직 시작되지는 않았다는 이유로 이를 적극적으로 받아들이지 않았고, 오히려 이렇게 덧붙인다.

---

[40] Chenu (1982) 326. 셰뉘의 판단은 나중에 다루게 될 그의 입장과 함께 고려되어야 한다.

[41] 같은 곳: "한편으로 새로운 형태의 선교 운동이 발전했다. 이슬람이 더는 폭력적이고 전투적인 위협으로만이 아니라 우월한 부를 지닌 문화로도 자신을 드러냈기 때문이다. 다른 한편 이슬람을 통한 아리스토텔레스의 유입은, 우주를 성경의 종교적 세계관에서 독립하여 학문적 관점에서 바라보게 해 주었다. 그리스도교가 지닌 이 문제의식의 접점에 토마스도 서 있다. 선교사의 세계와 동시대 지성인의 영역에서 전해지는 소식들을 상반된 것으로 보는 시각은 올바르지 못하다."

[42] "토마스가 이 '대전'을 엘리트들과의 만남에 대비해서 스스로 '강력하게 만들었다'는 사실을 가정할지라도, 사람들은 첫눈에 이것이 선교사들을 위한 소책자를 훨씬 더 넘어선다는 사실을 분명히 알게 될 것이다. 대상들이 포괄하는 영역을 통해서뿐 아니라 논증 기술을 통해서도 이것은 파리의 수준을 상기시키고, 학문적 유형의 독자들을 요구한다. 그러므로 사람들이 페트루스 마르실리우스의 보고를 부차적인 것으로 취급하고 이 '대전'을 파리 대학에 접목시키기를 원했을 때, 그것은 그 자체로 개연성이 있는 것이었다. 파리 대학이야말로 '이교도', 즉 아랍 철학자들의 오류가 침투했고 사상가들을 유혹한 곳이었다. 1270년의 방어 태세와 1277년의 긴 칙령을 촉발한 아베로에스주의의 선동은 1250년대에 이미 시작되었다. 『대이교도대전』이 공격하고 배격한 것은 이 시기의 파리 대학 아베로에스주의자들의 명제들이었던 것이다"(같은 책, 329).

이에 더해 『대이교도대전』은 특별히 아베로에스를 거슬러 기술된 것이 아니다. 검토되고 비판되어야 하는 것은, 이교도·무슬림·유대교도·이단자 등 '잘못된 자들'(errantes) 전체다. 그러나 아베로에스주의가 태동하던 시기였다는 연대기적 분위기를 인정한다고 해도, 적어도 이 작품이 […] 선교사들을 위한 소책자를 훨씬 넘어서는 것이라는 사실은 분명하다.[43]

이런 입장의 연장 선상에서 고르체는, 소수의 학자와 랍비들만 토마스의 이 사변적 작품에서 실질적 이득을 취할 수 있었으리라는 논변을 가지고 '마르실리우스 증언'의 비중을 대폭 감소시켰다.[44] 그러나 그가 제시한 대안은 역사적 이유 때문에 고려의 대상이 되지 못한다.

처음으로 문제를 제기한 사람들 가운데 하나인 고티에도 '선교적' 해석 전통의 근거가 희박하다는 사실을 밝혔다. 연대기 작자 페트루스 마르실리우스는 일반적으로 동의할 수 있을 만큼은 신뢰할 만하지만, 이 점에 관한 한 그의 진술은 신뢰할 수 없다는 것이었다. 더욱이 토마스의 텍스트도 무슬림보다는 비신앙인 전반을 다루고, 그의 텍스트에 대한 연구는 오직 무슬림만 이 책에서 언급되는 비신앙인이나 이단자가 아니라는 사실을 분명히 지적한다. 페냐포르트의 라이문두스가 사실상 이 작품을 저술하도록 제안한 사람이었다면, 유사한 다른 경우와 마찬가지로, 왜 토마스는 그에게 자신의 작품을 헌정하지 않았을까? 토마스가 전개해 나가는 내용도, 이 목적으로는 설명되지 못한다. 그는 이 작품에서 무슬림에 거의 관심을 보이지 않았으며, 그들에 대해 쓴 것도 그가 이슬람교의 이론에 정통하지 못

---

[43] 같은 책, 326.

[44] Gorce (1930).

했음을 보여 줄 뿐이다. 설령 『대이교도대전』이 '아베로에스주의자들'을 반박하는 내적 선교로 이해된다 할지라도, 이 작품은 직접적 선교 의도 또는 호교론적 의도를 훨씬 넘어선다. 이론적 노선뿐 아니라 방법론적으로도 그것은 신학적인 작품이다. 이것보다 "한 작품이 시대에 매이지 않기는 매우 어려운 일"이다.[45]

이 근거 있는 고티에의 추정도 토론을 마무리하지는 못했다. 오히려 토론에 새삼 불을 당긴 듯했다. 1964년에 페지스는 의문을 제기하여 아리스토텔레스주의 철학자들을 논쟁 상대자로 볼 것을 제안했다. 토마스는 "그들에게 그리스도교 신학 내부의 순수하고 생생한 실제라는 관점하에서 아리스토텔레스의 진리들을 제시하고, 이 진리들의 생생한 영양분을 계시의 세계 안에서 명백히 하기를"[46] 원했다는 것이다.

방 스텐베르겐은 고티에의 입장이 역사적 증언에 대한 부당한 평가절하라고 다시금 비판한다. 그렇지만 그도 이 작품의 성향에 대해, '실제적이거나 추정적인 제안이나 요청 사이에 잘못된 관계가 명백히 드러난다'고 진술한다. "페트루스 마르실리우스의 증언을 받아들이든 거부하든, 한 가지는 분명하다. 『대이교도대전』은 비신앙인이나 파리의 이단자들을 대적하기 위한 논쟁적 작품이 아니다." "요컨대 토마스는 자신의 신앙을 명백히 고수하는 그리스도교 사상가(신학자 또는 철학자)들을 위해 이 책을 썼다. 그가 특별히 '비신앙인' 지성인 그룹을 받아들이는 사람들, 무엇보다도 이슬람 국가의 선교사들을 위해 『대이교도대전』을 기획했을 가능성은 없다."[47] 하지만 방 스텐베르겐은 받아들이지 말아야 할 중요한 이유가 없는 한, 증언을 진지하게 받아들여야 한다고 경고한다.

---

[45] Gauthier (1993) 60-87.　　　　　　[46] Pegis (1964) 182.

[47] van Steenberghen (1977) 300-301.

　1967년 마르크[48]와 1974년 휘르가,[49] 코르방,[50] 투리에[51] 등은 선교적이거나 적어도 호교론적인 작품 경향을 여전히 옹호했다. 이런 논의들을 무시하지 않은 채 1986년 조르단은 『대이교도대전』을 전혀 다르게 읽었다. "이 작품에서는 독자들이 (후천적이든 주입되었든) 그리스도교 지혜의 덕들을 실천하도록 설득하는 것이 관건이다."[52]

　1983년 팻푸르트는 '중재안'을 제안했는데, 이 안은 방 스텐베르겐의 입장을 정확하게 받아들이면서, 그의 견해에 따라 제시된 사안들을 가장 포괄적으로 고려한 것이다. 그는 『대이교도대전』을 이렇게 읽으라고 제안한다: 이 책은 "비그리스도인과 비신앙인들을 '생각하며' 저술된 책이지만 그리스도인들을 '지향하고' 있다. 그리스도인들은 자신의 입장에서 비신앙인들과 관계를 맺고, 그들의 반대에 부딪치며, 그들에게 그리스도교의 가르침을 그들이 두려워했던 어려움에 빠지지 않으면서도 그들의 확신과 광범위하게 일치한다는 사실을 보여 주도록 요구받고 있다. 한마디로, 『대이교

---

[48] Marc (1967). 피에르 마르크는 처음 이 작품을 집필하도록 요청한 사람이 스페인에서 활동하다가 1269년 말경에는 파리에 있었으며, 「신앙의 단검」의 집필자인 카탈루냐의 선교사 라몬 마르티였다고 주장한다. 그러나 와이스헤이플은 라몬 마르티가 실제로 『대이교도대전』 집필의 요청자였다 하더라도, 토마스가 스페인과 북아프리카 선교 활동의 중요성을 자각하게 된 것은 페냐포르트의 라이문두스의 최근 영향 덕분이었다는 전통적 주장으로 되돌아간다[와이스헤이플 (1998) 213]. 고등교육을 받은 무슬림과 유대인들이 아리스토텔레스의 가르침에 경도되어 있었으므로, 토마스의 과제는 일관된 논거를 통하여 그들의 언어 표현과 내용상의 오류들을 공략함으로써, (완고하여) 설득시키지 못할 사람들은 어쩔 수 없지만 다른 사람들이라도 효과적으로 설득시켜 보자는 것이었다.

[49] Huerga (1974) 533-557.

[50] 고티에의 주장을 반박한 코르방은 『대이교도대전』에서 토마스의 '두 번째 신학적 담화'를 볼 것을 제안했다[Corbin (1974) 475-691].

[51] 투리에는 그리스도교 내에서 활용할 만한 호교론적 내용이 『대이교도대전』의 열쇠이며 그것은 교양 있는 신앙인들을 대상으로 그리스도교 신앙을 옹호하는 것을 목적으로 삼았다는 명제를 제시했다[Turiel (1974) 371-401].

[52] Jordan (1986) 173-209, 특히 208.

도대전』은 비신앙인을 위한 그리스도교 신앙의 교과서이며, 그리스도인과 비신앙인 사이에 '싹트는' 종교일치적 시도다".[53] 순수 선교적 해석으로 회귀하려는 몇몇 학자에게는 이런 입장이 충분히 단호하지 못하지만, 다른 이들에게는 매우 신빙성이 있어 보인다.[54]

『대이교도대전』의 예상 독자에 대한 복잡한 토론을 검토하면서 특히 주목하고 싶은 점은 이것이다: 방 스텐베르겐은 표현상으로는 후대의 증언을 인정했고 그것을 비역사적 전설의 나라로 내몰지 않았으나,[55] 전반적으로 토마스의 의도와 그것의 실현을 묘사하는 것으로 판단할 때, 페트루스 마르실리우스 수사의 증언은 사실상 주목할 만한 설명의 가치를 지니지 못한다는 점을 보여 준다. 탁월한 비평적 역사가 고티에는 방 스텐베르겐의 입장을 따르는 팻푸르트의 중재안에 설득되기는커녕, 오히려 자신의 견해를 더욱 정교하게 표현한다.

> 이것은 초시간적 목표를 추구한다. 이유인즉, 그의 도전이 그의 시대에 멸시되어서가 아니라, 오히려 그것이 당대에 유용한 것으로 인식되었다면 모든 시대를 통틀어 그러할 수 있는 것으로 여겨지기 때문이다. 이성과 신은 영원하다.[56]

---

[53] Patfoort (1983) 105.

[54] Torrell (1995) 125에 제시된 참고문헌 참조.

[55] van Steenberghen (1977) 300: "아마도 토마스는 자기가 존경하는 동료 수사의 명시적인 바람을 따르면서도, 자신의 작품에 훨씬 더 일반적인 활용 범위를 부여하기를 원했을 것이다. 그래서 토마스는 헌정을 통해서 그의 요청을 기억하는 것을 부적절하다고 여겼을 것이다. 지성적인 발전의 영향과 이교도적인 철학의 영향력이 커지는 상황에서 토마스는 자기 동료 수사의 요청을 훨씬 넘어서는 한 작품을 기획했던 것이다. 그는 모든 그리스도교 사상가들에게 도움이 될 작품을 생각했다."

[56] Gauthier (1984) 293.

『대이교도대전』이 '초시간적 목표를 추구한다'는 것은 이 책이 출간된 시대에만 국한되지 않고 '언제든지 유용하다고 믿는다는 것'을 의미한다. 따라서 이 책은 "직접적이고 제한된 사도직이 아니라 포괄적이고 사도적인 인식에 대한 관심"[57]을 목표로 삼고 있다는 것이다.

토렐은 이러한 입장에 동의하면서, 이것이야말로 토마스의 통상적 태도에 가장 가까이 접근한 것이라 규정한다.[58] 이 논쟁을 모두 개관한 쇤베르거도 고티에의 견해에 힘입어 앞에서 인용된 마르실리우스 수사의 증언을 충분히 신뢰할 수 없다는 결론을 내린다.[59] 그것으로는 『대이교도대전』의 기획과 실행을 이끄는 의도를 파악할 수 없기 때문이다. 재료의 선택, 묘사의 구도, 도입된 논증들로 미루어, 이 책은 특정 독자군을 목표로 삼고 있지 않은 듯하다. 따라서 『대이교도대전』은 스페인의 선교사들을 대상으로 저술되었다기보다는 더 포괄적인 관심에서 탄생했다고 보는 편이 타당해 보인다.

5. 『대이교도대전』의 방법론

『대이교도대전』의 집필 의도는 토마스가 이 책 서문과 방법론을 다루는 단락(제I권 제1장부터 제9장까지)에서 제시한 내용을 통해 재차 확인될 수 있다.[60] 토마스는 여기서 자신의 목적을 거듭 강조하므로, 그가 개인적인 작품을 내놓으려 한다는 사실이 쉽게 간파된다.[61] 3년간의 열정적인 교단 생활을

---

[57] Gauthier (1993) 181.

[58] Torrell (1995) 125.

[59] Schönberger (2001) 12-13.

[60] 이 단락은 Torrell (1995) 123-125의 내용을 토대로 여러 자료를 모아 확장시킨 것이다.

경험한 후 자신이 무엇을 원하는지 정확하게 알았던 젊고 유능한 교수는 자신의 첫 번째 종합을 제시한다. 그는 이렇게 회상한다.

> […] 지혜로운 자의 의도는 신적인 것에 대한 두 가지 진리를 지향해야 하고 또 [이런 진리에] 상반되는 오류의 척결을 지향해야 한다는 사실이다. [두 가지 진리 가운데] 하나는 이성의 탐구로 도달될 수 있지만, 다른 하나는 이성의 모든 노력을 넘어서 있다. 그러나 나는 신에 관한 두 가지 진리에 대해 하나이고 단순한 진리이신 신 자신의 편이 아니라, 신적인 것들에 대한 인식과는 다양하게 연관되는 우리 인식의 견지에서 말하고자 한다(*SCG* I 9 n.51).

이 주장은 1270년 파리의 주교 에티엔 텅피에가 단죄한 '이중진리설'[62]과 유사하게 들리기 때문에 혼란스러울 수도 있다. 그러나 토마스는 이러한 표현 방식의 의미는 충분하다고 설명한다. 주목할 것은 이 첫 대목이 제2장의 더 정확하고 개인적인 설명과 상응한다는 사실이다.

> 결국 지혜로운 자의 과업이 우리의 고유한 능력을 넘어설지라도 우리에게는 신의 자비의 이름으로 그 과업을 착수할 자신감이 있으며, 가톨릭 신앙이 고백하는 진리를 우리 능력에 따라 알리며 이에 상반되는 오류를 배제하는 것을 우리의 의도로 삼고자 한다. 힐라리우스의 말을 빌리자면, "나는 이것, 즉 내 생애 제일의 과업이

---

[61] 『대이교도대전』 제I권의 첫 9장은 일종의 방법론인데, 제9장은 그것의 요약이다. 『보에티우스의 삼위일체론 주해』와 같은 초기 작품이나 『신학대전』과 『자유 토론 문제집』 제4권과 같은 후기 작품 등, 다른 작품에서도 유사한 병행 구절들이 발견된다.

[62] 박승찬 (2010a) 131-136 참조.

야말로 신 덕분이며, 나의 모든 말과 뜻이 신에 대해 말한다는 점

을 의식하고 있다"(*SCG* I 2 n.9).

토마스가 여기서 속내를 털어놓고 있다는 사실을 밝히고자 할 때 자주 인용되는 구절이다. 고티에가 매우 적절하게 주해했다.

토마스가 『페트루스 롬바르두스의 명제집 주해』나 『신학대전』의 서
문에서 차마 쓸 수 없었던 것은 어디서나 통용될 법한 내용이 아니
라, 그 안에 스민 개인적 색채, 그 안에 포함된 감정과 열정이었다.
이로써 토마스는 신학자라는 사명을 필생의 과업으로 삼았다는 사
실을 고백한다. 그 계획은 고백이 되었고, 이것이 바로 『대이교도
대전』이며, 이 책은 강의록이나 교과서가 아니라 바로 개인적 묵상
이다.[63]

여기서 드러나듯이 『대이교도대전』은 우선 신학적인 작품이다. 비그리스
도인들과의 토론의 이성적 목록을 모은다는 사실과, 지성만으로도 도달할
수 있는 논증들을 명시적으로 도입한다는 사실은, 이러한 일반적 특징과
모순되지 않는다. 우리는 단지 신학에 그 기능 전체를 인정하기만 하면 된
다. 당시의 전문 용어로 말하면 이것은 '지혜로운 자'의 과업이다. 토마스
는 이 과업을 넘겨받는다. 지혜로운 자는 정신생활의 건축가이며, 최고 원
인, 즉 개별 진리의 원천이 되는 바로 '그' 진리를 고찰한다(*SCG* I 1).
　토마스는 신학자들의 과제를, 수개월 전에 『보에티우스의 삼위일체론
주해』에서 삼분법 형태로 발전시켰던 것과 달리[64] 두 핵심 의무로 구분한다

---

[63] Gauthier (1984) 290.　　　　　　　　　　[64] *In BDT* q.2, a.3 참조.

는 사실도 주목할 만하다. 그러나 그는 종래의 전망을 유지했는데, 그 전망에 따르면 그는 신학의 결과들을 적용하는 것에 절대적인 신뢰를 가짐과 동시에, 사람들이 신학으로부터 무엇을 기대해서는 안 되는지도 명확하게 알고 있다.

> 그러므로 전자의 [이성적] 진리에 대한 해명은 상대방을 납득시킬 수 있는 증명적 논증을 통해 전개되어야 한다. 그러나 그러한 논증은 후자의 [초월적] 진리에 대한 논증을 위해 사용될 수 없으므로, 논증을 통해 상대방을 납득시키려고 의도해서는 안 된다. 차라리 그 진리를 반대하는 상대방의 논술을 논박해야 한다. 이미 말한 대로(I 7), **자연적 이성은 신앙의 진리와 상반될 수 없기 때문이다.** 이런 진리에 반대하는 상대방을 납득시키는 유일한 방법은 신의 기적으로 확증된 성경의 권위에서 나온다. 왜냐하면 **우리는 신이 계시하지 않는 한 인간 이성을 초월하는 것을 믿을 수 없기 때문이다.** 그래도 이런 [신앙의] 진리를 알리기 위해서는 몇 가지 그럴듯한 논증을 대야 하지만, 그것도 신자들을 단련시키고 위로하는 것이지 상대방을 논박하려는 것은 아니다. **왜냐하면 상대방은 우리가 설득력 없는 논증의 바탕으로 신앙의 진리에 동의한다고 여길 것이므로 이런 논증의 불충분성 자체는 오류에 빠져 있는 상대방을 더욱 공고히 할 것이기 때문이다**(*SCG* I 9 nn.52-54).

강조된 문장들은 『신학대전』에서 좀 더 상세히 해설된다. 첫 문장의 진술은 육화에 관한 주제를 다룰 때 토마스가 다시 한번 언급하면서 근본적인 사태를 회상한다.

왜냐하면, 오직 신의 의지에만 종속되고 피조물의 모든 권한을 능가하는 모든 것은, 성경이 우리를 가르치는 한에서 우리에게 계시될 수 있기 때문이다. 그 안에서 신의 의지가 알려진다.[65]

인간이 원죄를 범하지 않았어도 신의 말씀은 육화될 수도 있었겠지만, 이런 상상은 가상적 신학으로 귀결된다. 여기서 인간은 '~했다면, ~했을 것이다'라는 식으로 상상할 것이고, 사태에 대한 자신의 생각을 신에게 떠넘기게 된다. 참된 신학자는 더 겸손하고 실제적이기를 원하며 계시된 사태들에 더 가까이 있다. 토마스는 이성과의 종합을 마음 깊이 새기고 있지만, 자신의 사고 체계가 구세사救世史에 기반을 두고 있다는 사실과, '구원경륜'이 '신학'을 향한 유일한 길이라는 사실을 결코 잊지 않는다.

그 텍스트의 결론은 동일한 진리의 다른 측면만 묘사하고 다시 한번 겸손을 강조한다. 토마스는 이성의 힘을 알고 있지만, 『신학대전』에서 확정 짓듯이, 그 한계도 알고 있다.

위격이 셋임을 자연적 인성을 통해 증명하려는 사람은 신앙을 두 가지 방식으로 해친다. 첫째, 신앙의 고귀함과 관련해서 그러하다. 신앙의 고귀함은 신앙이 인간의 이성을 넘어서는 비가시적인 것을 다룬다는 사실과 연관된다. […] 둘째, 신앙을 위해 얻을 수 있는 다른, [가능한] 유용성과 관련해서도 [신앙을 해친다]. 즉, 사람들이 신앙을 증명하려고 필연적이지 못한 이유들을 도입하자마자, 비신앙인들의 웃음거리가 되어 버릴 것이다. 그들은 우리가 그런 이유들에 의존하여 그것들 때문에 믿는다고 생각할 것이다.[66]

---

[65] *ST* III 2, 3.

[66] *ST* I 32, 1; 참조: *ST* I 46, 2.

자신의 방법론적 태도에 관해 토마스는 『대이교도대전』 제I권 제9장에서
이렇게 말한다.

> 결국 우리는 전제한 방식대로 진행하려고 작정하고 있는 만큼, 무
> 엇보다도 신앙이 고백하고 이성이 탐구하고 있는 진리를 해명하고
> 자 하며, 철학자들과 교부들Sancti의 저서에서 모은 몇몇 논증적 근
> 거와 개연적 근거를 끌어내어, 그 [근거]를 통해 진리를 증명하고
> 상대방을 설득할 것이다(I-III). 그다음에 우리는 아주 분명한 것에
> 서 조금 덜 분명한 것으로 나아가는 식으로, 이성을 능가하는 진리
> 에 대한 해명으로 나아갈 것인데, 신이 허락하시는 만큼의 개연적
> 이고 권위 있는 근거를 가지고 상대방을 확신시키면서convincere,
> 신앙의 진리를 선포할 것이다(IV)(*SCG* I 9 nn.55-56).

이처럼 『대이교도대전』에서 철학적 지혜에 대한 암시는 신학적 지혜로 인
도한다. 이는 전자가 마치 자신의 힘만으로 작용해야 하는 것처럼 그것만
소개하려는 것과는 거리가 멀다.

> 그로 인하여 또한 두 가르침은 동일한 질서에 따라 나아가지 않는
> 다. 피조물들에 대해 그 자체로 고찰하고, 그것들로부터 신에 대한
> 인식으로 인도되는 철학의 가르침 안에서, 제일 먼저 이루어지는
> 고찰은 피조물에 대한 것이고, 최종적인 고찰은 신에 대한 것이기
> 때문이다. 그러나 피조물들을 오직 신에 대한 질서 안에서만 고찰
> 하는 신앙의 가르침에서는 제일 먼저 신이 고찰되고, 그다음에 피
> 조물들이 고찰된다. 그래서 [신앙의 가르침이] 더 완전한 것이다.

이것은 자기 자신을 인식함으로써 다른 것들을 직관하는 신의 인
식과 더 유사하기 때문이다. 그러므로 이 질서에 따라, 제I권에서
신 자체에 대해 언급된 것들 다음에는 신에 의해 존재하는 것들을
다루는 일이 남아 있다(*SCG* II 4 n.876).

철학적 지혜에 대한 암시는 '적대자들의 논거들을 해결함'(solvere rationes
adversariorum)이라는 말에서 표현된 바와 같이 이교도적이거나 이단적인 부
인자들이 주장하는 모순성을 넘어설 수 있다. 그러나 그것은 도달 불가능
하고 은총에 의한 것으로 남아 있는 신앙을 논증하지는 못한다. 물론 '참
과 비슷한 것들'(veri-similitudines)을 근거로 그 신앙을 이성과 친하게 조화시
키는 것은 가능하다. 토마스에 따르면, 최고 실재에 대한 가장 불완전하고
깨지기 쉬운 인식['보잘것없고 추측에 지나지 않는 해답'(parva et topica solutio)]이 낮
은 사물들에 대한 완전한 지식보다 오히려 더 높고 큰 가치, 즉 "엄청난 기
쁨"(vehemens gaudium)을 지닌다(*SCG* I 5 n.32). "왜냐하면 […] 단지 사소하고
설득력 없는 고찰에서도 가장 고귀한 사물에 관한 어떤 것을 관찰할 수 있
다는 것이야말로 가장 즐거운 것이기 때문이다"(*SCG* I 8 n.49).

　이로 미루어, 제9장에 나오는 '확신시키면서'(convincere)라는 말이 우리가
일반적으로 생각하는 의미를 가지고 있지 않다는 사실은 주목할 만하다.
이것은 이성적 논증을 통해 상대방이 이 내용을 거부하지 못하도록 '굴복
시킨다'라기보다, '오류를 저지른 사람이 누구든지 그 오류로부터 벗어나
게 한다'[67]는 것을 뜻한다. 이성이 신앙을 증명할 수 없다는 사실이, 이성
이 적대자들의 비난에 대해서 아무것도 할 수 없다는 뜻은 아니다. 오히려
그 반대다. 토마스는 믿음을 지닌 이성의 능력에 대해 깊은 신뢰를 보인

---

[67] 참조: Gauthier (1984) 290-292; Gauthier (1993) IV: "La double tâche du sage."

다. 자연적 이성은 신앙의 진리에 반대할 수 없다. 자연적 이성을 가지고 적대자의 논증들이 참된 증명이 아니라 해결되어야 할 논란이라는 사실을 밝히는 것이 가능하다.[68]

앞의 인용문 말미에서 토마스는 『대이교도대전』 제IV권이 다룰 문제를 언급한다. '이성적으로 증명 가능한 것의 저편에 있는 신앙의 진리에 대한 설명'이 그것이다. 여기에는 '개연적 논증'만 있을 뿐, '필연적 증명'은 존재하지 않는다. 그럼에도 토마스는 신앙의 신비에 대한 언급을 포기하지 않는다. 그가 나중에 실행하게 될 것처럼 신학적 가르침에는 두 방식이 있다. 하나는 오류를 논박하는 것이고, 다른 하나는 진리를 파악하도록 만드는 것이다. 첫째 방식에 만족한다면, 청중들은 무엇이 진리이고 무엇이 거짓인지는 의심 없이 알게 될지라도, 그에게 제시된 진리가 무엇을 의미하는지는 알지 못하고 그의 머리는 비어 있을 것이다.[69] 잘 숙고하는 데는 책에서 얻은 많은 지식이 전제되어야 한다.

> 우리는 인간 이성이 신에 대해 탐구할 수 있는 것을 이성의 방식에 따라 탐구하려고 의도하고 있으므로, 첫째, 그 자체로 신 자신에게 속하는 것에 대하여(I), 둘째, 역으로 신으로부터 나오는 피조물의 발출 과정에 대하여(II), 셋째, 신을 목적으로 하는 피조물의 질서에 대하여(III) 고찰하게 될 것이다(*SCG* I 9 n.57).

---

[68] *ST* I 1, 8 참조: "신앙은 틀릴 수 없는 진리에 근거하고, 참된 것에 모순되는 것은 논증될 수 없는 까닭에, 신앙에 반하여 제시되는 증명은 논증이 아니라 해결되어야 할 논란이다."

[69] *QQ* IV, q.9, a.3 (a.18): "토론의 다른 형태는 학교에서 이루어지는 교수의 토론인데, 이것은 오류를 제거하기 위해서가 아니라, 청중들을 의도된 진리의 인식으로 가르쳐 이끌기 위한 것이다. 그것은 진리의 뿌리를 탐색하여 말해진 것이 왜 진리인지 알게 하는 이성(근거)에 의지해야 한다. 선생이 권위에 의거해서만 토론을 결정한다면, 청중은 주장된 바와 같다는 확신은 얻게 되겠지만, 어떤 지식이나 이해도 얻지 못하고 빈 [머리]로 떠나게 될 것이다."

이 단락의 마지막 말들은 이성에 의해 접근 가능한 진리들을 다루는 첫 세 권의 목적을 요약한다. 이것들은 이를 위해 비록 간접적이라 해도 아리스토텔레스에 근거를 두고 있는 것들을 포함한다. 이 계획은 명백히 토마스가 『신학대전』에서 실현하게 될 것을 선취先取하는 것이다. 그는 여기서 삼위일체와 구원사만 제외시키고, 신의 육화에서 시작해서 성사를 거쳐 최후 심판에까지 이른다. 이 주제들은 "이성을 넘어서는 저 진리의 증명을 위한" 제IV권에서 다루어질 것이다. 더 정확히 말하면 그것은 교부들이 '신학'theologia과 '경륜'oikonomia이라 불렀던 것이다. 『신학대전』과의 유사점과 차이점은 주목할 만하다. 토마스는 『신학대전』에서처럼 그가 다루는 대상에 대한 완전한 종합에는 이르지 못하지만, 『대이교도대전』에서 '발출'發出과 '귀환'歸還이라는 원형의 체계를 이미 활용하고 있는 듯하다.[70]

이런 방법론적 성찰을 통해 우리는 오늘날 외적 신빙성만 제시하는 호교론을 훨씬 넘어서 있다. 신비에 대한 신앙으로 들어가는 일은 신비를 저해하는 것이 아니라 오히려 경외심을 불러일으킨다. 토마스는 성 힐라리우스Hiliarius의 아름다운 문장을 인용한다.

> 믿음으로써, "이런 [진리들에] 진입하고, 정진하며, 버틸지어다! 나는 네가 도달하지 못할 것이라는 것을 알고 있어도, 정진하라고 행운을 빌 것이다. 물론 무한한 것을 경건하게 추구하는 사람은 영원히 도달하지는 못할지라도, 항상 정진을 통해 나아갈 것이다". 그러나 주제넘게 '인식의 총체'를 파악하려 하면서, 저 [신적 지혜의] 비밀로 자신을 강요하지도 말고, [신 안에 태어난 아들이 지닌] 무

---

[70] Torrell (1995) 130 참조.

궁한 '탄생의 비밀'에 빠져들지도 마라. [인식의 총체야말로] 오히

려 '파악할 수 없는 것'임을 통찰할지어다(*SCG* I 8 n.50).

우리는 이 텍스트를 통해 『대이교도대전』에서 진리의 명상에 봉헌된 작품
을 저술하려는 토마스의 개인적 고백을 발견한다.

6. 『대이교도대전』의 구조

6.1 전체 작품의 구성

『대이교도대전』의 라틴어 원전은 네 권liber으로 구성되어 있는데, III권은
다른 권들에 비해 부피가 곱절이라 통상 I, II, III-1, III-2, IV의 형태로 나
누어 출판되어 왔다. 따라서 본 '중세철학총서'도 관례에 따라 I(1), II(2),
III-1(3), III-2(4), IV(5)의 다섯 책으로 완역될 것이다.

　『대이교도대전』은 네 권으로 집필되었음에도 근본적으로는 두 부분으로
나뉜다. 첫째 부분은 제I-III권으로, 이성을 통해 인식할 수 있는 신적 진
리를 논하고,[71] 둘째 부분은 제IV권으로, 계시를 통해서만 인식되는 신과
신적 실재들에 대해 논한다. 첫 세 권에서는 인간이 이성과 철학의 도움을
받아 인식할 수 있는 신과 모든 것(제I권), 신으로부터의 만물의 발출(제II
권), 신을 향한 만물의 귀환(제III권)이라는 위僞디오니시우스Pseudo-Dionysius

---

[71] 첫 세 권은 아리스토텔레스의 이론과 아비첸나의 저작들을 매우 빈번하게 참조한다. 가
끔은 토마스가 오류를 논박하기 위해 아비첸나를 인용하고 있지만, 때로는 오히려 그의 가르
침을 설명함으로써 토마스 자신이 함축적으로 그의 이론을 따르고 있다. 아비첸나의 영향은
특히 토마스가 '존재할 수밖에 없는'(necesse-esse) 신의 단순성을 논하는 제I권의 제22장과
제25-26장에서 매우 뚜렷하다. 토마스의 자연신학은 제I권 제22장에서 절정에 이른다. 여기
서 그는 신의 존재(esse)와 본질(essentia)이 동일하다고 주장한다. 이 제22장은 아비첸나의
『형이상학』 VIII권 4장을 전거를 밝히지 않은 채 거의 글자 그대로 따르고 있다.

Areopagita의 고전적 주제가 전개된다. 제IV권은 인간 이성만으로는 도달할 수 없는 진리를 검토한다.

제I권은 신을 그 자체로 고찰한다. 먼저 1-9장은 전체적 탐구 방법의 일환으로 신앙과 이성의 고유한 자유를 드러낸다. 이에 따라 토마스는 I-III권에서 이성적으로 논증할 수 있는 진리를 탐구하고, IV권에서는 이성을 초월하는 계시의 내용을 서술하겠다고 밝힌다. 그런 다음 본격적으로 신의 존재와 존재에 대한 증명(제10-13장), 신의 본질(제14-43장)을 고찰한다. 이어서 신의 본질적 행위를 인식 행위(제44-71장), 의지 행위(제72-88장), 신의 영적 속성(제89-99장)으로 나누어 고찰하고, 마지막으로 신의 행복(제100-102장)을 드러낸다.

제II권은 피조물이 신으로부터 창출創出되어 나오는 과정을 고찰한다. 따라서 이 고찰은 신학적 관점에서는 창조론이요 철학적 관점에서는 피조물에 대한 존재론이다. 먼저 1-5장에서는 피조물에 대한 탐구 방법, 필요성 그리고 순서가 소개된다. 우선 신의 권능(제6-14장)을 다룬 다음, 세계의 영원성이라는 주제를 바탕으로 피조물이 어떻게 이러한 존재로 등장하는지 밝혀낸다(제15-38장). 이어서 피조물을 창조의 질서에 따라 구분한다(제39-45장). 나아가 이러한 피조물의 완성을 위해 필요한 정신적 존재[인간]의 본성에 대해 탐구하여 영적 실체(제46-55장), 인간의 영혼과 육체의 결합(제56-72장), 수동지성과 능동지성(제73-78장), 인간 영혼(제79-90장), 분리된 실체에 대한 분석(제91-101장) 등이 주요 주제로 등장한다.

제III권은 피조물이 신으로 돌아가는 귀환 과정을 서술한다. 토마스는 이 귀환 과정을 위해 II권 창출 과정의 두 배에 달하는 지면을 할애한다.

제III-1권에서 토마스는 우선 피조물에 대한 신의 통치를 천명한다(제1장). 본론에서 신을 모든 사물의 목적으로 소개한 다음(제2-25장), 특별히 이성적 피조물의 궁극 목적으로 설정한다(제26-63장). 물론 인간이 지상에 사는 동안에는 궁극 목적인 신에게 도달할 수 없다는 것을 밝힌다. 끝으로 토마스는 통치자이신 신의 예정과 사물의 고유한 활동이 맺고 있는 존재론적 관계를 드러낸다(제64-88장).

제III-2권에서는 신적 통치의 일반적 방법과 특수한 방법이 고찰되고(제89-110장), 다음으로 이성적 존재에 대한 특별한 통치자로서의 신이 고찰된다(제111-163장). 신이 어떻게 사람들을 인도하고 돌보시는지에 대한 긴 논술에서, 토마스는 만물 그리고 개체들이 그들의 최종 목표로 귀환함을 세부적으로 밝히고 있다. 신은 가장 비천한 것에서부터 가장 고상한 것에 이르기까지 모든 피조물을 돌보시기 때문이다. 이 부분에서 모세의 율법도 은총도 인간으로 하여금 자신의 목표에 도달할 수 있도록 도와주는 수단임이 증명된다. 제111-163장은 다시 신이 인간에게 내리는 계명과 충고(제111-138장), 상과 벌(제139-146장) 그리고 초자연적 원조와 은총(제147-163장)으로 나뉘어 탐구된다.

제IV권에서는 인간적 이성의 자연적 빛을 초월하는 진리를 다룬다. 따라서 이 진리는 계시에 의한 진리요 신앙의 대상일 뿐이다. 첫째, 토마스는 신에 대한 세 가지 인식 방법과 함께 삼위일체론을 서술한다(제1-26장). 둘째, 그리스도 육화incarnatio의 종류와 방식(제27-55장)을 다룬다. 셋째, 원죄와 육화의 결과인 성사들을 서술한다(제56-78장). 넷째, 세계와 인간의 궁극 목적을 서술한 후(제79-95장), 특히 신의 최후 심판과 새로운 피안의 세계에 대한 전망으로 초월적 진리에 대한 해명을 끝맺는다(제96-97장).

쇤베르거는 이러한 전개 방식의 전체적 내용을 조직적으로 분류하여 이렇게 도식화한다.[72]

---

[72] Schönberger (2001) 15-16.

3. 신의 행위: 육화와 그 결과(IV 27-78)

   a) 그리스도의 본질(IV 27-55)

   b) 특별한 구원 수단(성사)(IV 56-78)

4. 인간의 규정(IV 79-97)

6.2 각 장의 세부 구조

작품의 전체 구성을 살펴보았으니, 이제 총 463장에 달하는 각 장의 세부 구조를 살펴볼 차례다.[73] 이것은 '문제'(quaestiones)나 '절'(articuli)이 아니므로 '찬반 논쟁'(Pro-et-Contra-Argumentum)의 형태가 아니라 '장'(capitulum)의 형태로 이루어져 있다. '문제'를 문학 형태의 영역에서 중세 스콜라학의 발견으로 보는 것은 정당하다. 스콜라철학의 특별한 서술 형태인 이 문제집들은 '정규 토론 문제집'과 '자유 토론 문제집'으로 구분되는데, 이들은 대체적으로 각각의 질문에 대해 찬반 논증들을 제시하는 구조를 지닌다.

아리스토텔레스에 따르면, 이런 논박을 통하면 해결 기미가 보이지 않는 문제들을 푸는 실마리를 얻을 수 있지만, 이 경우 대답하는 과정에서 질문의 의미를 더 명확하게 규정하는 작업이 필수적이다. 이런 시도는 일견 모순된 듯 보이는 권위 있는 텍스트들 사이의 일치를 찾는 해석 과정과 관련해서 발달했으리라 추정된다. 이런 경향은 단순히 대답만 제시하는 것이 아니라는 점에서 그 자체로 장점을 지닌다. 단순히 대답만 제시할 경우 그 대답들이 도대체 무엇에 대한 대답인지 불분명하거나, 적어도 독자 스스로 해당 질문을 던지며 질문의 파급 효과를 가늠할 수 있는지가 과제로 남는다. '문제'가 찬반 논쟁을 제시함으로써 이 어려움은 해소될 수 있

---

[73] 부사(Busa) 신부가 편찬한 『토마스 색인』(*Index thomisticus*)에 따르면 『대이교도대전』은 총 32만 5,820단어로 되어 있다.

다. 이를 근거로 스콜라철학의 토론이 얼마나 강력한 논리적 관점에 의해 규정되었는지 이해할 수 있다. 이러한 주해서와 토론 문제집들이 종합되어 '대전'으로 발전되었다.

이 '문제'의 독창성과 교육적 장점을 고려할 때, 토마스가 이 형태를 자신의 첫 번째 대전인 『대이교도대전』에서 사용하지 않았다는 사실이 오히려 놀라울 정도다. 이는 앞서 밝힌 집필 의도와 무관하지 않다. 그러나 『대이교도대전』의 형태가 찬반 논쟁의 형태로부터 완전히 벗어나 있다고 단정할 필요는 없다. 오히려 『대이교도대전』에서도 '문제' 구조를 계속 발견할 수 있는데, 다만 두 장 혹은 여러 장에 걸쳐서 나뉘어 나타나기 때문에 눈에 잘 띄지 않을 뿐이다. 예컨대, 제Ⅰ권 제10/11장; 제52/53장; 제63/64-71장; 제Ⅲ권 제5/6장; 제8/9장; 제Ⅳ권 제51/52장; 제53/54/55장 등이 앞 장에서 제기된 문제에 대한 해결을 제시한다. 제Ⅰ권 제79장과 제Ⅰ권 제8장의 경우, 한 장 안에서도 '찬반 논쟁'의 구조가 나타난다.

'우리 안에 있는 영혼의 모든 행위는 하나의 영혼으로부터 발생하는가'라는 문제를 다루는 경우는 더 극단적인데, 토마스는 『대이교도대전』 제Ⅱ권 제56장에서 제58장에 걸쳐 정신적 실체와 육체의 관계에 대해 다양한 논증 단계를 거쳐 긍정적인 결론에 도달했다. 그러나 그는 이 결론에 만족하지 않고, 자신에게 알려진 다양한 다른 가능성들을 제59장에서 제67장에 이르기까지 하나하나 검토해 가고 있다.[74] 더욱이 지성적 실체는 형상

---

[74] 토마스는 자신이 고찰한 모든 경우를 제68장 서두에서 이렇게 요약한다. "지성적 실체가 육체와, 플라톤이 주장한 것처럼[제57장], 단지 움직이게 하는 자로서 결합된 것이 아니며, 아베로에스가 말한 것처럼[제59장] 단지 표상상들을 통해서 그것과 연결되어 있는 것이 아니라 형상으로서 연결되어 있다면; 그럼에도 그것에 의해 인간이 이해하는 지성이, 알렉산드로스가 말한 것처럼[제62장] 인간 본성 안에 있는 준비가 아니며, 갈레누스가 말한 것처럼[제63장] 체질도 아니며, 엠페도클레스가 말한 것처럼[제64장] 조화도 아니며, 고대철학자들이 말한 것처럼, 육체[제65장]이거나 감각[제66장]이거나 상상력[제67장]도 아니라면, 인간 영혼은 형상으로서 육체와 합일된 지성적 실체라는 결론이 나온다"(*SCG* Ⅱ, 68 n.2).

으로서 육체와 합일될 수 없다는 사실을 증명하려고 앞서 도입된 근거들(제
56장, 제59장)을 제69장에 가서야 하나씩 논박한다. 하나의 질문을 던지고
이렇게 긴 호흡으로 논의하는 것은 『신학대전』이나 『지성단일성』에서는 찾
아보기 힘들다. 이러한 예는 토마스가 『대이교도대전』에서 자신이 중요시
하는 문제를 얼마나 철저하게 탐구해 들어갔는지 잘 보여 준다.

참고문헌[75]

토마스 아퀴나스의 저작

Summa Theologiae
　『신학대전』

Summa contra Gentiles
　『대이교도대전』

Compendium Theologiae
　『신학요강』

Super librum Boethii de Trinitate expositio
　『보에티우스의 삼위일체론 주해』

De ente et essentia
　『존재자와 본질에 대하여』

In Aristotelis libros Ethicorum expositio
　『아리스토텔레스의 니코마코스 윤리학 주해』

In Aristotelis libros Metaphysicorum expositio
　『아리스토텔레스의 형이상학 주해』

In Aristotelis libros Posteriorum analyticorum expositio
　『아리스토텔레스의 분석론 후서 주해』

In Aristotelis libros Perihermeneias expositio
　『아리스토텔레스의 명제론 주해』

---

[75] 외국 문헌의 경우 『대이교도대전』과 직접 관련되는 문헌만 제시했다. 국내 문헌도 해제에서 직접 인용된 문헌과 단행본으로 제한했다. 주제별 문헌은 각 권 개별 해제에서 제시될 것이다.

In Aristotelis libros Physicorum expositio
　『아리스토텔레스의 자연학 주해』

Quaestiones disputatae de potentia
　『권능에 관한 토론 문제』

Quaestiones Quodlibetales
　『자유 토론 문제집』

Scriptum super libros Sententiarum
　『페트루스 롬바르두스의 명제집 주해』

Quaestiones disputatae de veritate
　『진리론』

『대이교도대전』 원전과 번역본

□라틴어

Sancti Thomae Aquinatis Opera omnia iussu Leonis XIII. P.M. edita, cura et studio fratrum praedicatorum. Romae 1882~. 비판본: *Summa contra Gentiles*, Tom. XIII-XIV/XV Romae 1918~1930 (Editio Leonina, 레오니나판).

Liber de Veritate Catholicae Fidei contra errores Infidelium seu Summa contra Gentiles, vol. I (Introductio), vol. II (Lib. 1-2), vol. III (Lib. 3-4). Textus Leoninus diligiter recognitus cura et studio C. Pera, P. Marc, P. Caramello, Taurini - Romae 1961~1967 (Marietti-Ausgabe, 마리에티판).

Opera omnia. vol. 1-25. Parma 1852~1872. Rep. New York 1948: *Summa contra Gentiles*, vol. 5, Parma 1855 (Editio Parmensis, 파르마판).

Opera omnia. Edd. E. Frettée et P. Maré. vol. 1-34. Paris 1871~1880. ²1889; *Summa contra Gentiles*, vol. 12, Paris 1874 (Editio Vivès, 비베판).

□ 영어

On the Truth of the Catholic Faith, 5 vols. Transl. with Introduction an Notes by
  A.C. Pegis (Book I), J.F. Anderson (Book II), V.J. Bourke (Book III), G.J.
  O'Neil (Book IV), Garden Gity, 1955~1957; Rep. Notre Dame - London
  1975.

Summa contra Gentiles, trans. by English Dominicans, London - New York 1924~
  1929.

□ 독일어

Summe gegen die Heiden. Herausgegeben und übersetzt von Karl Albert und Pau-
  lus Engelhardt = Wissenschaftliche Gesellschaft, Reihe 'Texte zur Forschung'
  Bde. 15-19.

□ 프랑스어

Contra Gentiles. Texte de l'Édition Leonie. Introduction historique de A. Gau-
  thier. Traduction de R. Bernier et M. Corves (Livre I), M. Corvez et L.-J.
  Moreau (Livre II), M.-J. Gerlaud (Livre III), R. Bernier et F. Keouanton
  (Livre IV), Paris 1950~1961; Paris: Cerf 1993 (라틴어본 없는 신판).

Somme contre les Gentils. Livre sur la vérité de la foi catholique contre les erreurs
  des infidèles. Traduction inédite par V. Aubin, C. Michon et D. Moreau; Livre
  I (Traduction, présentation et notes par C. Michon); Livre II (C. Michon);
  Livre III (V. Aubin); Livre IV (D. Moreau), Paris 1999.

□ 스페인어

Suma contra los Gentiles. Trad. por J.M. Pla Gastellano; vol. I-II, Madrid 1952~
  1953 (Biblioteca de Autores Cristianos; 94.102).

Suma contra los Gentiles. Segunda edición por L. Robles Carcedo y A. Robles
  Sierra; vol. I-II. Introducción general por J.M. de Garganta, Madrid 1967~
  1968.

M.J. ADLER (1948) *St. Thomas and the Gentiles*, Milwaukee: Marquette 1938/ ⁴1948.

G.-H. ALLARD (1974) "Le 'Contra gentiles' et le modèle rhètorique", in: *Laval Thèologique et Philosophique* 30, 237-250.

J.J. BAGNELL (1983) *Aquinas' Theory of the Rational Soul in the Summa contra Gentiles*, Diss. Univ. of London.

N. BALTHASAR / A. SIMONET (1930) "Le plan de *Somme contre les Gentils* de S. Thomas", in: *Revue des sciences philosophiques et théologiques* 32, 183-210.

A. BERTEN (1928) "A propos de la *Summa contra Gentiles*", in: *Critérion* 4, 175-183.

I. BIFFI (1963) "Una recente e discussa introduzióne alla 'Summa contra Gentiles' di S. Tommaso", in: *La Scuola Cattolica* 91, 42-58.

K. BORMANN (1999) *"Thomas von Aquin"*, in: *Grosses Werklexikon der Philosophie*, Bd. 2 (Hg.) F. VOLPI, Darmstadt, 1491f.

M. BOUYAGES (1925) *Le plan du Contra Gentiles de S. Thomas. Études sur S. Thomas (1225~1925)*, Paris, 176-197.

O.J. BROWN (1981) "St. Thomas, the philosophers and felicity. Some reflections on 'Summa contra Gentiles' III, 63, 10", in: *Laval Thèologique et Philosophique* 37, 69-82.

P. CASTAGNOLI (1928) "La data di composizione della 'Summa contra Gentiles' di San Tommaso d'Aquino", in: *Divus Thomas* (P) 31, 489-492.

A.C. CHACON (1984) "El tratado sobre la gracia en la 'Summa contra Gentiles'", in: *Scripta theologia* 16, 113-146.

M.-D. CHENU (1982) *Das Werk des hl. Thomas von Aquin*, Graz - Wien - Köln, ²1982 (Die deutsche Thomas Ausgabe: 2 Ergänzungsband; "Die Summa contra Gentiles", 325-335).

M. CORBIN (1974) *Le chemin de la théologie chez Thomas d'Aquin*, Paris (= Bibl. des Archives de Phil. N. S. 16).

M.B. Crowe (1962) "Thomas against the Gentiles", in: *The Irish Theological Quartely* 29, 93-120.

A. Destrez (1929) "L'éditione de la *Somme contre les Gentils*: les manuscrits, la 'pecia', le texte", in: *Bulletin thomiste* 6, 501-515.

A. Dondaine (1979) *Exemplars de la Summa contra Gentiles*. Miscellanea Codicologica F. Masai (eds.) P. Cockshaw / M.-C. Garand / P. Jodobne, Gand. (= Les Publications de Scriptorum 8).

H. Dondaine (1941) "Le Contra Errores Graecorum de S. Thomas et le IVe livre Contra Gentiles", in: *Revue des Sciences Philosophiques et Théologiques* 30, 156-162.

P. Engelhardt (1964) "'Summa contra Gentiles' des Thomas von Aquin", in: W. Sandfuchs (ed.) *Bücher der Entscheidung*, Würzburg, 42-54.

U. Galeazzi (1989) *L'etica filosofica in Tommasso D'Aquino. Dalla Summa Theologiae alla Contra Gentiles: Per Una Riscoperta Dei Fondamenti Della Morale*, Roma.

R.-A. Gauthier (1984) "Préface", in: *Sancti Thomae de Aquino Sentencia libri De anima*, Opera omnia XLV/1, Rom - Paris, 207.290-293.

— (1993) "Introduction", in: *Saint Thomas d'Aquin. Somme contre les gentils*, Paris 1961/1993.

— (1996) "Introduction", in: Thomas Aquinas, *Quaestiones de quolibet*, Opera omnia XXV/2, Paris, 470-490.

L.B. Geiger (1963) "Les rédactions successives de *contra Gentiles* 1,53 d'apres l'autographe", in: *Saint Thomas d'Aquin aujourd'hui*, Paris (= Recherches de philosophie 6) 221-240.

L.G.A. Getino (1905) *La "Summa contra Gentiles" y el "Pugio fidei" o El averroismo-teológico de Santo Thomás*, Vergara.

P.-M. Gils (1992) "Préface", in: *Sancti Thomae de Aquino Sentencia libri De anima*, Opera omnia L, Rom - Paris.

M.M. Gorce (1930) "La lutte 'contra Gentiles' à Paris au XIIIe siècle", in: *Mélanges Mandonnet* I, Paris, 223-243.

M. Grabmann (1920) "Neuausgabe der *Summa contra Gentiles* des h. Thomas von Aquin nach dem Autograph", in: *Theologische Revue* 19, 41-48.81-86. 121-127.

— (1949) *Die Werke des Heiligen Thomas von Aquin*, Münster [3]1949; mit Literaturergänzungen von R. Heinzmann, 1967 (= BGPhThMA XXII, 1/2).

Th. S. Hibbs (1995) *Dialectic and Narrative in Aquinas. An Interpretation of the Summa contra Gentiles*, Notre Dame - London.

N. Hinske (1963) "Handeln und Enttäuschung. Überlegungen zu CG III 25ff.", in: *Sein und Ethos. Untersuchungen zur Grundlegung der Ethik*, Hg. P. Engelhardt OP. Mainz, 213-227 (= Walberberger Studien. Philosophische Reihe 1).

H. Hoping (1997) *Weisheit als Wissen des Ursprungs. Philosophie und Theologie in der "Summa contra Gentiles" des Thomas von Aquin*, Freiburg - Basel - Wien.

A. Huerga (1974) "Hipótesis sobre la génesis de la 'Summa contra Gentiles' y del 'Pugio fidei'", in: *Angelicum* 51, 533-557.

L.J.A. Izquierdo (1982) "La Téologia del Verbo en la *Summa contra Gentiles*", in: *Scripta Theologica* 14, 551-580.

H.J. Jobmon (1985) "*Contra Anselmum* but *contra Gentiles*. Aquinas' Rejection of the Ontological Argument", in: *Schede Medievali* 8, 18-27.

M.D. Jordan (1977) *Creation and Intelligibility in Thomas Aquinas: A Reading of the Contra Gentiles*, Diss. Univ. of Texas at Austin.

— (1986) "The Protreptic Structure of the 'Summa contra Gentiles'", in: *The Thomist* 50, 173-209.

A. Judy (1975) "Avicenna's 'Metaphysics' in the *Summa contra Gentiles* I-II", in: *Angelicum* 52, 340-384.541-586.

N. Kretzmann (1997) *The Metaphysics of Theism: Aquinas's Natural Theology in Summa contra Gentiles* I, Oxford: Clarendon.

— (1999) *The Metaphysics of Creation. Aquinas's Natural Theology in Summa contra Gentiles* II, Oxford: Clarendon.

H. LAIS (1951) *Die Gnadenlehre des hl. Thomas in der Summa contra Gentiles und der Kommentar des Franziskus Sylvestris von Ferrara*, München.

H. LAURENT (1931) "Autour de la '*Summa contra Gentiles*' simple mise au point", in: *Angelicum* 8, 237-245.

P. LAZZARO (1976) *La dialettica della partecipazione nella Summa contra Gentiles di S. Tommaso d'Aquino*, Reggio.

E.M. MACIEJOWSKI (1979) *The Thomistic Critique of Avicennian Emanationism from the Viewpoint of the Divine Simplicity, with Special Reference to the Summa contra Gentiles*. Diss. Uni. of Toronto.

P. MARC (1967) "Introductio", in: *S. Thomae Aquinatis Liber de veritate Catholicae Fidei contra errores infidelium*, Bd. I, Turin: Marietti, 312-387.

B. de MARGERIE (1984) "L'objet, l'ordre et les cheminements de la Révélation. Commentaire d'un chapitre de la *Somme contre les Gentils* (III, 154) à la lumière des autres œuvres de saint Thomas d'Aquin", in: *Divus Thomas* (P) 87, 3-47.

M. MATTHYS (1936) "Quid ratio naturalis doceat de possibilitate visionis beatae secundum S. Thomam in *Summa contra Gentiles*", in: *Divus Thomas* (P) 39, 201-228.

J.R. MÉNDEZ (1985) *El amor fundamento de la participación metafísica. Hermenéutica de la Summa contra Gentiles*. Diss. Pontifical Uni. Lateranense, Roma.

— (1988) "Emergencia y sentido del hombre en la reflexión ética de la *Summa contra Gentiles*", in: *Sapientia* 43, 51-58.

— (1990) *El amor fundamento de la participación metafísica. Hermenéutica de la "Summa contra Gentiles"*, Buenos Aires.

W. METZ (1998) *Die Architektonik der Summa Theologiae des Thomas von Aquin. Zur Gesamtsicht des thomasischen Gedankens*, Hamburg (= Paradigmata, 18).

A.-R. Motte (1978) "Bemerkungen zur Abfassungszeit von 'Contra Gentiles'", in: K. Bernath (Hg.) *Thomas von Aquin*. Bd. 1: *Chronologie und Werkanalyse*. Darmstadt, 167-172.

Th. Murphey (1969) "The Date and Purpose of the *Contra Gentiles*", in: *The Heythrop Journal* 10, 405-415.

L. Oeing-Hanhoff (1953) *'Ens et unum convertuntur'. Stellung und Gehalt des Grundsatzes in der Philosophie des hl. Thomas von Aquin*, Münster (= BGPhMA 37,3).

P. Ohm (1927) *Die Stellung der Heiden zur Natur und Übernatur nach dem hl. Thomas von Aquin*, Münster.

— (1935) "Thomas von Aquin und die Heiden-und Mohammedanermission", in: A. Lang u.a. (Hgg.) *Aus der Geisteswelt des Mittelalters. Studien und Texte*. FS M. Grabmann, Münster, 735-748.

A. Patfoort (1982) "La Finalité Apostolique de *La Somme Contre les Gentils*", in: *Angelicum* 59, 3-22.

— (1983) "*La Somme Contre les Gentils*, école de présentation aux infidèles de la foi chrétienne", in: *Saint Thomas d'Aquin. Les clefs d'une théologie*, Paris, 103-130.

A.C. Pegis (1955) "Creation and Beatitude in the *Summa contra Gentiles* of St. Thomas Aquinas", *Proceedings of the American Catholic Philosophical Association* 29, 52-62.

— (1959) "Some Reflections on *Summa contra Gentiles* II, 56", in: C.J. O'Neil (ed.) *An Etienne Gilson Tribute*, Milwaukee, 169-188.

— (1963) "St. Thomas and the Nicomachean Ethics. Some Reflections on '*Summa contra Gentiles*' III, 44, §5", in: *Mediaeval Studies* 25, 1-25.

— (1964) "Qu'est-ce que la *Summa contra Gentiles*?", in: *L'homme devant Dieu. Mélanges offerts au Père Henri de Lubac* II, Paris, 169-182.

— (1974) "Between Immortality and Death: Some Further Reflections on the *Summa contra Gentiles*", in: *The Monist* 58, 1-15.

A. Pelzer (1920) "L'Édition Léonine de la *Somme contre les Gentils*", in: *Revue néoscolastique de philosophie* 22, 217-245.

O.H. Pesch (1988) *Thomas von Aquin. Grenze und Größe mittelalterlicher Theologie. Eine Einführung*, Mainz.

— (2001) "Thomas von Aquino / Thomismus / Neuthomismus", in: *Theologische Realenzyklopädie (TRE)* XXXIII, 433-474.

J. Pieper (1987) "Über Thomas von Aquin", in: *Sentenzen über Gott und die Welt*, Einsiedeln: Johannes.

— (1990) *Thomas von Aquin. Leben und Werk*, München.

L. Porter (1994) "*Summa contra Gentiles* III, chapters 131-135. A Rare Glimpse into the Heart as well as Mind of Aquinas", in: *The Thomist* 58, 245-263.

D. Salman (1937) "Sur la lutte contra Gentiles de Saint Thomas", *Divus Thomas* (P) 40, 488-509.

R. Schönberger (2001) *Thomas von Aquins "Summa contra Gentiles"*, Darmstadt: Wissenschaftliche Buchgesellschaft.

R.A. te Velde (Red.) (1990) *Vruchtbaar woord. Wijsgerige beschouwingen bij een theologische tekst van Thomas van Aquino. Summa contra Gentiles, Boek IV, hoofdstuk 11*, Leuven (= Wijsgerige Verkenningen 9).

— (1994) "Natural Reason in the *Summa contra Gentiles*", in: *Medieval Philosophy and Theology* 4, 42-70.

J.-P. Torrell (1995) *Magister Thomas. Leben und Werk, des Thomas von Aquin*, Freiburg.

S. Tugwell (1988) "Introduction", in: S. Tugwell, *Albert and Thomas*. Selected Writings, New York, 201-267.

Q. Turiel (1974) "La intención de Santo Tomás en la 'Summa contra Gentiles'", in: *Studium* 14, 371-401.

D.S. Utrecht (1983) *Esse in the Summa contra Gentiles of Saint Thomas Aquinas*, Diss. Univ. of Toronto.

S. van Riet (1976) "La *Somme contre les Gentils* et la polémique islamo-chré-tienne", G. Verbeke / D. Verhelst (eds.) *Aquinas and Problems of His Time, Leuven* (= Mediaevalia Loaniensia. Series I; Studia V) 150-160.

F. van Steenberghen (1962) "Saint Thomas d'Aquin. *Contra Gentiles*. Livre pre-mier. Texte de l'édition léonine. Introduction de A. Gauthier. Traduction de R. Bernier et M. Corvez", in: *Revue philosophique de Louvain* 60, 419-424.

— (1977) *Die Philosophie im 13. Jahrhundert*, München - Paderborn - Wien [fr. Paris - Louvain 1966].

J. Wawrykow (1994) "The *Summa contra Gentiles* reconsidered. On the contribu-tion of the De Trinitate of Hilary of Poitiers", in: *The Thomist* 58, 617-634.

F. Zanatta (1990) "La nozione di contingenza nella *Summa contra Gentiles* di Tommaso d'Aquino", in: *Verifiche* 20, 53-81.

토마스 아퀴나스 관련 국내 문헌

ㅁ토마스 아퀴나스 저작의 국내 번역서

『세상 영원성론』 F. 방 스텐베르겐 『토마스 아퀴나스와 급진적 아리스토텔레스주의』 이재룡 옮김, 성바오로출판사 2000, 131-145.

『신앙의 근거들』 김율 옮김, 철학과 현실사 2005.

『신학대전』 1-6, 10, 11, 16, 정의채 옮김, 바오로딸 1985~2003.

— 13, 김율 옮김, 바오로딸 2008.

— 14, 이상섭 옮김, 바오로딸 2009.

— 15, 김정국 옮김, 바오로딸 2010.

— 7, 윤종국 옮김, 바오로딸 2010.

―9, 김춘오 옮김, 바오로딸 2010.

『신학요강』 박승찬 옮김, 나남출판사 2008.

「자연의 원리들」 이재룡 옮김 『가톨릭 신학과 사상』 17 (1996/가을) 219-237.

『자연의 원리들』 김율 옮김, 철학과 현실사 2005.

『유有와 본질本質에 대하여』 정의채 옮김, 서광사 1995.

『존재자와 본질에 대하여』 김진 · 정달용 옮김, 서광사 1995.

『존재자와 본질에 대하여』 정의채 옮김, 바오로딸 2004.

『지성단일성』 이재경 옮김, 분도출판사 2007.

▫2차 문헌(단행본)

G. 달 사쏘 / R. 꼬지 편 (1997) 『성 토마스 아퀴나스의 신학대전 요약』 이재룡 ·
    이동익 · 조규만 옮김, 가톨릭 대학교 출판부.

요셉 라삼 (2009) 『토마스 아퀴나스: 존재의 형이상학』 이명곤 옮김, 누멘.

레오 13세 (1994) 「영원하신 아버지」(1879) 이재룡 옮김 『가톨릭 신학과 사상』 11,
    248-270.

이나가키 료스케 (2011) 『토마스 아퀴나스 신학대전 새로 알기』 조규상 옮김, 가톨
    릭출판사.

― (1995) 『토마스 아퀴나스』 정종표/정종휴 옮김, 새남.

J. 마리땡 (1985) 『철학의 근본 이해: 아리스토텔레스 · 토마스 아퀴나스의 철학』
    박영도 옮김, 서광사.

박경숙 (2004) 『중세와 토마스 아퀴나스』 살림.

박석희 (1984) 「철학대전」 『역사를 움직인 100권의 책』(『신동아』 1984/1 별책 부록) 동
    아일보사, 48-50.

박승찬 (2010a) 『서양 중세의 아리스토텔레스 수용사 ― 토마스 아퀴나스를 중심
    으로』 누멘.

― (2010b)「인격에 대해 영혼-육체 통일성이 지니는 의미: 토마스 아퀴나스의 작품들을 중심으로」『철학사상』35, 61-102.

F. 방 스텐베르겐 (2000)『토마스 아퀴나스와 급진적 아리스토텔레스주의』이재룡 옮김, 성바오로출판사.

로버트 배런 (2011)『토마스 아퀴나스가 가르치는 세계관과 영성』안소연 옮김, 누멘.

M.D. 셰뉘 (1997)「신학대전 입문」이재룡 옮김, G. 달 사쏘 / R. 꼬지 편『성 토마스 아퀴나스의 신학대전 요약』가톨릭 대학교 출판부 591-615.

서병창 (2002)『신 안에서 자립적인 인간: 토마스 아퀴나스의 신 · 인간 · 세계』동과서.

신창석 (1993)「신학대전의 형성과 구조」『현대 가톨릭 사상』9, 3-40.

― (1994)「신학대전의 형성과 구조(II)」『현대 가톨릭 사상』11, 41-73.

― (1995)「토마스 아퀴나스의 〈철학대전〉 제1권 92-102장에 대한 연구 번역」『현대 가톨릭 사상』12, 173-201.

― (2003)「〈철학대전〉 서문에 대한 연구 번역」『중세철학』9, 191-220.

레오 엘더스 (2003)『토마스 아퀴나스의 형이상학』박승찬 옮김, 가톨릭출판사.

R. 오도넬 (1999)『쉽게 쓴 토마스 아퀴나스 철학』이재룡 옮김, 가톨릭 대학교 출판부.

토마스 오미어러 (2002)『신학자 토마스 아퀴나스』이재룡 옮김, 가톨릭출판사.

J. 와이스헤이플 (1998)『토마스 아퀴나스 수사』이재룡 옮김, 성바오로출판사.

요한 바오로 2세 (1991)「아퀴나스: 인간 존엄성의 수호자」『한국 천주교 중앙협의회 회보』65.

― (1999)『신앙과 이성』[부록: 레오 13세의 회칙「영원하신 아버지」(1979)] 이재룡 옮김, 한국 천주교 중앙협의회.

이명곤 (2010)『토마스 아퀴나스 명언집』누멘.

이재경 (2002)『토마스 아퀴나스와 13세기 심리철학』대구 가톨릭 대학교 출판부.

장욱 (2002)『중세철학의 정신』동과서.

— (2003a)『그리스도교 사상과 철학』동과서.

— (2003b)『토마스 아퀴나스의 철학: 존재와 진리』동과서.

E. 질송 (1994)『토미스트 실재론과 인식 비판』이재룡 옮김, 서광사.

G.K. 체스터튼 (1984)『성 토마스 아퀴나스』박갑성 옮김, 홍성사.

알버트 침머만 (2004)『토마스 읽기』김율 옮김, 성바오로출판사.

D. 카푸토 (1993)『마르틴 하이데거와 토마스 아퀴나스: 형이상학의 극복에 관한 시론』정은해 옮김, 시간과공간사.

A. 케니 (1984)『성 토마스 아퀴나스』강영계 · 김익현 옮김, 서광사.

— (1999)『아퀴나스 심리철학』이재룡 옮김, 가톨릭 대학교 출판부.

— (2000)『토마스 아퀴나스』서병창 옮김, 시공사.

F.C. 코플스턴 (1993)『토마스 아퀴나스』강성위 옮김, 성바오로출판사.

J. 피퍼 (1990)『철학이란 무엇인가』허재윤 옮김, 이문출판사.

— (1995)『토마스 아퀴나스 – 그는 누구인가』신창석 옮김, 분도출판사.

J. 힐쉬베르거 (1983)『서양철학사』상권: 고대와 중세, 강성위 옮김, 이문출판사.

박승찬(가톨릭 대학교)

『대이교도대전』제III권 후반부 해제
— 섭리와 피조물의 통치 —

총 네 권으로 이루어진 『대이교도대전』 가운데 제III권은 두 부분으로 나뉘는데, 후반부의 범위는 제84장부터 마지막 163장까지다.[1] 이런 구분은 『대이교도대전』 가운데 제III권이 차지하는 분량이 많기에 제1장부터 83장까지를 제III권의 전반부로, 나머지 부분을 제III권의 후반부로 나눈 20세기 이후 현대어 번역본의 관행을 따른 것이다. 제III권 후반부의 내용을 개괄하기에 앞서 『대이교도대전』의 전체 기획 속에서 제III권 후반부가 차지하는 위치를 점검해 보자.

　'이성을 능가하는 진리에 대한 해명'[2]인 마지막 제IV권을 제외한다면, 『대이교도대전』 제I-III권은 모두 자연 이성을 통한 방식을 따라 탐구한다. 그렇다면 제III권의 후반부는 '이성의 탐구로 도달될 수 있는'(I 9, n.51) 진리

---

[1] 『대이교도대전』 전체 내용을 소개하는 문헌으로 Davies (2014) 참조. 특히, 제III권 후반부는 252-297 참조.

[2] *SCG* I 9, n.56: "그다음에 우리는 아주 분명한 것에서 조금 덜 분명한 것으로 나아가는 식으로, 이성을 능가하는 진리에 대한 해명으로 나아갈 것인데, 신이 허락하는 만큼의 개연적이고 권위 있는 근거를 가지고 상대방을 확신시키면서, 신앙의 진리를 선포할 것이다(IV권)."

를 해명하는 작업이 마무리되는 곳이다.

『대이교도대전』 제IV권이 계시를 통해서만 알려질 수 있는 삼위일체, 육화啶化 등과 같은 주제를 다룬다면, 나머지 세 권의 세부 주제는 각각 무엇인가? 제I권의 서두에서 이 물음에 대한 답을 찾을 수 있다.

> 인간 이성이 신에 대해 탐구할 수 있는 것을 이성의 방식에 따라
>
> 탐구하려고 의도하고 있으므로,
>
> a) 첫째, 그 자체로 신 자신에게 속하는 것에 대해(I권)
>
> b) 둘째, 역으로 신에게서 나오는 피조물의 발출 과정에 대해(II권)
>
> c) 셋째, 신을 목적으로 하는 피조물의 질서에 대해(III권) 고찰하게
>
> 될 것이다(I 9, n,57)

큰 틀에서 보면 『대이교도대전』 제I-III권은 모두 신이라는 주제를 이성의 방식에 따라 탐구하고 있지만, 제I권은 신의 존재와 본질 등의 신 자체에 초점을 맞추는 '신론', 제II권은 신이 다양한 방식으로 피조물들을 창조하는 방식을 다루는 '창조론', 제III권은 만물의 목적이자 통치자로서의 신이 피조물들을 섭리하는 방식을 다루는 '섭리론'으로 각각 나눌 수 있다. 따라서 이 세 권을 통해 신을 그 자체로 고찰하는 제I권에서 출발하여 피조물이 신에게서 발출되는 과정을 다루는 제II권을 거쳐 피조물이 신을 향해 귀환 과정을 고찰하는 제III권에 이르게 되는 구조를 확인할 수 있다.

제III권의 주제인 '섭리'(providentia)란 무엇인가? 신이 자신이 창조한 피조물을 다스리거나 지배하는 방식을 일컫는다. 토마스에 따르면, 신은 피조물들을 창조할 뿐만 아니라 다스리기도 한다. 만물을 다스리는 신은 만물에 존재를 부여하기도 하지만 그 존재를 보존한다. 신은 이 세계를 무無

로부터 창조하고 나서도 피조물들이 자신들의 존재를 보존하도록 세계에서 지속적인 역할을 담당한다는 것이다. 이런 보존 행위는 신이 이 세계를 존재하도록 한 원인이기도 하지만, 피조물들에 영향을 미침으로써 만물이 작용하도록 만드는 원인이기도 하다는 점을 드러낸다. 그렇다면 '섭리'는 '창조' 개념을 전제한다고 볼 수 있다. 신은 만물의 창조에 궁극적 책임을 지니는 한, 만물의 행위에도 궁극적 책임을 지니는 게 당연할 것이다.

토마스는 『대이교도대전』 전체 기획 속에서 제III권의 구조를 다음과 같이 설명한다.

> a) 우리는 제I권에서 신적 본성의 완전성에 대해 논구하였고, 제II권에서 신이 모든 사물의 산출자이자 주인이라는 측면에서 신적 권능의 완전성에 대해서 논구하였다. 따라서 이 제III권에서는 신이 모든 사물의 목적이자 통솔자라는 측면에서 신의 완전한 권위 또는 위엄dignitas에 대해 논구할 차례다.
>
> b) 그러므로 [제III권은] 다음과 같은 순서로 진행될 것이다. 첫째, 신이 모든 사물의 목적인 한에서 신 자체에 대해 다룰 것이다(III 2-63). 둘째, 신이 모든 피조물을 통치하는 한에서 신의 일반적 통치에 대해 다룰 것이다(III 64-110). 셋째, 신이 지성을 소유한 피조물을 통치하는 한에서 신의 특수한 통치에 대해 다룰 것이다(III 111-163).[3]

『대이교도대전』 제III권 전체의 논지는 신이 저마다의 피조물에게 합당한 궁극 목적, 즉 저마다의 본성에 최선인 것을 제공하고, 그 목적을 지향하

---

[3] *SCG* III 1, n.1867.

도록 하는 원리나 능력을 부여함으로써 그 궁극 목적을 향하도록 인도한다는 것이다. 신의 섭리를 다루는 『대이교도대전』 제III권은 크게 두 부분으로 구분된다. 이 두 부분은 각각 신의 두 가지 면모, 즉 '만물의 궁극 목적'과 '만물의 통치자'에 주안점을 둔다. 제1장부터 63장까지는 신이 만물의 목적이라는 점을 드러냈다면, 제64장부터 마지막 163장까지는 신이 섭리를 통해 만물을 다스리는 통치자임을 보여 준다. 그런데 후자는 다시 두 부분, 모든 피조물에 대한 섭리(제64-110장)와 지성을 소유한 피조물, 즉 인간들에 대한 섭리(제111-163장)로 세분된다.

토마스는 『대이교도대전』 제III권의 제64장부터 만물의 궁극 목적인 신이 만물을 다양한 방식으로 그 목적으로 인도한다는 점을 보여 주고자 한다. 신의 섭리를 인정하게 되면 신이 계획한 대로 만물을 존재하도록 하고 또 그 만물을 합당한 목적으로 향하도록 하리라는 점을 받아들이게 된다는 것이다.[4] 이런 섭리에 따르면, 운運에 좌우되거나 우연히 일어나는 일은 없게 된다. 우연히 일어난다는 사건이란 신의 인과적 작용 범위를 넘어서는 것이므로 섭리 밖에 있게 된다. 그런데 신의 섭리 밖에 있는 사건이란 있을 수 없다. 그러한 사건에 관해 말하는 것이야말로 존재할 리가 없는 것에 관해 왈가불가하는 것이 된다. 신의 섭리가 만물의 창조는 물론 그 작용에 대해서도 궁극적 책임을 진다면, 신만이 세계에 인과적 효력을 발휘한다는 주장으로 귀결되는가? 물론 그렇지 않다. 토마스는 신과 피조물이 결과를 산출하는 데에 힘을 합친다고 본다.[5] 신의 섭리는 우연성이

---

[4] 이런 내용은 토마스의 다음 구절들을 통해 확인할 수 있다: "사물은 작용뿐 아니라 존재에 의해서도, 신이 지향하는 궁극 목적, 곧 신적 선성으로 질서 잡혀 있다"(*SCG* III 65, n.2398); "신은 사물이 처음으로 존재하기 시작할 때 사물에게 존재를 부여했을 뿐만 아니라, 이미 밝혀진 것처럼(III 65) 사물을 존재 안에 보존하면서, 사물이 존재하는 내내 사물에게 존재를 야기한다"(III 67, n.2417).

나 자유의지, 운, 운명과 같은 특성들을 배제하지 않는다. 섭리는 신 스스로 모든 것을 직접적으로 한다는 뜻이 아니다. 제이 원인의 작용을 배제하지 않는 섭리의 작용은 피조물들에 속하는 제이 원인을 통해 구현되는데, 그것들의 작용 방식은 우연적이든 아니면 필연적이든 신의 섭리에 종속된다. 신은 세계에 일어나는 모든 결과를 산출하는 이차 원인의 질서가 신의 섭리에 종속되는 방식으로 모든 사건을 예지한다.[6]

1. 신의 섭리: 만물의 일반적 통치(제84-110장)

1.1. 우연성과 신적 섭리의 확실성(제84-93장)

토마스는 만물의 일반적 통치를 논하는 『대이교도대전』 제III권 전반부의 마지막 장에서 신의 섭리를 제이 원인을 통해 피조물들을 다스리는 방식이라고 요약한다. 물체적 피조물은 영적 피조물을 통해, 하위의 영靈들은 상위의 영靈들을 통해, 하위 물체들은 상위 물체들을 통해 다스려진다는 것이 그의 주장이다.[7] 이런 주장은 위僞디오니시우스의 위계적인 인과성 개념에 토대를 둔다. 신은 피조물들을 다스릴 때 그것들보다 상위의 다른 피

---

[5] 토마스의 섭리 이론은 이슬람 기회원인론(occasionalism)에 대한 비판을 통해 잘 드러난다. 김율 (2017) 참조. 알가잘리의 기회원인론에 대해서는 이재경 (2004) 참조.

[6] 『대이교도대전』 제III권 전반부에 대해서는 토마스 아퀴나스 『대이교도대전』 김율 역주 (분도출판사 2019) 해제(67-88) 참조.

[7] 이런 주장은 제III권 제78장("모든 피조물 가운데 최상위 피조물은 지성적 피조물이다. 따라서 신적 섭리의 개념은 이성적 피조물이 여타의 피조물을 다스릴 것을 요구한다")과 제79장("하위의 지성적 본성들이 상위의 지성적 본성들에 의해 통치된다")에서 발견된다. 제80장에는 천사들이 우리 인간보다 신을 더 잘 인식하고 피조물에 대한 신의 다스림에 한몫하는 '영(靈)들'로 언급된다. 한편, 토마스는 "사물에 부과되어야 할 질서의 안출에 관한 한, 신은 그 스스로 만물을 안배한다"(III 83, n.2580)는 전제 위에서 천사와 천체를 인과적 작용자로 여긴다.

조물들을 통해 다스린다는 것이다.[8] 그렇다고 해서 천사들이나 천체들이 우리 인간의 지성을 강제할 수 없고(제84장), 인간의 의지 행위와 선택 행위의 원인이 될 수도 없을 뿐만 아니라(제85장과 제87-88장), 지상에 일어난 물리적 사건들이 천체에서 필연적으로 생길 수도 없다(제86장)고 주장한다. 왜냐하면 "신은 우리 숙고 행위와 의지 행위의 제일 원리"(III 89, n.2651)이기 때문이다. 창조된 질서를 다스리는 것은 신에게서 권한을 부여받은 제이 작용자들의 인과성이 아니라 신의 섭리인 것이다.[9]

토마스에 따르면, 신의 섭리는 만물의 존재는 물론 그 작용까지 다스린다. 더욱이 신의 섭리는 전적으로 확실하고 무류無謬하고 불변한다.[10] 따라서 이 세계에 일어나는 사건은 "신이 그것이 일어나리라고 예견한 대로 일어날 것이다"(III 94, n.2697). 신이 영원부터 일어나도록 의지하는 사건이 항상 일어난다면, 모든 일은 필연적으로 일어나는 것인가? 그렇다면 신의 섭리가 인간의 자유와 도덕적 책임을 앗아 가는 것은 아닌가? 토마스는 신의 섭리가 만사를 결정한다는 신학적 운명론(theological fatalism)[11]을 강하게 부정한다. 그는 신의 섭리가 이 세계에 일어나는 일들이 필연적이 아니라 '우연적으로'(contingently) 일어나리라고 의지한다면, 그 사건은 '우연적으로' 일어날 것이라고 주장한다. 예컨대, 신이 섭리를 통해 어떤 사람이 왕이 되리라고 의지했다고 가정해 보자. 신의 섭리에 따르면 그 사람은 왕이 되는

---

[8] 토마스의 섭리 이론에 미친 신플라톤주의 세계관에 대해서는 Hankey (2011) 참조.

[9] 토마스는 신의 통치 과정에서 제이 원인의 인과성을 인정하더라도 모든 사건이 제이 원인에 의해 필연적으로 일어나지는 않는다는 점을 강조하며(제92장), 만사를 별들의 필연성에 종속되는 것으로 여기는 '운명'(fatum)을 강력하게 비판한다(제93장).

[10] 토마스는 제94장에서 신적 섭리의 확실성에 대한 다섯 가지 반론을 다룬다.

[11] 참조: III 94, n.2686. 토마스는 이 문제를 반론의 형태("이 하위 세계에서 일어나는 만사, 심지어 우연적 사건들조차도 신의 섭리에 종속된다면, 섭리가 확실하지 않든지 아니면 만사가 필연적으로 일어나든지 할 것으로 보인다")로 다룬다.

결과가 뒤따를 것이다. 그러나 그 사태를 단적으로 고려하면, 그가 반드시 왕이 되리라는 결과로 귀결되지 않는다. 왜냐하면 단적으로 고려할 경우, 그는 왕이 되기 전에 죽을 수도 있(었)기 때문이다.[12] 토마스는 이런 식으로 우연성과 섭리가 양립될 수 있다고 본다. 다시 말해, 세계에 일어나는 사건은 신의 의지대로 일어날 수 있을 뿐 아니라 인간의 의지대로도 일어날 수 있다는 것이다. 그렇다면 신이 이 세계를 필연성에 좌우되지 않고 신 자신의 자유의지로 창조하고 또 섭리하듯이, 피조물인 인간도 자연의 필연성에 지배되지 않고 자기 자유의지로 마음먹은 대로 살아가게 된다.

1.2. 섭리와 기도(제95-96장)

토마스의 섭리 이론에 따르면, 신은 자신이 창조한 세계를 자기 의지대로 다스리더라도 인간의 자유와 도덕적 책임이 침해되지 않는다. 이런 주장을 받아들이더라도, 여전히 섭리를 이해하는 데 어려움이 생긴다. 신의 계획대로 틀림없이 일어나며 또 변하지 않는 것이 섭리라면, 우리가 신에게 무언가를 구하는 행위의 여지는 남아 있는가? 한낱 피조물에 불과한 우리 인간이 신에게 도움을 청하는 것은 자연스러울 뿐만 아니라 마땅한 일이기도 하다. 신의 섭리가 확실하고 불변한다면 신에게 무언가를 구하는 행위, 즉 '기도'(oratio) 자체를 무의미한 것으로 치부해야 하지 않을까?[13] 그런

---

[12] III 94, n.2698 참조: "미래에 일어나리라고 신에 의해 예견되는 것으로 간주하는 이 사건이 우연적 존재자들의 유(類)에 속한다면, 그것은 그 자체로 고려될 때 존재하지 않을 수도 있게 될 것이라는 점도 분명하다. 왜냐하면 그것은 존재하지 않을 수도 있는 우연적인 것으로 예견되기 때문이다. 그런데도 섭리의 질서는 그것이 우연적으로 일어나는 것에 대해 작동하지 않을 리 없다. 따라서 '세 번째' 반론(III 94, n.2689)은 해결된다. 결과적으로 우리는 그 사람을 그 자체로 고려하게 되면 왕이 되지 않을 수도 있다고 말할 수 있지만, 예견되는 대상으로 고려하게 되면 그렇게 말할 수는 없다."

[13] 토마스의 논의는 '청원 기도'에 초점을 맞춘다.

데 기도가 무의미하지 않다면 신의 섭리는 우리의 기도로 변화될 수 있는 것인가? 더욱이 우리가 신에게 굳이 말하지 않더라도 신은 우리가 원하거나 필요한 것을 모두 알고 있다. 그렇다면 이런 청원 기도[14]가 전지全知하고 선한 신에 대한 믿음과 모순되는 것은 아닌가?

토마스는 신적 섭리가 불변하므로 피조물에 의해 결코 변화될 수 없다는 데는 이견이 없다. 그렇다고 해서 기도의 효용을 부정하지는 않는다. 왜 그런가? 우리의 기도는 신에게 무언가를 알리려는 행위가 아니기 때문이다. 더욱이 기도는 신에게 변화를 일으키는 시도로 여길 수도 없다. 우리의 기도는 신이 계획한 것을 얻으려고 한다는 점에서 신의 계획을 변경시킬 목적은 아니기 때문이다. 따라서 신이 "우리의 기도를 듣고 대답한다"라는 말은 그 기도가 신의 의지에 실질적인 효과를 일으킴으로써 섭리의 질서를 바꾼다는 점을 뜻하지 않는다. 토마스는 섭리가 기도의 효용을 배제하지 않는 이유를 다음과 같이 설명한다.

> 왜냐하면 섭리의 영원한 안배를 변화시키는 것은 불가능하므로 우리는 그 안배를 변화시키기 위해 기도를 드리는 것이 아니라 우리 자신이 바라는 것을 신에게 얻기 위해 기도를 드리기 때문이다(III 95, n.2702).

우리가 간절히 청함으로써 신이 이미 계획한 것을 얻고자 하는 것이 기도의 목적이다. 우리는 기도할 때 신이 이룰 수 있다고 알고 있는 것을 구하기 때문이다. 물론 신은 우리가 굳이 청하지 않더라도 많은 것을 준다. 하

---

[14] 섭리 이론과 기도의 양립 가능성 문제는 Stump (1979) 참조. 토마스의 해결 방식에 대해서는 Te Velde (2014) 참조.

지만 신은 우리 기도를 들어주면서 우리에게 무언가를 주고자 한다는 것이다. 토마스는 이처럼 신이 "기도를 통해 표출되는 경건한 바람들을 자신의 선성에 따라 실현하"(III 95 n.2703)는 행위를 우정과 사랑의 사례라고 본다.

신은 우리의 기도를 항상 들어주는가? 물론 그렇지 않다. 신은 특정한 선에 대한 우리의 요구가 없더라도 우리에게 선한 것을 줄 수 있다. 그러나 우리가 구한다고 해서 신이 반드시 우리에게 주지는 않는다. 신이 들어줄 만한 적절한 기도와 그렇지 않은 기도가 구분된다는 것이다.[15]

신은 우리가 구하지 않더라도 많은 것을 준다면, 신의 섭리 속에서 우리가 필요한 것을 신에게 청하는 행위 자체가 무의미한 것은 아닐까? 우리는 신의 의지가 불변적이라는 점을 받아들이면 우리의 기도가 어떠한 영향도 미치지 않는다고 생각할 수 있지 않을까? 토마스는 이런 물음 자체가 어리석은 생각의 발로라고 여긴다.

> 신적 섭리의 질서가 불변적이기 때문에 우리가 신에게서 무언가를 얻기 위해 기도해서는 안 된다고 말하는 것은 어떤 장소에 도달하기 위해서 걸어서는 안 된다고 말하거나 영양을 섭취하기 위해서 음식을 먹어서는 안 된다고 말하는 것과 같다(III 96 n.2716b).

토마스는 이 세계의 사건들이 인과적으로 일어나듯이 기도도 인과적 과정으로 이해할 수 있다고 본다.[16] 그렇다고 해서 신의 섭리가 불변적이라는 사실이 비가 땅을 적시지 않게 하거나 우리가 먹는 음식물이 영양분을 공

---

[15] 토마스는 96장(nn.2710-2715)에서 성경을 근거로 적절치 못한 기도의 사례를 제시한다.

[16] Davies (2014) 256 참조: "그[토마스]는 우리가 무언가를 구하고자 기도했기 때문에 신이 우리에게 그것을 준다고 생각하는 한에서 기도를 '인과적'(causal)이라고 간주한다."

급하지 않는다는 점을 의미하지 않듯이, 우리의 기도가 신의 의지를 통해 이루어지는 어떤 것의 원인도 될 수 없다는 점을 의미하지는 않는다. 신이 영원부터 의지하지 않은 것을 의지하도록 하는 원인이란 있을 수 없지만, 신은 우리가 기도한 것들을 영원부터 일어나도록 의지할 수 있다는 것이다. 왜냐하면 만사는 신의 섭리를 통해 일어난다는 것이 토마스의 생각이기 때문이다.

1.3. 기적(제98-102장)

신은 자신이 창조한 우주 만물을 다스리는 섭리의 과정에서 세계 안에서 작용하는 제이 원인을 통해 작동되는 세계를 확립한다. 세계 안의 피조물들은 서로 다른 방식으로 작용하는데, 필연적인 방식으로 작용하기도 하고 우연적인 방식으로 작용하기도 한다. 그렇다면 피조물들은 소정의 목적을 이루기 위해 창조된 세계의 자연 질서에 따라 규칙적으로 작용할 것이다. 그런데 우리는 이 세계의 자연 질서의 정상적인 진행을 벗어나 우리의 예상이나 기대와 부합되지 않은 사건들이 일어나는 것을 경험한다. 우리에게 불가사의하게 보이는 사건들이 일어난다면 신이 창조한 제이 원인이 없이도 가능한가? 이런 사건들이 일어난다면 섭리의 질서를 넘어서는 것이 아닌가?

이런 물음들에 대한 답변은 기적에 대한 토마스의 논의에서 찾을 수 있다. '기적'이라는 우리말 번역어에 해당하는 라틴어 miraculum은 '놀라다' 또는 '경탄하다'는 뜻을 지니는 라틴어 동사 mirari의 파생어다.[17] 따라서 기적은 일반적으로 놀라움이나 경탄을 자아내는 사건의 특성을 지닌다.

---

[17] '기적'이라는 표현이 처음 등장하는 곳은 제101장이지만, 제98-100장에서도 기적의 가능성을 논한다.

자연 세계에 대한 우리의 지식으로는 도저히 설명하기 힘든 사건들은 어떤 방식으로 일어나는가?[18]

토마스는 기적을 세 가지 종류로 나눈다. 첫째, 태양이 거꾸로 돌거나 가만히 있거나, 바다가 갈라져서 사람들이 지나갈 수 있도록 길을 내어 주는 경우처럼 신의 개입 없이는 자연이 결코 할 수 없는 일들이다. 둘째, 죽은 자가 다시 살아나거나, 선천적으로 앞을 보지 못하는 사람이 보게 되거나, 마비된 사람이 걷게 되는 경우처럼 "자연이 결코 할 수 없는 것을 신이 행하는 그런 사건들"(III 101 n.2764)이다. 자연은 동물이 생명을 누리도록 하거나 보거나 걷는 작용을 하도록 할 수는 있다. 하지만 죽고 나서는 더 이상 살지 못하고, 시력을 잃은 다음에 보지 못하고, 사지四肢가 마비된 이후에 걷지 못하게 된다. 두 번째 기적은 이처럼 자연이 할 수 없는 일을 신이 행하는 것을 가리킨다. 셋째, 말 한마디로 병이 낫는 사건처럼 "자연의 작용으로 보통 일어나는 것을 신이 자연적 원리들의 작용 없이 행하는 때에"(III 101 n.2766) 일어나는 기적이다. 병에 걸린 사람은 충분한 시간을 갖고 치료받으면 병이 나을 수 있다. 그러나 그 환자가 자연적 원리를 통해서가 아니라 신의 개입을 통해 즉각적으로 치유되었다면, 그런 일은 신이 기적을 행한 결과라고 본다.

이런 세 가지 종류의 기적은 정도의 차이[19]가 있겠지만 모두 자연 질서를 넘어서는 사건들이다. 더욱이 그것들 모두 신의 개입 없이는 일어날 수

---

[18] III 101, n.2763 참조: "사물들 안에 세워진 통상적인 질서 밖에서 신에 의해 때때로 이루어지는 것들은 흔히 '기적'이라고 부른다. 우리는 원인에 대해 알지 못하는 결과를 관찰할 때 그런 사건에 '경탄하기'(admiramur) 때문이다. ⋯ 이것이 '기적' 즉, 특정 사람과 관련해서가 아니라 '그 자체로 경탄으로 가득 찬 것'(de se admiratione plenum)이라는 이름이 뜻하는 바다."

[19] 토마스는 자연 질서를 넘어서는 정도의 차이에 따라 우리를 가장 놀랍게 하는 첫 번째 기적에서 상대적으로 그 정도 덜한 세 번째 기적에 이르기까지 "이런 기적들에는 다양한 등급과 질서가 있다"(III 101, n.2764)라고 본다.

없다는 것이 토마스의 주장이다. 신이 아닌 그 어떠한 원인도 기적들이 일어나는 데에 작용하지 않는다는 것이다. 따라서 토마스는 기적에 대해 "사물들 안에 세워진 통상적인 질서 밖에서 신에 의해 때때로 이루어지는 것들"(III 101 n.2763)이라고 정의 내리면서, "모든 피조물은 신이 사물들에 세운 질서 아래 놓이게 된다. 그러므로 어떠한 피조물도 이 질서를 넘어 작용할 수 없다. 그런데 이 질서를 넘어 작용하는 것이 바로 기적을 행하는 것"이라고 말한다.[20]

토마스의 이런 논의는 18세기 영국 경험론자 데이비드 흄David Hume의 '자연법칙을 위반하는 신의 직접적 행위'[21]라는 기적의 정의를 떠올리게 한다. 흄의 정의에 포함한 두 가지 요소, 즉 '신의 직접적 행위'와 '자연법칙의 위반'을 토마스에게 적용해 볼 수 있을까? 물론 흄이 기적의 불가능성을 주장한다는 점에서 토마스와 다르더라도, 기적이 신만이 행할 수 있는 것이라고 본다는 점에서는 크게 다르지 않다. 그런데 우리는 여기서 토마스가 흄과 달리 기적의 발생을 신이 창조된 자연 질서를 위반하는 문제로 보지 않는다는 데에 유의해야 한다. 만일 흄처럼 주장한다면, 신이 우주 만물의 능력을 넘어서는 사건들을 일으킬 수 있다고 말하는 것은 자신의 창조가 침해당하거나 방해받거나 아니면 파기되는 것처럼 보이게 될 것이기 때문이다. 우주 안에 존재하는 것이든 일어나는 사건이든 항상 신의 의지의 결과다. 따라서 신이 기적을 통해 창조된 질서를 넘어서 무언가를 일으킨다면, 창조된 질서가 애당초 존재한다는 점이 창조된 질서의 위반이 아

---

[20] III 102, n.2768.

[21] D. Hume, *An Enquiry Concerning Human Understanding* (La Salle, IL: Open Court 1988) Section X, Part I: "신의 특별한 의지나 어떤 보이지 않는 행위자의 간섭을 통해 생긴 자연법칙의 위배"(a transgression of a law of nature by a particular volition of the Deity, or by the interposition of some invisible agent). 이 저술의 10장(Of Miracles)의 우리말 번역은 데이비드 흄 『기적에 관하여』 이태하 옮김 (서울: 책세상 2003) 11-28에 수록되어 있다.

니듯이 기적도 창조된 자연 질서의 위반이 아니다.[22]

토마스에 따르면, 신만이 기적을 행할 수 있다. 자연이나 피조물의 능력이 놀라움이나 경탄을 자아내는 사건을 일으킨다면, 그 사건은 단연코 기적이 아니다. 기적을 행하는 것은 신만의 특권이다.[23] 따라서 신의 섭리를 받아들인다고 하더라도 기적이 불가능한 것은 아니다.

1.4. 마법(제104-110장)

기적은 창조된 자연의 질서를 넘어서는 사건이자 신만이 행할 수 있는 것이다. 따라서 우리에게 경탄을 자아내거나 불가사의하게 보이는 많은 것들은 모두 기적이라고 할 수 없다. 그렇다면 엄밀히 말해 기적은 아니지만 우리에게 불가사의하게 보이는 일들은 어떻게 일어나는 것일까? 토마스는 자석이 철을 끌어당기거나 작은 물고기가 배를 멈출 수 있는 사례를 든다. 이런 사례는 정상적인 자연현상에 불과하다. 그렇다면 왜 우리에게 불가사의하게 보일까? 우리가 자석과 작은 물고기(전기가오리)의 능력에 대해 무지하기 때문이라는 게 토마스의 답변이다.[24]

한편 마법사의 소행으로 분류되는 불가사의한 사건에 대해서는 어떻게

---

[22] III 100, n.2757: "결과적으로 피조물들 안에서 신에 의해 이루어지는 모든 것은 어떤 특정한 자연의 고유한 질서에 반하는 것처럼 보일 수 있을지라도 자연에 반하는 것은 아니다." 한편, 이런 주장은 기적이 자연에 반하는 것이 아니라 자연에 대한 우리의 인식에 반하는 것이라는 아우구스티누스의 입장과 같은 맥락이다. 참조: 아우구스티누스『신국론』XXI 8.

[23] 데이비스(Davies)의 해석에 따르면, 토마스는 이 대목에서 기적이 실제로 일어났다는 점을 주장하지는 않는다. 신의 섭리를 받아들이는 한 기적이 불가능하지 않다는 점과 기적은 신만이 행할 수 있는 것이라는 점을 주장했다는 것이다. Davies (2014) 267-269 참조.

[24] 참조: III 102, n.2769. 이런 주제는 토마스의『자연의 신비로운 작용』(*De operationibus occultis naturae ad quemdam militem ultramontanum*)에서도 발견된다. 이 작품에 대한 우리말 번역은 이재경, 정현석 (2024) 참조.

설명할 수 있을까?[25] 토마스가 활동하던 시대에 마법사가 도둑맞은 물건이나 묻혀 있는 보물의 행방을 알아맞히거나 앞일을 점치거나 마법을 부리면서 유령과 같은 존재자가 나타나거나 인공물인 조각상이 말하는 등의 신묘한 일들을 행하는 것으로 알려져 있었다.[26] 그렇다면 이런 마법사의 소행은 자연현상의 결과, 즉 천체의 영향만으로 일어날 수 있는가? 마법에 대한 토마스의 논의는 마법을 부리는 과정에서 천체들의 능력을 받아들이기 위해 별자리나 행성의 문양이 새겨진 인공물인 모상模像이나 부적符籍을 만드는 마법사의 소행을 문제 삼는다.[27]

아리스토텔레스주의자 토마스에 따르면, 천체의 영향에서 도출되는 능력은 자연적 결과만을 산출할 수 있다. 자연적 결과는 자연법칙에 의해 설명될 수 있고 작용하는 대상의 자연적 형상에 유래한 것이기 때문이다. 그런데 마법사들의 소행은 이런 천체의 영향으로 이루어진 것이라고 보기 힘들다. 그들은 자물쇠로 잠근 문 앞에 서 있기만 해도 자물쇠가 열리고, 사

---

[25] 중세의 마법은 크게 자연 세계에 있는 감추어진 또는 숨겨진 힘에 의존하는 '자연 마법'(natural magic)과 마귀나 악령의 도움에 의존하는 '마귀 마법'(demonic magic)으로 구분된다. 물론 토마스는 천체나 별이 지상 세계의 인간과 사물에 신비로운 방식으로 영향을 미친다고 본다. 하지만 자연 세계에서 발견되는 불가사의한 힘에 대해서는 무차별적으로 마법이라는 용어를 사용하는 것에 대해 회의적이다. 왜냐하면 그는 자연 마법의 상당 부분이 악마의 개입 없이는 일어날 수 없다고 주장하기 때문이다. 즉, 불가사의한 현상들이 천체의 영향에 의해 일어난다는 점을 부정하지 않지만, 마법이라는 용어는 마귀들이 개입되는 과정일 때만 사용한다는 것이다. 특히, 별이나 행성의 문양을 새긴 '모상'을 사용하는 마법은 천체의 영향력에 의존하는 게 아니라고 본다. 이 점에 대해서는 리처드 킥헤퍼 (2003) 228-242 참조.

[26] 토마스는 마귀들의 점술(占術)에 대해 논의하는 제154장(nn.3269-3270)에서 새의 날갯짓과 지저귐, 제물(祭物)로 바쳐지는 동물의 내장, 별과 행성의 위치를 이용하여 미래 사건을 예고하는 마법사의 소행을 보고하기도 한다.

[27] 이런 논의는 "우리에게 경이롭게 보이는 이런 종류의 행위들이 마법을 통해 이루어질 때, 그것들이 어떤 영적 실체들에 의해 행해지지 않고 천체들의 능력으로 행해진다고 말하는 자들"(III 104, n.2785)을 겨냥하고 있다.

람들을 사라지게 한다.[28] 천체는 문의 자물쇠를 열 수도 없고, 사람을 보이지 않게 할 수도 없으며, 조각상과 같은 무생물체를 움직이거나 말하게 할 수도 없다. 별과 행성이 모상을 통해 마법사가 행할 수 있는 결과들을 산출하기에 충분치 않다면, 천체들이 아닌 어떤 존재자에게 책임을 물어야 할 것이다. 여기서 토마스는 마법사가 도난당한 물건을 찾아내야 하는 일에 초점을 맞추면서 마법을 부리는 과정에서 주고받는 '말'에 주목한다.[29] 왜냐하면 마법사들은 모상이나 부적을 통해 주문을 외우고, 탄원을 하는 것처럼 누군가에게 말을 하거나, 때때로 마치 대화를 하는 것처럼 말하기도 하기 때문이다. 물론 말에는 그 자체로 효력이 없다. 그 대신, 의미가 있는 말이란 말해진 바를 이해할 수 있는 존재자의 지성의 개입을 통해 효력을 얻는다. 그렇다면 두 가지 지성, 즉 말을 건네는 존재자의 지성과 건넨 소통 내용을 받아들이는 존재자의 지성이 필요할 것이다. 그런데 적어도 이것들 하나가 마법사들이 행하는 기이奇異한 일의 원인인 게 틀림없다.

마법을 부리는 과정에서 말을 주고받는 대화자 가운데 말을 건네는 지성은 인간이 소유한 사유 능력이다. 왜냐하면 말을 건네는 마법사들은 모두 인간들이기 때문이다. 그런데 인간의 지성이 말을 하기만 함으로써 외적 세계에 결과를 직접 일으킬 수 있는 정도의 큰 능력을 지닌다고는 주장할 수 없다. 이런 말뜻은 마법의 인과 능력이 모두 그 말들이 건네지는 존재자의 지성에서 도출되어야 한다는 것이다. 마법을 실제로 일으키는 주체는 말을 건네는 마법사가 아니라 그 말이 건네지는 존재자의 지성이어야 한다. 매개자 없이도 마법의 효과를 이루는 특수한 능력을 지닌 마법의 주체는 인간과는 전적으로 다른 본성의 존재자들인 게 틀림없을 것이다. 그

---

[28] III 104.

[29] III 105.

렇다면 마법사가 마법을 부리면서 어떤 기호나 특정 도형들이 새겨진 부적을 사용하는 사실을 설명할 수 있는 길이 열린다. 마법의 효력을 행사하는 주체는 인간과 전적으로 다른 지성적 실체들이며, 따라서 마법을 부리는 데 사용되는 주문, 엄명, 탄원, 지시 등의 의식儀式은 모두 그 실체들에 대해 호소하는 것이다. 사정이 이러하다면 말은 물론 마법에 사용되는 기호나 도형들은 그 지성적 실체들에게 보내는 신호에 불과할 뿐이다.[30]

마법에서 실제적인 효력을 행사하는 주체는 어떤 종류의 존재자인가? 토마스는 그러한 존재자들이 천사와 마귀 같은 비물질적인 지성적 실체라고 주장한다. 그렇다면 마법사들이 호소하는 존재자들은 선한가 아니면 악한가? 그들은 선하지 않다는 게 토마스의 답변이다. 마법은 간통, 도둑질이나 살인 등과 같은 악한 목적을 위해 사용되며, 사람들을 이성의 선善들이 아니라 하찮은 것들로 인도하며, 덕에 반하여 무언가를 하려는데 자신들의 능력을 부여하는 것으로 보아 선한 지성을 지니지 않음은 확실하다. 따라서 마법의 실제적 작용자는 마귀라는 것이 토마스의 주장이다.[31]

토마스는 섭리를 논하는 과정에서 기적과 함께 마법을 고려 대상으로 삼는다. 신만이 창조된 세계에서 정상적인 방식을 넘어서는 '초자연적인' 기적을 행할 수 있다는 게 그의 주장이다. 그렇지만 여러 현상의 원인이 인간에게는 알려지지 않기 때문에, 실제로는 기적이 아니더라도 마치 우리

---

[30] III 105, n.2805: "그들은 마법을 부리는 의식(儀式)에서 모종의 기호들(characteris)이나 특정 도형(figurae)들을 사용한다. 그런데 도형이란 작용을 하는 원리도 작용을 받는 원리도 아니다. 만일 도형이 그러한 원리라면, 수학적 대상들(mathematica corpora)이 작용을 하기도 하고 또 작용을 받기도 할 것이다. 이런 이유로 질료는 특정 도형들을 통해 어떤 자연적 결과를 받아들이게 되는 성향이 있을 리가 없다. 따라서 마법사들은 도형을 성향처럼 사용하지 않는다. 그렇다면 제삼의 가능성은 없기에 그들은 도형을 신호로만 사용한다는 결론이 남게 된다. 그러나 우리는 다른 지성적 존재자들에 대해서만 신호를 보낸다. 그러므로 마법은 마법사의 말이 건네지는 다른 지성적 존재자에게서 효력을 갖게 된다."

[31] III 106-108.

에게 기적처럼 보이는 사건들이 일어날 수 있다. 그렇다면 기적과 마법은 어떻게 구별할 수 있을까? 그 구별은 일어나는 현상이 어디에서 유래되었는가에 따른다. 오로지 신의 능력에 의존하는 사건만이 기적인 데 반해, 우리에게 숨겨진 원인이기는 하지만 자연적 원인에 의존하는 기이한 사건은 마법이 아니다. 마법은 마귀의 소행일 뿐이다.

2. 신의 섭리: 이성적 피조물의 특별한 통치(제111-163장)

2.1. 섭리와 신법(제111-115장)

지금까지 신의 섭리가 만물 일반을 보존하고 다스리는 '보편적 통치'에 대해 살펴보았다면, 이제 '지성적이면서 이성적인 피조물들에 부여되는 섭리에는 특별한 의미'가 있음을 지적하면서 만물 가운데서 주로 인간을 가리키는 이성적 피조물과 연관되는 섭리, 즉 '특별한 통치'에 초점을 맞추는 대목으로 가 보자.

인간들은 신의 섭리 과정에서 왜 그렇게 특별할까? 토마스가 드는 이유는 크게 두 가지, 즉 인간들에게 자유롭게 행위를 할 수 있는 능력이 있다는 점과 신을 인식하고 사랑하려는 목적이 있다는 점이다.[32] 그렇다면 이성적 피조물과 나머지 피조물이 지향하는 질서는 서로 다를 수밖에 없다. 이성적 피조물들은 그들 자신을 위해 다스려지지만 다른 피조물들은 이성적 피조물들을 위해 다스려진다는 게 토마스의 생각이다. 그렇다면 인간들은 특별한 방식의 섭리가 필요하게 된다.

---

[32] III 112, nn.2857-2858 참조: "다른 모든 피조물은 본성적으로 노예 상태에 놓이게 되며, 지성적 피조물만이 본성적으로 자유롭다. ⋯ 지성적 본성만이 신 안에서, 즉 신을 인식하고 사랑함으로써 신이라는 궁극 목적을 이루게 된다는 점도 분명하다."

인간을 다스리는 신의 특별한 방식이란 무엇인가? 신이 자유의지를 지니는 개별자로서의 인간을 다스리는 특별한 방식은 '법'(lex)[33]을 통해서다.

> 법은 행위를 위한 계획(ratio)이자 규칙(regula)[34]에 다름 아니기 때문에 자기 행위에 대한 계획을 인식하는 존재자들에게만 부여되는 게 당연하다. 그런데 이것은 이성적 피조물에만 적용된다. 그러므로 법이 이성적 피조물에만 부여되는 것은 당연한 일이었다.(III 114 n.2878).

신은 이성적 피조물이 다른 피조물과 다르다는 점에서 인간들이 행위를 하는 과정에서 그들에게 법을 제공함으로써 궁극 목적으로 인도한다.

신이 부여한 '신법'(lex divina)은 무엇인가? 인간은 자연 이성을 넘어선 신을 목적으로 삼고 있기에 자연적 능력을 넘어서는 수단을 통해 그 목적으로 나아가야 할 것이다. 따라서 인간의 자연적 인식을 넘어서는 신법은 신이 계시를 통해 인간에게 부여한 성경의 법들이다. 신법에는 구약의 십계명이나 신약의 사랑 계명처럼 인간을 다스리고 궁극 목적에 이르도록 하는 명시적인 도덕적 규칙이 들어 있다.[35] 그렇다면 인간을 위한 신법의 역할

---

[33] 토마스는 법을 네 가지 종류, 즉 '영원법', '신법', '자연법', '인정법'으로 나눈다. 이런 구별에 대해서는 *ST* I-II 91 참조. 신법이란 만물의 통치자인 신이 모든 피조물의 작용을 소정의 목적으로 인도하는 계획(ratio)인 영원법을 계시를 통해 인간에게 부여하는 법이다. 『대이교도대전』 제III권 후반부는 '신법'에 초점을 맞춘다. 따라서 토마스는 제117장에서 "신법은 자연법의 보조로 제공된다"(n.2899)라는 주장 외에는 다른 법에 대해 별다른 언급을 하지 않는다. 이 주장에서 '자연법'은 이성적 피조물이 영원법에 참여한 것인데, 인간에게 자연적이거나 본능적인 것을 토대로 하는 행위의 지침을 뜻한다.

[34] 여기서 '계획'은 "통치자인 신의 섭리가 피조물 앞에 내놓은 계획"(III 115, n.2884)을 의미한다. 한편, 토마스는 법(lex)을 '행위의 규칙이자 척도'(regula et mensura actuum)라고 정의한다. 참조: *ST* I-II 90, 1.

은 인간의 궁극 목적을 성취하도록 하는 것이다.

> 결과적으로 인간은 신에 의해 부여받은 법을 통해 특히 자신의 목적을 향하게 된다. 그런데 인간 피조물의 목적은 신에게 늘 머물러 있는 것이다. 왜냐하면 앞서(III 37) 밝혀진 것처럼, 인간의 행복은 신에게 늘 머물러 있는 것에 있기 때문이다. 그러므로 신법은 주로 인간에게 이런 목적을 향하도록 한다(III 115 n.2884).

인간의 궁극 목적은 바로 신에게 늘 머물러 있는 것이다. 그렇다면 신법의 목적은 인간의 궁극 목적인 신을 향하도록 하는 것이자 신에게 늘 머물러 있도록 하는 것이다.

2.2. 신법과 계명(제116-129장)

신법은 인간에게 무엇을 하라고 명하는가?

> 인간을 신에게 늘 머물러 있도록 하는 것이 신법의 주된 의도이므로, 그리고 인간은 사랑을 통해 신에게 가장 잘 머물러 있을 수 있으므로, 신법의 주된 의도는 사랑의 행위를 지향한다는 귀결이 따라온다(III 116 n.2888).

인간이 현세를 살아가는 동안 신에게 가장 잘 머물러 있을 수 있는 최선

---

[35] 토마스는 신법을 '옛 법'과 '새 법'으로 나누면서, "새 법을 더 완전한 것으로서 '사랑의 법'이라고 하지만, 옛 법은 덜 완전한 것으로서 '두려움의 법'이라고 한다"(III 116, n.2893b)라고 언급한다. 이런 구분에 대해서는 *ST* 1-II 98-108 참조.

의 방식은 신을 사랑하는 것이다. 그런데 신법이 명하는 사랑의 계명에는 이웃에 대한 사랑도 포함된다. 이웃이란 우리와 공동의 목적, 즉 지복(beatitudo)[36]을 공유하는 자를 가리킨다. 따라서 신법은 우리에게 우리 이웃을 사랑할 것을 요구한다. 신을 사랑하는 자들은 신이 사랑하는 자들, 즉 모든 사람을 사랑해야 한다는 것이다.[37] 아울러 신법은 우리에게 이웃을 사랑해야 할 뿐 아니라 '올바른 신앙'(recta fides)을 가지도록 해야 한다고 명한다. 우리가 궁극 목적인 신을 인식하고 사랑해야 한다면, 지복의 대상인 신에 대한 관념을 먼저 지녀야 하기 때문이다. 그런데 신은 자연 이성을 넘어서 있기에 신앙만이 신에 대해 우리에게 말해 줄 뿐이다. 따라서 우리 인간은 신법을 통해 '올바른 신앙'의 의무를 지녀야 할 것이다(제118장).

신법에는 육체적 행위를 통해 신에게 제사(sacrificum)나 예배(cultus)를 바치는 종교 의례(제119-120장)와 관련된 사항들도 포함된다. 여기서 토마스는 진리를 획득하는 과정에서 육체나 감각의 역할을 부정한 자들을 겨냥한다. 즉, 육체가 진리를 인식하는 데 본질적이지 않기에 신에게 바치는 예배에도 큰 역할을 하지 못할 것이라는 주장에 대한 비판이다. 토마스에 따르면, 인간은 영혼과 육체로 이루어진 존재자다. 육체를 지니는 우리 인간은 감각에 많이 의존하게 마련이다. 또한 그 육체란 우리를 신으로 가까이 가도록 하는 수단이기도 하다. 우리는 육체를 사용해 신에게 순명(obedi-

---

[36] 현세에서 도달할 수 있는 행복(felicitas)과 구별되는 인간의 궁극 목적을 '지복'이라고 한다. '지복'이라는 번역어 대신에 '참행복'이라는 번역어가 사용되기도 한다. 참조: 바티스타 몬딘 (2021) 721-713. 여기서는 앞서 출판된 『대이교도대전』 번역서들에 사용된 용어의 일관성을 위해 기존의 '지복'이라는 용어를 그대로 따랐다.

[37] III 117, nn.2894-2895: "이로부터 이웃에 대한 사랑이 신법의 의도라는 결론이 따라온다. 왜냐하면 하나의 공통 목적을 공유하는 이들 사이에는 애정의 합일이 있어야 하기 때문이다. 그런데 인간들은 신에 의해 인도되는 지복이라는 하나의 궁극 목적을 공유한다. 따라서 인간들은 서로 사랑함으로써 서로 합일되어야 한다." 이웃을 사랑하라는 계명은 인간관계를 다루는 제128장과도 연관된다.

entia), 예배, 흠숭(latria)을 바쳐야 한다. 따라서 섭리는 우리가 신에게 나아갈 때 물리적 대상들과 육체적 의례를 사용할 것을 지시한다. 그렇다면 신에게 바치는 제사나 예배의 목적은 무엇인가?

> 인간이 신에게 그 제사를 바치는 것은 신이 이런 제사를 필요로 해서가 아니라 인간이 자기 자신뿐만 아니라 자신이 지닌 모든 것도 목적이자 창조자, 통솔자, 만물의 주님이신 신에게 귀속해야 한다는 점을 생각나도록 하기 위함이다(III 119 n.2909).

이런 논의는 최고의 예배와 공경을 뜻하는 '흠숭'의 대상이 오직 신이라는 주장으로 이어진다. 이런 주장은 신이 아닌 대상들에게 흠숭해야 한다고 주장한 사람들을 겨냥한 것이다(제120장).

이런 종교 의례에 관한 논의 다음으로 제121-127장은 성관계, 음식물 섭취처럼 육체에 속한 능력을 사용하는 문제에 주목한다. 토마스에 따르면, 신법은 인간 이성에 따라 육체에 속한 능력을 제대로 사용하기를 명한다. 이런 주장에는 신법이 신에 의해 선포된 것이기도 하지만 이성에 부합하기도 한다는 전제가 놓여 있다(제121장).[38] 토마스는 이런 전제 위에서 "이웃을 마음 상하게 하거나 악의 길로 유인하는 행위들만이 죄가 된다고 말하는 자들의 오류"(III 121 n.2946)를 비판의 표적으로 삼는다. 그들의 주장과 달리, 누군가에게 해를 입히지 않고서도 이성에 반하는 행위를 할 수 있다는 것이다. 그 행위를 당하는 대상이 기꺼이 동의하더라도 그 행위 자체가 비이성적일 수 있기 때문이다. 이성에 반하는 죄는 성관계와 연관된

---

[38] "신법은 자연법의 보조로 제공된다"(III 117, n.2899)는 주장을 볼 때, 만물의 통치자인 신의 섭리는 신법뿐 아니라 이성의 명령인 자연법을 통해서도 인간을 다스린다고 볼 수 있다.

다. 성관계의 목적은 출산(생식)에 둔다. 우리는 아이를 가질 목적으로 성관계를 해야 한다. 이런 주장은 출산을 목적으로 하지 않는 성관계를 배제한다. 그러한 부당한 성관계는 살인 다음가는 중대한 죄[39]인데, 살인은 생명을 파괴하지만, 부당한 성행위는 생명의 창조를 깨뜨린다는 것이다.

토마스의 이런 논지는 인체 기관이 지닌 본성적 목적에 토대를 둔다. 인체의 여러 기관과 마찬가지로 생식기 역시 성관계를 통해 출산의 목적과 기능을 지닌다는 것이다. 영혼의 도구인 인체 기관들은 영혼이 사용하는 데 그 목적이 있다. 그런데 출산이 아닌 목적을 위해 생식기를 사용하는 것은 인체를 잘못 사용하는 것이다. 마찬가지로, 정액의 본성적 목적도 출산이다. 그런 목적 없이 정액을 방출하는 것은 본성을 거스르는 죄다. 생식을 불가능하게 하는 방식으로 정액을 방출하는 것은 인간의 선에 반하는 것이며, 고의로 이루어진다면 죄가 된다는 게 토마스의 주장이다.

간음(fornicatio)은 자손을 만들고 양육하려는 의도 없이 정액을 방출하는 행위이기 때문에 그 자체로 죄가 된다(제122장). 토마스는 간음을 논박하면서 혼인이 자식을 위해 필요한 것이라고 주장한다. 새끼가 태어나면서부터 성장할 때까지 암컷 홀로 새끼의 생존을 맡을 수 있는 모든 동물의 경우 어미는 교미 이후 아비와 함께 살지 않는다. 암컷만으로 육아에 충분치 않은 동물 종들에게는 어미는 아비와 짝을 지어 살아야 한다. 새끼를 기르는 것은 많은 시간과 노력이 필요하다. 모든 동물에서 새끼가 아비의 역할을 필요로 하는 동안 수컷과 암컷이 함께 살아야 한다. 따라서 남성이 정해진 여성과 짧은 기간이 아니라 오랫동안 유대를 맺는 것이 인간에게는 본성적이다(제123장). 그러므로 혼인은 인간에게 본성적이며, 혼인과 무관한 간음

---

[39] III 122, n.2955: "인간 본성의 생성을 가로막는 이런 유형의 죄는 이미 현실적으로 존재하는 인간 본성을 없애는 살인의 죄 다음의 자리를 차지하는 듯하다."

과 같은 성관계는 인간의 선을 거스르는 것이다.[40]

인간의 성행위는 출산을 목적으로 할 뿐만 아니라 일부일처의 테두리 안에서 이루어져야 한다(제124장). 남성은 자기 자식이 실제로 자기 자식인지를 확신하려는 본성적 욕구를 지니는데, 부부 관계에 매이지 않는다면 가능하지 않다. 일부다처제는 한 남성이 여러 여성의 새끼를 기르기 위해 충분한 도움을 줄 수 없을 것이기에 잘못된 제도라는 것이다.

혼인의 필요성을 논하는 제122장에는 현대인들에게 불편하게 들릴 만하거나 비일관적으로 보이는 언명도 발견된다. 토마스는 아이를 제대로 기르기 위해 혼인을 통한 온전한 부부(부모)의 결합이 필요한 까닭을 여성이 아이에게 도덕적 가르침을 줄 충분한 능력이 없다는 데서 찾는다. 즉, 여성의 이성적 능력이 충분히 계발되지 않았기에 자식에게 제대로 된 도덕 교육을 제공하기 위해 남편이 요구된다는 것이다.[41] 더욱이 토마스는 혼인이 깨질 수 없다고 주장하는 대목에서 남성을 본성적으로 아내를 '다스리는 자'로 간주하면서 여성이 본성적으로 남성에게 종속되어 있음을 주장하기도 한다.[42] 이런 주장은 남성과 여성 사이의 비형평성을 전제하는 듯하다. 그런데 혼인을 우정 관계로 보는 대목에서는 남편과 아내의 관계에는

---

[40] III 122, n.2954.

[41] 같은 곳.

[42] III 123, n.2961: "앞서 말한 유대가 깨지는 것은 형평성에도 어긋나게 보인다. 왜냐하면 남성은 이성의 측면에서 더 출중하고 체력도 더 강하므로 여성은 다른 동물들처럼 출산을 위해서뿐만 아니라 [집안의 일을] 다스리기 위해서도 남성을 필요로 하기 때문이다." 한편, 데이비스는 아내가 자신을 다스리는 남편에게 종속된다면 토마스가 말하는 둘 사이의 동등한 유대의 근거는 성경에서 찾을 수 있다고 주장한다. 즉, 토마스가 동등한 유대를 말할 때 "아내의 몸은 아내가 아니라 남편의 것이 아니고, 마찬가지로 남편의 몸은 남편이 아니라 아내의 것입니다"(1코린 7,4)와 "아내 여러분, 남편에게 순종하십시오, 주님 안에 사는 사람은 마땅히 그래야 합니다. 남편 여러분, 아내를 사랑하십시오, 그리고 아내를 모질게 대하지 마십시오"(콜로 3,18-19)라는 구절을 염두에 둔다고 해석한다. 참조: Davies (2014) 419, n.42.

본성적 동등성이 있다는 주장이 발견되기도 한다.[43]

한편, 성관계는 그 자체로 죄가 되는가? 다시 말해, 성관계는 이성에 반하는 것인가? 토마스에 따르면, 이성은 우리에게 성관계가 모두 나쁜 것이 아니라고 알려 준다(제126장). 사람들은 자손의 출산과 양육에 적합한 방식으로 성관계를 가질 수 있다. 토마스는 "성적 교합은 육체에 속한 어떤 부위들의 목적이다. 하지만 어떤 자연적인 사물들의 목적이 되는 것은 그 자체로 악이 될 리가 없다"(III 126 n.2988)라고 말하면서 성관계가 인류의 영구 보존을 지향한다고 본다. 따라서 성관계는 누가 어떤 사람과 맺는지, 무슨 이유로 하는지, 어떤 맥락에서 하는지에 따라 때때로 죄가 된다고 보지만 항상 죄가 되는 것은 아니다.

제127장에서 토마스는 음식물 섭취에 대해서도 유사한 논지를 펼친다. 우리가 이성에 따라 음식물을 섭취하는 한 음식물의 섭취는 그 자체로 나쁘거나 죄가 되지 않는다. 음식물을 취하는 것의 고유한 목적은 영양 섭취를 통해 육체를 보존하는 것이다. 우리 삶을 유지하기 위해 먹는 것은 당연하다. 물론 건강한 방식으로 먹지 못한다면 비난받을 만할 것이다. 하지만 식물이나 동물의 살을 먹거나 다른 용도로 사용하는 것은 그 자체로 죄가 아니다. 이런 결론은 음식이 아닌 소유물의 사용도 이성에 따라 이루어지는 한에서 적법하다는 주장으로 이르게 된다.

토마스에 따르면, 신법은 성경에 기록된 신의 계시다. 그렇다면 옳고 그른 것들은 모두 법으로만 규정되는가? 그렇지 않다. 그는 신법이 신에 의해 선포된 것이기도 하지만 이성에 부합하기도 한다고 본다. 이런 견해는 인간 본성, 즉 인간의 행위들 가운데 본성적으로 올바른 것들이 있다는 생각에 토대를 둔다.[44] 그렇다면 인간에게 본성적으로 적합한 작용들이란 무

---

[43] 이 문제에 대해서는 McClusky (2007) 참조.

엇인가? 앞서 신법의 계명들, 즉 우리 이웃을 사랑하는 것, 올바른 신앙에 따라 행위하는 것, 종교적 의례에 참여하는 것, 이성을 통해 육체적이면서 감각될 수 있는 것들을 다스리는 것, 그리고 서로 조화롭게 살아가는 것 등이 그 작용들에 속한다.

2.3. 신법과 권고(제130-138장)

토마스는 신법에 포함되는 것들 가운데 계명과 권고를 구별한다. 신법에는 십계명과 같은 인간들의 특별한 섭리에 담긴 신법이 지시한 대로 반드시 하거나 하지 말아야 하는 구속력이 있는 '계명'誡命(praeceptum)이 들어 있다면, 그것보다 구속력이 덜한 권고勸告(consilium)도 포함되어 있다. 여기서 계명은 무언가를 하거나 하지 말라는 명령이지만, 권고는 구속력이 있는 지시라기보다는 우리가 무언가를 하기로 선택하는 경우에만 행동의 자유가 있는 지시다.[45] 이런 구별은 마태오 복음서 제19장에 토대를 둔다.

> 어떤 부자가 예수님께 "제가 영원한 생명을 얻으려면 무슨 선한 일을 해야 합니까?"라고 묻자, 예수님께서 "'살인해서는 안 된다. 간음해서는 안 된다. 도둑질해서는 안 된다. 거짓 증언을 해서는 안 된다. 아버지와 어머니를 공경하여라.' 그리고 '네 이웃을 너 자신처럼 사랑해야 한다'는 것이다"라고 말씀하셨다. 그러자 그 부자가 예수님께 "그런 것들은 제가 다 지켜 왔습니다. 아직도 무엇이 부

---

[44] III 129 n.3011: "신적 섭리는 인간들에게 이성의 본성적 판단력을 그들의 고유한 작용 원리로 부여한다. 그런데 본성적 원리는 본성적으로 존재하는 것들로 향하게 된다. 따라서 인간에게 본성적으로 어울리는 작용들이 있는데, 이것들은 단순히 법에 따라 규정된다는 이유로 올바를 뿐만 아니라 그 자체로도 올바르다."

[45] 이런 구별에 대해서는 Davies (2014) 281-283 참조.

족합니까?"라고 다시 묻자 "네가 완전한 사람이 되려거든, 가서 너

의 재산을 팔아 가난한 이들에게 주어라. 그러면 네가 하늘에서 보

물을 차지할 것이다. 그리고 와서 나를 따라라" 하고 말씀하셨다.

이 인용구에는 모든 사람이 따를 필요는 없지만 선한 삶을 살아가기 위해
선택할 만한 생활양식이 있다는 전제가 있다. 토마스는 이 전제 위에서 신
법이 십계명처럼 수많은 계명을 포함하고 있지만 그 못지않게 권고들도 중
요하다는 주장을 한다. 계명은 사람들이 신법을 준수하기 위해 반드시 따
라야 하는 것들이다. 그러나 신과의 합일을 추구하는 어떤 사람들이 수용
할 만한 '복음적 권고'들이 있는데, 이는 신이 적극적으로 모두에게 하라
고 명령한 것을 따르거나 신이 금하는 것을 삼감으로써 성취될 수 있는 것
을 넘어선다. 토마스에 따르면, 이런 권고는 가난(paupertas), 평생 정절貞
節(perpetua continentia),[46] 순명(obedientia) 세 가지다. 이런 세 가지 권고는 "그
자체로 완전성은 아니지만 완전성으로 이르게 되는 준비 태세 때문에 완전
성의 상태에 속하는"[47](III 130 n.3022) 것이라고 본다.

2.4. 상급과 처벌(제139-146장)

토마스의 섭리 이론에서 법은 '통치자인 신의 섭리가 피조물 앞에 내놓은

---

[46] 여기서 토마스가 '정결'(castitas)이 아니라 '평생 정절'의 권고를 말하는 까닭(제135-136장)
은 성직자와 수도자의 '평생 독신'(caelibatus)의 삶을 염두에 두고 있기 때문이다. 이는 다음
교회법의 조항과 맥을 같이한다: "성직자들은 하늘 나라를 위하여 평생 완전한 정절을 지킬
의무가 있다"(교회법 제277조 1항); "하늘 나라를 위해 받아들인 정결의 복음적 권고는, …
독신 생활의 완전한 정절의 의무를 수반한다"(교회법 제599조).

[47] III 130, n.3024: "따라서 앞서 언급된 세 가지 권고가 완전성으로 이르게 하는 준비 태세이
면서 완전성의 결과이자 표징이기 때문에 신에게 이런 세 가지를 서원하는 자들을 '완전성의
상태에 있다'라고 말하는 것은 적합하다."

계획'[48]이다. 신은 자신이 세운 법을 통해 인간들을 특별하게 다스린다고 한다. 그런데 법에는 상급과 처벌이 따르기 마련이다. 군주가 통치하던 시대에는 법에 따라 잘잘못을 가려 공을 세운 사람에게는 상을 주고 죄가 있는 사람에게는 벌을 줌으로써 나라를 다스리곤 했다. 그렇다면 신의 섭리 과정에서도 신법에 따라 행동한다면 마땅한 상급이 있는지, 또 신법을 어긴다면 마땅한 벌이 따르는가? 토마스는 다음과 같이 답한다.

> 벌이나 상을 주는 일은 법을 제정한 자의 권한이다. 왜냐하면 입법
> 자는 상급과 처벌을 통해 법을 지키도록 유도하기 때문이다. 그런
> 데 앞서(III 114) 밝혀졌듯이, 인간들을 위해 법을 세우는 일은 신적
> 섭리에 속한다. 그러므로 인간들에게 벌과 상을 주는 일은 신에게
> 속한다(III 140 n.3146).

이런 답변은 "모든 상급과 처벌이 다 동등한 것은 아니다"라는 제142장의 주장으로 이어진다. 즉, 선행이나 악행이 서로 다르고 또 정도의 차이가 있듯이 상급과 처벌도 다양하며 정도의 차이가 있어야 한다는 것이다. 이런 전제 위에 '대죄'(죽을죄)와 '소죄'(용서받을죄)가 구별된다(제143장). 이런 구별은 매우 심각하고 중대한 죄도 있다면 덜 심각하거나 덜 중대한 죄도 있다고 보는 성경을 염두에 둔다.[49] 그런데 대죄는 그것을 범한 자들을 신에게서 단호히 떼어 놓고 '인간의 목적에서 배제하는' 데 반해, 소죄의 결과

---

[48] III 115, n.2884.

[49] 『성경』1요한 5,16-17: "누구든지 자기 형제가 죄를 짓는 것을 볼 때에 그것이 죽을죄가 아니면, 그를 위하여 청하십시오. 하느님께서 그에게 생명을 주실 것입니다. 이는 죽을죄가 아닌 죄를 짓는 이들에게 해당됩니다. 죽을죄가 있는데, 그러한 죄 때문에 간구하라고 말하는 것은 아닙니다. 모든 불의는 죄입니다. 그러나 죽을죄가 아닌 것도 있습니다."

는 그렇게 처참하지는 않다. 물론 대죄를 범한 사람은 신법을 따르게 될 때 회개하고 신에게 돌아갈 기회가 있다. 그렇다고 해서 누구든지 죽고 난 뒤에는 회개할 수 있는 여지가 없다는 점은 분명하다(제144장). 죽음이란 인간들에게서 궁극 목적을 지향하는 인간의 능력을 앗아 가는 것이므로, 대죄를 짓고 죽으면 궁극 목적을 영원토록 상실하게 되기 때문이다.[50]

토마스에 따르면, 신법은 인간에게 궁극 목적에 이르도록 하는 신의 계획이라는 점에서 죄를 범한 사람들에게 처벌을 내리더라도 문제는 없다. 그렇다면 인정법을 따라 인간(재판관)들이 다른 인간(범죄자)들에게 내리는 벌은 정당한가? 그의 답변은 다음과 같다.

> 신적 섭리의 이런 질서는 선한 자들이 상을 받고 악한 자들이 벌을 받도록 한다. 그러므로 남들보다 높은 위치에 있는 사람들은 선한 자들에게 상을 주고 악한 자들에게 벌을 내림으로써 죄를 범하는 게 아니다(III 146 n.3194).

한편, 다양한 처벌들 가운데 사형死刑은 용인될 수 있는가? 당시에는 범죄의 심각성에 따라 국가에 반하는 죄를 지은 자는 사형으로 국가와의 유대를 완전히 박탈당하는 처벌을 내리기도 했다. 토마스는 이런 당시의 생각에 크게 반대하지 않는 듯하다. 그렇다면 왜 그는 사형제를 용인하는가? 극악무도한 범죄를 저지른 사람을 사형하지 않는 것은 타인들의 선을 위협할 수 있다고 보기 때문이다. 이런 생각은 사형이 사회 구성원들을 보호

---

[50] 토마스는 "모든 벌이 정화를 위한 것이므로 언젠가 끝나야 한다"(III 144, n.3184c)라는 주장에 대해 비판적이다. 그는 "신에게 죄를 짓는 자들은 지복에서 영구히 배제됨으로써 뿐만 아니라 고통스러운 것을 경험함으로써도 벌을 받아야 한다"(III 145, 3187)라고 주장한다.

한다는 점에서 정당하다고 보는 토마스는 '눈에는 눈, 이에는 이'라는 고대 함무라비 법전의 '동해 보복'(lex talionis) 원리에 기반하는 '응보이론', 즉 죽을 만한 범죄를 저지른 자는 죽어 마땅하다고 보면서 어떤 범죄 행위에 대해 똑같은 행위로써 되갚아 줘야 한다는 견해를 취하지는 않는다. 오히려 그는 사형제를 범죄자로부터 시민의 안전을 지키기 위해 존치되어야 한다는 예방책으로 본다(제146장). 따라서 사형제를 용인하는 그의 생각은 처벌의 목적이 사회를 범죄로부터 지킴으로써 사회의 안전과 질서를 유지하려는 데 있는 '사회 방위론'에 가깝다고 볼 수 있다. 한편, 데이비스의 지적처럼, 토마스는 오늘날과 달리 보안이 삼엄한 감옥이 있는 세계에 살지 않았다는 점도 감안할 필요가 있다.[51]

2.5. 은총(제147-163장)

우리는 앞서 신의 섭리가 만물의 궁극 목적이자 통치자라는 두 가지 면모와 연관된다는 점을 살펴보았다. 신의 섭리는 우리를 궁극 목적인 신 자신을 향하도록 다스리는 것인데, 신법을 통해 우리를 궁극 목적으로 인도하기만 하면 충분한가? 신법을 잘 준수한다면 궁극 목적에 도달할 수 있는가? 그렇지 않다. 왜냐하면 인간의 궁극 목적은 자신의 본성적 능력을 넘어서기 때문이다.[52] 그렇다면 인간이 궁극 목적에 도달하기 위해 법만으로 충분치 않고 신의 도움, 즉 은총(gratia)[53]▶이 필요하다.[54]▶ 물론 은총은 초자연적인 방식으로 인간에게 제공되어야 한다는 것이 토마스의 주장이다.

---

[51] Davies (2014) 285 참조.

[52] 이런 주장은 제146장에 발견된다. 특히, III 146, n.3203 참조: "인간의 궁극 목적은 자신의 본성적 능력을 능가하는 진리의 인식에 놓여 있다. … 따라서 인간이 자신의 본성적 능력을 능가하는 목적을 향한다면, 인간이 그 목적을 지향할 수 있도록 하는 어떤 도움이 신에 의해 초자연적인 방식으로 인간에게 제공되어야 한다."

그렇다고 해서 신의 도움이 인간들을 궁극 목적에 이르도록 강제하지는 않는다. 그는 신의 섭리와 마찬가지로 은총도 인간이 지니는 자유의지를 침해하지 않는다는 점을 확인한다(제148장).

우리는 자연적 능력을 통해 초자연적인 선을 획득할 수는 없더라도, 은총을 받기 위해 필요한 조처를 취할 수도 있지 않을까? 인간은 은총을 마땅히 받을 만한 공로功勞(meritum)가 있는가? 그렇지 않다. 인간이 자유롭고 선택의 자유를 지니고 있다고 하더라도 스스로 은총을 준비할 능력이 없다. 따라서 인간은 스스로 신의 도움을 얻기 위해 움직이지 않고 그것을 얻기 위해 신에 의해 움직여진다. 토마스는 우리를 신으로 돌아가도록 만드는 첫 번째 은총이 우리의 공로 때문에 주어지는 게 아니라는 주장을 천명한다(제149장).

여기서 토마스는 은총을 '성화聖化 은총'과 '무상無償 은총'으로 구분한다. '성화 은총'(gratia gratum faciens)은 우리를 궁극 목적에 이를 수 있게 해 주는 신의 도움을 뜻한다. 그런 은총은 우리 안에 늘 주어져 있는 것이기에 잠자고 있을 때처럼 "인간이 아무것도 하지 않을 때조차 인간 안에 머무르는 형상이자 완전성"(III 150 n.3227)이다.[55] 인간은 이런 성화 은총으로 인해 신을 사랑(제151장)하게 될 뿐만 아니라 신앙(제152장)과 희망(제153장)을 지닐 수도 있게 된다.

---

[53] '은총'(gratia)이라는 명칭은 아무 대가 없이 거저, 즉 '무상으로'(gratis) 주어지는 것에서 유래한다. III 150, n.3225 참조: "인간에게 선행하는 공로 없이도 주어지는 것은 인간에게 '무상(無償)으로' 주어진다고 하기에, 그리고 앞서(III 149) 밝혀진 대로 인간에게 제공되는 신의 도움이 인간의 모든 공로에 앞서기 때문에, 이런 도움은 인간에게 '무상으로' 부여되므로 '은총'이라는 이름으로 부르는 것이 적절하다."

[54] *ST* I-II q. 90 Introd 참조: "선으로 움직이는 외적 원리는 하느님인데, 그는 우리를 법으로 가르치고 은총으로 도와준다."

[55] 인간이 궁극 목적에 도달하기 위해 신에게서 얻는 성화 은총은 인간에게 일시적으로 작용하는 것이 아니라 늘 인간에게 주어져 있다고 해서 '상존 은총'(常存 恩寵)이라 하기도 한다.

자기 자신이 초자연적인 질서에 참여할 수 있도록 부여되는 신의 도움이 '성화 은총'이라면, 타인들이 초자연적인 질서에 참여할 수 있도록 타인들을 위해 주어지는 신의 도움은 '무상 은총'(gratia gratis data)이다(제154장). 거저 준다는 뜻을 지닌 '무상 은총'은 기적, 예언, 복음 설교처럼 신이 계시한 진리들을 다른 사람들에게 전달하기 위해 주어지는 은총이다.[56]

은총은 더 이상 죄를 짓지 않을 수 있게 만드는가? 은총을 받았다면 더 이상의 은총 없이도 선행을 할 수 있는가? 인간은 은총의 순간을 체험하고 나면 더 이상 죄의 길로 들어서지 않는가? 그렇지 않다. 토마스는 궁극 목적에서 벗어나지 않기 위해서도 은총이 필요하다고 본다(제155장). 사정이 이러하다면, 신과 선을 추구하는 데서 떨어져 나가는 사람도 은총을 통해 다시 돌아올 수 있는 길이 열리게 된다(제156장). 결국 이런 주장은 신의 은총 없이는 죄에서 해방될 수 없다는 결론으로 이르게 된다(제157장).

인간은 죄에서 멀어지고, 또 죄를 단념하는 것으로 죄에서 해방될 것이다. 우리가 신으로 돌아가고 신과의 합일에 어긋나는 것들을 외면하는 행위는 그 자체로 우리 안에 신의 은총이 작용하는 것이다. 그렇다면 신법에 따른 상급과 처벌이 주어지듯이, 우리는 죄에 기인하는 벌을 인정하고 받아들이거나 어떤 방식으로든 우리 죄에 대한 대가를 달게 치름을 통해 죄에서 해방될 수 있는가? 토마스는 "정의의 질서는 죄에 대해 벌이 내려지기를 요구한다"(III 158 n.3308)라고 말한다는 점에서 응보적 정의를 염두에 둔 것처럼 보인다. 하지만 그것이 전부는 아니다. 우리가 저지른 행위에

---

[56] 이런 주장은 성경에 토대를 둔다. 『성경』 1코린 12,8-10: "그리하여 어떤 이에게는 성령을 통하여 지혜의 말씀이, 어떤 이에게는 같은 성령에 따라 지식의 말씀이 주어집니다. 어떤 이에게는 같은 성령 안에서 믿음이, 어떤 이에게는 그 한 성령 안에서 병을 고치는 은사가 주어집니다. 어떤 이에게는 기적을 일으키는 은사가, 어떤 이에게는 예언을 하는 은사가, 어떤 이에게는 영들을 식별하는 은사가, 어떤 이에게는 여러 가지 신령한 언어를 말하는 은사가, 어떤 이에게는 신령한 언어를 해석하는 은사가 주어집니다."

대한 벌을 감수하는 것은 우리를 죄에서 해방하는 충분조건일 수는 있을지 몰라도 필요조건이 되지는 않는다.[57]

죄를 삼가고 신으로 돌아가기 위해서도 은총이 요구된다면, 끝까지 궁극 목적인 신을 향해 가지 않은 채로 죄의 사슬을 끊어 버리지 못한 채 신을 외면하는 사람에게 책임을 물을 수 있는가? 선한 것은 모두 신에게서 나올지라도, 죄로 향하는 인간은 자신의 의지로 신을 외면하게 된다. 신으로 돌아가는 행위가 인간이 지니는 자유의지의 행위이기 때문에, 죄에 머물러 있게 되어 은총에 방해물을 제공하는 행위의 책임은 인간에게 있게 된다(제159장).[58] 앞서 언급된 것처럼 은총 없이 죄의 상태에 있는 자는 자기 능력으로 죄를 완전히 피할 수는 없다. 그렇지만 특정한 순간에 자기 능력으로 특정한 죄를 피할 수 있다. 이런 이유로 그 죄인은 자신이 범한 모든 죄를 자발적으로 범한 것이다. 결과적으로 자기 죄에 대해 인간에게 책임을 묻는 것은 부당하지 않다는 게 토마스의 주장이다(제160장).[59]

죄를 범한다는 것은 추구해야 하는 선을 마음대로 외면하는 것이자 악을 사랑하는 데 근거한다. 따라서 신이 죄인들을 죄에서 돌아서게 하지 않는다면, 죄인들은 신을 외면하고 죄의 상태에 있게 된다(제160-161장). 물론 죄인들은 죄에서 벗어나 신으로 돌아갈 수는 있다. 신이 기적을 때때로 행

---

[57] 이 점에 대해서는 Davies (2014) 289-290 참조.

[58] III 159, n.3313: "인간이 자유 결단의 움직임을 통해서는 신의 은총을 받을 만한 공로도 없고 그 은총의 도움을 청할 수도 없지만, 이런 은총을 받아들이는 것을 저해할 수는 있음에 주목해야 한다. … 그리고 자유 결단의 능력으로 신적 은총의 수용을 저해할 수 있거나 저해하지 않을 수도 있기에 은총의 수용에 장애물을 두는 자의 죄과에 대한 책임을 묻는 것이 부당하지는 않다."

[59] III 160, n.3319 참조: "앞서 언급된 것처럼 죄의 상태에 있는 자는 자기 능력으로 죄를 완전히 삼갈 수 없을지라도, 주어진 순간에 자기 능력으로 특정한 죄를 삼갈 수는 있다. 이런 이유로 그는 자신이 범한 모든 죄를 자발적으로 범한 것이다. 결과적으로 그의 죄과에 대해 그에게 책임을 묻는 게 부당하지는 않다."

할 수 있듯이, 죄인들을 자신들의 궁극적 목적을 추구하는 방향으로 되돌릴 수 있다. 그러나 신은 시각장애인이 눈을 뜨게 하는 기적을 항상 행하지 않듯이 죄인들을 항상 되돌리지는 않는다. 신은 어떤 이들을 죄에서 해방하고 다른 이들은 죄의 상태에 내버려두기도 한다. 그렇게 하는 까닭은 무엇인가?

> 신이 똑같은 죄에 사로잡혀 있는 인간들 가운데 어떤 이들에게 실제로 도움을 주어 회개하도록 하는 데 반해, 다른 이들이 통상적으로 계속 죄를 범하는 것을 참아 내거나 허락한다면, 왜 신이 어떤 이들은 회개하도록 하지만 다른 이들은 그리하지 않는지를 물어볼 이유가 없다. 이것은 신의 단순한 의지에 달려 있으니까 말이다(III 161 n.3321).

죄인의 회개 여부는 오직 신의 의지에 달려 있기에 우리는 그 이유를 알 수는 없다는 게 토마스의 답변이다. 하지만 교정되기 힘든 고질적인 죄인들은 자신을 성인聖人으로 만들지 않은 것에 대해 신에게 불평할 수도 있지 않을까? 토마스는 죄를 선택한 당사자가 죄인 자신이며 신은 그 누구에 의해서든 저질러진 죄의 원인일 수 없다는 주장을 재확인한다(제162장). 사정이 이러하다면 신이 모든 사람에게 은총을 주지 않고서 예정(praedestinatio), 배척(reprobatio), 선택(electio)[60]을 행사할 수 있는 근거가 마련된다(제163장).

　인간이 자신의 공로가 아니라 신의 은총을 통하여 궁극 목적에 도달한다는 주장으로 『대이교도대전』 제III권 후반부는 종결된다. 이로써 '이성의 탐구로 도달될 수 있는'(I 9, n.51) 진리를 향한 탐구는 신을 그 자체로 고찰하

---

[60] 이런 개념들에 대해서는 바티스타 몬딘 (2021) 465-468 참조.

는 제I권에서 출발하여 피조물이 신에게서 발출되는 과정을 다루는 제II권을 거쳐 피조물이 신을 향해 돌아가는 귀환 과정을 고찰하는 제III권에서 끝을 맺는다. 이제 이성의 탐구로 도달될 수 없는 진리, 즉 제IV권으로 갈 차례다.

참고문헌

D. BRADLEY (1997) *Aquinas on the Twofold Human Good*, Washington, D.C.: The Catholic University of America Press.

H. DENIFLE and E. CHÂTELAIN (eds.) (1889-1891) *Chartularium Universitatis Parisiensis*, 4 vols. Paris.

H. GORIS (1996) *Free Creatures of an Eternal God: Thomas Aquinas on God's Infallible Foreknowledge and Irresistible Will*, Leuven: Pecters.

— (2005) "Divine Foreknowledge, Providence, Predestination, and Human Freedom", in: *The Theology of Thomas Aquinas*, eds. R. van Nieuwenhove J. Wawrykow, Notre Dame, Ind.: University of Notre Dame Press, 99-123.

B. DAVIES (1992) *The Thought of Thomas Aquinas,* Oxford: Oxford University Press.

— (2011) *Thomas Aquinas on God and Evil*, Oxford: Oxford University Press.

— (2014) *Thomas Aquinas's Summa Contra Gentiles: A Guide and Commentary*, Oxford: Oxford University Press.

B. DAVIES and E. STUMP, eds. (2012) *The Oxford Handbook of Aquinas*, Oxford: Oxford University Press.

B. MCGINN (1975) "The Development of the Thought of Thomas Aquinas on the Reconciliation of Divine Providence and Contingent Action", *The Thomist* 39, 741-752.

W. HANKEY (2011), "God's Care for Human Individuals: What Neoplatonism gives to a Christian Doctrine of Providence", *Quaestiones Disputatae* 2, 4–36.

T. HIBBS (1995) *Dialectic and Narrative in Aquinas: An Interpretation of the Summa Contra Gentiles*, Notre Dame, IND: University of Notre Dame Press.

R. HISSETTE (1977) *Enquête sur les 219 articles condamnés à Paris le 7 mars 1277*, Louvain: Publications Universitaires.

N. Kʀᴇᴛᴢᴍᴀɴɴ (1997) *The Metaphysics of Theism: Aquinas' Natural Theology in Summa Contra Gentiles I*, Oxford: Clarendon Press.

— (1999) *The Metaphysics of Creation Aquinas's Natural Theology in Summa contra gentiles II*, Oxford: Clarendon Press.

— (2001) *The Metaphysics of Providence: Aquinas' Natural Theology in Summa Contra Gentiles III*, Cambridge: Cambridge University Press.

P. Lᴀᴜɢʜʟɪɴ (2009) "Divine Necessity and Created Contingency in Aquinas", *Heythrop Journal* 50, 648–657

S. Mᴀʀʀᴏɴᴇ (2015) *A History of Science, Magic and Belief: From Medieval to Early Modern Europe*, Basingstoke: Palgrave Macmillan.

C. McCʟᴜsᴋᴇʏ (2007) "An Unequal Relationship between Equals: Thomas Aquinas on Marriage", *History of Philosophy Quarterly* 24, 1-18.

A. McGʀᴀᴛʜ (1986) *Iustitia Dei: A History of the Christian Doctrine of Justification*, Cambridge: Cambridge University Press.

S. Pᴀɢᴇ (2019) "Medieval Magical Figures", in: *The Routledge History of Medieval Magic*, ed. Sophie Page, Catherine Rider, London and New York: Routledge, 432-457.

P. Pᴀʏᴇʀ (1993) *The Bridling of Desire: Views of Sex in the Later Middle Ages*, Toronto: University of Toronto Press.

J. Pᴏʀᴛᴇʀ (1999) *Natural and Divine Law: Reclaiming the Tradition for Christian Ethics*, Grand Rapids, MI: Eerdmans.

M. Pᴏsᴛɪ (2020) *Medieval Theories of Divine Providence 1250-1350*, Leiden: Brill.

B. J. Sʜᴀɴʟᴇʏ (2012), "Thomas Aquinas on Demonstrating God's Providence", in: *The Science of Being as Being: Metaphysical Investigations*, ed. G.T. Doolan, Washington, DC: The Catholic University of America Press, 221–242.

I. Sɪʟᴠᴀ (2016) "Thomas Aquinas on Natural Contingency and Providence", in: *Abraham's Dice: Chance and Providence in the Monotheistic Traditions*, ed.

K. Giberson, New York: Oxford University Press, 158-174.

— (2022) *Providence and Science in a World of Contingency: Thomas Aquinas' Metaphysics of Divine Action*, London and New York: Routledge.

A. SPEER (2014) "Divine Government and Human Freedom" in: *Fate, Providence and Moral Responsibility in Ancient, Medieval and Early Modern Thought*, ed. P. D'Hoine and G. van Riel, Leuven: Leuven University Press, 517–537.

E. STUMP (1979) "Petitionary Prayer", *American Philosophical Quarterly*, 16: 81–91.

— (2003) *Aquinas*, London: Routledge.

R. TE VELDE (2014) "Thomas Aquinas on Providence, Contingency and the Usefulness of Prayer", in: *Fate, Providence and Moral Responsibility in Ancient, Medieval and Early Modern Thought*, 539-552.

J. WAWRYKOW (1995) *God's Grace and Human Action: "Merit" in the Theology of Thomas Aquinas*, Notre Dame, Ind.: University of Notre Dame Press.

J. F. WIPPEL (2000) *The Metaphysical Thought of Thomas Aquinas*, Washington, DC: The Catholic University of America Press, 2000.

김율「토마스 아퀴나스의 이슬람 기회원인론 비판과 섭리이론:『대이교도대전』제3권을 중심으로」『철학사상』65 (2017) 3-24.

버나드 로너간『은총과 자유』김율 옮김 (가톨릭출판사 2005).

박승찬「'신의 모상'으로 창조된 여성의 진정한 가치: 토마스 아퀴나스의 여성 이해에 대한 비판적 성찰」『가톨릭철학』7 (2005) 148-190.

바티스타 몬딘『성 토마스 개념사전』이재룡 · 안소근 · 윤주현 옮김 (한국성토마스연구소 2021).

서병창『신 안에서 자립적인 인간: 토마스 아퀴나스의 신, 인간, 세계』(동과서 2002).

이재경「알가잘리의 인과이론과 기적의 문제」『중세철학』10 (2004) 3-32.

이재경 · 정현석「토마스 아퀴나스의 기적과 마법, 그리고 자연의 신비로운 작용」
『생명연구』 73 (2024) 53-87.

이재룡「토마스 아퀴나스의 자유와 은총」『인간연구』 15 (2008) 41-71.

리처드 킥헤퍼『마법의 역사』 김현태 옮김 (파스칼북스 2003).

스테픈 포프(편)『아퀴나스의 윤리학』 이재룡 · 김도형, 안소근 · 윤주현 옮김 (한국
성토마스연구소 2021).

THOMAS AQUINAS

SUMMA CONTRA GENTILES

Liber Tertius

(III-2)

토마스 아퀴나스

대 이 교 도 대 전 III-2

본문과 역주

Capitulum LXXXIV

Quod corpora caelestia non imprimant

in intellectus nostros

2583. Ex his autem quae praemissa sunt, in promptu apparet quod eorum quae sunt circa intellectum, corpora caelestia causae esse non possunt. Iam enim ostensum est (cap.78 sqq.) quod divinae providentiae ordo est ut per superiora regantur inferiora et moveantur. Intellectus autem naturae ordine omnia corpora excedit: ut etiam ex praedictis (*lib.* II, capp. 49 sqq.) patet. Impossibile est igitur quod corpora caelestia agant in intellectum directe. Non igitur possunt esse causa per se eorum quae sunt circa intellectum.

2584. Adhuc. Nullum corpus agit nisi per motum: ut probatur in VIII *Physicor.* Quae autem sunt immobilia, non causantur ex motu:

제84장
천체들은 우리 지성에 영향을 행사하지 않는다

2583. 앞선 언명들로 보아, 천체들이 우리 지성에 일어나는 사건들의 원인일 리가 없다는 점은 곧바로 분명해진다. 신적 섭리의 질서는 하위 피조물들이 상위 피조물들에 의해 지배되고 움직여져야 함을 요구한다는 점이 이미 드러났으니 말이다(III 78 이하). 그런데 앞선 언명(II 49 이하)에서도 밝혀졌듯, 자연의 질서에서 지성은 모든 물체를 능가한다. 결과적으로 천체들은 직접적으로 지성에 영향을 줄 수 없다. 그러므로 천체들은 지성에 일어나는 것들의 직접적 원인일 리가 없다.

2584. 게다가, 『자연학』 제8권에서 입증되듯,[1] 물체는 운동을 통하지 않고서는 작용하지 않는다. 그런데 운동은 움직이지 않는 것들의 원인이 아니

---

[1] *Phys* VIII 6, 259b 7.

nihil enim causatur ex motu alicuius agentis nisi inquantum movet passum dum movetur. Quae igitur sunt omnino extra motum, non possunt esse causata a corporibus caelestibus. Sed ea quae sunt circa intellectum, sunt omnino extra motum, per se loquendo, sicut patet per PHILOSOPHUM in VII *Phys.*: quinimmo *per quietem a motibus fit anima prudens et sciens*, ut ibidem dicitur. Impossibile est ergo quod corpora caelestia sint per se causa eorum quae circa intellectum sunt.

2585. Amplius. Si nihil causatur ab aliquo corpore nisi inquantum movet dum movetur, oportet omne illud quod recipit impressionem alicuius corporis, moveri. Nihil autem movetur nisi corpus, ut probatur in VI *Phys.* Oportet ergo omne quod recipit impressionem alicuius corporis, esse corpus, vel aliquam virtutem corpoream. Ostensum est autem in Secundo (capp. 49 sqq.) quod intellectus neque est corpus neque virtus corporea. Impossibile est igitur quod corpora caelestia directe imprimant in intellectum.

2586. Item. Omne quod movetur ab aliquo, reducitur ab eo de potentia in actum. Nihil autem reducitur ab aliquo de potentia in actum nisi per id quod est actu. Oportet ergo omne agens et movens esse aliquo modo in actu respectu eorum ad quae passum et motum est in potentia. Corpora autem caelestia non sunt actu intelligibilia:

---

² *Phys* VII 3, 247b 1.   ³ *Phys* VI 4, 234b 10.

다. 어떤 작용자가 움직이는 동안 작용받는 자를 움직이게 하지 않는다면, 그 작용자의 운동은 그 무엇의 원인도 되지 않으니까 말이다. 결과적으로 천체들은 운동과 완전히 무관한 것들의 원인이 될 리가 없다. 하지만 철학자의 『자연학』 제7권에 분명하게 드러나듯,[2] 정확히 말하자면 지성에 일어나는 사건들은 운동과 무관하다. 도리어 같은 곳에서 언급되듯 "영혼은 운동에서 벗어나 있음으로써 분별 있게 되며 인식하게 된다". 그러므로 천체들이 지성에 일어나는 사건들의 직접적 원인이 되는 것은 불가능하다.

2585. 나아가, 물체가 움직임을 통해 어떤 대상을 움직이게 하는 경우에만 이 물체가 그 대상의 원인이 된다면, 물체의 영향을 받는 것은 모두 움직여야 한다. 그런데 『자연학』 제6권에서 입증되듯,[3] 물체만이 움직인다. 따라서 물체의 영향을 받는 것은 모두 물체이거나 아니면 물질적 능력인 게 틀림없다. 그런데 제2권(II 49 이하)에서 지성은 물체도 물질적 능력도 아니라는 점이 밝혀졌다. 그러므로 천체들이 지성에 직접적으로 영향을 행사하는 것은 불가능하다.

2586. 마찬가지로, 어떤 사물에 의해 움직이는 것은 모두 그 사물에 의해 가능태에서 현실태로 된다. 그런데 그 사물이 현실태로 있지 않고서는 그 사물에 의해 가능태에서 현실태로 되는 것이란 아무것도 없다. 따라서 작용자[작용을 하는 자]와 움직이게 하는 자는 모두 가능태의 상태로 있는 작용을 받는 것들이나 움직이는 것들에 대해 어떤 식으로든 현실태의 상태에 있어야 한다. 하지만 천체들은 개별적이면서 감각될 수 있는 것들이기 때

cum sint quaedam singularia sensibilia. Cum igitur intellectus noster non sit in potentia nisi ad intelligibilia in actu, impossibile est quod corpora caelestia directe agant in intellectum.

2587. Adhuc. Propria operatio rei consequitur naturam ipsius, quae rebus generatis per generationem acquiritur, simul cum propria operatione: sicut patet de gravi et levi, quae habent statim proprium motum in termino suae generationis, nisi sit aliquid impediens, ratione cuius generans dicitur movens. Illud ergo quod secundum principium suae naturae non est subiectum actionibus corporum caelestium, neque secundum suam operationem potest esse eis subiectum. Pars autem intellectiva non causatur ab aliquibus principiis corporalibus, sed est omnino ab extrinseco, ut supra (*lib.* II, capp. 86 sq.) est probatum. Operatio igitur intellectus non subiacet directe corporibus caelestibus.

2588. Amplius. Ea quae causantur ex motibus caelestibus, tempori subduntur, quod est *numerus primi motus caelestis*. Quae igitur omnino abstrahunt a tempore, non sunt caelestibus subiecta. Intellectus autem in sua operatione abstrahit a tempore, sicut et a loco: considerat enim universale, quod est abstractum ab hic et nunc. Non igitur operatio intellectualis subditur caelestibus motibus.

문에 현실태의 상태로 있는 가지적可知的 대상이 아니다. 결국 우리 지성은 현실태의 상태에 있는 가지적 대상에 대해서만 가능태의 상태에 있게 되므로, 천체들이 지성에 직접적으로 작용하는 것은 불가능하다.

2587. 게다가, 사물의 고유한 작용은 그 사물의 본성을 따르는데, 본성은 고유한 작용과 마찬가지로 생성되는 사물들 안에서 생성 과정을 통해 획득된다. 이 점은 무거운 사물들과 가벼운 사물들의 경우에 관찰되는데, 그것들은 장애가 없다면 생성 과정이 끝나자마자 자신들의 고유한 운동을 지니게 된다. 이런 이유로 인해 생성 작용을 하는 자는 움직이게 하는 자라고 부른다. 결과적으로 본성의 측면에서 천체들의 영향에 종속되지 않은 것은 작용의 측면에서도 그 영향에 종속될 수 없다. 그런데 앞서 입증되었듯이(II 86 이하), 인간의 지성적 부분은 결코 물질적 원리에 기인하지 않고 완전히 외적인 원리에서 나온다. 그러므로 지성의 작용은 천체들에 직접적으로 종속되지 않는다.

2588. 나아가, 천체들의 운동에 기인하는 것들은 '제일 천체의 운동을 측정한 수'[4]인 시간에 종속된다. 따라서 시간에서 완전히 분리된 것들은 천체의 운동에 종속되지 않는다. 하지만 지성은 작용 중에 장소를 분리하듯이 시간도 분리한다. 왜냐하면 지성은 여기와 지금이라는 조건에서 분리된 보편자를 고려하기 때문이다. 그러므로 지성의 작용은 천체의 운동에 종속되지 않는다.

---

[4] *Phys* IV 4, 223b 17.

2589. Adhuc. Nihil agit ultra suam speciem. Ipsum autem intelligere transcendit speciem et formam cuiuscumque corporis agentis: quia omnis forma corporea est materialis et individuata; ipsum autem intelligere habet speciem a suo obiecto, quod est universale et immateriale. Unde nullum corpus per formam suam corpoream intelligere potest. Multo igitur minus potest quodcumque corpus causare ipsum intelligere in alio.

2590. Item. Secundum illud quo aliquid unitur superioribus, non est inferioribus subiectum. Anima autem nostra, secundum quod intelligit, unitur substantiis intellectualibus, quae sunt superiores ordine naturae corporibus caelestibus: non enim potest anima nostra intelligere nisi secundum quod lumen intellectuale inde sortitur. Impossibile est ergo quod intellectualis operatio directe motibus caelestibus subdatur.

2591. Praeterea. Huic rei fidem faciet si consideremus ea quae a philosophis circa hoc sunt dicta. Antiqui enim philosophi NATURALES, ut DEMOCRITUS, EMPEDOCLES, et huiusmodi, posuerunt quod intellectus non differt a sensu: ut patet in IV *Metaph.*, et in III *de Anima*. Et ideo sequebatur quod, cum sensus sit quaedam virtus corporea sequens corporum transmutationem, quod ita esset etiam de intellectu. Et propter hoc dixerunt quod, cum transmutatio inferiorum corporum sequatur transmutationem corporum superiorum,

2589. 게다가, 그 무엇도 자기의 종을 넘어서 작용하지는 않는다. 그런데 지성의 이해 작용은 모든 물질적 작용자의 종과 형상을 넘어선다. 왜냐하면 모든 물질적 형상은 물질적이고 개체화되는 데 반해, 지성의 이해 작용은 자신의 보편적이면서 비물질적인 대상에 의해 규정되기 때문이다. 결과적으로 물체는 결코 자기의 물질적 형상을 통해 이해 작용을 할 수 없다. 그러므로 하물며 물체가 다른 존재자 안에 일어나는 이해 작용의 원인일 리는 없다.

2590. 마찬가지로, 존재자는 자신보다 상위의 것들과 합일되도록 하는 바로 그 부분에 의해 자신보다 하위의 것들에 종속될 수는 없다. 그런데 우리의 영혼은 이해 작용을 하는 한에서 자연의 질서에서 천체들보다 상위에 있는 지성적 실체들에 합일된다. 왜냐하면 우리의 영혼은 그런 실체들로부터 지성적인 빛을 받아들이지 않고서는 이해 작용을 할 수 없기 때문이다. 그러므로 지성의 작용이 천체들의 운동에 직접적으로 종속되는 것은 불가능하다.

2591. 그 밖에도, 우리가 이 사안에 대해 철학자들이 말한 것들을 고려한다면 이것에 대해 확증을 얻게 될 것이다. 『형이상학』 제4권[5]과 『영혼론』 제3권[6]에 드러나듯, 데모크리토스, 엠페도클레스 등의 고대 자연철학자들은 지성이 감각과 다르지 않다고 주장했다. 따라서 감각은 육체의 변화에 좌우되는 물질적 능력이기 때문에 지성도 마찬가지라는 결론이 따라온다. 이런 이유로 그들은 하위 물체들의 변화가 상위 물체들의 변화에 기인하기

---

[5] *Met* IV 5, 1009b 13. [6] *DA* III 3, 427a 21.

intellectualis operatio sequatur corporum caelestium motus: secundum illud HOMERI: *Talis est intellectus in diis et hominibus terrenis qualem in die ducit Pater virorum deorumque*: idest sol; vel magis Iupiter, quem dicebant summum deum, intelligentes per ipsum totum caelum, ut patet per AUGUSTINUM, in libro *de Civitate Dei*.

2592. a) Hinc etiam processit STOICORUM opinio, qui dicebant cognitionem intellectus causari ex hoc quod imagines corporum nostris mentibus imprimuntur, sicut speculum quoddam, vel sicut pagina recipit litteras impressas, absque hoc quod aliquid agat: ut BOËTIUS narrat in V *de Consolatione*. Secundum quorum sententiam sequebatur quod maxime ex impressione corporum caelestium intellectuales notiones nobis imprimerentur. Unde et STOICI fuerunt qui praecipue necessitate quadam fatali hominum vitam duci posuerunt.

b) Sed haec positio inde falsa apparet, ut BOËTIUS ibidem dicit, quia intellectus componit et dividit, et comparat suprema ad infima et cognoscit universalia et simplices formas, quae in corporibus non inveniuntur. Et sic manifestum est quod intellectus non est sicut recipiens tantum imagines corporum, sed habet aliquam virtutem corporibus altiorem: nam sensus exterior, qui solum imagines corporum recipit, ad praedicta non se extendit.

에 지성의 작용이 천체들의 운동에서 생긴다고 말했다. 호메로스의 언명에 따르면 "신들과 지상에 사는 인간들의 지성은 인간들과 신들의 아버지가 내려 준 낮의 햇빛과 마찬가지다"[7]인데, 아우구스티누스의 『신국론』[8]에 드러나듯 그것은 그들이 최고의 신이라고 칭했고, 온 하늘이라고 이해한 태양, 좀 더 정확하게는 유피테르[9]다.

2592. a) 그다음에 스토아학파의 견해가 있다. 보에티우스가 『철학의 위안』 제5권[10]에서 보고하는 것처럼, 거울이나 백지白紙가 아무런 조치도 없이 새겨진 글자들을 받아들이듯이 지성의 인식이 우리 정신에 새겨지는 육체의 표상상에 기인한다는 것이 그들의 주장이다. 이런 견해에 따르면, 지성의 일이 주로 천체들의 영향으로 우리에게 새겨진다는 결론에 이르게 되었다. 이런 이유로 인간의 삶이 숙명적 필연성에 얽매여 있다는 점을 주로 주장한 이들이 스토아학파였다.

b) 하지만 보에티우스가 같은 곳에서 말하듯, 이런 입장은 거짓으로 드러났다. 지성은 합성하고 구분하며, 최상위의 것들을 최하위의 것들과 비교하고, 물체 안에 발견되지 않는 보편자들과 단순 형상들을 인식하니까 말이다. 그래서 물체의 표상상을 받아들이기만 하는 외적 감각들은 앞서 언급된 작용들까지 미치지 않기 때문에, 지성이 단순히 물체의 표상상을 받아들이는 것이 아니라 물체를 능가하는 능력을 지니고 있음이 분명하다.

---

[7] 호메로스 『오디세이아』 XVIII 136 이하.

[8] 아우구스티누스 『신국론』(*De civitate Dei*) IV 11 (PL 41, 121).

[9] 로마 신화에 나오는 최고의 신으로서 그리스 신화의 제우스에 해당한다.

[10] 보에티우스 『철학의 위안』(*De consolatione philosophiae*) V prosa 4 (PL 63, 850).

2593. Omnes autem sequentes philosophi, intellectum a sensu discernentes, causam nostrae scientiae non aliquibus corporibus, sed rebus immaterialibus attribuerunt: sicut PLATO posuit causam nostrae scientiae esse *ideas*; ARISTOTELES autem *intellectum agentem*.

2594. Ex his omnibus est accipere quod ponere corpora caelestia esse causam nobis intelligendi, est consequens opinioni eorum qui ponebant intellectum a sensu non differre: ut patet etiam per ARISTOTELEM, in libro *de Anima*. Hanc autem opinionem manifestum est esse falsam. Igitur manifestum est et eam esse falsam quae ponit corpora caelestia esse nobis causa intelligendi directe.

2595. Hinc est etiam quod SACRA SCRIPTURA causam nostrae intelligentiae attribuit, non alicui corpori, sed Deo: IOB 35,10 *Ubi est Deus qui fecit me, qui dedit carmina in nocte,* 11 *qui docet nos super iumenta terrae, super volucres caeli erudit nos? et in Psalmo, Qui docet hominem scientiam.*

2596. a) Sciendum est tamen quod, licet corpora caelestia directe intelligentiae nostrae causae esse non possint, aliquid tamen ad hoc operantur indirecte. Licet enim intellectus non sit virtus

---

11 *DA* III 3, 427a 21.

2593. 그런데 후대의 모든 철학자는 지성을 감각과 구별했고 우리 지식의 원인을 물체들이 아니라 비물질적인 것들에 귀속시켰다. 따라서 플라톤은 우리 지식의 원인을 '이데아들'이라고 주장한 데 반해, 아리스토텔레스는 '능동 지성'이라고 말했다.

2594. 아리스토텔레스의 『영혼론』[11]에서도 드러나듯, 이 모든 견해로 미루어 보아 천체들이 우리가 수행하는 지성 작용의 원인이라는 주장은 지성이 감각과 다르다고 주장한 이들의 견해에서 귀결된다는 점을 알 수 있다. 그런데 이런 견해가 거짓임이 밝혀졌다. 따라서 천체들이 우리가 수행하는 지성 작용의 직접적 원인이라고 주장하는 견해도 거짓임이 분명하다.

2595. 그러므로 『성경』 역시 우리가 수행하는 지성 작용의 원인을 물체가 아니라 신에게 귀속시킨다. 욥기 35장 10-11절에서 "나를 만드신 하느님께서는 어디 계신가? 밤에도 노래 부르시는 분, 우리를 땅의 짐승들보다 더 많이 깨닫게 하시고, 하늘의 새들보다 더 많이 가르쳐 주시는 분께서는 어디 계신가?"[12]라고 말하고, 시편에서도 "그분은 인간들에게 지식을 가르치시는 분이시다"[13]라고 말한다.

2596. a) 그렇지만 천체들이 직접적으로는 우리가 수행하는 지성 작용의 원인일 리가 없더라도, 우리의 지성 작용에 관해 간접적으로는 무언가를 할

---

[12] 『성경』: "나를 만드신 하느님께서는 어디 계신가? 밤에도 노래 부르게 하시는 분, 우리를 들의 짐승보다 더 많이 깨우치시고, 하늘의 새보다 슬기롭게 해 주시는 분께서는 어디 계신가?"

[13] 『성경』 시편 94(93),10: "사람들을 가르치시는 분께 지식이 없단 말이냐?"

corporea, tamen in nobis operatio intellectus compleri non potest sine operatione virtutum corporearum, quae sunt imaginatio et vis memorativa et cogitativa, ut ex superioribus (1459 b) patet. Et inde est quod, impeditis harum virtutum operationibus propter aliquam corporis indispositionem, impeditur operatio intellectus: sicut patet in phreneticis et lethargicis, et aliis huiusmodi. Et propter hoc etiam bonitas dispositionis corporis humani facit aptum ad bene intelligendum, inquantum ex hoc praedictae vires fortiores existunt: unde dicitur in II *de Anima* quod *molles carne bene aptos mente videmus*.

b) Dispositio autem corporis humani subiacet caelestibus motibus. Dicit enim AUGUSTINUS, in V *de Civitate Dei*, quod *non usquequaque absurde dici* potest *ad solas corporum differentias afflatus quosdam valere sidereos*. Et DAMASCENUS dicit in secundo libro, quod alii et alii planetae *diversas complexiones et habitus et dispositiones in nobis constituunt*. Et ideo indirecte corpora caelestia ad bonitatem intelligentiae operantur.

c) Et sic, sicut medici possunt iudicare de bonitate intellectus ex corporis complexione sicut ex dispositione proxima, ita astrologus ex motibus caelestibus sicut ex causa remota talis dispositionis. Et per hunc modum potest verificari quod PTOLOMAEUS in *Centilogio* dicit: *Cum fuerit Mercurius in nativitate alicuius in aliqua domo-*

---

14 거미를 무서워하는 것처럼 감각 자극에 대한 본능적인 반응을 담당하는 '사고력'은 내적 감각에 속한 능력이며, 하위 동물의 경우 '평가력'(vis aestimativa)이라고 부른다.

수 있다는 점에 주목해야 한다. 앞선 설명에서 드러나듯(II 68, n.1459b), 지성은 물질적 능력이 아니더라도 지성의 작용은 표상력, 기억력, 사고력[14]과 같은 물질적 능력들이 수행하는 작용 없이는 우리에게 성취될 수 없으니까 말이다. 결과적으로 육체의 부적합한 상태에 의해 이런 능력들의 작용이 방해받게 된다면, 정신이상이거나 혼수상태에 있는 사람들 따위에서 보듯이 지성의 작용도 방해받게 될 것이다. 이런 이유로 인해 앞서 말한 능력들이 인간의 육체 안에 있는 좋은 소질에 의해 더 강화된 상태로 있게 되는 한, 그 소질도 인간을 수월하게 이해 작용을 할 수 있도록 만든다. 따라서 『영혼론』 제2권[15]에서 "살이 무른 자들이 정신적으로 잘 타고나는 것으로 관찰된다"라고 한다.

b) 그런데 인간 육체의 소질은 천체들의 운동에 종속된다. 아우구스티누스는 『신국론』 제5권[16]에서 "별들의 기운이 한낱 물체들의 차이들에 영향을 미칠 수 있다는 말은 전적으로 불합리한 것은 아니다"라고 말한다. 요한네스 다마셰누스도 『정통 신앙론』 제2권에서 다양한 행성들이 "우리 안에 다양한 체질, 습성, 소질을 만든다"[17]라고 말한다. 결과적으로 천체들은 이해 작용의 선성善性에 간접적으로 작용한다.

c) 따라서 의사들이 육체의 체질에 근거하여 지성의 선성을 판단할 때 그 체질을 지성에 근접한 소질처럼 여기듯, 점성술사들도 천체 운동에 근거하여 지성의 선성을 판단할 때 천체 운동을 그러한 소질들의 원격 원인처럼 여길 수 있다. 이런 방식으로 프톨레마이오스가 『백 가지 격언집』에서 "어떤 사람이 태어나는 시기에 수성이 토성의 궁들 안에 있고 그 자체로

---

[15] *DA* II 9, 421a 26.
[16] 아우구스티누스 『신국론』 V 6 (PL 41, 146).
[17] 요한네스 다마셰누스 『정통 신앙론』(*De fide orthodoxa*) II 7 (PG 94, 893).

rum Saturni, et ipse fortis in esse suo, dat bonitatem intelligentiae medullitus in rebus.

Capitulum LXXXV

Quod corpora caelestia non sunt causae voluntatum et electionum nostrarum

2597. Ex hoc autem ulterius apparet quod corpora caelestia non sunt causa voluntatum nostrarum neque nostrarum electionum.

2598. Voluntas enim in parte intellectiva animae est: ut patet per Philosophum in III *de Anima*. Si igitur corpora caelestia non possunt imprimere directe in intellectum nostrum, ut ostensum est (cap. praec.), neque etiam in voluntatem nostram directe imprimere poterunt.

2599. Amplius. Omnis electio et actualis voluntas in nobis immediate ex apprehensione intelligibili causatur: bonum enim intellectum est obiectum voluntatis, ut patet in III *de Anima* et propter hoc non potest sequi perversitas in eligendo nisi intellectus iudicium deficiat in particulari eligibili, ut patet per Philosophum in VII *Ethicorum*.

---

[18] 프톨레마이오스 『백 가지 격언집』(*Centiloquium*) 격언 38 *Liber quattuor tractatuum (Quadripartitum) cum Centiloquio*, (Venetiis 1484).

강력하게 존재하면, 그것은 사물들의 내면에 지성 작용의 선성을 부여한
다"[18]라고 한 말이 용인될 수 있다.

제85장
천체들은 우리 의지 행위와 선택 행위의 원인이 아니다

2597. 이를 통해 우리 의지 행위와 선택 행위의 원인이 천체가 아니라는
게 분명하다.

2598. 철학자가 『영혼론』 제3권[19]에서 명확하게 말하듯, 의지는 영혼의 지
성적 부분 안에 있으니까 말이다. 따라서 앞서 밝혀졌듯이(III 84), 천체들
이 우리 지성에 직접적 영향을 줄 수 없다면 의지에도 직접적 영향을 줄 수
없을 것이다.

2599. 나아가, 모든 선택 행위와 의지 행위는 우리 안에서 가지적 대상에
대한 지성의 파악을 통해 즉각적으로 일어난다. 『영혼론』 제3권[20]에서 드
러나듯, 지성에 의해 이해되는 선은 의지의 대상이기 때문이다. 이런 이유
로 철학자가 『니코마코스 윤리학』 제7권에서 분명하게 말하듯,[21] 지성의 판
단이 선택의 특수한 대상과 관련해 결함을 가지지 않는다면 비뚤어진 선택

---

[19] *DA* III 9, 432b 6.   [20] *DA* III 10, 433a 28.
[21] *NE* VII 3, 1147a 1.

Corpora autem caelestia non sunt causa intelligentiae nostrae. Ergo neque electionis nostrae possunt esse causa.

2600. Item. Quaecumque ex impressione corporum caelestium in istis inferioribus eveniunt, naturaliter contingunt: cum haec inferiora sint naturaliter sub illis ordinata. Si ergo electiones nostrae eveniunt ex impressione corporum caelestium, oportet quod naturaliter eveniant: ut scilicet sic naturaliter homo eligat operari suas operationes, sicut naturali instinctu bruta operantur, et naturaliter corpora inanimata moventur. Non ergo erunt propositum et natura duo principia agentia, sed unum tantum, quod est natura. Cuius contrarium patet per Aristotelem in II *Physicorum*. Non est igitur verum quod ex impressione corporum caelestium nostrae electiones proveniant.

2601. Praeterea. Ea quae naturaliter fiunt, determinatis mediis perducuntur ad finem, unde semper eodem modo contingunt: natura enim determinata est ad unum. Electiones autem humanae diversis viis tendunt in finem, tam in moralibus quam in artificialibus. Non igitur electiones humanae sunt naturaliter.

2602. Amplius. Ea quae naturaliter fiunt, ut plurimum recte fiunt:

[22] *Phys* II 5, 196b 19.

행위는 뒤따를 수 없다. 하지만 천체들은 우리의 이해 작용의 원인이 아니다. 그러므로 천체들은 우리의 선택 행위의 원인일 리가 없다.

2600. 마찬가지로, 천체들의 영향으로 이런 하위 세계의 물체들에서 일어나는 사건들은 모두 본성적으로 발생한다. 이런 하위 세계의 물체들은 본성적으로 천체들에 종속되기 때문이다. 따라서 우리의 선택 행위가 천체들의 영향으로 일어난다면, 그것은 본성적으로 일어나야 할 것이다. 마치 짐승들이 본성적으로 지니는 본능으로 작용하고 무생물체들은 본성적으로 움직여지듯, 인간은 자신이 수행할 작용을 본성적으로 선택하게 된다는 것이다. 결과적으로 의도와 본성이라는 두 가지 능동 원리가 있지 않고 오직 본성이라는 하나의 원리만이 있게 될 것이다. 그런데 이런 견해의 정반대가 아리스토텔레스의 『자연학』[22]에 뚜렷이 드러난다. 그러므로 우리의 선택이 천체들의 영향에서 비롯된다는 것은 참이 아니다.

2601. 그 밖에도, 본성적으로 일어나는 것들은 정해진 수단들을 통해 그것들의 목적에 이르게 된다. 이런 이유로 그것들은 항상 같은 방식으로 일어난다. 왜냐하면 본성은 하나의 결과로 정해져 있기 때문이다. 하지만 인간의 선택 행위는 도덕적 행위에서뿐만 아니라 기예에 의한 제작 행위에서도 다양한 방식으로 목적을 지향한다. 그러므로 인간의 선택 행위는 본성적으로 이루어지는 것이 아니다.

2602. 나아가, 본성에 따라 이루어지는 것들은 대부분 제대로 이루어진다. 왜냐하면 본성은 아주 드물게 작동이 제대로 되지 않기 때문이다. 결

natura enim non deficit nisi in paucioribus. Si igitur homo natur-
aliter eligeret, ut in pluribus electiones essent rectae. Quod patet
esse falsum. Non igitur homo naturaliter eligit. Quod oporteret si
ex impulsu corporum caelestium eligeret.

2603. Item. Ea quae sunt eiusdem speciei, non diversificantur in
operationibus naturalibus quae naturam speciei consequuntur: unde
omnis hirundo similiter facit nidum, et omnis homo similiter intel-
ligit prima principia, quae sunt naturaliter nota. Electio autem est
operatio consequens speciem humanam. Si igitur homo naturaliter
eligeret, oporteret quod omnes homines eodem modo eligerent.
Quod patet esse falsum, tam in moralibus quam in artificialibus.

2604. Adhuc. Virtutes et vitia sunt electionum principia propria:
nam virtuosus et vitiosus differunt ex hoc quod contraria eligunt.
Virtutes autem politicae et vitia non sunt nobis a natura, sed ex
assuetudine: ut probat PHILOSOPHUS, in II *Ethic.*, ex hoc quod qual-
es operationes assuescimus, et maxime a puero, ad tales habitum
habemus. Ergo electiones nostrae non sunt nobis a natura. Non ergo
causantur ex impressione corporum caelestium, secundum quam
res naturaliter procedunt.

2605. Adhuc. Corpora caelestia non imprimunt directe nisi in cor-
pora, ut ostensum est (2596). Si igitur sint causa electionum nostra-

과적으로 인간이 선택 행위를 본성에 따라 한다면 그 선택은 대부분 제대로 이루어질 것이다. 그런데 이것은 분명 거짓이다. 그러므로 인간은 선택 행위를 본성에 따라 하지 않는다. 그런데도 인간이 선택 행위를 천체의 충동에 따라 하게 된다면, 그는 선택 행위를 본성에 따라 해야 할 것이다.

2603. 마찬가지로, 같은 종에 속하는 것들은 종적 본성에서 기인하는 본성적 작용들이 다르지 않다. 따라서 제비는 모두 같은 방식으로 둥지를 틀고, 인간은 본성적으로 알려지는 제일 원리를 모두 같은 방식으로 이해한다. 그런데 선택 행위는 인간의 종에 기인하는 작용이다. 결과적으로 인간이 선택 행위를 본성에 따라 한다면 인간은 모두 같은 방식으로 선택하게 될 것이다. 이 점은 도덕적 행위에서뿐만 아니라 제작 행위에서도 분명 거짓이다.

2604. 게다가, 덕과 악덕은 선택 행위들의 고유한 원리들이다. 왜냐하면 유덕한 사람과 악덕한 사람은 상반되는 것들을 선택한다는 점에서 다르기 때문이다. 그런데 우리 안에 있는 정치적인 덕과 악덕은 본성이 아니라 습관에서 생겨난다. 철학자는 『니코마코스 윤리학』 제2권[23]에서 우리가 특히 어릴 적부터 길들여진 그런 행위들을 하는 버릇이 든다는 사실을 통해 이 점을 입증한다. 따라서 우리 안에서 우리가 하는 선택 행위는 본성에서 나오지 않는다. 그러므로 그것은 사물들을 본성적으로 일어나도록 하는 천체들의 영향에 기인하지 않는다.

2605. 게다가, 앞서 드러났듯(III 84, n.2596) 천체들은 오직 물체들에 대해서

---

[23] *NE* II 1, 1103a 19.

rum, aut hoc erit inquantum imprimunt in corpora nostra, aut inquantum imprimunt in exteriora. Neutro autem modo sufficienter possunt esse causa electionis nostrae. Non enim est sufficiens causa nostrae electionis quod aliqua corporalia nobis exterius praesententur: patet enim quod ad occursum alicuius delectabilis, puta cibi vel mulieris, temperatus non movetur ad eligendum ipsum, intemperatus autem movetur. Similiter etiam non sufficit ad nostram electionem quaecumque immutatio possit esse in nostro corpore ab impressione caelestis corporis: cum per hoc non sequantur in nobis nisi quaedam passiones, vel magis vel minus vehementes; passiones autem, quantumcumque vehementes, non sunt causa sufficiens electionis, quia per easdem passiones incontinens inducitur ad eas sequendum per electionem, continens autem non inducitur. Non potest igitur dici quod corpora caelestia sunt causae nostrarum electionum.

2606. Amplius. Nulla virtus datur alicui rei frustra. Homo autem habet virtutem iudicandi et consiliandi de omnibus quae per ipsum operabilia sunt, sive in usu exteriorum rerum, sive in admittendo vel repellendo intrinsecas passiones. Quod quidem frustra esset, si electio nostra causaretur a corporibus caelestibus, non existens in nostra potestate. Non igitur corpora caelestia sunt causa nostrae electionis.

만 직접적 영향을 미친다. 결과적으로 천체들이 우리의 선택 행위의 원인이라면, 우리 육체에 영향을 주거나 아니면 외부의 물체들에 영향을 주거나 둘 중 하나에 의해 일어나게 될 것이다. 그렇지만 천체들은 어느 쪽도 우리가 내리는 선택 행위의 충분한 원인일 리가 없다. 왜냐하면 어떤 남성이 어떤 음식이나 여성과 같이 자신을 즐겁게 하는 대상을 맞닥뜨리게 될 경우, 절제된 남성은 그것을 선택하게 되지 않지만, 무절제한 남성은 그것을 선택하게 될 것이 분명하므로. 물질적 사물이 외부에서 우리에게 주어진다고 해서 우리의 선택 행위의 충분한 원인일 리 없기 때문이다. 마찬가지로 천체의 영향에 의해 우리 육체 안에 일어나는 그 어떠한 변화도 우리의 선택 행위의 원인이 되는 데 충분하지 않다. 왜냐하면 우리 안에 그 영향으로 일어나는 것이라고는 다소 강렬한 정념들밖에 없기 때문이다. 하지만 정념들이 아무리 강렬하다고 할지라도, 그것들은 선택 행위의 충분한 원인이 아니다. 왜냐하면 같은 정념이더라도 자제력 없는 자는 선택 행위를 통해 정념들을 따르도록 유도되겠지만 자제력 있는 자는 그렇게 유도되지 않기 때문이다. 그러므로 천체들이 우리의 선택 행위의 원인이라고 말할 수 없다.

2606. 나아가, 어떠한 능력도 헛되이 부여되지는 않는다. 그런데 인간은 외적인 것들을 사용하든 내적인 정념들을 품든 물리치든 여하간에 자신이 수행할 수 있는 모든 것을 판단하고 숙고하는 능력을 지닌다. 하지만 우리의 선택 행위가 우리 권한이 미치는 범위 안에 있지 않고 천체들에 기인한다면, 이것은 쓸모없게 될 것이다. 그러므로 천체들은 우리의 선택 행위의 원인이 아니다.

2607. Praeterea. Homo naturaliter est *animal politicum*, vel *sociale*.

a) Quod quidem ex hoc apparet quod unus homo non sufficit sibi si solus vivat, propterea quod natura in paucis homini providit sufficienter, dans ei rationem, per quam posset sibi omnia necessaria ad vitam praeparare, sicut cibum, indumenta, et alia huiusmodi ad quae omnia operanda non sufficit unus homo. Unde naturaliter est inditum homini ut in societate vivat. Sed ordo providentiae non aufert alicui rei quod est sibi naturale, sed magis unicuique providetur secundum suam naturam, ut ex dictis (cap. 71) patet. Non igitur per ordinem providentiae sic est homo ordinatus ut vita socialis tollatur. Tolleretur autem si electiones nostrae ex impressionibus corporum caelestium provenirent, sicut naturales instinctus aliorum animalium.

b) Frustra etiam darentur leges et praecepta vivendi, si homo suarum electionum dominus non esset. Frustra etiam adhiberentur poenae et praemia bonis aut malis, ex quo non est in nobis haec vel illa eligere. His autem desinentibus, statim socialis vita corrumpitur. Non igitur homo est sic secundum ordinem providentiae institutus ut electiones eius ex motibus caelestium corporum proveniant.

2608. Adhuc. Electiones hominum ad bona et mala se habent. Si igitur electiones nostrae ex motibus stellarum provenirent, sequeretur quod stellae per se essent causa malarum electionum. Quod autem est malum, non habet causam in natura: nam malum incidit ex defectu alicuius causae, et non habet causam per se, ut supra (capp. 4

2607. 그 밖에도 인간은 '본성적으로 정치적 동물' 또는 '사회적 동물'이
다.[24]

a) 이 점은 인간이 홀로 살아갈 때 자급자족이 가능하지 않다는 사실로
보아 분명하다. 자연(본성)은 인간에게 충분한 것들을 제공하지 않는 대신
에 음식, 의복 등처럼 살아가는 데 필요하지만, 한 인간이 생산하기에 역
부족인 모든 것을 준비하도록 하는 이성을 인간에게 제공하기 때문이다.
따라서 인간에게는 사회 속에서 살려는 자연적 성향이 주어져 있다. 그런
데 앞서(III 71) 말한 데서 드러나듯이, 섭리의 질서는 사물로부터 그 사물에
본성적인 것을 빼앗지 않고 그 본성에 따라 저마다의 사물을 보살핀다. 그
러므로 인간은 섭리의 질서에 의해 사회 속의 삶을 빼앗기도록 만들어지지
않았다. 하지만 다른 동물들의 자연 본능처럼 우리의 선택 행위가 천체들
의 영향에서 일어난다면 사회 속의 삶은 빼앗기게 될 것이다.

b) 인간이 자신의 선택 행위를 마음대로 수행할 수 없다면, 법과 삶의
계명도 소용없게 될 것이다. 둘 가운데 하나를 선택하는 것이 우리의 권한
밖에 있다면, 선행들이나 악행들에 대해 벌이나 상을 주는 것도 소용없게
될 것이다. 그러나 이런 것들이 사라지게 되면, 사회 속의 삶도 즉시 없어
질 것이다. 그러므로 섭리의 질서에 따르면 인간은 자신의 선택 행위가 천
체들의 운동에서 생기도록 만들어지지 않았다.

2608. 게다가, 인간의 선택은 선과 악에 연관되어 이루어진다. 이런 이유
로 우리의 선택이 별들의 운동에서 비롯된다면, 악한 선택의 본질적 원인
은 별들이 될 것이다. 하지만 악은 자연 속에 원인을 지니지 않는다. 앞서
밝혀졌듯(III 4 이하), 악은 원인의 결함에서 생기며 그 자체로 원인을 지니

---

[24] *Pol* I 2, 1253a 2; *NE* I 7, 1097b 11.

sqq.) ostensum est. Non igitur est possibile quod electiones nostrae directe et per se a corporibus caelestibus proveniant sicut ex causis.

2609. Potest autem aliquis huic rationi obviare dicendo quod omnis mala electio ex alicuius boni appetitu provenit, ut supra (capp. 5, 6) ostensum est: sicut electio adulteri provenit appetitu boni delectabilis quod est in venereis. Ad quod quidem bonum universale aliqua stella movet. Et hoc necessarium est ad generationes animalium perficiendas: nec debuit hoc commune bonum praetermitti propter malum particulare huius, qui ex hoc instinctu eligit malum.

2610. Haec autem responsio sufficiens non est, si ponantur corpora caelestia per se causa electionum nostrarum, utpote per se imprimentia in intellectum et voluntatem. Nam impressio universalis causae recipitur in unoquoque secundum modum suum. Effectus ergo stellae moventis ad delectationem quae est in coniunctione ordinata ad generationem, recipietur in quolibet secundum modum proprium sibi: sicut videmus quod diversa animalia habent diversa tempora et diversos modus commixtionis, secundum congruentiam suae naturae, ut Aristoteles dicit in libro *de Historiis Animalium*. Recipient ergo intellectus et voluntas impressionem illius stellae secundum modum suum. Cum autem aliquid appetitur secundum modum, intellectus et rationis, non accidit peccatum in electione, quae quidem semper ex hoc mala est quod non est secundum ratio-

지 않기 때문이다. 그러므로 우리의 선택들이 마치 천체들이 원인인 것처럼 천체들에서 직접적으로 그리고 그 자체로 생기는 것은 가능하지 않다.

2609. 그러나 앞서(III 5-6) 드러난 바대로, 누군가는 모든 나쁜 선택이 특정 선에 대한 욕구에서 일어난다고 말함으로써 이런 논거에 반대할 수 있다. 예를 들면, 간음을 범하는 사람의 선택은 성적性的 즐거움이라는 선에 대한 욕구에서 일어나고, 어떤 별이 [그 사람을] 이런 보편적 선으로 움직이게 한다는 것이다. 실제로 이것은 동물들의 생식을 위해 필요한데, 이런 공동선은 그러한 충동의 결과로 악을 선택하게 되는 개인의 특수한 악 때문에 배제되어서는 안 된다는 것이다.

2610. 그러나 만일 천체들이 지성과 의지에 직접적 영향을 준다는 점에서 우리의 선택들에 대한 본질적 원인이라고 주장한다면, 이 논거는 적절치 않다. 왜냐하면 보편적 원인의 영향은 어떤 존재자 안에서 그 존재자의 양태에 따라 수용되기 때문이다. 결과적으로 생식을 지향하는 결합에서 얻는 즐거움을 향하도록 하는 별의 영향은 존재자 안에 그 존재자의 양태에 따라 수용될 것이다. 따라서 아리스토텔레스가 『동물지』[25]에서 말하듯, 우리는 서로 다른 동물들이 그것들의 본성에 부합되는 것에 따라 서로 다른 교합交合의 시간과 방식을 지니게 됨을 관찰한다. 따라서 지성과 의지는 그것들의 양태에 따라 이런 별의 영향을 수용하게 된다. 그런데 어떤 대상이 지성과 이성의 양태에 따라 욕구될 경우, 선택에는 아무런 죄가 없다. 선택은 늘 올바른 이성과 부합되지 않기 때문에 악하게 된다. 그러므로 천체

---

[25] 아리스토텔레스 『동물지』(*De Historia animalium*) V 8, 542a 1.

nem rectam. Non igitur, si corpora caelestia essent causa electionum nostrarum, esset unquam in nobis electio mala.

2611. Amplius. Nulla virtus activa se extendit ad ea quae sunt supra speciem et naturam agentis: quia omne agens agit per suam formam. Sed ipsum velle transcendit omnem speciem corporalem, sicut et ipsum intelligere: sicut enim intelligimus universalia, ita et voluntas nostra in aliquod universale fertur, puta quod *odimus omne latronum genus*, ut Philosophus dicit in sua *Rhetorica*. Nostrum igitur velle non causatur a corpore caelesti.

2612. Praeterea. Ea quae sunt ad finem, proportionantur fini. Electiones autem humanae ordinantur ad felicitatem sicut ad ultimum finem. Quae quidem non consistit in aliquibus corporalibus bonis, sed in hoc quod anima coniungatur per intellectum rebus divinis: ut supra (capp. 25 sqq.) ostensum est, tam secundum sententiam fidei, quam secundum philosophorum opiniones. Corpora igitur caelestia non possunt esse causa electionum nostrarum.

2613. Hinc est quod dicitur Ier. 10: 2 *A signis caeli nolite metuere, quae gentes timent: 3 quia leges populorum vanae sunt.*

---

[26] 라틴어 species는 "인간은 이성적 동물이다"에서 '동물'이라는 유(genus)와 대비되는 '인간'처럼 수적으로 다른 여러 사물의 술어가 되는 '종'(種)의 의미로 사용되기도 하지만, 인식 주체나 인식 능력에 내재하는 인식 대상의 '상'(像)이라는 의미로도 사용된다. 여기서는 후자의 의미로 사용된다.

들이 우리가 내리는 선택의 원인이라면, 우리에게 결코 악한 선택이란 없을 것이다.

2611. 나아가, 어떠한 작용 능력도 작용자의 종과 본성을 넘어서는 것들에게까지 미치지는 않는다. 왜냐하면 모든 작용자는 자신의 형상을 통해 작용하기 때문이다. 그런데 의지 작용은 이해 작용처럼 모든 물질적인 상像[26]을 넘어선다. 왜냐하면 우리[의 지성]는 보편자를 이해하듯, 우리의 의지도 보편자를 지향하기 때문이다. 이를테면, 철학자가『수사학』[27]에서 말하듯, "우리는 모든 종류의 도둑을 싫어한다". 그러므로 우리의 의지 작용은 천체에 기인하지 않는다.

2612. 그 밖에도, 목적을 향하는 것들은 그 목적에 비례한다. 그런데 인간의 선택은 궁극 목적인 행복을 향하도록 질서 지어져 있다. 물론 우리가 앞서(III 25 이하) 입증했듯, 신앙의 가르침은 물론 철학자들의 견해에 따라서도 행복은 육체의 선에 있지 않고, 영혼이 지성을 통해 신적인 것들과 결합하는 데에 있다. 그러므로 천체들이 우리의 선택 행위의 원인일 리가 없다.

2613. 이런 이유로 예레미야서 10장 2-3절에서 "이민족들이나 두려워하는 하늘의 표징을 두려워하지 마라. 왜냐하면 그 백성들의 법은 헛된 것이기 때문이다"[28]라고 말한다.

---

[27] *Rhet* II 4, 1382a 6.
[28] 『성경』: "하늘의 표징에 두려워 떨지 마라. 그런 것은 이민족들이나 두려워 떤다. 그 백성들의 관습은 헛것이다."

2614. a) Per haec autem excluditur positio Stoicorum, qui ponebant omnes actus nostros, et etiam electiones nostras, secundum corpora caelestia disponi (cfr. 2592 a).

b) Quae etiam fuisse dicitur positio antiqua Pharisaeorum apud Iudaeos.

c) Priscillianistae etiam huius erroris rei fuerunt, ut dicitur in libro *de Haeresibus*.

d) Haec etiam fuit opinio antiquorum Naturalium, qui ponebant sensum et intellectum non differre (cf. 2594). Unde Empedocles dixit quod *voluntas augetur in hominibus, sicut in aliis animalibus, ad praesens*, idest, secundum praesens momentum, ex motu caeli causante tempus, ut Aristoteles introducit in libro *de Anima*.

2615. a) Sciendum tamen est quod, licet corpora caelestia non sint directe causa electionum nostrarum quasi directe in voluntates nostras imprimentia, indirecte tamen ex eis aliqua occasio nostris electionibus praestatur, secundum quod habent impressionem super corpora. Et hoc dupliciter.

b) Uno quidem modo, secundum quod impressiones corporum caelestium in exteriora corpora est nobis occasio alicuius electionis:

---

29 플라비우스 요세푸스(Flavius Josephus) 『유대 고대사』(*Antiquitates Iudaicae*) XIII 5, 9; 영어 번역본은 *Jewish Antiquities*, ed and trans. H. Thackeray and R. Marcus (Cambridge, Mass.: Harvard University Press 1926) VII, 310 참조.

30 아우구스티누스 『이단론』(*De haeresibus*) 70 (PL 42, 44).

2614. a) 이로써 우리의 모든 행위는 물론 우리의 선택조차도 천체들에 의해 결정된다고 주장한 스토아학파의 이론(III 84, n.2592a 참조)도 배제된다.

b) 이것은 유대인들 가운데 바리사이파 사람들의 오래된 입장[29]이었다고도 한다.

c) 『이단론』[30]에서 언급되듯이, 프리스킬리아누스파도 이러한 오류를 범했다.

d) 이것은 감각과 지성이 다르지 않다고 주장한 고대 자연철학자들의 견해였기도 하다(III 84, n.2594 참조). 따라서 아리스토텔레스가 『영혼론』[31]에서 인용하듯이, 엠페도클레스는 "다른 동물들처럼 인간들에게도 의지는 지금", 즉 시간의 원인인 천체의 운동에 기인하는 지금 이 순간에 "자라난다"고 말했다.

2615. a) 그런데도 천체들이 마치 우리의 의지에 직접적 영향을 주는 방식처럼 우리가 내리는 선택 행위의 직접적 원인이지는 않더라도, 천체들은 물체나 육체에 영향을 주는 방식으로 우리 선택 행위의 계기[32]를 간접적으로 제공할 수도 있다는 점에 주목해야 한다. 이것은 두 가지 방식으로 일어난다.

b) 첫째, 우리 외부의 물체에 미친 천체들의 영향은 우리가 내리는 어떤 선택 행위의 계기다. 예컨대, 대기가 천체에 의해 심하게 차가워질 때, 우

---

[31] *DA* III 3, 427a 22.

[32] '계기'(occasio)는 어떤 사건이 일어나도록 하는 부수적 원인이나 기회가 될 수 있기는 하지만, 그 자체로 충분한 원인이 되지 못한다는 의미로 사용된다.

sicut, cum per corpora caelestia disponitur aër ad frigus intensum, eligimus calefieri ad ignem, vel aliqua huiusmodi facere quae congruunt tempori.

c) Alio modo, secundum quod imprimunt in corpora nostra: ad quorum immutationem insurgunt in nobis aliqui motus passionum: vel per eorum impressionem efficimur habiles ad aliquas passiones, sicut cholerici sunt proni ad iram; vel etiam secundum quod ex eorum impressione causatur in nobis aliqua dispositio corporalis quae est occasio alicuius electionis, sicut cum, nobis infirmantibus, eligimus accipere medicinam.

2616. a) Interdum etiam ex corporibus caelestibus actus humanus causatur inquantum ex indispositione corporis aliqui amentes efficiuntur, usu rationis privati. In quibus proprie electio non est, sed moventur aliquo naturali instinctu, sicut et bruta.

b) Manifestum autem est, et experimento cognitum, quod tales occasiones, sive sint exteriores sive sint interiores, non sunt causa necessaria electionis: cum homo per rationem possit eis resistere vel obedire. Sed plures sunt qui impetus naturales sequuntur, pauciores autem, scilicet soli sapientes, qui occasiones male agendi et naturales impetus non sequuntur.

c) Et propter hoc dicit PTOLOMAEUS in *Centilogio* quod *anima sapiens adiuvat opus stellarum*; et quod *non poterit astrologus dare iudicia secundum stellas nisi vim animae et complexionem natu-*

리는 불 옆에 가서 몸을 따뜻하게 하거나 날씨에 적응하는 다른 행위들을
선택한다.

　c) 둘째, 천체들은 우리의 육체에 영향을 줄 수 있다. 우리의 육체에 변
화가 일어날 때 우리에게 어떤 정념의 움직임이 일어난다. 담즙질[33]의 사
람이 화를 잘 내듯이 우리는 천체들의 영향에 의해 걸핏하면 정념에 사로
잡히거나, 우리가 아파서 약을 먹는 선택을 하듯이 특정 선택 행위의 계기
가 되는 어떤 체질體質이 우리 안에서 천체들의 영향에 기인할 수 있다.

2616. a) 육체의 부적합한 상태로 인해 제정신이 아니게 되어 이성을 사용
하지 못하게 되는 사람들처럼, 천체들은 때로는 인간 행위의 원인일 수도
있다. 엄밀히 말하면, 그런 이들은 선택 행위를 행할 수 없고, 짐승들처럼
자연 본능에 의해 움직이게 된다.

　b) 하지만 그러한 계기들이 외부적이든 내부적이든 선택의 필연적 원인
이지 않다는 점은 분명하며 또 경험을 통해 알려진다. 왜냐하면 인간은 이
성을 통해 그 계기들을 물리치거나 따를 수 있기 때문이다. 그러나 자연적
충동을 따르는 사람들은 다수지만, 나쁜 행동의 계기들과 자연적 충동을
따르지 않는 지혜로운 자들은 단지 극소수다.

　c) 이런 이유로 프톨레마이오스는 『백 가지 격언집』에서 "지혜로운 자의
영혼은 별들의 작용을 도우며",[34] "천문학자는 영혼의 능력과 본성적 체질
에 대해 잘 알지 못한다면 별들에 의거해 판단을 내릴 수 없으며",[35]▶ "천

---

[33] 담즙질의 사람이 화를 잘 낸다는 예증은 중세 의학 이론과 연관된다. 갈레노스와 아비
첸나가 체계화한 이 이론에 따르면, 인체가 혈액, 점액, 황담즙, 흑담즙이라는 네 가지 체액
으로 이루어진다는 히포크라테스의 4체액론을 토대로 네 가지 체액이 인간의 기질에 영향을
준다. 네 가지 체액 가운데 어느 것이 많으냐에 따라 담즙질, 다혈질, 우울질, 점액질로 나뉘
는데, 담즙질의 사람은 화를 잘 낸다고 본다.

[34] 프톨레마이오스『백 가지 격언집』격언 8.

ralem bene cognoverit; et quod *astrologus non debet dicere rem specialiter, sed universaliter*: quia scilicet impressio stellarum in pluribus sortitur effectum, qui non resistunt inclinationi quae est ex corpore; non autem semper in hoc vel in illo, qui forte per rationem naturali inclinationi resistit.

Capitulum LXXXVI

Quod corporales effectus in istis inferioribus non sequuntur ex necessitate a corporibus caelestibus

2617. a) Non solum autem corpora caelestia humanae electioni necessitatem inferre non possunt, sed nec etiam corporales effectus in istis inferioribus ex necessitate ab eis procedunt.

b) Impressiones enim causarum universalium recipiuntur in effectibus secundum recipientium modum. Haec autem inferiora sunt fluxibilia et non semper eodem modo se habentia: propter materiam, quae est in potentia ad plures formas; et propter contrarietatem formarum et virtutum. Non igitur impressiones corporum caelestium recipiuntur in istis inferioribus per modum necessitatis.

2618. Item. A causa remota non sequitur effectus de necessitate nisi etiam sit causa media necessaria: sicut et in syllogismis ex maiori *de necesse* et minori *de contingenti* non sequitur conclusio *de*

문학자는 사안에 대해 상세하게 말해서는 안 되고 개괄적으로 말해야 한다"[36]고 주장한다. 왜냐하면 별들의 영향은 육체에서 생기는 경향을 거스르지 못하는 사람들 대부분에게 효과를 미치기는 하지만, 그렇다고 해서 자신의 이성으로 그러한 본성적 경향을 거스를 수 있는 어떤 사람에게는 항상 효과를 미치지는 않기 때문이다.

제86장
이 하위 세계의 물질적 결과들은
필연적으로 천체에서 생기지 않는다

2617. a) 천체들은 인간의 선택에 필연성을 부과할 수 없을 뿐만 아니라 이 하위 세계의 물질적 결과조차도 천체들에서 필연적으로 생기지 않는다.

b) 보편적 원인의 영향은 그 결과 안에 수용자의 양태에 따라 수용되니까 말이다. 그런데 이 하위 세계에 있는 것들은 여러 형상에 대해 가능태로 있는 질료 때문만이 아니라 형상들과 능력들의 상반성 때문에도 변동하며 항상 같은 방식으로 있지 않게 된다. 그러므로 천체들의 영향은 이 하위 세계에 있는 것들에 필연적으로 수용되지 않는다.

2618. 마찬가지로, 삼단논법에서 대전제가 '필연적 명제'이고 소전제가 '우연적 명제'라면 '필연적 명제'가 결론으로 귀결되지 않듯, 중간 원인이 필연

◀[35] 같은 책, 격언 7.　　　　　　　　　[36] 같은 책, 격언 1.

necesse. Corpora autem caelestia sunt causae remotae: proximae autem causae inferiorum effectuum sunt virtutes activae et passivae in istis inferioribus, quae non sunt causae necessariae, sed contingentes; possunt enim deficere ut in paucioribus. Non ergo ex corporibus caelestibus sequuntur in istis inferioribus corporibus effectus de necessitate.

2619. Praeterea. Motus caelestium corporum semper est eodem modo. Si igitur effectus caelestium corporum in istis inferioribus ex necessitate proveniret, semper eodem modo se haberent quae in inferioribus sunt. Non autem semper eodem modo se habent, sed ut in pluribus. Non ergo ex necessitate proveniunt.

2620. Adhuc. Ex multis contingentibus non potest fieri unum necessarium: quia, sicut quodlibet contingentium per se deficere potest ab effectu, ita et omnia simul. Constat autem quod singula quae in istis inferioribus fiunt ex impressione caelestium corporum, sunt contingentia. Non igitur connexio eorum quae in inferioribus contingunt ex impressione caelestium corporum, est necessaria: manifestum est enim quod quodlibet eorum potest impediri.

2621. Amplius. Corpora caelestia sunt agentia naturaliter, quae requirunt materiam in quam agant. Non igitur ex actione corporum

적이 아니라면 필연적 결과는 원격 원인에서 귀결되지 않는다. 그런데 천체들은 원격 원인이지만, 이 하위 세계에 일어나는 결과들의 근접 원인은 이 하위 세계의 물체들 안에 있는 능동적 능력과 수동적 능력이다. 그런데 이런 능력은 가끔 작동하지 않을 수 있기에 필연적 원인이 아니라 우연적 원인이다. 따라서 천체들은 이 하위 세계의 물체들에 필연적인 결과를 산출하지 않는다.

2619. 그 밖에도, 천체들의 운동은 항상 똑같은 방식으로 일어난다. 결과적으로 천체들이 이 하위 세계의 물체들에 필연적인 결과를 산출한다면, 하위 세계의 물체들에 일어나는 것들은 항상 똑같은 방식을 유지할 것이다. 하지만 그것들은 대부분 똑같은 방식으로 일어나기는 하지만, 항상 똑같은 방식으로 일어나지는 않는다. 그러므로 그것들은 필연적으로 일어나지 않는다.

2620. 게다가, 여럿의 우연적인 것들에서 하나의 필연적인 것이 나올 수는 없다. 왜냐하면 우연적인 것 각각은 그 자체로는 결과에 미치지 못하듯, 우연적인 것을 한데 합쳐도 결과에 미치지 못할 수 있기 때문이다. 그런데 천체들의 영향으로 이런 하위의 물체들에 일어나는 각각의 결과가 우연적이라는 점은 분명하다. 그러므로 천체들의 영향으로 하위 세계에 일어나는 것들은 반드시 필연성과 연결되지는 않는다. 그것들 가운데 무엇이라도 일어나지 않도록 방해받을 수 있다는 점은 분명하기 때문이다.

2621. 나아가, 천체들은 본성을 따르는 작용자들이므로 작용 대상인 질료가 필요하다. 결과적으로 질료의 필요성은 천체들이 작용한 결과로 제거

caelestium tollitur id quod materia requirit. Materia autem in quam agunt corpora caelestia, sunt corpora inferiora: quae, cum sint corruptibilia secundum suam naturam, sicut deficere possunt ab esse, ita ab operari; et sic eorum natura hoc habet ut non ex necessitate producant effectus. Non igitur ex necessitate proveniunt effectus caelestium corporum etiam in corporibus inferioribus.

2622. ALIQUIS autem forte dicat quod necessarium est ut effectus caelestium corporum compleantur, nec tamen per hoc tollitur possibilitas a rebus inferioribus, eo quod quilibet effectus est in potentia antequam fiat, et tunc dicitur possibilis, quando autem iam est in actu, transit a possibilitate in necessitatem; et totum hoc subiacet caelestibus motibus; et sic non tollitur quin aliquando effectus sit possibilis, licet necessarium sit effectum illum quandoque produci: — sic enim ALBUMASAR, in primo libro sui *Introductorii*, defendere nititur *possibile*.

2623. Non est autem possibile quod per hunc modum *possibile* defendatur. Possibile enim quoddam est *quod ad necessarium sequitur*. Nam quod necesse est esse, possibile est esse: quod enim non possibile est esse, impossibile est esse; et quod impossibile est esse, necesse est non esse; igitur quod necesse est esse, necesse est

---

[37] 9~10세기에 활동한 아랍 점성술사로 그리스도교 세계에 '알부마사르'라는 라틴어 이름으로 알려졌다. 그의 아랍어 본명은 발흐 태생의 아부 마샤르(Abu Ma'shar al-Balkhi)다.

되지 않는다. 그런데 천체들의 작용 대상인 질료는 하위의 물체들이다. 그것들은 본성적으로 소멸할 수 있기에 존재하지 못할 수 있듯이 작용하지도 못할 수 있다. 따라서 그것들은 결과를 필연적으로 산출하지 않는 본성을 지닌다. 그러므로 천체들이 하위의 물체들에 대해서조차 산출하는 결과들도 필연적으로 일어나지 않는다.

2622. 그러나 누군가는 아마 다음과 같이 말할지도 모른다. 천체들의 결과가 필연적으로 생겨야 하지만, 그렇다고 해서 이런 사실로 인해 하위 세계에서 가능성이 제거되는 것은 아니다. 왜냐하면 각각의 결과는 발생하기 전에는 가능태로 있기 때문이다. 그래서 그때 그 결과는 가능적이라고 말하지만, 그 결과가 어느새 현실태로 있게 될 때 그것은 가능성에서 필연성으로 전이된다. 이 모든 과정은 천체들의 운동에 종속된다. 따라서 어떤 결과가 한때 가능적이었다고 해서, 그것이 언젠가는 필연적으로 발생해야 한다는 사실과 모순되지는 않는다. 실제로 알부마사르는『천문학 입문』[37]에서 '가능적인 것'을 이런 방식으로 옹호하고자 한다.

2623. 그러나 '가능적인 것'은 이런 방식으로 옹호될 수 없다. '필연적인 것에서 귀결되는' 일종의 가능적인 것이 있기 때문이다. 실은 필연적으로 존재하는 것이란 존재할 가능성이 있는 것이고, 존재할 가능성이 없는 것이란 존재하는 것이 불가능한 것이며, 존재하는 것이 불가능한 것이란 필연적으로 존재하지 않는 것이다. 결과적으로, 필연적으로 존재하는 것은 필

Albumasar, *Introductorium in astronomiam Albumasaris abalachi octo continens libros partiales* (Augsburg 1489) I 4.

non esse. Hoc autem est impossibile. Ergo impossibile est quod aliquid necesse sit esse, et tamen non sit possibile illud esse. Ergo possibile esse sequitur ad necesse esse.

2624. Hoc autem possibile non est necessarium defendere contra hoc quod effectus ex necessitate causari dicuntur, sed *possibile quod opponitur necessario*, prout dicitur possibile *quod potest esse et non esse*. Non dicitur autem aliquid per hunc modum possibile vel contingens ex hoc solum quod quandoque sit in potentia et quandoque in actu, ut praedicta responsio supponit: nam sic etiam in motibus caelestibus est possibile et contingens: non enim semper est coniunctio vel oppositio solis aut lunae in actu, sed quandoque quidem in actu, quandoque autem in potentia; quae tamen necessaria sunt, cum de his dentur demonstrationes. Sed possibile vel contingens quod opponitur necessario, hoc in sua ratione habet, quod non sit necesse illud fieri quando non est. Quod quidem est quia non de necessitate sequitur ex causa sua. Sic enim dicimus quod Socratem sessurum esse est contingens, ipsum autem esse moriturum est necessarium, quia secundum horum ex causa sua de necessitate sequitur, non autem primum. Si ergo ex motibus caelestibus de necessitate sequitur quod eorum effectus sint quandoque futuri, tollitur possibile et contingens quod necessario opponitur.

---

[38] '합'(coniunctio)은 지구에서 관측할 때 외행성이 태양과 같은 방향에 있을 때를 뜻하고, '충'(oppositio)은 지구에서 관측할 때 외행성이 태양과 반대 방향에 있을 때를 뜻한다.

연적으로 존재하지 않는다는 것인데, 이것은 불가능하다. 이런 이유로 무언가가 필연적으로 존재하는 동시에 존재하는 것이 가능하지 않다는 것은 불가능하다. 그러므로 가능적인 존재는 필연적인 존재에서 나온다.

2624. 그러나 우리는 결과들이 필연적으로 일어난다는 주장에 반대하여 이런 종류의 '가능적인 것'을 옹호할 필요는 없지만, 가능적인 것이 '존재할 수도 또 존재하지 않을 수도 있는 것'이라는 의미에서 '필연적인 것과 상반되는 가능적인 것'은 옹호해야 한다. 그런데 앞선 답변이 전제하듯이, 어떤 대상이 어떤 때에는 가능태로 있고 다른 때에는 현실태로 있다는 사실만으로 그것을 가능적이거나 우연적이라고 하지는 않는다. 물론 이처럼 천체들의 운동에서조차 가능적인 것과 우연적인 것이 있다. 태양이나 달의 합삭이나 충衝[38]은 항상 현실태로 있지 않고 오히려 때로는 현실태로 있기도 하고 때로는 가능태로 있기도 하니까 말이다. 그런데도 이런 현상들은 증명의 대상일 수 있기에 필연적인 것들이다. 하지만 필연적인 것에 상반되는 가능적인 것이나 우연적인 것은 존재하지 않는 경우 반드시 존재할 필연성이 없는 성질의 것이다. 그 이유는 그것이 자신의 원인에서 필연적으로 기인하지 않는다는 데 있다. 따라서 우리는 소크라테스가 앉을 것이라는 점이 우연적 사실이지만, 소크라테스가 죽게 될 것이라는 점은 필연적 사실이라고 말한다. 왜냐하면 이런 사실들 가운데 후자가 그 원인에서 필연적으로 기인하는 것인데 반해, 전자는 그렇지 않기 때문이다. 따라서 미래의 어떤 시점에 일어나게 될 천체의 운동에서 생기는 결과들이 그 운동에서 필연적으로 나온다면, 필연적인 것에 상반되는 가능적인 것이나 우연적인 것은 존재하지 않을 것이다.

2625. Sciendum est autem quod ad probandum effectus caelestium corporum ex necessitate provenire, AVICENNA, in sua *Metaphysica*, utitur tali ratione. Si aliquis effectus caelestium corporum impeditur, oportet quod hoc sit per aliquam causam voluntariam vel naturalem. Omnis autem causa voluntaria vel naturalis reducitur ad aliquod caeleste principium. Ergo impedimentum etiam effectuum caelestium corporum procedit ex aliquibus caelestibus principiis. Impossibile est ergo quod, si totus ordo caelestium simul accipiatur, quod effectus eius unquam cassetur. Unde concludit quod corpora caelestia faciunt necessario esse debere effectus in his inferioribus, tam voluntarios quam naturales.

2626. Haec autem ratio, ut ARISTOTELES in II *Phys.* dicit, fuit QUORUNDAM antiquorum, qui negabant casum et fortunam, per hoc quod cuiuslibet effectus est aliqua causa determinata; posita autem causa, ponitur effectus de necessitate; et sic, cum omnia ex necessitate proveniant, non est aliquid fortuitum neque casuale.

2627. Hanc autem rationem ipse solvit in VI *Metaphys.*, negando duas propositiones quibus haec ratio utitur.

a) Quarum una est quod, *posita causa quacumque, necesse sit eius effectum poni.* Hoc enim non oportet in omnibus causis: quia

---

39 Avicenna, *Metaphysica*, X 1 (Opera, Venetiis 1508, fol. 108r).
40 *Phys* II 4, 195b 36.

2625. 그러나 우리는 아비첸나가 자신의 『형이상학』[39]에서 천체들의 결과가 필연적으로 일어난다는 점을 입증하기 위해 이와 유사한 논거를 사용한다는 점에 주목해야 한다. 천체들의 결과가 저해되는 경우, 이것은 틀림없이 자발적 원인이나 본성적 원인 때문에 일어난다. 하지만 자발적 원인이든 본성적 원인이든 모두 천체들의 어떤 원리로 환원될 수 있다. 따라서 천체들의 결과를 저해하는 것은 천체들의 어떤 원리에서 생긴다. 따라서 천체의 모든 질서를 종합해 보면, 그것의 결과가 언제고 일어나지 않는다는 것은 불가능하다. 그러므로 그는 천체들이 하위의 물체들 안에서 자발적 결과들은 물론 본성적 결과들까지도 필연적으로 산출해야 한다고 결론짓는다.

2626. 그러나 아리스토텔레스가 『자연학』 제2권[40]에서 말하듯이, 이런 논거는 고대인들 일부가 사용한 것인데, 그들은 모든 결과에 관해 정해진 원인이 있고, 또 원인이 있으면 결과는 필연적으로 따라온다는 점을 근거로 우발偶發이나 운運을 부정했다. 따라서 만사가 필연적으로 일어난다면, 운에 따르거나 우발적으로 생기는 일은 없게 된다.

2627. 그는 『형이상학』 제6권[41]에서 이런 논거에 사용되는 두 가지 명제를 부정함으로써 이 논거에 답변한다.

  a) 그가 부정하는 첫 번째 명제는 "어떠한 원인이라도 있다고 가정한다면, 그 결과도 있어야 한다"라는 것이다. 실제로 이것은 모든 원인에 해당

---

[41] *Met* VI 2-3, 1027a 5-b16.

aliqua causa, licet sit per se et propria causa et sufficiens alicuius effectus, potest tamen impediri ex concursu alterius causae, ut non sequatur effectus.

b) Alia propositio est, quam negat, quod *non omne quod est quocumque modo, habet causam per se, sed solum ea quae sunt per se; quae autem sunt per accidens, non habent aliquam causam*; sicut quod sit musicum, habet aliquam causam in homine, quod autem homo sit simul albus et musicus, non habet aliquam causam. Quaecumque enim sunt simul propter aliquam causam, ordinem habent ad invicem ex illa causa: quae autem sunt per accidens, non habent ordinem ad invicem. Non igitur sunt ex aliqua causa per se agente, sed solum per accidens hoc evenit: accidit enim docenti musicam quod doceat hominem album, est enim praeter eius intentionem, sed intendit docere disciplinae susceptibilem.

2628. Sic igitur, proposito aliquo effectu, dicemus quod habuit aliquam causam ex qua non de necessitate sequebatur: quia poterat impediri ex aliqua alia causa concurrente per accidens. Et licet illam causam concurrentem sit reducere in aliquam causam altiorem, tamen ipsum concursum, qui impedit, non est reducere in aliquam causam. Et sic non potest dici quod impedimentum huius effectus vel illius procedat ex aliquo caelesti principio. Unde non oportet dicere quod effectus corporum caelestium ex necessitate proveniant

하지는 않는다. 왜냐하면 어떤 원인이 어떤 결과에 대한 본질적 원인, 고유한 원인, 그리고 충분한 원인은 될 수 있을지라도 그 원인은 또 다른 원인이 동시에 일어남으로써 저해될 수 있으므로 그 결과를 산출하지 못하게 되기 때문이다.

b) 그가 부정하는 두 번째 명제는 "존재하는 것이 모두 본질적 원인을 지니는 것이 아니라 그 자체로 존재하는 것들만이 그러한 원인을 지니지만, 우유적으로 존재하는 것들에는 원인이 없다"라는 것이다. 예컨대, 인간이 음악적이라는 사실에 대한 원인이 인간 안에 있기는 하지만, 인간이 흰 피부를 지니기도 하고 음악적이기도 하다는 사실에 대한 원인은 없다. 어떤 원인으로 인해 동시에 생기는 복수의 것들은 무엇이든지 그 원인을 통해 서로 연관되지만, 우유적으로 생기는 것들은 서로 연관되지 않는다. 따라서 그것들은 그 자체로 작용하는 원인을 통해 일어나지 않고 우유적으로 일어날 뿐이다. 예컨대, 음악 교사가 흰 피부를 지닌 사람을 가르치게 되는 것은 그 교사의 의도를 벗어나므로 그 교사에게는 우유적이다. 왜냐하면 그 교사의 의도는 음악을 배울 만한 자를 가르치는 것이기 때문이다.

2628. 따라서 어떤 결과가 있게 되면, 우리는 그 결과를 필연적으로 산출하지 않았던 원인이 있었다고 말할 것이다. 왜냐하면 그 결과는 또 다른 원인이 동시에 우유적으로 발생함으로써 일어나지 못할 수 있었기 때문이다. 또 이렇게 동시에 발생하는 원인을 상위의 원인에까지 거슬러 추적하는 것이 가능하더라도, 일어나지 못하게 하는 이런 동시 발생 자체를 어떤 원인에까지 거슬러 추적하는 것은 가능하지 않다. 따라서 이러저러한 결과가 일어나지 못하도록 하는 것이 천체들의 어떤 원리에서 나온다고 말할 수는 없다. 그러므로 천체들의 결과가 이런 하위 세계에 필연적으로 일어

in istis inferioribus.

2629 Hinc est quod DAMASCENUS dicit, in secundo libro, quod *corpora caelestia non sunt causa generationis alicuius eorum quae fiunt, neque corruptionis eorum quae corrumpuntur*: quia scilicet non ex necessitate ex eis effectus proveniunt.

2630. a) ARISTOTELES etiam dicit, in II *de Somno et Vigilia*, quod *eorum quae in corporibus sunt signorum etiam caelestium, velut aquarum et ventorum, multa non eveniunt. Si enim alius vehementior isto accidat motus a quo futurum est signum, non fit: sicut et multa consulta bene, quae fieri expediebat, dissoluta sunt propter alias digniores inchoationes.*

   b) PTOLOMAEUS etiam, in *Quadripartito*, dicit: *Rursus, nec aestimare debemus quod superiora procedant inevitabiliter, ut ea quae divina dispositione contingunt et quae nullatenus sunt vitanda, necnon quae veraciter et ex necessitate proveniunt.*

   c) In *Centilogio.* etiam dicit: *Haec iudicia quae tibi trado, sunt media inter necessarium et possibile.*

---

[42] 요한네스 다마셰누스 『정통신앙론』 II 7 (PG 94, 893).
[43] 아리스토텔레스 『잠 속의 예언에 관하여』(*De divinatione per somnum*) II 463b 23.

난다고 말해서는 안 된다.

2629. 이런 이유로 요한네스 다마셰누스는 『정통 신앙론』 제2권[42]에서 "천체들은 생성되는 것들의 생성에 대한 원인이거나 소멸되는 것들의 소멸에 대한 원인이 아니"라고 말한다. 즉, 이 결과들은 천체들에서 필연적으로 생기지 않는다.

2630. a) 아리스토텔레스도 『잠 속의 예언에 관하여』 제2권[43]에서 다음과 같이 말한다. "물이나 바람의 움직임처럼 물체들에서 일어나는 조짐들 그리고 심지어 천체들의 조짐들 가운데 많은 것이 일어나지 않는다. 왜냐하면 미래의 조짐이 되는 것보다 더 강력한 움직임이 일어난다면 그 사건은 일어나지 않기 때문이다. 이는 마치 충분히 숙고해서 실행되기에 적합했던 많은 일들이 더 나은 생각의 개입으로 인해 무산되는 경우와 같다.

b) 프톨레마이오스도 『네 가지 책』[44]에서 "또 우리는 상위 존재자들에 의해 일어나는 사건들이 신적 섭리의 안배 아래에서 일어나는 완전히 불가피한 것들이거나 실제로 그리고 필연적으로 일어나는 것들처럼 부득이하게 이루어진다고 생각해서도 안 된다"라고 말한다.

c) 그는 『백 가지 격언집』[45]에서 "내가 너희에게 제공하는 이런 판단들은 필연적인 것과 가능적인 것의 중간에 있다"라고도 말한다.

---

[44] 프톨레마이오스 『네 가지 책』(*Quadripartitum*) I 2.
[45] 프톨레마이오스 『백 가지 격언집』 격언 1.

Capitulum LXXXVII

Quod motus caelestis corporis non sit causa electionum nostrarum ex virtute animae moventis, ut quidam dicunt

2631. Est tamen attendendum quod AVICENNA vult quod motus caelestium corporum sint etiam nostrarum electionum causae, non quidem per occasionem tantum, sicut supra (cap. 85) dictum est, sed per se. Ponit enim corpora caelestia esse animata. Unde oportet, cum motus caelestis sit ab anima et sit motus corporis, quod sicut, inquantum est motus corporis, habet virtutem transmutandi corpora, ita, inquantum est ab anima, habeat virtutem imprimendi in animas nostras, et sic motus caelestis sit causa nostrarum voluntatum et electionum. Ad quod etiam redire videtur positio ALBUMASAR, in Primo sui *Introductorii* (2622).

2632. Haec autem positio irrationabilis est. Omnem enim effectum, qui est per instrumentum aliquod ab efficiente procedens, oportet esse proportionatum instrumento, sicut et agenti: non enim quolibet instrumento utimur ad quemlibet effectum. Unde illud non potest fieri per aliquod instrumentum ad quod nullo modo se extendit actio instrumenti. Actio autem corporis nullo modo se extendit ad immutationem intellectus et voluntatis, ut ostensum est (capp. 84

---

[46] Avicenna, *Metaphysica*, X, 1 (Opera, Venetiis 1508, fol. 108rb).

제87장
어떤 이들의 주장처럼 천체의 운동은
우리를 움직이게 하는 그 영혼의 능력을 통해
우리의 선택 행위의 원인이 되지는 않는다

2631. 하지만 천체의 운동이 앞서 언급된(III 85) 우리가 수행하는 선택 행위들의 계기로서의 원인일 뿐만 아니라 그 행위들의 본질적 원인이기도 하다는 아비첸나의 주장[46]에 주목해야 한다. 왜냐하면 그는 천체들이 영혼을 소유한 것들이라고 주장하기 때문이다. 이런 이유로 천체의 운동은 영혼에서 나오며 물체의 운동이므로, 그것이 물체의 운동인 한에서 물체를 변화시키는 능력을 지니듯이 그것이 영혼에서 나오는 한에서 우리 영혼에 영향을 주는 능력을 지녀야 한다는 것이다. 따라서 천체의 운동은 우리가 수행하는 의지 행위와 선택 행위의 원인이 된다. 그는 이 점에 대해서도 『천문학 입문』 제1권[47]에 드러난 알부마사르의 입장으로 돌아가는 것 같다(III 86, n.2622).

2632. 하지만 이 입장은 사리에 맞지 않는다. 작용자가 도구를 통해 일으키는 모든 결과는 작용자는 물론 도구에도 비례해야 한다. 우리는 어떠한 결과를 위해서도 아무 도구나 닥치는 대로 사용하지 않기 때문이다. 결과적으로 도구의 작용이 결코 미치지 못하는 결과는 도구를 통해 산출될 수 없다. 그런데 앞서 밝혀졌듯(III 84 이하) 육체가 어떤 방식으로도 지성의 의지의 변화를 직접적으로 일으킬 수 없다. 다만 앞서 드러났듯(III 84 이하) 육

---

[47] Albumasar, *Introductorium in astronomiam Albumasaris abalachi octo continens libros partiales* (Augsburg 1489) I 4.

sqq.): nisi forte per accidens, inquantum ex his immutatur corpus, sicut praedictum est (ibid.). Impossibile est ergo quod anima caelestis corporis, si sit animatum, in intellectum et voluntatem imprimat mediante motu caelestis corporis.

2633. Amplius. Causa agens particularis similitudinem in agendo gerit causae agentis universalis, et est exemplum eius. Si autem anima humana in aliam animam humanam aliquid per operationem corporalem imprimeret, sicut cum per significationem vocis suam intelligentiam pandit, actio corporalis quae est ab una anima non pervenit ad aliam nisi mediante corpore: vox enim prolata immutat organum auditus, et, sic a sensu percepta, pervenit eius significatum usque ad intellectum. Si igitur anima caelestis aliquid imprimat in animas nostras per motum corporeum, actio illa non perveniet ad animam nostram nisi per immutationem corporis nostri. Quae quidem non est causa electionum nostrarum, sed occasio tantum, sicut ex praemissis (ll. cc.) patet. Non igitur erit motus caelestis causa nostrae electionis nisi per occasionem tantum.

2634. Item. Cum movens et motum oporteat esse simul, ut probatur in VII *Phys.*, oportet quod a primo movente perveniat motus usque ad ultimum quod movetur, quodam ordine: ut scilicet movens per id quod est sibi proximum, moveat illud quod est ab eo distans. Cor-

---

[48] *Phys* VII 2, 243a 3.

체의 변화를 통해 우유적인 방식으로 영향을 미칠 가능성은 있을 수 있다. 그러므로 천체가 영혼을 지니는 경우라도 천체의 영혼이 천체의 운동을 통해 지성과 의지에 영향을 주는 것은 불가능하다.

2633. 나아가, 특수한 작용 원인은 작용 과정에서 보편적 작용 원인을 닮고 모방한다. 그런데 인간 영혼이 의미를 갖는 말을 통해 그 생각을 드러낼 때처럼 육체의 작용을 통해 또 다른 영혼에 영향을 준다면, 하나의 영혼에서 비롯되는 육체의 작용은 그 육체의 매개 없이는 또 다른 영혼에 도달하지 않는다. 왜냐하면 발화된 말은 청각기관에 영향을 주고, 따라서 감각 능력에 의해 지각됨으로써 이해 작용에 이르기까지 그 의미를 확장하기 때문이다. 결과적으로 천체의 영혼은 물체의 운동을 통해 우리 영혼에 영향을 준다면, 그 작용은 우리 육체 안에 변화를 만들지 않고서는 우리 영혼에 이르지 않게 된다. 그러나 앞서 말한 데서 드러나듯(III 84 이하), 이것은 우리가 수행하는 선택 행위의 원인이 아니라 그저 그 행위를 할 계기에 불과하다. 그러므로 천체의 운동은 우리의 선택 행위를 일으키는 원인이 아니라 그런 행위를 할 계기일 뿐이다.

2634. 마찬가지로 『자연학』 제7권[48]에서 입증되듯, 움직이게 하는 것과 [그것에 의해] 움직이는 것은 동시적이어야 하므로 운동은 정해진 순서대로, 즉 움직이게 하는 것이 자신에 가까운 것을 통해 자신에게서 멀리 떨어진 것을 움직이도록 하는 그런 방식으로 가장 먼저 움직이게 하는 것에서부터 가장 마지막으로 움직이는 것으로 확장해야만 한다. 그런데 자신에게

pori autem caelesti, quod moveri ponitur ab anima sibi coniuncta, propinquius est corpus nostrum quam anima, quae non habet ordinem ad corpus caeleste nisi mediante corpore: — quod ex hoc patet, quia intellectus separati nullum ordinem habent ad corpus caeleste, nisi forte moventis ad motum. Immutatio igitur corporis caelestis ab anima eius procedens non pertingit ad animam nostram nisi mediante corpore. Ad motum autem corporis non movetur anima nisi per accidens, nec immutationem corporis sequitur electio nisi per occasionem, ut dictum est (cf. init.cap.). Motus igitur caelestis non potest esse causa electionis nostrae per hoc quod est ab anima.

2635. Praeterea. Secundum positionem AVICENNAE, et QUORUNDAM aliorum philosophorum, intellectus agens est quaedam substantia separata, quae quidem agit in animas nostras inquantum facit intellecta in potentia esse intellecta in actu (cf. *lib.* II, cap. 76). Hoc autem fit per abstractionem ab omnibus materialibus dispositionibus: ut patet ex his quae dicta sunt in Secundo (capp. 50, 59). Quod igitur agit directe in animam, non agit in eam per motum corporeum, sed magis per abstractionem ab omni corporeo. Anima igitur caeli, si sit animatum, non potest esse causa electionum vel intelligentiarum nostrarum per motum caeli.

2636. Per easdem etiam rationes potest probari quod motus caeli non sit causa electionum nostrarum per virtutem substantiae se-

결합된 영혼에 의해 움직인다고 하는 천체는 우리 육체를 통해서만 천체와 관계를 맺는 우리 영혼보다 우리 육체에 더 가깝다. 이 점은 분리 지성들이 아마도 움직이는 것과 [그것에 의해] 움직이는 것 사이의 관계로만 천체와 관계를 맺는다는 사실에서 뚜렷이 드러난다. 따라서 자신의 영혼에서 비롯되는 천체의 변화는 우리 육체의 매개 없이는 우리 영혼에 도달하지 않는다. 하지만 앞서 언급되었듯(이 장의 앞부분 참조),[49] 우리 영혼은 우리 육체의 움직임에 부응하여 우유적인 방식으로만 움직일 수 있고, 선택 행위도 육체 안의 변화를 단지 계기로 삼아 일어날 뿐이다. 그러므로 천체의 운동이 영혼에서 비롯된다고 해서, 그 운동이 우리가 수행하는 선택 행위의 원인일 리가 없다.

2635. 그 밖에도, 아비첸나와 일부 다른 철학자들의 입장에 따르면, 능동 지성은 가능태의 상태에 있는 인식 대상을 현실태의 상태에 있는 인식 대상으로 만든다는 점에서 우리 영혼에 작용하는 분리 실체다(II 76 참조). 그런데 제2권의 언명을 통해 분명하듯이(50장, 59장), 이것은 모든 물질적 조건으로부터의 추상을 통해 이루어진다. 결과적으로 영혼에 직접적으로 작용하는 것은 물체의 운동을 통해 작용하지 않고 모든 물질적인 것으로부터의 추상을 통해 작용한다. 그러므로 천체가 영혼을 지니는 경우도 천체의 영혼은 천체의 운동을 통해 우리가 하는 선택 행위나 이해 작용의 원인일 리가 없다.

2636. 누군가 하늘은 영혼을 소유하지는 않은 채로 분리 실체에 의해 움직

---

[49] *SCG* III 87, 2632.

paratae, si quis ponat caelum non esse animatum, sed a substantia separata moveri.

Capitulum LXXXVIII

Quod substantiae separatae creatae non possunt esse causa directe electionum et voluntatum nostrarum, sed solus Deus

2637. Non est autem aestimandum quod animae caelorum, si quae sint (cf. *lib.* II, cap. 70), vel quaecumque aliae intellectuales substantiae separatae creatae, possint directe voluntatem nobis immittere, aut electionis nostrae causa esse.

2638. Omnium enim creatorum actiones sub ordine divinae providentiae continentur: unde praeter leges ipsius agere non possunt. Est autem providentiae lex ut unumquodque immediate a proxima sibi causa moveatur. Causa igitur superior creata, tali ordine praetermisso, nec movere nec aliquid agere potest. Proximum autem motivum voluntatis est bonum intellectum, quod est suum obiectum, et movetur ab ipso sicut visus a colore. Nulla igitur substantia creata potest movere voluntatem nisi mediante bono intellecto. Hoc autem est inquantum manifestat ei aliquid esse bonum ad agendum: quod est *persuadere*. Nulla igitur substantia creata potest agere in

여진다고 주장한다면, 같은 논거로 하늘의 운동이 분리 실체의 능력을 통해 우리의 선택 행위를 일으키는 원인이 아니라는 점도 입증할 수 있다.

제88장

창조된 분리 실체들은

우리의 선택 행위나 의지 행위의 직접적 원인일 리가 없고,

신만이 그런 원인일 수 있다

2637. 그런데 천체들의 영혼과 같은 것이 있다면(II 70 참조), 그런 영혼이나 그 외의 다른 피조물인 지성적 분리 실체가 우리 의지를 직접적으로 자극할 수 있거나 우리의 선택 행위를 일으킬 수 있다고 생각해서는 안 된다.

2638. 왜냐하면 모든 피조물의 작용은 신적 섭리의 질서 아래 놓이므로 피조물은 섭리의 법칙을 넘어서 작용할 수 없기 때문이다. 그런데 만물은 자신의 근접 원인에 의해 직접적으로 움직여진다는 것이 섭리의 법칙이다. 결과적으로 그러한 질서가 지켜지지 않는다면 상위의 창조된 원인은 그 무엇도 움직이게 할 수도 없고 그 무엇에도 작용할 수도 없다. 하지만 의지의 근접 운동인運動因은 그 대상이기도 한 [지성에 의해] 인식되는 선인데, 시각이 색깔에 의해 움직여지듯 의지는 그 선에 의해 움직여진다. 따라서 창조된 실체는 인식되는 선을 통하지 않고서는 의지를 움직일 수 없다. 그런데 이는 그 실체가 어떤 것이 선한 일인지를 의지에 제시함으로써 이루어지는데, 이것이 설득 행위다. 그러므로 창조된 실체는 오직 설득하는 자로

voluntatem, vel esse causa electionis nostrae, nisi per modum per-
suadentis.

2639. Item. Ab illo agente aliquid natum est moveri et pati per cuius
formam reduci potest in actum: nam omne agens agit per formam
suam. Voluntas autem reducitur in actum per appetibile, quod
motum desiderii eius quietat. In solo autem bono divino quietatur
desiderium voluntatis sicut in ultimo fine, ut ex supra (capp. 37,
50) dictis patet. Solus igitur Deus potest movere voluntatem per
modum agentis.

2640. Adhuc. Sicut in re inanimata se habet inclinatio naturalis ad
proprium finem, quae et appetitus naturalis dicitur; ita se habet in
substantia intellectuali voluntas, quae dicitur appetitus intellectua-
lis. Inclinationes autem naturales dare non est nisi illius qui natu-
ram instituit. Ergo et voluntatem inclinare in aliquid non est nisi
eius qui est naturae intellectualis causa. Hoc autem solius Dei est,
sicut ex superioribus (*lib.* II, cap. 87) patet. Ipse igitur solus volun-
tatem nostram ad aliquid inclinare potest.

2641. Amplius. Violentum, ut dicitur in III *Ethic.*, est *cuius princi-
pium est extra, nil conferente vim passo.* Si igitur voluntas mo-
veatur ab aliquo exteriori principio, erit violentus motus: — dico
autem moveri a principio extrinseco quod moveat *per modum agen-*

서만 의지에 영향을 줄 수 있거나 우리의 선택 행위의 원인이 될 수 있다.

2639. 마찬가지로, 작용자는 본성적으로 사물을 현실태에 있도록 하는 형상을 통해 그 사물을 움직이게 하며 작용한다. 왜냐하면 모든 작용자는 자신의 형상을 통해 작용하기 때문이다. 그런데 의지는 욕구의 움직임을 충족시키는 욕구할 만한 대상에 의해 현실태의 상태가 된다. 앞서 말한 점에서 분명하듯(III 37; 50), 의지의 욕구는 궁극 목적인 신의 선함에서만 충족된다. 그러므로 신만이 작용자로서 의지를 움직이게 할 수 있다.

2640. 게다가, 본성적 욕구라고 부르기도 하는 무생물체의 본성적 경향이 자신의 고유한 목적과 연관되듯이, 지성적 욕구라고 부르기도 하는 지성적 실체의 의지는 자신의 고유한 목적과 연관된다. 그런데 본성적 경향을 부여하는 것은 본성을 만드는 자에게만 속한 특권이다. 따라서 의지를 무언가로 기울도록 하는 것은 지성적 본성의 원인이 되는 자에게만 속한 특권이다. 그런데 앞선(II 87) 언명에서 밝혀졌듯, 이것은 신에게만 속한 것이다. 그러므로 신만이 우리의 의지를 무언가로 기울도록 할 수 있다.

2641. 나아가, 『니코마코스 윤리학』 제3권에서 언급되듯, 강제적인 것은 "그 원리가 바깥에 있는 것이며, 강제를 당하는 자는 어떠한 기여도 하지 못한다".[50] 결과적으로 의지가 어떤 외적 원리에 의해 움직여진다면, 그 움직임은 강제적일 것이다. 그런데 내가 말하고자 하는 바는 '목적으로서'가

---

[50] *NE* III 1, 1110b 1.

tis, et non *per modum finis*. Violentum autem voluntario repugnat. Impossibile est ergo quod voluntas moveatur a principio extrinseco quasi ab agente, sed oportet quod omnis motus voluntatis ab interiori procedat. Nulla autem substantia creata coniungitur animae intellectuali quantum ad sua interiora nisi solus Deus, qui solus est causa esse ipsius, et sustinens eam in esse. A solo igitur Deo potest motus voluntarius causari.

2642. Adhuc. Violentum opponitur naturali et voluntario motui: quia utrumque oportet quod sit a principio intrinseco. Agens autem exterius sic solum naturaliter movet, inquantum causat in mobili intrinsecum principium motus: sicut generans, quod dat formam gravitatis corpori gravi generato, movet ipsum naturaliter deorsum. Nihil autem aliud extrinsecum movere potest absque violentia corpus naturale: nisi forte per accidens, sicut removens prohibens; quod magis utitur motu naturali vel actione quam causet ipsum. Illud igitur solum agens potest causare motum voluntatis absque violentia, quod causat principium intrinsecum huius motus, quod est potentia ipsa voluntatis. Hoc autem est Deus, qui animam solus creat, ut in Secundo ostensum est (cap. 87). Solus igitur Deus potest movere voluntatem, per modum agentis, absque violentia.

2643. Hinc est quod dicitur *Prov.* 21, 1: *Cor regis in manu Domini, et quocumque voluerit inclinabit illud. Et Philip.* 2, 13: *Deus est*

아니라 '작용자로서' 움직이게 하는 외적 원리에 의해 움직여진다는 것이다. 그런데 강제적인 것은 자발적인 것과 상반된다. 따라서 의지가 작용자로서의 외적 원리에 의해 움직여지는 것은 불가능하고, 반대로 의지의 움직임은 모두 내부에서 나와야 한다. 그런데 창조된 실체를 존재하도록 하는 유일한 원인이자 그 존재를 유지하는 신만을 제외한 어떠한 창조된 실체도 지성적 영혼의 내적 부분들에 결합하지 않는다. 그러므로 자발적 운동은 신만이 원인일 수 있다.

2642. 게다가, 강제적 운동은 본성적 운동과 자발적 운동에 상반된다. 왜냐하면 후자의 두 가지 운동은 모두 내적 원리에서 생기기 때문이다. 그러나 외적 작용자가 무언가를 본성적으로 움직이게 하는 유일한 방식은 움직이는 것 안에 운동의 내적 원리를 있도록 하는 것이다. 이처럼 생성하는 작용자는 생성되는 무거운 물체에 무거움의 형상을 부여하면서 그 물체를 본성에 따라 아래쪽으로 움직이게 한다. 그 밖의 외적 존재자는 자연적 물체를 강제하지 않고서는 움직일 수 없다. 다만, 장애를 없애는 것처럼 우유적인 방식으로 영향을 미칠 수는 있다. 왜냐하면 그러한 존재자는 본성적 운동이나 작용을 일으키기보다는 사용하기 때문이다. 따라서 강제적이지 않은 채 의지의 운동을 일으킬 수 있는 작용자만이 이런 운동의 내적 원리, 즉 의지의 능력 자체를 일으키는 원인이 된다. 제2권에서 밝혀졌듯(II 87), 이런 작용자가 바로 영혼을 홀로 창조한 신이다. 그러므로 오직 신만이 작용자로서 의지를 강제하지 않고서 움직이게 할 수 있다.

2643. 이런 이유로 잠언 21장 1절은 "임금의 마음은 주님의 손안에 있고, 주님께서 원하시는 대로 이끄신다"라고 말한다. 필리피 신자들에게 보낸

qui operatur in nobis *velle et perficere, pro bona voluntate.*

CAPITULUM LXXXIX

**QUOD MOTUS VOLUNTATIS CAUSATUR A DEO, ET NON
SOLUM POTENTIA VOLUNTATIS**

2644. QUIDAM vero, non intelligentes qualiter motum voluntatis Deus in nobis causare possit absque praeiudicio libertatis voluntatis, coacti sunt has auctoritates (2643) male exponere: ut scilicet dicerent quod *Deus causat in nobis velle et perficere*, inquantum causat nobis virtutem volendi, non autem sic quod faciat nos velle hoc vel illud; sicut ORIGENES exponit in III *Periarchon*, liberum arbitrium defendens contra auctoritates praedictas.

2645. Et ex hoc processisse videtur opinio QUORUNDAM qui dicebant quod providentia non est de his quae subsunt libero arbitrio, scilicet de electionibus, sed providentia refertur ad exteriores eventus. Non enim qui eligit aliquid consequi vel perficere, puta aedificare vel ditari, semper poterit ad hoc pervenire: et sic eventus actionum nostrarum non subiacent libero arbitrio, sed providentia disponuntur.

서간 2장 13절도 "하느님은 당신의 선한 의지에 따라 우리 안에서 활동하시어, 의지를 일으키시고 성취하게도 하시는 분이십니다"[51]라고 말한다.

제89장
의지의 능력뿐만 아니라
의지의 움직임도 신에 기인한다

2644. 그런데도 신이 의지의 자유를 침해하지 않고서도 우리 안에 의지의 움직임을 일으킬 수 있는 방식에 대해 이해하지 못하는 일부 사람들은 이런 전거들(III 88, n.2643)을 그릇된 방식으로 설명하려고 했다. 즉, 신이 우리를 이것이나 저것을 원하는 의지 행위를 초래함으로써가 아니라 우리 안에 의지 행위의 능력을 초래함으로써 "신은 우리 안에 의지 행위와 성취 행위를 초래한다"라고 말한다. 오리게네스는 『원리론』 제3권[52]에서 앞선 전거들에 상반되는 의미로 자유재량을 설명하고 그것을 옹호한다.

2645. 또 이런 주장에서 섭리가 자유재량, 즉 선택 행위의 영향 아래 있는 일들에 적용되지 않고 외적으로 일어나는 사건들에 적용된다고 주장한 자들의 견해가 유래하는 것 같다. 건물을 짓거나 부자가 되는 것처럼 무언가를 이루거나 성취하기를 선택하는 자는 이런 목적을 항상 달성할 수는 없으니까 말이다. 따라서 우리 행위들의 결과는 자유재량의 영향 아래 있지 않고 섭리를 통해 안배된다는 것이다.

[51] 『성경』: "하느님은 당신 호의에 따라 여러분 안에서 활동하시어, 의지를 일으키시고 그것을 실천하게도 하시는 분이십니다."

[52] 오리게네스『원리론』(*Peri Archon/De principiis*) III 1 (PG 11, 293).

2646. Quibus quidem auctoritatibus SACRAE SCRIPTURAE resistitur evidenter. Dicitur enim ISAIAE 26, 12: *Omnia opera nostra operatus es in nobis, Domine*. Unde non solum virtutem volendi a Deo habemus, sed etiam operationem.

2647. Praeterea. Hoc ipsum quod SALOMON dicit, *Quocumque voluerit, vertet illud* (2643) ostendit non solum divinam causalitatem ad potentiam voluntatis extendi, sed etiam ad actum ipsius.

2648. Item. Deus non solum dat rebus virtutes, sed etiam nulla res potest propria virtute agere nisi agat in virtute ipsius, ut supra (capp. 67, 70) ostensum est. Ergo homo non potest virtute voluntatis sibi data uti nisi inquantum agit in virtute Dei. Illud autem in cuius virtute agens agit, est causa non solum virtutis, sed etiam actus. Quod in artifice apparet, in cuius virtute agit instrumentum, etiam quod ab hoc artifice propriam formam non accepit, sed solum ab ipso applicatur ad actum. Deus igitur est causa nobis non solum voluntatis, sed etiam volendi.

2649. Amplius. Perfectius invenitur ordo in spiritualibus quam in corporalibus. In corporalibus autem omnis motus causatur a primo motu. Oportet igitur quod et in spiritualibus omnis motus voluntatis a prima voluntate causetur, quae est voluntas Dei.

---

[53] 『성경』: "주님, … 저희가 한 모든 일도 당신께서 저희를 위하여 이루신 것입니다."

2646. 그러나 성경의 전거들은 그들에 분명히 반대된다. 왜냐하면 이사야서 제26장 12절에 "주님, 저희가 한 모든 일도 당신께서 저희 안에서 이루신 것입니다"[53]라고 말하기 때문이다. 이런 이유로 우리는 의지의 능력뿐 아니라 의지의 작용까지도 신에게서 받는다.

2647. 그 밖에도, "주님께서 원하시는 대로 이끄신다"라는 솔로몬의 이런 언명(III 88, n.2643)은 신적 인과성이 의지의 능력뿐 아니라 그것의 행위에도 미친다는 점을 드러낸다.

2648. 마찬가지로, 신이 사물들에 능력을 부여한다는 점 그리고 신의 능력을 통해 작용하지 않는다면 자기 능력으로 작용할 수 있는 것이란 아무것도 없다는 점이 앞서(III 67; 70) 밝혀졌다. 따라서 인간은 신의 능력을 통해 작용하는 한에서만 자신에게 부여된 의지의 능력을 사용할 수 있다. 그런데 작용자를 작용하도록 만드는 능력을 지니는 존재자는 그 능력의 원인뿐만 아니라 그 행위의 원인이기도 하다. 이 점은 기술자의 경우에 잘 드러나는데, 비록 기술자가 사용하는 도구가 자기 형상을 기술자에게서 받지 않은 채 그 기술자가 수행하는 작용에 사용될 뿐이더라도, 도구는 기술자의 능력을 통해 작용하게 된다. 그러므로 신은 우리 의지의 원인뿐만 아니라 우리 의지 행위의 원인이기도 하다.

2649. 나아가, 영적인 존재자들 안에 발견되는 질서는 물질적인 존재자들 안에 발견되는 질서보다 더 완전하다. 그런데 물질적인 존재자들의 경우 모든 운동의 원인은 제일의 운동이다. 그러므로 영적인 존재자들의 경우도 의지의 모든 움직임은 제일의 의지, 즉 신의 의지에 기인해야 한다.

2650. Adhuc. Superius (l. c.) est ostensum quod Deus est causa omnis actionis, et operatur in omni agente. Est igitur causa motuum voluntatis.

2651. Item. Argumentatur ad hoc ARISTOTELES, in VIII *Eudemicae Ethicae*, per hunc modum. Huius quod aliquis intelligat et consilietur et eligat et velit, oportet aliquid esse causam: quia omne novum oportet quod habeat aliquam causam. Si autem est causa eius aliud consilium et alia voluntas praecedens, cum non sit procedere in his in infinitum, oportet devenire ad aliquid primum. Huiusmodi autem primum oportet esse *aliquid* quod est *melius* ratione. Nihil autem est *melius intellectu* et ratione *nisi Deus*. Est igitur Deus primum principium nostrorum consiliorum et voluntatum.

CAPITULUM XC

QUOD ELECTIONES ET VOLUNTATES HUMANAE SUBDUNTUR DIVINAE PROVIDENTIAE

2652. Ex quo patet quod oportet etiam voluntates humanas et electiones divinae providentiae subditas esse.

2650. 게다가, 신이 모든 행위의 원인이며 모든 작용자 안에서 작용한다는 점은 앞서 밝혀졌다(III 67; 70). 그러므로 신은 의지의 움직임을 일으키는 원인이다.

2651. 마찬가지로, 아리스토텔레스는 『에우데미아 윤리학』 제7권[54]에서 이 점과 같은 맥락의 논거를 제시한다. 어떤 사람이 이해하고 숙고하고 선택하고 원한다는 사실을 설명하는 어떤 원인이 있어야 한다. 왜냐하면 새로 일어나는 모든 사건에는 어떤 원인이 있어야 하기 때문이다. 하지만 그 행위들의 원인이 그것들에 선행하는 또 다른 숙고 행위와 의지 행위라면, 이런 행위들에서 무한히 나아갈 수 없으므로 제일의 어떤 것에 도달해야 한다. 그런데 이런 제일의 어떤 것은 이성보다 나은 어떤 것이어야 한다. 하지만 신을 제외한 그 무엇도 지성과 이성보다 더 낫지 않다. 그러므로 신은 우리 숙고 행위와 의지 행위의 제일 원리다.

제90장
인간의 선택 행위와 의지 행위는 신의 섭리에 종속한다

2652. 이로부터 인간의 의지 행위와 선택 행위도 틀림없이 신의 섭리에 종속하는 것이 분명하다.

---

[54] 아리스토텔레스 『에우데미아 윤리학』(*Ethica Eudemia*) VII 14, 1248a 18.

2653. Omnia enim quae Deus agit, ex ordine providentiae suae agit. Cum igitur ipse sit causa electionis et voluntatis nostrae, electiones et voluntates nostrae divinae providentiae subduntur.

2654. Amplius. Omnia corporalia per spiritualia administrantur, sicut superius (cap. 78) est ostensum. Spiritualia autem agunt in corporalia per voluntatem. Si igitur electiones et motus voluntatum intellectualium substantiarum ad Dei providentiam non pertinent, sequitur quod etiam corporalia ipsius providentiae subtrahantur. Et sic totaliter nulla erit providentia.

2655. Item. Quanto aliqua sunt nobiliora in universo, tanto oportet quod magis participent ordine, in quo bonum universi consistit. Unde ARISTOTELES, in II *Phys.*, arguit antiquos philosophos, qui ponebant casum et fortunam in constitutione caelestium corporum, non autem in inferioribus rebus. Substantiae autem intellectuales sunt nobiliores substantiis corporalibus. Si ergo substantiae corporales, quantum ad suas substantias et actiones, cadunt sub ordine providentiae, multo magis substantiae intellectuales.

2656. Praeterea. Ea quae sunt propinquiora fini, magis cadunt sub ordine qui est ad finem: nam eis mediantibus etiam alia ordinantur in finem. Actiones autem substantiarum intellectualium propinquius ordinantur in Deum sicut in finem, quam actiones aliarum

2653. 신은 자신이 행하는 모든 일을 자기 섭리의 질서대로 행하니까 말이다. 따라서 신은 우리 선택 행위와 의지 행위의 원인이기 때문에, 우리 선택 행위들과 의지 행위들은 신의 섭리에 종속한다.

2654. 나아가, 앞서(III 78) 밝혀졌듯, 물질적 존재자들은 모두 영적 존재자들을 통해 다스려진다. 그런데 영적 존재자들은 의지를 통해 물질적 존재자들에 작용한다. 결과적으로 지성적 실체들의 선택 행위와 의지의 움직임이 신의 섭리에 속하지 않는다면, 물질적 존재자들조차도 신의 섭리에서 배제될 것이다. 결국 섭리란 전혀 없게 될 것이다.

2655. 마찬가지로, 우주에 존재하는 더 고귀한 것일수록 우주의 선이기도 한 질서에 더 많이 참여한다. 이런 이유로 아리스토텔레스는 『자연학』 제2권[55]에서 고대철학자들에 대해 우발과 운을 하위 세계의 사물들 안이 아니라 천체의 구성요소 안에 두었다는 이유로 비판한다. 그런데 지성적 실체들은 물질적 실체들보다 더 고귀하다. 그러므로 물질적 실체들이 실체와 작용의 측면에서 섭리의 질서에 포함된다면, 하물며 지성적 실체들은 말할 것도 없다.

2656. 그 밖에도, 목적에 더 가까이 있는 것들일수록 목적을 향하는 질서에 더욱 확실하게 속한다. 그것들을 매개로 다른 것들조차 목적을 향하게 되기 때문이다. 그런데 앞서(III 25; 78) 드러났듯, 지성적 실체들의 행위는

---

[55] *Phys* II 4, 196a 25.

rerum, sicut supra (capp. 25, 78) ostensum est. Magis igitur cadunt actiones intellectualium substantiarum sub ordine providentiae, qua Deus omnia in seipsum ordinat, quam actiones aliarum rerum.

2657. Adhuc. Gubernatio providentiae ex amore divino procedit, quo Deus res a se creatas amat: in hoc enim praecipue consistit amor, quod *amans amato bonum velit*. Quanto ergo Deus aliqua magis amat, magis sub eius providentia cadunt. Hoc autem et Sacra Scriptura docet in *Psalmo*, dicens, *Custodit Dominus omnes diligentes se*; et etiam Philosophus tradit, in X *Ethicorum*, dicens quod Deus maxime curat de his qui diligunt intellectum, tanquam de suis amicis. Ex quo etiam habetur quod maxime substantias intellectuales amet. Sub eius igitur providentia cadunt earum voluntates et electiones.

2658. Amplius. Bona interiora hominis, quae ex voluntate et actione dependent, sunt magis propria homini quam illa quae extra ipsum sunt, ut adeptio divitiarum, vel si quid aliud est huiusmodi: unde per haec homo dicitur esse bonus, non autem per illa. Si igitur electiones humanae et voluntatis motus non cadunt sub divina providentia, sed solum exteriores proventus, verius erit quod res humanae sint extra providentiam, quam quod providentiae subsint. Quod quidem ex persona blasphemantium inducitur, Iob 22, 14,

---

[56] *Rhetorica* II 3, 1380b 35.　　　[57] 시편 145(144),20.

다른 것들의 행위보다 목적으로서의 신을 향해 더 긴밀하게 질서 지워진다. 그러므로 지성적 실체들의 행위는 신이 만물을 신 자신으로 향하도록 하는 섭리의 질서에 다른 피조물들의 행위보다 더욱 확실하게 속한다.

2657. 게다가, 섭리의 통치는 자신이 창조한 것들에 대한 신의 사랑에서 나온다. 사랑은 무엇보다도 "사랑을 하는 자는 자신이 사랑하는 이의 선을 원한다"[56]는 데 있으니까 말이다. 결과적으로 신이 더 사랑하는 이들일수록 신적 섭리에 더 확실하게 속하게 된다. 성경도 "주님께서는 당신을 사랑하는 이들을 모두 보호하시고"라고 언급하는 시편[57]에서 이 점을 가르친다. 철학자도 신이 지성을 사랑하는 이들을 자신의 친구들처럼 매우 아낀다고 말하는 『니코마코스 윤리학』 제10권[58]에서 이런 견해를 뒷받침한다. 이로부터 신이 지성적 실체들을 매우 사랑한다는 점도 도출될 수 있다. 그러므로 그 실체들의 의지 행위와 선택 행위는 신의 섭리에 속한다.

2658. 나아가, 의지와 행위에 좌우되는 인간의 내적 선은 부富의 획득 등과 같은 인간의 외적 선보다 인간에게 더 고유하다. 이런 이유로 인간은 후자가 아니라 전자를 통해 선하다고 여겨진다. 결과적으로 인간이 행하는 선택 행위와 의지의 움직임이 신적 섭리에 속하지 않고 단지 외적으로 일어나는 것이라면, 인간사人間事는 섭리에 속한다고 하는 것보다 섭리 밖에 있다고 하는 편이 더 맞는 말일 것이다. 하지만 이런 견해는 "하늘가를 돌아다니시며, 우리에게 속한 것들을 보지 못하신다"[59]라는 욥기 22장 14절과 "주님께서는 이 땅을 버리셨다. 주님께서는 우리를 보고 계시지 않는

---

[58] *NE* X 8, 1179a 29.
[59] 『성경』: "구름이 그분을 덮어서 보지 못하시는 채 하늘가를 돌아다니실 뿐이라네."

Circa cardines caeli considerat, nec nostra considerat; et EZECH. 9, 9, Dereliquit Dominus terram, *Dominus non videt*; et *Thren.* 3, 37, *Quis est iste qui dixit ut fieret, Domino non iubente?*

2659. a) Videntur autem quaedam in SACRA DOCTRINA secundum praedictam sententiam sonare. Dicitur enim *Eccli.* 15, 14: *Deus ab initio constituit hominem, et reliquit illum in manu consilii sui.* Et infra: 17 Proposuit *tibi aquam et ignem: ad quod volueris, porrige manum tuam.* 18 *Ante hominem vita et mors, bonum et malum: quod placuerit ei, dabitur illi. Et Deut.* 30, 15: *Considera quod hodie* proposuerit *in conspectu tuo vitam et bonum, et e contrario mortem et malum.*

b) Haec autem verba ad hoc inducuntur ut hominem esse liberi arbitrii ostendatur: non ut eius electiones a divina providentia subtrahantur.

2660. Et similiter quod GREGORIUS NYSSENUS dicit, in libro quem *de Homine fecit, Providentia est eorum quae non sunt in nobis, non autem eorum quae sunt in nobis*; et DAMASCENUS eum sequens, dicit in secundo libro, quod *ea quae sunt in nobis Deus praenoscit, sed non praedeterminat,* exponenda sunt ut intelligantur ea quae

---

60 『성경』: "한처음에 인간을 만드신 분은 그분이시다. 그분께서는 인간을 제 의지의 손에 내맡기셨다."

61 『성경』: "보아라, 내가 오늘 너희 앞에 생명과 행복, 죽음과 불행을 내놓는다."

다"라는 에제키엘서 9장 9절, 그리고 "주님께서 명령하지 않으셨으면 누가 명령하여 이런 일이 일어났겠는가?"라는 애가 3장 37절에서 신성을 모독하는 자들의 말에 의해 드러난다.

2659. a) 그러나 『성경』의 일부 구절들은 앞서 언급한 견해와 일치하는 듯하다. 집회서 15장 14절에 "하느님께서는 한처음에 인간을 만드셨고, 인간을 제 의도의 수중에 두셨다"[60]라고 말한 후에 "그분께서 네 앞에 물과 불을 놓으셨으니 손을 뻗어 원하는 대로 선택하여라. 사람 앞에는 생명과 죽음, 선과 악이 있으니 어느 것이나 바라는 대로 받으리라"라고 말한다. 신명기 30장 15절에서도 "보아라, 내가 오늘 너희 앞에 생명과 선, 죽음과 악을 내놓는다"라고 말한다.[61]

b) 하지만 이런 언명들은 인간의 선택 행위가 신적 섭리에서 배제된다는 점을 드러내기 위해서가 아니라 인간에게 자유 결단이 있다는 점을 보여주기 위해 제시된다.

2660. 마찬가지로, 니사의 그레고리우스는 『인간론』[62]에서 "섭리는 우리의 힘이 미치지 못하는 것들을 고려하지만 우리의 힘이 미치는 것들은 고려하지 않는다"라고 말하고, 그를 따라 요한네스 다마세누스도 제2권에서 "신은 우리의 힘이 미치는 범위 내에 있는 것들을 예지하기는 하지만 그것들을 예정하지는 않는다"[63]고 말한다. 이런 구절들은 우리 힘이 미치는 범위

---

[62] 에메사의 네메시우스(Nemesius Emesenus) 『인간 본성론』(*De natura hominis*) 44 (PG 40, 813).

[63] 요한네스 다마세누스 『정통 신앙론』 II 30 (PG, 94, 972).

sunt in nobis divinae providentiae determinationi non esse subiecta *quasi ab ea necessitatem accipientia.*

Capitulum XCI
Quomodo res humanae ad superiores causas reducantur

2661. Ex his ergo quae supra ostensa sunt, colligere possumus quomodo humana ad superiores causas reducuntur, et non aguntur fortuito.

2662. Nam electiones et voluntatum motus immediate a Deo disponuntur (capp. 85 sqq.). Cognitio vero humana ad intellectum pertinens a Deo mediantibus angelis ordinatur (cap. 79). Ea vero quae ad corporalia pertinent, sive sint interiora sive exteriora, in usum hominis venientia, a Deo mediantibus angelis et caelestibus corporibus dispensantur (capp. 78, 82).

2663. Huius autem ratio generaliter una est. Nam oportet omne multiforme, et mutabile, et deficere potens, reduci sicut in principium in aliquod uniforme, et immobile, et deficere non valens. Omnia autem quae in nobis sunt, inveniuntur esse multiplicia, variabilia, et defectibilia.

안에 있는 것들이 '마치 신적 섭리에서 필연성을 받는 것처럼' 결정에 종속되지는 않는다는 뜻으로 이해해야 한다.

제91장
인간사人間事는
어떻게 상위의 원인에서 유래할 수 있는가?

2661. 앞서 밝혀진 것으로 미루어 보아, 우리는 인간사가 어떻게 상위의 원인에서 유래할 수 있는지 그리고 인간사가 어떻게 우발적으로 일어나지 않는지를 헤아릴 수 있다.

2662. 왜냐하면 선택의 행위와 의지의 움직임은 신에 직접적으로 좌우되기 때문이다(III 85 이하). 또 지성과 연관되는 인간의 인식은 천사들의 매개를 통해 신에 의해 질서 지어진다(III 79). 반면, 물체들과 연관되는 것들이 내적이든 외적이든 상관없이 인간에 의해 사용될 경우, 신은 그것들을 천사들과 천체들을 통해 다스린다(III 78; 82).

2663. 그런데 이것에는 그럴 만한 일반적인 이유가 하나 있다. 여러 가지 형태를 지니고, 가변적이며, 결함을 지닐 수 있는 것은 모두 획일하고, 불변적이며 결함을 지닐 수 없는 것 안의 원리에서 유래해야 한다. 그런데 우리와 연관되는 것은 모두 다양하고, 가변적이며 결함을 지닐 수 있는 것으로 밝혀진다.

2664. a) Patet enim quod electiones nostrae multiplicitatem habent: cum in diversis et a diversis diversa eligantur. Mutabiles etiam sunt: tum propter animi levitatem, qui non est firmatus in ultimo fine; tum etiam propter mutationem rerum quae nos extra circumstant. Quod autem defectibiles sint, hominum peccata testantur.

b) Divina autem voluntas uniformis est, quia unum volendo, omnia alia vult; et immutabilis et indeficiens; ut in Primo ostensum est (capp. 13, 75). Oportet ergo omnium voluntatum et electionum motus in divinam voluntatem reduci. Non autem in aliquam aliam causam: quia solus Deus nostrarum voluntatum et electionum causa est.

2665. a) Similiter autem intelligentia nostra multiplicationem habet: quia ex multis sensibilibus veritatem intelligibilem quasi congregamus. Est etiam mutabilis: quia ex uno in aliud discurrendo procedit, ex notis ad ignota proveniens. Est etiam defectibilis, propter permixtionem phantasiae et sensus: ut errores hominum ostendunt.

b) Angelorum autem cognitiones sunt uniformes: quia ab ipso uno veritatis fonte, scilicet Deo, accipiunt veritatis cognitionem(cap. 80). Est etiam immobilis: quia non discurrendo ab effectibus in causas, aut e converso, sed simplici intuitu puram veritatem de rebus intuentur (*lib.* II, capp. 96 sqq.) Est etiam indefectibilis: cum ipsas rerum naturas seu quidditates intueantur per seipsas, circa quas non potest intellectus errare, sicut nec sensus circa

2664. a) 우리의 선택 행위가 다양성이라는 특성을 가진다는 것은 분명하다. 왜냐하면 서로 다른 사람들이 서로 다른 것들을 서로 다른 방식으로 선택하기 때문이다. 그리고 또 우리의 선택 행위가 가변적인 이유는 궁극 목적에 확고히 고정되지 않은 정신의 불안정함 때문뿐만 아니라 우리 외부를 둘러싸고 있는 사물들의 변화 때문이기도 하다. 그것이 결함을 지닐 수 있다는 점은 인간의 죄로 입증된다.

b) 하지만 제1권(I 13; 75)에서 밝혀졌듯, 신의 의지는 하나의 대상을 원함으로써 다른 모든 것을 원하기 때문에 한 가지 형태이며, 불변적이고 결함을 지닐 수 없다. 따라서 신만이 우리 의지 행위와 선택 행위의 원인이므로, 의지와 선택의 움직임은 모두 신의 의지에서 유래해야 하고, 그 밖의 다른 원인에서 유래해서는 안 된다.

2665. a) 마찬가지로, 이를테면 우리는 여러 감각 대상에서 가지적 진리를 모으기에, 우리의 지성 작용도 다양성이라는 특징을 지닌다. 우리의 지성 작용은 가변적이기도 하다. 왜냐하면 그것은 추론을 통해 한 사물에서 다른 사물로 옮겨 가고, 알려진 것들에서 미지의 것들로 나아가기 때문이다. 인간의 오류들이 보여 주듯, 그것은 표상력과 감각이 섞임으로써 결함을 지닐 수도 있다.

b) 다른 한편, 천사들은 진리에 대한 하나의 원천, 즉 신에게서 진리의 인식을 받아들이기 때문에, 천사들의 인식은 획일적이다(III 80). 천사들의 인식은 결과에서 원인 또는 원인에서 결과로 추론하지 않고 단순 직관을 통해 사물들에 대한 순수 진리를 보기 때문에 불변적이기도 하다(II 96 이하). 그것은 결함을 지닐 수도 없다. 왜냐하면 천사들은 바로 사물들의 본성이나 무엇임[64]▶을 그 자체로 직관하며, 감각들이 고유한 감각 대상들에

propria sensibilia. Nos autem quidditates rerum ex accidentibus et effectibus coniectamus. Oportet ergo quod nostra intellectualis cognitio reguletur per angelorum cognitionem.

2666. a) Rursus, de corporibus humanis, et exterioribus quibus homines utuntur, manifestum est quod est in eis multiplicitas commixtionis et contrarietatis; et non semper eodem modo moventur, quia motus eorum non possunt esse continui; et quod defectibilia sunt per alterationem et corruptionem.

b) Corpora autem caelestia sunt uniformia, utpote simplicia et absque omni contrarietate existentia. Motus etiam eorum sunt uniformes, continui, et semper eodem modo se habentes. Nec in eis potest esse corruptio aut alteratio. Unde necessarium est quod corpora nostra, et alia quae in usum nostrum veniunt, per motus caelestium corporum regulentur.

Capitulum XCII

Quomodo dicitur aliquis bene fortunatus, et quomodo adiuvetur homo ex superioribus causis

대해 오류를 범할 수 없듯이 지성도 그러한 대상들에 오류를 범할 수 없기 때문이다. 하지만 우리는 사물의 무엇임에 대해 그 우유들과 결과들로부터 미루어 가늠한다. 그러므로 우리의 지성적 인식은 천사들의 인식에 좌우되어야 한다.

2666. a) 게다가, 인간 육체들과 인간들이 사용하는 외적인 것들에는 다양한 방식의 혼합과 상반성이 있다는 점, 그것들의 운동은 지속적일 수 없으므로 그것들이 항상 같은 방식으로 움직이지 않는다는 점 그리고 그것들이 변화와 소멸을 통해 결함을 지닐 수 있다는 점은 분명하다.

　b) 그러나 천체들은 획일적이며, 어떠한 상반성도 지니지 않는 단순한 존재자들이다. 그것들의 운동도 획일적이고, 지속적이며 항상 같은 방식으로 일어난다. 그것들 안에는 소멸이나 변화가 있을 수 없다. 결과적으로 우리 육체들과 우리가 사용하는 그 밖의 것들은 천체들의 운동에 좌우되어야 한다.

제92장
사람은 어떻게 운이 좋다고 하는가,
그리고 사람은 어떻게 상위 원인들의 도움을 받는가?

◀64 하성(何性)으로 번역되기도 한다.

2667. Ex his autem apparere potest quomodo aliquis possit dici *bene fortunatus*.

2668. a) Dicitur enim alicui homini bene secundum fortunam contingere, quando *aliquod bonum accidit sibi praeter intentionem*: sicut cum aliquis, fodiens in agro, invenit thesaurum, quem non quaerebat. Contingit autem aliquem operantem *praeter intentionem operari* propriam, non tamen praeter intentionem alicuius superioris, cui ipse subest: sicut, si dominus aliquis praecipiat alicui servo quod vadat ad aliquem locum quo ipse alium servum iam miserat, illo ignorante, inventio conservi est praeter intentionem servi missi, non autem praeter intentionem domini mittentis; et ideo, licet per comparationem ad hunc servum sit fortuitum et casuale, non autem per comparationem ad dominum, sed est aliquid ordinatum.

b) Cum igitur homo sit ordinatus secundum corpus sub corporibus caelestibus; secundum intellectum vero sub angelis; secundum voluntatem autem sub Deo: potest contingere aliquid praeter intentionem hominis quod tamen est secundum ordinem caelestium corporum, vel dispositionem angelorum, vel etiam Dei. Quamvis autem Deus solus directe ad electionem hominis operetur, tamen actio angeli operatur aliquid ad electionem hominis per modum persuasionis: actio vero corporis caelestis per modum disponentis, inquantum corporales impressiones caelestium corporum in corpora nostra disponunt ad aliquas electiones.

2667. 이로부터 사람이 어떻게 '운이 좋다'고 하는지가 드러날 수 있다.

2668. a) 왜냐하면 땅을 파는 사람이 찾아다니지 않던 보물을 발견할 때처럼 "어떤 사람에게 자신이 의도하지 않았는데도 좋은 일이 생길 때"[65] 그 사람에게 운이 좋은 일이 일어났다고 말하기 때문이다. 그런데 누군가 일을 하는 동안 자기 자신의 의도를 벗어나기는 하지만 자신보다 상위의 다른 누군가의 의도를 벗어나지는 않는 일이 일어날 수 있다. 예컨대, 주인이 이미 하인을 보낸 장소에 먼저 도착한 그 하인을 알지 못하는 또 다른 하인을 가도록 명하는 경우를 가정해 보자. 나중에 도착한 하인과 맞닥뜨리게 되는 것은 먼저 보내진 하인이 의도한 것은 아니지만, 그렇다고 해서 그를 보낸 주인의 의도를 벗어난 것은 아니다. 따라서 맞닥뜨리게 되는 것이 이미 보내진 하인에게는 운에 따른 것이고 우발적인 일이더라도, 주인에게는 그런 일이 아니라 계획된 사건이다.

b) 따라서 인간은 자기 육체가 천체들 아래 놓이고, 자기 지성이 천사들 아래 놓이며, 자기 의지가 신 아래 놓이기 때문에, 인간의 의도를 넘어서는 것이라도 천체들의 질서나 천사들 또는 심지어 신의 영향력에 따라 일어날 수 있다. 비록 신만이 인간의 선택 행위에 직접적 영향을 미치더라도, 천사의 작용은 설득을 통해 인간의 선택 행위에 영향을 미치며, 또 우리 육체들에 미치는 천체들의 물질적 영향이 우리에게 어떤 선택을 하도록 하는 성향을 부여하는 한에서 천체의 작용은 성향을 통해 인간의 선택 행위에 영향을 미친다.

---

[65] 아리스토텔레스 『대(大) 윤리학』(*Magna Moralia*) II 8, 1207a 28.

c) Quando igitur aliquis ex impressione superiorum causarum, secundum praedictum modum, inclinatur ad aliquas electiones sibi utiles, quarum tamen utilitatem propria ratione *non cognoscit*; et cum hoc, ex lumine intellectualium substantiarum, illuminatur intellectus eius ad eadem agenda; et ex divina operatione inclinatur voluntas eius ad aliquid eligendum sibi utile cuius rationem ignorat: dicitur esse *bene fortunatus*; et e contrario *male fortunatus*, quando ex superioribus causis ad contraria eius electio inclinatur; sicut de quodam dicitur IEREM. 22, 30: *Scribe virum istum sterilem, qui in diebus suis non prosperabitur.*

2669. a) Sed in hoc est attendenda differentia. Nam impressiones corporum caelestium in corpora nostra causant in nobis naturales corporum dispositiones. Et ideo ex dispositione relicta ex corpore caelesti in corpore nostro dicitur aliquis non solum bene fortunatus aut male, sed etiam *bene naturatus* vel *male*: secundum quem modum PHILOSOPHUS dicit, in *Magnis Moralibus*, quod *bene fortunatum est esse bene naturatum.*

b) Non enim potest intelligi quod hoc ex natura intellectus diversa procedat, quod unus utilia sibi eligit et alius nociva praeter rationem propriam, cum natura intellectus et voluntatis in omnibus hominibus sit una: diversitas enim formalis induceret diversitatem secundum speciem; diversitas autem materialis inducit diversitatem secundum numerum. Unde secundum quod intellectus hominis

c) 따라서 인간이 자신의 추론을 통해 자신의 유익에 대해 "알지 못한 채" 앞서 언급된 방식처럼 상위 원인의 영향을 통해 자신에게 유익한 것을 선택하는 쪽으로 기울게 될 때 그리고 이것 외에도 자신의 지성이 이와 같은 것들을 할 수 있도록 지성적 실체의 빛에 의해 조명될 때, 그리고 자신에게 유익한 것이 왜 그런지 알지 못한 채 인간의 의지가 신의 작용을 통해 그 유익한 것을 선택하는 쪽으로 기울게 될 때, 그는 "운이 좋다"라고 말한다. 그와는 반대로, 인간의 선택 행위가 상위의 원인에 의해 반대되는 결과들로 기울게 될 때, 그가 "운이 나쁘다"라고 말한다. 따라서 예레미야서 22장 30절은 어떤 사람에 대해 "이 사람을 자식이 없는 자로 기록하여라. 그는 자기 생애에 성공을 거두지 못한다"라고 말한다.

2669. a) 그렇지만 여기서 우리는 어떤 차이에 주목해야 한다. 우리 육체에 미치는 천체들의 영향은 우리 안에서 육체들의 자연적 성향을 초래하니까 말이다. 결과적으로 천체가 우리 육체 안에 남긴 성향의 결과로 인간은 운이 좋거나 운이 나쁘다고 할 뿐만 아니라, "운을 잘 타고났거나 운을 나쁘게 타고났다"라고 한다. 이런 의미로 철학자는 『대大 윤리학』[66]에서 "운이 좋은 것은 운을 잘 타고난 것"이라고 말한다.

b) 지성과 의지의 본성이 모든 인간에게 동일하므로, 마땅한 이유 없이 어떤 이가 유익한 것을 선택하는 데 반해 다른 이가 유해한 것을 선택한다는 사실이 지성적 본성의 차이에서 비롯된다고는 생각조차 할 수 없다. 형상의 다양성은 종적 차이를 초래할 것인데 반해, 질료의 다양성은 수적 차이를 초래할 것이기 때문이다. 이런 이유로 인간의 지성이 어떤 작용을 수행하기 위해 신에 의해 일깨워지거나 인간의 의지가 신에 의해 자극되는

---

[66] 아리스토텔레스 『대(大) 윤리학』 II 9, 1207a 35.

illustratur ad aliquid agendum, vel voluntas a Deo instigatur, non dicitur homo *bene natus* sed magis *custoditus* vel *gubernatus*.

2670. Rursus, attendenda est circa hoc alia differentia. Nam operatio angeli, et corporis caelestis, est solum sicut disponens ad electionem: operatio autem Dei est sicut perficiens. Cum autem dispositio quae est ex corporis qualitate, vel intellectus persuasione, necessitatem ad eligendum non inducat, non semper homo eligit illud quod angelus custodiens intendit, neque illud ad quod corpus caeleste inclinat. Semper tamen hoc homo eligit secundum quod Deus operatur in eius voluntate. Unde custodia angelorum interdum cassatur, secundum illud Ierem. 51, 9: *Curavimus Babylonem, et non est curata;* et multo magis inclinatio caelestium corporum; divina vero providentia semper est firma.

2671. Est etiam et alia differentia consideranda.

a) Nam cum corpus caeleste non disponat ad electionem nisi inquantum imprimit in corpora nostra, ex quibus homo incitatur ad eligendum per modum quo passiones inducunt ad electionem; omnis dispositio ad electionem quae est ex corporibus caelestibus, est per modum alicuius passionis; sicut cum quis inducitur ad aliquid eligendum per odium vel amorem, vel iram, vel aliquid huiusmodi.

b) Ab Angelo vero disponitur aliquis ad eligendum per modum intelligibilis considerationis, absque passione. Quod quidem con-

한에서, 인간이 "잘 타고났다"라고 하지 않고 "잘 수호되거나 잘 다스려진
다"라고 한다.

2670. 이 점에 대해 또 다른 차이도 주목해야 한다. 천사의 작용과 천체의
작용은 그저 인간에게 선택하게 하는 성향을 지니도록 하는 것과 같은 데
반해, 신의 작용은 인간의 선택을 성취하도록 하는 것과 같으니까 말이다.
그런데 육체의 성질이나 지성의 설득에서 생기는 성향은 선택 행위에 필연
성을 초래하지 않기 때문에 인간은 자신의 수호천사가 의도하는 바나 천체
가 지향하는 바를 항상 선택하지는 않는다. 그런데도 인간은 자신의 의지
안에서 항상 신의 작용에 부합해 선택한다. 이런 이유로 "우리가 바벨론을
낫게 하려 했으나 낫지 않았다"라는 예레미야서 51장 9절에 따르면, 천사
의 수호는 때때로 좌절된다. 하물며 천체들이 영향을 미치려는 경향이 좌
절된다는 점은 말할 것도 없다. 그러나 신의 섭리는 항상 변함이 없다.

2671. 또 다른 차이도 고려해야 한다.

　a) 천체는 우리의 육체에 영향을 미침으로써 인간에게 정념들을 통하여
선택하도록 유도하는 경우에만 인간에게 선택하도록 하는 성향을 부여하
므로, 인간이 증오와 사랑 그리고 분노 등을 통해 어떤 선택을 하게 되는
때처럼 천체들에서 기인하는 선택의 성향은 모두 어떤 정념을 통하여 작용
한다.

　b) 하지만 인간은 천사에 의해 정념 없이도 지성적 고찰을 통해 선택하
게 되는 성향을 지니게 된다. 이것은 두 가지 방식으로 일어난다.

tingit dupliciter.

Quandoque enim illuminatur intellectus hominis ab angelo ad cognoscendum solum quod aliquid est bonum fieri, non autem instruitur de ratione propter quam est bonum, quae sumitur ex fine. Et ideo quandoque homo aestimat quod aliquid sit bonum fieri, *si tamen quaereretur quare, responderet se nescire.* Unde, quando perveniet in finem utilem quem non praeconsideravit, erit sibi fortuitum.

Quandoque vero per illuminationem angeli instruitur et quod hoc sit bonum, et de ratione quare est bonum, quae pendet ex fine. Et sic, quando perveniet ad finem quem praeconsideravit, non erit fortuitum.

c) Sciendum est etiam quod vis activa spiritualis naturae, sicut est altior quam corporalis, ita etiam est universalior. Unde non ad omnia ad quae se extendit humana electio, se extendit dispositio caelestis corporis.

2672. Rursumque, virtus humanae animae, vel etiam angeli, est particularis in comparatione ad virtutem divinam, quae quidem est universalis respectu omnium entium. Sic igitur aliquod bonum accidere potest homini et praeter propriam intentionem; et praeter inclinationem caelestium corporum; et praeter angelorum illuminationem; non autem praeter divinam providentiam, quae est gubernativa sicut et factiva entis inquantum est ens, unde oportet

때때로 인간의 지성은 천사에 의해 일깨워져 어떤 행위가 선하다는 점만을 알게 되지만, 그 행위가 선한 이유에 대해서는 배우지 않는다. 왜냐하면 그 이유는 목적에서 나오기 때문이다. 따라서 때때로 인간은 어떤 행위가 선하다고 생각하는데, "하지만 그가 왜 그런지에 대해 질문을 받는다면 알지 못한다고 대답할 것이다".[67] 이런 이유로 그가 미리 생각해 본 적이 없는 유익한 목적에 도달할 경우, 그것은 운에 따르는 것이 된다.

하지만 때때로 인간은 이 행위가 선하다는 점뿐만 아니라 목적에 의존하는 그 행위가 선한 이유에 대해서도 [인간을 일깨우는] 천사의 조명을 통해 배운다. 사정이 이러하다면, 인간이 미리 생각해 본 목적에 도달할 경우, 그것은 운에 따르는 것이 아니게 될 것이다.

c) 영적 본성의 작용 능력이 물질적 본성의 작용 능력보다 상위에 있듯이, 그것이 더 보편적이라는 점도 알아야 한다. 결과적으로 천체에서 비롯되는 성향은 인간의 선택 행위가 미치는 모든 대상에까지 미치지 않는다.

2672. 게다가, 인간 영혼의 능력이나 심지어 천사의 능력도 모든 존재자에 보편적으로 미치는 신의 능력에 비해서는 제한적이다. 따라서 어떤 선한 일이 인간에게 자신의 의도, 천체들이 부여하는 성향 그리고 일깨움을 주는 천사들의 조명을 벗어나 일어날 수는 있지만, 신적 섭리를 벗어나 일어날 수는 없다. 신적 섭리는 존재자로서의 존재자를 만드는 것처럼 존재자

---

[67] 아리스토텔레스 『대(大) 윤리학』 II 8, 1207a 1.

quod omnia sub se contineat. Sic ergo aliquid fortuitum bonum vel malum potest contingere homini et per comparationem ad ipsum; et per comparationem ad caelestia corpora; et per comparationem ad angelos; non autem per comparationem ad Deum. Nam per comparationem ad ipsum, non solum in rebus humanis, sed nec in aliqua re potest esse aliquid casuale et improvisum.

2673. a) Quia vero fortuita sunt quae sunt praeter intentionem; bona autem moralia praeter intentionem esse non possunt, cum in electione consistant: respectu eorum non potest dici aliquis *bene* vel *male fortunatus;* licet respectu eorum possit aliquis dici *bene* vel *male natus*, quando ex naturali dispositione corporis est aptus ad electiones virtutum vel vitiorum.

b) Respectu autem exteriorum bonorum, quae praeter intentionem homini evenire possunt, potest dici homo et *bene natus*, et *bene fortunatus*, et *a Deo gubernatus*, et *ab angelis custoditus*.

2674. a) Consequitur autem homo ex superioribus causis et aliud auxilium, quantum ad exitus suarum actionum. Cum enim homo et eligere habeat, et prosequi quae eligit, in utroque a causis superioribus adiuvatur interdum, vel etiam impeditur.

b) Secundum electionem quidem, ut dictum est, inquantum homo vel disponitur ad aliquid eligendum per caelestia corpora; vel quasi illustratur per angelorum custodiam; vel etiam inclinatur per opera-

로서의 존재자를 다스리는데, 만물은 그 섭리 아래 포함되어야 한다. 결과
적으로 인간 자신, 천체들 그리고 천사들에 관해 운에 따르는 어떤 선이나
악이 인간에게 일어날 수 있지만, 신에 관해서는 일어날 수 없다. 왜냐하
면 인간사는 물론 다른 문제들에서도 신과 관련되어 운에 따르거나 예견되
지 않은 것이란 아무것도 없기 때문이다.

2673. a) 하지만 운에 따르는 사건들은 의도를 빗나가는 것들이기 때문에,
그리고 도덕적 선들은 선택에 기반을 둔다는 점에서 의도를 빗나가는 것들
일 리가 없기에 그것들과 연관되어 누군가 자기 육체가 지니는 본성적 소
질을 통해 덕의 선택이나 악덕의 선택으로 기울어지게 될 때 "잘 타고났거
나 나쁘게 타고났다"라고 할 수 있을지라도, 그것들과 연관되어 그 누구도
"운이 좋거나 나쁘다"라고 할 수 없다.

  b) 그러나 인간은 의도를 벗어나서 자신에게 생길 수 있는 외적 선들과
연관되어 "잘 타고났고", "운이 좋고", "신에 의해 다스려지고", "천사들에
의해 수호된다"라고 할 수 있다.

2674. a) 그런데도 인간은 행위의 결과에 대해 상위의 원인들에게 또 다른
도움을 얻을 수도 있다. 왜냐하면 인간은 선택할 수 있는 능력뿐만 아니라
자신이 선택하는 것을 수행할 능력도 지니고 있으므로, 어느 경우에나 상
위 원인에게서 때때로 도움을 받을 수 있지만 때때로 방해를 받을 수도 있
기 때문이다.

  b) 물론 우리가 말한 것처럼, 선택과 관련해 인간은 천체들에 의해 무언
가를 선택하도록 준비되거나 천사들의 수호를 통해 무언가를 선택하도록

tionem divinam.

c) Secundum executionem vero, inquantum homo consequitur ex aliqua superiori causa robur et efficaciam ad implendum quod elegit. Quae quidem non solum a Deo et ab angelis esse potest, sed etiam a corporibus caelestibus, inquantum talis efficacia in corpore sita est. Manifestum est enim quod etiam inanimata corpora quasdam vires et efficacias a caelestibus corporibus consequuntur, etiam praeter eas quae ad qualitates activas et passivas elementorum consequuntur, quas etiam non est dubium caelestibus corporibus esse subiectas: sicut quod magnes attrahat ferrum, habet ex virtute caelestis corporis, et lapides quidam et herbae alias occultas virtutes. Unde nihil prohibet quod etiam aliquis homo habeat ex impressione caelestis corporis aliquam efficaciam in aliquibus corporalibus faciendis, quas alius non habet: puta medicus in sanando, et agricola in plantando, et miles in pugnando.

2675. Hanc autem efficaciam multo perfectius Deus hominibus largitur ad sua opera efficaciter exequenda.

a) Quantum ergo ad primum auxilium, quod est in eligendo, dicitur Deus hominem *dirigere*.

b) Quantum vero ad secundum auxilium, dicitur hominem *confortare*.

c) Et haec duo auxilia tanguntur simul in *Psalmis*, ubi dicitur, *Dominus illuminatio mea, et salus mea, quem timebo?* quantum ad

일깨워지거나 신의 작용을 통해 무언가를 선택하도록 기울어지게 된다.

c) 그러나 [선택의] 집행과 관련해 인간은 자신이 선택한 것을 이루는 데에 필요한 역량과 효력을 상위의 원인에서 얻을 수 있다. 이것들은 신과 천사들에서 나올 수 있을 뿐만 아니라 그런 효력이 육체에 위치하는 한에서 천체들에서 나올 수도 있다. 왜냐하면 무생물체들도 틀림없이 천체들에 종속되는 원소들의 능동적 성질과 수동적 성질에서 나오는 것들 외에도 천체에서 어떤 힘과 효력을 얻는 것이 분명하기 때문이다. 따라서 자석이 철을 끌어당기는 것은 천체의 능력에 기인하고, 마찬가지로 돌이나 약초에도 다른 숨겨진 능력들이 있다. 그러므로 의사가 치료하고, 농부가 곡식을 심고, 병사가 전쟁을 치르는 과정에서처럼, 인간은 육체의 어떤 작용을 하는 과정에서 천체의 영향을 통해 다른 인간이 지니지 않는 어떤 효력을 얻어서는 안 되는 이유란 없다.

2675. 그러나 신은 자신의 과업을 효과적으로 이루기 위해 인간에게 이런 효력을 훨씬 더 완전한 방식으로 부여한다.

a) 따라서 선택 행위에 적용되는 첫 번째 도움에 대해서, 신은 인간을 '인도한다'라고 일컫는다.

b) 반면, 두 번째 도움에 대해 신은 인간을 '강하게 한다'라고 일컫는다.

c) 이 두 가지 도움은 시편 제26편 1절[68]에서 언급된다. 첫 번째에 대해서는 "주님은 나의 빛, 나의 구원, 나 누구를 두려워하랴"라고 말하며, 두

---

[68] 『성경』에는 시편 27(26),1로 나온다.

primum; *Dominus protector vitae meae, a quo trepidabo?* quantum ad secundum.

2676. Sed inter haec duo auxilia est differentia duplex.

a) Prima quidem, quia ex auxilio primo adiuvatur homo tam in his quae virtuti hominis subduntur, quam etiam in aliis. Sed secundum auxilium ad illa tantum se extendit ad quae virtus hominis valet. Quod enim homo fodiens sepulcrum inveniat thesaurum, ex nulla hominis virtute procedit: unde respectu talis proventus, adiuvari potest homo in hoc quod instigetur ad quaerendum ubi est thesaurus; non autem in hoc quod ei aliqua virtus detur ad thesaurum inveniendum. In hoc autem quod medicus sanet, vel miles in pugna vincat, potest adiuvari et in hoc quod eligat convenientia ad finem, et in hoc quod efficaciter exequatur per virtutem a superiori causa adeptam. Unde primum auxilium est universalius.

b) Secunda differentia est, quia secundum auxilium datur ad prosequendum efficaciter ea quae intendit. Unde, cum fortuita sint *praeter intentionem*, ex tali auxilio non potest dici homo, proprie loquendo, *bene fortunatus*, sicut potest dici ex primo, ut supra ostensum est.

2677. Contingit autem homini bene vel male secundum fortunam, quandoque quidem ipso solo agente, sicut cum fodiens in terram invenit thesaurum quiescentem: quandoque autem actione alterius

번째에 대해서는 "주님은 내 생명의 요새, 나 누구를 무서워하랴?"라고 말한다.

2676. 그러나 이런 두 가지 도움 사이에는 두 가지 차이가 있다.

a) 첫째 차이는 다음과 같다. 인간은 자기 능력에 종속되는 것들뿐만 아니라 다른 것들과 관련해서도 첫 번째 도움을 받는다. 하지만 두 번째 도움은 인간의 능력이 발휘될 수 있는 것들까지만 미친다. 인간이 무덤을 파다가 보물을 발견하게 되는 것은 인간의 능력에서 기인하지는 않는다. 이런 이유로 그런 결과와 관련해서 인간은 보물이 있는 장소를 둘러보도록 부추겨짐으로써 도움을 받을 수는 있지만, 보물을 발견할 능력을 부여받는 식으로 도움을 받을 수는 없다. 그러나 의사가 치료하거나 병사가 전투에서 승리를 거두는 경우, 의사나 병사는 목적에 부합되는 것들을 선택한다는 점뿐만 아니라 상위 원인에서 습득된 능력을 통해 효과적으로 그 선택을 집행한다는 점에서도 도움을 받을 수 있다. 이런 이유로 첫 번째 도움이 더 보편적이다.

b) 둘째 차이는, 두 번째 도움이 인간이 의도하는 바를 효과적으로 실행하기 위해 부여된다는 것이다. 따라서 앞서 드러난 것처럼, 운에 따른 것은 "의도를 벗어나는 것"이기 때문에, 인간은 첫 번째 도움을 통해 "운이 좋다"고 할 수 있듯이, 정확하게 말하자면 인간은 두 번째 도움을 통해서는 "운이 좋다"라고 할 수는 없다.

2677. 그런데 땅을 파다가 그곳에 묻혀 있는 보물을 발견하는 때처럼 인간이 단독으로 행위를 할 때 때때로 운이 좋거나 나쁜 경우가 있을 수 있지만, 무언가를 사기 위해 시장에 가는 도중에 만나리라고 생각지도 않았던

causae concurrente, sicut cum aliquis vadens ad forum causa emendi, invenit debitorem, quem non credebat invenire. In primo autem eventu, homo adiuvatur ad hoc quod aliquid sibi bene contingat, secundum hoc solum quod dirigitur in eligendo illud cui coniunctum est per accidens aliquod commodum quod provenit praeter intentionem. In secundo autem eventu, oportet quod uterque agens dirigatur ad eligendum actionem vel motum unde sibi occurrant.

2678. Oportet autem et aliud considerare circa ea quae praedicta sunt. Dictum est enim quod ad hoc quod homini aliquid bene contingat vel male secundum fortunam, et ex Deo est, et ex corpore caelesti esse potest: inquantum homo a Deo inclinatur ad eligendum aliquid cui coniunctum est aliquod commodum vel incommodum quod eligens non praeconsiderat; et inquantum a corpore caelesti ad tale aliquid eligendum disponitur. Hoc autem commodum vel incommodum quidem, relatum ad electionem hominis, est fortuitum; relatum ad Deum, rationem amittit fortuiti; non autem relatum ad corpus caeleste. Quod sic patet. Non enim aliquis eventus amittit rationem fortuiti nisi reducatur in causam per se. Virtus autem caelestis corporis est causa agens, non per modum intellectus et electionis, sed per modum naturae. Naturae autem est proprium tendere ad unum. Si ergo aliquis effectus non est unus, non potest per se esse causa eius aliqua virtus naturalis. Cum autem aliqua duo sibi per accidens coniunguntur, non sunt vere unum, sed

채무자를 맞닥뜨리게 되는 때처럼 동시에 일어나는 또 다른 원인의 작용을 통해 때때로 운이 좋거나 나쁜 경우가 있을 수 있다. 그런데 첫 번째 경우, 그 사람은 자신의 의도와는 무관하게 이익이 우연히 따라붙는 무언가를 선택하도록 유도된다는 점에서만 운이 좋은 일이 생기도록 도움을 받는다. 하지만 두 번째 경우에는 두 작용자 모두 서로를 맞닥뜨리게 만든 작용이나 움직임을 선택하도록 유도되어야 한다.

2678. 하지만 앞선 언명에 대해 또 다른 점을 고려해야 한다. 왜냐하면 인간은 선택의 주체가 앞서 생각한 적이 없는 유익하거나 유해한 결과와 합쳐진 어떤 것을 신에 의해 선택하는 쪽으로 기울어지게 되는 한에서, 그리고 천체에 의해 그것을 선택하도록 하는 성향을 지니게 되는 한에서, 우리는 좋거나 나쁜 일이 운에 따라 인간에게 일어나는 것이 신뿐만 아니라 천체에서도 생길 수 있다고 말했기 때문이다. 그런데 이런 유익한 것이나 유해한 것은 인간의 선택 행위에 대해서는 운에 따른 것이다. 그것은 신에 대해서는 운에 따른 것이 아니지만 천체에 대해서는 운에 따른 것이다. 이것은 다음과 같이 드러난다. 한 사건은 그것의 본질적 원인에서 유래할 때까지는 운에 따르는 특성을 상실하지 않는다. 그러나 천체의 능력은 본성을 통해 작용인作用因이 될 뿐, 이해 작용과 선택 작용을 통해 작용인이 되는 것이 아니다. 그런데 본성이 하나의 대상을 지향하는 것은 적절하다. 따라서 어떤 결과가 하나가 아니라면, 그것의 본질적 원인은 본성적 능력일 리가 없다. 그러나 두 가지가 우유적으로 서로 결합하는 경우, 그것들은 실제로 하나가 아니라 우유적으로만 하나가 된다. 그러므로 이런 결합에 대한 본질적이면서 본성적 원인이란 있을 수 없다. 그렇다면 어떤 사람

solum per accidens. Unde huius coniunctionis nulla causa naturalis per se causa esse potest. Sit ergo quod iste homo ex impressione caelestis corporis instigetur, per modum passionis, ut dictum est, ad fodiendum sepulcrum. Sepulcrum autem, et locus thesauri, non sunt unum nisi per accidens: quia non habent aliquem ordinem ad invicem. Unde virtus caelestis corporis non potest per se inclinare ad hoc totum, quod iste fodiat sepulcrum et locum ubi est thesaurus. Sed aliquis per intellectum agens potest esse causa inclinationis in hoc totum: quia intelligentis est multa ordinare in unum. Patet etiam quod etiam homo qui sciret thesaurum esse ibi, posset alium ignorantem mittere ad fodiendum sepulcrum in loco eodem, ut, praeter intentionem suam, inveniret thesaurum. Sic ergo huiusmodi fortuiti eventus, reducti in causam divinam, amittunt rationem fortuiti: reducti vero in causam caelestem, nequaquam.

2679. Per eandem etiam rationem apparet quod homo non potest esse *bene fortunatus* universaliter ex virtute corporis caelestis, sed solum quantum ad hoc vel illud. Dico autem *universaliter*, ut aliquis homo habeat in natura sua, ex impressione caelestis corporis, ut eligat semper, vel in pluribus, aliqua quibus sint coniuncta per accidens aliqua commoda vel incommoda. Natura enim non ordinatur nisi ad unum. Ea autem secundum quae homini accidit bene vel male secundum fortunam, non sunt reducibilia in aliquid unum, sed sunt indeterminata et infinita: ut PHILOSOPHUS docet in II *Phys.*,

이 천체의 영향에 의해 앞서 말한 정념을 통해 무덤을 파게 된다고 가정해 보자. 그런데 무덤과 보물의 위치는 상호 관련성이 없으므로, 그것들은 우유적으로만 하나가 될 뿐이다. 결과적으로, 천체의 능력이 그 자체로 이런 결과 전체, 즉 이 사람이 이 무덤을 파야 하는 동시에 보물이 있는 장소를 파야 하는 결과로 이르게 하는 경향을 부여할 수 없었다. 그러나 지성을 통해 작용하는 자는 이런 결과 전체로 이르게 하는 경향의 원인이 될 수 있다. 왜냐하면 여러 가지 것을 하나로 질서 짓는 것은 지성적 존재자에 어울리기 때문이다. 심지어 보물이 있는 곳을 알았던 사람조차도 몰랐던 또다른 사람을 그 장소에 보내어 무덤을 파도록 함으로써 의도치 않게 보물을 발견하도록 할 수 있다는 점도 분명하다. 따라서 이런 종류의 운에 따르는 사건들은 신적 원인에서 유래할 때 운에 따르는 특성을 상실하지만, 천체의 원인에서 유래할 때는 그 특성을 상실하지 않는다.

2679. 동일한 추론을 통해 인간은 천체의 능력을 통해 보편적으로 "운이 좋을" 수는 없지만, 이런저런 특수한 경우에 대해서만 "운이 좋을" 수 있다는 점도 분명해진다. 내가 '보편적으로'라는 용어를 사용할 때, 인간이 천체의 영향을 통해 우연히 유익한 것이나 유해한 것이 결합되는 대상을 항상 또는 대개 선택하는 능력을 자신의 본성 안에 가질 수 있다는 뜻으로 사용한다. 왜냐하면 본성은 하나의 결과만을 향하기 때문이다. 그러나 운이 좋거나 나쁜 일이 인간에게 일어나도록 하는 요인들은 하나의 것으로 환원될 수 없다. 오히려 철학자가 『자연학』 제2권[69]에서 가르치며 또 우리의 감각에 잘 드러나듯이, 그것들은 불확정적이고 무한하다. 따라서 인간은 유

---

[69] *Phys* II 5, 196b 28.

et ad sensum patet. Non est ergo possibile quod aliquis habeat *in
natura* sua eligere semper ea ad quae etiam per accidens sequuntur
aliqua commoda. Sed potest esse quod ex inclinatione caelesti in-
clinetur ad eligendum aliquid cui coniungitur per accidens aliquod
commodum; et ex alia inclinatione aliud; et ex tertia tertium; non
autem ita quod ex una inclinatione ad omnia. Ex una autem divina
dispositione potest homo ad omnia dirigi.

Capitulum XCIII

De fato: an sit, et quid sit

2680. Ex his autem quae praemissa sunt, apparet quid sit de fato
sentiendum.

2681. Videntes enim homines multa in hoc mundo per accidens
contingere, si causae particulares considerentur, posuerunt QUIDAM
quod nec etiam ab aliquibus superioribus causis ordinentur. Et his
videbatur fatum nihil esse omnino.

2682. QUIDAM vero ea in aliquas altiores causas reducere sunt co-
nati, ex quibus cum quadam dispositione ordinate procedant. Et hi
fatum posuerunt: quasi ea quae videntur a casu contingere, sint ab
aliquo *effata*, sive *praelocuta*, et praeordinata ut essent.

익한 결과들이 우연히 따라붙는 대상들을 항상 선택하는 능력을 '자신의 본성 안에' 가질 수 없다. 그러나 인간은 천체의 영향에 의해 유익한 것이 우연히 따라붙는 하나의 대상을 선택하려는 경향을 지닐 수 있고, 또 다른 경향에 의해 또 다른 유익한 것을 선택할 수 있고, 제삼의 경향에 의해 제 삼의 유익한 것을 선택할 수 있지만, 하나의 경향에 의해 그러한 유익한 것 모두를 선택하지는 않는다. 하지만 인간은 하나의 신적 안배에 의해 모든 결과로 유도될 수 있다.

제93장

운명에 대하여: 운명 같은 것이 있는가, 그리고 운명은 무엇인가?

2680. 앞선 논의에서 우리가 운명에 대해 어떤 견해를 취해야 하는지가 분명해진다.

2681. 사람들은 여러 가지 사건의 특수한 원인들을 고려하게 되면 이 세계에 이런 사건들이 우유적으로 일어난다는 사실을 관찰하게 되는데, 어떤 이들은 이런 사건들이 상위의 원인들에 의해 질서를 부여받지 않는다고 주장한 바 있다. 그들에게 운명이란 존재하지 않는 것처럼 보였다.

2682. 그러나 다른 이들은 이런 사건들을 배치된 대로 질서정연하게 일어나도록 하는 상위의 원인들 탓으로 돌리고자 했다. 이들은 우발적으로 일어나는 것처럼 보이는 것들이 누군가에 의해 '미리 정해졌고', 즉 '예언되었고' 일어나리라고 미리 운명 지어진 것인 양 '운명'이 있다고 주장했다.

2683. Horum ergo QUIDAM omnia quae hic accidunt a casu contingentia, reducere sunt conati sicut in causas in caelestia corpora, etiam electiones humanas, vim dispositionis siderum, cui omnia cum quadam necessitate subdi ponebant, *fatum* appellantes. Quae quidem positio impossibilis est, et a fide aliena, ut ex superioribus (capp. 84 sqq.) patet.

2684. QUIDAM vero in dispositionem divinae providentiae omnia reducere voluerunt, quaecumque in his inferioribus a casu contingere videntur. Unde omnia fato agi dixerunt, ordinationem quae est in rebus ex divina providentia *fatum* nominantes. Unde BOËTIUS dicit quod *fatum est inhaerens rebus mobilibus dispositio, per quam providentia suis quaeque nectit ordinibus.*

a) In qua fati descriptione, *dispositio* pro *ordinatione* ponitur.

b) *In rebus autem inhaerens* ponitur ut distinguatur fatum a providentia: nam ipsa ordinatio secundum quod in mente divina est, nondum rebus impressa, *providentia* est; secundum vero quod iam est explicata in rebus, *fatum* nominatur.

c) *Mobilibus* autem dicit ut ostendat quod ordo providentiae rebus contingentiam et mobilitatem non aufert, ut QUIDAM posuerunt.

2683. 이들 가운데는 이 지상 세계에서 우발적으로 일어나는 모든 우연적인 사건을 천체들 사이의 원인들에서 유래하는 것으로 돌리고자 했고, 심지어 인간의 선택 행위도 별들의 영향력에서 유래하는 것으로 돌리고자 한 이들도 있었다. 그들은 모든 사건이 '운명'이라고 칭했던 이런 힘에 필연적으로 종속된다고 주장했다. 앞선(III 84 이하) 언명으로 보아 분명하듯, 물론 이런 입장은 불가능하고 신앙에 어긋난다.

2684. 그러나 이런 하위 세계의 존재자들 사이에서 우발적으로 일어나는 것처럼 보이는 사건은 무엇이든지 신적 섭리의 안배에서 유래하는 것으로 보려고 한 이들도 있다. 이런 이유로 그들은 만사가 운명에 의해 정해진다고 주장하는데, 신적 섭리의 결과로써 사물들 안에 발견되는 질서에 '운명'이라는 이름을 붙였다. 따라서 보에티우스는 "운명은 가변적 사물들에 내재하는 성향인데, 이를 통해 섭리는 각각의 사물을 신의 질서에 연결한다"[70]라고 말한다.

a) 운명에 대한 이런 정의定義에서 '성향'은 '질서'를 나타낸다.

b) '사물들에 내재하는'이라는 구절은 섭리와 운명을 구별하는 데 사용된다. 왜냐하면 신의 정신 안에 존재하기는 하지만 사물들에 아직 영향이 미치지 않은 것으로서의 질서는 섭리인데 반해, 사물들 안에 이미 드러난 것으로서의 질서는 운명이라고 부르기 때문이다.

c) 어떤 이들이 주장한 것처럼, 그는 섭리의 질서가 사물들로부터 우연성과 가변성을 제거하지 않는다는 점을 드러내기 위해 '가변적 사물들'에 대해 말한다.

---

[70] 보에티우스 『철학의 위안』 IV, prosa 6 (PL 63, 815).

2685. a) Secundum hanc ergo acceptionem, negare fatum est providentiam divinam negare.

b) Sed quia cum infidelibus nec nomina debemus habere communia, ne ex consortio nominum possit sumi erroris occasio; nomine *fati* non est a fidelibus utendum, ne videamur illis assentire qui male de fato senserunt, omnia necessitati siderum subiicientes.

c) Unde AUGUSTINUS dicit, in V *de Civitate Dei: Si* quis *voluntatem vel potestatem Dei fati nomine appellat, sententiam teneat, linguam corrigat.* Et GREGORIUS, secundum eundem intellectum, dicit: *Absit a fidelium* mentibus *ut fatum aliquid esse dicant.*

CAPITULUM XCIV
DE CERTITUDINE DIVINAE PROVIDENTIAE

2686. DIFFICULTAS autem quaedam ex praemissis suboritur. Si enim omnia quae hic inferius aguntur, etiam contingentia, providentiae divinae subduntur, oportet, ut videtur, vel providentiam non esse certam; vel omnia ex necessitate contingere.

---

71 아우구스티누스『신국론』V 1 (PL 41, 141).

2685. a) 그러므로 이런 의미에 따라 운명을 부정하는 것은 신적 섭리를 부정하는 것이 된다.

b) 하지만 우리는 명칭들을 불신자들과 함께 사용하는 것이 오류에 이르는 계기가 되지 않도록 명칭들을 그들과 공유해서도 안 되기 때문에, 모든 것을 별들의 필연성에 예속시킴으로써 운명에 대해 잘못된 의견을 지녔던 이들과 우리가 일치하는 것처럼 보이지 않도록 신자들은 운명이라는 이름을 사용해서는 안 된다.

c) 이런 이유로 아우구스티누스는 『신국론』 제5권[71]에서 "누군가가 신의 의지나 능력을 가리켜 운명이라는 이름으로 부른다면, 그가 자신의 견해는 간직하되 그 언어는 고치도록 해라"라고 말한다. 대ᕁ 그레고리우스 1세[72]도 같은 의미로 "운명이 존재한다고 말할 생각은 신자들에게 추호도 없다"[73]라고 말한다.

제94장
신적 섭리의 확실성에 대하여

2686. 그런데 앞선 언명에서 어떤 난점이 생긴다. 왜냐하면 이 하위 세계에서 일어나는 만사, 심지어 우연적 사건들조차도 신의 섭리에 종속된다면, 섭리가 확실하지 않든지 아니면 만사가 필연적으로 일어나든지 할 것으로 보이기 때문이다.

---

[72] 540년경 로마에서 태어난 그레고리우스는 590년에 제64대 교황으로 선출되었고, 604년 3월 12일 선종했다.

[73] 대 그레고리우스 『복음서 강해』(*In Homiliae in Evangelia*) 10 (PL 76, 1112).

2687. a) Ostendit enim Philosophus, in VI *Metaph.*, quod, si omnem effectum ponimus habere aliquam causam per se; et iterum quod, qualibet causa per se posita, necessarium sit effectum poni: sequetur quod omnia futura ex necessitate eveniant. Si enim quilibet effectus habeat causam per se, quodlibet futurum erit reducere in aliquam causam praesentem vel praeteritam. Sicut, si quaeratur de aliquo utrum sit occidendus a latronibus, huius effectus praecedit causa occursus latronum; hunc autem effectum iterum praecedit alia causa, scilicet quod ipse exivit domum; hunc autem adhuc alia, quod vult quaerere aquam; quam quidem praecedit causa, scilicet sitis; et haec causatur ex comestione salsorum; quod iam est vel fuit. Si ergo, causa posita, necesse est effectum poni, necesse est, si comedit salsa, quod sitiat; et si sitit, quod velit quaerere aquam; et si vult quaerere aquam, quod exeat domum; et si exit domum, quod occurrant ei latrones; et si occurrunt, quod occidatur. Ergo, de primo ad ultimum, necesse est hunc comedentem salsa a latronibus occidi. Concludit ergo Philosophus non esse verum quod, posita causa, necesse sit effectum poni: quia aliquae causae sunt quae possunt deficere. Neque iterum verum est quod omnis effectus habeat per se causam: quia quod est per accidens, scilicet istum volentem aquam quaerere occurrere latronibus, non habet aliquam causam.

---

[74] *Met* VI 3, 1027a 29.

2687. a) 철학자는 『형이상학』 제6권[74]에서 모든 결과가 본질적 원인을 지닌다는 점 그리고 또 본질적 원인이 있게 되면 그 결과도 반드시 인정해야 한다는 점을 주장하게 되면 모든 미래 사건이 필연적으로 일어나게 될 것이라는 점을 보여 준다. 왜냐하면 모든 결과가 본질적 원인을 지닌다면, 미래의 모든 결과도 현재의 원인이나 과거의 원인에서 유래할 수 있을 것이기 때문이다. 따라서 어떤 사람이 강도들에 의해 죽임을 당하게 될 것인지를 질문한다면, 이 결과를 앞서는 원인은 그 사람이 강도들과 만나게 되는 것이다. 이런 결과보다 앞서는 또 다른 원인, 즉 그 사람이 집 밖을 나갔다는 사실이 있고, 이것보다 앞서는 또 다른 원인, 즉 그 사람이 물을 구하려고 했다는 사실이 있으며, 이것보다 앞서는 또 다른 원인, 즉 그 사람이 목말랐다는 사실이 있으며, 이것의 원인은 그 사람이 짠 음식을 현재 먹거나 과거에 먹었다는 사실이다. 따라서 만일 원인이 있다면 결과는 필연적으로 인정되어야 한다. 만일 그 사람이 짠 음식을 먹는다면 목마르게 되는 것은 필연적이다. 그는 목마르게 되면 물을 구하고자 하는 것은 필연적이다. 그가 물을 구하고자 한다면, 그는 집 밖으로 나가야 하는 것은 필연적이다. 그가 집 밖을 나간다면, 강도들이 그를 맞닥뜨리게 되는 것은 필연적이다. 강도들이 그를 맞닥뜨리게 되면, 그가 죽임을 당하게 되는 것은 필연적이다. 결과적으로 첫 번째부터 마지막에 이르기까지, 짠 음식을 먹은 사람이 강도들에 의해 죽임을 당하는 것은 필연적이 된다. 그러므로 철학자는 원인이 있다면 결과도 인정되어야 한다는 점이 참이 아니라고 결론 내린다. 왜냐하면 일어나지 않을 수 있는 원인도 있기 때문이다. 게다가, 모든 결과가 본질적 원인을 지닌다는 점도 참이 아니다. 왜냐하면 물을 구하고자 하는 그 사람이 강도들을 맞닥뜨리게 되는 것과 같이 우연히 일어나는 어떤 사건은 원인을 지니지 않기 때문이다.

b) Ex hac autem ratione apparet quod omnes effectus qui reducuntur in aliquam causam per se, praesentem vel praeteritam, qua posita necesse sit effectum poni, ex necessitate contingunt.

Vel ergo oportet dicere quod non omnes effectus divinae providentiae subdantur. Et sic providentia non est de omnibus. Quod prius (cap. 64) fuit ostensum.

Vel non est necessarium ut, providentia posita, effectus eius ponatur. Et sic providentia non est certa.

Aut est necessarium quod omnia ex necessitate contingant. Providentia enim non solum est in praesenti tempore vel praeterito, sed aeterno: quia nihil potest esse in Deo non aeternum.

2688. Adhuc. Si divina providentia est certa, oportet hanc conditionalem esse veram: S*i Deus providit hoc, hoc erit*. Huius autem conditionalis antecedens est necessarium: quia est aeternum. Ergo consequens est necessarium: oportet enim omnis conditionalis consequens esse necessarium cuius antecedens est necessarium; et ideo consequens est sicut conclusio antecedentis; quicquid autem ex necessario sequitur, oportet esse necessarium. Sequitur igitur, si divina providentia est certa, quod omnia ex necessitate proveniant.

2689. Amplius. Sit aliquid esse provisum a Deo, puta quod talis sit regnaturus. Aut ergo possibile est accidere quod non regnet: aut non. Si quidem non est possibile ipsum non regnare, ergo impos-

b) 그런데 이런 추론을 보아. 어떤 본질적 원인이 있을 때 그 결과가 필연적으로 일어난다면 현재든지 과거든지 본질적 원인에서 유래할 수 있는 모든 결과는 필연적으로 일어나야만 할 것이다.

그러므로 [다음 세 가지 선택지 가운데 하나를 주장해야 한다. 첫째,] 우리는 모든 결과가 신의 섭리에 종속되지는 않으므로 섭리가 만사에 적용되지 않는다고 말해야 한다. 하지만 앞서(III 64) 섭리가 만사에 적용된다는 점이 밝혀졌다.

[둘째,] 우리는 섭리를 인정하는 한 그 결과가 필연적으로 따라오지 않으므로 섭리가 확실하지 않다고 말해야 한다.

[셋째,] 우리는 만사가 필연적으로 일어난다고 말해야 한다. 영원하지 않은 것은 그 무엇도 신 안에 있을 수 없으므로 섭리는 현재나 과거 시간 안에 있을 뿐만 아니라 영원성 안에도 있으니까 말이다.

2688. 게다가, 신적 섭리가 확실하다면, "신이 이것을 예견한다면, 이것은 일어날 것이다"라는 이런 조건 명제는 틀림없이 참이다. 그런데 신은 영원하기 때문에 이런 조건 명제의 전건前件은 필연적이다. 그러므로 조건 명제의 전건이 필연적일 경우 후건後件은 모두 필연적이어야 하기에, 후건도 필연적이다. 따라서 후건은 전건의 결론과 마찬가지며, 필연적 명제에서 귀결되는 것은 모두 필연적이어야 한다. 그러므로 만약 신적 섭리가 확실하다면, 만사는 필연적으로 일어나야 한다.

2689. 나아가, 어떤 사람이 왕이 되리라는 사건처럼 어떤 사건이 신에 의해 예견된다고 생각해 보자. 그렇다면 그 사람이 왕이 되지 않는 게 가능하게 되거나 아니면 가능하지 않게 될 것이다. 하지만 만약 그 사람이 왕

sibile est ipsum non regnare: ergo necessarium est eum regnare. Si autem possibile est eum non regnare; possibili autem posito, non sequitur aliquid impossibile; sequitur autem divinam providentiam deficere; non est igitur impossibile divinam providentiam deficere. Aut igitur oportet, si omnia sunt provisa a Deo, quod divina providentia non sit certa; aut quod omnia ex necessitate eveniant.

2690. Item. Argumentatur sic Tullius, in libro *de Divinatione*. Si omnia a Deo provisa sunt, certus est ordo causarum. Si autem hoc verum est, omnia fato aguntur. Quod si omnia fato aguntur, nihil est in nostra potestate, nullum est voluntatis arbitrium. Sequitur igitur quod tollatur liberum arbitrium, si divina providentia sit certa. Et eodem modo sequetur quod omnes causae contingentes tollantur.

2691. Praeterea. Divina providentia causas medias non excludit, ut supra (cap. 77) ostensum est. Inter causas autem sunt aliquae contingentes et deficere valentes. Deficere igitur potest providentiae effectus. Non est igitur Dei providentia certa.

2692. Oportet autem, ad horum solutionem, aliqua repetere ex his quae supra posita sunt: ut manifestum fiat quod nihil divinam pro-

---

⁷⁵ 키케로의 본명은 '마르쿠스 툴리우스 키케로'(Marcus Tullius Cicero)다.

이 되지 않는 게 가능하지 않다면, 그가 왕이 되지 않는다는 게 불가능하다. 그러므로 그 사람이 왕이 되는 것은 필연적이다. 하지만 만약 그가 왕이 되지 않는 게 가능하다면, 그리고 주어진 가능성을 고려할 때 불가능한 것이 뒤따르지 않는다면, 신적 섭리가 작동하지 않는다는 결론이 나온다. 따라서 신적 섭리가 작동하지 않는다는 것은 불가능하지 않다. 결과적으로 만약 만사가 신에 의해 예견된다면, 신적 섭리가 확실하지 않게 되든지 아니면 만사가 필연적으로 일어나든지 하게 된다.

2690. 마찬가지로, 키케로[75]는 『점술론』[76]에서 다음과 같이 주장한다. 만약 만사가 신에 의해 예견된다면, 원인들의 질서는 확실하다. 하지만 만약 이것이 참이라면, 만사는 운명에 종속된다. 만약 만사가 운명에 종속된다면, 그 무엇도 우리의 힘이 미치는 범위 안에 있지 않으며 의지의 재량이라는 것도 존재하지 않게 된다. 그러므로 만약 신적 섭리가 확실하다면, 자유 결단이란 없게 된다. 마찬가지로 우연적 원인도 없게 될 것이다.

2691. 그 밖에도 앞서(III 77) 밝혀졌듯, 신적 섭리는 중간 원인들을 배제하지 않는다. 하지만 원인들 가운데는 우연적이고 작동하지 않을 수 있는 것들도 있다. 따라서 섭리의 결과가 작동하지 않을 수 있다. 그러므로 신적 섭리는 확실하지 않게 된다.

2692. 그러나 우리는 이런 난점들을 해결하기 위해서 앞서 언급된 몇 가지 점을 거듭 말해야 한다. 이를 통해 그 무엇도 신적 섭리를 벗어날 수 없으

---

[76] 키케로 『점술론』(De divinatione) II 7.

videntiam effugit; et quod ordo divinae providentiae omnino immutari non potest; nec tamen oportet quod ea quae ex providentia divina proveniunt, ex necessitate cuncta eveniant.

2693. Primo namque considerandum est quod, cum Deus sit omnium existentium causa, rebus omnibus conferens esse, oportet quod suae providentiae ordo omnes res complectatur. Quibus enim esse largitus est, oportet quod et conservationem largiatur, et perfectionem conferat in ultimo fine (capp. 64 sq.).

2694. Cum autem in quolibet providente duo considerari oporteat (cap. 77), scilicet ordinis praemeditationem, et praemeditati ordinis institutionem in rebus quae providentiae subduntur, quorum primum ad cognoscitivam virtutem pertinet, aliud vero ad operativam: hoc inter utrumque differt, quod in praemeditando ordinem, tanto est providentia perfectior, quanto magis usque ad minima ordo providentiae potest produci. Quod enim nos omnium particularium ordinem praemeditari non possumus circa ea quae sunt disponenda a nobis, ex defectu nostrae cognitionis provenit, quae cuncta singularia complecti non potest, tanto autem in providendo unusquisque solertior habetur, quanto plura singularia praemeditari potest; cuius autem provisio in solis universalibus consisteret, parum de prudentia participaret. Simile autem in omnibus operativis artibus considerari potest. Sed in hoc quod ordo praemeditatus

며, 신적 섭리의 질서는 전적으로 불변하지만 그렇다고 해서 신적 섭리에서 기인한 모든 일이 필연적으로 일어나야만 하는 것은 아니라는 게 분명해질 수 있다.

2693. 첫째, 신은 존재하는 만물의 원인으로서 만물에 존재를 부여하기 때문에 신적 섭리의 질서가 만물을 포괄해야 한다는 사실을 고려해야 한다. 왜냐하면 신은 자신이 존재를 부여한 것들을 보존해야 하고, 그것들을 궁극 목적에 놓인 완전성으로 인도해야 하기 때문이다(III 64 이하).

2694. 그런데 섭리를 행사하는 누구든지 두 가지 점(III 77), 즉 섭리의 대상이 되는 것들의 질서에 대한 사전事前 숙고와 사전 숙고한 질서의 확립이 고려되어야 한다. 첫 번째 것은 인식 능력과 연관되는 데 반해, 두 번째 것은 작용 능력과 연관된다. 이 두 가지 사이에는 다음과 같은 차이가 있다. 질서를 사전에 숙고하는 과정에서 섭리가 완전할수록 그 섭리의 질서는 아주 사소한 것에 이르기까지 더 많이 미칠 수 있게 된다. 왜냐하면 우리는 특수한 것들을 모두 포괄할 수 없는 불완전한 인식을 지니고 있기에 처리해야 하는 일들과 관련하여 모든 특수한 사건의 질서를 사전에 숙고할 수 없기 때문이다. 하지만 사전에 특수한 것들을 더 많이 숙고하는 사람일수록 더 노련하게 앞일을 내다보고 준비하게 되지만, 오직 보편적인 것들만 내다보는 사람은 실천적 지혜에 참여하기는 하지만 미미하게 할 뿐이다. 유사한 점이 모든 작용 기술에서도 고찰될 수 있다. 반면에 사물들에게 사전에 숙고한 질서를 부여하는 것과 관련하여 다스리는 자의 섭리가 존엄하고 완전할수록, 그 섭리는 더 보편적인 것이 되고 더 많은 봉사자들을 통

rebus imponitur, tanto est dignior et perfectior providentia gubernantis, quanto est universalior, et per plura ministeria suam explicat praemeditationem: quia et ipsa ministeriorum dispositio magnam partem provisi ordinis habet. Oportet autem quod divina providentia in summo perfectionis consistat: quia ipse est simpliciter et universaliter perfectus, ut in primo libro (cap. 28) ostensum est. In providendo igitur suae sapientiae meditatione sempiterna omnia ordinat quantumcumque minima videantur: quaecumque vero rerum aliquid operantur, instrumentaliter agunt ab eo mota (cap. 67), et ei obtemperando ministrant, ad ordinem providentiae, ab aeterno, ut ita dicam, excogitatum, explicandum in rebus. Si autem omnia quae agere possunt, necesse est ut in agendo ei ministrent, impossibile est quod aliquod agens divinae providentiae executionem impediat sibi contrarium agendo. Neque etiam possibile est divinam providentiam impediri per defectum alicuius agentis vel patientis: cum omnis virtus activa vel passiva sit in rebus secundum divinam dispositionem causata (cap. 70). Impossibile est etiam quod impediatur divinae providentiae executio per providentis mutationem: cum Deus sit omnino immutabilis, ut supra (*lib.* I, cap. 13) ostensum est. Relinquitur ergo quod divina provisio omnino cassari non potest.

2695. a) Deinceps autem considerandum est quod omne agens intendit ad bonum et melius secundum quod potest, ut supra (cap. 3) ostensum est. Bonum autem et melius non eodem modo considera-

해 사전에 숙고한 것을 실행하게 된다. 왜냐하면 이런 봉사자들의 성향 자체는 섭리에 속하는 질서에 중요한 위치를 차지하기 때문이다. 그런데 신적 섭리는 최고로 완전해야 한다. 왜냐하면 제1권에서 밝혀졌듯이(I 28), 신은 단적으로 그리고 보편적으로 완전하기 때문이다. 결과적으로 신은 자신의 섭리 속에서 만물이 아무리 사소하게 보이더라도 그 자신이 지니는 지혜의 영구한 숙고를 통해 만물에 질서를 부여한다. 또 작용하는 모든 것은 신에 의해 움직이는 도구로서 작용한다(III 67). 그리고 만물은 이를테면 영원으로부터 숙고된 섭리의 질서를 세계에 펼치기 위해서 신을 순종적으로 섬긴다. 그러나 만약 작용할 수 있는 만물이 신의 봉사자들로서 작용해야 한다면, 작용자가 신적 섭리에 상반되게 작용함으로써 섭리의 집행을 방해하는 것은 불가능하다. 능동적이든 수동적이든 상관없이 모든 능력은 신의 성향에 따라 사물들 안에 발생하기 때문에(III 70), 신적 섭리가 행위를 하는 주체나 행위를 당하는 대상의 결함에 의해 방해받는 것도 가능하지 않다. 앞서 밝혀졌듯이(I 13), 신은 전적으로 불변하기 때문에 신적 섭리의 집행이 섭리의 작용자 안의 변화를 통해 방해받는 것도 불가능하다. 그러므로 신적 섭리가 좌절될 수 없다는 결론이 나온다.

2695. a) 둘째, 앞서 밝혀졌듯이(III 3), 모든 작용자는 할 수 있는 한 선과 더 큰 선을 지향한다는 점을 고려해야 한다. 그런데 선과 더 큰 선은 전체 안에서와 부분들 안에서 같은 방식으로 고려되지 않는다(III 71). 왜냐하면

tur in toto et partibus (cap. 71). In toto enim bonum est integritas, quae ex partium ordine et compositione relinquitur. Unde melius est toti quod sit inter partes eius disparitas, sine qua ordo et perfectio totius esse non potest, quam quod omnes partes essent aequales, unaquaque earum perveniente ad gradum nobilissimae partis: quaelibet autem pars inferioris gradus, in se considerata, melior esset si esset in gradu superioris partis. Sicut patet in corpore humano: dignior enim pars esset pes si oculi pulchritudinem et virtutem haberet; corpus autem totum esset imperfectius, si ei officium pedis deesset. Ad aliud igitur tendit intentio particularis agentis, et universalis: nam particulare agens tendit ad bonum partis absolute, et facit eam quanto meliorem potest; universale autem agens tendit ad bonum totius. Unde aliquis defectus est praeter intentionem particularis agentis, qui est secundum intentionem agentis universalis. Sicut patet quod generatio feminae est praeter intentionem naturae particularis, idest, huius virtutis quae est in hoc semine, quae ad hoc tendit quod perficiat conceptum quanto magis potest: est autem de intentione naturae universalis, idest, virtutis universalis agentis ad generationem inferiorum, quod femina generetur, sine qua generatio multorum animalium compleri non posset. Et eodem modo corruptio, et diminutio, et omnis defectus, est de intentione naturae universalis, non autem naturae particularis: nam quaelibet res fugit defectum, tendit vero ad perfectionem, quantum in se est.

b) Patet ergo quod de intentione agentis particularis est quod

전체 안에 있는 선은 부분들의 질서와 합성에서 귀결되는 온전함이기 때문이다. 결과적으로 각각의 부분이 가장 탁월한 부분과 같은 수준에 있더라도, 모든 부분이 동등한 편보다는 전체의 질서와 완전성에 필수적인 부분들이 동등하지 않은 편이 전체를 위해 더 선하다. 그러나 부분들이 그 자체로 고려될 경우, 열등한 수준에 있는 각각의 부분이 상위의 부분과 동등한 수준에 있게 될 경우, 그 부분은 더 선하게 될 것이다. 이 점은 인간의 육체에서 예시된다. 발이 눈의 아름다움과 능력을 소유한다면 발은 더 탁월한 부분이 되겠지만, 발의 기능이 없어진다면 육체 전체는 더 불완전하게 될 것이다. 따라서 특수한 작용자의 의도는 보편적 작용자의 의도와는 별개의 목표를 지향한다. 왜냐하면 특수한 작용자는 단적으로 부분의 선을 지향하며 그것을 더할 나위 없이 선한 것이 되도록 하는 데 반해, 보편적 작용자는 전체의 선을 지향하기 때문이다. 결과적으로, 보편적 작용자의 의도에 부합하는 어떤 결함은 특수한 작용자의 의도를 벗어난다. 따라서 암컷의 출산이 특수한 본성, 즉 이 정액 안에서 최대한 완전한 잉태를 지향하는 능력의 의도를 넘어선다는 점은 분명하다. 하지만 많은 동물의 출산을 위한 필요조건인 암컷의 출산은 보편적 본성, 즉 하위 존재자들을 생성하기 위해 보편적 작용자가 지니는 능력의 의도와는 부합된다. 마찬가지로, 소멸과 감소 그리고 모든 결함이 보편적 본성의 의도와 어울리더라도 특수한 본성의 의도와는 어울리지 않는다. 왜냐하면 각각의 특수한 사물은 결함을 피하고, 가능한 한 완전성을 지향하기 때문이다.

b) 따라서 특수한 작용자의 의도는 자신이 속한 부류 안에서 할 수 있는

effectus suus fiat perfectus quantumcumque potest in genere suo:
de intentione autem naturae universalis est quod hic effectus fiat
perfectus tali perfectione, puta perfectione masculi, ille autem per-
fectione feminae.

c) Inter partes autem totius universi prima distinctio apparet se-
cundum contingens et necessarium (cap. 72): superiora enim in en-
tibus sunt necessaria et incorruptibilia et immobilia; a qua quidem
conditione tanto magis deficiunt, quanto in inferiori gradu consti-
tuuntur; ita quod infima corrumpuntur quidem quantum ad esse
suum, moventur vero quantum ad suas dispositiones, suos etiam
effectus non de necessitate, sed contingenter producunt. Quodlibet
igitur agens quod est pars universi, intendit quantum potest in suo
esse et naturali dispositione persistere, et suum stabilire effectum:
Deus autem, qui est universi gubernator, intendit quod effectum
eius hic quidem stabiliatur per modum necessitatis, hic autem con-
tingenter. Et secundum hoc diversas eis causas adaptat, his quidem
necessarias, his autem contingentes. Cadit igitur sub ordine divinae
providentiae non solum hunc effectum esse, sed hunc effectum esse
contingenter, alium autem necessario. Et secundum hoc, quaedam
eorum quae divinae providentiae subduntur sunt necessaria, quae-
dam vero contingentia, non autem omnia necessaria.

2696. Patet ergo quod, etsi divina providentia est per se causa huius
effectus futuri; et est in praesenti vel praeterito, magis autem ab ae-

한 가장 완전한 결과를 산출하는 것이지만, 보편적 본성의 의도는 이런 특
수한 결과가 특정 유형의 완전하게 되는 것이라는 점이 분명하다. 이는 마
치 어떤 결과에서는 수컷의 완전성을 의도하고, 다른 결과에서는 암컷의
완전성을 의도하는 것처럼 말이다.

　c) 우주 전체의 부분들 가운데 관찰되는 첫 번째 구별은 우연적인 것과
필연적인 것 사이의 구별이다(III 72). 왜냐하면 상위의 존재자들은 필연적
이고 불멸하며 불변하기 때문이다. 하지만 이런 조건에 미치지 못하는 것
일수록 더 하위에 위치한다. 따라서 가장 하위에 있는 존재자들은 자신의
존재 자체가 소멸할 수 있고, 소질도 가변적이며, 결과들을 필연적으로 산
출하는 것이 아니라 우연적으로 산출한다. 그러므로 우주의 부분인 작용
자는 모두 할 수 있는 한 자신의 존재와 본성적 소질을 유지하고자 하며,
그 결과를 확고히 실현하려고 한다. 그러나 우주를 다스리는 신은 자신의
결과들 가운데 필연성을 통해 확고히 실현하려는 것들도 있고 우연성을 통
해 확고히 실현하려는 것들도 있다. 이를 토대로 신은 결과들을 고려하여
다양한 원인들을 조정하는데, 어떤 결과들에 대해서는 필연적 원인들이,
다른 결과들에 대해서는 우연적 원인들이 있게 된다. 따라서 이런 결과가
존재해야 할 뿐만 아니라 우연적으로 존재해야 결과도 있지만 필연적으로
존재하는 결과도 있다는 점이 신적 섭리의 질서에 속한다. 이런 이유로 인
해 섭리에 종속되는 것들 가운데 필연적인 것들이 있지만 결코 필연적이지
않은 우연적인 것들도 있다.

2696. 따라서 신적 섭리가 미래에 일어날 개별적 결과의 본질적 원인일지
라도, 그리고 그 섭리가 현재나 과거, 실제로는 영원으로부터 있을지라

terno: non sequitur, ut *prima* ratio (2687) procedebat, quod effectus iste sit de necessitate futurus; est enim divina providentia per se causa quod hic effectus contingenter proveniat. Et hoc cassari non potest.

2697. Ex quo etiam patet quod haec conditionalis est vera, *Si Deus providit hoc futurum, hoc erit:* sicut *secunda* ratio (2688) procedebat. Sed sic erit sicut Deus providit illud esse futurum. Providit autem illud esse futurum contingenter. Sequitur ergo infallibiliter quod erit contingenter, et non necessario.

2698. Patet etiam quod hoc quod ponitur esse provisum a Deo ut sit futurum, si sit de genere contingentium, poterit non esse secundum se consideratum: sic enim provisum est ut sit contingens, potens non esse. Non tamen est possibile quod ordo providentiae deficiat quin contingenter eveniat. Et sic *tertia* ratio (2689) solvitur. Unde potest poni quod iste non sit regnaturus si secundum se consideretur: non autem si consideretur ut provisum.

2699. Illud etiam quod Tullius obiicit (2690), secundum praemissa frivolum apparet. Cum enim divinae providentiae non solum subdantur effectus, sed etiam causae et modi essendi, sicut ex prae-

도, '첫 번째' 반론(III 94, n.2687)이 암시한 것처럼 이런 개별적 결과가 필연적으로 일어날 것이라는 결론은 따라오지 않는다는 게 분명하다. 왜냐하면 신적 섭리는 이런 결과가 우연적으로 일어나리라는 것에 대한 본질적 원인이기 때문이다. 그리고 이것은 좌절될 리가 없다.

2697. 이로써 '두 번째' 반론(III 94, n.2688)이 언급한 것처럼, "만약 신이 이 사건이 일어날 것이라는 점을 예견했다면, 그것은 일어날 것이다"라는 이런 조건 명제가 참이라는 점도 분명해진다. 그러나 그 사건은 신이 그것이 일어나리라고 예견한 대로 일어날 것이다. 그런데 신은 그것이 우연적으로 일어나리라고 예견했다. 따라서 그 사건이 필연적이 아니라 우연적으로 일어날 것이라는 점은 어김없이 귀결된다.

2698. 미래에 일어나리라고 신에 의해 예견되는 것으로 간주하는 이 사건이 우연적 존재자들의 유類에 속한다면, 그것은 그 자체로 고려될 때 존재하지 않을 수도 있게 될 것이라는 점도 분명하다. 왜냐하면 그것은 존재하지 않을 수도 있는 우연적인 것으로 예견되기 때문이다. 그런데도 섭리의 질서는 그것이 우연적으로 일어나는 것에 대해 작동하지 않을 리 없다. 따라서 '세 번째' 반론(III 94, n.2689)은 해결된다. 결과적으로 우리는 그 사람을 그 자체로 고려하게 되면 왕이 되지 않을 수도 있다고 말할 수 있지만, 예견되는 대상으로 고려하게 되면 그렇게 말할 수는 없다.

2699. 키케로가 제기하는 반론(III 94, n.2690)도 앞선 언명에 비춰 보면 하찮게 보인다. 앞선 언명으로 보아 분명하듯이, 결과들뿐만 아니라 원인들 및 존재 방식들도 신적 섭리에 종속되므로, 만사가 신적 섭리로 이루어지더라

missis patet, non sequitur quod, si omnia divina providentia agun-
tur, quod nihil sit in nobis. Sic enim sunt a Deo provisa ut per nos
libere fiant.

2700. Neque autem defectibilitas causarum secundarum, quibus
mediantibus effectus providentiae producuntur, certitudinem divi-
nae providentiae potest auferre, ut *quinta* ratio (2691) procedebat:
cum ipse Deus in omnibus operetur, et pro suae arbitrio voluntatis,
ut supra (cap. 67 et *lib.* II, cap. 23) ostensum est. Unde ad eius pro-
videntiam pertinet ut causas defectibiles quandoque sinat deficere,
quandoque eas a defectu conservet.

2701. Ea vero quae ad necessitatem provisorum a Deo possent assu-
mi ex certitudine scientiae, supra (*lib.* I, capp. 63 sqq.) soluta sunt,
cum de Dei scientia ageretur.

Capitulum XCV et XCVI

Quod immobilitas divinae providentiae utilitatem orationis non excludit

2702. Considerare etiam oportet quod, sicut providentiae immo-
bilitas necessitatem rebus provisis non imponit, ita etiam nec ora-
tionis utilitatem excludit. Non enim ad hoc oratio ad Deum funditur

도 우리가 할 수 있는 것은 아무것도 없다는 결론이 나오지 않기 때문이다. 따라서 그것들은 우리가 자유롭게 향할 수 있도록 신에 의해 예견된다.

2700. '다섯 번째' 반론(III 94, n.2691)의 주장처럼, 섭리의 결과들이 산출되도록 하는 제이 원인들의 결함 가능성도 신적 섭리의 확실성을 제거할 수 없다. 왜냐하면 앞서(III 67; II 23) 밝혀졌듯이, 신 자신은 자기 의지의 재량에 따라 만사 안에서 작용하기 때문이다. 결과적으로 결함이 있을 수 있는 원인들이 때때로 작동되지 않도록 허용하는 것과 때때로 작동하도록 보존하는 것도 신적 섭리에 속한다.

2701. 마지막으로, 신에 의해 예견되는 결과들의 필연성을 입증하기 위해 지식의 확실성에서 도출될 수 있는 그런 반론들은 신의 지식에 대해 앞서 다룬 곳에서(I 63 이하) 해결된다.

제95장과 제96장
신적 섭리의 불변성이
기도의 효용을 배제하지는 않는다

2702. 섭리의 불변성이 일어나리라고 예견되는 것들에 필연성을 부과하지 않는 것처럼 기도의 효용도 배제하지 않는다는 사실도 헤아려야 한다. 왜냐하면 섭리의 영원한 안배를 변화시키는 것은 불가능하므로 우리는 그 안

ut aeterna providentiae dispositio immutetur, hoc enim impossibile est: sed ut aliquis illud quod desiderat, assequatur a Deo.

2703. Piis enim desideriis rationalis creaturae conveniens est quod Deus assentiat, non tanquam desideria nostra moveant immobilem Deum: sed ex sua bonitate procedit ut convenienter desiderata perficiat. Cum enim omnia naturaliter bonum desiderent, ut supra (cap. 32) probatum est; ad supereminentiam autem divinae bonitatis pertinet quod *esse, et bene esse*, omnibus ordine quodam distribuat: consequens est ut, secundum suam bonitatem, desideria pia, quae per orationem explicantur, adimpleat.

2704. Adhuc. Ad moventem pertinet ut id quod movetur, perducat ad finem: unde et per eandem naturam aliquid movetur ad finem, et consequitur finem, et in eo quiescit. Omne autem desiderium est quidam motus ad bonum. Qui quidem non potest rebus inesse nisi a Deo, qui est per essentiam suam bonus, et fons bonitatis: movens enim omne movet ad aliquid simile sibi. Ad Deum igitur pertinet, secundum suam bonitatem, quod desideria convenientia, quae per orationes explicantur, ad effectum convenientem perducat.

2705. Item. Quanto aliqua sunt propinquiora moventi, tanto efficacius impressionem moventis assequuntur: nam et quae propinquiora sunt igni, magis ab ipso calefiunt. Substantiae autem intellectuales

배를 변화시키기 위해 기도를 드리는 것이 아니라 우리 자신이 바라는 것을 신에게 얻기 위해 기도를 드리기 때문이다.

2703. 사실 신이 이성적 피조물의 경건한 바람을 승낙하는 것은 당연하다. 이것은 우리의 바람이 불변하는 신을 변화시킬 수 있다는 뜻이 아니라 신이 자신의 선성에 따라 우리의 바람을 알맞은 방식으로 이루도록 한다는 뜻이다. 왜냐하면 앞서(III 3) 밝혀졌듯 만물은 본성적으로 선을 바라기에, 그리고 정해진 질서에 따라 만물에 존재와 안녕을 부여하는 것은 신적 선성의 탁월함에 속하기에, 결과적으로 신은 기도를 통해 표출되는 경건한 바람들을 자신의 선성에 따라 실현하기 때문이다.

2704. 게다가, 어떤 대상을 움직이게 하는 자는 그 대상을 목적에 이르도록 해야 한다. 이런 이유로 어떤 대상은 같은 본성을 통해 자신의 목적을 향해 움직여지고 그 목적을 달성하며 그 목적 안에서 더 이상 움직이지 않고 안식을 누린다. 그런데 모든 바람은 선을 향하는 움직임인데, 그 바람이 본질적으로 선하면서 선의 원천이기도 한 신에게서 나오지 않는다면 그 무엇 안에도 있을 수 없다. 왜냐하면 움직이게 하는 자는 모두 그 자신과 유사한 것을 향해 움직이기 때문이다. 그러므로 신이 우리의 기도를 통해 표출된 합당한 바람들을 자신의 선성에 따라 적절하게 매듭짓는 것은 지당하다.

2705. 마찬가지로, 움직이게 하는 자에 더 가까운 것들일수록 움직이게 하는 자의 영향을 더 효과적으로 얻게 된다. 이를테면, 불에 더 가까운 것들일수록 불로 인해 더 뜨겁게 된다. 그런데 지성적 실체들은 영혼이 없는

propinquiores sunt Deo quam substantiae naturales inanimatae. Efficacior est igitur impressio divinae motionis in substantiis intellectualibus quam in substantiis aliis naturalibus. Corpora autem naturalia in tantum participant de motione divina quod naturalem boni appetitum consequuntur ex eo, et etiam appetitus impletionem, quod quidem fit dum proprios fines consequuntur. Multo igitur magis intellectuales substantiae desideriorum suorum, quae per orationem Deo offeruntur, impletionem consequuntur.

2706. Amplius. De ratione amicitiae est quod amans velit impleri desiderium amati, inquantum vult eius bonum et perfectionem: propter quod dicitur quod *amicorum est idem velle*. Ostensum est autem supra (*lib.* I, cap. 75) quod Deus suam creaturam amat; et tanto magis unamquamque quanto plus de eius bonitate participat, quae est primum et principale amatum ab ipso (ibid. cap. 74). Vult igitur impleri desideria rationalis creaturae, quae perfectissime divinam bonitatem participat inter ceteras creaturas. Sua autem voluntas est perfectiva rerum: est enim causa rerum per suam voluntatem, ut supra (*lib.* II, capp. 23 sqq.) ostensum est. Ad bonitatem igitur divinam pertinet ut impleat desideria rationalis creaturae sibi per orationem proposita.

자연적 실체들보다 신에게 더 가까이 있다. 결과적으로 신적 움직임의 영향은 다른 자연적 실체들보다 지성적 실체들에 더 효과적이다. 그런데 자연적 물체들은 신에게서 선에 대한 본성적 욕구를 받아들이는 한에서 신의 움직임에 참여하며, 자신들에게 고유한 목적들을 성취할 때 실현되는 욕구의 성취에도 참여한다. 그러므로 지성적 실체들이 기도를 통해 신에게 제시되는 자신들의 바람을 성취하게 되는 것은 훨씬 더 당연한 일이다.

2706. 나아가, 사랑하는 자는 자신이 사랑하는 대상의 선과 완전성을 원하므로 자신이 사랑하는 대상이 바라는 바가 충족되기를 원한다는 것은 우정의 본질 규정에 속한다. 이런 이유로 "같은 것을 원한다는 것은 친구들의 특징이다"[77]라고 한다. 그런데 앞서(I 75) 밝혀졌듯 신은 자기 피조물을 사랑하며, 자신이 사랑하는 최우선적인 대상인 피조물들 가운데 신의 선성에 더 참여하는 것일수록 더 사랑한다(I 74). 이런 이유로 신은 이성적 피조물의 바람이 충족되기를 원한다. 왜냐하면 그것은 다른 피조물들과 비교해 볼 때 신의 선성에 매우 완전하게 참여하기 때문이다. 그런데 앞서(II 23 이하) 밝혀진 것처럼 신은 자신의 의지를 통해 존재하는 것들의 원인이 되므로 신의 의지가 그것들을 완성한다. 그러므로 기도를 통해 신에게 제시되는 이성적 피조물의 바람들을 충족하는 것은 신의 선성에 합당하다.

---

[77] 살루스티우스(Gaius Sallustius Crispus) 『카틸리나의 음모』(Coniuratio Catilinaeo) XX (ed. A. Ahlberg, Leipzig: G. G. Tuebner 1919, 16). 흔히 영어식 표현인 '살루스트' (Sallust)라는 이름으로 알려진 가이우스 살루스티우스 크리푸스(Gaius Sallustius Crispus, BC85~BC35)는 타키투스(Publius Cornelius Tacitus), 리비우스(Titus Livius Patavinus)와 더불어 고대 로마의 위대한 3대 역사가로 손꼽힌다.

2707. Praeterea. Bonum creaturae derivatum est secundum quandam similitudinem a bonitate divina. Hoc autem maxime commendabile in hominibus apparet, ut iuste petentibus assensum non denegent: ex hoc enim vocantur liberales, clementes, misericordes et pii. Maxime igitur hoc ad divinam bonitatem pertinet, ut pias orationes exaudiat.

2708. Hinc est quod dicitur in *Psalmo: voluntatem timentium se faciet, et* orationes *eorum exaudiet, et salvos faciet eos.* Et MATTH. 7, 8, Dominus dicit: *Omnis qui petit accipit, et qui quaerit invenit, et pulsanti aperietur.*

2709. (*Capitulum XCVI*) — Non est autem inconveniens si quandoque etiam petitiones orantium non admittantur a Deo.

2710. Ea enim ratione ostensum est quod Deus desideria rationalis creaturae adimplet, inquantum desiderat bonum (cf. 2703). Quandoque autem contingit quod id quod petitur non est verum bonum, sed apparens, simpliciter autem malum. Non est igitur talis oratio Deo exaudibilis. Hinc est quod dicitur IAC. 4, 3: *Petitis et non accipitis, eo quod male petatis.*

---

[78] 『성경』 시편 145(144),19: "[주님께서는] 당신을 경외하는 이들의 뜻을 채우시고, 그들의 애원을 들으시어 구해 주신다."

2707. 그 밖에도, 피조물의 선은 어떤 유사성에 따라 신의 선성에서 유래한다. 그런데 정당한 방식으로 부탁하는 자들의 청을 거절하지 않는 이런 특성은 인간들 사이에 매우 칭찬할 만한 것 같다. 왜냐하면 인간들은 이런 이유로 인해 아량이 있고 유순하고, 온화하며, 자비롭고, 어질다고 하기 때문이다. 그러므로 경건한 기도를 들어주는 이런 특성은 특히 신의 선성에 속한다.

2708. 이런 이유로 시편에 "[주님께서는] 당신을 경외하는 이들의 뜻을 이루시고, 그들의 기도를 들으시어 구해 주실 것이다"[78]라고 한다. 마태오 복음서 7장 8절에서도 주님께서 "누구든지 청하는 이는 받고, 찾는 이는 얻고, 문을 두드리는 이에게는 열릴 것이다"라고 말씀하신다.

2709. (제96장)[79] 신이 기도하는 자들의 청원을 때때로 들어주지 않더라도 부적절하지 않다.

2710. 이성적 피조물이 선을 바라는 한에서 신도 피조물의 바라는 바를 실현한다는 점이 논거를 통해 드러났으니까 말이다(III 95, n.2703 참조). 그런데 우리가 기도로 구하는 것이 참된 선이 아니라 겉보기만 선일 뿐 단적으로 악인 경우가 간혹 있다. 따라서 그런 기도는 신이 들어줄 수 없다. 이런 이유로 야고보 서간 4장 3절에서 "여러분은 구하여도 얻지 못합니다. 잘못 구하기 때문입니다"라고 말한다.

---

[79] 마리에티 판본에는 별도의 제목이 없다. 한편, 다음의 영어 번역본에는 "신이 들어주지 않는 기도도 있다"는 제목이 달려 있다. *Summa Contra Gentiles*, Book Three: Providence, Part II, trans. Vernon Bourke (Notre Dame, IN: University of Notre Dame Press 1974) 60.

2711. Similiter autem ex hoc quod Deus ad desiderandum movet, ostensum est conveniens esse quod desideria impleat (cf. 2704). Mobile autem ad finem motus non perducitur a movente nisi motus continuetur. Si igitur motus desiderii per orationis instantiam non continuetur, non est inconveniens si oratio effectum debitum non sortiatur. Hinc est quod Dominus dicit, LUCAE 18, 1: *quoniam oportet semper orare, et non deficere*. Et I *Thess*. 5, 17, dicit APOSTOLUS: *sine intermissione orate*.

2712. Rursus. Ostensum est quod Deus rationalis creaturae decenter desiderium implet inquantum ei appropinquat (cf. 2705). Appropinquat autem ei aliquis per contemplationem, et devotam affectionem, et humilem et firmam intentionem. Illa igitur oratio quae sic Deo non appropinquat, non est a Deo exaudibilis. Unde et in *Psalmo* dicitur: *Respexit in orationem humilium*; IAC. 1, 6: *Postulet autem in fide, nihil haesitans*.

2713. Item. Ostensum est quod ratione amicitiae, Deus vota piorum exaudit (cf. 2706). Qui igitur a Dei amicitia declinat, non est dignum ut eius oratio exaudiatur. Hinc est quod *Prov*. 28, 9 dicitur: *Qui declinat* aurem suam *ne audiat legem, oratio eius erit execrabilis*. Et ISAIAE 1, 15: *Cum multiplicaveritis* orationes, *non exaudiam:*

2711. 또한, 신은 우리로 하여금 바라는 행위를 하도록 하므로 신이 우리가 바라는 바를 충족시키는 것은 합당한 일임이 밝혀졌다(III 95, n.2704 참조). 그런데 움직임이 지속되지 않는다면, 움직여지는 대상은 움직이게 하는 자에 의해 자신의 목적에 이르지 못하게 된다. 따라서 만약 바라는 행위의 움직임이 거듭되는 기도를 통해 지속되지 않는다면, 기도가 마땅한 결과를 얻지 못하더라도 부적절하지는 않다. 이런 이유로 주님께서 루카 복음서 18장 1절에서 "항상 기도하고 낙심하지 않아야 한다"라고 말씀하시고, 사도께서는 테살로니카 신자들에게 보낸 첫째 서간 5장 17절에서 "끊임없이 기도하십시오"라고도 말씀하신다.

2712. 더구나, 이성적 피조물이 신에게 가까이 가는 만큼 신은 이성적 피조물의 바람을 적절한 방식으로 충족시킨다는 점이 밝혀졌다(III 85, n.2704 참조). 그런데 인간은 관조, 경건한 애정 그리고 겸손하지만 확고한 의도로 신에게 가까이 가게 된다. 따라서 이런 방식으로 신에게 가까이 가지 않는 기도는 신이 들을 수 없게 된다. 이런 이유로 시편[80]에서 "헐벗은 이들의 기도에 몸을 돌리시고"라고 말하며, 야고보 서간 1장 6절에서 "믿음으로 구하고 결코 의심하지 말아야 합니다"라고 말한다.

2713. 마찬가지로, 신이 우정을 통해 경건한 자들이 바라는 바를 들어준다는 점은 밝혀졌다(III 95, n.2706 참조). 결과적으로 신의 우정을 외면하는 자의 기도는 들어줄 가치가 없다. 이런 이유로 잠언 28장 9절에서 "율법을 듣지 않고 귀를 돌리는 자는 그 기도마저 역겹다"라고 말한다. 이사야 1장 15절에서도 "너희가 기도를 아무리 많이 한다 할지라도 나는 들어주지 않

---

[80] 102(101),18.

manus enim vestrae sanguine plenae sunt.

2714. Ex hac etiam radice procedit quod quandoque aliquis Dei amicus non auditur quando pro his rogat qui non sunt Dei amici: secundum illud Ierem. 7, 16: *Tu ergo noli orare pro populo hoc, nec assumas pro eis laudem et orationem, et non obsistas mihi: quia non exaudiam te.*

2715. Contingit autem quandoque quod aliquis ex amicitia denegat quod petitur ab amico, quia cognoscit hoc ei esse nocivum, vel contrarium ei magis expedire: ut medicus infirmanti quandoque negat quod petit, considerans quod non expedit ei ad salutem corporis consequendam. Unde, cum ostensum sit quod Deus ex amore quem ad creaturam rationalem habet, eius desideria impleat sibi per orationem proposita, non est mirandum si quandoque eorum etiam quos praecipue diligit, petitionem non implet, ut impleat quod petenti magis expedit ad salutem. Propter quod a Paulo stimulum carnis non amovit, quamvis hoc ter peteret, providens hoc ei esse utile ad humilitatis conservationem, ut habetur II *Cor.* 12, 8, 9. Unde et Matth. 20, 22, quibusdam Dominus dicit: *Nescitis quid petatis. Et Rom.* 8, 26 dicitur: *Nam quid oremus sicut oportet, nescimus.* Et propter hoc Augustinus dicit, in Epistola. *ad Paulinum*

으리라. 너희의 손은 피로 가득하기 때문이다"라고 말한다.

2714. 같은 이유로 신의 친구가 신의 친구들이 아닌 자들을 위해 기도할 때, 그 기도를 들어주지 않는 경우가 간혹 있게 된다. 따라서 예레미야 7 장 16절은 "그러니 너는 이 백성을 위하여 기도하지 마라. 그들을 위하여 찬미하거나 기도하지 마라. 나에게 저항하지 마라. 나는 너의 말을 듣지 않을 것이기 때문이다"라고 말한다.

2715. 하지만 인간은 친구의 청원이 자신에게 해가 되거나 그 청원과 상반되는 것이 자신에게 더 낫다는 것을 알기 때문에, 우정으로 말미암아 그 청원을 거절하는 경우가 간혹 있다. 따라서 의사는 환자의 청원이 건강을 회복하는 데 이롭지 않다는 점을 염두에 두기 때문에 그 청원을 때때로 거절할 수도 있다. 결과적으로 신이 이성적 피조물에 대해 지니는 사랑 때문에 기도를 통해 신에게 드러낸 이성적 피조물의 바람들을 충족시킨다는 점이 밝혀졌기 때문에, 신은 기도하는 자들의 구원에 더 이로운 것을 실현하기 위해 자신이 특히 사랑하는 자들의 청원조차 때때로 들어주지 않더라도 놀라서는 안 된다. 이런 이유로 신은 바오로가 세 번이나 청했더라도 그의 몸에서 가시를 제거하지 않았다. 코린토 신자들에게 보낸 둘째 서간 12 장 7-9절에 언급되듯이, 신은 가시가 겸손을 유지하기 위해 도움이 된다는 점을 예견했기 때문이다. 이런 이유로 주님께서는 마태오 복음서 20장 22 절에서 어떤 이들에게 "너희는 너희가 무엇을 청하는지 알지도 못한다"라고 말씀하셨고, 로마 신자들에게 보낸 서간 8장 26절에서는 "우리는 올바른 방식으로 기도할 줄 모른다"라고 말한다. 이런 까닭에 아우구스티누스는 '바울리노와 테라시아에게 보낸 편지'에서 "주님께서는 선하시다. 그분

et Therasiam: *Bonus Dominus, qui non tribuit saepe quod volumus,*
ut quod mallemus attribuat.

2716. a) Patet igitur ex praemissis quod aliquorum quae fiunt a Deo, causa sunt orationes et pia desideria. Ostensum est autem supra (cap. 77) quod divina providentia causas alias non excludit: quin potius ordinat eas ad hoc quod ordo quem apud se statuit, rebus imponatur; et sic causae secundae non repugnant providentiae, sed magis providentiae exequuntur effectum. Sic igitur orationes apud Deum efficaces sunt, nec tamen ordinem immutabilem divinae providentiae solvunt: quia et hoc ipsum quod tali petenti hoc concedatur, sub ordine divinae providentiae cadit.

b) Simile est ergo dicere non esse orandum ut aliquid consequamur a Deo quia ordo suae providentiae est immutabilis, ac si diceretur quod non est ambulandum ut perveniamus ad locum, nec comedendum ut nutriamur: quae omnia patent esse absurda.

2717. Excluditur ergo ex praemissis duplex error circa orationem.

a) QUIDAM enim dixerunt nullum esse orationis fructum. Quod quidem dicebant tam illi qui negabant divinam providentiam omnino, sicut EPICUREI; quam illi qui res humanas divinae providentiae subtrahebant, sicut ALIQUI PERIPATETICORUM (cf. 2516); necnon et illi qui omnia quae providentiae subsunt, ex necessitate contingere arbitrabantur, sicut STOICI (cf. 2493). Ex his enim omnibus sequi-

은 우리가 훨씬 더 간절히 원하는 것을 주시기 위해 우리가 원하는 것을 종종 나누어 주지 않으시기 때문이다"[81]라고 말한다.

2716. a) 앞선 언명으로 보아 신에 의해 이루어지는 어떤 일들의 원인이 기도와 경건한 바람이라는 게 분명하다. 그런데 신의 섭리는 다른 원인들을 배제하는 것이 아니라 섭리로 정해지는 질서가 사물들에 세워지도록 그 원인들에 질서를 부여한다는 점이 앞서 밝혀졌다(III 77). 결과적으로 제이 원인들은 섭리와 상반되는 것이 아니라 섭리의 결과를 집행한다. 따라서 기도가 신 앞에서 효능이 있다고 해서 신적 섭리의 불변적인 질서를 파괴하지는 않는다. 왜냐하면 기도하는 자의 이런 개별적 기도를 들어주는 것조차 신적 섭리의 질서에 속하기 때문이다.

b) 그러므로 신적 섭리의 질서가 불변적이기 때문에 우리가 신에게서 무언가를 얻기 위해 기도해서는 안 된다고 말하는 것은 어떤 장소에 도달하기 위해서 걸어서는 안 된다고 말하거나 영양을 섭취하기 위해서 음식을 먹어서는 안 된다고 말하는 것과 같다. 이 둘 다 분명히 터무니없다.

2717. a) 따라서 기도에 대한 두 가지 오류는 앞선 언명으로 제거된다. 기도가 아무런 결실도 없다고 말하는 자들이 있었다. 사실 이것은 에피쿠로스학파들처럼 신적 섭리를 전적으로 부정한 자들과 어떤 소요학파들처럼 인간사人間事를 신적 섭리와는 동떨어진 것으로 설정한 자들, 그리고 스토아학파들처럼 섭리에 종속되는 만사가 필연적으로 일어난다고 생각한 자

---

[81] 아우구스티누스『서간』(*Epistola*) XXXI 1 (PL 33, 121).

tur quod nullus sit orationis fructus, et per consequens quod omnis deitatis cultus fiat in vanum: Qui quidem error tangitur MALACH. 3, 14: *Dixistis*, inquit, *Vanus est qui servit Deo. Et quod emolumentum quia custodivimus praecepta eius, et quia ambulavimus tristes coram Domino exercituum?*

b) QUIDAM vero e contrario divinam dispositionem orationibus vertibilem esse dicebant: sicut et AEGYPTII dicebant quod fatum orationibus et quibusdam imaginibus, subfumigationibus, sive incantationibus, vertebatur.

2718. Et ad hunc sensum pertinere videntur quaedam quae in Scripturis divinis dicuntur, secundum id quod prima facie apparet ex eis.

a) Dicitur enim ISAIAE 38 quod Isaias, ex mandato Domini, dixit Ezechiae Regi, 1 *Haec dicit Dominus: Dispone domui tuae, quia morieris tu, et non vives*; et quod post orationem Ezechiae, factum est verbum Domini ad Isaiam dicens, 5 *Vade, et dic Ezechiae: Audivi orationem tuam. Ecce, ego adiiciam super dies tuos quindecim annos.*

b) Et IEREM. 18 dicitur ex persona Domini: 7 *Repente loquar adversus gentem et adversus regnum, ut eradicem et destruam et disperdam illud. 8 Si poenitentiam egerit gens illa a malo suo, quod locutus sum adversus eam, agam et ego poenitentiam super malo*

들 모두가 주장한 것이다. 이 모든 견해에서 기도는 아무런 결실도 없으며, 결과적으로 신에게 예배를 드리는 모든 것이 헛된 일이 된다는 점이 귀결된다. 이런 오류는 말라키서 3장 14절에서 "너희는 이렇게 말하였다. '하느님을 섬기는 것은 헛된 일이다. 그분의 명령을 지킨다고, 만군의 주님 앞에서 슬프게 걷는다고 무슨 이득이 있느냐?'"라고 말하는 대목에 언급된다.

b) 반대로, 신의 안배가 기도를 통해 변할 수 있다고 말한 자들도 있다. 이처럼 이집트인들은 운명이 기도 그리고 어떤 모상模像,[82] 분향焚香 또는 주문呪文을 통해 바뀔 수 있다고 말했다.

2718. 성경에는 언뜻 보기에는 이런 견해를 용인하는 것처럼 보이는 구절들이 있다.

a) 왜냐하면 이사야서 38장 1절에 이사야가 주님의 명령에 따라 히즈키야 왕에게 "주님께서 이렇게 말씀하십니다. '너의 집안일을 정리하여라. 너는 죽고 생존하지 못할 것이다'"[83]라고 말하고, 히즈키야가 기도한 후 5절에서 "주님의 말씀이 이사야에게 내렸다. '가서 히즈키야에게 말하여라. … 나는 네 기도를 들었고 … 자, 내가 너의 수명에다 열다섯 해를 더해 주겠다'"라고 언급되기 때문이다.

b) 또 예레미야서 18장 7-8절에서 주님의 이름으로 "나는 불시에 어떤 민족이나 나라에 맞서 그것을 뽑고 허물고 없애 버리겠다고 말할 것이다. 내가 말한 그 민족이 죄악을 뉘우치면, 나도 그들에게 내리려고 생각했던

---

[82] 흔히 마법에서 사용되는 부적(符籍)과 같은 것으로 어떤 종류의 실재를 본뜬 그림이나 문자를 새긴 것이다. 때때로 '우상'(偶像)을 뜻하기도 한다. 참조: *SCG* III 120, 2920.

[83] 『성경』: "주님께서 이렇게 말씀하십니다. '너의 집안일을 정리하여라. 너는 회복하지 못하고 죽을 것이다.'"

quod cogitavi ut facerem ei.

c) Et IOELIS 2: 13 *Convertimini ad Dominum Deum vestrum, quia benignus et misericors est. 14 Quis scit si convertatur et ignoscat Deus?*

2719. Haec autem si secundum suam superficiem intelligantur, ad inconveniens ducunt. Sequitur enim primo, quod voluntas Dei sit mutabilis. Item, quod aliquid ex tempore Deo adveniat. Et ulterius, quod aliqua quae temporaliter in creaturis sunt, sint causa alicuius existentis in Deo. Quae sunt manifeste impossibilia, sicut ex superioribus (*lib.* 1, capp. 13 sqq) patet.

2720. Adversantur etiam auctoritatibus Sacrae Scripturae, quae infallibilem continent veritatem et expressam. Dicitur enim *Num.* 23, 19: *Non est Deus quasi homo, ut mentiatur; nec ut filius hominis, ut mutetur. Dixit ergo, et non faciet? Locutus est, et non implebit?* Et I *Reg.* 15, 29: *Triumphator in Israel non parcet, et poenitudine non flectetur: neque enim homo est, ut agat poenitentiam.* Et MALACH. 3, 6: *Ego Dominus, et non mutor.*

---

84 『성경』: "나는 언제든지 어떤 민족이나 나라든 뽑고 허물고 없애 버리겠다고 선언할 것이다. 그 민족이 내가 이른 대로 죄악에서 돌아서면, 나는 마음을 바꾸어 그들에게 내리려고 하였던 재앙을 거두겠다."

85 『성경』: "주 너희 하느님에게 돌아오너라. 그는 너그럽고 자비로운 이. ⋯ 그가 다시 후회하여 그 뒤에 복을 남겨 줄지 ⋯ 누가 아느냐?"

86 『성경』: "하느님은 사람이 아니시어 거짓말하지 않으시고, 사람의 아들이 아니시어 변하지 않으신다. 그러니 말씀만 하시고 실천하지 않으실 리 있으랴? 이야기만 하시고 실행하지 않으실 리가 있으랴?"

재앙을 거두겠다"[84]라고 말한다.

c) 요엘서 2장 13-14절에서도 "주 너희 하느님께 돌아오너라. 그는 너그럽고 자비로운 분이기 때문이다. … 하느님께서 마음을 바꾸어 용서하실지 누가 아느냐?"[85]라고 말한다.

2719. 이런 구절들은 피상적으로 이해하게 되면 합당치 않은 결론으로 이르게 되는 것 같다. 우선 신의 의지가 가변적이라는 점이 귀결될 것이다. 또한 어떤 것이 시간이 흐름에 따라 신에게 생기게 될 것이다. 더욱이 피조물들에게 시간 속에서 일어나는 것들은 신에게 일어나는 것의 원인이 될 것이다. 앞선(I 13 이하) 언명들에서 밝혀지듯이, 이런 것들이 불가능하다는 점은 분명하다.

2720. 그것들은 무류無謬의 진리를 표현한 바가 담긴 성경의 전거들과도 상반된다. 민수기 23장 19절에서 "하느님은 사람처럼 거짓말하지 않으시고, 사람의 아들처럼 변하지 않으신다. 그러니 말씀만 하시고 실천하지 않으실 리 있으랴? 이야기만 하시고 실행하지 않으실 리가 있으랴?"[86] 하고 말하기 때문이다. 사무엘기 상권 15장 29절에서도 "이스라엘의 승리자는 용서하거나 뉘우침으로 향하지도 않을 것이다. 그분은 뉘우쳐야 하는 사람이 아니기 때문이다"[87] 하고 말하며, 말라키서 3장 6절에서도 "나 주님은 변하지 않는다"라고 말한다.

---

[87] 『성경』: "이스라엘의 영광이신 분은 거짓말을 하시거나 뜻을 바꾸시는 분이 아니십니다. 그분은 사람이 아니시기에 뜻을 바꾸지 않으십니다." 라틴어 원문에는 열왕기 상권으로 나와 있지만, 사무엘기 상권이 정확한 출처다.

2721. a) Si quis autem diligenter consideret circa praedicta, inveniet quod omnis error qui in his accidit, ex hoc provenit quod non consideratur differentia inter universalem ordinem et particularem. Cum enim omnes effectus ordinem ad invicem habeant secundum quod in una causa conveniunt, oportet tanto esse communiorem ordinem, quanto est universalior causa. Unde ab universali causa, quae Deus est, ordo proveniens necesse est quod omnia complectatur.

b) Nihil igitur prohibet aliquem particularem ordinem vel per orationem, vel per aliquem alium modum immutari: est enim extra illum ordinem aliquid quod possit ipsum immutare. Propter quod non est mirum si Aegyptii, reducentes rerum humanarum ordinem in corpora caelestia, posuerunt fatum ex stellis proveniens aliquibus orationibus et ritibus posse immutari: nam extra caelestia corpora, et supra ea, est Deus, qui potest impedire caelestium corporum effectum qui in istis inferioribus ex illorum impressione secuturus erat.

c) Sed extra ordinem complectentem omnia, non potest poni aliquid per quod possit ordo ab universali causa dependens everti. Propter quod Stoici, qui in Deum sicut in causam universalem omnium ordinis rerum reductionem considerabant, ponebant quod ordo institutus a Deo nulla ratione potest immutari.

d) Sed in hoc iterum a consideratione universalis ordinis recedebant, quod ponebant orationes ad nihil utiles esse, tanquam arbitrarentur voluntates hominum et eorum desideria, ex quibus orationes procedunt, sub illo universali ordine non comprehendi. Cum

2721. a) 그런데 누군가 앞선 언명들을 주의 깊게 고찰한다면, 이런 사안들에서 생기는 오류가 모두 보편적 질서와 특수한 질서 사이의 차이를 간과한 데서 기인한다는 점을 발견하게 될 것이다. 왜냐하면 모든 결과는 하나의 원인으로 합쳐지는 한에서 상호 질서정연하게 되므로, 원인이 보편적일수록 질서는 더 공통적이 되기 때문이다. 이런 이유로 보편적 원인인 신에게서 나오는 질서는 만물을 포괄해야 한다.

b) 그러므로 그 무엇도 기도나 다른 수단을 통해서도 특수한 질서가 변하는 것을 막을 수는 없다. 왜냐하면 그 질서 외부에 그 질서를 변화시킬 수 있는 것이 있기 때문이다. 그러므로 인간사의 질서를 천체에서 유래하는 것으로 보는 이집트인들이 별들에서 생기는 운명이 기도나 의식儀式에 의해 변화할 수 있다고 주장한다고 해도 놀랄 일이 아니다. 왜냐하면 천체들의 영향으로 하위 세계에서 일어나게 될 결과들을 막을 수 있는 신은 천체 밖에 그리고 천체 위에 존재하기 때문이다.

c) 그러나 보편적 원인에 좌우되는 질서를 무너뜨릴 수 있는 어떤 것을 만물을 포괄하는 질서 밖에 두는 것은 가능하지 않다. 이런 이유로 인해 만물의 질서를 보편적 원인인 신에서 유래하는 것으로 여겼던 스토아학파는 신에 의해 세워진 질서가 어떤 이유로도 변화할 수 없다고 주장했다.

d) 하지만 그들은 마치 기도하도록 하는 인간의 의지와 바람이 그런 보편적 질서 안에 포함되지 않는다고 생각한 듯이 기도가 아무 소용도 없다고 주장한다는 점에서 다시금 보편적 질서를 고려하지 못했다. 이런 사실은 그들이 기도를 드리든 드리지 않든 사물들의 보편적 질서에서 같은 결

enim dicunt quod, sive orationes fiant sive non, nihilominus idem effectus sequitur in rebus ex universali ordine rerum, manifeste ab illo universali ordine vota orantium sequestrant. Si enim haec sub illo ordine comprehendantur, sicut per alias causas, ita et per haec, ex divina ordinatione, aliqui effectus sequentur. Idem ergo erit excludere orationis effectum, et omnium aliarum causarum. Quod si aliis causis immobilitas divini ordinis effectus non subtrahit, neque orationum efficaciam tollit. Valent igitur orationes, non quasi ordinem aeternae dispositionis immutantes, sed quasi sub tali ordine etiam ipsae existentes.

2722. Nihil autem prohibet per orationum efficaciam aliquem particularem ordinem alicuius inferioris causae mutari, Deo faciente, qui omnes supergreditur causas, unde sub nulla necessitate ordinis alicuius causae continetur, sed, e converso, omnis necessitas ordinis inferioris causae continetur sub ipso quasi ab eo institutus. Inquantum ergo per orationem immutatur aliquid de ordine inferiorum causarum instituto a Deo, propter orationes piorum, dicitur Deus *converti*, vel *poenitere*: non quod aeterna eius dispositio mutetur, sed quia mutatur aliquis eius effectus. Unde et GREGORIUS dicit quod non *mutat Deus consilium etsi* quandoque mutet *sententiam*: non, inquam, illam quae exprimit dispositionem aeternam; sed illam sententiam quae exprimit ordinem inferiorum causarum, secundum quem Ezechias erat moriturus, vel gens aliqua pro suis pecca-

과가 따라온다고 주장할 때, 그들이 기도하는 자들의 바람을 그 질서에
서 분명히 배제한다는 점에서 알 수 있다. 이런 기도들이 그 질서 안에 포
함된다면, 어떤 결과들이 다른 원인들을 통해 일어나는 것처럼 이 기도들
을 통해 그 결과들도 신의 질서 부여를 통해 일어나게 될 것이기 때문이
다. 따라서 기도의 결과를 배제하는 것은 다른 모든 원인의 결과를 배제하
는 것처럼 될 것이다. 신적 질서의 불변성이 다른 원인들에게서 그것들의
결과를 앗아 가지 않는다면, 그것은 기도의 효능도 제거하지 않는다. 그러
므로 기도는 마치 영원으로부터 정해진 질서를 바꾸는 것처럼 효력이 있는
것이 아니라 바로 그러한 질서 아래 존재하기에 효력이 있다.

2722. 그러나 신이 기도의 효력을 통해 하위 원인의 특정한 질서를 변화시
키지 못할 이유는 없다. 신은 모든 원인을 초월하며, 어떤 원인의 질서에
도 구속되지 않는다. 오히려, 하위 원인의 질서에 따른 모든 필연성은 신
에 의해 세워졌기에 신 아래 놓여 있다. 따라서 신에 의해 세워지는 하위
원인들의 질서 안에서 무언가가 경건한 자들의 기도 때문에 바뀌는 한에
있어서는 신이 '돌아선다' 또는 '후회한다'고 말한다. 그 말뜻은 신적 섭리
의 영원한 안배가 바뀐다는 뜻이 아니라 그 안배의 어떤 결과가 바뀐다는
뜻이다. 이런 이유로 대 그레고리우스는 "신은 때로 자신의 판결을 바꿀
수 있을지라도 자신의 계획을 바꾸지는 않는다"[88]라고 말한다. 그 판결이
란 신적 섭리의 영원한 안배를 나타내는 것이 아니라 하위 원인들의 질서
를 나타내는 것인데, 그런 판결에 부합하여 히즈키야가 죽을 운명에 처했

---

[88] 대 그레고리우스 『욥기의 도덕(욥기의 도덕적 해설)』(*Moralia in Job*) XVI 10 (PL 96, 1127).

tis evertenda. Talis autem sententiae mutatio dicitur transumptiva locutione Dei *poenitentia*, inquantum Deus ad similitudinem poenitentis se habet, cuius est mutare quod fecerat. Per quem modum dicitur etiam metaphorice *irasci*, inquantum puniendo facit irascentis effectum (cf. *lib*. 1, cap. 91).

Capitulum XCVII

Quomodo dispositio providentiae habeat rationem

2723. Ex his autem quae praemissa sunt, manifeste videri potest quod ea quae sunt per divinam providentiam dispensata, sequuntur aliquam rationem.

2724. Ostensum enim est quod Deus per suam providentiam omnia ordinat in divinam bonitatem sicut in finem (cap. 64): non autem hoc modo quod suae bonitati aliquid per ea quae fiunt accrescat, sed ut similitudo suae bonitatis, quantum possibile est, imprimatur in rebus (capp. 18 sq.). Quia vero omnem creatam substantiam a perfectione divinae bonitatis deficere necesse est, ut perfectius divinae bonitatis similitudo rebus communicaretur, oportuit esse diversitatem in rebus, ut quod perfecte ab uno aliquo repraesentari non potest, per diversa diversimode perfectiori modo repraesentaretur: nam et homo, cum mentis conceptum uno vocali verbo videt suf-

거나 어떤 민족이 죄악으로 인해 멸망하게 될 운명에 있게 되었다는 것이다. 신은 마치 해 왔던 행동을 바꿔야 하는 후회하는 자와 유사한 행위를 하는 한에서, 그러한 판결의 바뀜을 비유적으로 신의 '후회'라고 한다. 마찬가지로 신은 벌을 내림으로써 노여운 자가 하는 행동을 하는 한에서 비유적으로 "노여워한다"라고 한다(I 91 참조).

제97장
섭리의 안배는 어떤 방식으로 계획을 지니는가?

2723. 앞선 언명으로 보아, 신적 섭리로 안배되는 것들이 어떤 계획을 따른다는 점은 분명하게 드러날 수 있다.

2724. 왜냐하면 신은 자신의 섭리를 통하여 만물을 그것들의 목적인 신적 선성으로 향하게 한다는 점이 밝혀졌는데(III 64), 이 점은 마치 만들어지는 사물들을 통해 무언가가 신적 선성에 더해지는 방식이 아니라 신적 선성의 유사성이 사물들에 되도록 많이 영향을 미치는 방식으로 이루어지기 때문이다(III 18 이하). 그러나 창조된 실체는 모두 신적 선성의 완전성에 미치지 못할 수밖에 없으므로, 신적 선성의 유사성이 사물들에 좀 더 완전하게 부여될 수 있도록 사물들 사이에 다양성이 있어야 하며, 이로써 하나의 사물에 의해 완전하게 드러낼 수 없는 것을 다양한 사물에 의해 다양한 방식으로 드러낼 수 있어야 한다. 이를테면, 누군가 한마디 말로 정신의 개념이 적절하게 표현될 수 없다는 것을 알게 될 경우, 그는 다양한 수단을 통

ficienter exprimi non posse, verba diversimode multiplicat ad exprimendam per diversa suae mentis conceptionem. Et in hoc etiam divinae perfectionis eminentia considerari potest, quod perfecta bonitas, quae in Deo est unite et simpliciter, in creaturis esse non potest nisi secundum modum diversum et per plura. Res autem per hoc diversae sunt, quod formas habent diversas, a quibus speciem sortiuntur. Sic igitur ex fine sumitur ratio diversitatis formarum in rebus.

2725. Ex diversitate autem formarum sumitur ratio ordinis rerum. Cum enim forma sit secundum quam res habet esse; res autem quaelibet secundum quod habet esse, accedat ad similitudinem Dei, qui est ipsum suum esse simplex: necesse est quod forma nihil sit aliud quam divina similitudo participata in rebus; unde convenienter ARISTOTELES, in I *Physic.*, de forma loquens, dicit quod est *divinum quoddam et appetibile*. Similitudo autem ad unum simplex considerata diversificari non potest nisi secundum quod magis vel minus similitudo est propinqua vel remota. Quanto autem aliquid propinquius ad divinam similitudinem accedit, perfectius est. Unde in formis differentia esse non potest nisi secundum quod una perfectior existit quam alia: propter quod ARISTOTELES, in VIII *Metaphys.*, definitiones, per quas naturae rerum et formae significantur, assimilat numeris, in quibus species variantur per additionem vel subtractionem unitatis, ut ex hoc detur intelligi quod formarum

해서 자기 정신의 개념을 표현하기 위해 여러 가지 말을 다양한 방식으로 사용한다. 신적 완전성의 탁월함도 이런 사실, 즉 신에게 한결같이 그리고 단적으로 존재하는 완전한 선성이 다양한 방식과 다양한 사물을 통하지 않고서는 사물들 안에 있을 수 없다는 사실에서 관찰될 수 있다. 그런데 사물들은 서로 다른 형상을 가짐으로써 서로 다르게 되는데, 그 형상에서 저마다의 종을 부여받는다. 결과적으로 사물들 안에 있는 형상들이 다양한 이유는 이러한 목적에서 나온다.

2725. 사물들 가운데 질서가 있는 이유도 형상의 다양성에서 나온다. 사물은 자신의 형상에서 존재를 가지며, 또 존재를 가지는 한에서 단순한 존재 자체인 신의 유사성으로 다가가므로, 형상은 전적으로 사물들 안에 분유된 신적 유사성이라는 점이 필연적으로 귀결되기 때문이다. 이런 이유로 『자연학』 제1권에서 형상에 대해 언급하는 아리스토텔레스는 그것에 대해 "신과 같으며 욕구할 만한 어떤 것"[89]이라고 제대로 지적한다. 하지만 하나의 단순한 사물과의 유사성은 다소 많이 닮았는지 혹은 다소 적게 닮았는지에 따라서만 다양해질 수 있다. 그런데 신적 유사성에 더 가까이 다가가는 사물일수록 더 완전하다. 결과적으로, 한 사물이 다른 것보다 더 완전하게 존재한다는 점에 따라서만 형상들 사이에 차이가 있을 수 있다. 이런 이유로 아리스토텔레스는 『형이상학』 제8권[90]에서 사물의 본성과 형상을 의미하는 정의定義를 수數에 비유하는데, 종은 수에서 어느 하나를 더하거나 뺌으로써 다양하게 된다. 따라서 우리는 형상의 다양성이 완성의 다

---

[89] *Phys* I 9, 192a 17.
[90] *Met* VIII 3, 1043b 34.

diversitas diversum gradum perfectionis requirit. Et hoc evidenter apparet naturas rerum speculanti. Inveniet enim, si quis diligenter consideret, gradatim rerum diversitatem compleri: nam supra inanimata corpora inveniet plantas; et super has irrationalia animalia; et super has intellectuales substantias; et in singulis horum inveniet diversitatem secundum quod quaedam sunt aliis perfectiora, in tantum quod ea quae sunt suprema inferioris generis, videntur propinqua superiori generi, et e converso, sicut animalia immobilia sunt similia plantis; unde et DIONYSIUS dicit, VII cap. *de Div. Nom.*, quod divina sapientia coniungit *fines primorum principiis secundorum.* Unde patet quod rerum diversitas exigit quod non sint omnia aequalia, sed sit ordo in rebus et gradus.

2726. Ex diversitate autem formarum, secundum quas rerum species diversificantur, sequitur et operationum differentia. Cum enim unumquodque agat secundum quod est actu, quae enim sunt in potentia, secundum quod huiusmodi, inveniuntur actionis expertia; est autem unumquodque ens actu per formam: oportet quod operatio rei sequatur formam ipsius. Oportet ergo, si sint diversae formae, quod habeant diversas operationes.

2727. Quia vero per propriam actionem res quaelibet ad proprium finem pertingit, necesse est et proprios fines diversificari in rebus: quamvis sit finis ultimus omnibus communis.

양한 등급을 요구한다는 점을 알게 된다. 이 점은 사물들의 본성을 탐구하는 자에게 분명하다. 그가 주의 깊게 고찰한다면, 식물들을 무생물체들보다 위에서, 비이성적 동물들을 식물들보다 위에서, 지성적 실체들을 이런 동물들보다 위에서 발견할 것이므로, 사물의 다양성이 등급의 차이에 의해 이루어진다는 점을 발견할 것이기 때문이다. 또한 그는 어떤 것들이 다른 것들보다 더 완전하다는 점을 토대로 이런 유형의 개별자들에게서 다양성을 발견할 것이므로 하위 종의 최상위 구성원들이 차상위 유에 가까운 것처럼 보이고, 그 역도 참이 된다. 따라서 움직이지 않는 동물들은 식물들과 유사하다. 이런 이유로 위(僞)디오니시우스는 "신적 지혜는 최상위 등급의 마지막에 있는 것들을 차상위 등급의 맨 먼저 있는 것들과 결합한다"[91]라고 말한다. 그러므로 사물들의 다양성은 만물이 동등하지 않고 사물들 사이에 질서와 등급이 있도록 요구한다는 게 분명하다.

2726. 그런데 사물들의 종을 차별화하는 형상들의 다양성에서 작용들의 차이도 유래한다. 가능태의 상태에 있는 사물들은 그 자체로는 작용을 결여하고 있다고 밝혀지기에 사물은 현실태의 상태에 있는 한 작용을 하므로, 그리고 사물은 형상을 통해 현실태의 상태에 있게 되므로, 사물의 작용은 그것의 형상을 따라야 하기 때문이다. 그러므로 다양한 형상들이 있다면, 그것들은 다양한 작용을 지녀야 한다.

2727. 각각의 사물은 자신의 고유한 작용을 통해 자신의 고유한 목적에 도달하기 때문에, 궁극 목적은 모두에게 공통적이더라도 사물들의 고유한 목적은 다양해야 한다.

---

[91] 위(僞)디오니시우스 『신명론』(*De divinis nominibus*) VII 3 (PG 3, 872).

2728. Sequitur etiam ex diversitate formarum diversa habitudo materiae ad res. Cum enim formae diversae sint secundum quod quaedam sunt aliis perfectiores, sunt inter eas aliquae in tantum perfectae quod sunt per se subsistentes et perfectae, ad nihil indigentes materiae fulcimento. Quaedam vero per se perfecte subsistere non possunt, sed materiam pro fundamento requirunt: ut sic illud quod subsistit non sit forma tantum, neque materia tantum, quae per se non est ens actu, sed compositum ex utroque.

2729. Non autem possent materia et forma ad aliquid unum constituendum convenire nisi esset aliqua proportio inter ea. Si autem proportionata oportet ea esse, necesse est quod diversis formis diversae materiae respondeant. Unde fit ut quaedam formae requirant materiam simplicem, quaedam vero materiam compositam; et secundum diversas formas, diversam partium compositionem oportet esse, congruentem ad speciem formae et ad operationem ipsius.

2730. Ex diversa autem habitudine ad materiam sequitur diversitas agentium et patientium. Cum enim agat unumquodque ratione formae, patiatur vero et moveatur ratione materiae, oportet quod illa quorum formae sunt perfectiores et minus materiales, agant in illa quae sunt magis materialia, et quorum formae sunt imperfectiores.

2731. Ex diversitate autem formarum et materiarum et agentium se-

2728. 형상들의 다양성에서 질료가 사물들에 대해 맺는 다양한 관계도 나온다. 어떤 형상들이 다른 형상들보다 더 완전함에 따라 형상들은 다양하므로 그것들 가운데 어떤 형상들은 그 자체로 자립적이고 완벽할 정도로 완전하며 질료의 뒷받침을 필요치 않기 때문이다. 그러나 다른 형상들은 그 자체로 완전하게 자립적일 수 없고 질료를 토대로 필요로 하므로, 자립적인 것은 그 자체로 현실태의 상태에 있는 존재자가 아닌 형상만도 질료만도 아니라 그 둘이 합성된 것이다.

2729. 그런데 질료와 형상은 서로 비례하지 않는다면 그 둘이 결합하여 하나의 사물을 구성할 수 없다. 그러나 그것들이 비례적이어야 한다면, 다양한 질료들이 다양한 형상들에 부합해야 한다. 이런 이유로 단순한 질료가 필요한 형상들도 있지만 합성된 질료가 필요한 형상들도 있게 되며, 다양한 형상들에 따라 형상의 종과 작용에 부합되는 부분들의 다양한 합성도 있어야 한다.

2730. 질료에 대해 맺는 다양한 관계에서 작용자들과 작용받는 자들의 다양성이 귀결된다. 각각의 사물은 자신의 형상 때문에 작용하기는 하지만 자신의 질료 때문에 작용을 받고 움직여지므로, 더 완전하고 덜 물질적인 형상을 지니는 사물들은 더 물질적이고 더 불완전한 형상을 지니는 사물들에 영향을 주어야 하기 때문이다.

2731. 형상과 질료 그리고 작용자의 다양성에서 고유성과 우유의 다양성

quitur diversitas proprietatum et accidentium. Cum enim substantia sit causa accidentis, sicut perfectum imperfecti, oportet quod ex diversis principiis substantialibus diversa accidentia propria consequantur. Rursus, cum ex diversis agentibus sint diversae impressiones in patientibus, oportet quod secundum diversa agentia, diversa sint accidentia quae ab agentibus imprimuntur.

2732. Patet ergo ex dictis quod, cum per divinam providentiam rebus creatis diversa accidentia, et actiones et passiones, et collocationes distribuantur, non hoc absque ratione accidit. Hinc est quod SACRA SCRIPTURA rerum productionem et gubernationem sapientiae et prudentiae divinae attribuit. Dicitur enim Prov. 3:19 *Dominus sapientia fundavit terram, stabilivit caelos prudentia.* 20 *Sapientia illius eruperunt abyssi, et nubes rore concrescunt.* Et *Sap.* 8, 1 dicitur de Dei sapientia quod *attingit a fine usque ad finem fortiter, et disponit omnia suaviter.* Et 11, 21 eiusdem dicitur: *Omnia in mensura, numero et pondere disposuisti*: ut per *mensuram* quantitatem, sive modum aut gradum perfectionis uniuscuiusque rei intelligamus; per *numerum* vero pluralitatem et diversitatem specierum, consequentem ex diversis perfectionis gradibus; per *pondus* vero inclinationes diversas ad proprios fines et operationes, et agentia et patientia, et accidentia quae sequuntur distinctionem specierum.

도 나온다. 왜냐하면 완전한 것이 불완전한 것의 원인이듯 실체는 우유의 원인이므로, 각기 다른 고유한 우유는 각기 다른 실체적 원리에서 생겨야 하기 때문이다. 더구나 각기 다른 작용자들은 각기 다른 작용받는 자들에게 각기 다른 영향들을 주므로, 각기 다른 작용자들에 따라 작용자들의 영향을 받는 각기 다른 우유들도 있어야 한다.

2732. 따라서 앞선 언명으로 보아 신적 섭리가 다양한 우유, 능동, 수동, 배열을 피조물들에 할당할 때 이유 없이 이루어지지 않는다는 게 분명하다. 이런 이유로 성경은 사물들의 산출과 통치를 신적 지혜와 현명에 귀속시킨다. 따라서 잠언 3장 19-20절에서 "주님께서는 지혜로 땅의 터를 놓으시고 현명으로 하늘을 굳게 세우셨다. 그분의 지혜로 심연이 열리고 구름이 이슬을 돋게 한다"[92]라고 말한다. 지혜서 8장 1절에서도 신의 지혜가 "세상 끝에서 끝까지 힘차게 펼쳐지며, 만물을 순조롭게 통솔한다"[93]라고 하며, 11장 21절[94]에서도 "당신께서는 모든 것에 대해 척도를 재고, 수를 헤아리고, 무게를 달아서 처리하셨습니다"[95]라고 말한다. 따라서 우리는 '척도'를 각각의 사물에 속한 완전성의 양, 양태 또는 등급으로 이해하고, '수'를 다양한 등급의 완전성에서 생기는 종의 다수성과 다양성으로 이해하며, '무게'를 고유한 목적들과 작용들로 향하는 다양한 경향들 또한 작용자들과 작용받는 자들 그리고 종의 구별에서 생기는 우유들로 이해한다.

---

[92] 『성경』: "주님께서는 지혜로 땅을 세우시고 슬기로 하늘을 굳히셨다. 그분의 지식으로 심연이 열리고 구름이 이슬을 내린다."
[93] 『성경』: "세상 끝에서 끝까지 힘차게 퍼져 가며, 만물을 훌륭히 통솔한다."
[94] 『성경』에는 11장 20절로 나온다.
[95] 『성경』 지혜서 11,20: "당신께서는 모든 것을 재고 헤아리고 달아서 처리하셨습니다."

2733. In praedicto autem ordine, secundum quem ratio divinae providentiae attenditur, primum esse diximus divinam bonitatem, quasi ultimum finem, qui est primum principium in agendis; dehinc vero rerum numerositatem; ad quam constituendam necesse est gradus diversos in formis et materiis, et agentibus et patientibus, et actionibus et accidentibus esse. Sicut ergo prima ratio divinae providentiae simpliciter est divina bonitas, ita prima ratio in creaturis est earum numerositas, ad cuius institutionem et conservationem omnia alia ordinari videntur. Et secundum hoc rationabiliter videtur esse a Boëtio dictum, in principio suae *Arithmeticae*, quod *omnia quaecumque a primaeva rerum natura* constituta *sunt, ex numerorum videntur ratione esse formata.*

2734. Est autem considerandum quod operativa ratio et speculativa partim quidem conveniunt, partim vero differunt.

a) Conveniunt quidem in hoc quod, sicut ratio speculativa incipit ab aliquo principio et per media devenit ad conclusionem intentam, ita ratio operativa incipit ab aliquo primo et per aliqua media pervenit ad operationem vel operatum quod intenditur.

b) Principium autem in speculativis est forma et *quod quid est*: in operativis vero finis, quod quandoque quidem est forma, quandoque aliquid aliud.

---

96 보에티우스 『산술론』(*De arithmetica*) I 2 (PL 63, 1083).

2733. 그런데 우리는 앞서 언급된 신적 섭리의 계획이 발견되는 그 질서 안에 신적 선성이 으뜸가는 위치를 차지한다고 말했는데, 그것은 실천적 문제들의 제일 원리인 궁극 목적이다. 그다음 위치에 사물들의 수적 다수성이 오는데, 이것이 구성되기 위해서는 질료들과 형상들, 작용자들과 작용받는 자들 그리고 능동들과 우유들 안에 다양한 등급이 있어야 한다. 따라서 신적 섭리의 제일 원리가 신적 선성이듯이 피조물들 안의 제일 원리는 그것들의 수적 다수성인데, 다른 모든 것은 그 다수성의 확립과 보존에 종속하는 것 같다. 이를 근거로 보에티우스가 『산술론』의 서두에서 "사물들이 원래 생성될 때 이룩된 만물은 수의 본질 규정에 따라 형성된 것 같다"[96]라고 말한 것은 타당한 것으로 보인다.

2734. 하지만 우리는 실천 이성[97]과 사변 이성이 일부는 일치하고 일부는 불일치한다는 사실을 고려해야 한다.

a) 그것들은 이런 점, 즉 사변 이성이 어떤 원리에서 출발해 수단들을 통해 의도한 결론에 도달하듯 실천 이성은 어떤 제일 원리에서 출발해 어떤 수단들을 통해 의도한 작용이나 작용의 산물에 이른다는 점에서 일치한다.

b) 사변적 문제들에서 원리는 형상이자 '본질'이다. 그런데 실천적 문제들에서 원리는 목적인데, 그것은 때때로 형상이기도 하지만 때때로 다른 어떤 것이 되기도 한다.

---

[97] 사변적이거나 이론적 문제와 연관되는 사변 이성과 달리, 행위와 연관되는 실천 이성은 때때로 'ratio practica'로 표현되기도 한다. 참조: *ST* I-II 91, 3 ad 3; II-II 83, 1c; II-II 47, 2, obj. 3, ad. 3.

c) Principium etiam in speculativis semper oportet esse neces-
sarium: in operativis autem quandoque quidem est necessarium,
quandoque autem non; necessarium enim est hominem velle felici-
tatem ut finem, non necessarium autem velle domus aedificationem.

d) Similiter in demonstrativis semper posteriora ad priora de
necessitate sequuntur: non autem in operativis semper, sed tunc so-
lum quando ad finem non nisi per hanc viam perveniri potest; sicut
necessarium est volenti aedificare domum quod quaerat ligna, sed
quod quaerat ligna abiegna, hoc ex simplici voluntate ipsius depen-
det, non autem ex ratione domus aedificandae.

2735. a) Sic igitur quod Deus suam bonitatem amet, hoc necessa-
rium est: sed hoc non necessario sequitur, quod per creaturas re-
praesentetur, cum sine hoc divina bonitas sit perfecta. Unde quod
creaturae in esse producantur, etsi ex ratione divinae bonitatis ori-
ginem habeat, tamen ex simplici Dei voluntate dependet.

b) Supposito autem quod Deus creaturis suam bonitatem commu-
nicare, secundum quod est possibile, velit per similitudinis modum:
ex hoc rationem accipit quod sint creaturae diversae. Non autem
ex necessitate sequitur quod secundum hanc vel illam perfectionis
mensuram, aut secundum hunc vel illum numerum rerum.

c) Supposito autem ex divina voluntate quod hunc numerum in
rebus statuere velit, et hanc unicuique rei perfectionis mensuram:
ex hoc rationem accipit quod habeat formam talem et materiam ta-

c) 또한, 사변적 문제들에서 원리는 항상 필연적이어야 하는 데 반해, 실천적 문제들에서 원리는 때때로 필연적이지만 때때로 그렇지 않다. 따라서 인간이 행복을 자신의 목적으로 원하는 것은 필연적이지만 인간이 집을 짓기를 원하는 것은 필연적이지 않다.

d) 마찬가지로, 증명과 연관된 문제들에서 후행하는 명제들은 항상 선행하는 명제들에서 필연적으로 귀결되지만, 실천적 추론에서는 항상 그렇지 않고 목적에 도달하는 방식이 이런 방식밖에 없을 때에만 필연적으로 귀결된다. 예컨대, 집을 짓고자 하는 자는 어떤 목재를 구해야 함이 필연적이지만, 전나무로 만든 목재를 구하려는 사실은 순전히 그 자신의 의지에 달린 것이기는 하지만 집을 지어야 하는 이유에 달린 것은 아니다.

2735. a) 따라서 신이 자신의 선성을 사랑한다는 사실은 필연적이지만, 그 선성이 피조물들을 통해 드러난다는 사실은 필연적이 아니다. 왜냐하면 신적 선성은 피조물들 없이도 완전하기 때문이다. 결과적으로 피조물들이 생겨난다는 사실이 신적 선성의 본질 규정에서 유래하더라도, 그 사실은 순전히 신의 의지에 달려 있다.

b) 하지만 만일 신이 할 수 있는 한 유사성을 통해 피조물들에 자신의 선성을 나누어 주기를 원한다면, 이것이 바로 피조물들이 다양하게 되는 이유다. 하지만 그렇다고 해서 피조물들이 반드시 완전성의 특정 척도나 사물들의 특정 수에 따라 다양하게 될 필요는 없다.

c) 다른 한편, 만일 신이 자신의 의지를 통해 사물들 안에 이런 특정한 수를 확립하고 각각의 사물에게 완전성의 특정한 척도를 확립하기를 원한다면, 이것은 각각의 사물이 모종의 형상과 질료를 지니게 되는 이유다.

lem. Et similiter in consequentibus patet.

2736. Manifestum igitur fit quod providentia secundum rationem quandam res dispensat: et tamen haec ratio sumitur ex suppositione voluntatis divinae.

2737. Sic igitur per praemissa duplex error excluditur.

a) Eorum scilicet qui credunt quod omnia simplicem voluntatem sequuntur absque ratione. Qui est error LOQUENTIUM in lege Saracenorum, ut RABBI MOYSES dicit: secundum quos nulla differentia est quod ignis calefaciat et infrigidet, nisi quia Deus ita vult.

b) Excluditur etiam error EORUM qui dicunt causarum ordinem ex divina providentia secundum modum necessitatis provenire (cf. capp. 72 sq.; cap. 94). Quorum utrumque patet esse falsum ex dictis.

2738. Sunt autem quaedam verba Scripturae quae videntur simplici voluntati divinae omnia attribuere. Quae non dicuntur ad hoc ut ratio tollatur a providentiae dispensatione, sed ut omnium primum principium Dei voluntas ostendatur, sicut iam supra dictum est. Sicut est illud *Psalmi, Omnia quaecumque voluit Dominus, fecit;* et

---

[98] 마이모니데스(Moses Maimonides) 『혼란된 이들을 위한 길잡이』(*Dux neutorum*) III, 25.

나머지에 대해서도 마찬가지다.

2736. 그러므로 섭리가 어떤 계획에 따라 베풀어진다는 것은 분명하다. 하지만 이 계획은 신적 의지에 근거하는 것으로 간주된다.

2737. 따라서 앞선 언명으로 두 가지 오류가 반박된다.

　a) 만물이 아무런 계획 없이 신의 단순 의지에서 나온다고 믿는 자들의 오류가 있다. 이것은 랍비 모세스[마이모니데스]가 말하듯이,[98] 무슬림 신학자들[99]의 오류다. 그들에 따르면 불이 뜨거워지거나 차가워지게 되는 유일한 이유는 신이 그렇게 원하기 때문이라는 것이다.

　b) 원인들의 질서가 필연적으로 신적 섭리에서 나온다고 주장하는 자들의 오류도 배제된다. 앞선 언명으로 보아(III 72 이하; III 94 참조), 이런 두 견해 모두 거짓이라는 점이 분명하다.

2738. 하지만 만물을 신의 단순 의지에 귀속시키는 것처럼 보이는 성경 구절들이 있다. 이미 드러난 것처럼, 이것들은 섭리가 베풀어지는 데서 계획을 제거하기 위해서가 아니라 신의 의지가 만물의 제일 원리라는 점을 보여 주기 위해 언급된다. 그러한 구절은 "주님께서는 마음에 드시는 것은

---

[99] 직역하자면, '무슬림들의 율법을 말하는 자들'(loquentes in lege Saracenorum). '말하는 자들'로 번역되는 라틴어 loquentes는 무슬림 신학자들을 가리키는 아랍어 '무타칼리문'(mutakallimun)을 라틴어로 옮긴 것이다. 어원을 따지자면, 이슬람 신학에 해당하는 '칼람'(kalam)은 문자 그대로 '말'을 뜻한다. 따라서 무슬림 신학자들은 신학의 종사자들을 문자 그대로 '말하는 자들'을 뜻하는 '무타칼리문'을 가리킨다. 무슬림 신학자들에 대해서는 『대이교도대전』 III 69 참조.

IоB 11, *Quis* ei dicere potest: *Cur ita facis?* et *Rom.* 9, 19, *Voluntati enim eius quis resistit?* Et AUGUSTINUS dicit, III *de Trin.: Non nisi Dei voluntas causa est prima* sanitatis et *aegritudinis; praemiorum atque poenarum, gratiarum* atque *retributionum.*

2739. Sic ergo, cum quaeritur *propter quid* de aliquo naturali effectu, possumus reddere rationem ex aliqua proxima causa: dum tamen, sicut in primam causam, reducamus omnia in voluntatem divinam. Sicut, si quaeratur, *Quare lignum est calefactum ad praesentiam ignis?* dicitur, *Quia calefactio est naturalis actio ignis.* Hoc autem: *quia calor est proprium accidens eius.* Hoc autem consequitur propriam formam eius. Et sic inde, quousque perveniatur ad divinam voluntatem. Unde, si quis respondet quaerenti quare lignum calefactum est, *Quia Deus voluit*: convenienter quidem respondet si intendit reducere quaestionem in primam causam; inconvenienter vero si intendit omnes alias excludere causas.

---

[100] 135(134),6.
[101] 『성경』에는 9,12로 나온다.

무엇이나 이루신다"라는 시편[100]과 "누가 그분께 '왜 그러십니까?' 할 수 있 겠나?"라는 욥기 11장[101]에 있다. 로마 신자들에게 보낸 서간 9장 19절에 도 "누가 그분의 의지에 대항하겠습니까?"[102]라고 말한다. 아우구스티누스 도『삼위일체론』제3권에서 "신의 의지만이 건강과 질병, 상급과 처벌, 은 총과 징벌의 제일 원인이다"[103]라고 말한다.

2739. 따라서 어떤 자연적 결과에 대한 '이유'를 묻는다면, 우리는 물론 만 물을 제일 원인으로서의 신적 의지로 귀속시켜야 한다는 전제하에서 그 이 유를 근접 원인에 돌릴 수 있다. 따라서 "왜 나무가 불 앞에서 가열되는 가?"라는 물음이 제기된다면, 나무가 가열되는 이유는 "가열이 불의 자연 적 작용이기 때문"이라는 것이 그 답변이다. 또한 가열이 불의 자연적 작 용인 이유는 "열이 불의 고유한 우유이기 때문"이라는 것이 그 답변이다. 또한 고유한 우유인 열은 불의 고유한 형상에 기인하게 된다는 등 우리가 신적 의지에 도달할 때까지 그런 답변이 이어질 것이다. 이런 이유로 왜 나무가 가열되는지를 묻는 자에게 "신이 그렇게 원했기 때문이다"라고 답 변할 경우, 그 물음을 제일 원인으로 거슬러 올라가고자 의도한다면 제대 로 답변하고 있는 것이지만, 다른 모든 원인을 배제할 의도라면 제대로 답 변하고 있는 것이 아니다.

Capitulum XCVIII

Quomodo deus possit facere praeter ordinem
suae providentiae, et quomodo non

2740. Ex praemissis (cap. praec.) autem accipi potest duplicis ordinis consideratio: quorum unus quidem dependet ex prima omnium causa, unde et omnia complectitur; alius autem particularis, qui ex aliqua causa creata dependet, et continet illa quae causae illi subduntur. Et hic quidem multiplex est, secundum diversitatem causarum quae inter creaturas inveniuntur. Unus tamen eorum sub altero continetur: sicut et causarum una sub altera existit. Unde oportet quod omnes particulares ordines sub illo universali ordine contineantur, et ab illo descendant qui invenitur in rebus secundum quod a prima causa dependent. Huius exemplum in politicis considerari potest. Nam omnes domestici unius patrisfamilias ordinem quendam ad invicem habent secundum quod ei subduntur; rursus, tam ipse paterfamilias, quam omnes alii qui sunt suae civitatis, ordinem quendam ad invicem habent, et ad principem civitatis; qui iterum, cum omnibus qui sunt in regno aliquo, ordinem habent ad regem.

2741. Ordinem autem universalem, secundum quem omnia ex divina providentia ordinantur, possumus considerare dupliciter: scilicet quantum ad res quae subduntur ordini; et quantum ad ordinis rationem, quae ex principio ordinis dependet.

제98장
신이 섭리의 질서를 벗어나 행할 수 있는 경우와 그렇지 않은 경우

2740. 앞선 언명으로 보아 두 가지 질서가 고려될 수 있다. 첫 번째는 만물의 제일 원인에 의존하므로 만물을 포괄하는 [보편적] 질서다. 반면, 두 번째는 창조된 원인에 의존하고 그 원인에 종속되는 것들을 포함하는 특수한 질서다. 두 번째 질서는 피조물들 사이에 발견되는 원인들의 다양성에 따라 여러 가지다. 그런데도 하나의 원인이 또 다른 원인에 종속되듯, 하나의 질서는 또 다른 질서에 종속된다. 결과적으로 모든 특수한 질서는 보편적 질서에 종속되며 사물들을 제일 원인에 의존하도록 하는 그 질서에서 유래한다. 이것의 사례는 정치 영역에서 관찰될 수 있다. 한 가족의 모든 구성원은 그 가장家長에 종속됨에 따라 그들 사이에는 어떤 질서가 있기 때문이다. 또한 그 가장뿐만 아니라 같은 도시에 사는 다른 모든 가장도 그들 사이에 그리고 도시의 통치자에 대해 어떤 질서를 가진다. 또한 그 통치자는 물론 왕국에 속하는 다른 통치자들도 모두 왕에 대해 어떤 질서를 지닌다.

2741. 그러나 만물이 신적 섭리를 통해 질서를 부여받게 됨에 따라 이런 보편적 질서는 두 가지 방식으로, 즉 질서에 종속되는 것들에 관해, 그리고 질서의 원리에 의존하는 질서의 계획에 관해 고려될 수 있다.

2742. Ostensum est autem in Secundo (capp. 23 sqq.) quod res ipsae quae a Deo sub ordine ponuntur, proveniunt ab ipso non sicut ab agente per necessitatem naturae, vel cuiuscumque alterius, sed ex simplici voluntate, maxime quantum ad primam rerum institutionem. Relinquitur ergo quod praeter ea quae sub ordine divinae providentiae cadunt, Deus aliqua facere potest; non enim est eius virtus ad has res obligata.

2743. Si autem consideremus praedictum ordinem quantum ad rationem a principio dependentem, sic praeter ordinem illum Deus facere non potest. Ordo enim ille procedit, ut ostensum est (cap. praec.), ex scientia et voluntate Dei omnia ordinante in suam bonitatem sicut in finem. Non est autem possibile quod Deus aliquid faciat quod non sit ab eo volitum: cum creaturae ab ipso non prodeant naturaliter, sed per voluntatem, ut ostensum est (cf. supra). Neque etiam est possibile ab eo aliquid fieri quod eius scientia non comprehendatur: cum voluntas esse non possit nisi de aliquo noto. Neque iterum est possibile quod in creaturis aliquid faciat quod in suam bonitatem non sit ordinatum sicut in finem: cum sua bonitas sit proprium obiectum voluntatis ipsius. Similiter autem, cum Deus sit omnino immutabilis, impossibile est quod aliquid velit cum prius noluerit; aut aliquid de novo incipiat scire, vel in suam ordinet bonitatem.

2742. 그런데 제2권(II 23 이하)에서 신에 의해 질서가 부여되는 사물들 자체
는 마치 자연의 필연성이나 다른 어떤 필연성을 통해 작용하는 주체인 것
처럼 신에게서 나오는 것이 아니라, 신의 단순 의지, 특히 사물들을 처음
수립하는 것과 연관되는 신의 단순 의지에서 나온다는 점이 밝혀졌다. 결
과적으로 신의 능력은 신적 섭리의 질서에 종속되는 것들에 매여 있지 않
기에 신은 이런 것들을 넘어서 다른 것들도 할 수 있다.

2743. 하지만 우리가 앞서 말한 질서를 그 원리에 의존하는 계획의 측면에
서 고려한다면, 신은 그 질서를 넘어서 그 무엇도 할 수 없다. 앞서(III 97)
드러났듯, 그 질서는 만물을 목적인 신의 선성을 향하도록 하는 신의 지식
과 의지에서 도출되기 때문이다. 그런데 앞서(III 97) 밝혀졌듯, 피조물들은
신에게서 자연적으로가 아니라 의지를 통해 비롯되기 때문에, 신이 자신
이 원하지 않는 일을 하는 것은 가능하지 않다. 인식의 대상이 아닌 것은
의지의 대상이 될 수 없기에, 신이 자신의 지식 안에 포함되지 않는 그 무
엇도 하게 될 가능성은 없다. 더욱이 신의 선성은 신적 의지의 고유한 대
상이기 때문에, 신의 선성을 목적으로 삼아 향하지 않는 피조물들과 관련
하여 신이 무언가를 하는 것도 가능하지 않다. 마찬가지로, 신은 전적으로
불변하기 때문에, 신이 이전에 원하지 않았던 일을 원하거나 새로운 어떤
것을 인식하기 시작하거나 새로운 것을 자신의 선성으로 향하도록 하는 것
은 불가능하다.

2744. Nihil igitur Deus facere potest quin sub ordine suae providentiae cadat: sicut non potest aliquid facere quod eius operationi non subdatur. Potest tamen alia facere quam ea quae subduntur eius providentiae vel operationi, si absolute consideretur eius potestas: sed nec potest facere aliqua quae sub ordine providentiae ipsius ab aeterno non fuerint, eo quod mutabilis esse non potest.

2745. Hanc autem distinctionem QUIDAM non considerantes, in diversos errores inciderunt.

a) QUIDAM enim immobilitatem divini ordinis ad res ipsas quae ordini subduntur, extendere conati sunt, dicentes quod omnia necesse est esse sicut sunt: in tantum quod QUIDAM dixerunt quod Deus non potest alia facere quam quae facit. Contra quod est quod habetur MATTH. 26, 53: *An non possum rogare Patrem meum, et exhibebit mihi plus quam duodecim legiones angelorum?*

b) QUIDAM autem, e converso, mutabilitatem rerum quae divinae providentiae subiiciuntur, in mutabilitatem divinae providentiae transtulerunt, de eo carnaliter sapientes quod Deus, ad modum carnalis hominis, sit in sua voluntate mutabilis. Contra quod dicitur Num. 23, 19: *Non est Deus ut homo, ut mentiatur: nec quasi filius hominis, ut mutetur.*

c) ALII vero contingentia divinae providentiae subtraxerunt. Contra quos dicitur *Thren.* 3, 37: *Quis est iste qui dixit ut fieret aliquid, Domino non iubente?*

2744. 그러므로 신은 자신의 작용에 종속되는 것만을 행할 수 있듯이, 신적 섭리의 질서에 포함되는 것만을 행할 수 있다. 그런데도 신의 능력을 단적으로 고려한다면 신은 자신의 섭리나 작용에 종속되는 것 이외의 것들을 행할 수는 있지만, 신은 가변적일 수 없기에 신적 섭리의 질서에 영원으로부터 포함되지 않은 것들은 행할 수 없다.

2745. 이런 구별에 주목하지 못한 어떤 자들은 여러 가지 오류에 빠진다.

a) 신적 질서의 불변성을 그 질서에 종속되는 사물들 자체로까지 확장하려고 시도하면서 만물은 있는 그대로 존재해야만 한다고 말하는 자들 때문에 신이 자신이 하는 것만 할 수 있을 뿐이라고 주장하는 이들도 생겼다.[104] 이것에 반대되는 견해는 "내가 내 아버지께 열두 군단이 넘는 천사들을 내게 내주시도록 청할 수 없느냐?"[105]라는 마태오 복음서 26장 53절에 발견된다.

b) 반대로, 신적 섭리에 종속되는 사물들의 가변성을 신적 섭리의 가변성에 귀속시킨 자들도 있는데, 그들은 육신의 지혜를 통해 신의 의지가 육신을 입은 인간처럼 가변적이라고 생각했다. 이것에 반대하여 민수기 23장 19절에 "하느님은 사람이 아니시어 거짓말하지 않으시고, 인간이 아니어서 생각을 바꾸지 않으신다"라고 언급된다.

c) 신적 섭리에서 우연적 사건들을 제거한 자들도 있었다. 그들에 반대하여 애가 3장 37절에서 "주님께서 명령하지 않으셨으면 누가 명령하여 이런 일이 일어났겠는가?"라고 언급된다.

---

[104] 토마스 아퀴나스 『권능론』(*De potentia Dei*) q.1, a.5.

[105] 『성경』: "너는 내가 내 아버지께 청할 수 없다고 생각하느냐? 청하기만 하면 당장에 열두 군단이 넘는 천사들을 내 곁에 세워 주실 것이다."

2746. Restat autem ostendere quod praeter ordinem ab ipso rebus inditum agere possit.

2747. Est enim ordo divinitus institutus in rebus ut inferiora per superiora moveantur a Deo, ut supra (capp. 83; 88) dictum est. Potest autem Deus praeter hunc ordinem facere: ut scilicet ipse effectum aliquem in inferioribus operetur, nihil ad hoc agente superiori agente. In hoc enim differt agens secundum necessitatem naturae, ab agente secundum voluntatem, quod ab agente secundum necessitatem naturae effectus non potest sequi nisi secundum modum virtutis activae: unde agens quod est maximae virtutis, non potest immediate producere effectum aliquem parvum, sed producit effectum suae virtuti proportionatum; in quo tamen invenitur quandoque minor virtus quam in causa, et sic per multa media tandem a causa suprema provenit aliquis parvus effectus. In agente autem per voluntatem non est sic. Nam agens per voluntatem statim sine medio potest producere quemcumque effectum qui suam non excedat virtutem: artifex enim perfectissimus potest facere opus quale faciat artifex imperfectus. Deus autem operatur per voluntatem, et non per necessitatem naturae, ut supra (*lib.* 11, capp. 23 sqq.) ostensum

제99장

신은 근접 원인 없이도 결과들을 산출함으로써
사물들에 부여된 질서를 벗어나 작용할 수 있다

2746. 그런데 신은 자신이 사물들에 부여한 질서를 벗어나 작용할 수 있다는 점이 입증되어야 한다.

2747. 앞서(III 83; 88) 밝혀졌듯, 신이 상위의 사물들을 통해 하위의 사물들을 움직이도록 사물들 안에는 신에 의해 부여된 질서가 있다. 그런데 신은 이런 질서를 벗어나 작용할 수 있다. 즉, 하위의 사물들에 결과를 산출하기 위해 상위의 작용자가 아무것도 하지 않아도, 신은 스스로 그 결과를 산출할 수 있다. 사실 자연적 필연성에 의해 행위를 하는 작용자와 의지에 따라 행위를 하는 작용자 사이의 차이점이란 자연적 필연성에 의해 행위를 하는 작용자에게는 작용 능력의 양태대로만 결과가 생길 수 있다는 것이다. 따라서 매우 큰 능력을 지니는 작용자는 작은 결과를 직접 산출할 수 없고 자기 능력에 비례하는 결과를 산출하게 된다. 그러나 이런 결과 안에 때때로 그 원인 안보다 더 작은 능력이 있으므로 작은 결과는 여러 가지 매개를 통해 마침내 최고의 원인에서 나오게 된다. 그런데도 의지를 통해 행위를 하는 작용자의 경우에는 사정이 같지 않다. 왜냐하면 의지를 통해 행위를 하는 작용자는 자기 능력을 벗어나지 않는 결과를 어떠한 매개 없이도 즉시 산출할 수 있기 때문이다. 따라서 가장 완전한 제작자는 불완전한 제작자가 만들 만한 것은 무엇이든지 만들 수 있다. 그런데 앞서(II 23 이하) 밝혀졌듯이, 신은 자신의 의지를 통해 작용하더라도 자연적 필연성을 통해 작용하지는 않는다. 그러므로 신은 하위의 원인에 의해 산출되는 더 작

est. Igitur minores effectus, qui fiunt per causas inferiores, potest facere immediate absque propriis causis.

2748. Adhuc. Virtus divina comparatur ad omnes virtutes activas sicut virtus universalis ad virtutes particulares, sicut per supra (cap. 67) dicta patet. Virtus autem activa universalis ad particularem effectum producendum determinari potest dupliciter.

Uno modo, per causam mediam particularem: sicut virtus activa caelestis corporis determinatur ad effectum generationis humanae per virtutem particularem quae est in semine; sicut et in syllogismis virtus propositionis universalis determinatur ad conclusionem particularem per assumptionem particularem.

Alio modo, per intellectum, qui determinatam formam apprehendit, et eam in effectum producit. Divinus autem intellectus non solum est cognoscitivus suae essentiae, quae est quasi universalis virtus activa; neque etiam tantum universalium et primarum causarum; sed omnium particularium, sicut per supra (*lib.* 1, cap. 50) dicta patet. Potest igitur producere immediate omnem effectum quem producit quodcumque particulare agens.

2749. Amplius. Cum accidentia consequantur principia substantialia rei, oportet quod ille qui immediate substantiam rei producit, possit immediate circa ipsam rem operari quaecumque ad substantiam ipsius consequuntur: generans enim, quod dat formam, dat omnes

은 결과들을 그것들의 고유한 원인들 없이도 직접 산출할 수 있다.

2748. 게다가, 앞선 언명(III 67)에서 드러난 대로, 보편적 능력이 특수한 능력들과 비교되는 것처럼 신적 능력은 모든 작용 능력과 비교된다. 그런데 보편적 작용 능력은 특수한 결과를 산출하기 위해 두 가지 방식으로 규정될 수 있다.

첫 번째는 특수한 중간 원인을 통한 방식이다. 따라서 천체의 작용 능력은 인간의 생식이라는 결과를 산출하기 위해 정액 안에 있는 특수한 능력에 의해 규정된다. 삼단논법에서도 보편적 명제의 능력은 특수한 전제를 포함함으로써 특수한 결론을 도출하도록 규정된다.

두 번째는 정해진 형상을 파악하고 결과 안에서 그것을 산출하는 지성을 통한 방식이다. 그런데 앞서(I 50) 밝혀진 대로, 신적 지성은 마치 보편적 작용 능력과 비슷한 신적 본질은 물론 보편적 제일 원인도 인식할 수 있을 뿐만 아니라 모든 특수한 원인까지도 인식할 수 있다. 그러므로 신적 지성은 특수한 작용자에 의해 산출되는 결과는 무엇이든지 직접적으로 산출할 수 있다.

2749. 나아가, 우유들은 사물의 실체적 원리들에서 생기므로 사물의 실체를 직접적으로 산출하는 작용자는 사물의 실체에서 생기는 무엇이든 직접적으로 일으킬 수 있다는 점이 귀결된다. 생성을 일으키는 작용자는 형상을 부여하므로 그 결과로 생기는 모든 고유성과 운동도 부여하기 때문이

proprietates et motus consequentes. Ostensum autem est supra (*lib.* 11, cap. 21) quod Deus, in prima rerum institutione, omnes res per creationem immediate in esse produxit. Potest igitur immediate unamquamque rem movere ad aliquem effectum absque mediis causis.

2750. Item. Ordo rerum profluit a Deo in res secundum quod est praexcogitatus in intellectu ipsius: sicut videmus in rebus humanis quod princeps civitatis ordinem apud se praemeditatum civibus imponit. Intellectus autem divinus non est determinatus ad hunc ordinem ex necessitate, ut nullum alium ordinem intelligere possit: cum et nos alium ordinem per intellectum apprehendere possumus; potest enim intelligi a nobis quod Deus hominem absque semine ex terra formet. Potest igitur Deus, praeter inferiores causas, effectum illis causis proprium operari.

2751. Praeterea. Licet ordo rebus inditus a providentia divina divinam bonitatem suo modo repraesentet, non tamen ipsam repraesentat perfecte: cum non pertingat bonitas creaturae ad aequalitatem bonitatis divinae. Quod autem non repraesentatur perfecte per aliquod exemplatum, potest iterum praeter hoc alio modo repraesentari. Repraesentatio autem divinae bonitatis in rebus est finis productionis rerum a Deo, ut supra (cap. 19) ostensum est. Non est igitur voluntas divina determinata ad hunc ordinem causarum et effectuum, ut non possit velle effectum aliquem in inferioribus pro-

다. 그런데 신이 사물들의 최초 산출 과정에서 창조를 통해 직접 만물을 존재하도록 했다는 점은 앞서(II 21) 밝혀졌다. 그러므로 신은 무엇이든지 중간 원인 없이 직접 특정 결과에 이르게 할 수 있다.

2750. 마찬가지로, 사물들의 질서는 신적 지성 안에 예지됨에 따라 신에게서 사물들로 흘러나온다. 이를테면, 우리는 인간사人間事에서 군주가 자신이 미리 생각한 질서를 시민들에게 부과함을 관찰한다. 그런데 신적 지성은 이 특수한 질서에 필연적으로 제한되어 있어 다른 어떤 질서도 이해할 수 없는 것은 아니다. 신이 정액 없이도 흙으로 인간을 만들 수 있다는 점은 우리에 의해 이해될 수 있으므로 우리조차도 지성을 통해 또 다른 질서를 파악할 수 있기 때문이다. 그러므로 신은 하위의 원인들 없이도 이런 원인들에게 어울리는 결과를 산출할 수 있다.

2751. 그 밖에도, 신적 섭리를 통해 사물들에 부여된 질서가 그것의 양태에 따라 신적 선성을 드러내기는 하지만, 피조물의 선성은 신적 선성을 완전하게 드러내지 못한다. 왜냐하면 피조물의 선성은 신의 선성과 대등한 수준에는 이르지 않기 때문이다. 그런데 하나의 본보기에 의해 완전하게 드러나지 못한 것은 이것 외에 또 다른 방식으로 다시 드러날 수 있다. 그런데 앞서(III 19) 밝혀졌듯이, 사물들 안에 선성이 드러나는 것은 신이 사물들을 산출하는 목적이다. 그러므로 신의 의지는 마치 하위 세계의 사물들 안에서 다른 원인들 없이도 직접적으로 결과를 산출하기를 원할 수 없는

ducere immediate absque aliis causis.

2752. Adhuc. Universa creatura magis est Deo subdita quam corpus humanum sit subditum animae eius: nam anima est corpori proportionata ut forma ipsius, Deus autem omnem proportionem creaturae excedit. Ex hoc autem quod anima imaginatur aliquid et vehementer afficitur ad illud, sequitur aliquando immutatio in corpore ad sanitatem vel aegritudinem absque actione principiorum corporalium quae sunt nata in corpore aegritudinem vel sanitatem causare. Multo igitur magis ex voluntate divina potest effectus aliquis sequi in creaturis absque causis quae natae sunt, secundum naturam, illum effectum producere.

2753. Praeterea. Secundum naturae ordinem, virtutes activae elementorum sub virtutibus activis corporum caelestium ordinantur. Proprium autem effectum virtutum elementarium interdum virtus caelestis efficit absque actione elementi: sicut patet cum sol calefacit absque ignis actione. Multo igitur magis et divina virtus, absque actione causarum creatarum, potest producere proprios effectus earum.

2754. a) Si autem quis dicat quod, cum ordinem istum rebus Deus indiderit, non potest esse absque mutatione ipsius ut, praeter ordinem ab ipso statutum, operetur in rebus effectus absque propriis causis producendo: ex ipsa rerum natura repelli potest.

것처럼 원인들과 결과들의 이런 특수한 질서에 제한되지는 않는다.

2752. 게다가, 모든 피조물은 인간의 육체가 인간의 영혼에 종속되는 것 이상으로 신에게 종속된다. 왜냐하면 영혼은 육체에 그것의 형상으로서 비례하지만, 신은 피조물에 대한 모든 비례를 능가한다. 그런데 영혼이 무언가를 상상하고 그것에 강하게 이끌리게 될 때, 태어날 때부터 육체 안에서 질병이나 건강에 영향을 미치는 육체적 원리들의 작용과는 무관하게 건강이나 질병으로 향하는 변화가 때때로 육체 안에 생기기도 한다. 따라서 하물며 신적 의지가 어떤 결과든지 자연적으로 그런 결과를 산출하는 원인들 없이도 산출할 수 있다는 점은 말할 것도 없다.

2753. 그 밖에도, 자연의 질서에 따라 원소들의 작용 능력은 천체들의 작용 능력에 종속된다. 그러나 때때로 천체의 능력은 원소의 작용 없이도 원소의 능력에 어울리는 결과를 산출한다. 이를테면, 태양은 불의 작용 없이도 뜨거워진다. 그러므로 하물며 신의 권능이 창조된 원인의 작용 없이도 그 원인에 어울리는 결과를 산출할 수 있음은 말할 것도 없다.

2754. a) 그러나 누군가 신이 사물들 안에 이런 질서를 부여했다는 이유로 질서의 변화 없이는 사물들 안에 세워진 질서를 벗어나 그리고 결과에 어울리는 원인 없이 결과를 산출할 수 없다고 말한다면, 이 반론은 사물들의 본성 자체를 언급함으로써 반박될 수 있다.

b) Ordo enim inditus rebus a Deo, secundum id est quod in rebus frequenter accidere solet, non autem ubique secundum id quod est semper: multae enim naturalium causarum effectus suos producunt eodem modo ut frequenter, non autem ut semper; nam quandoque, licet ut in paucioribus, aliter accidit, vel propter defectum virtutis agentis, vel propter materiae indispositionem, vel propter aliquod fortius agens; sicut cum natura in homine generat digitum sextum. Non autem propter hoc deficit aut mutatur providentiae ordo: nam et hoc ipsum quod naturalis ordo, institutus secundum ea quae sunt frequenter, quandoque deficiat, providentiae subest divinae. Si ergo per aliquam virtutem creatam fieri potest ut ordo naturalis mutetur ab eo quod est frequenter ad id quod est raro, absque mutatione providentiae divinae; multo magis divina virtus quandoque aliquid facere potest, sine suae providentiae praeiudicio, praeter ordinem naturalibus inditum rebus a Deo.

2755. a) Hoc enim ipsum ad suae virtutis manifestationem facit interdum. Nullo enim modo melius manifestari potest quod tota natura divinae subiecta est voluntati, quam ex hoc quod quandoque ipse praeter naturae ordinem aliquid operatur: ex hoc enim apparet quod ordo rerum processit ab eo non per necessitatem naturae, sed per liberam voluntatem.

b) Nec debet haec ratio frivola reputari, quod Deus aliquid facit in natura ad hoc quod se mentibus hominum manifestet: cum supra

b) 왜냐하면 신이 사물들에 부여한 질서는 사물들에 대부분 일어나곤 하는 것에 기반을 두지만, 항상 일어나는 것에 기반을 두지는 않기 때문이다. 다수의 자연적 원인은 대부분 같은 방식으로 결과를 산출하기는 하지만 항상 그렇지는 않다. 자연이 어떤 인간에게 여섯 번째 손가락을 생기게 하는 경우처럼, 작용자의 능력에 있는 결함이나 질료의 부적합한 상태 또는 더 강한 힘을 지닌 작용자로 인해, 드물긴 하지만 때때로 사건이 다른 방식으로 일어나기 때문이다. 하지만 섭리의 질서는 그런 사건으로 인해 작동되지 않거나 변화되지 않는다. 왜냐하면 대부분 일어나는 것에 따라 확립된 자연적 질서가 때때로 작동이 되지 않는다는 사실 자체는 신적 섭리에 종속되기 때문이다. 따라서 자연적 질서가 신적 섭리의 어떠한 변화 없이도 창조된 능력을 통해 흔히 일어나는 것에서 드물게 일어나는 것으로 변화될 수 있다면, 더더욱 신적 권능은 신적 섭리를 침해하지 않고서도 때때로 신에 의해 자연 사물들 안에 부여된 질서를 벗어나 결과를 산출할 수 있다.

2755. a) 실제로 신은 자기 능력을 드러내기 위해 때때로 이런 일을 한다. 왜냐하면 신이 때때로 자연의 질서를 벗어나 작용한다는 사실은 사물들의 질서가 신에게서 자연의 필연성이 아니라 자유의지를 통해 나온다는 점을 보여 준다는 점에서 이 사실을 통해 자연 전체가 신적 의지에 종속된다는 점을 드러내는 것보다 더 나은 방식은 없기 때문이다.

b) 앞서(III 25) 밝혀졌듯 지성적 본성 자체의 목적이 신에 대한 인식이며, 더욱이 모든 물질적 피조물은 어떤 점에서는 지성적 본성을 목적으로

(cap. 22) ostensum sit quod omnes creaturae corporales ad naturam intellectualem ordinentur quodammodo sicut in finem; ipsius autem intellectualis naturae finis est divina cognitio, ut in superioribus (cap. 25) est ostensum. Non est ergo mirum si, ad cognitionem de Deo intellectuali naturae praebendam, fit aliqua immutatio in substantia corporali.

Capitulum C

Quod ea quae Deus facit praeter naturae ordinem non sunt contra naturam

2756. Considerandum tamen videtur quod, licet Deus interdum praeter ordinem rebus inditum aliquid operetur, nihil tamen facit contra naturam.

2757. Cum enim Deus sit actus purus, omnia vero alia habeant aliquid de potentia admixtum, oportet quod Deus comparetur ad omnia sicut movens ad motum, et activum ad id quod est in potentia. Quod autem est in potentia secundum ordinem naturalem in respectu alicuius agentis, si aliquid imprimatur in ipsum ab illo agente, non est contra naturam simpliciter, etsi sit aliquando contrarium particulari formae quae corrumpitur per huiusmodi actionem: cum enim generatur ignis et corrumpitur aër igne agente, est generatio

삼아 지향한다는 점이 앞서(III 22) 드러났기 때문에, 신이 인간의 정신에 자신을 드러내기 위해 자연 안에 어떤 것을 산출한다는 이런 논거에 대해 대수롭지 않게 여겨서는 안 된다. 따라서 지성적 본성에 대해 신에 대한 인식을 부여하기 위해 물질적 실체에 어떤 변화가 일어난다고 하더라도 이상하지 않다.

제100장

신이 자연의 질서를 벗어나 행하는 일들은

자연에 반하지 않는다

2756. 그러나 유념해야 할 것은 신이 때때로 사물들에 부여된 질서를 벗어나 무언가를 행하더라도 결코 자연에 반하는 것을 하지 않는다는 점이다.

2757. 신은 순수 현실태이지만 다른 모든 것은 가능태가 혼합되어 있으므로, 움직이게 하는 주체와 움직여지는 대상 그리고 작용하는 자와 가능태에 있는 것이 비교되는 것처럼 신은 다른 모든 것과 비교되어야 한다. 그런데 자연적 질서에서 어떤 작용자에 대해 가능태로 있는 것이 그 작용자에 의해 영향을 받을 경우, 때때로 그것은 이런 작용으로 소멸하는 특수한 형상에 반하는 것이기는 하지만 단적으로는 자연에 반하는 것은 아니다. 따라서 불이 생성되고 공기가 불의 작용으로 소멸하게 되면 자연적 생성과 소멸이 일어난다. 결과적으로 피조물들 안에서 신에 의해 이루어지는 모

et corruptio naturalis. Quicquid igitur a Deo fit in rebus creatis, non est contra naturam, etsi videatur esse contra ordinem proprium alicuius naturae.

2758. Adhuc. Cum Deus sit primum agens, ut supra (*lib.* 1, cap.13) ostensum est, omnia quae sunt post ipsum, sunt quasi quaedam instrumenta ipsius. Ad hoc autem sunt instrumenta instituta ut deserviant actioni principalis agentis, dum moventur ab ipso: unde talis instrumenti materia et forma esse debet ut sit competens actioni quam intendit principale agens. Et propter hoc non est contra naturam instrumenti ut moveatur a principali agente, sed est ei maxime conveniens. Neque igitur est contra naturam cum res creatae moventur qualitercumque a Deo: sic enim institutae sunt ut ei deserviant.

2759. Praeterea. In agentibus etiam corporalibus hoc videtur, quod motus qui sunt in inferioribus corporibus ex impressione superiorum, non sunt violenti neque contra naturam, quamvis non videantur convenientes motui naturali quem corpus inferius habet secundum proprietatem suae formae: non enim dicimus quod fluxus et refluxus maris sit motus violentus, cum sit ex impressione caelestis corporis, licet naturalis motus aquae sit solum ad unam partem, scilicet ad medium. Multo igitur magis quicquid a Deo fit in qualibet creatura, non potest dici violentum neque contra naturam.

든 것은 어떤 특정한 자연의 고유한 질서에 반하는 것처럼 보일 수 있을지라도 자연에 반하는 것은 아니다.

2758. 게다가, 앞서(I 13) 밝혀진 것처럼 신은 제일 작용자이기 때문에, 신 다음에 오는 것은 모두 신의 도구에 비유된다. 그런데 도구는 주요 작용자에 의해 움직여지고 있는 동안 그 작용자의 행위에 도움이 되도록 만들어진다. 결과적으로 도구의 질료와 형상은 제일 작용자가 의도하는 작용에 어울리는 그런 것들이어야 한다. 이런 이유로 도구가 주요 작용자에 의해 움직여지는 것은 도구의 본성에 반하지 않고 매우 어울린다. 그러므로 피조물들은 신을 섬기도록 만들어졌기 때문에, 그것들이 신에 의해 어떤 방식으로든 움직여질 때 자연에 반하지 않는다.

2759. 그 밖에도, 물체적 작용자들 사이에서도 상위 물체들의 영향에 의해 하위의 물체들에서 일어나는 운동이 하위의 물체가 그 형상의 특성에 따라 지니는 자연적 운동에 어울리지 않는 것처럼 보일 수 있긴 하지만 강제적이지도 자연에 반하지도 않다는 점이 관찰된다. 왜냐하면 물의 자연적 운동이 오직 한 방향, 즉 중심 방향을 향하기는 하지만 바다의 썰물과 밀물이 천체의 영향에서 기인한다는 이유로 강제적 운동이라고 말하지는 않기 때문이다. 그러므로 하물며 신이 그 어떤 피조물 안에서든 행하는 모든 것을 강제적이거나 자연에 반하는 것이라고 말할 수는 없다.

2760. Item. Prima mensura essentiae et naturae cuiuslibet rei est Deus, sicut primum ens, quod est omnibus causa essendi. Cum autem per mensuram de unaquaque re sumatur iudicium, oportet hoc dici naturale unicuique rei per quod conformatur suae mensurae. Hoc igitur erit naturale unicuique rei quod ei a Deo inditum est. Ergo et si eidem rei a Deo aliquid aliter imprimatur, non est contra naturam.

2761. Amplius. Omnes creaturae comparantur ad Deum sicut artificiata ad artificem, ut ex praemissis (*lib*. 11, cap. 24) patet. Unde tota natura est sicut quoddam artificiatum divinae artis. Non est autem contra rationem artificii si artifex aliter aliquid operetur in suo artificio, etiam postquam ei primam formam dedit. Neque ergo est contra naturam si Deus in rebus naturalibus aliquid operetur aliter quam consuetus cursus naturae habet.

2762. Hinc est quod AUGUSTINUS dicit: *Deus, creator et conditor omnium naturarum, nihil contra naturam facit: quia id est naturale cuique rei quod facit a quo est omnis modus, numerus et ordo naturae.*

2760. 마찬가지로, 신은 제일 존재자로서 만물 안에 있는 존재의 원인이듯, 모든 본질과 본성의 제일 척도도 신이다. 그런데 우리는 사물을 그 척도로 판단하기 때문에 그 척도에 부합되는 것을 그 사물에 자연적인 것으로 여겨야 한다. 이런 이유로 신에 의해 어떤 사물에 부여된 것은 그 사물에 자연적인 것이 될 것이다. 그러므로 다른 무언가가 신에 의해 같은 사물에 부여되긴 하지만, 그것이 자연에 반하지는 않는다.

2761. 나아가, 앞선(II 24) 언명에서 드러나듯 제작물이 제작자와 비교되는 것처럼 모든 피조물은 신과 비교된다. 이런 이유로 삼라만상은 신적 기예의 제작물과 마찬가지다. 그런데 제작자가 자기 제작물에 최초의 형상을 부여한 이후에도 그것에 대해 다른 방식으로 작용하더라도 제작물의 본질 규정에 반하는 것은 아니다. 그러므로 신이 통상적인 자연의 순리대로 일어나는 것과는 다른 방식으로 자연 사물들에 대해 무언가를 행하더라도 자연에 반하는 것은 아니다.

2762. 이런 이유로 아우구스티누스는 "모든 본성의 창조자이자 창시자인 신은 본성(자연)에 반하는 것은 아무것도 행하지 않는다. 왜냐하면 본성 안에 있는 모든 척도, 수 그리고 질서의 원천인 자가 행하는 것은 저마다의 사물에 본성적이기 때문이다"[106]라고 말한다.

---

[106] 아우구스티누스 『마니교도 파우스투스 반박』(*Contra Faustum Manichaeum*) XXVI 3 (PL 42, 480).

2763. Haec autem quae praeter ordinem communiter in rebus statutum quandoque divinitus fiunt, *miracula* dici solent: *admiramur* enim aliquid cum, effectum videntes, causam ignoramus. Et quia causa una et eadem a quibusdam interdum est cognita et a quibusdam ignota, inde contingit quod videntium simul aliquem effectum, aliqui mirantur et aliqui non mirantur: astrologus enim non miratur videns eclipsim solis, quia cognoscit causam; ignarus autem huius scientiae necesse habet admirari, causam ignorans. Sic igitur est aliquid mirum quoad hunc, non autem quoad illum. Illud ergo simpliciter mirum est quod habet causam simpliciter occultam: et hoc sonat nomen *miraculi*, quod scilicet sit *de se admiratione plenum*, non quoad hunc vel illum tantum. Causa autem simpliciter occulta omni homini est Deus: probatum enim est supra (cap. 47) quod eius essentiam nullus homo in statu huius vitae intellectu capere potest. Illa igitur proprie miracula dicenda sunt quae divinitus fiunt praeter ordinem communiter observatum in rebus.

2764. Horum autem miraculorum diversi sunt gradus et ordines. Nam summum gradum inter miracula tenent in quibus aliquid fit a Deo quod natura nunquam facere potest: sicut quod duo corpora

2763. 사물들 안에 세워진 통상적인 질서 밖에서 신에 의해 때때로 이루어지는 것들은 흔히 '기적'[107]이라고 부른다. 우리는 원인에 대해 알지 못하는 결과를 관찰할 때 그런 사건에 '경탄하기' 때문이다. 그리고 동일한 원인이 때때로 어떤 이들에게 알려지지만 다른 이들에게는 알려지지 않기 때문에, 결과를 동시에 관찰하는 여러 사람 중에 경이로운 이들도 있지만 경이롭지 않은 이들도 있게 된다. 이를테면 천문학자는 일식日蝕의 원인을 알고 있기에 그것을 관찰할 때 경이롭지 않겠지만, 이런 학문적 지식에 대해 무지한 자는 그 원인에 대해 무지하기에 경탄하지 않을 수 없다. 그러므로 한 사건이 어떤 이에게는 경이롭지만 다른 이에게는 그렇지 않다. 따라서 어떤 일의 원인이 숨겨질 때 그것은 단적으로 경이롭다. 이것이 '기적' 즉, 특정 사람과 관련해서가 아니라 '그 자체로 경탄으로 가득 찬 것'이라는 이름이 뜻하는 바다. 그런데 신은 모든 인간에게 단적으로 숨겨진 원인이다. 왜냐하면 현세에서 어떠한 인간도 자신의 지성으로 신의 본질을 파악할 수 없다는 점이 앞서(III 47) 밝혀졌기 때문이다. 그러므로 정확히 말해 기적은 사물들 안에 유지되는 통상적인 질서 밖에서 신에 의해 이루어지는 것들이라고 말해야 한다.

2764. 이런 기적들에는 다양한 등급과 질서가 있다. 기적들 가운데 최상위 등급은 자연이 결코 할 수 없는 것을 신이 행하는 그런 사건들이 차지한

---

[107] 토마스는 『권능론』 q.6, a.2에서 기적(miraculum)이라는 단어가 '놀라다'(mirari)라는 단어에서 유래한다고 설명한다.

sint simul, quod sol retrocedat aut stet, quod mare divisum transeuntibus iter praebeat. Et inter haec etiam ordo attenditur. Nam quanto maiora sunt illa quae Deus operatur, et quanto magis sunt remota a facultate naturae, tanto miraculum maius est: sicut maius est miraculum quod sol retrocedat quam quod mare dividatur.

2765. Secundum autem gradum in miraculis tenent illa in quibus Deus aliquid facit quod natura facere potest, sed non per illum ordinem. Opus enim naturae est quod aliquod animal vivat, videat et ambulet: sed quod post mortem vivat, post caecitatem videat, post debilitatem claudus ambulet, hoc natura facere non potest, sed Deus interdum miraculose operatur. Inter haec etiam miracula gradus attenditur, secundum quod illud quod fit, magis est a facultate naturae remotum.

2766. Tertius autem gradus miraculorum est cum Deus facit quod consuetum est fieri operatione naturae, tamen absque principiis naturae operantibus: sicut cum aliquis a febre curabili per naturam, divina virtute curatur; et cum pluit sine operatione principiorum naturae.

다. 예컨대, 두 물체가 똑같은 장소를 점유하거나, 태양이 거꾸로 돌거나 가만히 있거나, 바다가 갈라져서 사람들이 지나갈 수 있도록 길을 내어 주는 경우다. 이런 사건들에서도 어떤 질서가 관찰된다. 왜냐하면 신이 행하는 일들이 대단할수록, 그리고 그것들이 자연의 능력에서 동떨어질수록, 기적은 더 대단하기 때문이다. 따라서 태양이 거꾸로 도는 것은 바다가 갈라지는 것보다 더 대단한 기적이다.

2765. 기적들 가운데 두 번째 등급은 자연이 할 수 있기는 하지만 바로 이 [자연] 질서에서는 할 수 없는 것을 신이 행하는 그런 사건들이 차지한다. 동물이 생존하고, 보고, 걷는 것은 자연의 작용이다. 하지만 이 자연은 동물이 죽은 이후에 살게 하고, 눈이 멀게 된 이후에 보게 하고, 절뚝거리는 마비가 온 이후에 걷게 할 수는 없다. 그러나 신은 때때로 그런 일들을 기적으로 행한다. 심지어 이런 등급의 기적들 가운데서도 이루어지는 일이 자연의 능력에서 더 크게 동떨어짐에 따라 등급이 있게 된다.

2766. 기적의 세 번째 등급은 자연의 작용으로 보통 일어나는 것을 신이 자연적 원리들의 작용 없이 행하는 때에 일어난다. 예컨대, 자연적으로 치유될 수 있는 열병熱病을 앓는 자가 신의 능력으로 치유되거나, 자연적 원리들의 작용 없이도 비가 오는 경우다.

Capitulum CII

Quod solus Deus facit miracula

2767. Ex praemissis autem ostendi potest quod miracula facere solus Deus potest.

2768. Quod enim est sub ordine totaliter constitutum, non potest supra ordinem illum operari. Omnis autem creatura constituta est sub ordine quem Deus in rebus statuit. Nulla ergo creatura potest supra hunc ordinem operari. Quod est miracula facere.

2769. Item. Quando aliqua virtus finita proprium effectum operatur ad quem determinatur, non est miraculum: licet possit esse mirum alicui qui illam virtutem non comprehendit; sicut mirum videtur ignaris quod magnes trahit ferrum, vel quod aliquis parvus piscis sit retinens navem. Omnis autem creaturae potentia est limitata ad aliquem determinatum effectum, vel ad aliquos. Quicquid igitur virtute cuiuscumque creaturae fiat, non potest dici miraculum proprium, etsi sit mirum virtutem illius creaturae non comprehendenti. Quod autem fit virtute divina, quae, cum sit infinita, de se incomprehensibilis est, vere miraculum est.

2770. Amplius. Omnis creatura in sua actione requirit subiectum aliquod in quod agat: solius enim Dei est ex nihilo aliquid facere, ut

제102장

신만이 기적을 행한다

2767. 앞선 언명을 통해서 신만이 기적을 행할 수 있다는 점이 밝혀질 수 있다.

2768. 어떤 질서에 전적으로 종속되는 것은 모두 그 질서 밖에서 작용할 수 없다. 그런데 모든 피조물은 신이 사물들에 세운 질서 아래 놓이게 된다. 그러므로 어떠한 피조물도 이 질서를 넘어 작용할 수 없다. 그런데 이 질서를 넘어 작용하는 것이 바로 기적을 행하는 것이다.

2769. 마찬가지로, 유한한 능력이 자신에게 정해져 있는 고유한 결과를 산출할 때, 그것이 그 능력을 이해하지 못하는 자에게는 경이로울 수 있기는 하지만 기적은 아니다. 예컨대, 자석이 철을 끌어당기거나 작은 물고기가 배를 멈출 수도 있다는 사실은 무지한 자에게 경이롭다. 그런데 모든 피조물의 능력은 하나 또는 몇 가지 정해진 결과들에 제한된다. 그러므로 정확하게 말해 어떤 피조물이라도 자기 능력으로 행하는 것은 모두 그 피조물의 능력을 이해하지 못하는 자에게는 경이로울 수 있기는 하지만 기적이라고는 할 수 없다. 하지만 무한하기 때문에 그 자체로는 이해할 수 없는 신의 능력으로 이루어지는 것이야말로 참으로 기적이다.

2770. 나아가, 모든 피조물은 저마다 작용하는 과정에서 작용을 가할 대상이 필요하다. 앞서(II 16; 21) 밝혀졌듯, 무로부터 무언가 만드는 행위는 신

supra (*lib*. 11, capp. 16, 21) ostensum est. Nihil autem quod requirit in sua actione subiectum, potest agere nisi illa ad quae subiectum illud est in potentia: hoc enim agens in subiectum aliquod operatur, ut educat illud de potentia in actum. Nulla igitur creatura, sicut nec creare potest, ita nec agere in aliqua re nisi quod est in potentia illius rei. Fiunt autem multa miracula divinitus dum in re aliqua fit divina virtute quod non est in potentia illius rei: sicut quod mortuus reviviscat, quod sol retrocedat, quod duo corpora sint simul. Haec igitur miracula nulla virtute creata fieri possunt.

2771. Adhuc. Subiectum in quod agitur, ordinem habet et ad agens quod reducit ipsum de potentia in actum, et ad actum in quem reducitur. Sicut ergo subiectum aliquod est in potentia ad aliquem determinatum actum, et non ad quemlibet, ita non potest reduci de potentia in actum determinatum nisi per agens aliquod determinatum: requiritur enim agens diversimode ad reducendum in diversum actum; nam, cum aër sit potentia ignis et aqua, alio agente fit actu ignis, et actu aqua. Similiter etiam patet quod materia corporalis in actum aliquem perfectum non reducitur a sola virtute universali agente, sed oportet esse aliquod agens proprium, per quod determinetur impressio universalis virtutis ad determinatum effectum; in actum autem minus perfectum potest reduci materia corporalis sola virtute universali, absque particulari agente: animalia enim perfecta non generantur ex sola virtute caelesti, sed requiritur determinatum

에게만 속하기 때문이다. 그런데 작용하는 과정에서 [작용을 가할] 대상을
필요로 하는 피조물은 그 대상이 가능태로 있는 일들만 행할 수 있다. 왜
냐하면 작용자는 어떤 대상을 가능태에서 현실태에 있도록 그 대상에 작용
을 가하기 때문이다. 그러므로 어떠한 피조물도 창조할 수 없듯, 피조물은
사물 안에서 그 사물의 가능태 안에 있는 일 말고는 결코 행할 수 없다. 하
지만 어떤 사물의 가능태 안에 있지 않은 것이 신의 능력으로 행해질 때,
죽은 자가 다시 살아나고, 태양이 거꾸로 돌며, 두 가지 물체가 같은 장소
를 점하는 것과 같은 여러 가지 기적들이 신에 의해 이루어진다. 그러므로
이런 기적들은 창조된 능력에 의해 행해질 수 없다.

2771. 게다가, 작용을 받는 대상은 그 대상을 가능태에서 현실태로 만드는
작용자뿐만 아니라 그 대상이 이르게 되는 현실태와도 연관된다. 따라서
어떤 대상이 임의의 현실태가 아니라 규정된 현실태에 대해 가능태의 상태
로 있듯이, 그 대상은 규정된 작용자를 통하지 않고서는 가능태에서 규정
된 현실태로 될 리가 없다. 왜냐하면 서로 다른 작용자는 서로 다른 현실
태가 되어야 하기 때문이다. 예컨대, 공기는 규정된 불이나 물이기는 하지
만, 어떤 작용자에 의해 불이라는 현실태가 되고 다른 작용자에 의해 물이
라는 현실태가 된다. 마찬가지로, 물질적 질료가 보편적인 작용자의 단 하
나의 능력에 의해 완전한 현실태로 이르지 않는 것은 분명하며, 보편적 능
력의 영향을 규정된 결과에 제한하도록 하는 어떤 고유한 작용자가 있어
야 한다. 그런데도 물질적 질료는 특수한 작용자 없이 보편적 능력만으로
도 덜 완전한 현실태로 이르게 될 수 있다. 예컨대, 완전한 동물들은 천체
의 능력만으로 생성되지 않고 일정한 정액이 필요하다. 하지만 불완전한
동물들의 생성을 위해서는 정액 없이 천체의 능력만으로도 충분하다. 따

semen; ad generationem vero quorundam imperfectorum animalium sola virtus caelestis sufficit, sine semine. Effectus igitur qui in his inferioribus fiunt, si sint nati fieri a causis superioribus universalibus sine operatione causarum particularium inferiorum, non est miraculum si sic fiant: sicut non est miraculum quod animalia ex putrefactione sine semine nascantur. Si autem non sunt nati fieri per solas causas superiores, requiruntur ad eorum complementum causae inferiores particulares. Cum autem aliquis effectus producitur ab aliqua causa superiori mediantibus propriis principiis, non est miraculum. Nullo igitur modo virtute superiorum creaturarum aliqua miracula fieri possunt.

2772. Amplius. Eiusdem rationis esse videtur quod aliquid operetur ex subiecto; et quod operetur id ad quod est in potentia subiectum; et quod ordinate operetur per determinata media. Nam subiectum non fit in potentia propinqua ad ultimum nisi cum fuerit actu in media: sicut cibus non est statim potentia caro, sed cum fuerit conversus in sanguinem. Omnis autem creatura necesse habet subiecto ad hoc quod aliquid faciat: nec potest facere nisi ad quod subiectum est in potentia, ut ostensum est. Ergo non potest facere aliquid nisi subiectum reducat in actum per determinata media. Miracula igitur, quae fiunt ex hoc quod aliquis effectus producitur non illo ordine quo naturaliter fieri potest, virtute creaturae fieri non possunt.

라서 이런 하위의 물체들에서 생성되는 결과들이 특수한 하위 원인들의 작용 없이도 보편적인 상위 원인들에 의해 자연적으로 일어날 수 있다면, 그런 결과들이 이루어지는 것은 기적이 아니다. 따라서 동물들이 정액과 무관하게 부패에서 생겨나는 것은 기적이 아니다. 하지만 동물들이 상위의 원인만을 통해 자연적으로 생성되지 않는다면, 그것들의 생성이 완결되기 위해 특수한 하위 원인이 필요하다. 그런데 어떤 결과가 고유한 원리들의 매개를 통해 상위 원인에 의해 산출되는 경우 기적이 아니다. 그러므로 기적은 결코 상위 피조물들의 능력으로 이루어질 수는 없다.

2772. 나아가, [작용을 받는] 대상에서 어떤 결과를 산출하는 것, 그 대상이 가능태로 지니는 것을 실현하는 것 그리고 일정한 중간 단계들을 거쳐 어떤 결과를 질서 있게 산출하는 것은 똑같은 이유로 일어나는 것 같다. 작용을 받는 대상은 중간 단계들을 거치기 전까지는 최종 결과에 대해 근접 가능태의 상태에 있지 않기 때문이다. 따라서 음식물은 곧바로 가능태의 상태인 살이 되지 않고, 피로 변했을 때만 가능태의 상태인 살이 된다. 그런데 앞서 밝혔듯이 모든 피조물은 무언가를 산출하기 위해 작용을 받는 대상을 필요로 하며, 그 대상이 가능태로 지니는 것만 산출할 수 있다. 따라서 모든 피조물은 정해진 중간 단계들을 거쳐 그 대상을 현실태로 있도록 하지 않는다면 어떤 결과도 산출할 수 없다. 결국 기적은 자연적으로 실현될 수 있는 질서를 따르지 않고서도 산출되는 것이기에 피조물의 능력으로 행해질 수 없다.

2773. Adhuc. Inter species motus ordo quidam naturalis attenditur: nam primus motuum est motus localis, unde et causa aliorum existit; primum enim in quolibet genere causa invenitur eorum quae in illo genere consequuntur. Omnis autem effectus qui in his inferioribus producitur, per aliquam generationem vel alterationem necesse est ut producatur. Oportet igitur quod per aliquid localiter motum hoc proveniat, si fiat ab aliquo agente incorporali, quod proprie localiter moveri non possit. Effectus autem qui fiunt a substantiis incorporeis per corporea instrumenta, non sunt miraculosi: corpora enim non operantur nisi naturaliter. Non igitur substantiae creatae incorporeae possunt aliqua miracula facere propria virtute. Et multo minus substantiae corporeae, quarum omnis actio naturalis est.

2774. Solius igitur Dei est miracula facere. Ipse enim est superior ordine quo universa continentur, sicut a cuius providentia totus hic ordo fluit. Eius etiam virtus, cum sit omnino infinita, non determinatur ad aliquem specialem effectum; neque ad hoc quod effectus ipsius producatur aliquo determinato modo vel ordine.

2775. Hinc est quod in *Psalmo* dicitur de Deo: *Qui facit mirabilia magna solus.*

2773. 게다가, 여러 종류의 운동에서 관찰되는 어떤 자연적 질서가 있다. 첫 번째 운동은 장소 운동이며, 따라서 그것은 나머지 운동들의 원인이 된다. 모든 유類 가운데 첫째가는 것은 그 유에서 그 이후에 오는 것들의 원인이기 때문이다. 그런데 이런 하위 세계에서 산출되는 결과는 모두 생성이나 표면적 변화를 통해 산출되어야 한다. 따라서 만약 그 결과가 엄밀히 말해 장소 운동을 할 수 없는 비물질적 작용자에 의해 이루어진다면, 그것은 장소 운동을 하는 어떤 것을 통해 일어나야만 한다. 그러나 비물질적인 실체가 물질적 도구를 통해 산출하는 결과는 기적이 아니다. 왜냐하면 물체들은 자연적인 작용만을 하기 때문이다. 그러므로 창조된 비물질적인 실체들은 자기 자신들의 능력으로 어떠한 기적도 행할 수 없다. 하물며 모든 작용을 자연적으로 수행하는 물질적 실체들이 기적을 행할 수 없음은 말할 것도 없다.

2774. 따라서 기적을 행하는 것은 신에게만 속한다. 만물을 포함하는 질서 전체가 신의 섭리에서 흘러나오듯, 신은 그 질서보다 탁월하니까 말이다. 더욱이 신의 능력은 완전히 무한하므로 특정한 결과에 제한되지 않으며 그런 결과를 일정한 방식이나 질서에 따라 산출하도록 제한되지도 않는다.

2775. 이런 이유로 시편[108]에서는 신에 대해 "홀로 큰 기적들을 일으키신 분"이라고 말한다.

---

[108] 136(135),4.

Capitulum CIII

Quo modo substantiae spirituales aliqua mirabilia

operantur, quae tamen non sunt vere miracula

2776. Fuit autem positio Avicennae quod substantiis separatis multo magis obedit materia ad productionem alicuius effectus, quam contrariis agentibus in materia. Unde ponit quod ad apprehensionem praedictarum substantiarum sequitur interdum effectus aliquis in istis inferioribus, vel pluviarum, vel sanitatis alicuius infirmi, absque aliquo corporeo agente medio.

2777. a) Cuius quidem signum ab anima nostra accepit, quae cum fuerit fortis in sua imaginatione, ad solam apprehensionem immutatur corpus: sicut cum quis ambulans super trabem in alto positam, cadit de facili, quia imaginatur casum ex timore; non autem caderet si esset trabs illa posita super terram, unde casum timere non posset.

b) Manifestum est etiam quod ad solam apprehensionem animae calescit corpus, sicut accidit in concupiscentibus vel iratis; aut etiam infrigidatur, sicut accidit in timentibus. Quandoque etiam immutatur ex forti apprehensione ad aliquam aegritudinem, puta

---

[109] 이런 입장은 아픈 사람이 병이 나았다고 상상하는 경우처럼 인간의 영혼이 자기 육체에 영향을 미칠 수 있다는 관찰에 토대를 둔다. 인간의 영혼 안에 확고하게 생긴 신념들은 질료에 영향을 미친다는 것이다. 나아가 영혼은 자기 육체에 속한 질료뿐만 아니라 타인들의 질료에도 영향을 미치기도 한다. 비물질적인 원인이더라도 물질적 결과들을 일으킬 수 있다는 것이 아비첸나의 논지다.

제103장

영적 실체들은 경이롭기는 하지만
엄밀히 기적이 아닌 일들을 어떤 방식으로 행하는가?

2776. 질료는 어떤 결과를 산출하는 과정에서 질료 안에 있는 상반되는 작용자들보다 분리 실체들을 훨씬 더 잘 따른다는 것이 아비첸나의 입장이었다.[109] 이런 이유로 그는 앞서 말한 실체들이 파악 행위를 수행하는 과정에서 물질적 작용자의 매개 없이도 비를 내리게 하거나 병자가 치유되는 것 같은 결과가 때때로 지상 세계에 일어난다고 주장했다.

2777. a) 아비첸나는 이것의 표징을 우리 영혼이 강한 표상력을 지닐 때 파악 행위만으로도 육체가 변하게 된다는 사실에서 찾는다.[110] 이를테면, 어떤 사람이 높은 곳에 놓인 판자 위를 걷고 있을 때 두려워서 자신이 떨어지는 것을 표상하기 때문에 쉽사리 떨어지게 된다. 하지만 떨어지는 것을 두려워할 가능성이 없는 땅 위에 판자가 놓여 있다면, 그 사람은 떨어지지 않게 된다.

b) 걸핏하면 정욕에 빠지거나 화를 잘 내는 사람들에게 일어나듯 영혼의 파악 행위만으로도 육체가 뜨거워지거나, 두려움에 사로잡힌 이들에게 일어나듯 영혼의 파악 행위만으로도 육체가 차가워지게 된다는 것도 분명하다. 때때로 육체는 강한 파악 행위로 열병이나 심지어 나병癩病과 같은 어

---

[110] Avicenna, *De Anima* IV 4 (Venice 1508, 20vb); *Liber de anima seu Sextus de natura-libus*, ed. S. Van Riet, Avicenna Latinus, 2 vols. (I-III, Louvain: Peeters; Leiden: Brill 1972; IV-V, Louvain: Éditions Orientalistes; Leiden: Brill 1968) II 64.

febrem, vel etiam lepram.

c) Et per hunc modum dicit quod, si anima sit pura, non subiecta corporalibus passionibus, et fortis in sua apprehensione, obedit apprehensioni eius non solum corpus proprium, sed etiam corpora exteriora: adeo quod ad eius apprehensionem sanetur aliquis infirmus, vel aliquid huiusmodi aliud accidat.

d) Et hoc ponit esse causam fascinationis: quia scilicet anima alicuius vehementer affecta in malivolentia, habet impressionem nocumenti in aliquem, maxime puerum, qui propter corporis teneritudinem est facile susceptivus impressionum.

e) Unde vult quod multo amplius ad apprehensionem substantiarum separatarum, quas ponit animas vel motores orbium, sequantur aliqui effectus in istis inferioribus absque actione alicuius corporalis agentis.

2778. a) Haec autem positio satis consona est aliis suis positionibus. Ponit enim quod omnes formae substantiales effluunt in haec inferiora a substantia separata; et quod corporalia agentia non sunt nisi disponentia materiam ad suscipiendam impressionem agentis separati.

b) Quod quidem non est verum secundum ARISTOTELIS doctrinam, qui probat in VII *Metaphys.*, quod formae quae sunt in materia, non sunt a formis separatis, sed a formis quae sunt in materia:

떤 병에 걸리기까지 한다.

c) 이런 방식으로 영혼이 순수해서 육체의 정념에 종속되지 않으며, 강한 파악 행위를 행사할 경우, 병자가 그 파악 행위로 치유되거나 이와 유사한 결과가 일어나게 될 정도로 그 육체뿐만 아니라 외부의 육체들조차도 영혼의 파악 행위를 잘 따르게 된다는 게 아비첸나의 주장이다.

d) 아비첸나는 이것을 홀림(fascinatio)[111]을 설명하는 원인이라고 주장한다. 왜냐하면 나쁜 마음으로 강하게 물든 어떤 사람의 영혼은 육체의 연약함으로 인해 쉽게 외부의 영향을 받는 누군가(특히 어린이)에게 해로운 영향을 미치기 때문이다.

e) 이런 이유로 아비첸나는 자신이 천체의 영혼들이나 천체를 움직이게 하는 자들로 간주한 분리 실체들의 파악 행위가 물질적 작용자의 행위가 동반되지 않더라도 이런 지상 세계의 물체 안에서 어떤 결과들을 일으킬 가능성이 훨씬 더 크다고 주장한다.

2778. a) 이런 입장은 그의 다른 견해들과도 상당히 일치한다.[112] 왜냐하면 모든 실체적 형상은 분리 실체들에서 지상 세계의 이런 물체들로 흘러내리고, 물질적 작용자들은 그저 질료에게 분리 작용자의 영향을 받아들이도록 준비시킬 뿐이라는 게 그의 주장이기 때문이다.

b) 하지만 이런 주장은 『형이상학』[113]에서 질료 안에 있는 형상들이 [질료에서] 분리된 형상들이 아니라 질료 안에 있는 형상들에서 나오기에 생기게 하는 자와 생겨나는 것 사이에 유사성이 발견된다는 점을 입증하는 아

---

[111] 토마스는 강한 표상력을 지니는 사람의 비물질적인 영혼이 물리적 변화의 원인일 수 있다는 아비첸나의 주장을 비판하는 대목에서 '홀림'(fascinatio)을 '저주의 눈길'(evil eye), 즉 '흉안'(凶眼, oculus fascinans)과 동일시한다. 참조: *ST* I 117, 3 ad 2.

[112] Avicenna, *Metaphysica*, IX, 5 (fol. 105rv).　　　[113] *Met* VI 8, 1033b 26.

sic enim invenitur similitudo inter faciens et factum.

2779. Exemplum etiam quod sumitur de impressione animae in corpus, non multum adiuvat eius intentionem. Non enim ex apprehensione sequitur aliqua immutatio corporis nisi apprehensioni adiuncta fuerit affectio aliqua, ut gaudii vel timoris, aut concupiscentiae, aut alterius passionis. Huiusmodi autem passiones accidunt cum aliquo determinato motu cordis, ex quo consequitur ulterius immutatio totius corporis, vel secundum motum localem vel secundum alterationem aliquam. Unde adhuc remanet quod apprehensio substantiae spiritualis non alterat corpus nisi mediante motu locali.

2780. Quod autem de fascinatione inducit, non ob hoc accidit quod apprehensio unius immediate immutet corpus alterius: sed quia, mediante motu cordis, immutat corpus coniunctum; cuius immutatio pervenit ad oculum, a quo infici potest aliquid extrinsecum, praecipue si sit facile immutabile; sicut etiam oculus menstruatae inficit speculum.

2781.Substantia igitur spiritualis creata propria virtute nullam

---

[114] 아리스토텔레스 『꿈에 대하여』(*De somniis*) II 459b 23-460b24. 여기서 토마스는 생리 중인 여성이 특정 종류의 거울들을 보게 될 때 그것들이 핏빛과 같은 수증기가 서리게 된다는 아리스토텔레스의 주장을 끌어와 비물질적인 영혼이 아무런 매개 없이 직접적으로 육

리스토텔레스의 이론에 따르면 참이 아니다.

2779. 더구나, 아비첸나가 육체에 미치는 영혼의 영향에서 가져온 예증은 그의 주장에 크게 도움이 되지 않는다. 왜냐하면 기쁨, 두려움, 정욕이나 다른 정념들과 같은 어떤 감정이 파악 행위와 결부되지 않는다면 육체 안에 파악 행위로 인해 어떠한 변화도 생기지 않기 때문이다. 이런 종류의 정념들은 심장의 어떤 정해진 운동과 더불어 생기는데, 이런 운동을 통해 그 이후에 장소 운동으로든 아니면 어떤 질적 변화에 의해서든 육체 전체의 변화가 생기게 된다. 이런 이유로 영적 실체의 파악 행위가 장소 운동의 매개 없이는 물체를 달라지게 하지 않는다는 점은 여전히 남는다.

2780. 홀림은 그가 주장한 것처럼 한 사람의 파악 행위가 다른 사람의 육체를 직접적으로 변화시킴으로써 일어나는 것이 아니라 파악 행위가 심장의 운동을 통해 영혼과 결합한 육체를 변화시킴으로써 일어나게 되는데, 그 육체의 변화가 눈까지 영향을 미치게 되고 특히 외부 대상이 쉽사리 변하는 경우 그 외부 대상에 나쁜 영향을 미칠 수 있다. 이를테면, 생리 중인 여성의 눈이 거울을 얼룩지게 할 수 있는 것과 같다.[114]

2781. 따라서 마치 질료가 어떤 형상을 통해 현실태로 되기 위해 그 형상

체에 영향을 미칠 수 있다는 아비첸나의 이론을 반박한다. 이런 주장은 로저 베이컨(Roger Bacon)에게도 발견된다. 심지어 베이컨은 어떤 여성들이 누 눈동자로 힐끗 보기만 함으로써 남성을 죽일 수 있는지를 설명했다. 참조: 리처드 킥혜퍼『마법의 역사』김현태 옮김 (파스칼북스 2003) 326-327.

formam inducere potest in materiam corporalem, quasi materia ad hoc sibi obediente ut exeat in actum alicuius formae, nisi per motum localem alicuius corporis. Est enim hoc in virtute substantiae spiritualis creatae, ut corpus obediat sibi ad motum localem. Movendo autem localiter aliquod corpus, adhibet aliqua naturaliter activa ad effectus aliquos producendos: sicut etiam ars fabrilis adhibet ignem ad mollificationem ferri. Hoc autem non est miraculosum, proprie loquendo. Unde relinquitur quod substantiae spirituales creatae non faciant miracula propria virtute.

2782. Dico autem *propria virtute*: quia nihil prohibet huiusmodi substantias, inquantum agunt in virtute divina, miracula facere. Quod etiam ex hoc videtur, quod unus ordo angelorum specialiter deputatur, ut Gregorius dicit, ad miracula facienda (cf. cap. 80). Qui etiam dicit quod quidam sancti miracula interdum faciunt *ex potestate*, non solum ex intercessione.

2783. Considerandum tamen est quod, cum res aliquas naturales vel angeli vel daemones adhibent ad aliquos determinatos effectus, utuntur eis quasi instrumentis quibusdam, sicut et medicus utitur ut instrumentis aliquibus herbis ad sanandum. Ex instrumento autem procedit non solum suae virtuti correspondens effectus, sed etiam ultra propriam virtutem, inquantum agit in virtute principalis agentis: serra enim, aut securis, non posset facere lectum nisi inquantum

을 잘 따르는 것처럼, 창조된 영적 실체는 어떤 육체의 장소 운동을 통하지 않고서는 어떠한 형상도 자력으로 물질적 질료로 유도할 수 없다. 왜냐하면 물체가 장소 운동과 관련해 영적 실체를 잘 따르도록 하는 기능은 창조된 영적 실체의 능력 안에 있기 때문이다. 그런데 대장장이의 기술이 쇠를 무르게 만들기 위해 불을 사용하듯이, 영적 실체는 어떤 물체의 장소 운동을 일으킴으로써 어떤 결과들을 산출하기 위해 자연적인 작용 능력을 사용한다. 정확히 말하면 이것은 기적은 아니다. 그러므로 창조된 영적 실체들이 자력으로 기적을 행하지 않는다는 결론은 변함없다.

2782. 그런데 내가 '자력으로'라고 말하는 이유는 이런 실체들이 신의 능력을 통해 행위를 한다면 아무것도 그들이 기적을 행하는 것을 막지 못한다는 데 있다. 그레고리우스가 말하듯이, 이것은 기적을 행하는 일이 한 품계의 천사들에게 특별히 맡겨진다는 사실에서 알 수 있다(III 80 참조). 그는 어떤 성인들이 단지 전구轉求를 통해서가 아니라 자신들의 '힘으로' 때때로 기적을 행한다고 말하기도 한다.[115]

2783. 그러나 의사가 치유를 위해 약초들을 도구로 이용하듯이, 천사들이나 마귀들은 어떤 소정의 결과들을 산출하기 위해 자연 사물을 이용할 때 그것을 도구로 사용한다는 사실을 염두에 두어야 한다. 그런데 도구가 주요 작용자의 능력을 통해 작용하는 한에서 그 도구에서 그 능력에 비례하는 결과뿐만 아니라 그 능력을 넘어서는 결과도 나온다. 이를테면, 톱이나 도끼는 침대라는 결과를 위해 기술이 적용되지 않는다면 침대를 만들 수

---

[115] 대 그레고리우스 『대화』(*Dialogus*) II, 31 (PL 66, col. 190).

agunt ut motae ab arte ad talem effectum; nec calor naturalis posset carnem generare nisi virtute animae vegetabilis, quae utitur ipso quasi quodam instrumento. Conveniens est igitur quod ex ipsis rebus naturalibus proveniant aliqui altiores effectus ex hoc quod spirituales substantiae eis utuntur quasi instrumentis quibusdam.

2784. Sic ergo, licet tales effectus simpliciter miracula dici non possint, quia ex naturalibus causis proveniunt, mirabiles tamen nobis redduntur dupliciter.

a) Uno modo, ex hoc quod per spirituales substantias tales causae modo nobis inconsueto ad effectus proprios apponuntur: unde et ingeniosorum artificum opera mira redduntur cum ab aliis non percipitur qualiter operantur.

b) Alio modo, ex hoc quod causae naturales appositae ad effectus aliquos producendos, aliquid virtutis sortiuntur ex hoc quod sunt instrumenta spiritualium substantiarum. Et hoc magis accedit ad rationem miraculi.

Capitulum CIV

Quod opera magorum non sunt solum ex impressione caelestium corporum

2785. FUERUNT autem QUIDAM dicentes quod huiusmodi opera

없다. 자연열도 살(肉)을 일종의 도구로 사용하는 생장적 혼의 능력 없이는 살을 생성할 수 없다. 그러므로 이런 자연 사물들에서 더 상위의 결과가 나올 수 있는 것은, 영적 실체들이 그것들을 도구로 사용하기 때문이라고 보는 게 합리적이다.

2784. 따라서 그러한 결과들은 자연적 원인들에서 기인하기 때문에 단적으로 기적이라고 할 수는 없다. 하지만 그것들은 우리에게 두 가지 방식으로 경이롭다.

  a) 첫째, 그 결과들이 우리에게 경이로운 까닭은 그런 원인들이 영적 실체들에 의해 우리에게 생소한 방식으로 자기의 고유한 결과들을 산출하는 데 적용되기 때문이다. 따라서 타고난 재능을 지닌 장인(匠人)의 작품들이 어떻게 만들어지는지 다른 사람들에게는 지각되지 않기 때문에 그 작품들은 경이롭게 보인다.

  b) 둘째, 그 결과들이 우리에게 경이로운 까닭은 어떤 결과들을 산출하는데 적용되는 자연적 원인들이 영적 실체들의 도구 역할을 함으로써 어떤 능력을 부여받기 때문이다. 오히려 이것은 기적의 본질 규정에 가깝다.

제104장

마법사들의 행위는 오로지

천체들의 영향에만 기인하지 않는다

2785. 우리에게 경이롭게 보이는 이런 종류의 행위들이 마법을 통해 이루

nobis mirabilia quae per artes magicas fiunt, non ab aliquibus spiritualibus substantiis fiunt, sed ex virtute caelestium corporum. Cuius signum videtur quod ab exercentibus huiusmodi opera stellarum certus situs consideratur. Adhibentur etiam quaedam herbarum et aliarum corporalium rerum auxilia, quasi ad praeparandam inferiorem materiam ad suscipiendam influentiam virtutis caelestis.

2786. Hoc autem expresse apparentibus adversatur. Cum enim non sit possibile ex aliquibus corporeis principiis intellectum causari, ut supra (cap. 84) probatum est, impossibile est quod effectus qui sunt proprii intellectualis naturae, ex virtute caelestis corporis causentur. In huiusmodi autem operationibus magorum apparent quaedam quae sunt propria rationalis naturae opera: redduntur enim responsa de furtis sublatis, et de aliis huiusmodi, quod non posset fieri nisi per intellectum. Non est igitur verum omnes huiusmodi effectus ex sola virtute caelestium corporum causari.

2787. Praeterea. Ipsa loquela proprius actus est rationalis naturae. Apparent autem aliqui colloquentes hominibus in praedictis opera-

---

[116] 에지디우스 로마누스의 『철학자들의 오류』에 근거한다면, 토마스는 9세기 아랍 철학자 알킨디(Al-Kindi)를 염두에 둔 것으로 추측할 수 있다. 참조: Aegidius Romanus, *Errores philosophorum*, ed. J. Koch, Milwaukee: Marquette University Press 1944, cap. 10. 여기서 토마스는 마법이 천체들의 힘으로 이루어지는 것이 아니라 영적 실체, 정확하게는 마귀들의 소행이라고 주장한다.

어질 때, 그것들이 어떤 영적 실체들에 의해 행해지지 않고 천체들의 능력으로 행해진다고 말하는 자들이 있었다.[116] 그 증거는 이런 행위를 하는 자[마법사]들이 별들의 정확한 위치를 고찰한다는 사실에서 찾을 수 있다. 게다가, 그들은 마치 하위 등급의 질료를 천체의 능력이 끼치는 영향을 받아들이도록 준비시키기 위해 약초들과 다른 물질적인 것들을 이용하는 것처럼 보인다.[117]

2786. 하지만 이 견해는 [마법을 부리는 중에 나타나서 눈에 보이는] 출현물出現物들[118]과 명백하게 상충한다. 앞서(III 84) 입증된 바와 같이 지성이 물질적 원리들에 기인할 리가 없듯이, 지성적 본성에 고유한 결과들이 천체의 능력에 기인할 리가 없기 때문이다. 그런데 마법사들의 이런 작용들 가운데 이성적 본성에 고유한 작용들이기도 한 사건들이 나타난다. 예컨대, 도둑을 맞은 물건 등에 관한 답변을 말해 주기도 하는데, 이것은 지성[을 지니는 존재자]을 통해서만 이루어질 수 있다. 그래서 이런 종류의 모든 결과가 오로지 천체들의 능력에 의해서만 생긴다는 것은 참이 아니다.

2787. 그 밖에도, 말하는 행위 자체는 이성적 본성에 고유한 행위다. 그런데 인간들에게 말을 건네는 어떤 자들이 마법을 부리는 과정에서 나타나서

---

[117] 토마스는 천체의 영향으로 자연 세계에 신비스러운 사건들이 일어날 수 있다는 점을 부정하지는 않는다. 하지만 마법사의 소행이 모두 천체의 영향만으로 일어날 수는 없다는 것이 그의 주장이다. 여기서 토마스의 논의는 마법을 부리는 과정에서 천체들의 능력을 받아들이는 별자리나 행성의 문양이 새겨진 인공물인 모상(模像)이나 부적(符籍)을 만드는 마법사의 소행을 문제 삼는다.

[118] 마법사가 마법을 부리는 중에 도둑맞은 물건이 어디에 있는지를 말해 주는 어떤 존재자처럼 지성적 본성을 지니는 영적 실체가 나타나는 현상을 염두에 둔다.

tionibus, et ratiocinantes de diversis. Non est igitur possibile quod huiusmodi fiant sola virtute caelestium corporum.

2788. a) Si quis autem dicat quod huiusmodi apparentiae non sunt secundum sensum exteriorem, sed secundum imaginationem tantum: hoc quidem, primo, non videtur verum.

b) Non enim alicui apparent formae imaginatae quasi res verae, nisi fiat alienatio ab exterioribus sensibus: quia non potest esse quod similitudinibus intendatur tanquam rebus, nisi ligato naturali iudicatorio sensus. Huiusmodi autem collocutiones et apparitiones fiunt ad homines qui utuntur libere sensibus exterioribus. Non est igitur possibile quod huiusmodi visa vel audita sint secundum imaginationem tantum.

2789. Deinde, ex quibuscumque formis imaginatis non potest alicui provenire intellectualis cognitio ultra facultatem naturalem vel acquisitam sui intellectus: quod etiam in somniis patet, in quibus, etsi sit aliqua praesignatio futurorum, non tamen quicumque videns somnia, eorum significata intelligit. Per huiusmodi autem visa vel audita quae apparent in operibus magorum, plerumque advenit alicui intellectualis cognitio aliquorum quae sui intellectus facultatem excedunt: sicut revelatio occultorum thesaurorum, manifestatio futurorum, et quandoque etiam de aliquibus documentis scientiae alicuius vera respondentur. Oportet ergo quod vel illi apparentes et

다양한 문제들에 대해 추론한다. 그러므로 이와 같은 것들이 천체의 능력
으로만 이루어지는 것은 가능하지 않다.

2788. a) 그런데 누군가 이런 [마법을 부리는 과정에 말을 건네는] 출현물
이 외적 감각에 나타나는 것이 아니라 단지 표상력 안에만 존재한다고 말
한다면, 이는 두 가지 이유로 사실이 아닌 듯하다.

  b) 첫째, 관찰자의 외적 감각의 기능이 마비되지 않는 한 그는 표상력
속의 형상을 실제로 존재하는 것처럼 받아들이지 않는다. 왜냐하면 감각
의 본성적 판별력이 제 기능을 발휘한다면 관찰자는 [표상력 속에 있는] 유
사한 형상을 실제로 존재하는 것처럼 여길 수 없기 때문이다. 그런데 이처
럼 [귀에 들리는] 대화와 [눈에 보이는] 출현물은 외적 감각을 구속받지 않
은 채 자유로이 사용할 수 있는 자들에게 일어난다. 그러므로 이처럼 눈에
보이는 것과 귀에 들리는 것이 표상력에만 존재할 리 없다.

2789. 둘째, 그 누구도 표상력 속의 형상을 지닌 채로 자기 지성의 본성적
능력이나 습득된 능력을 넘어서는 지성적 인식에 이를 수 없다. 이것은 꿈
의 경우에서도 분명히 드러난다. 왜냐하면 미래 사건에 대한 전조前兆가 꿈
에 나타나더라도 꿈을 꾸는 모든 이가 꿈의 의미에 대해 이해할 수는 없기
때문이다. 그런데 인간이 마법사들의 행위에 나타나는 이와 같은 [눈에 보
이는] 출현물들과 [귀에 들리는] 대화들을 통해 지성의 능력을 능가하는 사
건들에 대해 지성적 인식을 얻는 일은 흔히 일어난다. 예컨대, 감추어진
보물을 발견하거나 미래 사건을 드러내며, 때때로 학문의 증명에 관해 참
된 답변이 말해지기도 한다. 그러므로 이런 유형의 [눈에 보이는] 출현물
과 [귀에 들리는] 대화가 표상력 안에만 있지 않든지, 아니면 인간이 이와

colloquentes non videantur secundum imaginationem tantum: vel saltem quod hoc fiat virtute alicuius intellectus superioris, quod homo per huiusmodi imaginationes in cognitionem talium adducatur; et non fiat hoc virtute solum caelestium corporum.

2790. Adhuc. Quod virtute caelestium corporum fit, est effectus naturalis: nam formae naturales sunt quae in inferioribus causantur ex virtute caelestium corporum. Quod igitur nulli rei potest esse naturale, non potest fieri virtute caelestium corporum. Quaedam autem talia fieri dicuntur per operationes praedictas: sicut quod ad praesentiam alicuius quaecumque sera ei pandatur, quod aliquis invisibilis reddatur, et multa huiusmodi narrantur. Non est igitur possibile hoc fieri virtute caelestium corporum.

2791. Amplius. Cuicumque virtute caelestium corporum confertur quod posterius est, confertur et ei quod prius est. Moveri autem ex se consequitur ad habere animam: animatorum enim proprium est quod moveant seipsa. Impossibile est igitur fieri virtute caelestium corporum quod aliquod inanimatum per se moveatur. Fieri autem hoc per magicas artes dicitur, quod aliqua statua per se moveatur, aut vocem emittat. Non est ergo possibile quod effectus magicarum artium fiat virtute caelesti.

같은 표상력을 통해 앞서 말한 인식을 얻게 되는 것이 비단 천체들의 능력만으로 이루어지지 않고 적어도 더 상위 지성[을 지니는 존재자]의 능력으로 이루어지든지 둘 중 하나다.

2790. 게다가, 천체들의 능력에 의해 행해지는 것은 자연적 결과다. 왜냐하면 이 지상 세계의 물체들 안에서 천체들의 능력으로 야기되는 것은 자연적 형상들이기 때문이다. 이런 이유로 그 무엇에게도 자연적일 리가 없는 것이 천체들의 능력에 의해 행해질 수는 없다. 그런데도 그러한 것들이 앞서 언급된 행위들을 통해 일어난다고 언급된다. 이를테면, 어떤 이가 단지 문 앞에 있는 것만으로도 문의 빗장이 열리고, 누군가 눈에 보이지 않는 투명 인간이 되기도 하며, 그 밖의 여러 가지 것이 말해진다. 그러므로 이것은 천체들의 능력으로 행해질 리가 없다.

2791. 나아가, 천체들의 능력을 통해 뒤따라 일어나는 것을 받아들이는 존재자는 그것보다 앞서는 것도 받아들이기 마련이다. 그런데 스스로 움직인다는 것은 혼을 가지는 데서 뒤따르는 결과다. 스스로 움직인다는 것은 생명체들에 고유한 것이니까 말이다. 그러므로 무생물체가 천체들의 능력을 통해 스스로 움직이게 되는 것은 불가능하다. 그런데도 조각상[119]이 마법을 통해 스스로 움직이거나 말하기도 한다고 언급된다. 따라서 천체의 능력이 마법의 결과들을 일으킨다는 것은 가능하지 않다.

---

[119] 마법을 부리기 위해 돌이나 청동 등과 같은 재료로 만든 인공물.

2792. a) Si autem dicatur quod statua illa sortitur aliquod principium vitae virtute caelestium corporum, hoc est impossibile.

b) Principium enim vitae in omnibus viventibus est forma substantialis: *vivere enim est esse viventibus*, ut Philosophus dicit, in II de *Anima*. Impossibile est autem quod aliquid recipiat aliquam formam substantialem de novo nisi amittat formam quam prius habuit: *generatio enim unius est corruptio alterius*. In fabricatione autem alicuius statuae non abiicitur aliqua forma substantialis, sed fit transmutatio solum secundum figuram, quae est accidens: manet enim forma cupri, vel alicuius huiusmodi. Non est igitur possibile quod huiusmodi statuae sortiantur aliquod principium vitae.

2793. Adhuc. Si aliquid per principium vitae moveatur, necesse est quod habeat sensum: *movens enim est sensus vel intellectus*. Intellectus autem in generabilibus et corruptibilibus non est sine sensu. Sensus autem non potest esse ubi non est tactus: nec tactus sine organo medie temperato. Talis autem temperies non invenitur in lapide vel cera vel metallo, ex quo fit statua. Non est igitur possibile quod huiusmodi statuae moveantur per principium vitae.

2794. Amplius. Viventia perfecta non solum generantur virtute caelesti, sed etiam ex semine: *homo enim generat hominem et sol*.

---

[120] *DA* II 4, 415b 13.   [121] *Phys* III 8, 208a 10.

2792. a) 이 조각상이 천체들의 능력으로 생명의 원리를 부여받는다고 말한다면, 이것은 불가능하다.

　b) 철학자가 『영혼론』 제2권[120]에서 말하듯이, "살아 있는 것들 가운데 존재한다는 것은 살아 있다는 것이므로" 모든 생명체의 경우 생명의 원리는 실체적 형상이니까 말이다. 그런데 그 무엇도 이전에 소유한 형상을 잃어버리지 않고서 새로운 실체적 형상을 받아들이는 것은 불가능하다. "왜냐하면 어떤 사물의 생성은 다른 사물의 소멸이기 때문이다."[121] 그런데 조각상을 만드는 과정에서는 어떠한 실체적 형상도 폐기되지 않으며, 우유적인 모양의 변화만 일어날 뿐이다. 구리나 다른 물질의 형상은 남게 되니까 말이다. 따라서 이런 조각상들이 생명의 원리를 부여받는 것은 가능하지 않다.

2793. 게다가, 생명의 원리에 의해 움직여지는 것이 있다면 그것은 감각을 지녀야 한다. 움직이게 하는 것은 감각이나 지성이니까 말이다. 하지만 생성되거나 소멸하기 쉬운 것들에게 감각 없이는 지성이 있을 수 없다. 그런데 촉각이 없는 곳에 감각이 있을 수 없고, [감각적 성질이] 균형 있게 배합된 기관이 없으면 촉각도 있을 수 없다. 하지만 이와 같은 배합은 조각상을 이루는 돌, 밀랍 또는 금속에는 발견되지 않는다. 그러므로 이런 조각상들이 생명의 원리에 의해 움직여지는 것은 가능하지 않다.

2794. 나아가, "인간은 태양과 더불어 인간을 생성하므로"[122] 완전한 생명체들이 천체의 능력으로 생성될 뿐만 아니라 정액에서도 생성된다. 정액

---

[122] *Phys* II 2, 194b 14.

Quae vero ex sola virtute caelesti sine semine generantur, sunt animalia generata ex putrefactione, quae inter alia ignobiliora sunt. Si igitur per virtutem caelestem solam huiusmodi statuae sortiuntur principium vitae, per quod moveant seipsa, oportet ea esse ignobilissima inter animalia. Quod tamen esset falsum, si per principium vitae intrinsecum operarentur: nam in earum actibus apparent nobiles operationes, cum respondeant de occultis. Non est igitur possibile quod operentur vel moveantur per principium vitae.

2795. Item. Effectum naturalem virtute caelestium corporum productum contingit inveniri absque artis operatione: etsi enim aliquo artificio aliquis operetur ad generationem ranarum, vel aliquorum huiusmodi, contingit tamen generari ranas absque omni artificio. Si ergo virtute caelestium corporum huiusmodi statuae, quae per artem nigromanticam fiunt, sortiantur principium vitae, erit invenire generationem talium absque huiusmodi arte. Hoc autem non invenitur. Manifestum est igitur quod huiusmodi statuae non habent principium vitae, neque moventur virtute caelestis corporis.

2796. Per haec autem excluditur positio HERMETIS, qui sic dixit, ut AUGUSTINUS refert, VIII *de Civitate Dei: Deus* sicut *effector est deorum caelestium, ita homo fictor est deorum qui in templis sunt, humana proximitate contenti: statuas* dico *animatas, sensu et spiri-*

---

¹²³ 죽은 자의 영혼을 불러내는 마법의 일종.

없이 천체의 능력만으로 생성되는 것들은 부패를 통해 생성되는 동물들인데, 그것들은 나머지 것들보다 낮은 등급에 속한다. 따라서 이런 조각상들이 스스로 움직이도록 하는 생명의 원리를 오로지 천체의 능력에 의해서 부여받을 뿐이라면, 그것들은 가장 낮은 등급의 동물들이어야 한다. 그런데도 그것들이 생명의 내적 원리를 통해 작용한다면, 이것은 거짓이 될 것이다. 그것들은 감추어진 물건들에 대한 답변을 말하므로 그것들의 작용들 가운데 고귀한 것들도 있기 때문이다. 그러므로 그것들이 생명의 원리에 의해 작용하거나 움직여지는 것은 가능하지 않다.

2795. 마찬가지로, 천체들의 능력에 의해 산출되는 자연적 결과는 기술의 작용 없이도 생길 수 있다. 따라서 개구리나 그런 비슷한 것을 생성하기 위해 누군가는 술수를 쓰기도 하지만, 술수 없이도 개구리가 만들어지기도 한다. 결과적으로 강령술降靈術[123]에 의해 만들어지는 이런 조각상들이 천체들의 능력으로 생명의 원리를 부여받는다면, 이런 종류의 마법 없이도 그러한 조각상들이 생성되는 사례를 발견할 수 있어야 한다. 하지만 그런 사례는 발견되지 않는다. 그렇다면 이런 조각상들이 생명의 원리를 지니지도 않고 천체의 능력에 의해서도 움직이지 않는다는 것은 분명하다.

2796. 이로써 헤르메스[124]의 입장이 배제된다. 아우구스티누스가 『신국론』에서 전하듯, 헤르메스는 "신이 천상신들의 조성자이듯이 인간도 신들의 조성자인데, [인간에 의해 조성된] 신들은 신전에 안치되어 인간과 가까이에 있는 것에 만족한다. 나는 감각과 영靈이 부여되어 있고, 그런 위대

---

[124] 헤르메스 트리스메기스투스(Hermes Trismegistus)는 신비주의 및 연금술 문헌에 나오는 전설적인 연금술사의 명칭이다.

tu plenas, tantaque facientes et talia; statuas futurorum praescias; easdem *de somniis* et *multis aliis rebus praedicentes; imbecillitates hominibus facientes,* eosque *curantes; tristitiam laetitiamque* dantes *pro meritis.*

2797. Haec etiam positio auctoritate divina destruitur. Dicitur enim in *Psalmo: Simulacra gentium argentum et aurum, opera manuum hominum. Os habent et non loquentur: neque enim est spiritus in ore ipsorum.*

2798. Non videtur autem omnino negandum quin in praedictis ex virtute caelestium corporum aliquid virtutis esse possit: ad illos tamen solos effectus quos virtute caelestium corporum aliqua inferiora corpora producere possunt.

CAPITULUM CV
UNDE MAGORUM OPERATIONES EFFICACIAM HABEANT

2799. INVESTIGANDUM autem relinquitur unde artes magicae efficaciam habeant. Quod quidem facile perpendi potest si modus operationis earum attendatur.

---

[125] 아우구스티누스 『신국론』 VIII 23 (PL 41, 247).

하고 흔치 않은 것들을 행하는 살아 있는 조각상들, 미래 사건들을 예견하고, 그것들을 꿈과 다른 여러 가지 것들에서 예언하고, 인간에게 병약함을 가져다주고 인간을 낫게 하기도 하며 공적에 따라 슬픔과 기쁨을 가져다주는 조각상들을 가리킨다"[125]라고 말한다.

2797. 이런 입장은 신적인 권위에 의해서도 반박된다. 왜냐하면 시편에서 "이교도들의 우상들은 은과 금, 사람의 손이 만들어 낸 것들이네. 입이 있어도 말을 못 하고 … 그 입에는 숨조차 없다네"[126]라고 말하기 때문이다.

2798. 그래도 우리는 천체들의 능력을 통해 앞서 말한 대상들 안에 어떤 능력이 있게 될 가능성을 전적으로 부정할 필요는 없는 듯하지만, 지상 세계의 물체들이 천체들의 능력을 통해 산출할 수 있는 그런 결과들에 대해서만 부정해야 한다.[127]

제105장
마법사의 행위들은 어디서 효력을 얻는가?

2799. 이제 마법이 어디서 효력을 얻는지를 탐구해야 한다. 그것은 마법사들의 작용 방식에 주목한다면 쉽사리 해결될 수 있다.

---

[126] 『성경』 시편 135(134),15-17: "민족들의 우상들은 은과 금, 사람의 손이 만들어 낸 것들. 입이 있어도 말을 못하고 … 그 입에는 숨조차 없으니."
[127] 참조: III 84, n.2596.

2800. a) In suis enim operationibus utuntur vocibus quibusdam significativis ad determinatos effectus producendos.

b) Vox autem, inquantum est significativa, non habet virtutem nisi ex aliquo intellectu: vel ex intellectu proferentis; vel ex intellectu eius ad quem profertur. Ex proferentis quidem intellectu, sicut si aliquis intellectus sit tantae virtutis quod sua conceptione res possit causare, quam quidem conceptionem vocis officio producendis effectibus quodammodo praesentat. Ex intellectu autem eius ad quem sermo dirigitur, sicut cum per significationem vocis in intellectu receptam, audiens inducitur ad aliquid faciendum. Non autem potest dici quod voces illae significativae a magis prolatae efficaciam habeant ex intellectu proferentis. Cum enim virtus essentiam consequatur, virtutis diversitas essentialium principiorum diversitatem ostendit. Intellectus autem communiter hominum huius dispositionis invenitur quod eius cognitio ex rebus causatur, magis quam sua conceptione res causare possit. Si igitur sint aliqui homines qui verbis conceptionem sui intellectus exprimentibus res possint transmutare propria virtute, erunt alterius speciei, et dicentur aequivoce homines.

2801. Amplius. Virtus faciendi non acquiritur per disciplinam, sed solum cognitio aliquid faciendi. Per disciplinam autem aliqui acquirunt quod huiusmodi operationes magicas efficiant. Non igitur est in eis ad huiusmodi effectus producendos virtus aliqua, sed cognitio sola.

2800. a) 그들은 마법을 부리면서 소정의 결과들을 산출하기 위해 의미를 갖는 말들을 사용한다.

b) 그런데 말은 의미를 전달하는 한에서 말을 하는 화자話者의 지성이든지 말을 듣는 청자聽者의 지성이든지 어떤 지성에서 나오지 않는다면 아무런 힘도 지니지 않는다. 말이 화자의 지성에서 나오게 되는 경우는 지성이 아주 강한 능력이므로 생각만으로 무언가를 일으킬 수 있으며 발화된 말이 이런 생각을 산출되는 결과들에 어떻게든 전하는 구실을 할 때다. 말이 청자의 지성에서 나오게 되는 경우는 화자의 말을 듣는 청자가 그 말의 의미를 자신의 지성에 받아들임으로써 무언가를 하도록 유도될 때다. 그런데 마법사에 의해 발화된 이런 의미 있는 말은 화자의 지성에서 효력을 얻는다고 말할 수 없다. 능력은 본질의 결과로 생기므로 능력의 다양성은 본질적 원리들의 다양성을 나타내니까 말이다. 하지만 인간의 지성은 일반적으로 사물들에 의해 인식이 생겨나는 성향을 지니고 있으며, 그저 생각만으로 사물들을 생겨나게 할 수 있는 것은 아니다. 결과적으로 지성의 생각을 표현하는 말을 통해 자력으로 사물을 변화시킬 수 있는 인간들이 있다면 그들은 다른 종에 속할 것이며, 그들을 다의적 의미에서 인간이라고 부르게 될 것이다.

2801. 나아가, 무언가를 할 수 있는 능력은 배움을 통해 획득되지 않고 그 무언가를 어떻게 해야 할지에 대한 인식만이 배움을 통해 획득될 뿐이다. 그런데 어떤 사람들은 배움을 통해 이런 마법을 부릴 수 있게 되기도 한다. 그러므로 그들에게는 이런 종류의 결과들을 산출하는 특정한 능력이 있는 것이 아니라 단지 인식만이 있을 뿐이다.

2802. a) Si quis autem dicat quod huiusmodi homines sua nativita-
te, ex virtute stellarum, sortiuntur prae ceteris virtutem praedictam,
ita quod, quantumcumque alii instruantur, qui hoc ex nativitate non
habent, efficaces in huiusmodi operibus esse non possunt:

b) primo quidem dicendum est quod corpora caelestia super in-
tellectum imprimere non possunt, ut supra (cap. 84) ostensum est.
Non igitur ex virtute stellarum sortiri potest intellectus alicuius
hanc virtutem quod repraesentatio suae conceptionis per vocem sit
alicuius effectiva.

2803. a) Si autem dicatur quod etiam imaginatio aliquid in prola-
tione vocum significativarum operatur, super quam possunt corpora
caelestia imprimere, cum eius operatio sit per organum corporale:

b) hoc non potest esse quantum ad omnes effectus qui per huius-
modi artes fiunt. Ostensum est enim quod non possunt omnes
huiusmodi effectus virtute stellarum produci. Ergo neque ex virtute
stellarum aliquis sortiri potest hanc virtutem ut eosdem effectus
producat.

2804. Relinquitur igitur quod effectus huiusmodi compleantur per
aliquem intellectum ad quem sermo proferentis huiusmodi voces
dirigitur. Huius autem signum est: nam huiusmodi significativae
voces quibus magi utuntur, *invocationes* sunt, *supplicationes, adiu-
rationes*, aut etiam *imperia*, quasi ad alterum colloquentis.

2802. a) 그런데 누군가 이런 사람들이 다른 이들과 구별되는 별들의 능력
으로 말미암아 앞서 말한 능력을 타고난다고 말하면서, 이런 능력을 타고
나지 않은 다른 이들이 아무리 많이 배운다고 하더라도 이런 종류의 일을
성공적으로 수행할 수 없다고 주장한다면,

　b) 첫째, 앞서(III 84) 밝혀졌듯 천체들이 지성에 영향을 미칠 수 없다고
답해야 한다. 그러므로 어떠한 지성도 발화된 말을 통해 그 생각을 표현해
서 무언가를 산출할 수 있도록 하는 그런 능력을 별들의 능력에서 부여받
을 수 없다.

2803. a) 하지만 표상력이 의미를 갖는 말을 발화할 때 모종의 결과를 산출
하며, 이런 산출 작용이 육체 기관을 통해 수행되기 때문에 천체들이 표상
력에 영향을 미칠 수 있다고 말한다면,

　b) 이것은 이런 마법으로 산출되는 모든 결과에 적용될 리가 없다. 이런
결과들이 모두 다 별들의 능력에서 산출될 수는 없다는 점은 드러났기 때
문이다.[128] 그러므로 그 누구도 별들의 능력에서 그러한 결과들을 산출하
는 능력을 부여받을 수는 없다.

2804. 따라서 이와 같은 결과들은 발화하는 화자[마법사]의 말이 건네지는
청자의 지성에 의해 이루어진다는 결론에 이르게 한다. 이것의 표징은 마
법사들이 사용하는 의미 있는 말이 마치 그들이 다른 이에게 말을 건네는
것과도 같은 '주문', '탄원', '맹세'나 심지어 '명령'이라는 점에서 찾을 수
있다.

---

[128] 참조: III 104.

2805. Item. In observationibus huius artis utuntur quibusdam characteribus et figuris determinatis. Figura autem nullius actionis principium est neque passionis: alias, mathematica corpora essent activa et passiva. Non ergo potest per figuras determinatas disponi materia ad aliquem effectum naturalem suscipiendum. Non ergo utuntur magi figuris aliquibus quasi dispositionibus. Relinquitur ergo quod utantur eis solum quasi signis: non enim est aliquid tertium dare. Signis autem non utimur nisi ad alios intelligentes. Habent igitur magicae artes efficaciam ab alio intelligente, ad quem sermo magi dirigitur.

2806. a) Si quis autem dicat quod figurae aliquae appropriantur aliquibus caelestium corporum; et ita corpora inferiora determinantur per aliquas figuras ad aliquorum caelestium corporum impressiones suscipiendas: videtur non rationabiliter dici.

b) Non enim ordinatur aliquod patiens ad suscipiendam impressionem agentis nisi per hoc quod est in potentia. Illa ergo tantum determinant ipsum ad specialem impressionem suscipiendum, per quae in potentia fit quodammodo. Per figuras autem non disponitur materia ut sit in potentia ad aliquam formam: quia figura abstrahit, secundum suam rationem, ab omni materia et forma sensibili, cum sit quoddam mathematicum. Non ergo per figuras vel characteres

---

129 '기호'(figura)는 중세 마법에 사용되던 불가사의한 시각 기호를 가리킨다. 당시 통용되던 말이나 활자와는 다른 이런 시각 기호는 어떠한 뜻을 나타내기 위해 쓰이는 부호, 문자,

2805. 마찬가지로, 그들은 마법을 부리는 의식儀式에서 모종의 기호들이나 특정 도형[129]들을 사용한다. 그런데 도형이란 작용을 하는 원리도 작용을 받는 원리도 아니다. 만일 도형이 그러한 원리라면, 수학적 대상들(mathematica corpora)[130]이 작용을 하기도 하고 또 작용을 받기도 할 것이다. 이런 이유로 질료는 특정 도형들을 통해 어떤 자연적 결과를 받아들이게 되는 성향이 있을 리가 없다. 따라서 마법사들은 도형을 성향처럼 사용하지 않는다. 그렇다면 제삼의 가능성은 없기에 그들은 도형을 신호로만 사용한다는 결론이 남게 된다. 그러나 우리는 다른 지성적 존재자들에 대해서만 신호를 보낸다. 그러므로 마법은 마법사의 말이 건네지는 다른 지성적 존재자에게서 효력을 갖게 된다.

2806. a) 누군가 모종의 도형들은 어떤 천체들에 고유한 것이므로 지상 세계의 물체들이 [그 물체들에 새겨진] 모종의 도형들에 의해 천체들의 영향을 받아들이도록 정해진다고 말한다면,[131] 이 말은 사리에 맞지 않는 듯하다.

b) 그 까닭은 작용받는 자가 가능태로 있지 않다면 작용자의 영향을 받아들이지 않게 되기 때문이다. 따라서 작용받는 자를 어떤 식으로든 가능태로 있게 하는 것들만이 작용받는 자에게 특수한 영향을 받아들이도록 결정한다. 그런데 도형은 수학적 대상이기에 그 자체로는 모든 질료와 감각적 형상을 떼어 놓기 때문에 질료를 형상에 대해 가능태로 있도록 하지는

표지 따위를 통틀어 이르는 말이다. '도형'은 대개 선들로 이루어진 단순 도형을 뜻하는데, 중세 마법에서 천체의 능력 또는 영적인 능력을 작동시키는 도구이자 마법의 술수를 효과적으로 드러내는 시각 장치로 사용되었다. 참조: Sophie Page, "Medieval Magical Figures", in: *The Routledge History of Medieval Magic*, ed. Sophie Page, Catherine Rider (London and New York: Routledge 2019) 432-434.

[130] 기하학적 도형을 가리킨다.

[131] 토마스는 천체나 별 모양의 도형을 모상이나 부적에 새기고, 그 도형이 천체의 능력을 받아들인다는 주장을 염두에 둔다.

determinatur aliquod corpus ad suscipiendam aliquam influentiam caelestis corporis.

2807. Praeterea. Figurae aliquae appropriantur corporibus caelestibus ut effectus ipsorum: nam figurae inferiorum corporum causantur a corporibus caelestibus. Praedictae autem artes non utuntur characteribus aut figuris quasi effectibus caelestium corporum, sed sunt effectus hominis operantis per artem. Appropriatio igitur figurarum ad aliqua caelestia corpora nihil ad propositum facere videtur.

2808. Item. Per figuras non disponitur aliqualiter materia naturalis ad formam, ut ostensum est. Corpora igitur in quibus sunt impressae huiusmodi figurae, sunt eiusdem habilitatis ad recipiendam influentiam caelestem cum aliis corporibus eiusdem speciei. Quod autem aliquid agat in unum eorum quae sunt aequaliter disposita, propter aliquid sibi appropriatum ibi inventum, et non in aliud, non est operantis per necessitatem naturae, sed per electionem. Patet ergo quod huiusmodi artes figuris utentes ad effectus aliquos producendos, non habent efficaciam ab aliquo agente per naturam, sed ab aliqua intellectuali substantia per intellectum agente.

2809. Hoc etiam demonstrat et ipsum nomen quod talibus figuris imponunt, *characteres* eos dicentes. *Character* enim signum est. In quo datur intelligi quod figuris huiusmodi non utuntur nisi ut signis

않는다. 그러므로 물체는 도형이나 기호에 의해 천체의 영향을 받아들이
도록 정해지지 않는다.

2807. 그 밖에도, 모종의 도형들은 천체들의 결과들로서 천체들에 고유한
것들이다. 왜냐하면 지상 세계의 물체들에 새겨진 도형들은 천체들에 기
인하기 때문이다. 그런데 앞서 말한 마법은 기호나 도형을 천체들이 만들
어 낸 결과처럼 사용하지는 않는다. 도리어 기호나 도형은 마법을 부리는
인간이 만들어 낸 결과다. 그러므로 도형들이 어떤 천체들에 고유하다고
해서 이 문제와는 아무런 관련이 없다.

2808. 마찬가지로, 앞서 밝혀졌듯 자연적 질료는 도형을 통해 형상을 향하
게 되는 성향이 전혀 없다. 이런 이유로 이런 도형이 새겨진 물체들은 같
은 종에 속한 다른 물체들과 똑같이 천체들의 영향을 받아들일 수 있다.
그런데 어떤 작용자가 대등한 성향을 지니는 여러 가지 것들 가운데 특정
대상에 작용할 때 그 작용자에게 귀속되는 무언가[도형]가 다른 대상이 아
니라 바로 그 대상에게 발견되기 때문에 작용한다는 사실은 그 작용자가
자연적 필연성을 통해서가 아니라 [의지의] 선택을 통해 작용한다는 점을
나타낸다. 이런 이유로 어떤 결과들을 산출하기 위해 도형을 사용하는 이
런 마법이 자연 본성을 통해 작용하는 존재자가 아니라 지성을 통해 작용
하는 어떤 지성적 실체로부터 효력을 얻는다는 게 분명하다.

2809. 이 점은 그들이 그러한 도형들에 부여한 '기호'라는 바로 그 이름으
로도 입증된다. 왜냐하면 기호는 신호이기 때문이다. 이를 통해 우리는 그
들이 이런 도형들을 지성적 본성에 보여 주는 신호들로만 사용할 뿐이라는

exhibitis alicui intellectuali naturae.

2810. a) Quia vero figurae in artificialibus sunt quasi formae specificae, potest ALIQUIS dicere quod nihil prohibet quin constitutionem figurae, quae dat speciem imagini, consequatur aliqua virtus ex influentia caelesti, non secundum quod figura est, sed secundum quod causat speciem artificiati, quod adipiscitur virtutem ex stellis.

b) Sed de litteris quibus inscribitur aliquid in imagine, et aliis characteribus, nihil aliud potest dici quam quod signa sunt. Unde non habent ordinem nisi ad aliquem intellectum.

c) Quod etiam ostenditur per sacrificia, prostrationes, et alia huiusmodi quibus utuntur, quae non possunt esse nisi signa reverentiae exhibitae alicui intellectuali naturae.

Capitulum CVI

Quod substantia intellectualis quae praestat efficaciam magicis operibus, non est bona secundum virtutem

2811. Est autem ulterius inquirendum quae sit haec intellectualis natura, cuius virtute tales operationes fiunt.

2812. Et primo quidem apparet quod non sit bona et laudabilis.

점을 이해하게 된다.

2810. a) 하지만 인공물들 안의 도형이 종적 형상과 마찬가지이기 때문에 누군가는 모상[부적]에 그것의 종을 부여하는 도형이 그저 도형이 아니라 별들로부터 능력을 획득하는 인공물의 종을 규정하는 한에서 천체의 영향에 기인하는 모종의 능력이 그런 도형을 새기지 말아야 할 이유는 없다고 주장할 수도 있다.

　b) 그러나 모상[부적] 위에 적혀 있는 글자들과 나머지 기호들에 대해 그것들이 신호라는 점 외에는 말할 수 있는 것이 없다. 이런 이유로 그것들은 오로지 어떤 지성을 향한다.

　c) 이 점은 제사祭祀, 부복俯伏[132]과 다른 유사한 의식들에 의해서도 입증되는데, 그것들은 그저 지성적 본성에 표해지는 경의의 신호일 수 있다.

제106장
**마법의 작용에 효력을 주는 지성적 실체는
덕의 측면에서 볼 때 선하지 않다**

2811. 게다가, 우리는 그러한 작용을 할 수 있는 능력을 지닌 이 지성적 본성이 무엇인지 탐구해야 한다.

2812. 첫째, 그것이 선하지도 않고 칭찬할 만하지도 않다는 게 분명하다.

---

[132] 땅바닥에 엎드리는 경배의 동작.

Praestare enim patrocinium aliquibus quae sunt contraria virtuti, non est alicuius intellectus bene dispositi. Hoc autem fit in huiusmodi artibus: fiunt enim plerumque ad adulteria, furta, homicidia, et alia huiusmodi maleficia procuranda; unde utentes his artibus *malefici* vocantur. Non est ergo bene disposita secundum virtutem intellectualis natura cuius auxilio huiusmodi artes innituntur.

2813. Item. Non est intellectus bene dispositi secundum virtutem familiarem esse et patrocinium exhibere sceleratis, et non quibuslibet optimis viris. Huiusmodi autem artibus utuntur plerumque homines scelerati. Non igitur intellectualis natura cuius auxilio hae artes efficaciam habent, est bene disposita secundum virtutem.

2814. Adhuc. Intellectus bene dispositi est reducere homines in ea quae sunt hominum propria bona, quae sunt bona rationis. Abducere igitur ab istis, pertrahendo ad aliqua minima bona, est intellectus indecenter dispositi. Per huiusmodi autem artes non adipiscuntur homines aliquem profectum in bonis rationis, quae sunt scientiae et virtutes: sed in quibusdam minimis, sicut in inventione furtorum et deprehensione latronum, et his similibus. Non igitur substantiae intellectivae quarum auxilio hae artes utuntur, sunt bene dispositae secundum virtutem.

2815. Amplius. In operationibus praedictarum artium illusio quae-

덕에 반하는 것들을 후원하는 일은 좋은 성향의 지성에게 어울리지 않는다. 그런데 이런 일이 이런 마법의 기술에서 행해진다. 왜냐하면 그 기술은 종종 강간, 절도, 살인 그리고 다른 악행들을 위해 사용되기 때문이다. 결과적으로 이런 기술을 사용하는 이들은 '사악한 자들'(malefici)이라고 불린다. 그러므로 이런 기술의 도움이 의존하는 지성적 본성은 덕의 측면에서 볼 때 좋은 성향이 없다.

2813. 마찬가지로, 대단히 선량한 사람들이 아니라 불량한 사람들을 친구 삼거나 후원하는 일은 덕의 측면에서 볼 때 좋은 성향을 갖춘 지성의 특징이 아니다. 그런데 이런 마법의 기술을 사용하는 자들은 일반적으로 불량한 사람들이다. 그러므로 이런 기술이 효력을 지니도록 도움을 주는 지성적 본성은 덕의 측면에서 볼 때 좋은 성향이 없다.

2814. 게다가, 인간들을 자신들에게 고유한 선들, 즉 이성의 선들로 향하도록 인도하는 일은 좋은 성향을 갖춘 지성에게 어울린다. 결과적으로 인간들을 이런 선들에서 데리고 나와 가장 보잘것없는 선들로 향하게 하는 것은 부적절한 성향을 지닌 지성의 특징이다. 그런데 인간들은 이런 기술로 이성의 선들인 학문과 덕에서 진전을 이루기보다는 도둑맞은 물건을 발견하거나 도둑을 잡는 등과 같은 가장 보잘것없는 선들에서 진전을 이룬다. 그러므로 이런 기술이 사용되도록 도움을 주는 지성적 실체들은 덕의 측면에서 볼 때 좋은 성향을 지니지 않는다.

2815. 나아가, 이런 기술의 작용에서 어떤 속임수와 부조리가 관찰된다.

dam videtur, et irrationabilitas: requirunt enim huiusmodi artes hominem re venerea non attrectatum, cum tamen plerumque adhibeantur ad illicitos concubitus conciliandos. In operatione autem intellectus bene dispositi nihil irrationabile et sibi diversum apparet. Non igitur huiusmodi artes utuntur patrocinio intellectus bene dispositi secundum virtutem.

2816. Praeterea. Non est bene dispositus secundum intellectum qui per aliqua scelera commissa provocatur ad auxilium alicui ferendum. Hoc autem fit in istis artibus: nam aliqui in executione earum leguntur innocentes pueros occidisse. Non igitur sunt boni intellectus quorum auxilio ista fiunt.

2817. Item. Bonum proprium intellectus est veritas. Cum igitur boni sit bonum adducere, cuiuslibet intellectus bene dispositi esse videtur alios perducere ad veritatem. In operationibus autem magorum pleraque fiunt quibus ludificentur homines et decipiantur. Intellectus igitur cuius auxilio utuntur, non est bene dispositus secundum morem.

2818. Adhuc. Intellectus bene dispositus veritate allicitur, in qua delectatur, non autem mendaciis. Magi autem in suis invocationibus utuntur quibusdam mendaciis, quibus alliciant eos quorum auxilio utuntur: comminantur enim quaedam impossibilia, sicut quod, nisi

왜냐하면 이런 종류의 기술은 성적性的인 것들에 끌리지 않는 인간을 요구하면서도, 흔히 혼외정사를 주선하는 데 사용되기 때문이다. 하지만 좋은 성향을 갖춘 지성의 작용에는 부조리하거나 그 본성에 반하는 것은 아무것도 없다. 그러므로 이런 기술은 덕의 측면에서 볼 때 좋은 성향을 갖춘 지성의 도움을 받는 것이 아니다.

2816. 그 밖에도, 범행을 저지름으로써 자신의 도움을 남에게 주어야 한다고 느끼는 자는 좋은 성향의 지성을 갖추고 있지 않다. 하지만 이런 일이 이런 기술에서 행해진다. 우리는 이런 기술을 부리면서 무고한 어린이들을 살해한 자들에 대해 읽어서 알고 있으니까 말이다. 그러므로 그러한 일들이 행해지도록 도움을 주는 자들은 선한 지성을 지니지 않았다.

2817. 마찬가지로, 지성의 고유한 선은 진리다. 그러므로 타인들을 선으로 인도하는 것은 선한 존재자의 권리이기에 타인들을 진리로 인도하는 것은 좋은 성향을 갖춘 지성의 권리로 보인다. 그러나 마법사들의 작용에서 인간들을 조롱하고 속이는 많은 일이 행해진다. 그러므로 그들에게 도움을 주는 지성은 덕의 측면에서 볼 때 좋은 성향을 갖추지 못했다.

2818. 게다가, 좋은 성향의 지성은 진리에 이끌려 진리를 즐기기는 하지만 거짓에 이끌리지는 않는다. 하지만 마법사들은 주문을 걸면서 자신들에게 도움을 주는 자들을 유인하는 어떤 거짓말들을 구사한다. 포르피리오스가 『아네보에게 보낸 편지』에서 언급하듯이,[133] 그들은 있을 수 없는 협박들

ille qui invocatur opem ferat, invocans caelum comminuet, aut sidera deponet; ut narrat Porphyrius in *Epistola ad Anebontem*. Illae igitur intellectuales substantiae quibus adiuvantibus operationes magorum perficiuntur, non videntur bene dispositae secundum intellectum.

2819. Amplius. Non videtur esse habentis intellectum bene dispositum ut, si sit superior, imperanti sibi subdatur sicut inferior: aut si sit inferior, ut sibi ab eo quasi superiori supplicari patiatur. Magi autem invocant eos quorum auxilio utuntur suppliciter, quasi superiores: cum autem advenerint, imperant eis quasi inferioribus. Nullo igitur modo videntur bene dispositi secundum intellectum.

2820. Per haec autem excluditur Gentilium error, qui huiusmodi operationes diis attribuebant.

Capitulum CVII

Quod substantia intellectualis cuius auxilio magicae artes utuntur, non est mala secundum suam naturam

을 하기도 한다. 이를테면 주문을 통해 불러내진 자[지성적 실체]가 도움
을 주지 않으면 그를 불러내는 마법사가 하늘을 산산조각 내겠다거나 별들
을 옮겨 버리겠다는 식의 협박을 한다. 그러므로 마법사들의 작용이 이루
어지도록 도움을 주는 지성적 실체들은 그 지성이 좋은 성향을 갖춘 것처
럼 보이지 않는다.

2819. 나아가, 자신이 윗사람인데도 마치 아랫사람처럼 자신에게 명령하
는 자에게 복종하거나 자신이 아랫사람인데도 마치 윗사람처럼 자신에게
탄원하도록 내버려두는 것은 좋은 성향의 지성을 지닌 자에 속하는 것처럼
보이지 않는다. 그런데 마법사는 자신이 도움을 청하는 자들을 마치 자기
윗사람들인 것처럼 겸허히 불러내지만, 그들이 등장하게 되면 마법사는
마치 자기 아랫사람들인 것처럼 그들에게 명령한다. 그러므로 마법사들은
지성에 관하여 결코 좋은 성향을 갖춘 것 같지 않다.

2820. 이로써 이런 작용들을 신들에게 귀속시킨 이교도들의 오류는 배제
된다.

제107장
마법의 기술에 사용되는 도움을 주는
지성적 실체는 본성적으로 악하지 않다

◀133 아우구스티누스 『신국론』 X 11 (PL 41, 290).

2821. Non est autem possibile quod sit naturalis malitia in substan-
tiis intelligentibus quarum auxilio magicae artes operantur.

2822. In illud enim in quod aliquid tendit secundum suam naturam,
non tendit per accidens, sed per se: sicut grave deorsum. Sed si
huiusmodi intellectuales substantiae sint secundum suam naturam
malae, naturaliter in malum tendent. Non igitur per accidens, sed
per se tendent ad malum. Hoc autem est impossibile: ostensum est
enim supra (capp. 3 sqq.) quod omnia per se tendunt ad bonum, et
nihil tendit ad malum nisi per accidens. Non igitur huiusmodi intel-
lectuales substantiae sunt secundum suam naturam malae.

2823. Adhuc. Quicquid est in rebus, oportet quod vel causa vel cau-
satum sit: alioquin ad alia ordinem non haberet. Aut igitur huius-
modi substantiae sunt causae tantum, aut etiam causata.

a) Si autem causae; malum autem non potest esse causa alicuius
nisi per accidens, ut supra (cap. 14) ostensum est; omne autem
quod est per accidens, oportet reduci ad id quod est per se: oportet
quod in eis sit aliquid prius quam eorum malitia, per quod sint cau-
sae. Primum autem in unoquoque est eius natura et essentia. Non
igitur secundum suam naturam sunt malae huiusmodi substantiae.

b) Idem etiam sequitur si sunt causata. Nam nullum agens agit
nisi intendens ad bonum. Malum ergo non potest esse effectus ali-

---

2821. 마법의 기술이 작용하는 과정에서 도움을 제공하는 지성적 실체들에는 본성적 사악함이란 있을 수 없다.[134]

2822. 존재자가 본성적으로 어떤 대상을 향한다면 그 대상을 우유적이 아니라 그 자체로 향한다. 이는 마치 무거운 물체가 아래로 향하는 것과 같다. 그런데 이런 지성적 실체들이 본성적으로 악하다면, 그것들은 본성적으로 악을 향한다. 결과적으로 그것들은 우유적이 아니라 그 자체로 악을 향한다는 것이다. 하지만 이것은 불가능하다. 만물은 그 자체로 선을 향하며, 우유적인 방식을 제외하고는 악을 향하지 않는다는 점이 앞서(III 3 이하) 밝혀졌으니까 말이다. 그러므로 이런 지성적 실체들은 본성적으로 악하지 않다.

2823. 게다가, 존재하는 것은 모두 원인이거나 아니면 원인에 기인해야 한다. 그렇지 않다면 그것과 다른 것들 사이에 아무런 질서도 없게 될 것이다. 이런 이유로 이런 실체들은 그저 원인만이든가 아니면 또한 원인에 의해 야기되는 것이다.

a) 그런데 그것들이 원인이라면, 앞서(III 14) 밝혀진 것처럼 악은 우유적인 방식 외에는 그 무엇의 원인일 리 없기에, 그리고 우유적인 것은 모두 본질적인 것에서 유래되어야 하므로, 그것들 안에는 자신들의 사악함에 선행하여 그것들을 원인일 수 있도록 하는 어떤 것이 있어야 한다. 그런데 각각의 사물 안에 으뜸가는 것은 그것의 본성과 본질이다. 그러므로 이런 종류의 실체들은 본성적으로 악하지 않다.

b) 그것들이 원인에 기인하는 것들이더라도, 마찬가지의 결과가 생기게 된다. 왜냐하면 어떠한 작용자도 선을 향하지 않는다면 작용하지도 않기

cuius causae nisi per accidens. Quod autem causatur per accidens tantum, non potest esse secundum naturam: cum omnis natura determinatum modum habeat quo procedit in esse. Non est igitur possibile quod huiusmodi substantiae sint malae secundum suam naturam.

2824. Amplius. Unumquodque entium habet proprium esse secundum modum suae naturae. Esse autem, inquantum huiusmodi, est bonum: cuius signum est quod omnia esse appetunt. Si igitur huiusmodi substantiae secundum suam naturam essent malae, nullum esse haberent.

2825. Item. Ostensum est supra (*lib*. 11, cap. 15) quod nihil potest esse quin a primo ente esse habeat; et quod primum ens est summum bonum (*lib*. 1, cap. 41). Cum autem *omne agens*, inquantum huiusmodi, *agat sibi simile*, oportet quod ea quae a primo ente sunt, bona sint. Praedictae igitur substantiae, secundum quod sunt et naturam aliquam habent, non possunt esse malae.

2826. Adhuc. Impossibile est aliquid esse quod sit universaliter privatum participatione boni: cum enim idem sit appetibile et bonum, si aliquid esset omnino expers boni, nihil haberet in se appetibile; unicuique autem est appetibile suum esse. Oportet igitur quod, si aliquid secundum suam naturam dicatur malum, quod hoc non sit

때문이다. 그러므로 악은 우유적인 방식이 아니라면 원인의 결과일 리가 없다. 그런데 우유적인 방식으로만 기인하는 것은 본성적으로 존재할 수 없다. 왜냐하면 모든 본성은 일정한 방식으로 존재하게 되기 때문이다. 그 러므로 이런 종류의 실체들이 본성적으로 악하게 되는 것은 불가능하다.

2824. 나아가, 모든 존재자는 그 본성의 양태에 따라 자신에게 고유한 존 재를 지닌다. 그런데 존재는 그 자체로 선하다. 이 점은 만물이 존재를 욕 구한다는 사실에 의해 명시된다. 그러므로 이런 종류의 실체들이 본성적 으로 악하다면, 그것들은 결코 존재를 지니지 않게 될 것이다.

2825. 마찬가지로, 제일 존재자에게서 존재를 얻지 못하는 것은 결코 존재 할 수 없다는 점(II 15)과 제일 존재자는 최고선이라는 점(I 41)이 앞서 밝혀 졌다. '모든 작용자'는 그 자체로 '자신과 유사한 것을 산출'하기에 제일 존 재자에서 나오는 것들은 선함이 틀림없다. 그러므로 앞서 말한 실체들이 존재하고 어떤 본성을 갖는 한에서, 그 실체들은 악할 리가 없다.

2826. 게다가, 선에 대한 참여를 완전히 박탈당하는 것은 존재하는 것이 불가능하다. 왜냐하면 욕구할 만한 것과 선한 것은 같은 것이기에 어떤 것 이 선성을 완전히 결여한다면, 그것 안에는 욕구할 만한 것도 전혀 없게 될 것이기 때문이다. 하지만 모든 존재자에게 자신의 존재는 욕구할 만한 것이다. 결과적으로 어떤 것을 본성적으로 악하다고 말할 경우, 이것은 단

quasi simpliciter malum, sed quia est malum huic, vel quantum ad hoc: sicut venenum non est simpliciter malum, sed huic, cui est nocivum; unde quod est uni venenum, est alteri cibus. Hoc autem contingit ex eo quod bonum particulare quod est proprium huius, est contrarium bono particulari quod est proprium alterius: sicut calor, qui est bonum ignis, est contrarium frigori, quod est bonum aquae, et destruit ipsum. Illud igitur quod secundum suam naturam ordinatur in bonum non particulare, sed simpliciter, impossibile est quod neque secundum hunc modum possit naturaliter dici malum. Tale autem est omnis intellectus: nam eius bonum est in propria operatione, quae est universalium, et eorum quae sunt simpliciter. Non est igitur possibile quod aliquis intellectus sit secundum suam naturam malus, non solum simpliciter, sed nec secundum quid.

2827. Item. In unoquoque habente intellectum, naturali ordine intellectus movet appetitum: proprium enim obiectum voluntatis est bonum intellectum. Bonum autem voluntatis est in eo quod sequitur intellectum: sicut in nobis bonum est quod est secundum rationem, quod autem est praeter hoc, malum est. Naturali igitur ordine substantia intellectualis vult bonum. Impossibile est igitur quod illae substantiae intellectuales quarum auxilio magicae artes utuntur, sint naturaliter malae.

적으로 악하지 않고 특정 존재자에 대해서나 특정 방식으로 악해야 한다. 이처럼 독은 단적으로 악한 것이 아니라 유해한 영향을 미치는 특정인에게만 악하다. 그러므로 "누군가에게는 독인 것이 다른 이에게는 음식물이다".[135] 그런데 이것은 누군가에게는 어울리는 특수한 선이 다른 이에게 어울리는 특수한 선과 상반될 때 일어난다. 이처럼 불에 대해 선한 것이 되는 열기는 물에 대해 선한 것이 되는 냉기에 상반되며 냉기를 파괴한다. 따라서 본성적으로 특수한 선을 향하는 것이 아니라 단적으로 선을 향하는 것은 심지어 이런 방식에서도 본성적으로 악하다고 할 수 없다. 그런데 모든 지성은 그러한 것이다. 지성의 선은 보편자들과 단적으로 존재하는 것들을 대상으로 삼는 지성의 고유한 작용 안에 발견되니까 말이다. 그러므로 지성은 단적으로든 다른 것과 관련해서든 본성적으로 악할 리가 없다.

2827. 마찬가지로, 지성을 소유하는 모든 존재자의 경우 지성은 본성적 질서에 따라 욕구를 움직이게 한다. 의지의 고유한 대상은 [지성을 통해] 이해되는 선이니까 말이다. 그런데 의지의 선이란 의지가 지성을 따른다는 데에 있다. 이처럼 우리에게 이성에 부합되는 것은 선이지만, 이성을 벗어나는 것은 악이다. 그러므로 본성적 질서에서 지성적 실체는 선을 원한다. 결과적으로 마법에 도움을 주는 이런 지성적 실체들이 본성적으로 악할 리가 없다.

---

[135] 루크레티우스 『사물의 본성에 관하여』(*De rerum natura*) IV 637.

2828. Praeterea. Cum voluntas tendat in bonum intellectum naturaliter, sicut in proprium obiectum et finem, impossibile est quod aliqua intellectualis substantia malam secundum naturam habeat voluntatem, nisi intellectus eius naturaliter erret circa iudicium boni. Nullus autem intellectus talis potest esse: falsa enim iudicia in operationibus intellectus sunt sicut monstra in rebus naturalibus, quae non sunt secundum naturam, sed praeter naturam; nam bonum intellectus, et eius finis naturalis est cognitio veritatis. Impossibile est igitur quod aliquis intellectus sit qui naturaliter in iudicio veri decipiatur. Non igitur possibile est quod sit aliqua substantia intellectualis habens naturaliter malam voluntatem.

2829. Adhuc. Nulla potentia cognoscitiva deficit a cognitione sui obiecti nisi propter aliquem defectum aut corruptionem suam, cum secundum propriam rationem ad cognitionem talis obiecti ordinetur: sicut visus non deficit a cognitione coloris nisi aliqua corruptione circa ipsum existente. Omnis autem defectus et corruptio est praeter naturam: quia natura intendit esse et perfectionem rei. Impossibile est igitur quod sit aliqua virtus cognoscitiva quae naturaliter deficiat a recto iudicio sui obiecti. Proprium autem obiectum intellectus est verum. Impossibile est igitur quod sit aliquis intellectus naturaliter circa cognitionem veri oberrans. Neque igitur voluntas aliqua naturaliter potest a bono deficere.

2828. 그 밖에도, 의지는 지성을 통해 이해되는 선을 본성적으로 자신의 고유한 대상이자 목적처럼 향하기 때문에, 지성적 실체의 지성이 선의 판단에서 본성적으로 오류를 범하지 않는다면 지성적 실체가 본성적으로 악한 의지를 가질 리가 없다. 그런데 지성의 작용에서 일어나는 그릇된 판단들은 본성을 따르기보다는 본성을 벗어나는 것들이기에 자연 사물들에 있는 기형물奇形物들과 같은 것들이므로 그와 같은 지성이란 있을 수 없다. 지성의 선과 본성적 목적은 진리에 대한 인식이다. 그러므로 진리의 판단에서 본성적으로 기만되는 지성이란 있을 수 없다. 결과적으로, 본성적으로 악한 의지를 소유하는 지성적 실체란 있을 수 없다.

2829. 게다가, 인식 능력은 자신의 본질 규정에 따라 그 대상을 인식하는 대로 질서 지어지기 때문에 자체의 결함이나 손상이 없는 한 그 대상에 대한 인식에 실패하지 않는다. 따라서 시각 자체에 손상이 있는 경우에만 시각은 색깔의 인식을 하지 못하게 된다. 그런데 본성은 사물의 존재와 완전성을 지향하기 때문에 모든 결함과 손상은 본성과 동떨어진 것이다. 그러므로 본성적으로 자신의 대상을 올바르게 판단하지 못하는 인식 능력이란 있을 수 없다. 그런데 지성의 고유한 대상은 참된 것이다. 그렇다면 참된 것을 인식하면서 본성적으로 잘못을 범하는 지성이란 있을 수 없다. 그러므로 어떠한 의지도 본성적으로 선에서 떨어져 나갈 수 없다.

2830. Hoc etiam auctoritate Scripturae firmatur. Dicitur enim I Tim. 4, 4: *Omnis creatura Dei bona.* Et *Gen.* 1, 31: *Vidit Deus cuncta quae fecerat, et erant valde bona.*

2831. a) Per haec autem excluditur error Manichaeorum ponentium huiusmodi substantias intellectuales, quas *daemones* consueto nomine dicimus vel diabolos, esse naturaliter malas.

b) Excluditur etiam opinio quam Porphyrius narrat, in Epistola ad Anebontem, dicens quosdam *opinari esse quoddam* spirituum *genus, cui exaudire* magos *sit proprium, natura fallax, omniforme, simulans deos et daemones et animas defunctorum. Et hoc est quod efficiat haec omnia quae videntur esse* vel *bona vel prava. Ceterum circa ea quae vere sunt bona, nihil opitulari: immo vero ista nec nosse. Sed et* mala *conciliare et insimulare, atque impedire nonnunquam virtutis sedulos sectatores, et plenum esse temeritatis et fastus, gaudere nidoribus, adulationibus capi.*

c) Haec quidem Porphyrii verba malitiam daemonum, quorum auxilio artes magicae utuntur, satis aperte declarant. In hoc autem solo reprehensibilia sunt, quod hanc malitiam naturaliter eis dicit inesse.

2830. 이 점은 성경의 구절에 의해서도 확증된다. 티모테오에게 보낸 첫째 서간 4장 4절에서 "하느님께서 창조하신 것은 다 좋은 것이다"라고, 창세기 1장 31절에서 "하느님께서 보시니 손수 만드신 모든 것이 참 좋았다"라고 말하기 때문이다.

2831. a) 이로써 우리가 '마귀들'이나 '악마들'이라는 이름을 붙이곤 하는 이런 종류의 지성적 실체들이 본성적으로 악하다고 주장한 마니교도의 오류도 반박된다.

b) 포르피리오스가 『아네보에게 보낸 편지』에서 "어떤 자들은 마법사들의 요구를 들어주는 일을 전문으로 하는 모종의 영들이 있다고 믿는다. 그 영들은 본성이 기만적이고, 온갖 형태로 나타나 신들과 마귀들과 죽은 자의 영혼들을 흉내 낸다. 선하게 보이는 짓이든 악하게 보이는 짓이든 무슨 일이든 모두 그들이 저지른 것이다. 더구나 그들은 정말로 선한 일에 관해서는 아무런 도움을 주지 않고 실제로 무엇이 선한 일인지도 알지 못한다. 그 대신 그들은 악한 일들을 하도록 조언하고, 덕을 부지런히 따르는 자들을 탓하고 자주 훼방하기도 한다. 그들은 뻔뻔함과 자만심으로 가득 차 있고, 제물祭物의 냄새를 즐기고, 아첨에 혹한다"[136]라고 서술하는 견해도 배제된다.

c) 포르피리오스의 이런 말은 마법에 도움을 주는 마귀들의 사악함을 아주 명백하게 보여 준다. 이런 사악함이 본성적으로 마귀들 안에 있다는 그의 언명만이 유일하게 비난받을 만하다.

---

[136] 아우구스티누스 『신국론』 X 11 (PL 41, 289).

Capitulum CVIII

Rationes quibus probari videtur quod in daemonibus non possit esse peccatum

2832. Si autem in daemonibus non est naturalis malitia; ostensum autem est (cap. 106) eos esse malos: necessario relinquitur quod sint voluntate mali. Oportet igitur inquirere quomodo hoc possibile sit. Videtur enim omnino hoc impossibile esse.

2833. Ostensum est enim in Secundo (cap. 90) nullam substantiam intellectualem esse corpori naturaliter unitam nisi animam humanam: vel secundum quosdam, animas corporum caelestium (cf. ibid. cap. 70), — de quibus inconveniens est aestimare quod sint malae, cum motus caelestium corporum sit ordinatissimus, et totius ordinis naturalis quodammodo principium. Omnis autem alia cognoscitiva potentia praeter intellectum utitur organis corporalibus animatis. Non est ergo possibile quod in huiusmodi substantiis sit aliqua virtus cognoscitiva nisi intellectus. Quicquid igitur cognoscunt, intelligunt. In eo autem quod quis intelligit, non errat: ex defectu enim intelligendi provenit omnis error. Non potest igitur esse aliquis error in cognitione substantiarum talium. Nullum autem voluntatis peccatum potest esse absque errore: quia voluntas semper tendit in bonum apprehensum; unde, nisi in apprehensione boni erretur, non potest esse in voluntate peccatum. Videtur igitur quod

2832. 사악함[137]이 마귀들에게 본성적이지 않다면, 그리고 마귀들이 악하다(III 106)고 드러났다면, 그들은 자발적으로 악하다는 점이 귀결되어야 한다.[138] 따라서 우리는 이것이 어떻게 가능한지 탐구해야 한다. 그것은 완전히 불가능한 것 같기 때문이다.

2833. 사실 인간 영혼, 또는 어떤 이들의 주장대로 천체들의 영혼(II 70 참조) 외에는 그 어떠한 지성적 실체도 본성적으로 육체와 합일되지 않는다는 점은 제2권(II 90)에서 드러났다. 천체들의 운동들은 대단히 질서정연하고 어떤 점에서는 모든 본성적 질서의 원리이므로, 천체들의 영혼은 악하다고 여기기에 적절치 않은 것이 사실이다. 그런데 지성을 제외한 다른 모든 인식 능력은 살아 있는 육체의 기관을 사용한다. 그러므로 이런 종류의 실체들은 지성 외에는 어떠한 인식 능력도 지닐 수 없다. 이런 이유로 그 실체들이 인식하는 모든 대상은 지성을 통한 이해 작용의 대상이 된다. 그런데 모든 오류는 이해 작용의 결함에서 빚어지기 때문에, 이해 작용을 하는 자가 그 대상과 연관되어 오류를 범하지는 않는다. 그러므로 그러한 실체들의 인식에서 오류가 있을 수 없다. 그러나 의지는 항상 파악되는 선을 지향하기 때문에 의지 안에서는 오류 없이 죄가 일어날 수 없다. 결과적으로, 선을 파악하는 데서 오류가 없다면, 의지에도 죄가 있을 리 없다. 그

---

[137] 여기서 그 자체로 악한 것을 뜻하는 '사악함'(mailitia)은 '선성'(bonitas)과 반대되는 표현이다.
[138] 이 논거들에 대한 답변은 제110장에 나온다.

in huiusmodi substantiis non possit esse voluntatis peccatum.

2834. Adhuc. In nobis peccatum voluntatis accidit circa ea de quibus in universali scientiam veram habemus, per hoc quod in particulari impeditur iudicium rationis ex aliqua passione rationem ligante. Hae autem passiones in daemonibus esse non possunt: quia hae passiones sunt partis sensitivae, quae nullam habet operationem sine organo corporali. Si igitur huiusmodi substantiae separatae habent rectam scientiam in universali, impossibile est quod per defectum cognitionis in particulari voluntas in malum tendat.

2835. Amplius. Nulla virtus cognoscitiva circa proprium obiectum decipitur, sed solum circa extraneum: visus enim non decipitur in iudicio colorum; sed, dum homo per visum iudicat de sapore vel de specie rei, in hoc deceptio accidit. Proprium autem obiectum intellectus est quidditas rei. In cognitione igitur intellectus deceptio accidere non potest, si puras rerum quidditates apprehendat, sed omnis deceptio intellectus accidere videtur ex hoc quod apprehendit formas rerum permixtas phantasmatibus, ut in nobis accidit. Talis autem modus cognoscendi non est in substantiis intellectualibus corpori non unitis: quia phantasmata non possunt esse absque corpore. Non est igitur possibile quod in substantiis separatis accidat error in cognitione. Ergo neque peccatum voluntatis.

러므로 이런 실체들의 의지에는 죄가 있을 수 없는 것 같다.

2834. 게다가, 우리 인간에게 이성의 판단은 특수한 경우 이성을 속박하는 정념에 의해 방해받기 때문에, 죄는 우리가 소유하는 보편적이면서 참된 지식의 대상들과 연관되어 우리 의지 안에 생긴다. 하지만 이런 정념들은 육체의 기관 없이는 작용할 수 없는 영혼의 감각적 부분에 속하기 때문에 마귀들에게는 일어날 수 없다. 결과적으로 이와 같은 분리 실체들이 보편자들에 대해 올바른 지식을 지닌다면, 그들의 의지가 특수자들에 대한 인식의 결함으로 인해 악을 지향하게 되는 것은 불가능하다.

2835. 나아가, 인식 능력은 결코 자신의 고유한 대상에 대해 속지는 않지만, 그 대상과 무관한 것에 대해서는 속는다. 이를테면, 시각은 색깔들을 판단하면서 속지 않지만, 인간이 시각으로 사물의 맛이나 상像을 판단할 때 속는 일이 생길 수 있다. 그런데 지성의 고유한 대상은 사물의 무엇임이다. 결과적으로, 지성이 인식 과정에서 그저 사물들의 무엇임만을 파악할 때 속는 일은 일어날 수 없지만, 지성이 속는 일은 모두 우리 인간의 경우처럼 표상상들과 혼합된 사물들의 형상들을 파악함으로써 일어날 수 있는 듯하다. 하지만 그러한 인식 작용의 양태는 육체들과 합일되지 않는 지성적 실체들에는 발견되지 않는다. 왜냐하면 표상상들은 육체 없이는 있을 수 없기 때문이다. 그러므로 분리 실체들의 인식에서 속는 일은 생길 수 없다. 결과적으로 그들의 의지에 죄도 생길 수 없다.

2836. Item. In nobis falsitas accidit in operatione intellectus componentis et dividentis, ex hoc quod non absolute rei quidditatem apprehendit, sed rei apprehensae aliquid componit. In operatione autem intellectus qua apprehendit *quod quid est*, non accidit falsum nisi per accidens, secundum quod in hac etiam operatione permiscetur aliquid de operatione intellectus componentis et dividentis. Quod quidem contingit inquantum intellectus noster non statim, sed cum quodam inquisitionis ordine ad cognoscendam quidditatem alicuius rei pertingit: sicut cum primo apprehendimus *animal*, et dividentes per oppositas differentias, altera relicta, unam generi apponimus, quousque perveniamus ad definitionem speciei. In quo quidem processu potest falsitas accidere, si accipiatur ut differentia generis quod non est generis differentia. Sic autem procedere ad cognoscendum de aliquo quid est, est intellectus ratiocinando discurrentis de uno ad aliud. Quod non competit substantiis intellectualibus separatis, ut supra (*lib*. 11, cap. 101) ostensum est. Non videtur igitur quod possit aliquis error accidere in cognitione huiusmodi substantiarum. Unde nec in voluntate earum peccatum accidere potest.

2837. Praeterea. Cum nullius rei appetitus tendat nisi in proprium bonum, impossibile videtur id cuius est singulariter unum solum bonum, quod in suo appetitu erret. Et propter hoc, etsi peccatum accidat in rebus naturalibus propter defectum contingentem in executione appetitus, nunquam peccatum accidit in appetitu natu-

2836. 마찬가지로, 우리 인간에게서 거짓은 합성과 분할에서 생기는데, 이는 지성이 단적으로 사물의 무엇임을 파악하지 않은 채 파악되는 사물에 무언가를 합성하기 때문이다. 그런데 지성이 사물의 무엇임을 파악하는 작용 과정에서 지성의 합성과 분할이 섞이는 한에 있어서, 그 작용에서도 거짓은 우유적인 방식으로만 일어날 뿐이다. 이런 일이 일어나는 이유는 우리 지성이 사물의 무엇임에 대한 인식을 즉각 획득하지 않고 탐구의 어떤 순서에 따라 획득하기 때문이다. 이처럼 우리는 먼저 '동물'을 파악하고, 다음에 그것을 상반되는 차이들로 분할하고, 종의 정의에 도달할 때까지 하나를 제쳐두고 나머지를 유에 붙여 놓는다.[139] 이 과정에서 유적 차이가 아닌 것을 유적 차이로 택한다면 거짓이 일어날 수 있다. 그런데 이런 방식으로 사물의 무엇임에 대한 인식에 이르는 행위는 추론 작용을 통해 하나에서 다른 하나로 이르게 되는 지성에 속한다. 앞서 밝혀진 것처럼 (II 101), 이것은 지성적 분리 실체들에 어울리지 않는다. 그러므로 이런 실체들의 인식에는 어떠한 오류도 일어날 수 없는 것 같다. 결과적으로 죄도 그것들의 의지에서 일어날 수 없다.

2837. 그 밖에도, 모든 존재자는 자신의 고유한 선만을 욕구하기 때문에, 오직 하나의 선만을 지니는 존재자가 자신의 욕구에서 오류를 범하는 것은 불가능한 것 같다. 이런 이유로 욕구를 집행하면서 생기는 결함으로 인해

---

[139] 인간의 무엇임(본질)에 대한 파악을 예로 들자면, '동물'에서 '이성적임'과 '비이성적임'이라는 차이로 분할하고, '비이성적임'은 제쳐두고 '이성적임'을 '동물'이라는 유에 붙이게 되면 '이성적 동물'이라는 '인간'이라는 종의 정의에 도달한다는 것이다.

rali: semper enim lapis tendit deorsum, sive perveniat sive impediatur. In nobis autem peccatum accidit in appetendo, quia, cum sit natura nostra composita ex spirituali et corporali, sunt in nobis plura bona: aliud enim est bonum nostrum secundum intellectum, et aliud secundum sensum, vel etiam secundum corpus. Horum autem diversorum quae sunt hominis bona, ordo quidam est, secundum quod id quod est minus principale, ad principalius referendum est. Unde peccatum voluntatis in nobis accidit cum, tali ordine non servato, appetimus id quod est nobis bonum secundum quid, contra id quod est bonum simpliciter. Talis autem compositio et diversitas bonorum non est in substantiis separatis: quinimmo omne eorum bonum est secundum intellectum. Non est igitur in eis possibile quod sit peccatum voluntatis, ut videtur.

2838. Adhuc. In nobis peccatum voluntatis accidit ex superabundantia vel defectu, in quorum medio virtus consistit. Unde in his in quibus non est accipere superabundantiam et defectum, sed solum medium, non contingit voluntatem peccare: nullus enim peccare potest in appetendo iustitiam, nam ipsa iustitia medium quoddam est. Substantiae autem intellectuales separatae non possunt appetere nisi bona intellectualia: ridiculum enim est dicere quod bona corporalia appetant qui secundum suam naturam incorporei sunt, aut bona sensibilia quibus non est sensus. In bonis autem intellectualibus non est accipere superabundantiam: nam secundum se

자연 사물들 안에 과실이 생길 수 있기는 하지만, 그러한 과실이 결코 본성적 욕구에서는 생기지 않는다. 이처럼 돌은 아래쪽에 도달하든지 도달하지 못하도록 방해받든지 상관없이 항상 아래쪽을 향한다. 그런데 우리 인간에게서 죄는 욕구 행위를 통해 일어난다. 왜냐하면 우리의 본성이 영적인 요소와 물질적인 요소로 이루어져 있으므로 우리에게는 여러 가지 선이 있기 때문이다. 지성과 연관되는 우리의 선은 감각과 연관되는 우리의 선이나 육체와 연관되는 우리의 선과는 별개다. 인간의 선들인 이런 다양한 것 사이에 어떤 질서가 있다는 점은 덜 주요한 것을 더 주요한 것 아래 두어야 한다는 사실에 토대를 둔다. 이런 이유로 우리가 이런 질서를 지키지 못하고 단적으로 선한 것을 거슬러 우리에게 상대적으로 선한 것을 욕구할 때, 의지의 죄가 우리에게 생긴다. 하지만 선들의 이런 합성과 다양성은 분리 실체들에는 발견되지 않는다. 사실상 그들에게 모든 선은 지성과 결부된다. 그러므로 그들에게는 의지의 죄가 있을 수 없는 것 같다.

2838. 게다가, 우리 인간에게 죄는 의지 안에서 지나침이나 모자람의 결과로써 일어나는데, 덕은 이것들의 중용에 있다. 결과적으로 지나침이나 모자람을 용인하지 않고 중용만을 용인하는 사안들에 대해서 의지는 죄를 지을 수 없다. 이처럼 그 누구도 정의正義를 욕구하면서 죄를 지을 수 없다. 왜냐하면 정의 자체는 일종의 중용이기 때문이다. 그런데 지성적 분리 실체들은 지성적인 선들만 욕구할 수 있다. 본성적으로 비물질적인 존재자들이 물질적 선들을 욕구한다거나 감각 능력이 결여된 존재자들이 감각적인 선들을 욕구한다고 말하는 것은 터무니없기 때문이다. 하지만 지성적 선들은 그 자체로 지나침과 모자람 사이의 중용이기에 그것들에는 어떠한 지나침도 있을 수 없다. 이처럼 진리는 두 가지 오류, 즉 지나친 것과 모자

media sunt superabundantiae et defectus; sicut verum medium est inter duos errores, quorum unus est secundum plus, alter secundum minus; unde et sensibilia et corporalia bona in medio sunt prout secundum rationem sunt. Non videtur igitur quod substantiae intellectuales separatae secundum voluntatem peccare possint.

2839. Amplius. Magis a defectibus remota videtur substantia incorporea quam corporalis. In substantiis autem corporeis quae sunt a contrarietate remotae, nullus defectus accidere potest: scilicet in corporibus caelestibus. Multo igitur minus in substantiis separatis, et a contrarietate remotis, et a materia, et a motu, ex quibus videtur defectus aliquis posse contingere, aliquod peccatum contingere potest.

Capitulum CIX

Quod in daemonibus possit esse peccatum, et qualiter

2840. Quod autem in daemonibus sit peccatum voluntatis, manifestum est ex auctoritate Sacrae Scripturae. Dicitur enim I Ioan. 3, 3, quod *diabolus ab initio peccat.* Et Ioan. 8, 44, de diabolo dicitur quod *est mendax, et pater* mendacii et quod *homicida erat ab initio.* Et *Sap.* 2, 24 dicitur quod *invidia diaboli mors introivit in orbem terrarum.*

---

[140] 『성경』에는 3장 8절로 나온다.

라는 것 사이의 중용이다. 이런 이유로 감각적인 선들과 물질적인 선들은 모두 이성에 부합되는 한에서 중용에 이르게 된다. 그러므로 지성적 분리 실체들이 의지를 통해 죄를 지을 수 없는 것 같다.

2839. 나아가, 비물질적 실체는 물질적 실체보다 결함에서 더 동떨어져 있는 듯하다. 그런데 상반됨에서 동떨어져 있는 물질적 실체들, 즉 천체들에게 어떠한 결함도 생길 수 없다. 그러므로 하물며 결함이 나올 수 있는 원천들인 것 같은 상반됨, 질료, 운동 모두에서 동떨어져 있는 분리 실체들에게 죄가 생길 수는 없다.

제109장

마귀들에게 죄가 있을 수 있다. 그리고 어떻게 이것이 가능한가?

2840. 그러나 성경의 전거典據로 보아 마귀들에게 의지의 죄가 있다는 게 분명하다. 요한의 첫째 서간 3장 3절[140]에 "악마는 처음부터 죄를 지었습니다"라고 말하며, 요한 복음서 8장 44절에는 악마[141]에 대해 "그가 거짓말쟁이이며 거짓의 아비"이며 "그는 처음부터 살인자"라는 구절이 나오니까 말이다. 지혜서 2장 24절에도 "악마의 시기로 세상에 죽음이 들어왔다"라고 한다.

---

[141] 토마스는 '마귀'와 '악마'라는 용어를 크게 구별하지 않고 사용한다.

2841. a) Si quis autem sequi vellet PLATONICORUM positiones, facilis esset via ad solvendum praedicta.

b) Dicunt enim daemones esse *animalia corpore aërea*: et sic, cum habeant sibi corpora unita, potest in eis etiam esse pars sensitiva. Unde et passiones, quae nobis sunt causa peccati, eis attribuunt, scilicet iram, odium, et alia huiusmodi: propter quod dicit APULEIUS quod sunt *animo passiva*.

2842. Praeter hoc etiam quod uniti corporibus esse perhibentur, secundum positiones PLATONIS forte posset in eis aliud genus cognitionis poni quam intellectus. Nam secundum PLATONEM, etiam anima sensitiva incorruptibilis est (cf. *lib*. 11, cap. 82). Unde oportet quod habeat operationem cui non communicet corpus. Et sic nihil prohibet operationem sensitivae animae inveniri in substantia aliqua intellectuali, quamvis corpori non unita: et per consequens passiones. Et sic manet in eis eadem radix peccandi quae est in nobis.

2843. Sed utrumque praemissorum est impossibile.

a) Quod enim non sint aliquae aliae substantiae intellectuales unitae corporibus praeter animas humanas, ostensum est supra (*lib*. 11, cap. 90).

b) Quod autem operationes sensitivae animae non possint esse

---

142 참조: 아우구스티누스 『신국론』 VIII 14 (PL 41, 239).

143 '기체(공기)로 이루어진 육체를 지닌 생명체'로도 번역될 수 있다.

2841. a) 플라톤주의자들의 입장[142]을 따르고자 하는 사람이라면 앞서 언급된 논거를 수월하게 설명할 것이다.

b) 그들은 마귀들에 대해 '공중에 있는 육체[143]를 지닌 생명체'라고 말한다. 따라서 마귀들은 자신들과 합일되는 육체를 지녔기 때문에 그들에게 감각적 부분도 있을 수 있다. 이런 이유로 플라톤주의자들은 우리에게 죄의 원인이 되는 분노, 미움 등과 같은 [수동적인] 정념들을 마귀들에게 귀속시킨다. 따라서 아풀레이우스[144]는 "그들의 마음이 수동적이다"[145]라고 말한다.

2842. 플라톤의 입장에 따라 마귀들이 신체들과 합일된다는 이 주장과는 별도로, 아마 마귀들 안에 지성의 인식과는 별개의 인식이 부여될 수 있다. 플라톤에 따르면 감각적 영혼도 불멸할 수 있기 때문이다(II 82 참조). 그러므로 그것은 신체와 공유하지 않는 작용을 가져야 한다. 결과적으로 지성적 실체가 육체와 합일되지 않더라도 그 지성적 실체 안에서 감각적 영혼의 작용 그리고 결과적으로 정념들이 일어나는 것을 막을 길이 없다. 따라서 죄의 똑같은 원천이 우리 안에서처럼 마귀들 안에도 있게 된다.

2843. 하지만 앞선 언급된 견해들 모두 불가능하다.

a) 인간 영혼들 외에는 육체들과 합일되는 지성적 실체들이 없다는 점은 앞서(II 90) 밝혀졌기 때문이다.

b) 감각적 영혼의 작용이 육체 없이는 일어날 리가 없다는 점도 감각 작

---

[144] 기원전 2세기에 활동했던 플라톤주의자 루키우스 아풀레이우스(Lucius Apuleius)를 가리킨다.
[145] 아우구스티누스『신국론』VIII 16 (PL 41, 241). 참조: *SCG* II 90, 1771.

sine corpore, hinc apparet quod, corrupto aliquo organo sentiendi, corrumpitur operatio una sensus: sicut, corrupto oculo, visio deficit. Propter quod et, corrupto organo tactus, sine quo non potest esse animal, oportet quod animal moriatur.

2844. Ad evidentiam igitur praemissae dubitationis (cap. praec.), considerandum est quod, sicut est ordo in causis agentibus, ita etiam in causis finalibus: ut scilicet secundarius finis a principali dependeat, sicut secundarium agens a principali dependet. Accidit autem peccatum in causis agentibus quando secundarium agens exit ab ordine principalis agentis: sicut, cum tibia deficit propter suam curvitatem ab executione motus quem virtus appetitiva im-perabat, sequitur claudicatio. Sic igitur et in causis finalibus, cum finis secundarius non continetur sub ordine principalis finis, est peccatum voluntatis, cuius obiectum est *bonum et finis*.

2845. Quaelibet autem voluntas naturaliter vult illud quod est pro-prium volentis bonum, scilicet ipsum esse perfectum, nec potest contrarium huius velle. In illo igitur volente nullum potest volun-tatis peccatum accidere cuius proprium bonum est ultimus finis, quod non continetur sub alterius finis ordine, sed sub eius ordine omnes alii fines continentur. Huiusmodi autem volens est Deus, cuius esse est summa bonitas, quae est ultimus finis. In Deo igitur peccatum voluntatis esse non potest.

용을 수행하는 어떤 기관이 상실할 때 감각이 수행하는 하나의 작용이 상실된다는 사실에서 밝히 드러난다. 이를테면, 눈을 상실하게 되면 시력이 작동하지 않는다. 이런 이유로 인해 동물이 존재한다는 데 필수 불가결한 요소인 촉각 기관이 상실될 때,[146] 동물은 죽을 수밖에 없다.

2844. 따라서 우리는 앞선 제기된 의문(III 108)을 해결하기 위해 작용인作用因들 사이에 질서가 있듯이 목적인目的因들 사이에도 질서가 있다는 사실, 즉 부차적인 작용자가 주요 작용자에게 의존하듯이 부차적인 목적도 주요 목적에 의존한다는 사실을 고려해야 한다. 그런데 부차적인 작용자가 주요 작용자의 질서에서 벗어날 때 작용인들 사이에 과실이 생긴다. 예컨대, 다리뼈가 구부러져서 욕구 능력이 지시하는 운동을 수행하지 못할 때 절뚝거리며 걷게 된다. 따라서 목적인들에서도 부차적인 목적이 주요 목적의 질서 아래 포함되지 않을 경우, '선과 목적'을 대상으로 삼는 의지에 죄가 생기게 된다.

2845. 그런데 모든 의지는 의지를 지니는 존재자의 고유한 선, 즉 완전한 존재 자체를 본성적으로 원하지만, 이것과 상반되는 것을 원할 수는 없다. 따라서 궁극 목적은 또 다른 목적의 질서에 종속되지 않는 대신 나머지 목적들이 모두 궁극 목적의 질서에 종속되므로, 궁극 목적을 자신의 고유한 선으로 삼는, 의지를 지니는 존재자에게 의지의 죄는 일어날 수 없다. 그러한 의지를 지니는 존재자가 신인데, 신의 존재는 궁극 목적인 최고의 선성이다. 그러므로 신에게는 의지의 죄가 있을 수 없다.

---

[146] *DA* II 2, 413b 4.

2846. In quocumque autem alio volente, cuius proprium bonum necesse est sub ordine alterius boni contineri, potest peccatum accidere voluntatis, si in sua natura consideratur. Licet enim naturalis inclinatio voluntatis insit unicuique volenti ad volendum et amandum sui ipsius perfectionem, ita quod contrarium huius velle non possit; non tamen sic est ei inditum naturaliter ut ita ordinet suam perfectionem in alium finem quod ab eo deficere non possit: cum finis superior non sit suae naturae proprius, sed superioris naturae. Relinquitur igitur suo arbitrio quod propriam perfectionem in superiorem ordinet finem. In hoc enim differunt voluntatem habentia ab his quae voluntate carent, quod habentia voluntatem ordinant se et sua in finem, unde et liberi arbitrii esse dicuntur: quae autem voluntate carent, non ordinant se in finem, sed ordinantur a superiori agente, quasi ab alio acta in finem, non autem a seipsis.

2847. a) Potuit igitur in voluntate substantiae separatae esse peccatum ex hoc quod proprium bonum et perfectionem in ultimum finem non ordinavit, sed inhaesit proprio bono ut fini. Et quia ex fine necesse est quod regulae actionis sumantur, consequens est ut ex seipsa, in qua finem constituit, alia regulari disponeret, et ut eius voluntas ab alio superiori non regularetur. Hoc autem soli Deo debetur. Et secundum hoc intelligendum est quod *appetiit Dei aequalitatem*: non quidem ut bonum suum esset divino bono aequale; hoc

2846. 하지만 자신의 고유한 선을 다른 선의 질서 아래에 두어야 하는 의지를 지니는 다른 존재자를 그 본성에 따라 고려하면, 그런 존재자에게 의지의 죄가 생길 수 있다. 사실 의지를 지니는 모든 존재자에게 자신의 완전성을 원하고 사랑하려는 의지의 본성적 경향이 내재하므로 그런 존재자는 이와는 상반되는 것을 원할 수 없기는 하지만, 이런 경향이 그 존재자에게 본성적으로 자신의 완전성을 다른 목적을 영락없이 향하게 하도록 주어지지는 않는다. 왜냐하면 상위의 목적은 자신의 본성에 고유한 것이 아니라 상위의 본성에 고유한 것이기 때문이다. 그러므로 자신의 고유한 완전성을 상위의 목적으로 향하도록 하는 것은 그 자신의 재량에 맡겨진다. 왜냐하면 의지를 부여받은 존재자들은 다음과 같은 점에서 의지가 없는 존재자들과 다르기 때문이다. 의지를 지니는 존재자들은 자기 자신들과 자신들에게 속한 것들을 목적으로 향하게 하므로 자유 결단을 지닌다고 하지만, 의지가 없는 존재자들은 자기 자신들을 목적으로 향하게 하지 않고 상위의 작용자를 통해 목적으로 향하게 되는데, 말하자면 자기 자신들의 행위가 아니라 다른 존재자의 행위를 통해 목적으로 움직여지는 것과 같다.

2847. a) 그러므로 분리 실체는 자신의 고유한 선과 완전성을 자신의 궁극 목적으로 향하게 하지 않은 채 자신의 선을 목적으로 고수했기 때문에, 분리 실체의 의지에서는 죄가 생길 수 있었다. 또한 행위의 규칙들은 반드시 목적에서 도출해야 하므로, 그 결과 이런 분리 실체는 스스로 자신의 목적을 수립함으로써 자신이 다른 존재자들의 규칙을 마련하고자 했고, 그의 의지가 그보다 상위의 존재자에 의해 지배받지 않게 되었다. 하지만 그런 역할은 신에게만 속한다. 이런 의미에서 우리는 "그가 신과 같아지기를 욕구했다"[147]►라는 구절을 분리 실체의 선이 신의 선과 같아질 것이라는 식으

enim in intellectu cadere non poterat; et hoc appetendo appeteret se non esse, cum distinctio specierum secundum diversos gradus rerum proveniat, ut ex supra (cap. 97; *lib*. 11, cap 95) dictis apparet.

b) Velle autem alios regulare, et voluntatem suam a superiori non regulari, est velle praeesse, et quodammodo non subiici, quod est peccatum superbiae. Unde convenienter dicitur quod primum peccatum daemonis fuit *superbia*.

c) Sed quia ex uno errore circa principium varius et multiplex error consequitur, ex prima inordinatione voluntatis quae fuit in daemone, consecutum est multiplex peccatum in voluntate ipsius: et odii ad Deum, ut resistentem suae superbiae, et punientem iustissime suam culpam; et invidiae ad hominem; et multa alia huiusmodi.

2848. Considerandum est etiam quod, cum proprium alicuius bonum habet ordinem ad plura superiora, liberum est volenti ut ab ordine alicuius superiorum recedat et alterius ordinem non derelinquat, sive sit superior sive inferior: sicut miles, qui ordinatur sub rege et sub duce exercitus, potest voluntatem suam ordinare in bonum ducis et non regis, aut e converso. Sed si dux ab ordine regis recedat, bona erit voluntas militis recedentis a voluntate ducis et dirigentis voluntatem suam in regem, mala autem voluntas militis sequentis voluntatem ducis contra voluntatem regis: ordo enim in-

---

◀147 『성경』 이사야서 14,14: "나는 ⋯ 지극히 높으신 분과 같아져야지."

로 이해해서는 안 된다. 이것은 분리 실체의 지성에서 생길 수 없었을 것이고, 앞선(III 97;II 95) 언명으로 보아 분명하듯이 종의 구별은 사물의 다양한 등급에 따라 나오므로 그 실체는 그러한 것을 욕구하면서 존재하지 않기를 욕구하게 될 것이기 때문이다.

b) 그런데 남들을 다스리기를 원하는 것과 자신의 의지가 상위의 존재자에게 지배되지 않는 것은 최고의 자리를 차지하기를 원하는 것이며, 어떤 의미에서는 종속되지 않기를 원하는 것인데, 이것은 교만의 죄다. 이런 이유로 마귀의 첫 번째 죄는 '교만'이었다고 말하는 것이 적절하다.

c) 그러나 다종다양한 오류는 원리와 연관되는 하나의 오류에서 생긴 것이므로 마귀의 의지에 일어났던 첫 번째 무질서에서 온갖 죄가 마귀의 의지에 생기게 된다. 온갖 죄에는 그의 교만을 참아내고 그의 죄과를 매우 정의롭게 벌하는 자로서의 신을 향한 미움의 죄들뿐만 아니라 인간을 향한 질투의 죄들 그리고 다른 많은 유사한 죄들도 속한다.

2848. 어떤 존재자의 고유한 선이 상위의 여러 가지 선들과 연관될 때 의지를 지니는 존재자는 하나의 상위 존재자의 질서에서 마음대로 벗어나기는 하지만, 그것보다 상위의 존재자이거나 하위의 존재자이거나 상관없이 또 다른 존재자의 질서를 마음대로 저버리지 못하는 경우도 있다는 점을 고려해야 한다. 예컨대, 왕과 군대의 사령관 모두에 종속하는 병사는 자신의 의지를 왕의 선이 아니라 사령관의 선으로 향하게 할 수 있고, 그 반대도 가능하다. 하지만 사령관이 왕의 질서에서 벗어난다면, 사령관의 의지를 저버리고 자신의 의지를 왕으로 향하도록 하는 병사의 의지는 선하게 될 것이지만, 왕의 의지에 반해 사령관의 의지를 따르는 병사의 의지는 악하게 될 것이다. 왜냐하면 하위 원리의 질서는 상위 원리의 질서에 의존

ferioris principii dependet ab ordine superioris. Substantiae autem separatae non solum ordinantur sub Deo, sed una etiam earum ordinatur sub alia, a prima usque ad ultimam, ut in Secundo (cap. 95) ostensum est. Et quia in quolibet volente sub Deo potest esse peccatum voluntatis, si in sua natura consideretur, possibile fuit quod aliqua de superioribus, aut etiam suprema inter omnes, peccaret secundum voluntatem. Et hoc quidem satis probabile est: non enim in suo bono quievisset sicut in fine nisi suum bonum valde perfectum esset. Potuit igitur fieri quod de inferioribus aliquae, per propriam voluntatem, bonum suum ordinarent in ipsam, recedentes a divino ordine, quae similiter peccaverunt: aliae vero, servantes in motu suae voluntatis divinum ordinem, ab ordine peccantis, quamvis superioris secundum naturae ordinem, recte recederent. Quomodo vero in bonitate vel malitia immobiliter utrorumque voluntas perseverat, ostendetur in Quarto (capp. 82 sq.): Hoc enim pertinet ad poenas vel praemia bonorum vel malorum.

2849. a) Hoc autem differt inter hominem et substantiam separatam, quod in uno homine sunt plures appetitivae virtutes, quarum una sub altera ordinatur. Quod quidem in substantiis separatis non contingit: una tamen earum est sub altera. Peccatum autem in voluntate contingit qualitercumque appetitus inferior deflectatur.

---

¹⁴⁸ 라틴어 원문은 '82장 이하'로 나와 있지만, '92장 이하'가 정확하다.

하기 때문이다. 그런데 제2권(II 95)에서 밝혀졌듯이, 분리 실체들은 신에게 종속할 뿐만 아니라 첫 번째 것부터 마지막 것에 이르기까지 그것들 중 하나는 다른 하나에 종속하기도 한다. 신 아래 놓인 의지를 지니는 존재자 모두를 본성에 따라 고려한다면, 그런 존재자에게 의지의 죄가 있을 수 있으므로 어떤 상위의 분리 실체나 모든 것 가운데 최고의 분리 실체조차도 자신의 의지 안에서 죄를 범하는 것은 가능했다. 또 이는 실로 충분히 있을 법한 일이다. 그런 [상위에 있거나 최고의] 분리 실체는 자신의 선이 딱히 완전하지 않았다면 목적으로서의 그 선에 만족하지 않았을 것이니까 말이다. 따라서 하위의 분리 실체들 가운데 자기 자신들의 의지로 자신들의 선을 그런 분리 실체로 향하도록 했으며 신적 질서에서 벗어나 그 분리 실체가 한 것처럼 죄를 범한 분리 실체들이 있었을 수도 있지만, 그 분리 실체가 본성의 질서에서 상위에 있었음에도 자기 자신들의 의지를 움직여 신적 질서를 지키면서 죄인의 질서에서 제대로 벗어난 분리 실체들도 있었을 수도 있다. 하지만 두 가지 종류의 의지가 모두 어떻게 선함이나 사악함을 변함없이 항구히 견지하는지는 제4권(92 이하)[148]에서 드러날 것이다. 이것은 선한 자나 악한 자의 벌이나 상에 연관되니까 말이다.

2849. a) 그러나 인간과 분리 실체 사이에는 다음과 같은 차이가 있다. 한 인간에게 여러 가지 욕구 능력이 있는데, 하나의 욕구 능력이 다른 욕구 능력에 종속된다. 하나의 분리 실체가 다른 분리 실체에 종속되기는 하지만, 이것[하나의 욕구 능력이 다른 욕구 능력에 종속되는 것]이 분리 실체들에 해당하지는 않는다. 그런데 죄는 하위의 욕구가 어떤 식으로든 반기를 들 때마다 의지에서 생긴다.

b) Sicut igitur peccatum in substantiis separatis esset vel per hoc quod deflecteretur ab ordine divino, vel per hoc quod aliqua earum inferior deflecteretur ab ordine alicuius superioris sub ordine divino manentis; ita in homine uno contingit peccatum dupliciter: Uno modo, per hoc quod voluntas humana bonum proprium non ordinat in Deum: quod quidem peccatum est commune et sibi et substantiae separatae. Alio modo, per hoc quod bonum inferioris appetitus non regulatur secundum superiorem: puta quando delectabilia carnis, in quae concupiscibilis tendit, volumus non secundum ordinem rationis. Huiusmodi autem peccatum non contingit in substantiis separatis esse.

Capitulum CX

Solutio praemissarum rationum

2850. Sic ergo quae obiecta sunt non difficile est solvere.

2851. Non enim cogimur dicere quod error fuerit in intellectu substantiae separatae iudicando bonum quod bonum non sit (2833–36): sed non considerando bonum superius, ad quod proprium bonum referendum erat. Cuius quidem inconsiderationis ratio esse potuit

---

149 욕망적 욕구는 '감각적 욕구에 속하는 비이성적인 욕구'를 가리킨다.

b) 그러므로 죄는 신적 질서를 외면함을 통해서나 하위 실체가 신적 질서 아래 머무르는 상위 실체의 질서에서 벗어남을 통해 분리 실체들에게 생길 수 있듯이, 인간에게도 죄는 두 가지 방식으로 생길 수 있다. 첫 번째로, 인간의 의지가 자신의 고유한 선을 신으로 향하도록 하지 않는다는 사실에서 죄가 생긴다. 이런 종류의 죄는 인간 자신뿐만 아니라 분리 실체에도 공통적이다. 두 번째로, 하위 욕구의 선이 상위 욕구에 따라 제어되지 않음으로써 죄가 생긴다. 예컨대, 우리는 욕망적 욕구[149]가 지향하는 육신의 즐거움을 이성의 질서에 부합하지 않은 채로 원할 수 있다. 이런 두 번째 종류의 죄는 분리 실체들에게 생길 수 없다.

제110장
앞서 다루어진 논거들에 대한 해결

2850. 따라서 앞서 제기된 반론들[150]을 해결하는 것은 어렵지 않다.

2851. 우리는 분리 실체가 선한 것을 선하지 않다고 판단함으로 그 지성 안에 오류가 있게 되었다고 말할 필요는 없다(III 108, n.2833-36). 도리어 그 실체의 고유한 선이 향했어야 하는 상위의 선에 주의를 기울이지 않음으로써 그 지성 안에 오류가 있게 된 것이다. 이처럼 주의를 기울이지 않았던

---

[150] 참조: *SCG* III 108.

voluntas in proprium bonum intense conversa: est enim liberum voluntati in hoc vel illud converti.

2852. Patet etiam quod non appetiit aliquod bonum nisi unum, quod est sibi proprium (2837): sed in hoc fuit peccatum, quod praetermisit superius bonum, in quod debuit ordinari. Sicut enim in nobis peccatum est ex hoc quod bona inferiora, scilicet corporis, appetimus absque ordine rationis, ita in diabolo peccatum fuit ex hoc quod proprium bonum non retulit ad divinum bonum.

2853. Patet etiam quod medium virtutis praetermisit (2838), inquantum se superioris ordini non subdidit, et sic sibi plus dedit quam debuit, Deo autem minus quam ei deberetur, cui omnia debent esse subiecta ut primae regulae ordinanti. Manifestum igitur est quod in peccato illo non est praetermissum medium per superabundantiam passionis, sed solum per inaequalitatem iustitiae, quae est circa operationes. In substantiis enim separatis operationes esse possunt, passiones vero nequaquam.

2854. Non etiam oportet, si in superioribus corporibus nullus potest esse defectus, quod propter hoc in substantiis separatis peccatum esse non possit (2839). Corpora enim, et omnia quae ratione carent, aguntur tantum, non autem agunt seipsa: non enim sui actus dominium habent. Unde non possunt exire a regula prima ipsa agentis et

이유는 그 실체의 의지가 자신의 선 쪽으로 강렬하게 향했기 때문이었을 수 있다. 의지는 마음대로 이 대상이나 저 대상을 향하니까 말이다.

2852. 그 실체가 자신에게 고유한 하나의 선만을 욕구했다는 점도 분명하다(III 108, n.2837). 하지만 그 실체가 정작 지향했어야 하는 상위의 선을 무시한 데서 죄가 생기게 되었다. 우리 인간에게 죄는 우리가 이성의 질서 밖에 있는 하위의 선들, 즉 육체의 선들을 욕구함으로써 생겨나게 되듯이, 악마에게도 자신의 선을 신적인 선과 관련짓지 않음으로써 죄가 생기게 되었다.

2853. 또한 악마가 상위 존재자의 질서에 복종하지 않았기에 덕의 중용을 등한시한 것도 분명하다(III 108 n.2838). 따라서 그는 자기 자신에게는 마땅히 받아야 할 것 이상을 부여한 데 반해, 으뜸가는 규칙의 질서를 세운 자로서 만물이 종속해야 하는 신에게는 마땅히 바쳐야 하는 것보다 적게 바쳤다. 결과적으로 이런 죄 안에서 앞서 말한 중용은 정념의 지나침으로 인해 등한시된 것이 아니라 작용들과 연관되는 정의의 부등성으로 인해 등한시된 것이 분명하다. 왜냐하면 분리 실체들에게 작용은 있을 수 있지만 정념이 있을 수는 없기 때문이다.

2854. 상위의 물체[천체]들에 어떠한 결함도 있을 수 없다고 해서 분리 실체들에도 죄가 생길 수 없다는 점이 마찬가지로 귀결되지는 않는다(III 108 n.2839). 물체 그리고 이성이 없는 모든 존재자는 자신의 행위를 지배하지 못하므로 수동적으로 작용을 받기만 할 뿐 능동적으로 작용하지는 않으니까 말이다. 결과적으로 그것들은 자신들을 작용하도록 하고 움직이도록

moventis, nisi per hoc quod rectitudinem primae regulae sufficienter suscipere non possunt. Quod quidem contingit ex indispositione materiae. Et propter hoc superiora corpora, in quibus indispositio materiae locum non habet, nunquam a rectitudine primae regulae deficere possunt. Substantiae vero rationales, sive intellectuales, non tantum aguntur, sed etiam agunt se ad proprios actus. Quod quidem tanto magis invenitur in eis quanto perfectior est ipsarum natura: quorum enim natura perfectior est, est et perfectior virtus in agendo. Unde naturae perfectio non impedit quin peccatum in eis accidere possit modo praedicto: ex hoc scilicet quod seipsis inhaerent, ordinem superioris agentis non attendentes.

Capitulum CXI

Quod speciali quadam ratione creaturae rationales divinae providentiae subduntur

2855. a) Ex his quidem quae supra (capp. 64 sqq.) determinata sunt, manifestum est quod divina providentia ad omnia se extendit. Oportet tamen aliquam rationem providentiae specialem observari circa intellectuales et rationales naturas, prae aliis creaturis. Praecellunt enim alias creaturas et in perfectione naturae, et in dignitate finis.

하는 으뜸가는 규칙을 벗어날 수는 없다. 다만 질료의 부적합한 상태로 인해 으뜸가는 규칙의 올바름을 충분히 받아들이지 못할 경우에는 예외가 될 수 있다. 이런 까닭에 질료의 부적합한 상태가 생길 수 없는 상위의 물체[천체]들은 결코 으뜸가는 규칙의 올바름을 벗어날 수 없다. 하지만 이성적 혹은 지성적 실체들은 작용을 수동적으로 받을 뿐만 아니라 자기 자신들의 행위들을 능동적으로 하기도 한다. 실제로 그들 본성이 완전할수록 이런 특성은 그들 안에 더욱더 분명하게 드러난다. 그들의 본성이 완전할수록 행위를 하는 그들의 능력은 더 완전하기 때문이니까 말이다. 결과적으로 그들이 지니는 본성의 완전성은 앞서 말한 방식, 즉 그들이 자신들에게만 매달리고 상위 작용자의 질서에는 관심을 기울이지 않음으로써 죄의 가능성이 그들 안에 생기는 것을 배제하지는 않는다.

제111장
이성적 피조물들은
특별한 방식으로 신적 섭리의 지배를 받는다[151]

2855. a) 지금까지(III 64 이하) 밝혀진 것들로 보아 신적 섭리가 만물에까지 미친다는 것은 분명하다. 그런데도 다른 피조물들과 달리 지성적이면서 이성적 피조물들에 부여되는 섭리에는 특별한 의미가 있다는 점에 주목해야 한다. 그것들은 본성의 완전성뿐만 아니라 목적의 고귀함에서도 다른 피조물들을 능가하기 때문이다.

---

[151] 이 장부터 제3권의 마지막 세 번째 부분이 시작된다.

b) In perfectione quidem naturae, quia sola creatura rationalis habet dominium sui actus, libere se agens ad operandum; ceterae vero creaturae ad opera propria magis aguntur quam agant; ut ex supra (cap. 47) dictis patet.

c) In dignitate autem finis, quia sola creatura intellectualis ad ipsum finem ultimum universi sua operatione pertingit, scilicet cognoscendo et amando Deum: aliae vero creaturae ad finem ultimum pertingere non possunt nisi per aliqualem similitudinis ipsius participationem.

d) Omnis autem ratio operis variatur secundum diversitatem finis, et eorum quae operationi subiiciuntur: sicut ratio operandi per artem diversa est secundum diversitatem finis et materiae; aliter enim operatur medicus ad aegritudinem pellendam, et ad sanitatem confirmandam; atque aliter in corporibus diversimode complexionatis.

e) Et similiter oportet in regimine civitatis diversam rationem ordinis observari secundum diversas conditiones eorum qui subiiciuntur regimini, et secundum diversa ad quae ordinantur: oportet enim aliter disponi milites, ut sint praeparati ad pugnam; et artifices, ut bene se habeant circa sua opera.

f) Sic igitur et alia est ordinis ratio secundum quam creaturae rationales providentiae divinae subduntur: et alia secundum quam ordinantur ceterae creaturae.

b) 그것들이 본성의 완전성에서 다른 피조물들을 능가하는 까닭은 이성적 피조물만이 능동적으로 자신들의 작용을 자유로이 수행하므로 자기 행위를 지배하는 반면, 앞선 언명(Ⅲ 47)에서 밝혀졌듯이 다른 피조물들은 자신들에게 고유한 작용을 능동적으로 수행하기보다는 수동적으로 하게 된다는 데에 있다.

c) 그것들이 목적의 고귀함에서 다른 피조물들을 능가하는 까닭은 지성적 피조물만이 자신의 작용으로, 즉 신을 인식하고 사랑함으로써 우주의 궁극 목적 자체에 도달하는 반면, 다른 피조물들은 신의 유사성에 참여함으로써만 그 목적에 도달할 수 있기 때문이다.

d) 그런데 작용들은 목적 및 작용의 대상이 되는 것들의 다양성에 따라 그 종류가 서로 다르다. 따라서 기술에서 작용은 목적과 소재의 다양성에 따라 서로 다르다. 의사가 질병을 없애기 위해 행위를 하는 방식과 건강을 유지하기 위해 행위를 하는 방식은 서로 다르며, 의사는 서로 다른 체질의 육체들에 대해서도 서로 다른 방식으로 행위를 한다.

e) 마찬가지로, 국가의 통치 체제에서도 통치 체제의 지배를 받는 자들의 다양한 지위와 그들이 향하는 다양한 목적에 따라 서로 다른 질서가 유지되어야 한다. 왜냐하면 병사들이 일전―戰을 불사할 태세를 갖추는 방식과 장인匠人들이 자신의 작업을 잘 수행할 태세를 갖추는 방식은 서로 다르기 때문이다.

f) 따라서 이성적 피조물들이 신적 섭리의 지배를 받는 질서와 나머지 피조물이 신적 섭리의 지배를 받는 질서는 서로 다른 종류다.

Capitulum CXII

Quod creaturae rationales gubernantur propter seipsas,

aliae vero in ordine ad eas

2856. Primum igitur, ipsa conditio intellectualis naturae, secundum quam est domina sui actus, providentiae curam requirit qua sibi propter se provideatur: aliorum vero conditio, quae non habent dominium sui actus, hoc indicat, quod eis non propter ipsa cura impendatur, sed velut ad alia ordinatis. Quod enim ab altero tantum agitur, rationem instrumenti habet: quod vero per se agit, habet rationem principalis agentis. Instrumentum autem non quaeritur propter seipsum, sed ut eo principale agens utatur. Unde oportet quod omnis operationis diligentia quae circa instrumenta adhibetur, ad principale agens referatur sicut ad finem: quod autem circa principale agens vel ab ipso vel ab alio adhibetur, inquantum est principale agens, propter ipsum est. Disponuntur igitur a Deo intellectuales creaturae quasi propter se procuratae, creaturae vero aliae quasi ad rationales creaturas ordinatae.

2857. Adhuc. Quod dominium sui actus habet, liberum est in agendo, *liber enim est qui sui causa est:* quod autem quadam necessitate ab alio agitur ad operandum, servituti subiectum est. Omnis igitur alia creatura naturaliter servituti subiecta est: sola intellectualis na-

제112장

이성적 피조물들은 그들 자신을 위해 다스려지지만

다른 피조물들은 이성적 피조물들과 관련하여 다스려진다

2856. 첫째로, 지성적 피조물이 자기 행위를 지배한다는 점에서 지성적 본성이 갖춘 조건 자체는 섭리의 돌봄이 지성적 피조물을 위해 그 피조물에게 베풀어질 것을 요구한다. 반면, 자기 행위를 지배하지 못하는 다른 피조물들이 갖춘 조건은 그 피조물들이 자기 자신들을 위해서가 아니라 다른 것들과 관련하여 돌봄을 받는다는 사실을 드러낸다. 왜냐하면 다른 존재자에 의해 움직여짐으로써만 작용하는 것은 도구의 특성을 갖지만, 자기스스로 작용하는 것은 주요 작용자의 특성을 갖기 때문이다. 도구는 도구 자체를 위해 요구되지 않고 주요 작용자가 사용할 목적으로 요구된다. 이런 이유로 도구들을 돌보기 위해 이루어지는 작용은 모두 목적으로서의 주요 작용자와 연관되어야 하는 데 반해, 주요 작용자가 주요 작용자인 한에서 자기 자신이거나 아니면 다른 작용자에 의해서거나 주요 작용자와 연관되어 이루어지는 작용은 바로 주요 작용자를 위한 것이어야 한다. 따라서 마치 신이 이성적 피조물들을 위해 그것들을 돌보는 것처럼 이성적 피조물들은 신에 의해 다스려지지만, 다른 피조물들은 이성적 피조물들에 종속되는 것들로 신에 의해 다스려진다.

2857. 게다가, 자기 행위를 지배하는 자는 행위를 하는 데 자유롭다. "자기 자신을 위해 사는 사람이 자유로운 사람이니까 말이다."[152] 하지만 타자에 의해 강제적으로 행위를 하게 되는 자는 노예 상태에 놓이게 된다. 그

---

[152] *Met* I 2, 982b 26.

tura libera est. In quolibet autem regimine, liberis providetur propter seipsos: servis autem ut sint in usum liberorum. Sic igitur per divinam providentiam intellectualibus creaturis providetur propter se, ceteris autem creaturis propter ipsas.

2858. Amplius. Quandocumque sunt aliqua ordinata ad finem aliquem, si qua inter illa ad finem pertingere non possunt per seipsa, oportet ea ordinari ad illa quae finem consequuntur, quae propter se ordinantur in finem: sicut finis exercitus est victoria, quam milites consequuntur per proprium actum pugnando, qui soli propter se in exercitu quaeruntur; omnes autem alii, ad alia officia deputati, puta ad custodiendum equos, ad parandum arma, propter milites in exercitu quaeruntur. Constat autem ex praemissis (cap. 17) finem ultimum universi Deum esse, quem sola intellectualis natura consequitur in seipso, eum scilicet cognoscendo et amando, ut ex dictis (capp. 25 sqq.) patet. Sola igitur intellectualis natura est propter se quaesita in universo, alia autem omnia propter ipsam.

2859. Item. In quolibet toto partes principales propter se exiguntur ad constitutionem totius: aliae vero ad conservationem, vel ad aliquam meliorationem earum. Inter omnes autem partes universi, nobiliores sunt intellectuales creaturae: quia magis ad similitudinem divinam accedunt. Naturae ergo intellectuales sunt propter se a

러므로 다른 모든 피조물은 본성적으로 노예 상태에 놓이게 되며, 지성적 피조물만이 본성적으로 자유롭다. 그런데 모든 종류의 통치 체제에서 자유로운 자들은 자기 자신들을 위해 돌봄을 받지만, 노예들의 경우에는 자신들이 자유로운 자들에게 보탬이 될 수 있도록 돌봄을 받는다. 따라서 신적 섭리는 지성적 피조물들 자신들을 위해 그들을 돌보지만, 나머지 피조물들은 지성적 피조물들을 위해 돌본다.

2858. 나아가, 어떤 목적을 지향하는 것들 가운데 스스로 목적에 이를 수 없는 것들이 있을 때마다, 그런 것들은 자기 자신들을 위해 목적을 향함으로써 목적에 이르게 되는 것들과 관련되어야 한다. 따라서 예컨대 군대의 목적은 병사들이 전투에서 자기 자신들의 행위를 통해 획득하는 승리인데, 군대에서 병사들만이 자기 자신들을 위해 필요하다. 말을 돌보고 무기를 준비하는 것처럼 별개의 임무들을 맡는 다른 모든 사람은 군대의 병사들을 위해 필요하다. 그런데 앞선 언명(III 17)으로 보아, 신이 우주의 궁극 목적이라는 점은 분명하다. 앞서(III 25 이하) 밝혀졌듯이, 지성적 본성만이 신 안에서, 즉 신을 인식하고 사랑함으로써 신이라는 궁극 목적을 이루게 된다는 점도 분명하다. 그러므로 우주에서 지성적 본성만이 자기 자신을 위해 필요한 데 반해, 다른 모든 것은 지성적 본성을 위해 필요하다.

2859. 마찬가지로, 모든 전체에서 으뜸가는 부분들은 자기 자신들을 위해 전체를 구성할 목적으로 요구되지만, 나머지 부분들은 으뜸가는 부분들을 보존하거나 개선할 목적으로 요구된다. 그런데 우주의 모든 부분 가운데 지성적 피조물들은 신적 유사성에 더 가까이 다가가기 때문에 더 존엄하다. 그러므로 지성적 본성은 자기 자신을 위해 신의 섭리로 돌봄을 받는

divina providentia procuratae, alia vero omnia propter ipsas.

2860. Praeterea. Manifestum est partes omnes ordinari ad perfectionem totius: non enim est totum propter partes, sed partes propter totum sunt. Naturae autem intellectuales maiorem habent affinitatem ad totum quam aliae naturae: nam unaquaeque intellectualis substantia est quodammodo omnia, inquantum totius entis comprehensiva est suo intellectu: quaelibet autem alia substantia particularem solam entis participationem habet. Convenienter igitur alia propter substantias intellectuales providentur a Deo.

2861. Adhuc. Sicut agitur unumquodque cursu naturae, ita natum est agi. Sic autem videmus res cursu naturae currere quod substantia intellectualis omnibus aliis utitur propter se: vel ad intellectus perfectionem, quia in eis veritatem speculatur; vel ad suae virtutis executionem et scientiae explicationem, ad modum quo artifex explicat artis suae conceptionem in materia corporali; vel etiam ad corporis sustentationem, quod est unitum animae intellectuali, sicut in hominibus patet. Manifestum est ergo quod propter substantias intellectuales omnia divinitus providentur.

2862. Amplius. Quod aliquis propter se quaerit, semper illud quaerit: quod enim per se est, semper est; quod vero aliquis propter aliud quaerit, non oportet quod semper illud quaerat, sed secundum

데 반해, 다른 모든 것은 지성적 본성들을 위해 돌봄을 받는다.

2860. 그 밖에도, 모든 부분이 전체의 완전성으로 질서 지어진다는 것은 분명하다. 전체는 부분들을 위해 존재하지 않지만, 부분들은 전체를 위해 존재하기 때문이다. 그런데 지성적 본성들은 다른 본성들보다 전체와 더 밀접한 관련이 있다. 지성적 실체는 자신의 지성을 통해 만물을 파악하는 한에서 어떤 의미로는 만물이지만, 다른 모든 실체는 존재자에 특수한 방식으로 참여할 뿐이기 때문이다. 그러므로 다른 실체들이 지성적 실체들을 위해 신의 돌봄을 받는 것은 마땅하다.

2861. 게다가, 자연의 순리대로 어떤 사물에 일어나는 것은 모두 그 사물에 자연적으로 일어난다. 그런데 우리는 자연의 순리대로 지성적 실체가 자신을 위해 다른 모든 것을 사용하는 것을 관찰하는데, 그 지성적 실체는 다른 모든 것들 안에서 진리를 바라보게 되는 지성의 완성을 위해서든가, 아니면 제작자가 물질적 질료 안에 자신의 기술적 구상을 펼치는 것과 같은 방식으로 자기 능력을 집행하고 자기 지식을 펼치기 위해서든가, 아니면 인간의 경우처럼 지성적 영혼과 합일되는 자기 육체를 유지하기 위해서 다른 모든 것들을 사용한다. 그러므로 신이 지성적 실체들을 위해 만물을 돌본다는 것은 분명하다.

2862. 나아가, 만약 인간이 무언가를 그것 자체를 위해 추구한다면, 그것은 그가 항상 추구하는 것이다. 그 자체로 존재하는 것은 항상 존재하니까 말이다. 반면, 만약 인간이 무언가를 다른 무엇을 위해 추구한다면, 그것

quod competit ei propter quod quaeritur. Esse autem rerum ex divina voluntate profluxit, ut ex superioribus (*lib.* 11, cap. 23) est manifestum. Quae igitur semper sunt in entibus, sunt propter se a Deo volita: quae autem non semper, non propter se, sed propter aliud. Substantiae autem intellectuales maxime accedunt ad hoc quod sint semper, quia sunt incorruptibiles. Sunt etiam immutabiles, nisi solum secundum electionem. Ergo substantiae intellectuales gubernantur quasi propter se, aliae vero propter ipsas.

2863. Non est autem ei quod praemissis rationibus est ostensum contrarium, quod omnes partes universi ad perfectionem totius ordinantur: sic enim ad perfectionem totius omnes partes ordinantur, inquantum una deservit alteri. Sicut in corpore humano apparet quod pulmo in hoc est de perfectione corporis, quod deservit cordi: unde non est contrarium pulmonem esse propter cor, et propter totum animal. Et similiter non est contrarium alias naturas esse propter intellectuales, et propter perfectionem universi: si enim deessent ea quae requirit substantiae intellectualis perfectio, non esset universum completum.

2864. Similiter etiam praedictis non obviat quod individua sunt propter proprias species. Per hoc enim quod ad suas species ordinantur, ordinem habent ulterius ad intellectualem naturam. Non enim aliquod corruptibilium ordinatur ad hominem propter unum indivi-

은 항상 추구될 필요는 없고, 추구되는 목적과 관련되는 만큼 추구된다. 그런데 앞서(II 23) 밝혀졌듯이, 사물들의 존재는 신의 의지에서 나온다. 그러므로 신은 존재자들 가운데 항상 존재하는 것들을 그것들 자체를 위해 원하지만, 항상 존재하지 않는 것들은 그것들 자체가 아니라 다른 어떤 것을 위해 원한다. 그런데 지성적 실체들은 불멸하므로 항상 존재하는 것에 버금간다. 또한 그것들은 선택의 행위에서만 가변적일 뿐, 그 외에는 불변적이다. 그러므로 이를테면 지성적 실체들은 자기 자신들을 위해 다스려지지만, 다른 것들은 그 지성적 실체들을 위해 다스려진다.

2863. 우주의 모든 부분이 전체의 완전성으로 질서 지어진다는 사실도 앞선 논거들이 드러내는 바와 상반되지 않는다. 왜냐하면 우주의 한 부분이 다른 부분에 이바지하는 한에서 모든 부분은 전체의 완전성으로 질서 지어지기 때문이다. 따라서 인간의 육체에서 폐가 심장에 이바지한다는 점에서 폐가 육체의 완전성에 속한다는 것은 분명하다. 이런 이유로 폐가 심장과 생명체 전체를 위해 존재한다는 것은 모순적이지 않다. 마찬가지로 다른 본성들이 지성적 본성과 우주의 완전성을 위해 존재하는 것도 모순적이지 않다. 지성적 실체의 완전성을 위해 요구되는 것들이 존재하지 않는다면, 우주는 완결적이지 않을 것이기 때문이다.

2864. 마찬가지로, 개별자들이 종을 위해 존재한다는 사실도 앞선 언명에 반하지 않는다. 개별자들은 자기 자신들의 종을 지향함으로써 지성적 본성도 지향하게 된다. 소멸할 수 있는 것은 오직 한 명의 개별적 인간이 아니라 인간종 전체를 위해 인간을 지향하기 때문이다. 그런데도 소멸할 수

duum hominis tantum, sed propter totam humanam speciem. Toti autem humanae speciei non posset aliquod corruptibilium deservire nisi secundum suam speciem totam. Ordo igitur quo corruptibilia ordinantur ad hominem, requirit quod individua ordinentur ad speciem.

2865. Per hoc autem quod dicimus substantias intellectuales propter se a divina providentia ordinari, non intelligimus quod ipsa ulterius non referantur in Deum et ad perfectionem universi. Sic igitur propter se procurari dicuntur et alia propter ipsa, quia bona quae per divinam providentiam sortiuntur, non eis sunt data propter alterius utilitatem; quae vero aliis dantur, in eorum usum ex divina ordinatione cedunt.

2866. Hinc est quod dicitur *Deut.* 4, 19: *Ne videas solem et lunam et cetera astra, et errore deceptus, adores ea quae creavit Dominus Deus tuus in ministerium cunctis gentibus quae sub caelo sunt.* Et in *Psalmo* dicitur: *Omnia subiecisti sub pedibus eius; oves et boves universas, insuper et pecora campi.* Et *Sap.* 12, 18 dicitur: *Tu autem, Dominator virtutis, cum tranquillitate iudicas, et cum magna reverentia disponis nos.*

있는 것은 그 종 전체에 의해서만 인간종 전체에 이바지할 수 있다. 그러므로 소멸할 수 있는 것들이 인간을 지향하도록 하는 질서는 개별자들이 종에 관련되기를 요구한다.

2865. 하지만 우리는 신의 섭리를 통해 지성적 실체들이 그것들 자체를 위해 질서 지어지게 된다고 말할 때, 그것들이 더 궁극적으로 신과 우주의 완전성까지 귀착되지 않는다는 것을 의미하지는 않는다. 따라서 지성적 실체들은 그것들 자체를 위해 돌봄을 받고, 다른 존재자들은 그 실체들을 위해 돌봄을 받는다고 한다. 왜냐하면 신의 섭리를 통해 지성적 실체들이 부여받은 선들은 다른 존재자의 유익을 위해 그 실체들에게 주어지는 게 아니기 때문이다. 하지만 다른 존재자들이 부여받은 것들은 신이 정한 질서에 따라 지성적 실체들이 이용하기 위한 것이 된다.

2866. 이런 이유로, 신명기 4장 19절에서 "너희가 해나 달 그리고 다른 별들을 보고 실수로 속아 그것들에게 경배하고 그것들을 섬겨서는 안 된다. 그것들은 주 너희 하느님께서 온 하늘 아래에 있는 다른 모든 민족들을 위해 만드는 것이다"라고 말하고, 시편에서 "만물을 그의 발아래 두셨습니다. 저 모든 양 떼와 소 떼, 들짐승하며 …"[153]라고 말하며, 지혜서 12장 18절에서 "당신께서는 힘의 주인이시므로 너그럽게 심판하시고 저희를 아주 관대하게 통솔하십니다"라고 언급한다.

---

[153] 시편 8,7-8.

2867. Per haec autem excluditur error PONENTIUM homini esse peccatum si animalia bruta occidat. Ex divina enim providentia naturali ordine in usum hominis ordinantur. Unde absque iniuria eis utitur homo, vel occidendo, vel quolibet alio modo. Propter quod et Dominus dixit ad Noe, *Gen.* 9, 3: *Sicut olera virentia dedi vobis omnem carnem.*

2868. Si qua vero in SACRA SCRIPTURA inveniantur prohibentia aliquid crudelitatis in animalia bruta committi, sicut de ave cum pullis non occidenda: hoc fit vel ad removendum hominis animum a crudelitate in homines exercenda, ne aliquis, exercendo crudelia circa bruta, ex hoc procedat ad homines; vel quia in temporale damnum hominis provenit animalibus illata laesio, sive inferentis sive alterius; vel propter aliquam significationem, sicut APOSTOLUS exponit illud de *non alligando ore bovis triturantis.*

CAPITULUM CXIII

QUOD RATIONALIS CREATURA DIRIGITUR A DEO AD SUOS ACTUS NON SOLUM SECUNDUM ORDINEM AD SPECIEM, SED ETIAM SECUNDUM QUOD CONGRUIT INDIVIDUO

---

[154] 마니교도의 이런 견해에 대해서는 아우구스티누스 『가톨릭교회의 관습과 마니교도의 관습』(*De moribus eccelsiae catholicae et de moribus Manichaeorum*) 17, 5 (PL 32 1368) 참조.

2867. 이로써 인간이 짐승을 죽이는 것은 죄라고 주장하는 자들의 오류[154]가 반박된다. 자연의 질서에서 짐승들은 신의 섭리를 통해 인간이 이용하도록 정해진 것이기 때문이다. 결과적으로 인간이 짐승들을 죽이거나 아니면 그 밖에 다른 방식으로 그것들을 이용하더라도 부당한 것은 아니다. 이런 이유로 인해 창세기 9장 3절에서 주님께서는 노아에게 "내가 전에 푸른 풀을 주었듯이, 이제 이 모든 살을 너희에게 준다"라고 말씀하신다.

2868. 새끼들을 품고 있는 새를 잡아서는 안 되는 것[155]처럼 성경에 짐승들에게 잔인한 행위를 저지르는 것을 금한다는 구절들이 있다면, 그것들은 누군가 짐승들에 잔인한 행위를 저지르는 것을 통해 인간들에게도 같은 짓을 하지 못하기 위해서거나, 인간의 정신을 다른 인간들에게 저지를 수 있는 잔인한 행위에서 돌아서도록 하기 위해서거나, 짐승들에게 끼친 피해가 그 행위를 한 자나 또 다른 자에게 일시적인 손실로 이어질 수 있기 때문이거나, 아니면 사도께서 "타작 일을 하는 소에게 부리망을 씌워서는 안 된다"[156]고 설명하는 것처럼[157] 어떤 의미 때문에 말한다.

제113장

이성적 피조물은 종뿐 아니라 개별자와 관련해서도

신에 의해 자신의 행위로 인도된다

---

[155] 『성경』 신명기 22,6: "너희가 길을 가다가 나무에서건 땅에서건 어린 새나 알이 있는 둥지를 보았을 때, 어미 새가 어린 새나 알을 품고 있거든, 새끼들과 함께 어미 새까지 잡아서는 안 된다."

[156] 『성경』 신명기 25,4.

[157] 『성경』 코린토 신자들에게 보낸 첫째 서간 9,9: "모세의 율법에 '타작 일을 하는 소에게 부리망을 씌워서는 안 된다'고 기록되어 있습니다. 하느님께서 소에게 마음을 쓰시는 것입니까?"

2869. Ex hoc autem apparet quod sola rationalis creatura dirigitur a Deo ad suos actus non solum secundum congruentiam speciei, sed etiam secundum congruentiam individui. Omnis enim res propter suam operationem esse videtur: operatio enim est ultima perfectio rei. Sic igitur unumquodque a Deo ad suum actum ordinatur secundum quod divinae providentiae substat. Creatura autem rationalis divinae providentiae substat sicut secundum se gubernata et provisa, non solum propter speciem, ut aliae corruptibiles creaturae: quia individuum quod gubernatur solum propter speciem, non gubernatur propter seipsum; creatura autem rationalis propter seipsam gubernatur, ut ex dictis (cap. praec.) manifestum est. Sic igitur solae rationales creaturae directionem a Deo ad suos actus accipiunt non solum propter speciem, sed secundum individuum.

2870. Adhuc. Quaecumque directionem habent in suis actibus solum secundum quod pertinent ad speciem, non est in ipsis agere vel non agere: quae enim consequuntur speciem, sunt communia et naturalia omnibus individuis sub specie contentis; naturalia autem non sunt in nobis. Si igitur homo haberet directionem in suis actionibus solum secundum congruentiam speciei, non esset in ipso agere vel non agere, sed oporteret quod sequeretur inclinationem naturalem toti speciei communem, ut contingit in omnibus irrationalibus creaturis. Manifestum est igitur quod rationalis creaturae actus directionem habet non solum secundum speciem, sed etiam

2869. 이로써 이성적 피조물만이 종뿐만 아니라 개별자에도 어울리는 것을 따라 신에 의해 자신의 행위로 인도된다는 게 분명하다. 작용은 사물의 궁극적 완전성이므로 만물은 자신의 작용을 위해 존재하는 것으로 보이기 때문이다. 그러므로 어떠한 사물이든 신의 섭리에 종속함에 따라 신에 의해 자신의 행위로 인도된다. 그런데 이성적 피조물은 소멸할 수 있는 다른 피조물들처럼 자기 종만을 위해 존재하는 것이 아니라 자기 자신을 위해 다스려지고 돌봄을 받는 존재자로서 신의 섭리 아래 있게 된다. 앞선 언명(III 112)으로 보아 분명하듯이, 종을 위해서만 다스려지는 개별자는 자기 자신을 위해 다스려지지 않지만, 이성적 피조물은 자기 자신을 위해 다스려지기 때문이다. 따라서 이성적 피조물들만이 종뿐만 아니라 개별자를 위해서도 신에 의해 자신들의 행위로 인도된다.

2870. 게다가, 종과 연관되는 한에서만 자기 자신들의 행위들로 인도되는 존재자들에게는 행위를 하거나 하지 않을 능력이 없다. 종에서 기인하는 것들은 무엇이든 종에 속하는 모든 개별자에게 공통적이고 본성적인데, 우리는 본성적인 것들에 대해 어찌할 수 없기 때문이다. 이런 이유로 인간이 종에 적합한 것만을 따라 자신의 행위로 인도된다면, 그는 행위를 하거나 하지 않을 능력을 갖지 못하게 될 것이고 모든 비이성적 피조물처럼 종 전체에 공통된 본성적 경향을 따라야 할 것이다. 그러므로 이성적 피조물들이 종뿐만 아니라 개별자에 따라서도 자신들의 행위로 인도된다는 것은

secundum individuum.

2871. Amplius. Sicut supra (capp. 75 sq.) ostensum est, divina providentia ad omnia singularia se extendit, etiam minima. Quibuscumque igitur sunt aliquae actiones praeter inclinationem speciei, oportet quod per divinam providentiam regulentur in suis actibus praeter directionem quae pertinet ad speciem. Sed in rationali creatura apparent multae actiones ad quas non sufficit inclinatio speciei: cuius signum est quod non similes sunt in omnibus, sed variae in diversis. Oportet igitur quod rationalis creatura dirigatur a Deo ad suos actus non solum secundum speciem, sed etiam secundum individuum.

2872. Item. Deus unicuique naturae providet secundum ipsius capacitatem: tales enim singulas creaturas condidit quales aptas esse cognovit ut per suam gubernationem pervenirent ad finem. Sola autem creatura rationalis est capax directionis qua dirigitur ad suos actus non solum secundum speciem, sed etiam secundum individuum: habet enim intellectum et rationem, unde percipere possit quomodo diversimode sit aliquid bonum vel malum secundum quod congruit diversis individuis, temporibus et locis. Sola igitur creatura rationalis dirigitur a Deo ad suos actus non solum secundum speciem, sed etiam secundum individuum.

분명하다.

2871. 나아가, 앞서(III 75 이하) 밝혀졌듯 신적 섭리는 만물 하나하나, 심지어 작은 터럭에까지 미친다. 그러므로 종에 어울리는 경향을 넘어서 행위를 하는 모든 존재자는 자신들의 행위 과정에서 종에 적합한 지시 외에도 신적 섭리를 통해 지배받아야 한다. 하지만 이성적 피조물에게는 종에 상응하는 경향으로 충분하지 않은 여러 가지 행위들이 발견된다. 이것의 표징은 그러한 행위들이 모두 비슷하지 않고 제각각 다르다는 점이다. 그러므로 이성적 피조물은 신에 의해 종뿐만 아니라 개별자에 관해서도 자신의 행위로 인도된다.

2872. 마찬가지로, 신은 저마다의 본성을 그 능력에 따라 돌본다. 신은 자신의 통치를 통해 저마다 목적을 달성하기에 적합하다고 인식한 저마다의 피조물을 창조했기 때문이다. 그런데 이성적 피조물만이 종뿐만 아니라 개별자에 관해서도 자신의 행위로 인도될 수 있다. 왜냐하면 그것은 지성과 이성을 소유하므로 다양한 개별자, 시간, 장소의 적절성에 따라 어떤 것이 선하거나 악하게 되는 다양한 방식을 파악할 수 있기 때문이다. 그러므로 이성적 피조물만이 종뿐만 아니라 개별자에 관해서도 신에 의해 자신의 행위로 인도된다.

2873. Praeterea. Creatura rationalis sic providentiae divinae subiacet quod non solum ea gubernatur, sed etiam rationem providentiae utcumque cognoscere potest: unde sibi competit etiam aliis providentiam et gubernationem exhibere. Quod non contingit in ceteris creaturis, quae solum providentiam participant inquantum providentiae subduntur. Per hoc autem quod aliquis facultatem providendi habet, potest etiam suos actus dirigere et gubernare. Participat igitur rationalis creatura divinam providentiam non solum secundum gubernari, sed etiam secundum gubernare: gubernat enim se in suis actibus propriis, et etiam alia. Omnis autem inferior providentia divinae providentiae subditur quasi supremae. Gubernatio igitur actuum rationalis creaturae inquantum sunt actus personales, ad divinam providentiam pertinet.

2874. Item. Actus personales rationalis creaturae sunt proprie actus qui sunt ab anima rationali. Anima autem rationalis non solum secundum speciem est perpetuitatis capax, sicut aliae creaturae, sed etiam secundum individuum. Actus ergo rationalis creaturae a divina providentia diriguntur non solum ea ratione qua ad speciem pertinent, sed etiam inquantum sunt personales actus.

2875. Hinc est quod, licet divinae providentiae omnia subdantur, tamen in Scripturis Sacris specialiter ei hominum cura attribuitur: secundum illud *Psalmi* 8, 5: *Quid est homo quod memor es eius?* et

2873. 그 밖에도, 이성적 피조물은 신적 섭리로 다스려질 뿐만 아니라 어느 정도 섭리의 계획을 알 수도 있도록 신적 섭리에 종속된다. 이런 이유로 이성적 피조물은 다른 피조물들에 대해 섭리와 통치를 행사할 수 있게 된다. 다른 피조물들은 사정이 다르다. 그것들은 섭리에 종속함으로써만 섭리에 참여하기 때문이다. 그런데 누군가는 섭리[158]를 할 수 있는 능력을 소유함으로써 자신의 행위를 지시할 수도 있고 또 다스릴 수도 있다. 그러므로 이성적 피조물은 자신의 고유한 행위들에서 자신을 다스리고 아울러 다른 것들도 다스리기 때문에, 수동적으로 다스려짐에 의해서뿐만 아니라 능동적으로 다스림에 의해서도 신의 섭리에 참여한다. 그런데 하위의 섭리들은 모두 최상위에 종속하는 것처럼 신적 섭리에 종속한다. 그러므로 이성적 피조물의 행위들이 개개인의 행위들인 한에서 그 행위들의 통치(다스림)는 신적 섭리에 속한다.

2874. 마찬가지로, 이성적 피조물 개개인의 행위들은 마땅히 이성적 영혼에서 나오는 것들이다. 그런데 이성적 영혼은 다른 피조물들처럼 종적인 영속성을 지닐 뿐만 아니라 개별적인 영속성도 지닐 수 있다. 그러므로 이성적 피조물의 행위들은 종에 속한다는 이유뿐만 아니라 그것들이 피조물 개개인의 행위들이라는 점에서도 신의 섭리를 통해 다스려진다.

2875. 이런 이유로 만물이 신적 섭리에 종속하더라도, 인간들에 대한 돌봄은 『성경』 시편 8편 5절의 "당신께서는 인간이 무엇이기에 이토록 기억해 주십니까?"라는 구절과 코린토 신자들에게 보낸 첫째 서간 9장 9절의 "하

---

[158] '섭리'(providentia)의 글자 그대로의 뜻은 '선견지명'(先見之明)이나 '예견'(豫見)인데, '현명'(prudentia)이라는 덕의 구성 요소들 가운데 하나다. *ST* II-II 49, 6c.

I *Cor.* 9, 9: *Nunquid Deo cura est de bobus?* Quae quidem ideo dicuntur, quia de humanis actibus Deus curam habet non solum prout ad speciem pertinent, sed etiam secundum quod sunt actus personales.

Capitulum CXIV

Quod divinitus hominibus leges dantur

2876. Ex hoc autem apparet quod necessarium fuit homini divinitus legem dari. Sicut enim actus irrationalium creaturarum diriguntur a Deo ea ratione qua ad speciem pertinent, ita actus hominum diriguntur a Deo secundum quod ad individuum pertinent, ut ostensum est (cap. praec.). Sed actus creaturarum irrationalium, prout ad speciem pertinent, diriguntur a Deo quadam naturali inclinatione, quae naturam speciei consequitur. Ergo, supra hoc, dandum est aliquid hominibus quo in suis personalibus actibus dirigantur. Et hoc dicimus legem.

2877. Adhuc. Rationalis creatura, ut dictum est (ibid.), sic divinae providentiae subditur quod etiam similitudinem quandam divinae providentiae participat, inquantum se in suis actibus et alia gubernare potest. Id autem quo aliquorum actus gubernantur, dicitur lex. Conveniens igitur fuit hominibus a Deo legem dari.

느님께서 소에게 마음을 쓰시는 것입니까?"라는 구절에서 특별한 방식으로 이루어지는 신적 섭리의 결과로 기술된다. 아닌 게 아니라 이런 말들이 언급되는 이유는, 신은 인간의 행위들이 종에 속하는 한에서뿐만 아니라 개개인의 행위들인 한에서도 그 행위들을 돌보기 때문이다.

제114장
법은 신에 의해 인간에게 부여된다

2876. 이로써 인간이 반드시 신에게서 법을 부여받을 필요가 있었다는 게 분명해진다. 앞서(III 113) 밝혀졌듯이, 비이성적 피조물들의 행위는 종에 속하는 만큼 신에 의해 인도되듯이, 인간들의 행위는 개별자에 속하는 만큼 신에 의해 인도된다. 그런데 비이성적 피조물들의 행위는 종에 속하는 한에서 종적 본성을 따르는 어떤 본성적 경향을 통해 신에 의해 인도된다. 그러므로 이것 외에도 인간들을 개개인의 행위들로 인도하는 무언가가 그들에게 부여되어야 한다. 우리는 이것을 법이라고 부른다.

2877. 게다가, 앞서(III 113) 말했듯이 이성적 피조물은 자신의 행위들에서 자신을 다스릴 수 있을 뿐만 아니라 다른 것들도 다스릴 수 있는 만큼 신적 섭리의 어떤 유사성에 참여하는 방식으로 신적 섭리의 지배를 받는다. 그런데 그러한 피조물의 행위들을 다스리는 것을 법이라고 한다. 그러므로 신이 인간에게 법을 부여한 것은 마땅한 일이었다.

2878. Item. Cum lex nihil aliud sit quam quaedam ratio et regula operandi, illis solum convenit dari legem qui sui operis rationem cognoscunt. Hoc autem convenit solum rationali creaturae. Soli igitur rationali creaturae fuit conveniens dari legem.

2879. Praeterea. Illis danda est lex in quibus est agere et non agere. Hoc autem convenit soli rationali creaturae. Sola igitur rationalis creatura est susceptiva legis.

2880. Amplius. Cum lex nihil aliud sit quam ratio operis; cuiuslibet autem operis ratio a fine sumitur: ab eo unusquisque legis capax suscipit legem a quo ad finem perducitur; sicut inferior artifex ab architectore, et miles a duce exercitus. Sed creatura rationalis finem suum ultimum in Deo et a Deo consequitur, ut ex superioribus (capp. 37, 52) patet. Fuit igitur conveniens a Deo legem hominibus dari.

2881. Hinc est quod dicitur IEREM. 31, 33: *Dabo legem meam in visceribus eorum* et OSEAE 8, 12: *Scribam eis multiplices leges meas.*

---

[159] 정확하게 말하자면, 이 '계획'이란 다음 115장에서 "통치자인 신의 섭리가 피조물 앞에 내놓은 계획"(*SCG* III 115 n.2884)을 의미한다.

[160] 토마스는 법(lex)을 '행위의 규칙이자 척도'(regula et mensura actuum)라고 말한다. 참조: *ST* I-II 90, 1.

2878. 마찬가지로, 법은 행위를 위한 계획(ratio)[159]이자 규칙(regula)[160]에 다름 아니기 때문에 자기 행위에 대한 계획을 인식하는 존재자들에게만 부여되는 게 당연하다. 그런데 이것은 이성적 피조물에만 적용된다. 그러므로 법이 이성적 피조물에만 부여되는 것은 당연한 일이었다.

2879. 그 밖에도, 법은 행위를 하거나 하지 않을 능력이 있는 자들에게만 부여되어야 한다. 그런데 이것은 이성적 피조물에만 어울린다. 그러므로 이성적 피조물만이 법을 부여받을 수 있다.

2880. 나아가, 법은 다름 아닌 행위를 위한 계획이며, 모든 행위를 위한 계획은 목적에서 도출되기 때문에, 법을 받아들일 수 있는 자는 누구든지 자신을 목적으로 이끌어 주는 자에게서 법을 부여받는다. 따라서 하급 장인匠人은 우두머리 장인이 이끌어 주며, 병사는 지휘관이 이끌어 준다. 그런데 앞서(III 37; 52) 드러난 것처럼, 이성적 피조물은 신 안에서 그리고 신에게서 자신의 궁극 목적을 획득한다. 그러므로 신이 인간들에게 법을 부여하는 것은 합당했다.

2881. 이런 이유로 예레미야서 31장 33절에서 "나는 그들의 가슴에 내 법을 넣어 주고"[161]라고 말하고, 호세아서 8장 12절에서는 "내가 그들을 위해 나의 법을 여러 가지로 기록할 것이다"[162]라고 말한다.

---

[161] 참조: 『성경』 히브리인들에게 보낸 서간 8장 10절: "나는 그들의 생각 속에 내 법을 넣어 주고 그들의 마음에 그 법을 새겨 주리라."
[162] 『성경』: "내가 그들에게 나의 가르침을 많이 써 주었지만 ⋯."

CAPITULUM CXV

QUOD LEX DIVINA PRINCIPALITER HOMINEM ORDINAT IN DEUM

2882. Ex hoc autem sumi potest ad quid lex divinitus data principaliter tendat.

2883. Manifestum est enim quod unusquisque legislator ad suum finem principaliter per leges homines dirigere intendit: sicut dux exercitus ad victoriam et rector civitatis ad pacem. Finis autem quem Deus intendit, est ipsemet Deus. Lex igitur divina hominem principaliter in Deum ordinare intendit.

2884. Adhuc. Lex, sicut dictum est (cap. praec.), est quaedam ratio divinae providentiae gubernantis rationali creaturae proposita. Sed gubernatio providentis Dei singula ad proprios fines ducit. Per legem igitur divinitus datam homo ad suum finem praecipue ordinatur. Finis autem humanae creaturae est adhaerere Deo: in hoc enim felicitas eius consistit, sicut supra (cap. 37) ostensum est. Ad hoc igitur principaliter lex divina hominem dirigit, ut Deo adhaereat.

2885. Amplius. Intentio cuiuslibet legislatoris est eos quibus legem dat, facere bonos: unde praecepta legis debent esse de actibus virtutum. Illi igitur actus a lege divina praecipue intenduntur qui sunt optimi. Sed inter omnes humanos actus illi sunt optimi quibus

제115장

신법은 주로 인간을 신에게 향하도록 인도한다

2882. 이 점으로 보아 신이 부여한 법의 주된 의도가 무엇인지 알 수 있다.

2883. 모든 입법자의 주된 의도는 법을 통해 사람들에게 입법자 자신의 목적을 향하도록 하는 것이다. 따라서 군대의 사령관은 승리를 의도하며, 국가의 통치자는 평화를 의도한다. 그런데 신이 의도하는 목적은 신 자신이다. 그러므로 신법의 주된 의도는 인간들을 신에게 향하도록 인도하는 것이다.

2884. 게다가, 앞서(III 114) 말했듯이 법은 통치자인 신의 섭리가 피조물 앞에 내놓은 계획이다. 그런데 신적 섭리의 통치는 개별적 존재자들을 그것들의 고유한 목적들로 인도한다. 결과적으로 인간은 신에 의해 부여받은 법을 통해 특히 자신의 목적을 향하게 된다. 그런데 인간 피조물의 목적은 신에게 늘 머물러 있는 것이다. 왜냐하면 앞서(III 37) 밝혀진 것처럼, 인간의 행복은 신에게 늘 머물러 있는 것에 있기 때문이다. 그러므로 신법은 주로 인간에게 이런 목적을 향하도록 한다.

2885. 나아가, 모든 입법자의 의도는 자신의 법을 부여받은 자들을 선하게 만드는 것이다. 이런 이유로 법의 계명들은 덕행들과 연관되어야 한다.[163] 그러므로 신법은 특히 최선의 행위를 지향한다. 하지만 인간의 모든 행위 가운데 인간으로 하여금 신을 가까이하는 행위들은 인간의 목적에 더 근접

---

[163] *NE* I 13, 1102a 8.

homo adhaeret Deo, utpote fini propinquiores. Ergo ad hos actus praecipue lex divina homines ordinat.

2886. Item. Illud praecipuum debet esse in lege ex quo lex efficaciam habet. Sed lex divinitus data ex hoc apud homines efficaciam habet quod homo subditur Deo: non enim aliquis alicuius regis lege artatur qui ei subditus non est. Hoc igitur praecipuum in divina lege esse debet, ut mens humana Deo adhaereat.

2887. Hinc est quod dicitur *Deut.* 10, 12: *Et nunc, Israel, quid Dominus Deus tuus petit a te, nisi ut timeas Dominum Deum tuum, et ambules in viis eius, et diligas eum, ac servias Domino Deo tuo in toto corde tuo et in tota anima tua?*

Capitulum CXVI
Quod finis legis divinae est dilectio Dei

2888. Quia vero intentio divinae legis ad hoc principaliter est ut homo Deo adhaereat; homo autem potissime adhaeret Deo per amorem: necesse est quod intentio divinae legis principaliter ordinetur ad amandum.

2889. a) Quod autem per amorem homo maxime Deo adhaereat,

하기 때문에 최선이다. 그러므로 신법은 인간을 특히 이런 행위들로 향하게 한다.

2886. 마찬가지로, 법에 효력을 실어 주는 것은 법에서 으뜸가는 자리를 차지해야 한다. 하지만 인간들의 경우 신이 부여한 법은 인간이 신에 종속한다는 사실에서 그 효력을 도출한다. 왜냐하면 왕에 종속하지 않는 그 누구도 왕의 법에 얽매이지 않기 때문이다. 그러므로 인간의 정신이 신에게 늘 머물러 있는 것은 신법에서 으뜸가는 것이어야 한다.

2887. 이런 이유로, 신명기 10장 12절에 "이제 이스라엘아, 주 너희 하느님께서 너희에게 요구하시는 것이 무엇이겠느냐? 그것은 주 너희 하느님을 경외하고, 그분의 길을 따라 걸으며 그분을 사랑하고, 마음을 다 기울이고 정성을 다 쏟아 주 너희 하느님을 섬기는 것이다"라고 말한다.

제116장
신법의 목적은 신에 대한 사랑이다

2888. 인간을 신에게 늘 머물러 있도록 하는 것이 신법의 주된 의도이므로, 그리고 인간은 사랑을 통해 신에게 가장 잘 머물러 있을 수 있으므로, 신법의 주된 의도는 사랑의 행위를 지향한다는 귀결이 따라온다.

2889. a) 인간은 사랑을 통해 주로 신에게 늘 머물러 있게 된다는 게 분명

manifestum est. Duo enim sunt in homine quibus Deo potest adhaerere, intellectus scilicet et voluntas: nam secundum inferiores animae partes Deo adhaerere non potest, sed inferioribus rebus.

b) Adhaesio autem quae est per intellectum, completionem recipit per eam quae est voluntatis: quia per voluntatem homo quodammodo quiescit in eo quod intellectus apprehendit.

c) Voluntas autem adhaeret alicui rei vel propter amorem, vel propter timorem: sed differenter.

Nam ei quidem cui inhaeret propter timorem, inhaeret propter aliud: ut scilicet evitet malum quod, si non adhaereat ei, imminet.

Ei vero cui adhaeret propter amorem, adhaeret propter seipsum. Quod autem est propter se, principalius est eo quod est propter aliud. Adhaesio igitur amoris ad Deum est potissimus modus ei adhaerendi. Hoc igitur est potissime intentum in divina lege.

2890. Item. Finis cuiuslibet legis, et praecipue divinae, est homines facere bonos. Homo autem dicitur bonus ex eo quod habet voluntatem bonam, per quam in actum reducit quicquid boni in ipso est. Voluntas autem est bona ex eo quod vult bonum: et praecipue maximum bonum, quod est finis. Quanto igitur huiusmodi bonum magis voluntas vult, tanto magis homo est bonus. Sed magis vult homo id quod vult propter amorem, quam id quod vult propter

하다. 인간에게는 자신을 신에게 늘 머무를 수 있도록 하는 두 가지, 즉 지성과 의지가 있다. 인간은 영혼의 하위 부분들을 통해서는 신에게 늘 머물러 있을 수 없고 하위의 존재자들에게만 늘 머물러 있을 수 있기 때문이다.

b) 그런데 지성을 통해 행해지는 늘 머물러 있음은 의지를 통해 행해지는 늘 머물러 있음을 통해 완성된다. 왜냐하면 인간은 의지로 말미암아 지성이 파악하는 것 안에서 어떤 방식으로든 안식을 얻기 때문이다.

c) 하지만 의지는 사랑 때문이든 아니면 두려움 때문이든 무언가에 머물러 있기는 하지만 머무르는 방식이 같지는 않다.

왜냐하면 의지가 두려움으로 인해 무언가에 머물러 있다면, 다른 어떤 것 때문에, 즉 그 무언가에 머물러 있지 않을 때 일어날 조짐이 보이는 악을 피하도록 머물러 있는 것이다.

그러나 의지가 사랑으로 인해 무언가에 머물러 있다면, 그것 자체를 위해 머물러 있는 것이다. 그런데 그것 자체를 위하는 것은 다른 것을 위하는 것보다 더 중요하다. 그러므로 사랑으로 신에게 늘 머물러 있는 것은 신에게 늘 머물러 있을 수 있는 최선의 방식이다. 결과적으로 이것은 신법이 최우선으로 의도하는 바다.

2890. 마찬가지로, 모든 법의 목적 그리고 특히 신법의 목적은 인간들을 선하게 만드는 것이다. 그런데 인간은 선한 의지를 지니기 때문에 선하다고 하는데, 그 의지를 통해 자신 안에 있는 선한 것은 무엇이든지 현실태의 상태로 있게 한다. 또한 의지는 선한 대상 그리고 특히 가장 큰 선을 원한다는 이유로 선하다. 그러므로 인간의 의지가 그러한 선을 더 원할수록 인간은 더 선하게 된다. 그런데 인간은 오직 두려움 때문에 원하는 것보다 사랑 때문에 원하는 것을 더 바라게 된다. 왜냐하면 인간이 오직 두려움

timorem tantum: nam quod vult propter timorem tantum, dicitur mixtum involuntario; sicut aliquis vult in mari proiectionem mercium propter timorem. Ergo amor Summi Boni, scilicet Dei, maxime facit bonos, et est maxime intentum in divina lege.

2891. Praeterea. Bonitas hominis est per virtutem: *virtus enim est quae bonum facit habentem.* Unde et lex intendit homines facere virtuosos; et praecepta legis sunt de actibus virtutum. Sed de conditione virtutis est ut virtuosus *et firmiter et delectabiliter operetur.* Hoc autem maxime facit amor: nam ex amore aliquid firmiter et delectabiliter facimus. Amor igitur boni est ultimum intentum in lege divina.

2892. Adhuc. Legislatores imperio legis editae movent eos quibus lex datur. In omnibus autem quae moventur ab aliquo primo movente, tanto aliquid perfectius movetur quanto magis participat de motione primi moventis, et de similitudine ipsius. Deus autem, qui est legis divinae dator, omnia facit propter suum amorem. Qui igitur hoc modo tendit in ipsum, scilicet amando, perfectissime movetur in ipsum. Omne autem agens intendit perfectionem in eo quod agit. Hic igitur est finis totius legislationis, ut homo Deum amet.

---

[164] 참조: *NE* III 1, 1110a 11.

때문에 원하는 대상은 원치 않는 것이 섞여 있다고 하기 때문이다. 두려움 때문에 자신의 배에 실은 화물을 바다에 던지고자 하는 자가 그런 경우다.[164] 그러므로 최고선, 즉 신에 대한 사랑은 무엇보다도 인간들을 선하게 만드는 것이며, 신법이 최우선으로 의도하는 바다.

2891. 그 밖에도, 인간의 선성은 덕에서 생겨난다. "덕을 소유하는 자를 선하게 만드는 것은 덕이기 때문이다."[165] 이런 이유로 인간들을 유덕하게 만드는 것이 법이 의도하는 바이며, 법의 계명들은 유덕한 행위들과 연관된다. 하지만 덕이 갖추어야 할 조건이란 유덕한 사람이라면 확고히 그리고 기꺼이 행위를 해야 하는 것이다. 그런데 사랑이 특히 이런 결과를 산출한다. 왜냐하면 우리는 사랑을 통해 확고히 그리고 기꺼이 어떤 행위를 하기 때문이다. 그러므로 선에 대한 사랑이 신법의 궁극 의도다.

2892. 게다가, 입법자들은 자신이 공포한 법의 명령을 통해 그 법을 부여받은 자들을 움직이게 한다. 제일 동자動者에 의해 움직여지는 모든 것 가운데 제일 동자의 움직임과 유사성에 더 충분히 참여하는 것일수록 더 완전하게 움직여진다. 그런데 신법의 부여자인 신은 자신의 사랑으로 말미암아 만물을 만든다. 결과적으로 이런 방식을 통해, 즉 신을 사랑함으로써 신을 지향하는 자는 가장 완전한 방식으로 신을 향해 움직이게 된다. 그런데 모든 작용자는 자신이 작용하는 것 안에서 완전성을 의도한다. 그러므로 모든 입법의 목적은 인간으로 하여금 신을 사랑하도록 하는 것이다.

---

[165] *NE* II 6, 1106a 23.

2893. a) Hinc est quod dicitur I Tɪᴍ. 1, 5: *Finis praecepti caritas est*. Et Mᴀᴛᴛʜ. 22, dicitur quod 38 *primum et maximum mandatum in lege est, 37 Diliges Dominum Deum tuum.*

b) Inde est etiam quod lex nova, tanquam perfectior, dicitur *lex amoris*: lex autem vetus, tanquam imperfectior, *lex timoris*.

Cᴀᴘɪᴛᴜʟᴜᴍ CXVII
Qᴜᴏᴅ ᴅɪᴠɪɴᴀ ʟᴇɢᴇ ᴏʀᴅɪɴᴀᴍᴜʀ ᴀᴅ ᴅɪʟᴇᴄᴛɪᴏɴᴇᴍ ᴘʀᴏxɪᴍɪ

2894. Ex hoc autem sequitur quod divina lex dilectionem proximi intendat.

2895. Oportet enim esse unionem affectus inter eos quibus est unus finis communis. Communicant autem homines in uno ultimo fine beatitudinis, ad quem divinitus ordinantur. Oportet igitur quod uniantur homines ad invicem mutua dilectione.

2896. Adhuc. Quicumque diligit aliquem, consequens est ut etiam diligat dilectos ab eo, et eos qui coniuncti sunt ei. Homines autem dilecti sunt a Deo, quibus sui ipsius fruitionem quasi ultimum fi-

---

166 『성경』: "그러한 지시의 목적은 사랑입니다."

2893. a) 이런 이유로 티모테오에게 보낸 첫째 서간 1장 5절에서 "계명의 목적은 애덕입니다"[166]와 마태오 복음서 22장 37-38절에서 "주 너의 하느님을 사랑해야 한다. 이것이 가장 크고 첫째가는 계명이다"라고 말한다.

b) 이로써 새 법을 더 완전한 것으로서 '사랑의 법'이라고 하지만, 옛 법은 덜 완전한 것으로서 '두려움의 법'이라고 한다.

제117장
우리는 신법에 의해 이웃에 대한 사랑으로 인도된다

2894. 이로부터 이웃에 대한 사랑이 신법의 의도라는 결론이 따라온다.

2895. 왜냐하면 하나의 공통 목적을 공유하는 이들 사이에는 애정의 합일이 있어야 하기 때문이다. 그런데 인간들은 신에 의해 인도되는 지복(beatitudo)[167]이라는 하나의 궁극 목적을 공유한다. 따라서 인간들은 서로 사랑함으로써 서로 합일되어야 한다.

2896. 게다가, 어떤 사람을 사랑하는 자는 누구든지 그 사람이 사랑하는 이들과 그 친척들도 사랑하게 된다. 그런데 인간들은 신의 사랑을 받는다. 왜냐하면 신은 그들을 위해 자기 자신에 대한 향유를 궁극 목적으로 예비

---

[167] 현세에서 도달할 수 있는 행복(felicitas)과 구별되는 인간의 궁극 목적을 '지복'이라고 한다. '지복'이라는 번역어 대신에 '참행복'이라는 번역어가 사용되기도 한다. 참조: 바티스타 몬딘 『성 토마스 개념사전』 이재룡 · 안소근 · 윤주현 옮김 (한국성토마스연구소 2021) 721-713. 여기서는 앞서 출판된 『대이교도대전』 번역서들의 용어 사용법을 따라 기존의 '지복'이라는 용어로 옮긴다.

nem praedisposuit. Oportet igitur ut, sicut aliquis fit dilector Dei, ita etiam fiat dilector proximi.

2897. Amplius. Cum homo sit *naturaliter animal sociale*, indiget ab aliis hominibus adiuvari ad consequendum proprium finem. Quod convenientissime fit dilectione mutua inter homines existente. Ex lege igitur Dei, quae homines in ultimum finem dirigit, praecipitur in nobis mutua dilectio.

2898. Item. Ad hoc quod homo divinis vacet, indiget tranquillitate et pace. Ea vero quae pacem perturbare possunt, praecipue per dilectionem mutuam tolluntur. Cum igitur lex divina ad hoc ordinet homines ut divinis vacent, necessarium est quod ex lege divina in hominibus mutua dilectio procedat.

2899. Praeterea. Lex divina profertur homini in auxilium legis naturalis. Est autem omnibus hominibus naturale ut se invicem diligant. Cuius signum est quod quodam naturali instinctu homo cuilibet homini, etiam ignoto, subvenit in necessitate, puta revocando ab errore viae, erigendo a casu, et aliis huiusmodi: *ac si omnis homo omni homini esset naturaliter familiaris et amicus*. Igitur ex divina lege mutua dilectio hominibus praecipitur.

했기 때문이다. 그러므로 인간은 신을 사랑하는 자가 되듯이 자신의 이웃을 사랑하는 자가 되어야 한다.

2897. 게다가, "인간은 본성적으로 사회적 동물"[168]이기 때문에 자신의 목적을 이루기 위해 타인들의 도움이 필요하다. 그런데 이것은 인간들 사이에 존재하는 상호 간의 사랑에 의해 매우 적절하게 이루어진다. 그러므로 인간들을 자신들의 궁극 목적으로 향하도록 하는 신의 법은 우리에게 서로 사랑하라고 명한다.

2898. 마찬가지로, 인간은 신적인 일들에 헌신하기 위해 평온과 평화가 필요하다. 그런데 평화를 저해할 수 있는 것들은 주로 상호 간의 사랑에 의해 제거된다. 그렇다면 신법은 인간들을 신적인 일들에 헌신할 수 있도록 하므로 인간들 사이에 상호 간의 사랑은 신법에 따라 일어나야 한다.

2899. 그 밖에도, 신법은 자연법의 보조로 제공된다. 그런데 서로 사랑하는 것은 모든 인간에게 본성적이다. 이 점은 "모든 인간이 모든 인간에게 본성적으로 친밀하고 우호적인 것처럼"[169] 누구든지 도움이 필요한 사람에 대해 잘 알지 못하더라도 어떤 자연적 본능에 의해 그 사람이 길을 잘못 들어선 경우 바른길로 들어서게 하고, 넘어진다면 일으켜 세우는 것과 같은 행위들로 도움을 주게 된다는 사실에서 나타난다. 그러므로 상호 간의 사랑은 신법에 따라 인간들에게 명해진 것이다.

---

[168] *NE* I 7, 1097b 11.
[169] *NE* VIII 1, 11155a 21.

2900. Hinc est quod dicitur Ioan. 15, 12: *Hoc est praeceptum meum,
ut diligatis invicem*; et I Ioan. 4, 21: *Hoc mandatum habemus a
Deo, ut qui diligit Deum, diligat et fratrem suum.* Et Matth. 22, 39
dicitur *secundum mandatum est, Diliges proximum tuum.*

Capitulum CXVIII

Quod per divinam legem homines ad rectam fidem obligantur

2901. Ex hoc autem apparet quod per divinam legem homines ad
rectam fidem obligantur.

2902. Sicut enim amationis corporalis principium est visio quae est
per oculum corporalem, ita etiam dilectionis spiritualis initium esse
oportet visionem intelligibilem diligibilis spiritualis. Visio autem il-
lius spiritualis diligibilis quod est Deus, in praesenti haberi non po-
test a nobis nisi per fidem: eo quod naturalem rationem excedit; et
praecipue secundum quod in eius fruitione nostra beatitudo consis-
tit. Oportet igitur quod ex lege divina in fidem rectam inducamur.

2903. Item. Lex divina ad hoc ordinat hominem ut sit totaliter
subditus Deo (cap. 115). Sed sicut homo subditur Deo amando

2900. 이런 이유로 요한 복음서 15장 12절에서 "이것이 나의 계명이다. 내가 너희를 사랑한 것처럼 너희도 서로 사랑하여라"라고, 요한의 첫째 서간 4장 21절에서 "우리가 하느님에게서 받은 계명은 이것입니다. 하느님을 사랑하는 사람은 자기 형제도 사랑해야 한다는 것입니다"라고, 마태오 복음서 22장 39절에서 "둘째 계명도 이와 같다. '네 이웃을 너 자신처럼 사랑해야 한다'"라고 말한다.

제118장
신법을 통해 인간들은 올바른 신앙의 의무를 지닌다

2901. 이로써 인간들이 신법을 통해 올바른 신앙의 의무를 지닌다는 것은 분명해진다.

2902. 육체적 사랑의 출발이 육체의 눈을 통해 이루어지는 봄(visio)이듯이, 영적인 사랑의 시작은 영적인 사랑의 대상에 대한 가지적인 봄(visio)이어야 한다. 그런데 영적인 사랑의 대상은 자연적 이성을 능가하기 때문에, 그리고 특히 우리의 행복이 그 대상의 향유에 있는 만큼, 우리는 현세에서 신앙을 통하지 않고서는 영적인 사랑의 대상인 신에 대한 봄을 소유할 수 없다. 그러므로 우리는 신법을 통해 올바른 신앙으로 인도되어야 한다.

2903. 마찬가지로, 신법은 인간을 신에게 온전히 종속하도록 지시한다(III 115). 하지만 인간은 의지에 관해서는 사랑하는 행위를 통해 신에게 종속

quantum ad voluntatem, ita subditur Deo credendo quantum ad intellectum. Non autem credendo aliquid falsum: quia a Deo, qui est veritas, nullum falsum homini proponi potest; unde qui credit aliquod falsum, non credit Deo. Ex lege igitur divina ordinantur homines ad fidem rectam.

2904. Adhuc. Quicumque errat circa aliquid quod est de essentia rei, non cognoscit illam rem: sicut si aliquis apprehenderet animal irrationale aestimans hoc esse hominem, non cognosceret hominem. Secus autem esset si erraret circa aliquod accidentium eius. Sed in compositis, qui errat circa aliquod principiorum essentialium, etsi non cognoscat rem simpliciter, tamen cognoscit eam secundum quid: sicut qui existimat hominem esse animal irrationale, cognoscit eum secundum genus suum. In simplicibus autem hoc non potest accidere, sed quilibet error totaliter excludit cognitionem rei. Deus autem est maxime simplex. Ergo quicumque errat circa Deum, non cognoscit Deum: sicut qui credit Deum esse corpus, nullo modo cognoscit Deum, sed apprehendit aliquid aliud loco Dei. Secundum autem quod aliquid cognoscitur, secundum hoc amatur et desideratur. Qui ergo errat circa Deum, nec amare potest Deum, nec desiderare ipsum ut finem. Cum igitur lex divina ad hoc tendat ut homines ament et desiderent Deum (cap. 116), oportet quod ex lege divina homines obligentur ad rectam fidem habendam de Deo.

하듯이, 지성에 관해서는 믿는 행위를 통해 신에게 종속한다. 물론 진리인 신은 거짓된 어떠한 것도 인간에게 제시할 수 없기에 인간은 거짓된 것을 믿음으로써 신에게 종속하지는 않는다. 이런 이유로 거짓된 것을 믿는 자는 신을 믿는 자가 아니다. 그러므로 인간들은 신법을 통해 올바른 신앙으로 인도된다.

2904. 게다가, 한 사물의 본질에 속하는 어떤 것에 대해 잘못 생각하는 자는 누구든지 그 사물을 인식하지 못한다. 따라서 누군가 비이성적 동물을 파악하면서 인간이라고 여긴다면, 그는 인간을 인식하지 못하는 것이다. 그가 인간에 속한 우유들 가운데 하나에 대해 잘못 생각한다면, 그것은 별개의 문제다. 그러나 합성된 존재자들에서 본질적 원리들 가운데 하나에 대해 잘못 생각하는 자는 단적으로는 그 존재자를 인식하지 못할지라도 특정 관점에 의해서는 그것을 인식한다. 이를테면 인간을 비이성적 동물이라고 생각하는 자는 인간을 그 유에 따라 인식한다. 하지만 이런 일은 단순한 존재자들과 관련하여 일어날 수 없고, 도리어 어떠한 잘못이든 존재자에 대한 인식을 완전히 차단한다. 그런데 신은 더할 나위 없이 단순하다. 그러므로 신을 물체라고 믿는 자는 결코 신을 인식하지 못하고 신 대신에 다른 무엇을 파악하듯이, 신에 대해 잘못 생각하는 자는 누구든지 신을 인식하지 못하는 것이다. 그런데 존재자는 인식되는 방식대로 사랑과 욕구의 대상이 된다. 그러므로 신에 대해 잘못 생각하는 자는 신을 사랑할 수도 없고 신을 목적으로 욕구할 수도 없다. 결과적으로 신법이 의도하는 바는 인간들이 신을 사랑하고 욕구하도록 하는 것이기 때문에(III 116), 신법을 통해 인간들은 신에 대한 올바른 신앙의 의무를 지게 된다.

2905. Amplius. Falsa opinio ita se habet in intelligibilibus sicut vitium virtuti oppositum in moralibus: nam *bonum intellectus est verum*. Sed ad legem divinam pertinet vitia prohibere. Ergo ad eam etiam pertinet falsas opiniones de Deo, et de his quae sunt Dei, excludere.

2906. Hinc est quod dicitur *Hebr*. 11, 6: *Sine fide impossibile est placere Deo*. Et *Exodi* 20, 2, antequam alia praecepta legis ponantur, praestituitur recta fides de Deo, cum dicitur: *Audi Israel: Dominus Deus tuus unus est*.

2907. Per hoc autem excluditur error QUORUNDAM dicentium quod nihil refert ad salutem hominis cum quacumque fide serviat Deo.

Capitulum CXIX

Quod per quaedam sensibilia mens nostra dirigitur in deum

2908. QUIA vero connaturale est homini ut per sensus cognitionem accipiat, et difficillimum est sensibilia transcendere, provisum est divinitus homini ut etiam in sensibilibus rebus divinorum ei com-

---

[170] *NE* VI 2, 1139a 28.

[171] 『성경』: "믿음이 없이는 하느님 마음에 들 수 없습니다."

2905. 나아가, 거짓 의견이 지성의 대상들에 대해 갖는 지위는 덕에 상반되는 악덕이 도덕적 문제들에 대해 갖는 지위와 같다. 왜냐하면 "진리는 지성의 선이기 때문이다".[170] 그런데 악덕을 금하는 것은 신법에 속한다. 그러므로 신과 신적인 일들에 대한 거짓 의견들을 배제하는 것도 신법에 속한다.

2906. 이런 이유로 히브리인들에게 보내는 서간 11장 6절에서 "신앙이 없이는 하느님 마음에 드는 것이 불가능합니다"[171]라고 말한다. 그리고 탈출기 20장 2절에서 "이스라엘아, 들어라! 주 너의 하느님은 한 분이신 주님이시다"[172]라고 말할 때 법의 나머지 계명들이 부여되기 전에 신에 대한 올바른 신앙이 미리 규정된다.

2907. 이로써 어떤 신앙을 가지고 신을 섬기든지 인간의 구원에는 별반 차이가 없다고 주장하는 이들의 오류가 제거된다.

제119장

우리의 정신은 어떤 감각될 수 있는 대상들을 통해 신을 향하게 된다

2908. 인간은 감각을 통해 인식을 획득하도록 타고났고 감각 대상들을 넘어서기 매우 어려우므로, 신은 인간에게 감각될 수 있는 대상들도 신적인

---

[172] 여기서 인용된 구절은 탈출기 20장 2절("나는 너를 이집트 땅, 종살이하던 집에서 이끌어 낸 주 너의 하느님이다")이 아니라 신명기 6장 4절("이스라엘아, 들어라! 주 우리 하느님은 한 분이신 주님이시다")이다.

memoratio fieret, ut per hoc hominis intentio magis revocaretur ad divina, etiam illius cuius mens non est valida ad divina in seipsis contemplanda.

2909. Et propter hoc instituta sunt sensibilia sacrificia: quae homo Deo offert, non propter hoc quod Deus eis indigeat, sed ut repraesentetur homini quod et seipsum et omnia sua debet referre in ipsum sicut in finem, et sicut in Creatorem et Gubernatorem et Dominum universorum.

2910. Adhibentur etiam homini quaedam sanctificationes per quasdam res sensibiles, quibus homo lavatur aut ungitur, aut pascitur vel potatur, cum sensibilium verborum prolatione: ut homini repraesentetur per sensibilia intelligibilium donorum processum in ipso ab extrinseco fieri et a Deo, cuius nomen sensibilibus vocibus exprimitur.

2911. Exercentur etiam ab hominibus quaedam sensibilia opera, non quibus Deum excitet, sed quibus seipsum provocet in divina: sicut prostrationes, genuflexiones, vocales clamores, et cantus. Quae non fiunt quasi Deus his indigeat, qui omnia novit, et cuius voluntas est immutabilis, et affectum mentis, non motum corporis propter se ac-

---

¹⁷³ 엎드리는 것.

것들을 생각나게 하는 것으로 정해 두었다. 이는 신적인 것들 자체를 관조할 만큼 강하지는 않은 정신을 소유하는 인간조차도 배제하지 않은 채로 인간의 의도가 신적인 것들에 대해 더 잘 떠올릴 수 있도록 하기 위함이다.

2909. 이런 이유로 감각될 수 있는 제사祭祀가 도입된 것인데, 인간이 신에게 그 제사를 바치는 것은, 신이 이런 제사를 필요로 해서가 아니라 인간이 자기 자신뿐만 아니라 자신이 지닌 모든 것도 목적이자 창조자, 통솔자, 만물의 주님이신 신에게 귀속해야 한다는 점을 생각나도록 하기 위함이다.

2910. 또한, 어떤 감각될 수 있는 대상들은 씻기고 성유聖油를 바르고, 먹이고 마시도록 하며, 감각될 수 있는 말을 발설하는 방식으로 인간의 성화聖化에 사용된다. 이는 인간에게, 그가 외부로부터 그리고 감각될 수 있는 말로 표현되는 이름을 지니는 신으로부터 가지적인 은사들을 부여받는다는 점을 드러내기 위함이다.

2911. 인간이 부복俯伏,[173] 장궤長跪,[174] 부르짖음,[175] 찬미가 부르기처럼 감각될 수 있는 어떤 행위들을 하는 것은 신을 불러내기 위해서가 아니라 신적인 것들을 인간 자신에게 일깨우기 위해서다. 이런 행위들은 신이 필요해서 행하는 것이 아니다. 신은 만사를 알고 있고 그의 의지는 불변하며, 자기 자신을 위해 마음의 애정은 받아들일 뿐 육체의 움직임을 받아들이지

---

[174] 기도 등을 드릴 때 무릎을 직각으로 구부려 바닥에 대고 허리를 세운 자세를 취하는 것으로서, '무릎절'이라고 하기도 한다.
[175] 간절한 기도의 형식.

ceptat: sed ea propter nos facimus, ut per haec sensibilia opera intentio nostra dirigatur in Deum, et affectio accendatur. Simul etiam per haec Deum profitemur animae et corporis nostri auctorem, cui et spiritualia et corporalia obsequia exhibemus.

2912. Propter hoc non est mirum si HAERETICI qui corporis nostri Deum esse auctorem negant, huiusmodi corporalia obsequia Deo exhibita reprehendunt. In quo etiam apparet quod se homines esse non meminerunt, dum sensibilium sibi repraesentationem necessariam non iudicant ad interiorem cognitionem et affectionem. Nam experimento apparet quod per corporales actus anima excitatur ad aliquam cogitationem vel affectionem. Unde manifestum est convenienter etiam corporalibus quibusdam nos uti ad mentis nostrae elevationem in Deum.

2913. In his autem corporalibus Deo exhibendis *cultus Dei* consistere dicitur. Illa enim *colere* dicimur quibus per nostra opera studium adhibemus. Circa Deum autem adhibemus studium nostro actu, non quidem ut proficiamus ei, sicut cum alias res nostris operibus colere dicimur: sed quia per huiusmodi actus proficimur in Deum. Et quia per interiores actus directe in Deum tendimus,

---

176 '예배'에 해당하는 라틴어 cultus의 어원은 colere다. 라틴어 colere 동사는 '기르다', '가꾸다', '경작하다'의 뜻도 있는데, '문화'(culture)나 '농업'(agriculture)의 어원이 되기도 한다.

는 않으니까 말이다. 오히려 우리는 우리 자신을 위해 이런 행위들을 하므로 이런 감각될 수 있는 행위들을 통해 우리의 의도가 신을 향하게 되며 우리의 애정이 고양된다. 이와 동시에 우리는 이런 행위들을 통해 영적 순종뿐만 아니라 육체적 순종까지도 바치는 신을 영혼과 육체의 창조자라고 고백하게 된다.

2912. 이런 이유로 인해 신이 우리 육체의 창조자라는 것을 부정하는 이단자들이 신에게 바치는 이러한 육체적 순종을 비난하더라도 놀라운 일이 아니다. 그들은 이러한 비난을 통해 감각될 수 있는 대상을 자기 자신들의 눈앞에 드러내는 일이 내적 인식과 사랑에 불필요하다고 판단하는 만큼 자기 자신들이 인간들이라는 사실을 망각했다는 게 분명하다. 왜냐하면 영혼이 육체의 활동으로 어떤 인식이나 애정을 갖도록 자극받는다는 점은 경험으로 보아 분명하기 때문이다. 그러므로 우리가 우리 정신을 신에게 고양高揚하기 위해 육체적인 것들조차도 적절하게 사용할 수 있다는 것은 분명하다.

2913. 신에게 이런 육체적 행위들을 바치는 행위를 '신에게 바치는 예배禮拜'라고 부른다. 우리는 우리 행위들을 통해 심혈을 기울이는 것들을 '숭상한다'(colere)[176]라고 말하기 때문이다. 그런데 우리가 우리 행위들로 신에게 심혈을 기울이는 것은 우리 행위들로 다른 것들을 숭상할 때처럼 신에게 이득이 되도록 하기 위함이 아니라 우리가 그러한 행위들로 신을 향해 나아가려는 이유에서다. 또 우리는 내적 행위들을 통해 신에게 직접적으로 향하

___

토마스의 '예배' 개념에 대해서는 바티스타 몬딘 『성 토마스 개념사전』 461*-462* 참조.

ideo interioribus actibus proprie Deum colimus. Sed tamen et exteriores actus ad cultum Dei pertinent, inquantum per huiusmodi actus mens nostra elevatur in Deum, ut dictum est.

2914. Hinc etiam Dei cultus *religio* nominatur: quia huiusmodi actibus quodammodo se homo ligat, ut ab eo non evagetur. Et quia etiam quodam naturali instinctu se *obligatum* sentit ut Deo suo modo reverentiam impendat, a quo est sui esse et omnis boni principium.

2915. Hinc etiam est quod religio etiam nomen accipit *pietatis*. Nam pietas est per quam honorem debitum parentibus impendimus. Unde convenienter quod Deo, Parenti omnium, honor exhibeatur, pietatis esse videtur. Propter quod, qui his quae ad Dei cultum pertinent adversantur, *impii* dicuntur.

2916. Quia vero Deus non solum est nostri esse causa et principium, sed totum nostrum esse in potestate ipsius est; et totum quod in nobis est, ipsi debemus; ac per hoc vere Dominus noster est: id quod in honorem Dei exhibemus, *servitium* dicitur.

---

177 참조: 아우구스티누스 『참된 종교』(*De vera religione*) 55 (PL 34, 172). 아우구스티누스에 따르면, '종교'라고 번역되는 라틴어 religio가 '묶다' 또는 '매다'의 뜻을 지니는 ligare

기 때문에, 우리가 내적 행위들을 통해 신에게 예배를 드린다고 말하는 것이 정확하다. 그렇지만 앞서 말했듯 우리 정신이 외적 행위들을 통해 신에게 고양되는 한에 있어서 그러한 행위들도 신에게 바치는 예배에 속한다.

2914. 신에게 바치는 이런 예배를 '종교'라고도 한다. 그 이유는 인간이 그런 행위들로 자기 자신을 어떤 식으로든 '묶어'(ligat) 신에게서 벗어나지 않도록 하기 위함이다.[177] 또한 인간은 일종의 자연적 본능에 따라 자신의 방식으로 자신의 존재와 모든 선의 근원이 되는 신에게 경의를 표해야 한다는 '의무감'을 느끼기 때문이기도 하다.

2915. 이런 이유로 종교는 '경건'이라는 이름을 취하기도 한다. 왜냐하면 우리는 경건을 통해 우리 어버이에게 마땅한 공경을 표하기 때문이다. 그러므로 만물의 어버이인 신에게 공경을 드린다는 사실은 마땅히 경건에 속하는 듯하다. 이런 이유로 인해 신에게 드리는 예배와 연관되는 이런 것들에 반대하는 자들을 '불경不敬하다'라고 한다.

2916. 신은 우리 존재의 원인이자 원천일 뿐만 아니라 우리의 존재 전체도 신의 권능 안에 있다. 또 우리는 우리 안에 있는 모든 것을 신에게 빚지고 있다. 이런 이유로 인해 신은 참으로 우리 주님이기에 우리가 그분에게 표하는 공경을 '섬김'이라고 한다.

동사와 같은 어근에서 나온다. 따라서 종교(religio)는 '다시 묶는다'라는 뜻을 지니는 religare 동사의 명사형이다. 참조: 바티스타 몬딘 『성 토마스 개념사전』 669*-673*.

2917. Est autem Deus dominus non per accidens, sicut hominis homo, sed per naturam. Et ideo aliter debetur servitium Deo: et aliter homini, cui per accidens subdimur, et qui habet aliquod particulare in rebus dominium, et a Deo derivatum. Unde servitium quod Deo debetur, specialiter apud Graecos *latria* vocatur.

Capitulum CXX

Quod latriae cultus soli deo est exhibendus

2918. a) Fuerunt autem aliqui qui latriae cultum non solum primo rerum principio exhibendum aestimaverunt, sed omnibus etiam creaturis quae supra hominem sunt.

b) Unde quidam, licet opinarentur Deum esse unum primum et universale rerum principium, latriam tamen exhibendam aestimaverunt, primo quidem post summum Deum, substantiis intellectualibus caelestibus, quas *deos* vocabant: sive essent substantiae omnino a corporibus separatae; sive essent animae orbium aut stellarum.

c) Secundo, etiam quibusdam substantiis intellectualibus quas unitas credebant corporibus aëreis, quas *daemones* esse dicebant: et tamen, quia supra homines eas esse credebant, sicut corpus aëreum

---

¹⁷⁸ '흠숭'이라는 용어는 그리스어 λατρεία(*latreia*)에서 온 말이다. 한편, '흠숭'에 해당하는 라틴어 adoratio는 '기도'(oratio)에서 온 것이다. 참조: 바티스타 몬딘 『성 토마스 개념사전』 846*-847*.

2917. 그런데 신은 한 사람이 다른 사람의 주인인 것처럼 우유적으로 주인이 아니라 본성적으로 주인이다. 따라서 신에게 바쳐야 하는 섬김과 인간에게 바쳐야 하는 섬김은 다르다. 후자의 경우, 우리는 신에게서 부여받은 제한적인 주권을 사물들에게 행사하는 다른 인간에게 우유적인 방식으로 종속되기 때문이다. 그러므로 그리스인들은 신에게 바쳐야 하는 섬김을 '흠숭'欽崇(latria)[178]이라고 부른다.

제120장
흠숭의 예배는 신에게만 바쳐야 한다

2918. a) 흠숭의 예배를 만물의 제일 원리뿐만 아니라 인간보다 상위에 있는 모든 피조물에도 바쳐야 한다고 생각한 자들이 있었다.

b) 이런 이유로 첫째, 신을 만물의 유일한 보편적 제일 원리라고 여겼지만 흠숭을 최고의 신 다음에 자신들이 '신들'이라고 불렀던 지성적 실체들에 바쳐야 한다고 생각한 이들이 있었다. 그들은 이러한 실체들이 물체에서 전적으로 분리된 것들이든 천구天球나 별의 영혼이든 간에 그렇게 생각한 것이다.

c) 둘째, 그들은 공중에 있는 물체들과 합일된다고 믿었으며, 또 '마귀들'이라고 불렀던 어떤 지성적 실체들에도 흠숭을 바쳐야 한다고 생각했다. 그렇지만 그들은 공중의 물체가 지상의 물체보다 상위에 있듯이 이런 실체들도 인간들보다 상위에 있다고 여겼으므로 이런 실체들조차 신에게 바치는 예배를 인간들에게서 받아 마땅하다고 주장했다. 그리고 그들은

est supra terrestre, huiusmodi etiam substantias colendas divino cultu ab hominibus ponebant; et in comparatione ad homines *deos* illas esse dicebant, quasi medias inter homines et deos.

d) Et quia animas bonorum, per hoc quod a corpore separantur, in statum altiorem quam sit status praesentis vitae transire credebant, etiam animabus mortuorum, quas *heroas* aut *manes* vocabant, divinum cultum exhibendum esse opinabantur.

2919. QUIDAM vero, Deum esse animam mundi aestimantes, crediderunt quod toti mundo et singulis eius partibus esset cultus divinitatis exhibendus: non tamen propter corpus, sed propter animam, quam Deum esse dicebant; sicut et homini sapienti honor exhibetur non propter corpus, sed propter animam.

2920. QUIDAM vero etiam ea quae infra hominem sunt secundum naturam, homini tamen colenda esse dicebant divino cultu, inquantum in eis participatur aliquid virtutis superioris naturae. Unde, cum quasdam imagines per homines factas sortiri crederent aliquam virtutem supernaturalem, vel ex influentia caelestium corporum, vel ex praesentia aliquorum spirituum, dicebant huiusmodi imaginibus divinum cultum esse exhibendum. Quas etiam imagines *deos* vocabant. Propter quod et *idololatrae* sunt dicti: quia latriae cultum *idolis*, idest imaginibus, impendebant.

그러한 실체들을 인간들과 견주어 보아, 마치 인간들과 신들 사이에 있는 것과 같은 '신들'이라고 주장했다.

d) 그리고 그들은 선한 사람들의 영혼이 육체에서 분리됨으로써 현세의 지위보다 상위의 지위로 올라갔다고 믿었기에, 자신들이 '영웅들'이나 '망령亡靈들'이라고 불렀던 죽은 자들의 영혼들에도 신에게 바치는 예배를 드려야 한다고 주장했다.[179]

2919. 신을 세계영혼[180]이라고 생각했던 어떤 이들은 마치 우리가 지혜로운 사람의 육체가 아니라 영혼 때문에 그 사람에게 공경을 표하듯이, 신에게 표하는 공경도 육체 때문이 아니라 자신들이 신이라고 말하는 영혼 때문에 세계 전체와 부분 각각에 표해야 한다고 믿었다.

2920. 본성적으로 인간보다 아래의 것들조차 상위의 본성에 속한 어떤 능력에 참여하는 한, 그것들도 신에게 드리는 예배를 받아 마땅하다고 말한 이들도 있었다. 이런 이유로 그들은 인간들이 만든 어떤 모상模像들이 천체의 영향이나 어떤 영靈들의 나타남을 통해 초자연적인 능력을 받는다고 믿었기 때문에 신에게 드리는 공경을 이런 종류의 모상들에 표해야 한다고 말했다. 그들은 이런 모상들을 '신들'이라고 불렀다. 이런 이유로 인해 그들은 '우상 숭배자들'이라고 불린다. 왜냐하면 그들은 흠숭의 예배를 '우상들', 즉 모상들에 바쳤기 때문이다.[181]

---

[179] 참조: 아우구스티누스 『신국론』 VII 6(PL 41, 199).
[180] 같은 곳.
[181] 참조: *ST* II-II 94, 1.

2921. Est autem irrationabile ponentibus unum tantum primum principium separatum, cultum divinum alteri exhibere. Cultum enim Deo exhibemus, ut dictum est (2911), non quia ipse hoc indigeat, sed ut in nobis firmetur etiam per sensibilia opinio vera de Deo. Opinio autem de hoc quod Deus sit unus, supra omnia exaltatus, per sensibilia firmari non potest in nobis nisi per hoc quod ei aliquid separatim exhibemus, quod dicimus *cultum divinum*. Patet ergo quod vera opinio de uno principio debilitatur si cultus divinus pluribus exhibeatur.

2922. Praeterea. Sicut dictum est supra (2911), huiusmodi cultus exterior homini necessarius est ad hoc quod anima hominis excitetur in spiritualem reverentiam Dei. Ad hoc autem quod animus hominis ad aliquid moveatur, multum operatur consuetudo: nam ad consueta facilius movemur. Habet autem hoc humana consuetudo, quod honor qui exhibetur ei qui summum locum in republica tenet, puta regi vel imperatori, nulli alii exhibetur. Est igitur animus hominis excitandus ad hoc quod aestimet esse unum summum rerum principium, per hoc quod ei aliquid exhibeat quod nulli alteri exhibetur. Et hoc dicimus *latriae cultum*.

2923. Item. Si cultus latriae alicui deberetur quia est superior, et non quia est summus; cum hominum unus alio sit superior, et etiam angelorum, sequeretur quod unus homo exhibere latriam alteri de-

2921. 분리된 제일 원리가 오직 하나뿐이라고 주장하는 이들이 신에게 드리는 예배를 다른 존재자에게 바치는 것은 불합리하다. 앞서(III 119 n.2911) 언급된 것처럼, 우리가 신에게 예배를 드리는 까닭은 신이 필요해서가 아니라 감각 대상들을 통해서조차 신에 관한 참된 생각이 우리 안에서 확고해지도록 하기 위함이다. 그런데 우리는 '신에게 바치는 예배'라고 부르는 어떤 것을 따로 떼어 신에게 바치지 않는다면, 신이 만물 위에 높이 있는 하나뿐인 존재자라는 생각은 감각 대상들을 통해 우리 안에서 확고해질 수 없다. 따라서 신에게 드리는 예배를 여러 존재자에게 바친다면 단 하나의 원리에 관한 참된 생각은 약화되는 게 분명하다.

2922. 그 밖에도, 앞서(III 119 n.2911) 언급되었듯이, 이런 종류의 외적 예배가 인간에게 필요한 것은 인간의 영혼이 신에게 영적인 경의를 표할 수 있도록 하기 위함이다. 그런데 습관은 인간의 정신이 어떤 것을 하도록 하는 데 중요한 역할을 한다. 우리는 습관적인 것에 좀 더 쉽게 끌리니까 말이다. 그런데 인간의 습관에 따르면 왕이나 황제처럼 국가에서 최고의 지위를 차지하는 자에게 표해지는 공경을 또 다른 사람에게는 표해서는 안 된다. 그러므로 인간의 정신은 다른 누구에게도 바치지 않은 것을 존재자들의 유일한 최고 원리에 바침으로써 그런 유일한 최고의 원리가 있다고 깨닫도록 자극받아야 한다. 우리는 이것을 '흠숭의 예배'라고 부른다.

2923. 마찬가지로, 흠숭의 예배를 최고 존재자라는 이유가 아니라 다른 것들보다 우월하다는 이유로 어떤 존재자에게 바친다면, 한 사람이 다른 사람보다 우월하며 한 천사가 다른 천사보다 우월하다는 이유로 한 사람이 다른 사람에게 흠숭을 바쳐야 하며, 한 천사가 다른 천사에게 흠숭을 바쳐

beret, et angelo angelus. Et cum ille inter homines qui superior est quantum ad unum, sit inferior quantum ad aliud, sequeretur quod mutuo sibi homines latriam exhiberent. Quod est inconveniens.

2924. Adhuc. Secundum hominum consuetudinem, pro speciali beneficio specialis retributio debetur. Est autem quoddam speciale beneficium quod homo a Deo summo percipit, scilicet creationis suae: ostensum enim est in secundo libro (cap. 21) quod solus Deus creator est. Debet ergo homo aliquid Deo speciale reddere in recognitionem beneficii specialis. Et hoc est latriae cultus.

2925. Amplius. Latria *servitium* dicitur (2916). Servitium autem domino debetur. Dominus autem est proprie et vere qui aliis praecepta operandi dispensat, et a nullo regulam operandi sumit: qui enim exequitur quod a superiori fuerit dispositum, magis est minister quam dominus. Deus autem, qui est summum rerum principium, per suam providentiam omnia ad debitas actiones disponit, ut supra (cap. 64) ostensum est: unde et in Sacra Scriptura et angeli et superiora corpora *ministrare* dicuntur et Deo, cuius ordinationem exequuntur, et nobis, in quorum utilitatem eorum actiones proveniunt. Non est igitur cultus latriae, qui summo debetur Domino, exhibendus nisi summo rerum principio.

야 할 것이다. 그리고 사람들 사이에서 어떤 면에서 우월한 자는 또 다른 면에서는 열등할 수 있으므로 사람들은 서로에게 흠숭을 바쳐야 할 것이다. 그런데 이것은 터무니없다.

2924. 게다가, 인간의 습관에 따르면 특별한 혜택에 대해서 특별한 보답이 이루어져야 한다. 그런데 인간이 최고의 신에게 받는 특별한 혜택, 즉 인간의 창조가 있다. 제2권(Ⅱ 21)에서 신만이 창조주라는 점이 밝혀졌기 때문이다. 그러므로 인간은 이런 특별한 혜택에 대한 답례로서 신에게 특별한 것을 보답해야 한다. 이것이 흠숭의 예배다.

2925. 나아가, 흠숭은 '섬김'(servitium)을 뜻한다(Ⅲ 119 n.2916). 섬김은 주인에게 바쳐야 한다. 정확하고 엄밀히 말해 주인은 타인들에게 행위의 계명들을 줄 뿐 그 누구에게서도 행위의 규칙들을 받아들이지 않는 자다. 윗사람이 내린 지시를 실행하는 자는 주인이 아니라 하인이기 때문이다. 하지만 앞서(Ⅲ 64) 드러났듯이, 만물들의 최고 원리인 신은 자신의 섭리를 통해 만물에 각자의 행위들을 안배한다. 이런 이유로 성경에는 신의 명령을 수행하는 천사들과 상위의 천체들이 모두 신을 '섬긴다'라고 하며, 그들의 행위가 우리를 이롭게 하므로 우리를 '섬긴다'라고도 한다.[182] 그러므로 최고의 주님께 드려야 하는 흠숭의 예배는 존재자들의 최고 원리에만 바쳐야 한다.

---

[182] 참조: 『성경』 시편 103(102),21: "주님을 찬미하여라, 주님의 모든 군대들아 그분 뜻을 실천하는 신하들아."; 히브리인들에게 보낸 서간 1,14: "천사들은 모두 하느님을 시중드는 영으로서, 구원을 상속받게 될 이들에게 봉사하도록 파견되는 이들이 아닙니까?"

2926. Item. Inter alia quae ad latriam pertinent, singulare videtur esse *sacrificium*: nam genuflexiones, prostrationes, et alia huiusmodi honoris indicia, etiam hominibus exhiberi possunt, licet alia intentione quam Deo; sacrificium autem nullus offerendum censuit alicui nisi quia eum Deum aestimavit, aut aestimare se finxit. Exterius autem sacrificium repraesentativum est interioris veri sacrificii, secundum quod mens humana seipsam Deo offert. Offert autem se mens nostra Deo quasi suae creationis principio, quasi suae operationis actori, quasi suae beatitudinis fini. Quae quidem conveniunt soli summo rerum principio: ostensum enim est supra (*lib*. 11, cap. 87) quod animae rationalis causa creatrix solus Deus summus est; ipse etiam solus voluntatem hominis potest inclinare ad quodcumque voluerit, ut supra (cap. 88) ostensum est; patet etiam ex superioribus (cap. 37) quod in eius solius fruitione ultima hominis consistit felicitas. Soli igitur summo Deo homo sacrificium et latriae cultum offerre debet, non autem substantiis quibuscumque spiritualibus.

2927. a) Licet autem positio quae ponit Deum summum non esse aliud quam animum mundi, (2919) a veritate recedat, ut supra (*lib*. 1, cap. 27) ostensum est; illa vero (2918) quae ponit Deum esse separatum, et ab ipso existere omnes alias intellectuales substantias, sive separatas sive corpori coniunctas, sit vera: haec tamen positio rationabilius movetur ad exhibendum latriae cultum rebus diversis.

2926. 마찬가지로, 흠숭과 연관되는 다른 것들 가운데 '제사'(sacrificium)는 특별한 위치를 차지하는 듯 보일 것이다. 부복, 장궤 그리고 이와 같은 공경의 다른 표지標識들이 신에게 표해질 때와는 다른 의도를 지니더라도 인간들에게조차도 표해질 수 있기 때문이다. 하지만 누구도 자신이 신으로 여기거나, 신으로 여긴다고 시늉하는 존재자 외에 다른 대상에게 제사를 바쳐야 한다고 생각하지 않는다. 그런데 외적 제사란 인간 정신이 자기 자신을 신에게 바치는 참된 내적 제사를 나타낸 것이다. 우리 정신은 그 창조의 원리이자, 그 작용의 주재자主宰者이며 그 지복의 목적인 신에게 자기 자신을 바친다. 이런 속성들은 사물들의 최고 원리에만 속하는 것들이다. 왜냐하면 이성적 영혼을 창조하는 원인이 최고의 신뿐이라는 점이 앞서(II 87) 밝혀졌고, 신만이 인간의 의지를 자신이 원하는 대로 향하게 할 수 있다는 점이 앞서(II 88) 드러났으며, 인간의 궁극적 행복이 오직 신을 향유하는 데만 있다는 점이 앞선 언명(II 37)으로 보아 분명하기 때문이다. 그러므로 인간은 다른 어떤 영적인 실체들이 아니라 오직 최고의 신에게만 제사와 흠숭의 예배를 바쳐야 한다.

2927. a) 그런데 비록 앞서(n.2919) 밝혀진 대로 최고의 신이 그저 세계영혼일 뿐이라는 입장은 진리를 벗어나는 것이지만, 신이 분리된 별개의 존재자이며 다른 모든 지성적 실체는 육체와 분리되든 결합하든 상관없이 신에게서 생겨난다고 주장하는 나머지 입장은 참이더라도, 흠숭의 예배를 여러 가지 대상에 바치는 것은 오히려 전자의 입장에 더 부합한다. 왜냐하면 이 입장에 따르면 인간 육체의 여러 가지 부위가 인간 영혼과 연관되듯이

Exhibendo enim diversis rebus latriae cultum, videtur uni summo Deo latriam exhibere, ad quem, secundum eorum positionem, diversae partes mundi comparantur sicut ad animam hominis diversa corporis membra.

b) Sed etiam ei ratio obviat. Dicunt enim mundo non esse exhibendum latriae cultum ratione corporis, sed ratione animae, quam Deum esse dicunt. Licet autem corpus mundi divisibile sit in partes diversas, anima tamen indivisibilis est. Non est igitur divinitatis cultus exhibendus diversis rebus, sed uni tantum.

2928. Adhuc. Si mundus ponitur animam habere quae totum animet et omnes partes ipsius, non potest hoc intelligi de anima nutritiva vel sensitiva: quia harum partium animae operationes non competunt omnibus partibus universi. Et dato etiam quod haberet mundus animam sensitivam vel nutritivam, non propter huiusmodi animam deberet ei latriae cultus: sicut nec brutis animalibus nec plantis. — Relinquitur ergo quod hoc quod dicunt Deum, cui debetur latria, esse animam mundi, intelligatur de anima intellectuali. Quae quidem anima non est perfectio determinatarum partium corporis, sed aliquo modo respicit totum. Quod etiam in nostra anima, quae est ignobilior, patet: non enim intellectus habet aliquod organum corporale, ut probatur in III *de Anima*. Non igitur exhibendus esset cultus divinitatis diversis partibus mundi, sed toti mundo, propter animam eius, secundum eorum radicem.

세계의 여러 가지 부분이 신과 연관되므로 여러 가지 대상에게 흠숭의 예배를 바침으로써 그 예배를 최고의 유일신에게 드리는 것 같기 때문이다.

b) 그러나 이 입장은 이성에도 반한다. 그들은 흠숭의 예배를 세계에 바쳐야 하는 이유를 그것의 물체 때문이 아니라 자신들이 신이라고 주장하는 그것의 영혼 때문이라고 말하니까 말이다. 세계의 물체가 여러 부분으로 나뉠 수 있을지라도 세계영혼은 나뉠 수 없다. 그러므로 신에게 드리는 예배는 여러 가지 대상이 아니라 오직 한 분에게만 바쳐야 한다.

2928. 게다가, 세계가 전체와 그 모든 부분을 살아 있게 하는 혼을 가진다고 가정된다면, 이것은 생장적 혼이나 감각적 혼을 의미할 리는 없다. 왜냐하면 영혼의 이런 부분들이 수행하는 작용들은 우주의 모든 부분에 부합하지 않기 때문이다. 그리고 설령 세계가 감각적 혼이나 생장적 혼을 지닌다고 하더라도, 흠숭의 예배를 짐승들이나 식물들에 바쳐야 하는 것은 아니므로 이런 종류의 혼들로 인해 흠숭의 예배를 세계에 바쳐야 하는 것은 아닐 것이다. 그렇다면 흠숭을 받아 마땅한 신이 세계영혼이라고 하는 그들의 주장에서 그들이 의미하는 것은 지성적 영혼이라는 귀결이 따라온다. 그러나 이런 영혼이 육체에 속한 특정 부분들의 완전성은 아니지만 어떤 방식으로든 전체와는 연관된다. 이 점은 덜 고귀한 우리의 영혼에서도 마찬가지다.『영혼론』제3권[183]에서 입증되듯, 지성은 육체적 기관을 지니지 않기 때문이다. 그러므로 그들의 근거에 따라 신에게 드리는 예배는 세계의 여러 부분에 바쳐서는 안 되고, 그 영혼으로 인해 세계 전체에 바쳐야 할 것이다.

---

[183] *DA* III 4, 429a 25.

2929. Amplius. Si, secundum eorum positionem, una tantum sit anima, quae totum mundum animat et partes omnes ipsius; mundus autem non dicitur Deus nisi propter animam: erit ergo unus tantum Deus. Et sic cultus divinitatis non debetur nisi uni. — Si vero sit una anima totius, et diversae partes iterum habeant diversas animas, oportet eos dicere quod animae partium sub anima totius ordinentur: eadem enim est proportio perfectionum et perfectibilium. Existentibus autem pluribus substantiis intellectualibus ordinatis, illi tantum debetur latriae cultus quae summum locum in eis tenet, ut ostensum est contra aliam positionem (2922). Non erit igitur exhibendus latriae cultus partibus mundi, sed solum toti.

2930. Praeterea. Manifestum est quasdam partes mundi non habere animam propriam. Eis igitur non erit exhibendus cultus. Et tamen ipsi colebant omnia mundi elementa: scilicet terram, aquam, ignem, et alia huiusmodi inanimata corpora.

2931. Item. Manifestum est quod superius non debet inferiori latriae cultum. Homo autem superior est ordine naturae ad minus omnibus inferioribus corporibus, quanto perfectiorem habet formam. Non igitur ab homine esset latriae cultus exhibendus inferioribus corporibus, si propter proprias eorum animas eis cultus deberetur.

2932. Eadem autem inconvenientia sequi necesse est si quis dicat

2929. 나아가, 그들의 입장대로 세계의 전체와 세계의 모든 부분을 살아 있게 하는 영혼이 오직 하나라면, 그리고 세계가 그 영혼으로 인해서만 신이라고 일컬어진다면, 오직 하나의 신이 있게 될 것이다. 결과적으로 신에게 드리는 예배는 오직 하나의 존재자에게만 바쳐야 할 것이다. 그런데 전체에 대해 단 하나의 영혼이 있고 각기 다른 부분이 각기 다른 영혼을 지닌다면, 그들은 각 부분의 영혼들이 전체의 영혼에 종속된다고 말해야 한다. 왜냐하면 완성들과 완성되는 것들 사이에도 같은 비례가 적용되기 때문이다. 그런데 이전 입장을 반박하는 과정(III 120 n.2922)에서 밝혀졌듯이, 여럿의 지성적 실체들 사이에 위계질서가 존재한다면, 흠숭의 예배는 그것들 가운데 최고의 지위를 차지하는 하나에게만 바쳐야 한다. 그러므로 흠숭의 예배는 세계의 부분들이 아니라 전체에게만 바쳐야 할 것이다.

2930. 그 밖에도, 세계의 부분들 가운데 어떤 것들은 자기 자신의 영혼을 지니지 않는다는 게 분명하다. 그러므로 흠숭은 그것들에 바쳐서는 안 된다. 그런데도 이들은 예배를 세계의 모든 원소, 즉 흙, 물, 불 그리고 이런 종류의 다른 무생물체들에게 바쳤다.

2931. 마찬가지로, 상위의 것이 하위의 것에게 흠숭의 예배를 바쳐야 할 필요가 없음은 분명하다. 그런데 인간은 좀 더 완전한 형상을 지니는 한에서 자연의 질서에서 적어도 모든 하위 물체보다는 상위에 있다. 그러므로 하위의 물체들이 영혼을 지닌다는 이유로 그것들에게 모종의 예배를 바쳐야 하더라도, 인간은 그것들에게 흠숭의 예배를 바쳐서는 안 된다.

2932. 누군가 세계의 각 부분이 각기 자기 영혼을 지니지만 세계 전체는

quod singulae partes mundi habent proprias animas, non autem
totum habet aliquam unam communem. Oportebit enim quod su-
prema pars mundi habeat animam nobiliorem, cui soli, secundum
praemissa, debebitur latriae cultus.

2933. His autem positionibus irrationabilior, est illa quae dicit
imaginibus esse latriae cultum exhibendum. Si enim huiusmodi
imagines habent virtutem aut aliquam dignitatem ex corporibus
caelestibus, non propter hoc eis debetur latriae cultus: cum nec
ipsis corporibus debeatur, nisi forte propter eorum animas, ut QUI-
DAM posuerunt (2918 d). Hae autem imagines ponuntur virtutem
aliquam consequi ex corporibus caelestibus secundum eorum cor-
poralem virtutem.

2934. Praeterea. Manifestum est quod non consequuntur ex cor-
poribus caelestibus tam nobilem perfectionem sicut est anima ra-
tionalis. Sunt ergo infra gradum dignitatis cuiuslibet hominis. Non
igitur ab homine debetur eis aliquis cultus.

2935. Amplius. Causa potior est effectu. Harum autem imaginum
factores sunt homines. Non igitur homo debet eis aliquem cultum.

2936. a) Si autem dicatur, quod huiusmodi imagines habent aliquam
virtutem aut dignitatem ex hoc quod eis adhaerent aliquae spiri-

공통된 하나의 영혼을 공유하지 않는다고 말한다면, 마찬가지의 부당한 결론이 따라올 것이다. 왜냐하면 전제들에 따르면 세계의 최상위 부분이 홀로 흠숭의 예배를 받아야 하는 더 고귀한 영혼을 소유해야 할 것이기 때문이다.

2933. 하지만 흠숭의 예배를 모상들에 바쳐야 한다는 주장은 이런 입장들보다 더 비합리적이다. 왜냐하면 이런 종류의 모상들이 천체들에서 도출되는 능력이나 어떤 고귀함을 지닐 경우, 어떤 이들이 주장했듯이(n.2918d) 천체들에게 혹시 그것들이 지니는 영혼들 때문에 예외적으로 흠숭의 예배를 바칠 수 있을지는 몰라도, 모상들에게는 흠숭의 예배를 바칠 이유가 없기 때문이다. 그러나 이런 모상들은 천체가 지니는 물질적 능력을 통해 천체로부터 모종의 능력을 받는다고 한다.

2934. 그 밖에도, 모상들이 이성적 영혼만큼 고귀한 완전성을 천체에서 얻지 못한다는 것은 분명하다. 그러므로 모상들은 고귀함의 등급에서 어떠한 인간보다도 열등하다. 그러므로 인간은 모상들에게 어떠한 예배도 바쳐서는 안 된다.

2935. 나아가, 원인은 결과보다 더 강력하다. 그런데 이런 모상들을 만든 것은 인간들이다. 그러므로 인간은 그것들에게 예배를 바쳐서는 안 된다.

2936. a) 그러나 어떤 영적인 실체들이 이런 모상들과 결부된다는 사실로 인해 이 모상들이 어떤 능력이나 고귀함을 지닌다고 말한다면, 이것도 미

tuales substantiae hoc etiam non sufficit:

b) cum nulli spirituali substantiae debeatur latriae cultus nisi soli summae.

2937. Praeterea. Nobiliori modo anima rationalis adhaeret hominis corpori quam aliqua spiritualis substantia adhaereat praedictis imaginibus. Adhuc igitur homo remanet in maiori dignitate quam praedictae imagines.

2938. Adhuc. Cum huiusmodi imagines interdum ad aliquos noxios effectus fiant, manifestum est quod, si per aliquas spirituales substantias effectum sortiantur, quod illae spirituales substantiae sunt vitiosae. Quod etiam manifestius probatur per hoc: in responsionibus decipiunt, et aliqua contraria virtuti exigunt a suis cultoribus. Et sic sunt bonis hominibus inferiores. Non ergo eis debetur latriae cultus.

2939. Manifestum est ergo ex dictis quod latriae cultus soli uni summo Deo debetur. Hinc est quod dicitur *Exod.* 22, 20: *Qui immolat diis occidetur, praeter Domino soli. Et Deut.* 6, 13: *Dominum Deum tuum adorabis, et illi soli servies. Et Rom.* 1, dicitur de gentilibus: 22 *Docentes enim se esse sapientes, stulti facti sunt,* 23 *et mutaverunt gloriam incorruptibilis Dei in similitudinem imaginis corruptibilis hominis et volucrum et quadrupedum et serpentum.*

흡하다.

b) 흠숭의 예배는 최고의 영적 실체에만 바쳐야 하기 때문이다.

2937. 그 밖에도, 이성적 영혼이 인간의 육체와 결부되는 방식은 영적 실체가 앞서 말한 모상들과 결부되는 방식보다 더 고귀하다. 그러므로 인간은 앞서 말한 모상들보다 더 높은 고귀함의 차원에 머무르게 된다.

2938. 나아가, 이 모상들은 때때로 해로운 결과들을 가져오므로, 그런 결과들이 어떤 영적인 실체들에 의해 도출된다면 그 실체들은 악한 게 분명하다. 이 점은 그 실체들이 대답하는 과정에서 기만적이며 자신들에게 예배를 바치는 자들에게 덕에 반하는 행위들을 요구한다는 사실로 보아 더 분명하게 입증된다. 따라서 그 실체들은 선한 인간들보다는 열등하다. 그러므로 흠숭의 예배를 그 실체들에게 바쳐서는 안 된다.

2939. 그러므로 앞선 언명으로 보아 흠숭의 예배를 마땅히 최고의 유일신에게만 바쳐야 한다는 게 분명해진다. 이런 이유로 탈출기 22장 19절에 "주님 말고 다른 신들에게 제사를 지내는 자는 처형되어야 한다"라고 말한다. 또 신명기 6장 13절에 "너희는 주 너희 하느님을 경외하고 그분을 섬겨야 한다"라고 말한다. 그리고 로마 신자들에게 보낸 서간 1장 22-23절에서 이교도들에 대해 "그들은 지혜롭다고 자처했지만 바보가 되었습니다. 그리고 불멸하시는 하느님의 영광을 소멸할 수 있는 인간과 날짐승과 네발

Et infra: 25 *Qui commutaverunt veritatem Dei in mendacium, et coluerunt et servierunt creaturae potius quam Creatori, qui est super omnia Deus benedictus in saecula.*

2940. Quia ergo indebitum est quod latriae cultus alteri exhibeatur quam primo rerum principio, ad indebita autem incitare non est nisi rationalis creaturae male dispositae: manifestum est quod ad praedictas indebitas culturas instinctu daemonum homines provocati fuerunt, qui se etiam loco Dei hominibus colendos exhibuerunt, divinum appetentes honorem. Hinc est quod dicitur in *Psalmo: Omnes dii gentium daemonia.* Et I *Cor.* 10, 20: *Quae immolant gentes daemoniis, et non Deo.*

2941. Quia igitur haec est principalis legis divinae intentio ut homo Deo subdatur, et ei singularem reverentiam exhibeat non solum corde, sed etiam ore et opere corporali;

a) ideo primitus, *Exod.* 20, ubi lex divina proponitur, interdicitur cultus plurium deorum, ubi dicitur: 3 *Non habebis Deos alienos coram me, et non facies tibi sculptile, neque omnem similitudinem.*

---

[184] 『성경』: “그들은 지혜롭다고 자처하였지만 바보가 되었습니다. 그리고 불멸하시는 하느님의 영광을 썩어 없어질 인간과 날짐승과 네발짐승과 길짐승을 닮은 형상으로 바꾸어 버렸습니다.”

짐승과 길짐승을 닮은 모상으로 바꾸어 버렸습니다"[184]라고 말한다. 그 후에 25절에서 "그들은 하느님의 진리를 거짓으로 바꾸어 버리고, 창조주 대신 피조물을 받들어 섬겼습니다. 창조주께서는 영원히 찬미받으실 분이십니다"라고 말한다.

2940. 따라서 흠숭의 예배를 만물의 제일 원리가 아닌 다른 존재자에게 바치는 것은 적절치 않기 때문에, 그리고 부당한 행위들을 부추기는 것은 나쁜 소질을 지닌 이성적 피조물에만 속하기 때문에, 신에게 드리는 공경을 갈망하면서 신 대신에 자신들을 인간들의 예배를 받아야 하는 대상으로 내세웠던 마귀들의 부추김에 의해 인간들이 앞서 말한 부당한 예배를 드리도록 재촉을 받은 게 분명하다. 이런 이유로 시편에서 "이교도들의 신은 모두 마귀들이다"[185]라고 말하고, 코린토 신자들에게 보낸 첫째 서간 10장 20절에서 "이교도들이 바치는 제물은 하느님이 아니라 마귀들에게 바치는 것이라는 말입니다"[186]라고 말한다.

2941. 그러므로 인간이 신의 지배를 받아야 하고, 신에게 마음속으로뿐만 아니라 입과 육체의 행위들로서도 특별한 경의를 표해야 하는 것이 신법의 주된 의도이므로,

  a) 첫째, 신법이 공포되는 탈출기 20장 3절에서 "너는 내 앞에서 다른 신들을 모시지 못한다. 너는 너 자신에게 새긴 우상이나 그 어떠한 유사한 것도 만들지 말라"[187]▶라고 할 때, 여러 신들에 대한 예배가 금지된다.

---

[185] 『성경』 시편 96(95),5: "민족들의 신들은 모두 헛것이어도 ….".
[186] 『성경』: "사람들이 바치는 제물은 하느님이 아니라 마귀들에게 바치는 것이라는 말입니다."

b) Secundo, indicitur homini ne irreverenter divinum nomen ore pronuntiet, ad confirmationem scilicet alicuius falsi: et hoc est quod dicitur: *7 non assumes nomen Dei in vanum.*

c) Tertio, indicitur requies secundum aliquod tempus ab exterioribus exercitiis, ut mens divinae contemplationi vacet: et ideo dicitur: 8 *Memento ut diem sabbati sanctifices.*

Capitulum CXXI

Quod divina lex ordinat hominem secundum rationem circa corporalia et sensibilia

2942. Sicut autem per corporalia et sensibilia mens hominis elevari potest in Deum, si quis eis in reverentiam Dei debito modo utatur, ita etiam eorum indebitus usus mentem a Deo vel totaliter abstrahit, dum in inferioribus rebus constituitur voluntatis finis; vel mentis intentionem a Deo retardat, dum ultra quam necesse sit, ad huiusmodi res afficimur. Est autem divina lex ad hoc principaliter data ut homo adhaereat Deo. (cap. 115) Pertinet igitur ad legem divinam ordinare hominem circa corporalium et sensibilium affectionem et usum.

b) 둘째, 거짓된 어떤 것에 힘을 실어 주기 위해 인간이 입으로 신의 이름을 불경스럽게 부르는 것은 금지되며, 이 점은 20장 7절에 "주 너희 하느님의 이름을 부당하게 불러서는 안 된다"라고 말하는 바다.

c) 셋째, 외적 행위들로부터의 안식이 특정 시간에 규정되므로, 정신은 신에 대한 관조에 힘쓸 수 있다. 이런 이유로 8절에 "안식일을 기억하여 거룩하게 지켜라"라고 말한다.

제121장

신법은 물질적이고 감각될 수 있는 대상들에 대해

인간을 이성에 따라 인도한다

2942. 인간이 신에게 경의를 표하기 위해 물질적이고 감각될 수 있는 것들을 제대로 사용하게 되면 인간의 정신이 그것들을 통해 신에게 고양될 수 있듯이,[188] 그것들을 부당하게 사용하게 되면 의지의 목적이 하위의 것들에 고정될 때 정신을 신에게서 완전히 딴 데로 돌리게 되거나, 이런 종류의 것들에 필요 이상으로 애착을 가질 때 정신의 지향을 신에게서 멀어지게 만든다. 그런데 신법의 주요 목적은 인간을 신에게 머물 수 있도록 하는 것이다(III 115). 그러므로 인간이 물질적이고 감각될 수 있는 것들을 사랑하고 사용하도록 인간을 인도하는 것은 신법에 속한다.

◀[187] 『성경』 탈출 20,3-4 : "너에게는 나 말고 다른 신이 있어서는 안 된다. 너는 … 그 모습을 본뜬 어떤 신상도 만들어서는 안 된다."

[188] 참조: *ST* II-II 83, 6, ad. 3; 141, 3c.

2943. Adhuc. Sicut mens hominis ordinatur sub Deo, ita corpus sub anima ordinatur, et inferiores vires sub ratione. Pertinet autem ad divinam providentiam, cuius quaedam ratio homini a Deo proposita divina lex est (2884), ut singula suum ordinem teneant. Est igitur sic homo ordinandus lege divina ut inferiores vires rationi subdantur; et corpus animae; et exteriores res ad necessitatem homini deserviant.

2944. Amplius. Quaelibet lex recte proposita inducit ad virtutem (2885). Virtus autem in hoc consistit, quod tam interiores affectiones, quam corporalium rerum usus, ratione regulentur. Est igitur hoc lege divina statuendum.

2944 *bis*. Praeterea. Ad unumquemque legislatorem pertinet ea lege statuere sine quibus lex observari non potest. Cum autem lex rationi proponatur, homo legem non sequeretur nisi alia omnia quae pertinent ad hominem, rationi subderentur. Pertinet igitur ad legem divinam praecipere ut omnia quae sunt hominis, rationi subdantur.

2945. Hinc est quod dicitur *Rom*. 12, 1: *Rationabile obsequium vestrum; et* I *Thess*. 4, 3: *Haec est voluntas Dei, sanctificatio vestra*.

---

189 『성경』: “이것이 바로 여러분이 드려야 하는 합당한 예배입니다.”

2943. 게다가, 인간의 정신이 신에게 종속하듯, 육체도 영혼에 종속하며 하위 능력들도 이성에 종속한다. 그런데 저마다의 사물이 자기의 고유한 질서를 유지하도록 하는 것은 신의 섭리에 속하는데, 그 섭리의 계획이 바로 신이 인간 앞에 내놓은 신법이다(III 115 n.2884). 그러므로 인간은 하위 능력들이 이성에 종속하고, 육체가 영혼에 종속하며, 외적 사물들이 인간의 필요한 일에 쓰일 수 있는 그런 방식으로 신법에 의해 인도를 받아야 한다.

2944. 나아가, 올바로 정해지는 모든 법은 덕에 이바지한다(III 115 n.2885). 그런데 덕이란 내적 감정에 적용될 뿐만 아니라 물질적인 것들을 사용하는 데에도 적용되는 이성의 규칙이다. 그러므로 이것은 신법에 따라 규정되어야 한다.

2944. 그 밖에도, 모든 입법자는 법을 준수하는 데 필수 불가결한 것들을 법으로 규정해야 한다. 그런데 법은 이성에 제시되는 것이기 때문에 인간에게 속하는 다른 모든 것들이 이성에 종속하지 않는다면, 인간은 법을 따르지 않을 것이다. 그러므로 신법은 인간에게 속한 모든 것을 이성에 종속시키라고 명령해야 한다.

2945. 이런 이유로 로마 신자들에게 보낸 서간 12장 1절에서 "여러분의 합당한 예배"[189]라고 말하고, 테살로니카 신자들에게 보낸 첫째 서간 4장 3절에서 "하느님의 뜻은 이것이니, 여러분의 거룩함입니다"[190]라고 말한다.

---

[190] 『성경』: "하느님의 뜻은 바로 여러분이 거룩한 사람이 되는 것입니다."

2946. Per haec autem excluditur quorundam error dicentium illa solum esse peccata, quibus proximus aut offenditur aut scandalizatur.

Capitulum CXXII

Qua ratione fornicatio simplex secundum legem divinam sit

peccatum: et quod matrimonium sit naturale

2947. a) Ex hoc autem apparet vanam esse rationem quorundam dicentium fornicationem simplicem non esse peccatum.

b) Dicunt enim: Sit aliqua mulier a viro soluta, quae sub nullius potestate, ut patris vel alicuius alterius, existat. Si quis ad eam accedat ea volente, non facit illi iniuriam: quia sibi placet, et sui corporis habet potestatem. Alteri non facit iniuriam: quia sub nullius potestate ponitur esse. Non videtur igitur esse peccatum.

2948. a) Non videtur autem esse responsio sufficiens si quis dicat quod facit iniuriam Deo.

b) Non enim Deus a nobis offenditur nisi ex eo quod contra nos-

---

¹⁹¹ 이런 논거는 "단순 간음, 미혼 남성과 미혼 여성 사이의 간음은 죄가 아니다"(183번 명제)라는 형태로 1277년에 단죄된 219개의 명제 가운데 속한다. 참조: Denifle, H. and E. Châtelain (eds.), *Chartularium Universitatis Parisiensis*, vol. 1, 543–558 (Paris 1889) 553.

2946. 이로써 이웃을 마음 상하게 하거나 악의 길로 유인하는 행위들만이
죄가 된다고 말하는 자들의 오류는 제거된다.

제122장

단순 간음이 신법에 따르면 죄가 되는 논거,

그리고 혼인이 본성적이라는 주장

2947. a) 앞선 언명으로 보아 단순 간음이 죄가 아니라고 말하는 자들의 논
거[191]가 얼마나 헛된지 분명해진다.

   b) 그들은 "혼인하지 않았거나 아버지나 다른 남성의 지배 아래 있지 않
은 여성이 있다고 가정하자. 그런데 한 남성이 그 여성의 동의하에 그 여
성과 성관계를 맺는다면 그 여성에게 나쁜 짓을 한 것은 아니다. 왜냐하
면 그 여성은 스스로 동의하고 자기 육체를 원하는 대로 할 수 있기 때문이
다. 그 남성은 제삼자에게도 나쁜 짓을 하는 것이 아니다. 앞서 가정한 대
로 그 여성은 그 누구의 지배 아래 있지 않기 때문이다. 그러므로 이것은
죄로 보이지 않는다"라고 말하기 때문이다.

2948. a) 그런데 그 남성이 신에게는 나쁜 짓을 한다고 답해도 충분치 않은
것 같다.

   b) 왜냐하면 앞서 말했듯,[192] 우리는 우리 자신의 선에 반하는 짓을 하지

---

[192] 참조: *SCG* III 121.

trum bonum agimus ut dictum est. Hoc autem non apparet esse contra hominis bonum. Unde ex hoc non videtur Deo aliqua iniuria fieri.

2949. a) Similiter etiam non videtur sufficiens responsio quod per hoc fiat iniuria proximo, qui scandalizatur.

b) Contingit enim de aliquo quod secundum se non est peccatum, aliquem scandalizari: et sic fit peccatum per accidens. Nunc autem non agimus an fornicatio simplex sit peccatum per accidens, sed per se.

2950. Oportet igitur ex superioribus solutionem quaerere. Dictum est enim (capp. 112 sq.) quod Deus uniuscuiusque curam habet secundum id quod est ei bonum. Est autem bonum uniuscuiusque quod finem suum consequatur: malum autem eius est quod a debito fine divertat. Sicut autem in toto, ita et in partibus hoc considerari oportet: ut scilicet unaquaeque pars hominis, et quilibet actus eius, finem debitum sortiatur. Semen autem, etsi sit superfluum quantum ad individui conservationem, est tamen necessarium quantum ad propagationem speciei. Alia vero superflua, ut egestio, urina, sudor, et similia, ad nihil necessaria sunt: unde ad bonum hominis pertinet solum quod emittantur. Non hoc autem solum quaeritur in semine, sed ut emittatur ad generationis utilitatem, ad quam coitus ordinatur. Frustra autem esset hominis generatio nisi et debita nutritio

않는다면 신을 거스르는 것이 아니기 때문이다. 하지만 이런 행위는 인간의 선에 반하는 것처럼 보이지 않는다. 결과적으로 이런 이유로 어떠한 나쁜 짓도 신에게 행해지지 않은 것 같다.

2949. a) 마찬가지로 자신의 이웃을 악의 길로 유인함으로써 그 이웃에게 나쁜 짓을 하는 것이 된다고 답해도 충분한 것처럼 보이지 않는다.

  b) 그 이웃은 그 자체로는 죄가 아닌 어떤 것에 의해 악의 길로 유인될 수 있기 때문에 그 행위는 우유적으로 죄가 된다. 그러나 여기서는 단순 간음이 우유적으로 죄가 되는지가 문제가 아니고 그 자체로 죄가 되는지가 문제다.

2950. 따라서 우리는 앞서 말한 데에서 해결책을 찾아야 한다. 우리는 신이 만물을 각자의 선한 것에 따라 돌본다고 말했으니까(III 112 이하) 말이다. 그런데 만물이 자신의 목적을 성취하는 것은 선하지만, 자신의 마땅한 목적에서 이탈하는 것은 악하다. 이는 전체에 적용될 수 있듯이 부분들에도 적용되어야 한다. 이를테면, 인간의 모든 부분과 모든 행위는 마땅한 목적을 성취해야 한다. 그런데 정액은 개별자의 보존을 위해서는 불필요할지라도 종의 번식을 위해서는 필요하다. 대변, 소변, 땀처럼 그 밖의 불필요한 것들은 그 무엇에도 필요치 않다. 이런 이유로 그것들을 배출하는 것만이 인간의 선에 이롭다. 그런데 이것은 정액이 추구하는 목적이 아니다. 정액은 성관계가 지향하는 출산(생식)을 위해 배출된다. 하지만 인간의 출산은 적절한 영양분이 따라오지 않는다면 허사가 될 것이다. 왜냐하면 자식에게 적절한 영양분을 주지 않는다면 자식은 생존하지 못할 것이기 때문

sequeretur: quia generatum non permaneret, debita nutritione sub-
tracta. Sic igitur ordinata esse seminis debet emissio ut sequi possit
et generatio conveniens, et geniti educatio.

2951. a) Ex quo patet quod contra bonum hominis est omnis emis-
sio seminis tali modo quod generatio sequi non possit. Et si ex pro-
posito hoc agatur, oportet esse peccatum.

b) Dico autem modum ex quo generatio sequi non potest *secun-
dum se*: sicut omnis emissio seminis sine naturali coniunctione
maris et feminae; propter quod huiusmodi peccata *contra naturam*
dicuntur. Si autem per accidens generatio ex emissione seminis se-
qui non possit, non propter hoc est contra naturam, nec peccatum:
sicut si contingat mulierem sterilem esse.

2952. a) Similiter etiam oportet contra bonum hominis esse si se-
men taliter emittatur quod generatio sequi possit, sed conveniens
educatio impediatur.

b) Est enim considerandum quod in animalibus in quibus sola
femina sufficit ad prolis educationem, mas et femina post coitum
nullo tempore commanent, sicut patet in canibus.

c) Quaecumque vero animalia sunt in quibus femina non sufficit
ad educationem prolis, mas et femina simul post coitum comma-
nent quousque necessarium est ad prolis educationem et instruc-
tionem: sicut patet in quibusdam avibus, quarum pulli non statim

이다. 그러므로 정액의 배출은 적절한 출산과 자식의 양육으로 이르게 되는 방식으로 질서 지어져야 한다.

2951. a) 이를 통해 출산이 일어날 수 없는 방식으로 정액을 배출하는 것은 모두 인간의 선에 반하는 것이 분명하다. 이것이 의도적으로 행해진다면 죄가 되는 게 틀림없다.

b) 그런데 나는 남성과 여성 사이의 본성적 결합을 동반하지 않는 모든 배출처럼 '그 자체로' 출산이 일어날 수 없는 방식에 대해 말한다. 따라서 이런 종류의 죄는 '본성을 거스른다'라고 한다. 그러나 여성에게 불임이 생기는 경우처럼 출산이 정액의 배출에서 우발적으로 일어날 수 없게 된다면, 그것은 이런 이유로 본성을 거스르거나 죄가 되지는 않는다.

2952. a) 마찬가지로, 출산이 일어날 수 있는 방식으로 정액을 배출하더라도 제대로 된 양육을 할 수 없다면, 그것도 인간의 선을 거스르는 게 틀림없다.

b) 우리는 암컷만이 새끼의 양육을 떠맡을 수 있는 동물들의 경우 수컷과 암컷이 교미 이후 함께 살지 않는다는 사실을 고려해야 한다. 이것은 개에게 잘 드러난다.

c) 하지만 암컷이 새끼의 양육을 떠맡을 수 없는 동물들의 경우, 수컷과 암컷은 교미 이후 새끼를 기르고 가르치는 데 필요한 만큼 오랫동안 함께 산다. 이런 사례는 부화 이후 곧바로 새끼가 스스로 먹이를 구할 수 없는 어떤 조류들 가운데 발견된다. 새는 자기 새끼에게 네발짐승처럼 선천

postquam nati sunt possunt sibi cibum quaerere. Cum enim avis non nutriat lacte pullos, quod in promptu est, velut a natura praeparatum, sicut in quadrupedibus accidit, sed oportet quod cibum aliunde pullis quaerat, et praeter hoc, incubando eos foveat: non sufficeret ad hoc sola femella. Unde ex divina providentia est naturaliter inditum mari in talibus animalibus, ut commaneat femellae ad educationem fetus.

d) Manifestum est autem quod in specie humana femina minime sufficeret sola ad prolis educationem: cum necessitas humanae vitae multa requirat quae per unum solum parari non possunt. Est igitur conveniens secundum naturam humanam ut homo post coitum mulieri commaneat, et non statim abscedat, indifferenter ad quamcumque accedens, sicut apud fornicantes accidit.

2953. Non autem huic rationi obstat quod aliqua mulier suis divitiis potens est ut sola nutriat fetum. Quia rectitudo naturalis in humanis actibus non est secundum ea quae per accidens contingunt in uno individuo, sed secundum ea quae totam speciem consequuntur.

2954. Rursus considerandum est quod in specie humana proles non indiget solum nutritione quantum ad corpus, ut in aliis animalibus; sed etiam instructione quantum ad animam. Nam alia animalia naturaliter habent suas prudentias, quibus sibi providere possunt: homo autem ratione vivit, quam per longi temporis experimentum

적으로 준비되어 쉽게 얻을 수 있는 젖을 먹이는 것이 아니라, 새끼를 위해 다른 곳에서 먹이를 찾아야만 하므로, 그리고 이외에도 새끼를 품음으로써 보호해야 하므로, 암컷 혼자서는 새끼의 양육을 떠맡을 수 없으니까 말이다. 그래서 신의 섭리는 이런 동물들의 수컷에게 새끼를 양육하기 위해 암컷과 함께 살게 하는 자연 본능을 부여한다.

d) 그런데 인간종의 경우 여성이 혼자서 자식의 양육을 떠맡을 수 없다는 것은 분명하다. 왜냐하면 인간의 삶에 필요한 것들은 오직 한 개인에의해 제공될 수 없는 많은 것을 요구하기 때문이다. 그러므로 남성이 성관계 이후 여성과 함께 지내는 것, 그리고 간음하는 자들처럼 성관계를 가진여성을 곧바로 떠나 덤덤히 아무 여성에게든지 다가가지 않는 것이 인간본성에 적합하다.

2953. 어떤 여성이 자신의 부富를 통해 혼자서 자식을 기를 수도 있다고 해서 이런 논거에 걸림돌이 되지는 않는다. 인간 행위들에서의 본성적 올바름은 한 개별자에게 우유적으로 일어나는 것들에 좌우되는 것이 아니라 종전체를 수반하는 것들에 좌우되니까 말이다.

2954. 또한 인간종에서 자식이 다른 동물들처럼 육체를 위한 영양 섭취도 필요하지만, 영혼을 위한 교육도 필요하다는 점이 고려되어야 한다. 다른동물들은 자신들에게 필요한 것을 스스로 마련하여 채울 수 있도록 하는실천적 지혜를 본성적으로 소유하지만, 인간은 오랜 경험을 통해 실천적지혜를 획득할 수 있는 이성에 따라 살아가니까 말이다. 이런 이유로 자식

ad prudentiam pervenire oportet; unde necesse est ut filii a parentibus, quasi iam expertis, instruantur. Nec huius instructionis sunt capaces mox geniti, sed post longum tempus, et praecipue cum ad annos discretionis perveniunt. Ad hanc etiam instructionem longum tempus requiritur. Et tunc etiam, propter impetus passionum, quibus corrumpitur aestimatio prudentiae, indigent non solum instructione, sed etiam repressione. Ad haec autem mulier sola non sufficit, sed magis in hoc requiritur opus maris, in quo est et ratio perfectior ad instruendum, et virtus potentior ad castigandum. Oportet igitur in specie humana non per parvum tempus insistere promotioni prolis, sicut in avibus, sed per magnum spatium vitae. Unde, cum necessarium sit marem feminae commanere in omnibus animalibus quousque opus patris necessarium est proli, naturale est homini quod non ad modicum tempus, sed diuturnam societatem habeat vir ad determinatam mulierem. Hanc autem societatem *matrimonium* vocamus. Est igitur matrimonium homini naturale et fornicarius coitus, qui est praeter matrimonium, est contra hominis bonum. Et propter hoc oportet ipsum esse peccatum.

2955. Nec tamen oportet reputari leve peccatum esse si quis seminis emissionem procuret praeter debitum generationis et educationis finem, propter hoc quod aut leve aut nullum peccatum est si quis aliqua sui corporis parte utatur ad alium usum quam ad eum ad quem est ordinata secundum naturam, ut si quis, verbi gratia, manibus

들은 이미 경험이 있는 부모에 의해 교육받아야 한다. 더욱이 자식들은 태어나자마자 이런 교육을 받을 수 없지만 오랜 기간 후에, 그리고 특히 분별 나이에 이른 다음 이런 교육을 받을 수 있다. 게다가, 이런 교육은 오랜 시간이 필요하다. 그렇게 해도 그들은 현명한 판단을 망치도록 하는 정념의 충동 때문에[193] 교육뿐만 아니라 교정矯正도 필요로 한다. 그런데 여성 혼자서 이런 임무를 감당할 수는 없다. 오히려 이런 임무에는, 교육하기 위해 더 계발된 이성과 벌을 주기 위해 더 강한 힘을 지니는 남성이 더 필요하다. 결과적으로 인간종의 경우 자식을 기르는 데 새들처럼 짧은 시간을 들이는 것으로 충분하지 않고 생애 오랜 기간이 요구된다. 따라서 모든 동물에서 아비의 임무가 자식들에게 필요로 하는 동안 수컷과 암컷이 함께 살아야 하므로, 남성이 정해진 여성과 짧은 기간이 아니라 오랫동안 유대를 맺는 것은 인간에게 본성적이다. 우리는 이런 유대를 '혼인'이라고 부른다. 그러므로 혼인은 인간에게 본성적이며, 혼인과 무관한 간음과 같은 성 관계는 인간의 선을 거스르는 것이다. 이런 이유로 인해 그것은 죄가 되는 게 틀림없다.

2955. 그런데도 어떤 이가 손으로 걷고자 하거나 손으로 해야 하는 일에 발을 사용해서 하고자 하는 경우처럼 육체의 부분을 본성에 따르는 질서와는 다른 용도로 사용하는 것이 가벼운 죄든지 아니면 죄가 전혀 되지 않는

---

[193] *NE* VI 5, 1140b 19.

ambulet, aut pedibus aliquid operetur manibus operandum: quia per huiusmodi inordinatos usus bonum hominis non multum impeditur; inordinata vero seminis emissio repugnat bono naturae, quod est conservatio speciei. Unde post peccatum homicidii, quo natura humana iam in actu existens destruitur, huiusmodi genus peccati videtur secundum locum tenere, quo impeditur generatio humanae naturae.

2956. Haec autem quae praemissa sunt, divina auctoritate firmantur. Quod enim emissio seminis ex qua proles sequi non potest, sit illicita, patet. Dicitur enim *Levit*. 18: 22 *Cum masculo non* commisceberis *coitu femineo;* et: 23 *cum omni pecore non coibis*. Et I *Cor*. 6, 10: *Neque molles, neque masculorum concubitores, regnum Dei non possidebunt.*

2957. Quod etiam fornicatio, et omnis coitus praeter propriam uxorem, sit illicitus patet. Dicitur enim *Deut*. 23, 17: *Non erit meretrix de filiabus Israel, nec scortator de filiis Israel*. Et Tobiae 4, 13: *Attende tibi ab omni fornicatione, et praeter uxorem tuam*, non *patiaris crimen scire*. Et I *Cor*. 6, 18: *Fugite fornicationem.*

---

[194] 6,9-10.

[195] 『성경』에는 23장 18절로 나온다.

[196] 『성경』: "이스라엘의 딸은 신전 창녀가 되어서는 안 되고, 이스라엘의 아들은 신전 남창이 되어서는 안 된다."

다는 이유를 들어, 출산과 양육의 고유한 목적 이외에 정액을 배출하는 것을 가벼운 죄로 간주해서는 안 된다. 왜냐하면 인간의 선이 그런 과도한 사용으로 크게 방해받지는 않더라도 정액의 과도한 배출은 본성적 선, 즉 종의 보존에 상반되기 때문이다. 그러므로 인간 본성의 생성을 가로막는 이런 유형의 죄는 이미 현실적으로 존재하는 인간 본성을 없애는 살인의 죄 다음의 자리를 차지하는 듯하다.

2956. 앞선 견해들은 신적 권위에 의해 확증된다. 자식이 생길 수 없도록 하는 방식으로 정액을 배출하는 것은 법에 어긋나는 게 분명하다. 레위기 18장 22절에 "여자와 동침하듯 남자와 동침해서는 안 된다"와 23절에 "어떤 짐승하고도 교접하면 안 된다"라고 말한다. 코린토 신자들에게 보낸 첫째 서간 6장 10절[194]에도 "남창도 비역하는 자도 … 하느님의 나라를 차지하지 못합니다"라고 말한다.

2957. 간음을 포함해서 자기 아내가 아닌 사람과 맺는 모든 성관계가 법에 어긋난다는 점도 분명하다. 신명기 23장 17절[195]에 "이스라엘의 딸들 가운데는 창녀가 있지 않을 것이고 이스라엘의 아들들 가운데는 남창이 있지 않을 것이다"[196]라고 말하며, 토빗기 4장 13절에는 "스스로 어떠한 간음도 저지르지 않도록 조심하여라. 그리고 네 아내 말고 죄악을 알게 되는 것을 참지 마라"[197]라고 말하니까 말이다. 또 코린토 신자들에게 보낸 첫째 서간 6장 18절에서 "간음을 멀리하십시오"[198]라고 말한다.

---

[197] 『성경』: "네 겨레의 아들딸들에 대하여 마음속으로 교만한 생각을 품고서는, 그들 가운데에서 네 아내를 맞아들이지 않는 일이 없도록 하여라." 『성경』은 동족 간의 결혼에 대해 말하지만, 불가타 역본은 간음과 혼외 성관계에 대해 말한다. 참조: *ST* II-II 154 2, 재반론.
[198] 『성경』: "불륜을 멀리하십시오."

2958. Per haec autem excluditur error DICENTIUM in emissione seminis non esse maius peccatum quam in aliarum superfluitatum emissione; et DICENTIUM fornicationem non esse peccatum.

CAPITULUM CXXIII

QUOD MATRIMONIUM DEBET ESSE INDIVISIBILE

2959. Si quis autem recte consideret, praedicta ratio (cap. praec.) non solum ad hoc perducere videtur ut societas maris et feminae in humana natura, quam matrimonium appellamus, sit diuturna, sed etiam quod sit per totam vitam.

2960. Possessiones enim ad conservationem naturalis vitae ordinantur: et quia naturalis vita, quae conservari non potest in patre perpetuo, quasi quadam successione, secundum speciei similitudinem, conservatur in filio, secundum naturam est conveniens ut in his quae sunt patris, succedat et filius. Naturale est igitur ut sollicitudo patris ad filium maneat usque ad finem vitae suae. Si igitur sollicitudo patris de filio causat etiam in avibus commanentiam maris et feminae, ordo naturalis requirit quod usque ad finem vitae in humana specie pater et mater simul commaneant.

2961. Videtur etiam aequitati repugnare si praedicta societas dis-

2958. 이로써 다른 노폐물을 배출하는 것이 죄가 아니듯이 정액을 배출하는 것도 죄가 아니라고 말하는 자들과 간음이 죄가 아니라고 주장하는 자들의 오류가 제거된다.

제123장

혼인은 깨질 수 없어야 한다

2959. 그러나 누군가 이 문제를 제대로 고찰한다면, 앞선 논거(III 122)는 우리가 혼인이라고 부르는 인간의 본성에 속한 남성과 여성 사이의 유대가 오래 지속되어야 한다는 주장뿐만 아니라 평생토록 지속되어야 한다는 주장으로도 이어지는 것처럼 보일 것이다.

2960. 소유물은 자연적 생명의 보존을 향하도록 질서 지어져 있다. 그리고 아버지에게 영구적으로 보존될 수 없는 자연적 생명은 일종의 계승을 통해 종적 유사성에 따라 아들에게 유지되므로, 아들이 아버지에 속하는 것들을 계승한다는 것은 본성적으로 적합하다. 아들에 대한 아버지의 걱정은 아버지의 생명이 끝날 때까지 지속되어야 하는 게 당연하다. 그러므로 조류의 경우조차 자기 새끼에 대한 아비 새의 걱정이 수컷과 암컷을 함께 살도록 하는 원인이 된다면, 자연적 질서는 인간종에서 부모가 평생토록 함께 살기를 요구한다.

2961. 앞서 말한 유대가 깨지는 것은 형평성에도 어긋나게 보인다. 왜냐하

solvatur. Femina enim indiget mare non solum propter gene-
rationem, sicut in aliis animalibus, sed etiam propter gubernatio-
nem: quia mas est et ratione perfectior, et virtute fortior. Mulier
vero ad viri societatem assumitur propter necessitatem generationis.
Cessante igitur fecunditate mulieris et decore, impeditur ne ab alio
assumatur. Si quis igitur, mulierem assumens tempore iuventutis,
quo et decor et fecunditas ei adsunt, eam dimittere possit postquam
aetate provecta fuerit, damnum inferet mulieri, contra naturalem
aequitatem.

2962. Item. Manifeste apparet inconveniens esse si mulier virum
dimittere possit: cum mulier naturaliter viro subiecta sit tanquam
gubernatori; non est autem in potestate eius qui alteri subiicitur, ut
ab eius regimine discedat. Contra naturalem igitur ordinem esset si
mulier virum deserere posset. Si ergo vir deserere posset mulierem,
non esset aequa societas viri ad mulierem, sed servitus quaedam ex
parte mulieris.

2963. Praeterea. Hominibus naturalis quaedam sollicitudo inest de

---

199 토마스는 여성이 남성보다 이성의 능력이 충분히 계발되지 않았기에 여성은 본성적으
로 남성에게 종속되어 있다고 주장한다. 이런 주장은 남성과 여성 사이의 부등성이나 비형
평성을 전제하는 듯하다. 한편, 혼인이 우정과 연관되고 우정이 동등성을 포함하는 한, 부
부 사이는 동등한 관계라는 주장은 모순되는 것처럼 보인다. 이 문제에 대해서는 Collen Mc-
Clusky, "An Unequal Relationship between Equals: Thomas Aquinas on Marriage", *History
of Philosophy Quarterly* 24 (2007) 1-18 참조.

면 남성은 이성의 측면에서 더 출중하고 체력도 더 강하므로 여성은 다른 동물들처럼 출산을 위해서뿐만 아니라 [집안의 일을] 다스리기 위해서도 남성을 필요로 하기 때문이다.[199] 그런데 여성은 출산의 필요 때문에 남성과 유대를 맺게 된다. 결과적으로 여성에게서 수태 능력과 아름다움이 없어지게 될 때 여성은 또 다른 남성과 유대를 맺지 못하게 된다. 이런 이유로 여성이 아름다움과 수태 능력을 소유한 젊은 날에 남성이 그 여성을 취한 다음 고령에 이르게 되었을 때 내쫓는다면, 그 남성은 자연적 형평성에 반하여 그 여성에게 위해를 가하는 것이 된다.

2962. 마찬가지로, 아내는 본성적으로 [집안의 일을] 다스리는 자인 남편에게 종속되기 때문에, 그리고 그의 다스림에서 벗어나는 일은 타자에게 종속되는 자의 권한 밖에 있으므로, 여성이 자기 남편을 내쫓는다는 것은 명백히 부적절하게 보인다. 따라서 아내가 남편을 내쫓아도 된다면, 그것은 본성적 질서에 반하는 것이 된다. 그러므로 남편이 아내를 내쫓아도 된다면 남편과 아내 사이의 유대는 동등한 유대가 아니라 아내에게 일종의 노예제가 될 것이다.[200]

2963. 그 밖에도, 남성에게는 자기 자식인지를 확인하고자 하는 모종의 본

---

[200] 아내가 자신을 다스리는 남편에게 종속된다면, 토마스가 말하는 둘 사이의 동등한 유대는 어디에서 찾을 수 있는가? 브라이언 데이비스(Brian Davies)는 토마스가 동등한 유대를 말할 때 "아내의 몸은 아내가 아니라 남편의 것이 아니고, 마찬가지로 남편의 몸은 남편이 아니라 아내의 것입니다"(1코린 7,4)와 "아내 여러분, 남편에게 순종하십시오, 주님 안에 사는 사람은 마땅히 그래야 합니다. 남편 여러분, 아내를 사랑하십시오, 그리고 아내를 모질게 대하지 마십시오"(콜로 3,18-19)라는 성경 구절을 염두에 둔다고 해석한다. 참조: Brian Davies, *Thomas Aquinas's Summa Contra Gentiles: A Guide and Commentary* (Oxford: Oxford University Press 1016). 419, n.42.

certitudine prolis: quod propter hoc necessarium est, quia filius diuturna patris gubernatione indiget. Quaecumque igitur certitudinem prolis impediunt, sunt contra naturalem instinctum humanae speciei. Si autem vir posset mulierem dimittere, vel mulier virum, et alteri copulari, impediretur certitudo prolis, dum mulier a primo cognita, postmodum a secundo cognosceretur. Est igitur contra naturalem instinctum speciei humanae quod mulier a viro separetur. Sic igitur non solum diuturnam, sed etiam individuam oportet esse in humana specie maris et feminae coniunctionem.

2964. Amplius. Amicitia, quanto maior, tanto est firmior et diuturnior. Inter virum autem et uxorem maxima amicitia esse videtur: adunantur enim non solum in actu carnalis copulae, quae etiam inter bestias quandam suavem societatem facit, sed etiam ad totius domesticae conversationis consortium; unde, in signum huius, homo propter uxorem etiam *patrem et matrem* dimittit, ut dicitur *Gen.* 2, 24. Conveniens igitur est quod matrimonium sit omnino indissolubile.

2965. Ulterius autem considerandum est quod inter naturales actus sola generatio ad bonum commune ordinatur: nam comestio, et aliarum superfluitatum emissio, ad individuum pertinent; generatio vero ad conservationem speciei. Unde, cum lex instituatur ad bonum commune, ea quae pertinent ad generationem, prae aliis

성적 걱정이 있다. 이는 자식이 오랫동안 아버지의 다스림에 의존하기 때문에 필요한 것이다. 따라서 아버지에게 자기 자식인지를 확인하지 못하도록 막는 것은 모두 인간종의 자연 본능을 거스르는 일이 된다. 그런데 남편이 자기 아내를 내쫓거나 아내가 자기 남편을 버리고 다른 남성과 성관계를 맺는다면, 여성이 처음에 어떤 남성과 잠자리를 같이하고 그 이후에 다른 남성과 잠자리를 같이할 때 자기 자식인지의 확인은 방해받을 것이다.

2964. 나아가, 더 큰 우정일수록 더 견고하고 더 오래 지속된다. 그런데 남편과 아내 사이에는 가장 큰 우정이 있는 것처럼 보인다. 그들은 짐승들 사이에서조차 기분 좋은 유대를 맺게 하는 육적肉的인 성관계에서 하나가 될 뿐만 아니라 모든 가정생활의 동반자로서도 하나가 되기 때문이다. 결과적으로 이 점은 창세기 2장 24절[201]에서 말하듯이 남성이 자기 아내를 위해 '아버지와 어머니'조차도 떠나야 한다는 주장에 드러난다. 그러므로 혼인은 결코 깨질 수 없는 게 당연하다.

2965. 자연적 행위들 가운데 출산만이 공동선을 지향한다는 점도 고려해야 한다. 왜냐하면 먹는 행위와 노폐물을 배출하는 행위는 개별적 선과 연관되지만, 출산은 종의 보존과 연관되기 때문이다. 결과적으로 법은 공동

---

[201] 『성경』 창세기 2,24: "그러므로 남자는 아버지와 어머니를 떠나 아내와 결합하여, 둘이 한 몸이 된다."

oportet legibus ordinari et divinis et humanis. Leges autem positae oportet quod ex naturali instinctu procedant, si humanae sunt: sicut etiam in scientiis demonstrativis omnis humana inventio ex principiis naturaliter cognitis initium sumit. Si autem divinae sunt, non solum instinctum naturae explicant, sed etiam defectum naturalis instinctus supplent: sicut ea quae divinitus revelantur, superant naturalis rationis capacitatem. Cum igitur instinctus naturalis sit in specie humana ad hoc quod coniunctio maris et feminae sit individua, et quod sit una unius, oportuit hoc lege humana ordinatum esse. Lex autem divina supernaturalem quandam rationem apponit ex significatione inseparabilis coniunctionis Christi et Ecclesiae, quae est una unius. Sic igitur inordinationes circa actum generationis non solum instinctui naturali repugnant, sed etiam leges divinas et humanas transgrediuntur. Unde circa hoc magis ex inordinatione peccatur quam circa sumptionem cibi, aut alterius huiusmodi.

2966. Quia vero necesse est ad id quod est optimum in homine, alia omnia ordinari, coniunctio maris et feminae non solum sic ordinata est legibus secundum quod ad prolem generandam pertinet, ut est in aliis animalibus, sed etiam secundum quod convenit ad bonos mores, quos ratio recta disponit vel quantum ad hominem secundum se, vel secundum quod homo est pars domesticae familiae, aut civilis societatis. Ad quos quidem bonos mores pertinet individua coniunctio maris et feminae. Sic enim erit fidelior amor unius ad

선을 위해 만들어지므로 다른 무엇보다도 출산과 연관되는 것들은 신법과 인정법 모두에 의해 규정되어야 한다. 그런데 논증적 학문들에서 인간의 모든 발견은 자연적으로 인식되는 원리에서 나오듯이, 실정법實定法도 인정법人定法이라면 자연 본능에서 나온다. 하지만 신이 계시하는 것들은 인간 이성의 범위를 넘어서듯이, 실정법이 신법이라면 자연 본능을 드러낼 뿐만 아니라 자연 본능의 결함을 보충하기도 한다. 그래서 남성과 여성의 결합이 깨질 수 없도록 하며 한 남성과 한 여성 사이의 결합이 있도록 하는 자연 본능이 인간종 안에 있으므로 이것은 인정법에 따라 규정될 필요가 있었다. 그러나 신법은 그리스도와 교회의 분리할 수 없는 결합의 상징에서 취한 초자연적인 이유를 덧붙이는데, 한 사람의 남편과 한 사람의 아내 사이에 이런 결합이 있다는 것이다.[202] 그러므로 출산 행위와 연관된 무질서는 자연 본능을 거스를 뿐만 아니라 신법과 인정법을 어기는 것이기도 하다. 이런 이유로 음식물의 섭취나 이와 비슷한 것들보다 이런 종류의 무질서에서 더 큰 죄가 생기게 된다.

2966. 또 인간 안에 있는 다른 모든 것은 인간 안에 있는 가장 선한 것으로 질서 지어져야 하므로, 남성과 여성의 결합이 단지 다른 동물들처럼 자식의 출산과 관련해서만 법에 의해 질서 지어지는 것이 아니라 선한 품성에 부합된다는 점에서도 질서 지어진다. 이 선한 품행은 올바른 이성이 이끄는 것이며, 이는 인간이 개별적 인간이든 가족의 일원이든 시민사회의 구

---

[202] 에페소 신자들에게 보낸 서간 5,24-32.

alterum, dum cognoscunt se indivisibiliter coniunctos. Erit etiam utrique sollicitior cura in rebus domesticis, dum se perpetuo commansuros in earundem rerum possessione existimant. Subtrahuntur etiam ex hoc discordiarum origines, quas oporteret accidere, si vir uxorem dimitteret, inter eum et propinquos uxoris: et fit firmior inter affines dilectio. Tolluntur etiam adulteriorum occasiones, quae darentur si vir uxorem dimittere posset, aut e converso: per hoc enim daretur via facilior sollicitandi matrimonia aliena.

2967. Hinc est quod dicitur MATTH. 5, 32, et 19, 6, et I *Cor.* 7, 10: *Ego autem dico vobis, uxorem a viro non discedere.*

2968. Per hoc autem excluditur consuetudo DIMITTENTIUM uxores. Quod tamen in veteri lege permissum fuit Iudaeis *propter* eorum *duritiam*: quia scilicet proni erant ad occisionem uxorum. Permissum ergo fuit minus malum, ad excludendum maius malum.

---

[203] 『성경』에는 5장 31절로 나온다. "그러나 나는 너희에게 말한다. 불륜을 저지른 경우를 제외하고 아내를 버리는 자는 누구나 그 여자가 간음하게 만드는 것이다. 또 버림받은 여자와 혼인하는 자도 간음하는 것이다."

성원이든 모두에게 해당한다. 그런데 남편과 아내 사이의 깨질 수 없는 결합은 선한 품행과 연관된다. 그들은 자신들이 깨질 수 없도록 결합한다는 점을 인식할 때 그들 상호 간의 사랑은 더 견고할 것이기 때문이다. 그들은 자신들이 같은 것들을 소유한 채 줄곧 함께 살 것이라는 점을 알아차릴 때 더 세심하게 집안일을 돌볼 것이다. 또 이것은 남편이 자기 아내를 내쫓을 때 아내의 친척들과 남편 사이에 생겨날 수밖에 없는 다툼의 근원을 제거하며, 좀 더 견고한 사랑이 친척들 사이에 자리 잡는다. 또 그것은 남성에게 자기 아내를 내쫓아도 되거나 [여성이 자기 남편을 내쫓는] 그 반대의 경우도 가능할 때 생기는 간통의 계기들을 제거한다. 이것은 다른 이들과 쉽사리 혼인 관계를 맺을 수 있는 길을 열어 주는 셈이 되기 때문이다.

2967. 이런 이유로 마태오 복음 5장 32절[203]과 19장 6절[204], 그리고 코린토 신자들에게 보낸 첫째 서간 7장 10절에서 "혼인한 이들에게 분부합니다. … 아내는 남편과 헤어져서는 안 됩니다"라고 말한다.

2968. 이로써 아내를 내쫓는 이들의 관습이 제거된다. 그렇지만 '그들의 마음이 완고하기 때문에',[205] 즉 유대인들이 자기 아내를 죽이곤 했기 때문에, 이런 관습이 옛 법에서는 유대인들에게 허용되었다. 이런 이유로 더 큰 악을 막기 위해 더 작은 악이 그들에게 허용된 것이었다.

---

[204] 『성경』: "따라서 그들[부부]은 이제 둘이 아니라 한 몸이다. 그러므로 하느님께서 맺어 주신 것을 사람이 갈라놓아서는 안 된다."

[205] 『성경』 마태오 복음서 19,8: "예수님께서 그들에게 말씀하셨다. '모세는 너희의 마음이 완고하기 때문에 너희가 아내를 버리는 것을 허락하였다. 그러나 처음부터 그렇게 된 것은 아니다.'"

Capitulum CXXIV

Quod matrimonium debeat esse unius ad unam

2969. CONSIDERANDUM etiam videtur quod innatum est mentibus omnium animalium quae coitu utuntur, quod consortium in compari non compatiuntur: unde propter coitum pugnae in animalibus existunt. Et quidem quantum ad omnia animalia est una communis ratio, quia quodlibet animal desiderat libere frui voluptate coitus, sicut et voluptate cibi: quae quidem libertas impeditur per hoc quod ad unam plures accedunt, aut e converso; sicut et in libertate fruendi cibo impeditur aliquod animal si cibum quem ipsum sumere cupit, aliud animal usurpet. Et ideo similiter propter cibum et propter coitum animalia pugnant. In hominibus autem est ratio specialis: quia, ut dictum est (cap. praec.), homo naturaliter desiderat certus esse de prole; quae quidem certitudo omnino tolleretur si plures essent unius. Ex naturali igitur instinctu procedit quod sit una unius.

2970. a) Sed in hoc differentia consideranda est. Quantum enim ad hoc quod una femina a pluribus maribus non cognoscatur, utraque praedictarum rationum concurrit. Sed quantum ad hoc quod unus mas plures feminas non cognoscat, non facit ratio secunda: non enim certitudo prolis impeditur si unus mas plures feminas cognoscat. Facit autem contra hoc ratio prima: nam sicut libertas utendi femina ad libitum a mare tollitur si femina habeat alium, ita et eadem

제124장

혼인은 한 남성과 한 여성 사이에 이루어져야 한다

2969. 교미하는 동물은 모두 자신의 짝이 다른 동물과 교미를 하는 것을 견디지 못하는 기질을 타고났다는 점도 고려해야 하는 듯 보인다. 이런 까닭에 동물들은 교미를 두고 싸운다. 그리고 모든 동물에게는 이런 현상에 대한 한 가지 공통된 이유가 있다. 그 이유란 모든 동물이 먹이의 쾌락처럼 교미의 쾌락도 자유로이 향유하고 싶어 한다는 점이다. 하지만 여러 수컷이 하나의 암컷에 접근하거나 [여러 암컷이 하나의 수컷에 접근하는] 그 반대의 경우라면 이 자유는 제한된다. 마찬가지로, 어떤 동물이 먹고자 하는 먹이를 다른 동물이 빼앗는다면 전자는 먹이의 자유로운 향유를 하지 못하게 된다. 이런 이유로 동물은 먹이와 교미를 두고 똑같은 방식으로 싸운다. 하지만 인간들에게는 특별한 이유가 있다. 왜냐하면 앞서(III 123) 말했듯이, 인간은 본성적으로 자기 자식을 확인하기를 바라는데, 여러 남성이 한 여성과 성관계를 갖는다면 이런 확인은 수포로 돌아갈 것이기 때문이다. 그러므로 한 남성과 한 여성의 결합은 자연 본능의 귀결이다.

2970. a) 그러나 여기서 어떤 차이에 주목해야 한다. 앞서 언급된 두 가지 이유 모두가 한 여성이 여러 남성과 성관계를 가져서는 안 된다는 점에 적용된다. 하지만 한 남성이 여러 여성과 성적 관계를 맺어서는 안 된다는 결론에 대해서 두 번째 이유는 통하지 않는다. 왜냐하면 한 남성이 여러 여성과 관계를 맺더라도 자기 자식의 확인은 방해받지 않기 때문이다. 그러나 첫 번째 이유는 이것에 대해 효과적인 반박이 된다. 왜냐하면 한 여성이 두 번째 남편을 맞이하면 첫 번째 남편에게서 그 여성과 마음대로 관

libertas a femina tollitur si mas habeat plures. Et ideo, quia certitudo prolis est principale bonum quod ex matrimonio quaeritur, nulla lex aut consuetudo humana permisit quod una esset plurium uxor.

b) Fuit etiam hoc inconveniens reputatum apud antiquos Romanos, de quibus refert MAXIMUS VALERIUS quod credebant nec propter sterilitatem coniugalem fidem debere dissolvi.

2971. Item. In omni animalis specie in qua patri inest aliqua sollicitudo de prole, unus mas non habet nisi unam feminam, sicut patet in omnibus avibus quae simul nutriunt pullos: non enim sufficeret unus mas auxilium praestare in educatione prolis pluribus feminis. In animalibus autem in quibus maribus nulla est sollicitudo de prole, indifferenter mas habet plures feminas, et femina plures mares: sicut in canibus, gallinis, et huiusmodi. Cum autem masculo inter omnia animalia maior sit cura de prole in specie humana, manifestum est quod naturale est homini quod unus mas unam feminam habeat, et e converso.

2972. Adhuc. Amicitia in quadam aequalitate consistit. Si igitur mulieri non licet habere plures viros, quia hoc est contra certitudinem prolis; liceret autem viro habere plures uxores: non esset liberalis amicitia uxoris ad virum, sed quasi servilis. Et haec etiam ratio

---

206 발레리우스 막시무스(Valerius Maximus)『기억할 만한 언행의 아홉 가지 책』(*Factorum et Dictorum Memorabilium Libri Novem*) II 1, 4.

계를 맺을 수 있는 자유가 박탈되듯이, 남편이 여러 아내를 가질 때 그 여성에게서 똑같은 자유가 박탈되기 때문이다. 그러므로 자기 자식의 확인은 혼인을 통해 추구되는 으뜸가는 선이기 때문에, 일처다부제一妻多夫制를 허용하는 인정법이나 인간의 관습은 없었다.

b) 이것은 발레리우스 막시무스[206]의 보고에 의하면 부부간의 신뢰가 불임不姙을 이유로도 깨질 수 없다고 믿었던 고대 로마인들 사이에도 맞지 않은 것으로 여겨졌다.

2971. 마찬가지로, 수컷과 암컷이 함께 새끼를 키우는 조류鳥類처럼 아비가 새끼에 대해 어떤 걱정을 하는 동물의 모든 종의 경우 한 수컷은 한 마리의 암컷만을 둔다. 왜냐하면 한 수컷이 여러 암컷의 새끼를 기르는 데 충분한 도움을 주지 못할 것이기 때문이다. 하지만 수컷들이 새끼에 대해 아무런 걱정도 하지 않는 동물들의 경우, 수컷은 여러 암컷과 그리고 암컷은 여러 수컷과 상대를 가리지 않는 문란한 교미를 한다. 이 점은 개와 닭 등에서 나타난다. 하지만 모든 동물 가운데 인간종의 남성은 자식을 돌보는 데 뛰어나므로, 한 남성에게는 단 하나의 아내가 있거나, 한 여성에게 단 하나의 남편이 있는 것이 인간에게 본성적이라는 게 분명하다.

2972. 게다가, 우정은 어떤 동등성에 의해 존립한다.[207] 따라서 한 여성에게 여러 남편이 있는 것이 자기 자식의 확인과 배치된다는 이유로 적법하지 않다면, 한 남성에게 여러 아내가 있다는 것도 적법하지 않을 것이다. 왜냐하면 남편에 대한 아내의 우정은 자유롭지 않고 어떤 식으로든 비굴할

---

[207] *NE* VIII 5, 1157b 36.

experimento comprobatur: quia apud viros habentes plures uxores, uxores quasi ancillariter habentur.

2973. Praeterea. Amicitia intensa non habetur ad multos: ut patet per PHILOSOPHUM in VIII *Ethicorum*. Si igitur uxor habet unum virum tantum, vir autem habet plures uxores, non erit aequalis amicitia ex utraque parte. Non igitur erit amicitia liberalis, sed quodammodo servilis.

2974. Amplius. Sicut dictum est (cap. praec.), matrimonium in hominibus oportet ordinari secundum quod competit ad bonos mores. Est autem contra bonos mores quod unus habeat plures uxores: quia ex hoc sequitur discordia in domestica familia, ut experimento patet. Non est igitur conveniens quod unus homo habeat plures uxores.

2975. Hinc est quod dicitur *Gen.* 2, 24: *Erunt duo in carne una.*

2976. a) Per hoc autem excluditur consuetudo habentium plures uxores; et opinio PLATONIS qui posuit uxores debere esse communes.

b) Quem in nova lege secutus est NICOLAUS, unus ex septem diaconibus.

---

[208] *NE* VIII 6, 1158a 10.   [209] 플라톤 「국가」 V 449D 이하; 「티마이오스」 18C.

것이기 때문이다. 그리고 이런 논거는 경험으로 확증된다. 왜냐하면 여러 아내가 있는 남편들 사이에 아내들은 하녀들처럼 취급되기 때문이다.

2973. 그 밖에도, 철학자의『니코마코스 윤리학』제8권[208]에 잘 드러나듯이, 여럿과 친구를 맺는 데서 끈끈한 우정은 가능하지 않다. 그러므로 아내에게 하나의 남편만이 있는 데 반해 남편에게 여러 아내가 있게 되면, 우정은 양쪽 편에 동등하지 않다. 결과적으로 우정은 자유롭지 않고 어떤 식으로든 비굴할 것이다.

2974. 나아가, 앞서(III 123) 언급했듯이, 인간들 사이의 혼인은 선한 품행에 부합되도록 질서가 세워져야 한다. 그런데 한 남성이 여러 아내를 두는 것은 선한 품행에 어긋난다. 왜냐하면 경험으로 보아 분명하듯, 이것은 가정에 불화를 낳게 할 것이기 때문이다. 그러므로 한 남성이 여러 아내를 갖는 것은 마땅하지 않다.

2975. 이런 이유로 창세기 2장 24절에서 "그들은 둘이 한 몸이 된다"라고 말한다.

2976. a) 이로써 일부다처제一夫多妻制와 아내들이 공유되어야 한다는 플라톤의 견해[209]는 제거된다.
  b) 신약의 시대 일곱 부제 가운데 한 사람인 니콜라우스[210]가 이 견해를 따랐다.

---

[210] 아우구스티누스『이단론』5 (PL 42, 26).

Capitulum CXXV

Quod matrimonium non debet fieri inter propinquos

2977. Propter huiusmodi etiam causas rationabiles ordinatum est legibus quod certae personae a matrimonio excludantur, quae sunt secundum originem coniunctae.

2978. Nam cum in matrimonio sit diversarum personarum coniunctio, illae personae quae se debent reputare quasi unum propter eandem originem, convenienter a matrimonio excluduntur, ut, dum se per hoc unum esse recognoscunt, ferventius se diligant.

2979. Item. Cum ea quae inter virum et uxorem aguntur, quandam naturalem verecundiam habeant, ab his mutuo agendis illas personas prohiberi oportut quibus, propter coniunctionem sanguinis, reverentia debetur. Quae quidem ratio videtur in veteri lege inducta per hoc quod dicitur: *Turpitudinem sororis tuae non* discooperias, et similiter de aliis.

2980. Praeterea. Ad corruptionem bonorum morum pertinet quod homines sint nimis dediti voluptatibus coitus: quia, cum haec voluptas maxime mentem absorbeat, impediretur ratio ab his quae recte agenda essent. Sequeretur autem nimius voluptatis usus si liceret homini per coitum coniungi illis personis quibus commorandi

제125장

혼인은 근친 사이에 맺어서는 안 된다

2977. 이런 종류의 합리적인 이유들로 인해, 법은 혈통으로 근친 관계에 있는 사람들 사이의 혼인을 금하도록 정했다.

2978. 혼인은 다양한 개인들의 결합이기에, 같은 혈통을 지닌다는 이유로 이미 그들 스스로 하나로 간주해야 하는 사람들은 그들끼리는 혼인을 금하는 것이 마땅하다. 이는 그들이 같은 혈통으로 자신들이 하나임을 자각하면서 서로를 더 열정적으로 사랑하기 위함이다.

2979. 마찬가지로, 남편과 아내 사이에 행해지는 것들은 어떤 본성적 수치심과 연관되기 때문에 혈연으로 인해 서로에게 경의를 표해야 할 개인들이 서로 그런 행위를 하는 것을 금지해야 한다. 실제로 이런 이유는 "너는 네 누이의 치부를 드러내서는 안 된다"[211]라고 말하는 옛 법에 나타나 있는 듯 보인다.

2980. 그 밖에도, 인간들이 성적 쾌락을 탐닉하게 되는 것은 선한 품행을 문란하게 만든다. 이런 쾌락은 다른 어떤 것보다도 더 강하게 정신을 빼앗으므로, 이성은 올바르게 행동해야 하는 것들을 하지 못하게 되기 때문이다. 그런데 남성에게 누이들과 다른 근친들처럼 함께 살아야 하는 자들과

---

[211] 레위기 18,9.

habet necessitatem, sicut sororibus et aliis propinquis: quia talibus occasio coitus subtrahi non posset. Conveniens igitur fuit bonis moribus ut talis coniunctio legibus inhiberetur.

2981. Adhuc. Delectatio coitus *maxime corrumpit existimationem prudentiae*. Multiplicatio igitur talis delectationis repugnat bonos mores. Talis autem delectatio augetur per amorem personarum quae coniunguntur. Esset igitur contrarium bonis moribus propinquis coniungi: quia in eis adiungeretur amor qui est ex communione originis et connutritione, amori concupiscentiae; et, multiplicato amore, necesse esset animam magis delectationibus subdi.

2982. Amplius. In societate humana hoc est maxime necessarium ut sit amicitia inter multos. Multiplicatur autem amicitia inter homines dum personae extraneae per matrimonia colligantur. Conveniens igitur fuit legibus ordinari quod matrimonia contraherentur cum extraneis personis, et non cum propinquis.

2983. Adhuc. Inconveniens est ut illis personis aliquis socialiter iungatur quibus naturaliter debet esse subiectus. Naturale autem est quod aliquis parentibus sit subiectus. Ergo inconveniens esset quod cum parentibus aliquis matrimonium contraheret: cum in matrimonio sit quaedam coniunctio socialis.

성관계를 맺는 것이 허용된다면, 그런 사람들과 성관계를 맺도록 하는 계기가 제거될 수 없을 것이기 때문에 쾌락을 남용하게 되는 결과가 일어날 것이다. 그러므로 법이 그런 성관계를 맺는 것을 금하도록 하는 것은 선한 품행에 부합된다.

2981. 게다가, 성관계의 즐거움은 "현명의 판단을 크게 그르치게 한다".[212] 따라서 그런 즐거움을 증대시키는 것은 선한 품행에 상반된다. 그런데 그런 즐거움은 이런 식으로 결합하는 개인 간의 사랑을 통해 증대한다. 그러므로 근친 사이의 혼인은 선한 품행에 상반될 것이다. 왜냐하면 그들의 경우 정욕의 사랑 말고도 혈통과 양육을 공유함으로써 생기는 사랑이 있게 될 것이고, 결과적으로 사랑이 커짐에 따라 필시 영혼은 즐거움에 그만큼 더 지배당할 것이기 때문이다.

2982. 나아가, 인간 사회에서는 우정이 여러 사람 사이에 존재하는 것이 가장 필요하다. 하지만 친척 관계에 있지 않은 개인들이 혼인을 통해 묶일 때, 사람들 사이에 우정이 증대된다. 그러므로 친척이 아니라 다른 혈통의 개인들 사이에 혼인 관계를 맺어야 함을 법으로 명한 것은 적절했다.

2983. 게다가, 인간은 자신이 본성적으로 종속되어야 하는 자들과 혼인을 통해 부부의 결합을 맺는 것은 적절치 않다. 그런데 인간이 자기 부모에게 종속되는 것은 본성적이다. 그러므로 혼인은 잠자리를 함께하는 부부의 결합이기 때문에 자기 부모와 혼인 관계를 맺는 것은 적절치 않을 것이다.

---

[212] *NE* VI 5, 1140b 19.

2984. Hinc est quod dicitur *Levit.* 18, 6: *Omnis homo ad proximam sanguinis sui non* accedat.

2985. Per haec autem excluditur consuetudo EORUM qui propinquis suis se carnaliter commiscent.

2986. Sciendum est autem quod, sicut naturalis inclinatio est ad ea quae sunt ut in pluribus, ita et lex posita est secundum id quod in pluribus accidit. Non est praedictis rationibus contrarium si in aliquo aliter possit accidere: non enim propter bonum unius debet praetermitti bonum multorum, cum *bonum multitudinis semper sit divinius quam bonum unius.* Ne tamen defectus qui in aliquo uno posset accidere, omnino absque medela remaneat, residet apud legislatores, et eis similes, auctoritas dispensandi in eo quod communiter est statutum, secundum quod est necessarium in aliquo casu particulari. Et si quidem lex sit humana, per homines similem potestatem habentes dispensari potest. Si autem lex sit divinitus posita, auctoritate divina dispensatio fieri potest: sicut in veteri lege ex dispensatione indultum videtur uxores plures habere et concubinas, et uxoris repudium.

---

[213] *NE* I 2, 1094b 9-10.

2984. 이런 이유로 레위기 18장 6절에서 "너희 가운데 누구든지 자기 살붙이를 가까이해서는 안 된다"라고 말한다.

2985. 이런 논거들에 의해 근친과 성적 교합을 갖는 관습이 제거된다.

2986. 하지만 본성적 경향이 흔히 일어나는 것들로 기울듯이, 실정법도 흔히 일어나는 것들에 들어맞도록 만들어진다는 점에 주목해야 한다. 특수한 경우 예외의 결과가 일어나더라도 앞선 논거들이 무효가 되지는 않는다. "항상 여러 사람의 선이 한 사람의 선보다는 더 신적이므로"[213] 한 사람의 선을 위해 여러 사람의 선을 간과해서는 안 되기 때문이다. 그러나 단하나의 경우에 일어날 수 있는 결함이 완전히 돌이킬 수 없게 되는 것을 방지하기 위해 입법자들 및 이와 유사한 기능을 행사하는 이들은 특수한 경우에 요구되는 것을 고려해 법의 일반적 규정에 대해 관면寬免[214]하는 권한을 지니고 있다. 법이 인간에 의해 만들어진다면, 관면은 그러한 권한을 지니는 자들이 부여할 수 있다. 하지만 법이 신에 의해 정해진 것이라면, 관면은 신의 권위에 의해 부여될 수 있다. 실제로 옛 법에서는 일부다처제와 여러 명의 첩을 두는 것 그리고 아내와의 이혼이 관면에 의해 허용된 것으로 보인다.

---

[214] 특별한 경우 법의 제재를 면제해 주는 경우를 말한다. 법의 규정에도 불구하고 특별한 경우 법률의 구속으로부터 해방(교회법 제85조)되는 상태를 '관면'이라고 한다.

Capitulum CXXVI

Quod non omnis carnalis commixtio est peccatum

2987. Sicut autem contra rationem est ut aliquis carnali coniunctione utatur contra id quod convenit proli generandae et educandae, ita etiam secundum rationem est quod aliquis carnali coniunctione utatur secundum quod congruit ad generationem et educationem prolis. Lege autem divina haec solum prohibita sunt quae rationi adversantur, ut ex supra (cap. 121) dictis patet. Inconveniens est igitur dicere quod omnis carnalis coniunctio sit peccatum.

2988. Adhuc. Cum membra corporis sint quaedam animae instrumenta, cuiuslibet membri finis est usus eius: sicut et cuiuslibet alterius instrumenti. Quorundam autem membrorum corporis usus est carnalis commixtio. Carnalis igitur commixtio est finis quorundam membrorum corporis. Illud autem quod est finis aliquarum naturalium rerum, non potest esse secundum se malum: quia ea quae naturaliter sunt, ex divina providentia ordinantur ad finem, ut ex supra (cap. 64) dictis patet. Impossibile est igitur quod carnalis commixtio sit secundum se mala.

2989. Amplius. Naturales inclinationes insunt rebus a Deo, qui cuncta movet. Impossibile est igitur quod naturalis inclinatio alicuius speciei sit ad id quod est secundum se malum. Sed omnibus

제126장

모든 성적 교합이 다 죄가 되지는 않는다

2987. 자식의 출산과 양육에 합당하지 않은 방식으로 성적 결합을 맺는 것이 이성에 반하듯이, 자식의 출산과 양육에 합당한 방식으로 성적 결합을 맺는 것은 이성에 부합한다. 그런데 앞서(III 121) 밝혀졌듯이, 신법은 이성에 반하는 것들만 금한다. 그러므로 모든 성적 결합이 다 죄가 된다고 말하는 것은 부당하다.

2988. 게다가, 육체의 부위들은 영혼의 도구들이기 때문에 각 부위의 목적은 다른 도구처럼 영혼이 그 부위들을 사용하는 데에 있다. 그런데 신체의 어떤 부위들을 사용하는 것이 성적 교합이다. 따라서 성적 교합은 육체에 속한 어떤 부위들의 목적이다. 하지만 어떤 자연적인 사물들의 목적이 되는 것은 그 자체로 악이 될 리가 없다. 왜냐하면 앞선 언명(III 64)에서 밝혀졌듯이, 자연적으로 존재하는 것들은 신의 섭리를 통해 자신들의 목적으로 질서 지어진다. 그러므로 성적 교합이 그 자체로 악이 될 리가 없다.

2989. 나아가, 자연적 경향은 만물을 움직이게 하는 신에 의하여 사물들 안에 있게 된다. 따라서 종의 자연적 경향이 그 자체로 악한 것으로 향하게 되는 것은 불가능하다. 하지만 완전 동물[215]▶에는 모두 성적 결합을 향

animalibus perfectis inest naturalis inclinatio ad coniunctionem carnalem. Impossibile est igitur quod carnalis commixtio sit secundum se mala.

2990. Item. Illud sine quo non potest esse aliquid quod est bonum et optimum, non est secundum se malum. Sed perpetuitas speciei non conservatur in animalibus nisi per generationem, quae est ex commixtione carnali. Impossibile est igitur quod commixtio carnalis sit secundum se mala.

2991. Hinc est quod dicitur I *Cor*. 7, 28: *Mulier non peccat si nubat.*

2992. Per hoc autem excluditur error QUORUNDAM dicentium omnem carnalem coniunctionem esse illicitam: unde totaliter matrimonium et nuptias damnant. Quorum QUIDAM hoc ideo dicunt quia credunt corporalia non a bono, sed a malo principio esse.

◀215 '완전 동물'과 '불완전 동물'의 구분은 토마스가 생명체의 등급에 따라 '살아 있음'의 네 가지 방식을 설명하는 대목에 등장한다. 감각 작용을 하는 동물들 가운데 장소 운동을 하지 않는 조개나 굴과 같은 불완전 동물과 달리, 완전 동물은 소나 말 그리고 인간처럼 장소 운동을 하는 동물을 일컫는다. 참조: In *DA* II 3, 140-157.

하는 자연적 경향이 있다. 그러므로 성적 교합이 그 자체로 악이 될 리가
없다.

2990. 마찬가지로, 선한 것 그리고 제일 선한 것의 필요조건은 그 자체로
악이 되지는 않는다는 것이다. 하지만 종의 영속성은 성적 교합의 결과인
생식(출산)을 통해서만 동물들에게서 보존될 수 있다. 따라서 성적 교합이
그 자체로 악이 될 리가 없다.

2991. 이런 이유로 코린토 신자들에게 보낸 첫째 서간 7장 28절에서 "처녀
가 혼인하더라도 죄를 짓는 것은 아닙니다"라고 말하고 있다.

2992. 이로써 모든 성적 결합이 법에 어긋난다고 말함으로써 혼인과 혼례
를 전적으로 비난하는 자들의 오류가 제거된다. 그들 가운데 어떤 자들이
그렇게 말하는 까닭은 육체가 선한 원리가 아니라 악한 원리에서 나온다고
믿기 때문이다. [216]

---

[216] 이런 주장은 12세기 청빈 운동을 주도했던 '카타리파'(Cathari)에서 찾아볼 수 있는데,
프랑스 알비(Albi)를 중심으로 활동했으므로 '알비파'(Albigenses)라고도 불렸다. 그들은 마
니교의 이원론에 토대를 두고 세계가 선과 악의 두 원리에 근거해 물질세계를 악으로 규정함
으로써 혼인, 성사 등 인간 육신과 관련된 모든 것을 거부했고 구원을 위해 가난한 삶 속에서
엄격하게 금욕 생활을 실천해야 한다고 주장했다.

2993. Sicut autem venereorum usus absque peccato est, si secundum rationem fiat, ita etiam et usus ciborum. Fit autem unumquodque secundum rationem quando ordinatur secundum quod congruit debito fini. Finis autem debitus sumptionis ciborum est conservatio corporis per nutrimentum. Quicumque igitur cibus hoc facere potest, absque peccato potest sumi. Nullius igitur cibi sumptio secundum se est peccatum.

2994. Adhuc. Nullius rei usus secundum se malus est nisi res ipsa secundum se mala sit. Nullus autem cibus secundum naturam malus est: quia omnis res secundum suam naturam bona est, ut supra (cap. 7) ostensum est. Potest autem aliquis cibus esse alicui malus inquantum contrariatur salubritati ipsius secundum corpus. Nullius igitur cibi sumptio, secundum quod est talis res, est peccatum secundum se: sed potest esse peccatum si praeter rationem aliquis ipso utatur contra suam salutem.

2995. Amplius. Uti rebus ad hoc ad quod sunt, non est secundum se malum. Sunt autem plantae propter animalia; animalium vero quaedam propter alia; et omnia propter hominem, sicut ex superioribus (cap. 22) patet. Uti igitur vel plantis vel animalium carnibus vel ad

제127장

음식의 사용은 그 자체로 죄가 아니다

2993. 성관계가 이성에 따라 이루어진다면 죄가 아닌 것처럼, 음식의 사용도 마찬가지다. 어떤 행위든 그것의 고유한 목적에 어울리는 방식으로 목적을 향할 때 이성에 따라 이루어진다. 그런데 음식을 섭취하는 데에 마땅한 목적은 영양에 의한 육체의 보존이다. 따라서 이 목적을 실현할 수 있는 어떠한 음식이든 섭취하는 것은 죄가 되지 않는다. 그러므로 음식의 섭취는 그 자체로 죄가 아니다.

2994. 게다가, 그 자체로 악하지 않은 것을 사용하는 것은 그 자체로 악이 되지 않는다. 그런데 앞서(III 7) 드러났듯이, 만물은 본성적으로 선하므로 어떠한 음식도 본성적으로 악하지 않다. 그러나 어떤 음식은 특정한 사람에게 속한 육체의 건강 상태에 해를 끼치기 때문에 그 사람에게는 해로울 수 있다. 그러므로 어떤 음식을 섭취하는 행위가 그 음식의 성질만으로는 그 자체로 죄가 되지 않지만, 이성을 거슬러 건강에 반하는 방식으로 음식을 사용하게 되면 죄가 될 수 있다.

2995. 나아가, 사물을 그 목적대로 사용하는 것은 그 자체로 악하지 않다. 그런데 식물들은 동물들을 위해 존재한다. 앞서(III 22) 드러났듯이, 동물들 가운데 다른 동물들을 위해 존재하는 동물들이 있고, 만물은 인간을 위해 존재한다. 그러므로 식물이나 동물의 살을 인간의 음식이나 다른 어떠한

esum, vel ad quicquid aliud sunt homini utilia, non est secundum se peccatum.

2996. Item. Defectus peccati ab anima derivatur ad corpus, et non e converso: peccatum enim dicimus secundum quod deordinatur voluntas. Cibi autem immediate ad corpus pertinent, non ad animam. Non igitur ciborum sumptio secundum se potest esse peccatum, nisi quatenus repugnat rectitudini voluntatis.

a) Quod quidem contingit uno modo, propter repugnantiam ad proprium finem ciborum: sicut cum aliquis, propter delectationem quae est in cibis, utitur cibis contrariantibus corporis saluti, vel secundum speciem ciborum, vel secundum quantitatem.

b) Alio modo, secundum quod repugnat conditioni eius qui utitur cibis, vel eorum cum quibus conversatur: puta cum quis accuratius cibis utitur quam sua facultas sustineat; et aliter quam eorum mores habeant cum quibus convivit.

c) Tertio modo, secundum quod cibi sunt aliqua lege prohibiti propter aliquam causam specialem: puta in veteri lege quidam cibi prohibebantur propter significationem; et in Aegypto prohibebatur antiquitus comestio carnis bovinae, ne agricultura impediretur. Vel etiam secundum quod aliquae regulae prohibent aliquibus cibis uti, ad concupiscentiam refraenandam.

2997. Hinc est quod Dominus dicit, MATTH. 15, 11: *Quod intrat in*

용도로 사용해도 그 자체로 죄가 아니다.

2996. 마찬가지로, 죄의 결함은 영혼에서 육체로 전이되지만, 그 반대의
경우는 아니다. 왜냐하면 우리는 의지가 무질서해진 것을 죄라고 부르기
때문이다. 그런데 음식은 육체와 직접적으로 연관되지만, 영혼과는 그렇
지 않다. 따라서 음식의 섭취가 의지의 올바름과 상반되지 않다면 그 자체
로 죄일 리가 없다.

   a) 첫째, 음식의 섭취는 음식의 고유한 목적과 상반됨으로써 죄가 될 수
있다. 이를테면 사람은 음식의 종류로 말미암든 섭취되는 양으로 말미암
든 음식의 섭취로 제공되는 즐거움을 위해 육체의 건강에 반하는 음식을
섭취할 수 있다.

   b) 둘째, 음식의 섭취는 음식을 사용하는 자나 함께 사는 자들의 조건에
부합되지 않음으로써 죄가 될 수 있다. 이를테면, 사람은 자신의 분수에
넘칠 정도로 까다롭게 음식을 섭취하거나 같이 사는 자들의 관습과는 다른
방식으로 음식을 섭취할 수 있다.

   c) 셋째, 법이 특별한 이유로 어떤 음식들을 금하면 음식의 섭취는 죄
가 될 수 있다. 이처럼 옛 법에 어떤 음식들은 그것들이 상징하는 의미들
로 인해 금지되었고, 고대 이집트에서는 농업이 지장을 받지 않도록 쇠고
기를 먹는 것을 금지했었다. 어떤 규칙은 정욕情慾을 억제할 목적으로 특정
음식의 사용을 금지하기에 음식의 섭취가 죄가 될 수도 있다.

2997. 이런 이유로 주님께서는 마태오 복음서 15장 11절에서 "입으로 들

os, non coinquinat hominem. Et I *Cor.* 10, 25 dicitur: *Omne quod in macello venit manducate, nihil interrogantes propter conscientiam.* Et I Tɪᴍ. 4, 4 dicitur: *Omnis creatura Dei bona est, et nihil reiiciendum quod cum gratiarum actione percipitur.*

2998. Per hoc autem excluditur ǫᴜᴏʀᴜɴᴅᴀᴍ error qui usum quorundam ciborum secundum se dicunt esse illicitum. De quibus Aᴘᴏsᴛᴏʟᴜs dicit ibidem: *In novissimis temporibus discedent quidam a fide: prohibentium nubere, abstinere a cibis, quos Deus creavit ad percipiendum cum gratiarum actione.*

2999. Quia vero usus ciborum et venereorum non est secundum se illicitus, sed solum secundum quod exit ab ordine rationis illicitus esse potest; ea vero quae exterius possidentur, necessaria sunt ad sumptionem ciborum, ad educationem prolis et sustentationem familiae, et ad alias corporis necessitates: consequens est quod nec secundum se etiam divitiarum possessio est illicita, si ordo rationis servetur; ita scilicet quod iuste homo possideat quae habet; quod in eis finem voluntatis suae non constituat; quod eis debito modo utatur, ad suam et aliorum utilitatem. Hinc est quod Aᴘᴏsᴛᴏʟᴜs, I *Tim.* ult., divites non condemnat, sed eis certam regulam divitiis utendi tradit, dicens: *Divitibus huius saeculi praecipe non alta sapere, neque sperare in incerto divitiarum: bene agere, divites fieri*

---

²¹⁷ 티모테오에게 보낸 첫째 서간 4,1-3.

어가는 것이 사람을 더럽히지 않는다"라고 말씀하신다. 또 코린토 신자들에게 보낸 첫째 서간 10장 25절에서 "시장에서 파는 것은 양심을 따져 보지 말고 무엇이든지 먹으십시오"라고 말한다. 티모테오에게 보낸 첫째 서간 4장 4절에서도 "하느님께서 창조하신 것은 다 좋은 것으로, 감사히 받기만 하면 거부할 것이 하나도 없습니다"라고 말한다.

2998. 이로써 특정 음식들을 사용하는 것이 그 자체로 법에 어긋난다고 말하는 자들의 오류가 제거된다. 사도께서는 같은 장[217]에서 이들에 대해 "마지막 때에 어떤 이들은 믿음을 저버릴 것입니다. … 그들은 혼인을 금지하고, … 감사히 받아먹도록 하느님께서 창조하신 어떤 음식들을 끊으라고 요구합니다"라고 말한다.

2999. 그런데 음식과 성기능을 사용하는 것은 그 자체로 법에 어긋나는 것이 아니더라도 이성의 질서에서 벗어날 때만 법에 어긋날 수 있으므로, 그리고 음식의 섭취, 자식의 양육, 가족의 부양 그리고 기타 육체의 요구를 위해 외적 재산이 필요하므로, 부富의 소유도 이성의 질서가 준수되는 한에서 그 자체로 법에 어긋나지 않는다는 점이 뒤따른다. 즉, 이런 방식으로 인간은 자신이 가지는 것들을 정당하게 소유해야 하고, 의지의 목적을 이런 것들에 두지 않아야 하며, 자신과 다른 사람의 이익을 위해 그것들을 제대로 사용해야 한다. 이런 이유로 사도께서 티모테오에게 보낸 첫째 서간에서 "현세에서 부자로 사는 이들에게 오만해지지 말라고 지시하십시오. 또 안전하지 못한 재물에 희망을 두지 말고, … 선행으로 부유해지고, 아낌없이 베풀고 기꺼이 나누어 주는 사람이 되라고 하십시오"[218]라고 말할

---

[218] 6,17-18.

in operibus bonis, facile tribuere, communicare. Et *Eccli.* 31, 8: *Beatus dives qui inventus est sine macula, et qui post aurum non abiit, nec speravit in pecunia et thesauris.*

3000. Per hoc etiam excluditur QUORUNDAM error qui, ut AUGUSTINUS dicit in libro *de Haeresibus*, Apostolicos *se arrogantissime vocaverunt, eo quod in suam communionem non* acciperent *utentes coniugibus, et res proprias possidentes, quales habet Catholica* Ecclesia, *et monachos et clericos plurimos. Sed ideo isti haeretici sunt, quoniam, se ab Ecclesia separantes, nullam spem putant eos habere qui utuntur his rebus quibus ipsi carent.*

CAPITULUM CXXVIII
QUOMODO SECUNDUM LEGEM DEI HOMO ORDINATUR AD PROXIMUM

3001. Ex his ergo quae dicta sunt (capp. 121 sqq.), manifestum est quod secundum legem divinam homo inducitur ut ordinem rationis servet in omnibus quae in eius usum venire possunt. Inter omnia autem quae in usum hominis veniunt, praecipua sunt etiam alii homines. *Homo enim naturaliter est animal sociale:* indiget enim

---

[219] 4세기 소아시아에서 활동하던 이단 종파인 '사도파'는 성관계는 물론 사유 재산도 인정하지 않음으로써 '금욕파'(Apotactici)라고도 불렸다. 한편, 이 종파는 1260년 세가렐리(Gherardo Segarelli, 1240~1330)가 이탈리아 파르마에서 세운 '사도형제파'(ordo apostolorum)에 의해 계승되기도 했다.

때와 집회서 31장 8절에서 "아무 흠도 없고 황금을 밝히지도 않으며, 돈도 보물도 신뢰하지 않는 부자는 행복하다"라고 말할 때, 부자들을 비난하는 것이 아니라 그들에게 부를 사용하기 위한 일정한 규칙을 부여한다.

3000. 이로써 아우구스티누스가 『이단론』에서 "가톨릭교회가 인정하는 혼인을 한 사람들과 재산을 소유한 사람들뿐만 아니라 많은 수도자와 성직자들을 자신들의 공동체에 받아들이기를 거부한다는 이유로 매우 오만하게도 스스로 '사도파'[219]라고 부르는 자들이 있다. 하지만 그들이 이단자들인 까닭은 스스로 교회와 떼어 놓은 채 자신들이 포기한 이런 것들을 사용하는 사람들에게는 희망이 없다고 생각하기 때문이다"[220]라고 언급한 자들의 오류도 제거된다.

제128장
어떻게 신의 법에 의해 인간은 자신의 이웃을 향하도록 인도되는가?

3001. 앞선(III 121) 언명으로 보아, 인간은 자신에게 유익한 모든 것에 대해 신법에 따라 이성의 질서를 지키도록 인도된다는 게 분명하다. 그런데 인간에게 유익한 모든 것 가운데 가장 중요한 것은 다른 인간들이다. 왜냐하면 "인간은 본성적으로 사회적 동물이기 때문이다".[221] 인간은 한 사람 혼자에 의해서는 제공될 수 없는 여러 가지 것들이 필요하니까 말이다. 그러

---

[220] 아우구스티누스 『이단론』 40 (PL 42, 32).
[221] *NE* I 7, 1097b 11.

multis quae per unum solum parari non possunt. Oportet igitur quod ex lege divina instituatur homo ut secundum ordinem rationis se habeat ad alios homines.

3002. Adhuc. Finis divinae legis est ut homo Deo adhaereat (cap. 115). Iuvatur autem unus homo in hoc ex alio tam quantum ad cognitionem, quam etiam quantum ad affectionem: iuvant enim se homines mutuo in cognitione veritatis; et unus alium provocat ad bonum, et retrahit a malo. Unde *Prov.* 27, 17 dicitur: *Ferrum ferro acuitur, et homo exacuit faciem amici sui.* Et *Eccle.* 4 dicitur: 9 *Melius est duos esse quam unum: habent enim emolumentum societatis;* 10 *si unus ceciderit, ab altero fulcietur. Vae soli:* qui *cum ceciderit, non habet sublevantem.* 11 *Et si dormierint duo,* fovebunt se *mutuo: unus quomodo calefiet?* 12 *Et si* quis *praevaluerit contra unum, duo resistunt ei.* Oportuit igitur lege divina ordinari societatem hominum ad invicem.

3003. Amplius. Lex divina est quaedam ratio divinae providentiae ad homines gubernandos (capp. 114 sq.). Ad divinam autem providentiam pertinet singula quae ei subsunt, sub debito ordine continere: ut scilicet suum locum et gradum teneat unumquodque. Lex igitur divina sic homines ad invicem ordinat ut unusquisque suum

---

222 『성경』: "쇠는 쇠로 다듬어지고 사람은 이웃의 얼굴로 다듬어진다."

므로 인간은 이성의 질서에 따라 다른 인간들과 관계를 맺도록 신법의 지시를 받아야 한다.

3002. 게다가, 신법의 목적은 인간이 신에게 늘 머물러 있도록 하는 것이다(Ⅲ 115). 하지만 이런 목적을 위해 인간은 인식에 대해서뿐만 아니라 애정에 대해서도 타인의 도움을 받는다. 왜냐하면 다른 누군가는 타인이 진리를 인식하는 데 도움을 주고, 다른 누군가는 타인을 선으로 향하게 하고 악에서 떠나게 하기 때문이다. 이런 이유로 잠언 27장 17절에서 "쇠는 쇠를 갈고 닦고, 사람은 친구의 얼굴을 갈고 닦는다"[222]라고 말한다. 또 코헬렛 4장 9-12절에서 "혼자보다는 둘이 나으니, 그들은 연합에 유리하기 때문이다. 하나가 넘어지면 다른 하나가 일으켜 준다. 외톨이가 넘어지면 그에게는 불행! 그를 일으켜 줄 다른 사람이 없다. 또한 둘이 함께 누우면 서로 따뜻해지지만 외톨이는 어떻게 따뜻해질 수 있으랴? 누가 하나를 압도한다면 둘이서 그에게 맞설 것이다"[223]라고 말한다. 그러므로 신법은 인간들 상호 간의 연합을 질서 지우도록 해야 했다.

3003. 나아가, 신법은 인간들을 다스리기 위한 신적 섭리의 근거다(Ⅲ 114 이하). 그런데 신적 섭리에 종속되는 모든 것을 적절한 질서 아래 계속 놓아 둠으로써 저마다 자신의 위치와 지위를 유지할 수 있도록 하는 것은 신적 섭리의 기능이다. 따라서 신법은 인간 각자가 자신의 질서를 유지할 수 있

---

[223] 『성경』: "혼자보다는 둘이 나으니, 자신들의 노고에 대하여 좋은 보상을 받기 때문이다. 그들이 넘어지면 하나가 다른 하나를 일으켜 준다. 그러나 외톨이가 넘어지면 그에게는 불행! 그를 일으켜 줄 다른 사람이 없다. 또한 둘이 함께 누우면 따뜻해지지만 외톨이는 어떻게 따뜻해질 수 있으랴? 누가 하나를 공격하면 둘이서 그에게 맞설 수 있다."

ordinem teneat. Quod est homines pacem habere ad invicem: *pax* enim *hominum* nihil aliud est quam *ordinata concordia*, ut AUGUS-TINUS dicit.

3004. Item. Quandocumque aliqua ordinantur sub aliquo, oportet illa concorditer esse ordinata ad invicem: alias se invicem impedirent in consecutione finis communis; sicut patet in exercitu, qui concorditer ordinatur ad victoriam, quae est finis ducis. Unusquisque autem homo per legem divinam ordinatur ad Deum. Oportuit igitur per legem divinam inter homines, ne se invicem impedirent, *ordinatam concordiam* esse, quod est *pax*.

3005. Hinc est quod in *Psalmo* dicitur: *Qui posuit fines tuos pacem.* Et Dominus dicit, IOAN. 16, 33: *Haec locutus sum vobis ut in me pacem habeatis.*

3006. a) Tunc autem ordinata concordia inter homines servatur, quando *unicuique quod suum est redditur:* quod *est iustitiae.* Et ideo dicitur ISAIAE 32, 17: *Opus iustitiae pax.* Oportuit igitur per legem divinam iustitiae praecepta dari, ut unusquisque alteri redderet quod suum est, et abstineret a nocumentis alteri inferendis.

b) Inter homines autem maxime aliquis est parentibus debitor. Et ideo inter praecepta legis quae nos ad proximum ordinant, *Exod.*

도록 인간들에게 서로를 향하도록 하는 질서를 세운다. 이것은 인간들을 서로 평화롭게 지내도록 하기 위한 것이다. 왜냐하면 아우구스티누스가 말하듯이 "인간들 사이의 평화는 질서정연한 조화"[224]일 뿐이기 때문이다.

3004. 마찬가지로, 여러 가지 것들이 하나에 종속될 때마다, 그것들 사이에 서로를 지향하는 질서가 조화롭게 세워져야 한다. 그렇지 않다면 그것들은 공동의 목적에 도달하는 데 서로를 방해할 수 있다. 이 점은 지휘관의 목적인 승리를 지향하는 질서가 조화롭게 세워진 군대의 경우에 드러난다. 그런데 모든 인간은 신법을 통해 신을 향하도록 질서 지어진다. 따라서 인간끼리 서로에게 방해가 되지 않도록 신법은 인간들 사이에 '질서정연한 조화', 즉 '평화'가 있도록 해야 했다.

3005. 이런 이유로 시편에서 "[네 하느님께서는] 네 강토에 평화를 가져다주시고"[225]라고 말한다. 또 주님께서는 요한 복음서 16장 33절에서 "내가 너희에게 이 말을 한 이유는, 너희가 내 안에서 평화를 얻게 하려는 것이다"라고 말씀하신다.

3006. a) 그런데 인간들 사이에서 질서 있는 조화는 "각자 마땅히 받아야 할 것을 받을" 때 유지된다. 왜냐하면 그것은 "정의에 속하기" 때문이다. 이런 이유로 이사야서 32장 17절에 "정의의 결과는 평화가 되리라"라고 말한다. 그러므로 신법은 각자가 타인들에게 그들이 마땅히 받아야 할 것을 주며 그들에게 해를 끼치지 못하도록 정의의 계명을 내려야 했다.

b) 인간들 가운데 누구든 가장 크게 빚진 대상은 자기 부모다. 따라서

---

[224] 아우구스티누스 『신국론』 XIX 13 (PL 41, 640).　　　　[225] 147,14

20, primo ponitur, 12 *Honora patrem tuum et matrem tuam*: in quo intelligitur praecipi ut tam parentibus quam etiam aliis unusquisque reddat quod debet, secundum illud *Rom.* 13, 7: *Reddite omnibus debita.*

c) Deinde ponuntur praecepta quibus praecipitur abstinendum esse a nocumentis proximo inferendis. Ut neque factis eum offendamus in persona propria, quia dictum est, 13 *Non occides;* neque in persona coniuncta, quia scriptum est, 14 *Non moechaberis;* neque etiam exterioribus rebus, quia scriptum est, 15 *Non furtum facies.* Prohibemur etiam ne contra iustitiam proximum verbo offendamus: quia scriptum est, 16 *Non loqueris contra proximum tuum falsum testimonium.* Et quia Deus etiam cordium iudex est, prohibemur ne corde proximum offendamus, 17 concupiscendo scilicet *uxorem,* aut aliquam rem eius.

3007. a) Ad huiusmodi autem iustitiam observandam, quae lege divina statuitur, dupliciter homo inclinatur: uno modo, ab interiori; alio modo, ab exteriori.

b) Ab interiori quidem, dum homo voluntarius est ad observandum ea quae praecipit lex divina. Quod quidem fit per amorem hominis ad Deum et proximum: qui enim diligit aliquem, sponte et delectabiliter ei reddit quod debet, et etiam liberaliter superaddit. Unde tota legis impletio ex dilectione dependet: secundum illud APOSTOLI *Rom.* 13, 10: *Plenitudo legis est dilectio.* Et Dominus di-

우리에게 이웃을 향하도록 하는 법의 계명들 가운데 첫 번째는 탈출기 20장의 "너희 아버지와 어머니를 공경하여라"라는 12절 구절이다. 이 구절은 "여러분은 모든 이에게 자기가 해야 할 의무를 다하십시오"라는 로마 신자들에게 보낸 서간 13장 7절에 따라 저마다 자기 부모는 물론 다른 사람들에게 그들이 마땅히 받아야 할 것을 주도록 하는 계명으로 이해된다.

c) 그 이후에 자신의 이웃에게 해를 끼치지 못하도록 하는 계명들이 주어진다. 이를테면, "살인해서는 안 된다"라고 했으므로 우리는 이웃 본인에게 어떤 행위로 해를 끼쳐서는 안 되고, "간음해서는 안 된다"라고 적혀 있으므로 이웃과 맺어진 사람에게도 해를 끼쳐서는 안 되며, "도둑질해서는 안 된다"라고 적혀 있으므로 이웃의 외적인 재산에 해를 끼쳐서는 안 된다. "이웃에 불리한 거짓 증언을 해서는 안 된다"라고 적혀 있으므로 우리는 정의에 상반되는 말을 통해 우리 이웃에게 해를 끼쳐서도 안 된다. 신은 우리의 마음조차도 잘 알기 때문에 우리 마음으로 '이웃의 아내'나 이웃의 재산을 탐냄으로써 이웃에게 해를 끼쳐서는 안 된다.

3007. a) 그런데 인간은 신법에 의해 규정된 이런 종류의 정의를 두 가지 방식으로 지키게 되는데, 내부에서 지키는 것과 외부에서 지키는 것이 있다.

b) 인간은 자발적으로 신법의 계명들을 지킬 때, 내부에서 [법의 정의를] 지키는 것이다. 이 방식은 인간이 신과 자신의 이웃을 사랑함으로써 이루어진다. 타인을 사랑하는 자는 타인이 마땅히 받아야 할 것을 자발적으로 그리고 기쁨에 차서 주며, 심지어 너그럽게 더 많이 주기 때문이다. 이런 이유로 로마 신자들에게 보낸 서간 13장 10절의 "사랑은 법을 완성하는 것입니다"[226]라는 사도의 말씀에 따르면, 법의 온전한 실현은 사랑에 달

---

[226] 『성경』: "사랑은 율법의 완성입니다."

cit, Matth. 22, 40, quod *in duobus praeceptis,* scilicet in dilectione Dei et proximi, *universa lex pendet.*

c) Sed quia aliqui interius non sunt sic dispositi ut ex seipsis sponte faciant quod lex iubet, ab exteriori trahendi sunt ad iustitiam legis implendam. Quod quidem fit dum timore poenarum, non liberaliter, sed serviliter legem implent. Unde dicitur Isaiae 26, 9: *Cum feceris iudicia tua in terra,* scilicet puniendo malos, *iustitiam discent* omnes *habitatores orbis.*

3008. Primi igitur *sibi ipsi sunt lex,* habentes caritatem, quae eos loco legis inclinat et liberaliter operari facit. Lex igitur exterior non fuit necessarium quod propter eos poneretur: sed propter illos qui ex seipsis non inclinantur ad bonum. Unde dicitur I Tim. 1, 9: *Iusto lex non est posita, sed iniustis.* Quod non est sic intelligendum quasi iusti non teneantur ad legem implendam, ut QUIDAM male intellexerunt: sed quia isti inclinantur ex seipsis ad iustitiam faciendam, etiam sine lege.

---

[227] 『성경』: "온 율법이 … 이 두 계명에 달려 있다."

[228] 『성경』 로마 신자들에게 보낸 서간 2,14: "율법을 가지고 있지 않은 그들이 자신들에게 는 율법이 됩니다."

[229] 믿음 및 희망과 더불어 대신덕(對神德)에 속하는 '애덕'(caritas)을 '참사랑'이라는 용어 로 번역하기도 한다. 참조: 바티스타 몬딘 『성 토마스 개념사전』 716-719. 여기서는 앞서 출 판된 『대이교도대전』 번역서들의 용어 사용법을 따라 기존의 '애덕'이라는 용어로 옮긴다.

려 있다. 또 주님께서 마태오 복음서 22장 40절에서 "모든 법이 이 두 계명에", 즉 신과 이웃에 대한 사랑에 "달려 있다"[227]고 말씀하신다.

c) 하지만 어떤 이들에게는 법이 명한 것을 자발적으로 수행하는 내적 성향이 없기에 외부에서 법의 정의를 지키도록 해야 한다. 이 방식은 그들이 처벌을 두려워함으로써 이루어지므로 자유롭게 법을 지키는 것이 아니라 비굴하게 지키는 것이다. 이런 이유로 이사야서 26장 9절에서 "당신의 판결들이 이 땅에 미치면", 즉 악인들을 벌함으로 "누리의 주민들이 정의를 배우기 때문입니다"라고 말한다.

3008. 그렇다면 첫 번째 부류는 "자기 자신들이 법이 된다".[228] 왜냐하면 그들은 법을 대신해 자신들을 움직이게 하고 자유로이 행위를 하도록 하는 애덕(caritas)[229]을 가지고 있기 때문이다. 따라서 그들을 위해서 외적인 법을 만들 필요가 없었고, 스스로 선을 향하는 성향이 없는 이들을 위해 외적인 법을 만들어야 했다. 이런 이유로 티모테오에게 보낸 첫째 서간 1장 9절에서 "법은 의로운 사람을 위해 제정된 것이 아니라 의롭지 못한 사람들을 위해 제정된 것입니다"[230]라고 말한다. 이것은 누군가 잘못 이해하는 것처럼 의로운 사람이 율법을 이행해야 할 의무가 없다는 뜻이 아니라, 이런 자들에게는 심지어 법 없이도 스스로 의로운 일을 하는 경향이 있다는 뜻이다.

---

[230] 참조: 『성경』 티모테오에게 보낸 첫째 서간 1,9-10: "율법이 의인 때문에 있는 것이 아니라, 무법자와 순종하지 않는 자, 불경한 자와 죄를 짓는 자, 하느님을 무시하는 자와 거룩한 것을 속되게 하는 자, 아버지를 죽인 자와 어머니를 죽인 자, 사람을 죽인 자, 불륜을 저지르는 자, 비역하는 자, 인신매매를 하는 자, 거짓말하는 자, 거짓 증언을 하는 자, 그리고 그 밖에 무엇이든 건전한 가르침에 어긋나는 짓을 하는 자 때문에 있다는 것입니다."

Capitulum CXXIX

Quod in humanis actibus sunt aliqua recta secundum naturam, et non solum quasi lege posita

3009. Ex praemissis autem apparet quod ea quae divina lege praecipiuntur, rectitudinem habent non solum quia sunt lege posita, sed etiam secundum naturam.

3010. Ex praeceptis enim legis divinae mens hominis ordinatur sub Deo; et omnia alia quae sunt in homine, sub ratione (cap. 121). Hoc autem naturalis ordo requirit, quod inferiora superioribus subdantur. Sunt igitur ea quae lege divina praecipiuntur, secundum se naturaliter recta.

3011. Praeterea. Homines ex divina providentia sortiuntur naturale iudicatorium rationis ut principium propriarum operationum. Naturalia autem principia ad ea ordinantur quae sunt naturaliter. Sunt igitur aliquae operationes naturaliter homini convenientes, quae sunt secundum se rectae, et non solum quasi lege positae.

3012. Praeterea. Quorumcumque est natura determinata, oportet esse operationes determinatas, quae illi naturae conveniant: propria enim operatio uniuscuiusque naturam ipsius sequitur. Constat autem hominum naturam esse determinatam. Oportet igitur esse

인간의 어떤 행위들은 법으로 규정되기 때문만이 아니라 본성적으로도 올바르다

3009. 앞선 언명으로 보아 신법으로 규정된 것들은 단지 법으로 정해지기 때문에 올바른 것이 아니라, 본성적으로도 올바르다는 게 분명하다.

3010. 신법의 계명들은 인간의 정신을 신에게 종속시키며, 인간에게 있는 다른 모든 것도 이성에 종속시키니까 말이다(Ⅲ 121). 그런데 본성적 질서는 하위의 것들이 상위의 것들에 종속하기를 요구한다. 그러므로 신법이 명하는 것은 그 자체로 본성적으로 올바르다.

3011. 그 밖에도, 신적 섭리는 인간들에게 이성의 본성적 판단력을 그들의 고유한 작용 원리로 부여한다. 그런데 본성적 원리는 본성적으로 존재하는 것들로 향하게 된다. 따라서 인간에게 본성적으로 어울리는 작용들이 있는데, 이것들은 단순히 법에 따라 규정된다는 이유로 올바를 뿐만 아니라 그 자체로도 올바르다.

3012. 그 밖에도, 정해진 본성을 지니는 것은 무엇이든지 그 본성에 어울리는 정해진 작용을 지녀야 한다. 왜냐하면 각 사물의 고유한 작용은 그 사물의 본성에서 귀결되기 때문이다. 그런데 인간에게 정해진 본성이 있다는 점은 분명하다. 그러므로 인간에게 그 자체로 어울리는 어떤 작용들

aliquas operationes secundum se homini convenientes.

3013. Adhuc. Cuicumque est aliquid naturale, oportet esse naturale id sine quo illud haberi non potest: *natura* enim *non deficit in necessariis*. Est autem homini naturale quod sit *animal sociale* (cf. 3001): quod ex hoc ostenditur, quia unus homo solus non sufficit ad omnia quae sunt humanae vitae necessaria. Ea igitur sine quibus societas humana conservari non potest, sunt homini naturaliter convenientia. Huiusmodi autem sunt, unicuique quod suum est conservare, et ab iniuriis abstinere. Sunt igitur aliqua in humanis actibus naturaliter recta.

3014. Amplius. Supra (capp. 121, 127) ostensum est quod homo naturaliter hoc habet, quod utatur rebus inferioribus ad suae vitae necessitatem. Est autem aliqua mensura determinata secundum quam usus praedictarum rerum humanae vitae est conveniens, quae quidem mensura si praetermittatur, fit homini nocivum: sicut apparet in sumptione inordinata ciborum. Sunt igitur aliqui actus humani naturaliter convenientes, et aliqui naturaliter inconvenientes.

3015. Item. Secundum naturalem ordinem corpus hominis est propter animam, et inferiores vires animae propter rationem: sicut et in aliis rebus materia est propter formam, et instrumenta propter principalem agentem. Ex eo autem quod est ad aliud ordinatum, debet

이 있어야 한다.

3013. 게다가, 무언가가 어떤 존재자에 본성적일 경우, 그 무언가를 소유하기 위해 필요불가결한 것도 본성적인 것이어야 한다. 왜냐하면 "본성(자연)은 필수적인 그 무엇도 결여하지 않기"[231] 때문이다. 그런데 '사회적 동물'이 되는 것은 인간에게 본성적이며(III 128, n.3001 참조), 이 점은 인간 혼자서는 인간의 삶에 필수적인 모든 것을 마련할 수 없다는 사실에 의해 드러난다. 결과적으로 인간 사회를 유지하는 데 필요불가결한 것들은 인간에게 본성적으로 어울린다. 각자를 위해 각자의 것을 보호하고 해를 끼치지 않는다는 점이 그 실례들이다. 그러므로 인간의 행위들 가운데 본성적으로 올바른 것들이 있다.

3014. 나아가, 인간이 본성적으로 삶에 필요한 것들을 위해 자신보다 못한 하위의 것들을 사용할 수 있다는 점은 앞서(III 121; 127) 밝혀졌다. 그런데 앞서 언급된 것들의 사용이 인간의 삶에 합당하도록 하는 어떤 정해진 척도가 있는데, 이 척도가 등한시된다면 음식의 과도한 섭취에서 드러나듯이 인간에게 해롭게 될 것이다. 그러므로 본성적으로 어울리는 인간의 행위들도 있지만, 본성적으로 어울리지 않는 인간의 행위들도 있다.

3015. 마찬가지로, 본성적 질서에 따르면 인간의 육체는 자신의 영혼을 위해서 존재하고, 영혼의 하위 능력들은 이성을 위해서 존재한다. 마치 다른 것들에서 질료는 형상을 위해 존재하고 도구는 주요 작용자를 위해 존재하

---

[231] *DA* III 9, 432b 21.

ei auxilium provenire, non autem aliquod impedimentum. Est igitur naturaliter rectum quod sic procuretur ab homine corpus, et etiam inferiores vires animae, quod ex hoc actus rationis et bonum ipsius minime impediatur, magis autem iuvetur: si autem secus acciderit, erit naturaliter peccatum. Vinolentiae igitur et comessationes; et inordinatus venereorum usus, per quem actus rationis impeditur; et subdi passionibus, quae liberum iudicium rationis esse non sinunt, sunt naturaliter mala.

3016. Praeterea. Unicuique naturaliter conveniunt ea quibus tendit in suum finem naturalem: quae autem e contrario se habent, sunt ei naturaliter inconvenientia. Ostensum est autem supra quod (capp. 17, 25) homo naturaliter ordinatur in Deum sicut in finem. Ea igitur quibus homo inducitur in cognitionem et amorem Dei, sunt naturaliter recta: quae autem e contrario se habent, sunt naturaliter homini mala.

3017. Patet igitur quod bonum et malum in humanis actibus non solum sunt secundum legis positionem, sed secundum naturalem ordinem.

3018. Hinc est quod in *Psalmo* dicitur, quod *iudicia Domini sunt vera, iustificata in semetipsis.*

는 것과 같다. 그런데 한 사물이 다른 사물을 향하도록 질서 지어진다면, 그것은 다른 사물에 도움을 되어야지 저해가 되어서는 안 된다. 따라서 인간은 육체와 영혼의 하위 능력들을 돌봄으로써 인간의 이성적 활동과 자신의 선이 저해되기보다는 도움을 받는 것이 본성적으로 올바르다. 그러나 그렇지 않은 결과가 일어난다면, 그것은 본성적으로 죄가 될 것이다. 그러므로 이성적 활동이 저해되는 폭음, 술잔치, 과도한 성관계 그리고 이성의 자유로운 판단을 용인하지 않는 정념에 굴복하는 것은 본성적으로 악한 것들이다.

3016. 그 밖에도, 작용자에게 자신의 본성적 목적을 지향하도록 하는 그런 행위들은 본성적으로 작용자에게 어울리지만, 상반되는 결과를 초래하는 행위들은 작용자에게 본성적으로 어울리지 않는다. 그런데 앞서(III 17; 25) 인간이 본성적으로 자신의 목적인 신을 향하고 있음이 밝혀졌다. 그러므로 인간을 신에 대한 인식과 사랑으로 인도하는 것들은 본성적으로 올바르지만, 상반되는 결과를 낳는 것들은 무엇이든지 인간에게 본성적으로 악하다.

3017. 따라서 인간의 행위들 가운데 선과 악은 법의 규정뿐만 아니라 본성적 질서에도 토대를 둔다.

3018. 이런 이유로 시편[232]에서 "주님의 판단들은 참되고, 그 자체로 의롭네"라고 말한다.

---

[232] 『성경』 시편 19(18),10: "주님의 법규들은 진실이니, 그 자체로 의롭네."

3019. Per haec autem excluditur positio DICENTIUM quod iusta et recta sunt solum lege posita.

CAPITULUM CXXX

DE CONSILIIS QUAE DANTUR IN LEGE DIVINA

3020. QUIA vero optimum hominis est ut mente Deo adhaereat et rebus divinis; impossibile autem est quod homo intense circa diversa occupetur: ad hoc quod liberius feratur in Deum mens hominis, dantur in divina lege consilia, quibus homines ab occupationibus praesentis vitae retrahantur, quantum possibile est terrenam vitam agenti. Hoc autem non est ita necessarium homini ad iustitiam ut sine eo iustitia esse non possit: non enim virtus et iustitia tollitur si homo secundum ordinem rationis corporalibus et terrenis rebus utatur. Et ideo huiusmodi divinae legis admonitiones dicuntur *consilia,* non *praecepta,* inquantum *suadetur* homini ut, propter meliora, minus bona praetermittat.

3021. a) Occupatur autem humana sollicitudo, secundum communem modum humanae vitae, circa tria: primo quidem, circa propriam personam, quid agat, aut ubi conversetur; secundo autem,

---

233 ‘계명’은 사람들이 신법을 준수하기 위해 반드시 따라야 하는 것인데 반해, ‘권고’는 우리가 무언가를 하기로 선택하는 경우에만 따를 수 있는 구속력 없는 지시다. 토마스는 이런

3019. 이로써 의로운 것과 올바른 것은 법으로만 규정된다고 주장하는 이
들의 입장이 제거된다.

제130장

신법에 제시된 권고에 대하여

3020. 인간에게 가장 큰 선은 자신의 정신이 신과 신적인 것들에 늘 머물
러 있는 것이지만 인간은 동시에 여러 가지 일에 전념할 수 없으므로, 인
간의 정신이 더 자유롭게 신을 향하게 할 목적으로 지상에서 삶을 영위하
는 자들에게 현세적 삶의 분주한 일에서 가능한 한 물러나도록 하는 권고
들이 신법에 주어진다. 그런데 이러한 물러남이 정의正義에 필수 불가결한
요소가 될 정도로 인간을 정의롭게 하는 데 필요하지는 않다. 인간이 이성
의 명령에 따라 육체적이고 세속적인 것들을 사용하더라도 덕과 정의는 제
거되지 않기 때문이다. 따라서 인간이 더 큰 선을 위해 더 작은 선을 버리
도록 '권유되는' 한에서 이와 같은 신법의 권면을 '계명'이 아니라 '권고'라
고 한다.[233]

3021. a) 그런데 인간의 일반적인 생활양식과 관련된 인간의 걱정은 세 가
지에 얽매이게 된다. 첫째, 자기 자신에 대한 것인데, 자신이 무엇을 해야

구별을 통해 신이 적극적으로 모두에게 하라고 명령한 것을 따르거나 신이 금하는 것을 삼감
으로써 성취될 수 있는 것을 넘어서는 '복음적 권고'들이 있다고 주장하는데, 이런 권고는 신
과의 합일을 추구하는 사람들에 의해 수용될 수 있다고 본다.

circa personas sibi coniunctas, praecipue uxorem et filios; tertio, circa res exteriores procurandas, quibus homo indiget ad sustentationem vitae.

b) Ad amputandam igitur sollicitudinem circa res exteriores, datur in lege divina consilium *paupertatis:* ut scilicet res huius mundi abiiciat, quibus animus eius sollicitudine aliqua implicari posset. Hinc est quod Dominus dicit, MATTH. 19, 21: *Si vis perfectus esse, vade, vende* omnia *quae habes et da pauperibus, et veni, sequere me.*

c) Ad amputandam autem sollicitudinem uxoris et filiorum, datur homini consilium *de virginitate vel continentia.* Hinc est quod dicitur I *Cor.* 7, 25: *De virginibus autem praeceptum Domini non habeo, consilium autem do.* Et huius consilii rationem assignans, subdit: 32 *Qui sine uxore est, sollicitus est quae sunt Domini, quomodo placeat Deo:* 33 *qui autem cum uxore est, sollicitus est quae sunt mundi, quomodo placeat uxori, et divisus est.*

d) Ad amputandam autem sollicitudinem hominis etiam circa seipsum, datur consilium *obedientiae,* per quam homo dispositionem suorum actuum superiori committit. Propter quod dicitur *Hebr.* ult.: *Obedite praepositis vestris et subiacete eis: ipsi enim pervigilant, quasi rationem reddituri pro animabus vestris.*

---

[234] 토마스에 따르면, '정절'이나 '동정'은 모든 성관계를 금하는 것이다, 반면, '정결'은 모든 성관계를 금하는 것이 아니라 이성의 판단이나 의지의 선택에 따라 성 기능을 적절하게 사용하는 덕에 속한다. 참조: *ST* II-II 151, 1-3. 여기서 토마스가 정절 또는 동정의 권고를 말하는 까닭은 성직자와 수도자의 '평생 독신'(caelibatus)의 삶을 염두에 두고 있기 때문이다.

할지 또는 어디서 살아야 하는지에 대한 걱정이고, 둘째, 자기 자신과 연관된 사람들, 주로 아내와 자녀에 대한 걱정이며, 셋째, 생명 유지에 필요한 외적인 것들을 획득하는 것에 대한 걱정이다.

b) 따라서 신법에는 외적인 것들에 대한 걱정을 끊어 버리기 위해 자신의 정신이 어떤 걱정에 얽어맬 수 있게 하는 현세의 재산을 포기하도록 만드는, 즉 '가난'의 권고가 주어진다. 이런 이유로 주님께서는 마태오 복음서 19장 21절에서 "네가 완전한 사람이 되려거든, 가서 너의 재산을 팔아 가난한 이들에게 주어라. … 그리고 와서 나를 따라라"라고 말씀하신다.

c) 인간에게 아내와 자녀에 대한 걱정을 끊어 버리기 위해 '동정'童貞이나 '정절'234의 권고가 주어진다. 이런 이유로 코린토 신자들에게 보낸 첫째 서간 7장 25절에서 "미혼자들에 관해서는 내가 주님의 계명을 받은 바가 없습니다. 그러나 권고를 주겠습니다"235라고 말한다. 그는 이런 권고의 이유를 말하면서 7장 32-33절에서 "혼인하지 않은 남자가 어떻게 하면 주님을 기쁘게 해 드릴 수 있을까 하고 주님의 일을 걱정합니다. 그러나 혼인한 남자는 어떻게 하면 아내를 기쁘게 할 수 있을까 하고 세상일을 걱정합니다. 그래서 그는 마음이 갈라집니다"라고 덧붙인다.

d) 인간이 자기 자신에 대해 가지는 걱정을 끊어 버리도록 자신의 행위를 지배할 수 있는 재량을 상위자에게 맡기도록 하는 '순명'順命의 권고가 주어진다. 이런 이유로 히브리인들에게 보낸 서간에서 "지도자들의 말을 따르고 그들에게 복종하십시오. 그들은 하느님께 셈을 해 드려야 하는 이들로서 여러분의 영혼을 돌보아 주고 있습니다"236라고 말한다.

---

235 참조: 『성경』: "미혼자들에 관해서는 내가 주님의 명령을 받은 바가 없습니다. 그러나 … 의견을 내놓습니다."
236 13,17.

3022. Quia vero summa perfectio humanae vitae in hoc consistit quod mens hominis Deo vacet; ad hanc autem mentis vacationem praedicta tria maxime videntur disponere: convenienter ad perfectionis statum pertinere videntur; non quasi ipsae sint perfectiones, sed quia sunt dispositiones quaedam ad perfectionem, quae consistit in hoc quod Deo vacetur. Et hoc expresse ostendunt verba Domini paupertatem suadentis, cum dicit (cf. 3021 b), *Si vis perfectus esse, vade et vende* omnia *quae habes et da pauperibus, et sequere me,* quasi in sua sequela perfectionem vitae constituens.

3023. Possunt etiam dici perfectionis effectus et signa. Cum enim mens vehementer amore et desiderio alicuius rei afficitur, consequens est quod alia postponat. Ex hoc igitur quod mens hominis amore et desiderio ferventer in divina fertur, in quo perfectionem constare manifestum est, consequitur quod omnia quae ipsum possunt retardare quominus feratur in Deum, abiiciat: non solum rerum curam, et uxoris et prolis affectum, sed etiam sui ipsius. Et hoc significant verba Scripturae. Dicitur enim *Cant.* 8, 7: *Si dederit homo omnem substantiam domus suae* ad mercandam dilectionem, *quasi nihil* computabit *eam.* Et MATTH. 13: 45 *Simile est regnum caelorum homini negotiatori quaerenti bonas margaritas:* 46 *inventa autem una pretiosa margarita, abiit et vendidit omnia quae habuit, et* comparavit *eam.* Et *Philipp.* 3: 7 *Quae mihi* aliquando *fuerunt*

3022. 그러나 인간 삶의 최고 완전성은 인간의 정신이 신에게 전념하는 것이기에, 그리고 앞서 언급된 세 가지 권고가 이런 정신의 전념에 이르게 하는 가장 좋은 준비 태세로 보이기에, 그것들은 그 자체로 완전성은 아니지만 완전성으로 이르게 되는 준비 태세이기 때문에 완전성의 상태에 속하는 것이 마땅한 것 같다. 또한 이 점은 우리 주님께서 가난을 권고하실 때 삶의 완전성을 자기 자신을 따르는 데 두신 것처럼 "네가 완전한 사람이 되려거든, 가서 너의 재산을 팔아 가난한 이들에게 주어라. … 그리고 와서 나를 따라라"[237]라고 하신 말씀에서 분명하게 드러난다(III 130, n.3021b 참조).

3023. 그것들은 완전성의 결과이자 표징이라고도 말할 수 있다. 정신이 어떤 것에 대해 욕구를 가진 채 사로잡힐 때 다른 것들을 등한시하는 결과가 생긴다. 따라서 인간의 정신이 사랑과 욕구를 통해 완전성이 분명하게 놓여 있는 신적인 것들에 강렬하게 향하게 된다면, 그는 재산에 대한 걱정과 아내와 자녀에 대한 사랑은 물론 심지어 자신에 대한 사랑처럼 신에게로 향하는 행위를 방해할 수 있는 것은 모두 버리게 될 것이다. 성경의 말씀도 이 점을 지적한다. 왜냐하면 아가 8장 7절에 "누가 사랑을 사려고 제집의 온 재산을 내놓는다고 해도 그는 그것을 대수롭지 않은 것으로 봅니다"라고 말하고 있으며, 마태오 복음 13장 45-46절에는 "하늘 나라는 좋은 진주를 찾는 상인과 같다. 그는 값진 진주를 하나 발견하자, 가서 가진 것을 모두 처분하여 그것을 샀다"라고 적혀 있기 때문이다. 필리피 신자들에게 보낸 서간 3장 7-8절에도 "나에게 이롭던 것들을 … 배설물로 여김은 그리

---

[237] 마태오 복음서 19,21.

lucra, arbitratus sum 8 ut stercora ut Christum lucrifacerem.

3024. Quia igitur praedicta tria dispositiones ad perfectionem sunt, et perfectionis effectus et signa, convenienter qui praedicta tria Deo vovent, *in statu perfectionis* esse dicuntur.

3025. Perfectio autem ad quam praedicta disponunt, in vacatione mentis circa Deum consistit. Unde et praedictorum professores *religiosi* dicuntur, quasi se Deo et sua in modum cuiusdam sacrificii dicantes: et quantum ad res, per paupertatem; et quantum ad corpus, per continentiam; et quantum ad voluntatem, per obedientiam. Religio enim in cultu divino consistit, ut supra (cap. 119) dictum est.

Capitulum CXXXI

De errore impugnantium voluntariam paupertatem

3026. Fuerunt autem aliqui paupertatis propositum improbantes, contra Evangelicam doctrinam. Quorum primus Vigilantius invenitur: quem tamen postmodum aliqui sunt secuti dicentes se *esse legis doctores, non intelligentes neque quae loquuntur neque de*

---

[238] 참조: 『성경』: "그러나 나에게 이롭던 것들을, … 쓰레기로 여깁니다. 내가 그리스도를 얻[으려는 것입니다]."

[239] 히에로니무스 『비길란티우스 반박』(*Contra Vigilantium*) 14 (PL 23, 366).

스도를 얻기 위함입니다"[238]라고 적혀 있다.

3024. 따라서 앞서 언급된 세 가지 권고가 완전성으로 이르게 하는 준비 태세이면서 완전성의 결과이자 표징이기 때문에 신에게 이런 세 가지를 서원하는 자들을 '완전성의 상태에 있다'라고 말하는 것은 적합하다.

3025. 그런데 이런 세 가지 권고를 통해 준비 태세를 갖추게 되는 완전성이란 정신이 신에게 전념하는 것이다. 그러므로 앞서 말한 서원을 하는 자들은 신에게 희생 제물(sacrificium)처럼 그들 자신도 재산도 바친다는 의미에서 '종교적'이라고 불린다. 그들은 가난을 통해 재산을 바치고, 정절을 통해 육체를 바치고, 순명을 통해 의지를 바친다. 왜냐하면 앞서(III 119) 말했듯이, 종교는 신에 대한 예배이기 때문이다.

제131장

자발적 가난을 논박하는 자들의 오류에 대하여

3026. 복음의 가르침에 반대하여 자발적 가난을 배척하는 자들이 있었다. 비길란티우스[239]가 그 첫 번째인데, 그를 추종하면서 "자기들이 말하는 것도, 자기들이 그토록 확신을 지니고 주장하는 것도 이해하지 못하면서 율법 교사로 자처하는"[240] 자들[241]도 있었다. 그들은 이런 주장을 다음에 말하

---

[240] 티모테오에게 보낸 첫째 서간 1,7.

[241] 토마스는 『대이교도대전』을 집필하기 몇 년 전에 자발적 가난을 비판한 동료들을 염두에 둔다. 이들에 대한 비판은 토마스의 『전례와 수도회를 경멸하는 자들 논박』(*Contra impugnantes Dei cultum et religionem*)에 드러난다.

quibus affirmant. Qui ad hoc his et similibus rationibus sunt inducti.

3027. Naturalis enim appetitus requirit ut unumquodque animal sibi provideat in necessariis suae vitae: unde animalia quae non quolibet tempore anni necessaria vitae invenire possunt, quodam naturali instinctu, ea quae sunt vitae suae necessaria congregant illo tempore quo inveniri possunt, et ea conservant; sicut patet de apibus et formicis. Homines autem ad suae vitae conservationem multis indigent quae non omni tempore inveniri possunt. Inest igitur naturaliter homini quod congreget et conservet ea quae sunt sibi necessaria. Est igitur contra legem naturalem omnia congregata dispergere per paupertatem.

3028. Adhuc. Naturalem affectum habent omnia ad ea quibus esse suum conservatur, inquantum *omnia esse appetunt.* Sed per substantiam exteriorum bonorum vita hominis conservatur. Sicut igitur ex naturali lege unusquisque suam vitam conservare tenetur, ita et exteriorem substantiam. Sicut igitur est contra legem naturae quod aliquis sibi manus iniiciat, ita et quod aliquis necessaria vitae sibi subtrahat per voluntariam paupertatem.

3029. Amplius. *Homo naturaliter est animal sociale,* ut supra (3001) dictum est. Societas autem inter homines conservari non posset nisi unus alium iuvaret. Est igitur naturale hominibus quod unus alium

는 논거들 그리고 이와 유사한 논거들을 토대로 도출했다.[242]

3027. 본성적 욕구는 모든 동물이 삶에 필요한 것들을 스스로 마련하도록 요구한다. 이런 이유로 일 년 내내 삶에 필요한 것들을 찾을 수 없는 동물들은 어떤 자연 본능에 의해 삶에 필요한 것들을 찾을 수 있는 계절 동안 그것들을 모아서 보관한다. 이 점은 벌과 개미의 경우 잘 드러난다. 그런데 인간들은 생명의 보존을 위해서는 모든 계절마다 발견될 수 없는 여러 가지 것이 필요하다. 따라서 자신이 필요한 것들을 모아서 보관하는 것은 인간에게 본성적이다. 그러므로 자신이 모았던 모든 것을 가난을 구실로 버리는 것은 자연법칙에 어긋난다는 것이다.

3028. 게다가, "만물은 존재하려는 욕구가 있는" 만큼 자기 존재를 보존할 수 있도록 하는 것들에 본성적 애착을 갖는다. 그런데 인간의 생명은 외적 재산을 통해 보존된다. 그러므로 저마다의 인간이 자연법칙을 통해 자기 생명을 보존하기 마련이듯이, 외적 재산도 보존하기 마련이다. 이런 이유로 인간이 자기 자신을 해치는 것이 자연법칙에 어긋나듯이, 인간이 자발적 가난을 통해 삶에 필요한 것들을 자기 자신에게서 빼앗는 것도 자연법칙에 어긋난다는 것이다.

3029. 나아가, 앞서(III 128, n.3001) 언급되듯이, "인간은 본성적으로 사회적 동물이다".[243] 그런데 인간끼리 서로 돕지 않았다면 사회는 인간들 사이에

---

[242] 토마스의 답변은 134장 참조.　　　　　[243] *NE* I 7, 1097b 11.

in necessitatibus iuvet. Ab hoc autem auxilio ferendo se faciunt impotentes qui exteriorem substantiam abiiciunt, per quam plurimum aliis auxilium fertur. Est igitur contra naturalem instinctum, et contra misericordiae et caritatis bonum, quod homo per voluntariam paupertatem omnem substantiam mundi abiiciat.

3030. Item. Si habere substantiam huius mundi malum est; bonum est autem proximos liberare a malo, malum autem eos in malum inducere: consequens est quod dare alicui indigenti substantiam huius mundi sit malum, auferre autem habenti sit bonum. Quod inconveniens est. Est igitur bonum habere substantiam huius mundi. Eam igitur per voluntariam paupertatem totaliter abiicere malum est.

3031. Praeterea. Occasiones malorum vitandae sunt. Est autem paupertas occasio mali: quia propter eam ad furta, adulationes et periuria, et his similia, aliqui inducuntur. Non est igitur paupertas voluntate assumenda, sed magis ne adveniat vitanda.

3032. Adhuc. Cum virtus consistat in medio, utroque extremo corrumpitur. Est autem virtus liberalitas, quae dat danda et retinet retinenda. Vitium autem est in minus illiberalitas, quae retinet retinenda et non retinenda. Est autem et vitium in plus quod omnia dentur. Quod faciunt qui voluntarie paupertatem assumunt. Est ergo hoc vitiosum, et prodigalitati simile.

서 유지될 수 없었다. 결과적으로 궁핍한 타인을 돕는 것은 인간들에게 본성적이다. 그러나 타인에게 도움을 최대한 제공할 수 있게 하는 외적 재산을 버리는 자들은 이런 행위를 통해 스스로 도움을 제공하지 못하게 만드는 것이다. 그러므로 인간이 자발적 가난을 통해 현세의 모든 재산을 버리는 것은 자연 본능에 어긋나고 자비와 자선의 선에도 어긋난다는 것이다.

3030. 마찬가지로, 현세의 재산을 소유하는 것이 악이며, 그리고 자신의 이웃을 악에서 구해 내는 것이 선이고 이웃을 악으로 인도하는 것이 악이라면, 현세의 재산을 궁핍한 자에게 주는 것은 악이 되고 재산을 소유한 자에게서 뺏는 것은 선이 된다는 결론이 나온다. 그런데 이것은 터무니없다. 따라서 현세의 재산을 소유하는 것은 선이다. 그러므로 그것을 완전히 버리는 것은 악이다.

3031. 그 밖에도, 악의 계기들은 피해야 한다. 그런데 가난은 악의 계기다. 왜냐하면 가난으로 인해 절도, 아첨, 위증과 같은 것들을 행하는 사람들이 있기 때문이다. 그러므로 자발적으로 가난을 받아들여서는 안 되고, 오히려 가난이 생기는 것을 피해야 한다는 것이다.

3032. 게다가, 덕은 중용에 기반을 두기에 한쪽으로 크게 치우치게 됨으로써 사라진다. 그런데 아량이라는 덕은 주어야 할 것을 주고 간직해야 할 것을 간직하는 것이다. 그러나 간직해야 할 것과 간직하지 말아야 할 것 모두를 간직하는 옹졸함은 부족함이 있는 악덕이다. 또한 모든 것을 주는 것은 지나침이 있는 악덕이기도 하다. 가난을 자발적으로 받아들이는 자들이 이런 행위를 한다. 그러므로 이것은 그릇된 것이고 낭비와 유사하다.

3033. Hae autem rationes auctoritate Scripturae confirmari viden-
tur. Dicitur enim *Prov.* 30: 8 *Mendicitatem et divitias ne dederis
mihi, tribue tantum victui meo necessaria:* 9 *ne forte, satiatus, illi-
ciar ad negandum, et dicam: Quis est Dominus?* et *egestate com-
pulsus, furer, et periurem nomen Dei mei.*

Capitulum CXXXII

De modis vivendi eorum qui voluntariam
paupertatem sequuntur

3034. Videtur autem haec quaestio magis urgeri si quis specialius
exsequatur modos quibus necesse est vivere eos qui voluntariam
paupertatem sectantur.

3035. a) Est enim unus modus vivendi quod possessiones singulo-
rum vendantur, et de pretio omnes communiter vivant. Quod qui-
dem sub Apostolis observatum videtur in Ierusalem: dicitur enim
Act. 4: 34 *Quotquot possessores agrorum aut domorum, vendentes
afferebant pretia eorum quae vendebant,* 35 *et ponebant ante pedes
Apostolorum:* dividebant *autem singulis prout cuique opus erat.*

b) Hoc autem modo non videtur efficienter provideri humanae
vitae.

3033. 이런 논거들은 성경의 권위에 의해 입증되는 것으로 보인다. 잠언 30장 8-9절에서 "저를 가난하게도 부유하게도 하지 마시고, 저에게 정해진 양식만 허락해 주십시오. 그러지 않으시면 제가 배부른 뒤에 불신자가 되어 '주님이 누구냐' 하고 말하게 될 것입니다. 아니면 가난하게 되어 도둑질하고 저의 하느님 이름을 더럽히게 될 것입니다"라고 말하기 때문이다.

제132장
**자발적 가난을 추구하는 자들의
생활양식에 대하여**

3034. 그런데 이 문제는 자발적 가난을 추구하는 자들이 영위해야 하는 생활양식을 좀 더 상세히 고찰하게 되면 더 적절하게 다루어질 것으로 보인다.[244]

3035. a) 첫 번째 생활양식은 각 개인이 자신의 소유물을 팔아 그 돈으로 모두가 공동생활을 하는 것이다. "땅이나 집을 소유한 사람은 그것을 팔아서 받은 돈을 가져다가 사도들의 발 앞에 놓고, 저마다 필요한 만큼 나누어 받곤 하였다"라는 사도행전 4장 34-35절을 따르자면, 이것은 사도들의 영향으로 예루살렘에서 행해졌던 것으로 보인다.

　b) 하지만 이런 생활양식으로는 인간의 삶에 필요한 것을 효과적으로 제공하지 못하는 듯하다.

---

[244] 여기서 다루어지는 다섯 가지 생활양식에 대한 최종 평가는 135장 참조.

3036. Primo quidem, quia non est facile quod plures habentes magnas possessiones hanc vitam assumant. Et si conferatur inter multos pretium quod ex possessionibus paucorum divitum assumptum est, non sufficiet in multum tempus.

3037. Deinde, quia possibile et facile est huiusmodi pretium, vel fraude dispensatorum, vel furto aut rapina, deperire. Remanebunt igitur illi qui paupertatem talem sectantur, absque sustentatione vitae.

3038. Item. Multa accidentia sunt quibus homines coguntur locum mutare. Non igitur erit facile providere his quos oportet forte per diversa loca dispergi, de pretio sumpto ex possessionibus in commune redacto.

3039. a) Est autem alius modus vivendi ut possessiones habeant communes, ex quibus singulis provideatur prout eis opus fuerit sicut in monasteriis plurimis observatur.
   b) Sed nec hic modus videtur conveniens.

3040. Possessiones enim terrenae sollicitudinem afferunt: et propter procurationem fructuum; et propter defensionem earum contra fraudes et violentias; et tanto maiorem, et a pluribus oportet habere sollicitudinem, quanto maiores possessiones esse oportet quae suf-

3036. 효과적이지 않은 첫째 이유는 많은 소유물을 가진 다수가 이런 생활을 선택하기 쉽지 않기 때문이다. 또한 소수의 부유한 자들이 지닌 소유물을 팔아 생긴 돈을 여러 사람 사이에서 나누게 된다면, 그 돈은 오랫동안 쓰기에 충분치 않을 것이다.

3037. 또 다른 이유는 이런 방식으로 얻는 돈은 관리자가 저지른 사기에 의해서든 절도나 강도에 의해서든 잃어버리기 십상이라는 것이다. 결과적으로 이런 종류의 가난을 추구하는 이들은 생계 지원을 받지 못한 채로 내버려질 것이다.

3038. 마찬가지로, 인간들에게 자신들의 거처를 옮기도록 하는 여러 가지 일이 일어난다. 이런 이유로 그러한 소유물을 팔아 모은 공동의 돈으로 다양한 장소에 흩어질 수 있는 자들을 부양하기란 쉽지 않을 것이다.

3039. a) 두 번째는 여러 수도원에서 따르는 생활양식인데, 공동의 소유물을 지니고 개인들의 필요에 따라 나누어 주는 것이다.
  b) 하지만 이런 생활양식도 합당하지 않은 듯하다.

3040. 지상의 소유물은 수익을 얻는 과정뿐만 아니라 사기와 폭력에 맞서 보호하는 과정에서도 걱정을 초래하니까 말이다. 소유물이 많을수록 그리고 소유물에 대해 걱정하는 사람들이 더 많이 필요할수록, 이런 사람들을 부양하기에 충분한 더 많은 소유물이 있어야 한다. 따라서 이런 생활양식

ficiant ad plurium sustentationem. Deperit igitur in hoc modo finis voluntariae paupertatis: ad minus quantum ad multos, quos oportet circa procurandas possessiones esse sollicitos.

3041. Item. Communis possessio solet esse causa discordiae. Non enim videntur litigare qui nihil habent commune, ut Hispani et Persae, sed qui simul aliquid habent commune: propter quod etiam inter fratres sunt iurgia. Discordia autem maxime impedit vacationem mentis circa divina, ut supra dictum est. Videtur igitur modus iste vivendi impedire finem voluntariae paupertatis.

3042. a) Adhuc autem est tertius modus vivendi, ut de laboribus manuum suarum vivant qui voluntariam paupertatem sectantur. Quem quidem vivendi modum Paulus Apostolus sequebatur, et aliis observandum suo exemplo et institutione dimisit. Dicitur enim II *Thess.*, 3: 8 Non *gratis panem manducavimus ab aliquo, sed in labore et fatigatione, nocte et die operantes, ne quem vestrum gravaremus:* 9 *non quasi non habuerimus potestatem, sed ut nosmetipsos formam daremus vobis ad imitandum nos.* 10 *Nam et cum essemus apud vos, hoc denuntiabamus vobis: quoniam si quis non vult operari,* non *manducet.*

b) Sed nec iste modus vivendi videtur esse conveniens.

을 따르면 적어도 소유물의 관리를 걱정해야 하는 많은 사람에게 자발적 가난의 목적 자체가 좌절되게 된다.

3041. 마찬가지로, 공동 소유는 흔히 다툼의 원인이 된다. 스페인 사람들과 페르시아 사람들처럼 공동으로 아무것도 소유하지 않은 자들은 법적 분쟁에 휘말리지 않지만, 공동으로 무언가를 소유한 자들은 법적 분쟁에 휘말리는 것으로 보인다. 이런 이유로 형제들 사이에도 언쟁이 생기게 된다. 그런데 앞서[245] 말했듯이, 다툼은 정신이 신적인 일들에 헌신하는 데에 가장 큰 장애물이다. 따라서 이런 생활양식은 자발적 가난의 목적을 방해하는 것으로 보인다.

3042. a) 자발적 가난을 선택하는 자들이 육체노동으로 삶을 영위하는 세 번째 생활양식도 있다. 실제로 사도 바오로가 이런 생활양식을 따랐는데, 그는 자신의 시범과 제도를 통해 다른 사람들에게 그것을 지키도록 했다. 테살로니카 신자들에게 보낸 둘째 서간 3장 8-10절에 "아무에게서도 양식을 거저 얻어먹지 않았으며, 오히려 여러분 가운데 누구에게도 폐를 끼치지 않으려고 수고와 고생을 하며 밤낮으로 일하였습니다. 우리에게 권리가 없어서가 아니라, 우리 스스로 여러분에게 모범을 보여 여러분이 우리를 본받게 하려는 것이었습니다"라고 말하니까 말이다.

 b) 하지만 이런 생활양식도 합당하지 않은 듯하다.

---

[245] 참조: *SCG* III 128.

3043. Labor enim manualis necessarius est ad sustentationem vitae secundum quod per ipsum aliquid acquiritur. Vanum autem videtur quod quis, relinquens illud quod necessarium est, iterum acquirere laboret. Si igitur post voluntariam paupertatem necessarium est iterum acquirere unde aliquis sustentetur per laborem manualem, vanum fuit illa dimittere omnia quae quis habebat ad sustentationem vitae.

3044. Adhuc. Voluntaria paupertas ad hoc consulitur ut per eam aliquis disponatur ad expeditius sequendum Christum, per hoc quod a sollicitudinibus saecularibus liberat. Maiorem autem sollicitudinem requirere videtur quod aliquis proprio labore victum acquirat, quam quod his quae habuit utatur ad sustentationem vitae: et praecipue si habuit possessiones moderatas, aut etiam aliqua mobilia, ex quibus in promptu erat ut sumeret victus necessaria. Non igitur vivere de laboribus manuum videtur esse conveniens proposito assumentium voluntariam paupertatem.

3045. Ad hoc autem accedit quod etiam Dominus, sollicitudinem terrenorum a discipulis removens sub similitudine volucrum et liliorum agri, videtur eis laborem interdicere manualem. Dicit enim: *Respicite volatilia caeli,* quae neque *serunt neque metunt neque congregant in horrea.* Et iterum: *Considerate lilia agri quomodo crescunt: non laborant neque nent.*

3043. 사실은 육체노동을 통해 무언가를 얻을 수 있기에 육체노동이 생계 유지에 필요한 것이다. 그런데 필요한 것을 버리고 나서 다시 얻고자 일하는 것은 쓸데없는 짓으로 보인다. 결과적으로 자발적 가난을 선택한 후에 육체노동으로 다시 생계를 유지해야 한다면, 생계를 유지하기 위해 소유했던 모든 것을 포기한 것은 쓸모없는 짓이었다.

3044. 게다가, 자발적 가난은 인간에게 세속적 걱정에서 해방됨으로써 좀 더 구애받지 않고 그리스도를 따를 수 있는 태세를 갖추도록 권고되는 것이다. 그런데 자신의 생계를 유지하기 위해 이미 소유한 것으로 삶을 영위하는 것보다 자신의 노동으로 양식糧食을 얻는 것이 더 많은 걱정이 요구되는 것으로 보이며, 특히 양식을 구할 수 있는 적당한 정도의 소유물을 가지고 있거나 임의대로 이리저리 옮길 수 있는 재산을 가지고 있다면 더 많은 걱정이 요구되는 것으로 보인다. 그러므로 육체노동으로 살아가는 것은 자발적 가난을 받아들이는 자들의 의도에 들어맞지 않게 보인다.

3045. 게다가, 우리 주님께서도 들판의 새와 나리꽃의 비유를 통해 제자들에게 세상사에 대해 걱정하지 못하도록 할 때 육체노동을 금하는 것으로 보이기도 한다. 왜냐하면 주님께서는 "하늘의 새들을 눈여겨보아라. 그것들은 씨를 뿌리지도 않고 거두지도 않을 뿐만 아니라 곳간에 모아들이지도 않는다"[246]라고 말씀하시기 때문이다. 또 "들에 핀 나리꽃들이 어떻게 자라는지 지켜보아라. 그것들은 애쓰지도 않고 길쌈도 하지 않는다"[247] 하고 말씀하신다.

---

[246] 마태오 복음서 6,26.　　　　　[247] 마태오 복음서 6,28.

3046. Videtur etiam hic modus vivendi insufficiens.

a) Nam multi sunt perfectionem vitae desiderantes quibus non suppetit facultas aut ars, ut possint labore manuum vitam transigere, quia non sunt in his nutriti nec instructi. Sic enim melioris conditionis essent ad perfectionem vitae capessendam rustici et opifices, quam qui sapientiae studio vacaverunt, et in divitiis et deliciis, quas propter Christum deserunt, sunt nutriti.

b) Contingit etiam aliquos voluntariam paupertatem assumentes infirmari, aut alias impediri quominus operari possent. Sic ergo remanerent destituti necessariis vitae.

3047. Item. Non modici temporis labor sufficit ad necessaria vitae quaerenda: quod patet in multis qui totum tempus ad hoc expendunt, vix tamen sufficientem sustentationem acquirere possunt. Si autem voluntariam paupertatem sectantes oporteret labore manuali victum acquirere, sequeretur quod circa huiusmodi laborem maius tempus suae vitae consumerent; et per consequens impedirentur ab aliis magis necessariis actionibus, quae etiam magnum tempus requirunt, sicut sunt studium sapientiae, et doctrina, et alia huiusmodi spiritualia exercitia. Et sic paupertas voluntaria magis impediret perfectionem vitae quam ad ipsam disponeret.

3048. a) Si quis autem dicat quod labor manualis necessarius est ad tollendum otium: hoc non sufficit ad propositum.

3046. 이런 생활양식도 합당하지 않게 보인다.

　a) 사실은 삶의 완전성을 바라기는 하지만 육체노동으로 일생을 보낼 수 있을 정도의 능력조차 지니지 못할뿐더러 기술도 가지지 못한 사람이 많다. 왜냐하면 그들은 육체노동을 하도록 길러지지도 가르쳐지지도 않았기 때문이다. 따라서 농부들과 일꾼들은 지혜의 연마에 몰두하면서 그리스도를 위해 자신들이 버린 부유하고 안락한 환경에서 양육된 자들보다 삶의 완전성을 획득하기에 더 나은 처지에 있게 될 것이기 때문이다.

　b) 자발적 가난을 선택하는 자들 가운데 건강을 잃거나 다른 방식에 의해 일을 하지 못하게 되는 자들도 있을 수 있다. 결과적으로 그들은 생계가 궁핍하게 될 것이다.

3047. 마찬가지로, 생계를 유지하는 데 적지 않은 시간의 노동이 필요하다. 이 점은 자신들의 모든 시간을 노동에 들이지만 좀처럼 충분한 생계 유지를 할 수 없는 많은 이들의 경우에 잘 드러난다. 그런데 자발적 가난을 선택하는 자들이 육체노동으로 생계를 꾸려야 한다면, 그들은 삶의 가장 큰 부분을 이런 종류의 노동에 소비하게 될 것이다. 결과적으로 그들은 지혜의 연마, 가르침과 그 밖의 영적인 훈련처럼 많은 시간이 요구되는 더 필수적인 다른 활동들을 하지 못하게 될 것이다. 따라서 자발적 가난은 삶의 완전성에 도움이 되는 성향이 아니라 방해물이 될 것이다.

3048. a) 누군가 육체노동이 게으름을 없애는 데에 필요하다고 말한다면, 이는 우리의 논거에 적절한 반론이 되지 않는다.

b) Melius enim esset tollere otium per occupationes in virtutibus moralibus, quibus deserviunt organice divitiae, puta in eleemosynis faciendis et aliis huiusmodi, quam per laborem manualem.

c) Praeterea. Vanum esset dare consilium de paupertate ad hoc solum quod homines pauperes facti abstinerent ab otio, vitam suam laboribus manualibus occupantes, nisi ad hoc daretur quod nobilioribus exercitiis vacarent quam illa quae sunt secundum vitam hominum communem.

3049. a) Si vero aliquis dicat quod necessarius est labor manualis ad carnis concupiscentias domandas: hoc non est ad propositum.

b) Quaerimus enim utrum sit necessarium quod victum per manualem laborem voluntariam paupertatem sectantes acquirant.

c) Praeterea. Possibile est multis aliis modis concupiscentias carnis domare: scilicet per ieiunia, vigilias, et alia huiusmodi.

d) Labore etiam manuali ad hunc finem uti possent etiam divites, qui non habent necesse laborare propter victum quaerendum.

3050. a) Invenitur autem et alius modus vivendi: ut scilicet voluntariam paupertatem sectantes vivant de his quae ab aliis inferuntur qui ad hanc perfectionem voluntariae paupertatis proficere volunt divitias retinentes. Et hunc modum videtur Dominus cum suis dis-

---

[248] 종교적 목적으로 일정 기간 음식과 음료의 섭취를 자발적으로 삼가는 행위를 말한다. *ST* II-II 146문과 147문 참조.

b) 육체노동을 통해 게으름을 없애는 것보다 예컨대 자선을 베푸는 행위 등처럼 부富가 도구로서 쓰이는 도덕적 탁월성들에 힘씀으로써 게으름을 없애는 편이 더 나을 것이기 때문이다.

c) 그 밖에도, 사람들에게 가난을 권고하는 것이 그들이 가난해진 뒤 육체노동에 일생을 바침으로써 게으름을 피하도록 하기 위한 것이라면, 그것은 쓸모없는 일이 될 것이다. 그런 권고가 인간의 일상적인 삶에 속한 활동들보다 더 높은 활동에 자신을 바치게 하려는 것이 아니라면 말이다.

3049. a) 누군가 육체노동이 육신의 정욕을 다스리는 데에 필요하다고 말한다면, 이는 적절한 반론이 아니다.

b) 우리의 당면 문제는 자발적 가난을 선택하는 자들에게 육체노동으로 생계를 유지하는 것이 필요한지에 대한 것이니까 말이다.

c) 그 밖에도, 단식재斷食齋,[248] 철야徹夜[249] 등과 같은 여러 다른 방식으로 육신의 정욕을 다스릴 수 있다.

d) 생계를 위해 노동을 할 필요가 없는 부자들조차도 이런 목적을 위해 육체노동을 할 수도 있다.

3050. a) 자발적 가난을 선택하는 자들이, 자신들의 부富를 유지하면서 이런 자발적 가난의 완전성에 이바지하기를 원하는 타인들의 기부로 살아가는 네 번째 생활양식도 있다. 우리 주님과 그 제자들이 이런 생활양식을 실천했던 것 같다. 왜냐하면 루카 복음서 8장 2절에 '몇몇 여자들'이 그리

---

[249] '밤샘 기도'로 옮길 수도 있다.

cipulis observasse: legitur enim Lᴜᴄᴀᴇ 8, quod 2 *mulieres* quaedam
sequebantur Christum, et 3 *ministrabant illi de facultatibus suis.*

b) Sed iste etiam modus vivendi non videtur conveniens.

3051. Non enim videtur rationabile quod aliquis dimittat sua, et vi-
vat de alieno.

3052. a) Praeterea. Inconveniens videtur quod aliquis ab aliquo ac-
cipiat, et nihil ei rependat: in dando enim et recipiendo aequalitas
iustitiae servatur.

b) Potest autem sustineri quod illi de his quae ab aliis inferuntur
vivant, qui eis serviunt in aliquo officio. Propter quod ministri al-
taris et praedicatores, qui doctrinam et alia divina populo dant, non
inconvenienter videntur ab eis sustentationem vitae accipere: *dig-
nus enim est operarius cibo suo*, ut Dominus dicit, Mᴀᴛᴛʜ. 10, 10.
Propter quod Apostolus dicit, I *Cor.* 9, quod 14 *Dominus ordinavit
his qui Evangelium annuntiant,* ut *de Evangelio* vivant; sicut 13 *et
qui altari deserviunt, cum* altario participantur.

c) Illi ergo qui in nullo officio populo ministrant, inconveniens
videtur si a populo necessaria vitae accipiant.

3053. Item. Iste modus vivendi videtur esse aliis damnosus. Sunt
enim quidam quos ex necessitate oportet aliorum beneficiis sus-

스도와 함께 있었고, 3절에 "그들은 자기들의 재산으로 그분께 시중을 들었다"[250]라고 쓰여 있기 때문이다.

b) 하지만 이런 생활양식도 합당하지 않은 것으로 보인다.

3051. 왜냐하면 자기 재산을 포기하고 남에게 얹혀사는 것은 부당하게 보이기 때문이다.

3052. a) 그 밖에도, 타인에게서 받고 갚지 않는 것은 부적절한 것 같다. 왜냐하면 거래의 과정에서 정의의 동등성은 지켜져야 하기 때문이다.

b) 그러나 타인들의 기부로 살아가는 이들 가운데는 기부자들에게 어떤 종류의 봉사를 하는 이들도 있다고 주장할 수 있다. 이런 이유로 사람들에게 가르침과 다른 성사聖事들을 베푸는 설교자들과 제단의 봉사자들이 타인들에게서 생계를 지원받는 것은 부당하지는 않게 보인다. 주님께서 마태오 복음서 10장 10절에서 말씀하시듯이, "일꾼이 자기 먹을 것을 받는 것은 당연"하기 때문이다. 이런 이유로 사도께서는 코린토 신자들에게 보낸 첫째 서간 9장 13-14절에서 "성전에 봉직하는 이들은 성전에서 양식을 얻"듯이, "마찬가지로, 주님께서는 복음을 전하는 이들에게 복음으로 생활하라고 지시하셨습니다"라고 말씀하신다.

c) 결과적으로 사람들을 위해 아무런 봉사도 하지 않는 자들이 사람들에게서 생계를 지원받는다는 것은 부당하게 보인다.

3053. 마찬가지로, 이런 생활양식은 타인들에게 손해를 끼치는 것으로 보

---

[250] 『성경』: "그들은 자기들의 재산으로 예수님의 일행에게 시중을 들었다."

tentari, qui propter paupertatem et infirmitatem sibi non possunt sufficere. Quorum beneficia oportet quod minuantur, si illi qui voluntarie paupertatem assumunt, ex his quae ab aliis dantur debeant sustentari: cum homines non sufficiant, nec sint prompti ad subveniendum magnae multitudini pauperum. Unde et APOSTOLUS, I *Tim*. 4, mandat quod, *si quis habet* viduam ad se pertinentem, eam sustentet, *ut Ecclesia sufficiat his quae vere viduae sunt*. Est igitur inconveniens ut homines paupertatem eligentes hunc modum vivendi assumant.

3054. Adhuc. Ad perfectionem virtutis maxime requiritur animi libertas: hac enim sublata, de facili homines *alienis peccatis* communicant: vel expresse consentiendo, aut per adulationem laudando, vel saltem dissimulando. Huic autem libertati magnum praeiudicium generatur ex praedicto modo vivendi: non enim potest esse quin homo vereatur offendere eum cuius beneficiis vivit. Praedictus igitur modus vivendi impedit perfectionem virtutis, quae est finis voluntariae paupertatis. Et ita non videtur competere voluntarie pauperibus.

3055. Amplius. Eius quod ex alterius voluntate dependet, facultatem

---

251 『성경』에는 5장 16절로 나온다.

252 『성경』: "어떤 여신자의 집안에 과부들이 있으면, 그 여자가 그들을 도와주어야 합니다. 교회가 무의탁 과부들을 도울 수 있도록 교회에는 짐을 지우지 말아야 합니다."

인다. 가난이나 질병 때문에 스스로 생계를 꾸릴 수 없기에 어쩔 수 없이 타인들의 기부로 삶을 영위해야 하는 자들이 있기 때문이다. 자발적 가난을 선택하는 자들이 타인들의 기부로 생계를 꾸려야 한다면, 이런 기부는 줄어들게 틀림없다. 무수히 많은 가난한 자들을 부양할 정도 풍족한 사람들도 없을 뿐만 아니라 기꺼이 부양하려는 사람들도 없기 때문이다. 이런 이유로 사도께서는 티모테오에게 보낸 첫째 서간 4장[251]에서 누군가 자기 집안에 과부가 있으면 "그가 그녀를 부양해야 합니다. 그렇게 하여야 교회가 무의탁 과부들을 돌볼 수 있을 것입니다"[252]라고 말씀하신다. 따라서 가난을 선택하는 자들이 이런 생활양식을 따르는 것은 부적절하다.

3054. 게다가, 정신의 자유는 덕의 완성을 위해 매우 필요한 것이다. 왜냐하면 인간들은 그것을 동반하지 않으면 명시적 동의, 비위를 맞추는 아첨, 또는 적어도 가식을 통해 '남의 죄'에 쉽사리 연루되기 때문이다.[253] 그런데 이런 정신의 자유에 크게 해로운 것이 앞서 언급한 생활양식에서 생긴다. 왜냐하면 인간은 자기 삶을 영위하도록 하는 기부를 한 자를 마음 상하게 하지 않을까 봐 주눅이 들 수밖에 없기 때문이다. 결과적으로 앞서 말한 생활양식은 자발적 가난의 목적인 덕의 완성에 방해물이 된다. 따라서 그것은 자발적으로 가난한 자들에게 어울리지 않은 듯하다.

3055. 나아가, 우리는 타인의 의지에 달려 있는 것을 마음대로 제어하지

---

non habemus. Sed ex voluntate dantis dependet quod ex propriis det. Non igitur sufficienter providetur in facultate sustentationis vitae voluntariis pauperibus per hunc modum vivendi.

3056. Praeterea. Necesse est quod pauperes qui ex his quae ab aliis dantur sustentari debent, necessitates suas aliis exponant, et necessaria petant. Huiusmodi autem mendicitas reddit contemptibiles mendicantes, et etiam graves: homines enim superiores se aestimant illis qui per eos sustentari necesse habent; et cum difficultate dant plurimi. Oportet autem eos qui perfectionem vitae assumunt, in reverentia haberi et diligi, ut sic homines eos facilius imitentur, et virtutis statum aemulentur: si autem contrarium accidat, etiam virtus ipsa contemnitur. Est igitur nocivus modus ex mendicitate vivendi in his qui propter perfectionem virtutis voluntarie paupertatem assumunt.

3057. Praeterea. Perfectis viris non solum sunt vitanda mala, sed etiam ea quae mali speciem habent: nam Apostolus dicit, Rom. 12: *Ab omni specie mali abstinete vos.* Et Philosophus dicit, quod virtuosus non solum debet fugere turpia, sed etiam *quae turpia videntur.* Mendicitas autem habet speciem mali: cum multi propter

---

254 이 구절은 『성경』에 '로마 신자들에게 보낸 서간'이 아니라 '테살로니카 신자들에게 보낸 첫째 서간' 5장 22절로 나온다. 로마 신자들에게 보낸 서간 12장 17절은 "아무에게도 악을 악으로 갚지 말고, 모든 사람에게 좋은 일을 해 줄 뜻을 품으십시오"라는 구절이다.

못한다. 그런데 기부자가 자기 것을 기부하는 행위는 자신의 의지에 달려 있다. 따라서 이런 생활양식은 자발적으로 가난한 자들이 생계를 꾸리기에 충분할 정도로 제공하지는 못한다.

3056. 그 밖에도, 타인들의 기부로 살아가는 가난한 자들은 자신에게 필요한 것들을 타인들에게 드러내고 탁발해야 한다. 그런데 이런 종류의 탁발로 인해 탁발수도자들은 경멸의 대상이 되고 심지어 애물단지가 되기도 한다. 왜냐하면 사람들은 자기 자신한테서 부양받아야 하는 자들보다 우월하다고 생각하며, 또 많은 이들은 선뜻 기부하지 않기 때문이다. 하지만 삶의 완전성을 선택하는 자들은 경의와 사랑을 받아야 하는데, 이를 통해 사람들이 삶의 완전성을 선택하는 자들을 좀 더 쉽사리 닮고 덕의 상태를 본받을 수 있도록 하기 위함이다. 그 반대의 경우라면 덕 자체마저 경멸받게 된다. 그러므로 탁발해서 살아가는 것은 덕의 완성을 위해 자발적 가난을 선택하는 자들에게 유해한 생활양식이다.

3057. 그 밖에도, 완전한 사람들은 악뿐만 아니라 악의 모습을 띤 것조차 피해야 한다. 왜냐하면 사도께서는 로마 신자들에게 보낸 서간 12장에서 "악의 모습을 띤 것은 무엇이든 멀리하십시오"[254]라고 말씀하시기 때문이다. 철학자도 덕이 있는 사람은 수치스러운 행위뿐만 아니라 '수치스럽게 보이는' 것들도 피해야 한다고 말한다.[255] 그런데 탁발은 악의 모습을 띤다. 왜냐하면 많은 자들이 이익을 위해 구걸하기 때문이다. 그러므로 완전

---

[255] *NE* IV 9, 1128 b 20.

quaestum mendicent. Non est igitur hic modus vivendi perfectis viris assumendus.

3058. Item. Ad hoc datur consilium de paupertate voluntaria ut mens hominis, a sollicitudine terrenorum retracta, liberius Deo vacet. Hic autem modus ex mendicitate vivendi habet plurimam sollicitudinem: maioris enim esse videtur sollicitudinis acquirere aliena quam propriis uti. Non ergo videtur esse conveniens hic modus videndi paupertatem voluntariam assumentibus.

3059. a) Si quis autem mendicitatem laudare velit propter humilitatem videtur omnino irrationabiliter loqui.

b) Laudatur enim humilitas secundum quod contemnitur terrena altitudo, quae consistit in divitiis, honoribus, fama, et huiusmodi: non autem secundum quod contemnitur altitudo virtutis, respectu cuius oportet nos magnanimos esse. Esset igitur vituperanda humilitas si quis propter humilitatem aliquid faceret quod altitudini virtutis derogaret. Derogat autem ei mendicitas: tum quia virtuosius *est dare quam accipere;* tum quia habet speciem turpis, ut dictum est. Non est igitur propter humilitatem mendicitas laudanda.

3060. a) Fuerunt etiam ALIQUI qui perfectionem vitae sectantibus dicebant nullam sollicitudinem esse habendam neque mendicando, neque laborando, neque sibi aliquid reservando, sed oportere eos a

한 사람들을 이런 생활양식을 받아들여서는 안 된다.

3058. 마찬가지로, 자발적 가난의 권고는 인간의 정신이 세상사에 대한 걱정에서 물러나 신에게 좀 더 자유로이 헌신할 수 있기 위해 주어진다. 하지만 탁발을 통한 이런 생활양식은 여러 가지 걱정을 낳게 한다. 왜냐하면 자신이 소유한 것을 쓸 때보다 타인들에게서 무언가를 얻을 때 생기는 걱정이 더 큰 것처럼 보이기 때문이다. 따라서 이런 생활양식은 자발적 가난을 선택하는 자들에게 적합하지 않게 보인다.

3059. a) 그러나 누군가 탁발을 겸손 때문에 칭찬하기를 원한다면, 그의 주장은 완전히 비합리적으로 보인다.

b) 왜냐하면 우리는 부富, 명예, 명성 등과 같은 세속적인 높은 지위를 멸시하기에 겸손을 칭찬하는 것이지 우리에게 웅지雄志를 품도록 하는 덕의 고귀함을 경멸하기에 겸손을 칭찬하는 것은 아니기 때문이다. 따라서 누군가 겸손을 위해 덕의 고귀함에 경멸적인 행위를 한다면, 그 겸손은 비난받아 마땅할 것이다. 그런데 탁발이 겸손에 경멸적인 까닭은 "주는 것이 받는 것보다"[256] 더 유덕하기 때문이기도 하지만 앞서 말했듯이 탁발이 수치스러운 것의 모습을 띠기 때문이기도 하다. 그러므로 겸손을 이유로 탁발을 칭찬해서는 안 된다.

3060. a) [다섯 번째로] 삶의 완전성을 따라가는 자들이 탁발하거나 노역하거나 무언가를 따로 비축하기 위해 걱정해서는 안 되며 삶을 유지하기 위

---

[256] 참조: 『성경』 사도행전 20,35: "'주는 것이 받는 것보다 더 행복하다.'"

solo Deo sustentationem vitae expectare: propter hoc quod dicitur
Matth. 6, 25: Nolite *solliciti* esse *animae vestrae, quid manducetis*
aut bibatis, aut *corpori vestro, quid induamini* et iterum: 34 *Nolite
in crastinum* cogitare.

b) Hoc autem videtur omnino irrationabile.

3061. Stultum enim est velle finem, et praetermittere ea quae sunt
ordinata ad finem. Ad finem autem comestionis ordinatur sol-
licitudo humana, per quam sibi victum procurat. Qui igitur absque
comestione vivere non possunt, aliquam sollicitudinem de victu
quaerendo debent habere.

3062. Praeterea. Sollicitudo terrenorum non est vitanda nisi quia
impedit contemplationem aeternorum. Non potest autem homo
mortalem carnem gerens vivere quin multa agat quibus contempla-
tio interrumpatur: sicut dormiendo, comedendo, et alia huiusmodi
faciendo. Neque igitur praetermittenda est sollicitudo eorum quae
sunt necessaria ad vitam, propter impedimentum contemplationis.

3063. Sequitur etiam mira absurditas. Pari enim ratione potest dice-
re quod non velit ambulare, aut aperire os, ad edendum aut fugere
lapidem cadentem aut gladium irruentem, sed expectare quod Deus
operetur. Quod est Deum tentare. Non est igitur sollicitudo victus
totaliter abiicienda.

해 신만을 바라보아야 한다고 주장한 이들도 있다. 왜냐하면 마태오 복음 6장 25절에서 "목숨을 부지하려고 무엇을 먹을까, 무엇을 마실까, 또 몸을 보호하려고 무엇을 입을까 걱정하지 마라"라고 말하며, 34절에는 "내일을 걱정하지 마라"라고 하기 때문이다.

b) 하지만 이는 완전히 비합리적으로 보인다.

3061. 왜냐하면 목적을 이루고자 하면서 그 목적과 연관되는 것들을 도외시하는 것은 어리석은 짓이기 때문이다. 그런데 인간의 걱정은 먹는 행위라는 목적과 연관되는데, 그 걱정을 통해 인간은 자기 양식을 얻게 된다. 따라서 먹지 않고서는 살 수 없는 자들은 양식을 구하는 것에 대해 걱정해야 한다.

3062. 그 밖에도, 세속적인 것들에 대한 걱정은 영원한 것들에 대한 관조를 방해하지 않는 한 회피해서는 안 된다. 하지만 죽을 운명의 육신을 부여받은 인간은 잠자는 것, 먹는 것 등처럼 관조를 가로막는 여러 가지 것을 하지 않고서는 살 수 없다. 그러므로 삶에 필요한 것들에 대한 걱정이 관조에 방해된다는 이유로 그 걱정을 등한시해서는 안 된다.

3063. 이것은 이상하리만큼 불합리한 결과로 이어진다. 왜냐하면 누군가는 같은 추론을 통해 자신이 걸으려고 하지 않거나 먹기 위해 입을 벌리려고 하지 않거나 떨어지는 돌이나 찌르려는 칼을 피하려고 하지는 않고서 신이 무언가를 하기를 기다리려고 한다고 말할 수 있기 때문이다. 이것은 신을 시험하는 짓이다. 그러므로 양식에 대한 걱정은 완전히 배제되어서는 안 된다.

Capitulum CXXXIII

Quomodo paupertas sit bona

3064. Ut autem circa praemissa veritas manifestetur, quid de paupertate sentiendum sit, ex divitiis consideremus. Exteriores quidem divitiae sunt necessariae ad bonum virtutis: cum per eas sustentemus corpus, et aliis subveniamus. Oportet autem quod ea quae sunt ad finem, ex fine bonitatem accipiant. Necesse ergo est quod exteriores divitiae sint aliquod bonum hominis, non tamen principale, sed quasi secundarium: nam finis principaliter bonum est, alia vero secundum quod ordinantur in finem. Propter hoc quibusdam visum est quod virtutes sint maxima bona hominis, exteriores autem divitiae quaedam minima bona. Oportet autem quod ea quae sunt ad finem, modum accipiant secundum exigentiam finis. In tantum igitur divitiae bonae sunt, in quantum proficiunt ad usum virtutis: si vero iste modus excedatur, ut per eas impediatur usus virtutis, non iam inter bona sunt computanda, sed inter mala. Unde accidit quibusdam bonum esse habere divitias, qui eis utuntur ad virtutem: quibusdam vero malum esse eas habere, qui per eas a virtute retrahuntur, vel nimia sollicitudine, vel nimia affectione ad ipsas, vel etiam mentis elatione ex eis consurgente.

3065. Sed, cum sint virtutes activae vitae et contemplativae, aliter utraeque divitiis exterioribus indigent. Nam virtutes contemplativae

제133장

가난은 어떻게 선한가?

3064. 앞서 말한 논거들에 대한 진리를 밝히기 위해 우리는 부에 대해 고찰함으로써 가난에 대한 어떤 견해를 취해야 할지 모색할 것이다. 외적 부는 덕이라는 선을 위해 필요하다. 왜냐하면 우리는 그 부유함을 통해 우리 육체를 지탱하고 타인들에게 도움을 베풀기 때문이다. 그런데 목적에 이르는 수단들은 그 목적에서 그것들의 선성을 도출해야 한다. 결과적으로 외적 부가 인간에 으뜸가는 선이 아니라 부차적 선이더라도 선이 되는 게 틀림없다. 목적은 으뜸가는 선이지만 다른 것들은 그 목적을 향하는 만큼 선하니까 말이다. 이런 이유로 어떤 이들에게는 덕이 인간의 최고선인 데 반해 외적 부는 인간의 가장 하찮은 선인 것처럼 보인다. 그런데 목적을 향하는 수단들은 목적이 요구하는 대로 대책을 세워야 한다. 그러므로 부는 덕의 실천에 도움이 되는 한에서 선하다. 하지만 이런 대책이 과도함으로써 덕의 실천이 부유함에 의해 방해받는다면, 부는 선이 아니라 악으로 여겨져야 한다. 이런 이유로 부를 소유하는 것은 그 부유함을 덕을 위해 사용하는 자들에게는 선한 것인데 반해, 그것은 부에 대한 지나친 걱정이나 애착 또는 부에서 생기는 정신적 우쭐함 때문에 덕을 멀리하게 되는 자들에게는 악한 것이다.

3065. 그러나 활동적 삶의 덕과 관조적 삶의 덕이 있으므로 두 가지 유형은 서로 다른 방식으로 외적 부富가 필요하다. 관조적 삶은 본성을 유지하

indigent ad solam sustentationem naturae: virtutes autem activae indigent et ad hoc, et ad subveniendum aliis, cum quibus convivendum est. Unde et contemplativa vita etiam in hoc perfectior est, quod paucioribus indiget. Ad quam quidem vitam pertinere videtur quod totaliter homo divinis rebus vacet: quam perfectionem doctrina Christi homini suadet. Unde hanc perfectionem sectantibus minimum de exterioribus divitiis sufficit, quantum scilicet necesse est ad sustentationem naturae. Unde et APOSTOLUS dicit, I *Timoth.* 6, 8: *Habentes alimenta et quibus tegamur, his contenti simus.*

3066. a) Paupertas igitur laudabilis est inquantum hominem liberat ab illis vitiis quibus aliqui per divitias implicantur. Inquantum autem sollicitudinem tollit quae ex divitiis consurgit, est utilis quibusdam, qui scilicet sunt ita dispositi ut circa meliora occupentur: quibusdam vero nociva, qui, ab hac sollicitudine liberati, in peiores occupationes cadunt. Unde GREGORIUS dicit, in VI *Moral.: Saepe qui, occupati bene, humanis usibus viverent, gladio suae quietis extincti sunt.*

b) Inquantum vero paupertas aufert bonum quod ex divitiis provenit, scilicet subventionem aliorum et sustentationem propriam, simpliciter malum est: nisi inquantum subventio qua in temporalibus proximis subvenitur, per maius bonum potest recompensari,

---

257 대 그레고리우스 『욥기의 도덕(욥기의 도덕적 해설)』 VI 37 (PL 75, 761). 토마스는 관조적(contemplativa) 삶과 실천적(activa) 삶의 관계를 논하는 대목에서, 이 두 가지 삶이 별개라는 반론을 뒷받침하는 논거로 이 구절을 인용한다. 즉, 누구의 방해도 받

기 위해서만 외적 부가 필요하지만, 활동적 삶은 본성의 유지를 위해서뿐만 아니라 아니라 더불어 살아야 하는 타인들을 돕기 위해서도 부가 필요하기 때문이다. 이런 이유로 관조적 삶은 보다 적은 것들이 필요하다는 점에서도 더 완전하다. 그런데 인간이 자신을 전적으로 신적인 일들에 헌신하도록 하는 것은 이런 종류의 삶에 어울리는 듯하며, 그리스도의 가르침은 인간에게 이런 완전성을 권고한다. 결과적으로 이런 유형의 완전성을 좇는 자들을 위해 최소한의 외적 부, 즉 본성을 유지하기에 필요한 만큼이면 충분하다. 이런 이유로 사도께서는 티모테오에게 보낸 첫째 서간 6장 8절에서 "먹을 것과 입을 것이 있으면, 우리는 그것으로 만족합시다"라고 말씀하신다.

3066. a) 따라서 가난은 어떤 이들이 부로 인해 빠지게 되는 악덕에서 인간을 해방한다는 점에서 높이 살 만하다. 가난은 부에서 생기는 걱정을 없앤다는 점에서 어떤 이들, 즉 더 좋은 일들에 전념하는 성향이 있는 자들에게 유익하지만, 이런 걱정에서 벗어나서 더 나쁜 일들에 빠지게 되는 자들에게는 유해하다. 이런 이유로 대大 그레고리우스는 "인간의 실천적 삶에 종사하면서 바쁘게 잘 지내왔던 사람들은 흔히 한가로이 지내는 무위無爲의 칼날에 죽는다"[257]라고 말한다.

b) 그런데 가난이 부에서 생기는 선, 즉 타인을 원조하는 일과 자기 자신을 부양하는 일을 없애는 한에서는, 그것은 순전히 악에 불과하다. 다만 한 가지 예외가 있다면, 현세적인 일들에서 이웃을 원조하는 일이 더

지 않은 채 신을 향하는 관조적 삶을 살았던 사람들이 실천적이거나 활동적 삶을 살게 되면 그런 삶에 쉽사리 적응하지 못하듯, 활동적 삶을 살았던 사람들은 활동하지 않게 되면 마찬가지의 결과에 이르게 된다는 논지다. 참조: *ST* II-II 182 4, obj. 3.

scilicet per hoc quod homo, divitiis carens, liberius potest divinis et spiritualibus vacare. Bonum autem sustentationis propriae adeo necessarium est quod nullo alio bono recompensari potest: nullius enim boni obtentu debet homo sibi sustentationem vitae subtrahere.

3067. a) Paupertas igitur talis laudabilis est cum homo, per eam a sollicitudinibus terrenis liberatus, liberius divinis et spiritualibus vacat: ita tamen quod cum ea remaneat facultas homini per licitum modum sustentandi seipsum, ad quod non multa requiruntur. Et quanto modus vivendi in paupertate minorem sollicitudinem exigit, tanto paupertas est laudabilior: non autem quanto paupertas fuerit maior. Non enim paupertas secundum se bona est: sed inquantum liberat ab illis quibus homo impeditur quominus spiritualibus intendat. Unde secundum modum quo homo per eam liberatur ab impedimentis praedictis, est mensura bonitatis ipsius.

b) Et hoc est commune in omnibus exterioribus, quod in tantum bona sunt in quantum proficiunt ad virtutem, non autem secundum seipsa.

Capitulum CXXXIV

Solutio rationum supra inductarum contra paupertatem

3068. His autem visis, rationes praemissas quibus paupertas impug-

큰 선으로 보상될 수 있는 경우, 다시 말해 부유하지 않는 사람이 신적이고 영적인 일들에 좀 더 자유롭게 헌신할 수 있는 경우다. 하지만 자기 자신을 부양하는 행위의 선은 매우 필요하므로 다른 어떤 선에 의해서도 보상받을 수는 없다. 왜냐하면 그 누구도 또 다른 선을 얻는다는 구실로 자기 자신에게서 생계를 뺏어서는 안 되기 때문이다.

3067. a) 따라서 인간이 가난을 통해 세속적 걱정에서 해방되어 신적인 일들과 영적인 일들에 좀 더 자유롭게 헌신할 때, 그러한 가난은 칭찬받을 만하다. 다만, 인간에게 자신의 생계를 적법한 방식으로 유지할 능력이 남아 있어야 하며, 생계를 위해 그리 많은 것이 필요하지 않다. 따라서 걱정을 덜 필요로 하는 가난 속의 생활양식일수록 더 칭찬받을 만하지만, 더 가난할수록 더 칭찬받을 만한 것은 아니다. 왜냐하면 가난은 그 자체로 선하지 않지만, 인간을 영적인 일들로 향하지 못하도록 하는 것들에서 벗어나도록 하는 한에서 선하기 때문이다. 이런 이유로 그러한 선성의 정도는 가난을 통해 앞서 언급된 장애물에서 인간을 얼마만큼 벗어나게 하는지에 따라 달라진다.

  b) 그리고 이것은 모든 외적인 것들에 공통으로 적용된다. 그것들은 자체로 덕이 아니라 덕에 이바지하는 한에서 선하다.

제134장
앞서 제기된 가난에 반대하는 논거들에 대한 해결

3068. 우리는 이런 논점들을 염두에 둔다면 가난을 반대하는 앞선 논거들

natur, dissolvere non difficile est.

3069. a) Quamvis enim homini naturaliter insit appetitus congregandi ea quae sunt necessaria ad vitam, ut *prima* ratio (3027) proponebat, non tamen hoc modo quod oporteat quemlibet circa hoc opus occupari.

b) Nec enim in apibus omnes eidem vacant officio: sed quaedam colligunt mel, quaedam ex cera domos constituunt, reges etiam circa haec opera non occupantur. Et similiter necesse est in hominibus esse. Quia enim multa necessaria sunt ad hominis vitam, ad quae unus homo per se sufficere non posset, necessarium est per diversos diversa fieri: puta, ut quidam sint agricultores, quidam animalium custodes, quidam aedificatores, et sic de aliis.

c) Et quia vita hominum non solum indiget corporalibus, sed magis spiritualibus, necessarium est etiam ut quidam vacent spiritualibus rebus, ad meliorationem aliorum: quos oportet a cura temporalium absolutos esse.

d) Haec autem distributio diversorum officiorum in diversas personas fit divina providentia, secundum quod quidam inclinantur magis ad hoc officium quam ad alia.

3070. Sic ergo patet quod qui temporalia relinquunt, non sibi subtrahunt sustentationem vitae: ut *secunda* ratio (3028) procedebat. Remanet enim eis spes probabilis suae vitae sustentandae, vel ex

에 대해 수월하게 답할 것이다.

3069. a) '첫 번째' 논거(III 131, n.3027)가 제시하는 것처럼, 삶에 필요한 것들을 모으려는 욕구가 인간에게 본성적으로 내재할지라도, 누구나 이런 행위에 전념해야 하는 것은 아니다.

b) 실제로, 모든 벌이 똑같은 임무에 전념하지는 않는다. 꿀을 모으는 벌들도 있고 밀랍으로 집을 짓는 벌들도 있는 반면에 우두머리들은 이런 일들을 하지 않는다. 인간도 마찬가지여야 한다. 왜냐하면 한 인간이 혼자서는 마련할 수 없는 여러 가지 것들이 인간의 삶에 필요하므로 각각 다른 일이 각각 다른 인간에 의해서 이루어져야 한다. 이를테면, 농부들도 있어야 하고, 짐승을 보살피는 자들도 있어야 하며, 건축업자들 등도 있어야 한다.

c) 또 인간의 삶에는 물질적 소유물도 필요하지만 영적 소유물은 훨씬 더 필요하므로 어떤 사람들은 타인들을 개선하기 위해 영적인 것들에 헌신해야 할 필요가 있다. 그러한 사람들은 현세적인 것들에 대한 걱정에서 벗어나야 한다.

d) 그런데 어떤 이들은 다른 임무들보다 특정 임무에 더 기울어지는 성향을 지니기 때문에 다양한 사람들 가운데 이러한 다양한 임무들의 구분은 신의 섭리로 이루어진다.

3070. 따라서 '두 번째'(III 131, n.3028) 논거가 주장하는 것처럼, 현세적인 소유물을 포기하는 자들은 자신들에게서 생계를 박탈하는 것이 아니라는 게 분명하다. 그들 자신의 노동을 통해서든 아니면 타인들의 기부를 공동 소

labore proprio, vel ex aliorum beneficiis, sive accipiant ea in possessionibus communibus, sive in victu quotidiano. Sicut enim *quod per amicos possumus, per nos aliqualiter possumus,* ut PHILOSOPHUS dicit, ita et quod ab amicis habetur, a nobis aliqualiter habetur.

3071. Oportet autem inter homines ad invicem esse amicitiam secundum quod sibi invicem subserviunt, vel in spiritualibus vel terrenis officiis. Est autem maius subvenire alteri in spiritualibus quam in temporalibus: quanto spiritualia sunt temporalibus potiora, et magis necessaria ad finem beatitudinis consequendum. Unde qui subtrahit sibi facultatem subveniendi aliis in temporalibus per voluntariam paupertatem ut acquirat spiritualia, per quae utilius potest aliis subvenire, non facit contra bonum societatis humanae: ut *tertia* ratio (3029) concludebat.

3072. Patet autem ex praedictis quod divitiae quoddam bonum hominis sunt secundum quod ordinantur ad bonum rationis, non autem secundum se. Unde nihil prohibet paupertatem melius esse, si per hoc ad perfectius bonum aliquis ordinetur. Et sic solvitur ratio *quarta* (3030).

3073. Et quia neque divitiae, neque paupertas, neque aliquid exteriorum est secundum se hominis bonum, sed solum secundum quod ordinantur ad bonum rationis; nihil prohibet ex quolibet eorum ali-

유물로 받든 일용할 양식으로 받든 생계를 유지하려는 희망이 그들에게 남아 있으니까 말이다. 이처럼 철학자가 말하듯이, "우리가 친구들을 통해 할 수 있는 것도 어떤 의미에서는 우리의 힘으로 할 수 있는 것이기에"[258] 친구들이 소유한 것은 어떤 의미에서는 우리가 소유한 것이다.

3071. 그런데 인간들 사이에는 영적인 임무들에서든 아니면 세속적인 임무들에서든 서로 도움을 주도록 하는 상호 간의 우정이 있어야 한다. 물론 영적인 임무들이 세속적인 임무들보다 더 낫고 지복이라는 목적을 획득하는 데도 더 필요하듯이, 세속적인 임무들보다 영적인 임무들에서 남을 돕는 것도 더 위대한 일이다. 이런 이유로 '세 번째' 논거(III 131, n.3029)가 결론 내리듯이, 자발적 가난을 통해 자신을 세속적인 일에서 타인을 도울 가능성을 포기하면서, 그 대신 영적인 소유물을 얻어 그것으로 더 유익하게 타인들을 돕고자 하는 자는 인간 사회의 선을 훼방하는 것이 아니다.

3072. 앞선 언명들로 보아 부유함이 이성의 선을 향하는 한에 있어서 인간에게 일종의 선이 되기는 하지만 그 자체로는 선이 아니라는 게 분명하다. 그러므로 누구든지 가난을 통해 더 완전한 선을 향하게 된다면 가난이 더 큰 선이 되지 말라는 법은 없다. 이런 방식으로 '네 번째' 논거(III 131, n.3030)가 해결된다.

3073. 그리고 부富, 가난 그리고 어떠한 외적인 것도 그 자체로는 인간의 선이 아니더라도 이성의 선을 향하는 한에 있어서는 인간의 선이기 때문

---

quod vitium oriri, quando non veniunt in usum hominis secundum regulam rationis. Nec tamen propter hoc sunt simpliciter mala iudicanda, sed malus usus eorum. Et sic neque paupertas est abiicienda propter aliqua vitia quae occasionaliter ex ea quandoque procedunt: ut *quinta* ratio (3031) ostendere nitebatur.

3074. Hinc etiam considerandum est quod medium virtutis non accipitur secundum quantitatem exteriorum quae in usum veniunt, sed secundum regulam rationis. Unde quandoque contingit quod illud quod est extremum secundum quantitatem rei exterioris, secundum regulam rationis est medium. Neque enim est aliquis qui ad maiora tendat quam magnanimus, vel qui in sumptibus magnificum magnitudine superet. Medium ergo tenent non quantitate sumptus, aut alicuius huiusmodi, sed inquantum non transcendunt regulam rationis, nec ab ea deficiunt. Quae quidem regula non solum metitur quantitatem rei quae in usum venit, sed conditionem personae, et intentionem eius, opportunitatem loci et temporis, et alia huiusmodi quae in actibus virtutum requiruntur. Non igitur aliquis per voluntariam paupertatem contrariatur virtuti, quamvis omnia deserat. Nec hoc prodigaliter facit: cum hoc faciat debito fine, et aliis debitis conditionibus servatis. Plus enim est seipsum morti exponere, quod tamen aliquis per virtutem fortitudinis operatur debitas circumstantias servans, quam omnia sua relinquere debito fine. Et sic solvitur ratio *sexta* (3032).

에, 그것들이 이성의 규칙에 따라 인간에 의해 사용되지 않게 되면 그것들
에서 악덕이 생기지 말라는 법은 없다. 하지만 그렇다고 해서 그것들을 단
적으로 악하다고 판단해서는 안 되며, 오직 그것들이 악하게 사용될 때에
만 악한 것으로 간주되어야 한다. 따라서 '다섯 번째' 논거(III 131, n.3031)가
드러내고자 한 것처럼, 가난으로 인해 때때로 일어날 수 있는 어떤 악덕들
로 인해 가난을 내쳐서는 안 된다.

3074. 이런 이유로 덕의 중용은 사용되는 외적인 소유물의 양에 좌우되는
것이 아니라 이성의 규칙에 좌우된다는 점도 고려해야 한다. 따라서 외적
인 것의 양에 있어 극단적인 것이 때때로 이성의 규칙에 따라서 중용이 되
는 경우가 있다. 왜냐하면 웅지를 품은 자보다 더 큰 것을 지향하는 자는
아무도 없고, 소비한 비용의 크기에서 관후寬厚한 자를 능가하는 자는 아무
도 없기 때문이다. 그러므로 그들은 소비한 비용의 크기 등에 의해 중용을
고수하는 것이 아니라 이성의 규칙을 넘어서지도 밑돌지도 않음으로써 중
용을 고수한다. 실제로 이런 규칙은 소비한 비용의 크기뿐만 아니라 개인
의 상황과 의도, 장소와 시간의 적합함 그리고 덕스러운 행위들에 필요한
다른 것들까지도 측정한다. 결과적으로 사람은 모든 것을 포기하더라도
자발적 가난을 통해 덕을 거스르지는 않는다. 사람은 마땅한 목적을 지닌
채로 다른 상황들을 살피면서 모든 것을 포기하기 때문에, 헤프게 버리는
것은 아니다. 왜냐하면 죽음을 무릅쓰는 것이 마땅한 목적을 위해 자신의
모든 재산을 포기하는 것보다 더 위대한 일이기 때문이다. 물론 이는 사람
이 적절한 상황들을 살피면서 용기의 덕을 통해서 행할 때 가능한 일이다.
이런 방식으로 '여섯 번째' 논거(III 131, n.3032)는 해결된다.

3075. Quod autem ex verbis SALOMONIS inducitur (3033), non est contrarium. Manifestum enim est quod loquitur de coacta paupertate, quae furandi solet esse occasio.

CAPITULUM CXXXV

SOLUTIO EORUM QUAE OBIICIEBANTUR CONTRA DIVERSOS MODOS VIVENDI EORUM QUI ASSUMUNT VOLUNTARIAM PAUPERTATEM

3076. Post haec autem considerandum est de modis quibus oportet vivere eos qui paupertatem voluntariam sectantur.

3077. a) Et quidem primus modus, ut scilicet de pretio possessionum venditarum omnes communiter vivant (3036), sufficiens est, non tamen ad longum tempus. Et ideo Apostoli hunc modum vivendi fidelibus in Ierusalem instituerunt, quia praevidebant per Spiritum Sanctum quod non diu in Ierusalem simul commorari deberent, tum propter persecutiones futuras a Iudaeis, tum etiam propter instantem destructionem civitatis et gentis: unde non fuit necessarium nisi ad modicum tempus fidelibus providere.

b) Et propter hoc, transeuntes ad gentes, in quibus firmanda et perduratura erat Ecclesia, hunc modum vivendi non leguntur instituisse.

3075. 솔로몬의 말에서 인용한 것(III 131, n.3033)은 이 점과 상반되지 않는다. 왜냐하면 그는 강제된 가난에 대해 말하고 있음이 분명하며, 강제된 가난은 흔히 도둑질의 계기가 되기 때문이다.

제135장
자발적 가난을 선택하는 자들의 다양한 생활양식에
반대하는 논거들에 대한 해결

3076. 우리는 앞선 해결들에 이어 자발적 가난을 선택하는 자들이 영위해야 하는 생활양식들을 고려해야 한다.

3077. a) '첫 번째 양식', 즉 모두가 소유물을 팔아서 생긴 돈으로 영위하는 공동생활(III 131, n.3036)은 효과가 있겠지만 오랫동안 지속되지는 않는다. 그래서 사도들은 이런 생활양식을 예루살렘의 신자들을 위해 도입했다. 왜냐하면 그들은 유대인들에 의해 장차 닥쳐올 박해뿐만 아니라 임박한 도시와 시민들의 파괴로 인해 예루살렘에 오랫동안 함께 머물지 않게 될 것이라는 점을 성령을 통해 예견했기 때문이다. 결과적으로 짧은 기간만 신자들을 부양할 필요가 있었다.

b) 이런 이유로 사도들이 이교도들에게 가서 그들 가운데 교회를 굳건하게 세워 지속시켜야 했을 때, 그들이 이런 생활양식을 도입했다는 이야기가 없다.

3078. a) Non est autem contra hunc modum vivendi fraus quae potest per dispensatores committi (3037). Hoc enim est commune in omni modo vivendi in quibus aliqui ad invicem convivunt: in hoc autem tanto minus, quanto difficilius contingere videtur quod perfectionem vitae sectantes fraudem committant.

b) Adhibetur etiam contra hoc remedium per providam fidelium dispensatorum institutionem. Unde sub Apostolis electi sunt Stephanus et alii, qui ad hoc officium idonei reputabantur.

3079. Est autem et secundus modus vivendi conveniens paupertatem voluntariam assumentibus: ut scilicet de possessionibus communibus vivant.

3080. Nec per hunc modum (3040) aliquid deperit perfectioni ad quam tendunt paupertatem voluntariam assumentes. Potest enim fieri per unius eorum vel paucorum sollicitudinem ut possessiones modo debito procurentur, et sic alii, absque temporalium sollicitudine remanentes, libere possunt spiritualibus vacare, quod est fructus voluntariae paupertatis. Nec etiam illis deperit aliquid de perfectione vitae qui hanc sollicitudinem pro aliis assumunt: quod enim amittere videntur in defectu quietis, recuperant in obsequio caritatis, in quo etiam perfectio vitae consistit.

3081. a) Nec etiam per hunc modum (3041) vivendi concordia tol-

3078. a) 하지만 관리자들이 사기 행각을 벌일 수 있다는 사실은 이런 생활
양식에 대한 반론이 되지는 않는다. 이는 사람들이 함께 살아가는 모든 생
활양식에 공통적으로 해당하기는 하지만, 삶의 완전성을 좇는 자들이 사
기 행각을 벌이는 일은 드물게 일어나는 일로 보이기에 이런 생활양식에서
는 그런 일이 그만큼 덜 일어나기 때문이다.

b) 또한 미더운 관리자들을 신중하게 선별함으로써 이것에 대비한 해결
책이 제시된다. 따라서 사도들하에 이런 임무를 맡을 자격이 있다고 여겨
진 스테파노 등이 선택되었다.[259]

3079. '두 번째 생활양식', 즉 공동 소유물로 살아가는 것도 자발적 가난을
선택하는 자들에게 어울린다.

3080. 이런 생활양식(III 132, n.3040)을 통해 자발적 가난을 선택하는 자들이
지향하는 어떠한 완전성도 상실되지 않는다. 소유물은 그들 가운데 한 사
람이나 소수의 사람이 걱정함으로써 적절하게 획득될 수 있으므로, 나머
지 사람들은 현세적인 것들에 대해 걱정하지 않고서 자발적 가난의 결실인
영적인 것들에 자유로이 헌신할 수 있게 되기 때문이다. 나머지 사람들을
위해 이런 걱정을 떠안는 자들도 삶의 완전성을 조금도 박탈당하지 않는
다. 왜냐하면 그들은 안식을 누리지 못해 잃는 것처럼 보이는 것을 애덕에
순종함으로써 되찾기 때문이며, 삶의 완전성은 바로 그 애덕 안에 있기 때
문이다.

3081. a) 이런 생활양식(III 132, n.3041)은 공동 소유물로 인해 조화를 파괴하

---

[259] 참조: 사도행전 6,3 이하.

litur occasione communium possessionum. Tales enim debent paupertatem voluntariam assumere qui temporalia contemnant; et tales
pro temporalibus communibus discordare non possunt; praesertim
cum ex temporalibus nihil praeter necessaria vitae debeant expectare; et cum dispensatores oporteat esse fideles.

b) Nec propter hoc quod aliqui hoc modo vivendi abutuntur, hic
modus vivendi potest improbari: cum etiam bonis male utantur
mali, sicut et malis bene utuntur boni.

3082. Tertius etiam modus vivendi paupertatem voluntariam assumentibus convenit: ut scilicet de labore manuum vivant.

3083. Non enim vanum est temporalia dimittere ut iterum acquirantur per laborem manuum: sicut *prima* ratio (3043) in contrarium
proponebat. Quia divitiarum possessio et sollicitudinem requirebant in procurando, vel saltem custodiendo, et affectum hominis ad
se trahebant: quod non accidit dum aliquis per laborem manuum
quotidianum victum acquirere studet.

3084. Patet autem quod ad acquirendum per laborem manuum victum quantum sufficit ad naturae sustentationem, modicum tempus
sufficit, et modica sollicitudo necessaria est. Sed ad divitias congregandas, vel superfluum victum conquirendum per laborem manuum, sicut saeculares artifices intendunt, oportet multum tempus

지도 않는다. 현세적인 것들을 업신여기는 유형의 사람들이 자발적 가난을 선택해야 하는데, 특히 그들은 이런 현세적인 것들 가운데 삶에 필요한 것들 말고는 아무것도 기대하지 않아야 하고 관리자들도 미더워야 하기에 그러한 사람들 사이에 현세적인 공동 소유물을 두고 다툼은 있을 수 없다.

b) 이런 생활양식을 악용하는 자들이 있다고 해서 그것을 배척하는 이유가 되지 않는다. 왜냐하면 선한 자들이 악한 것들도 선하게 사용하듯이, 악한 자들은 선한 것들조차 악하게 사용하기 때문이다.

3082. '세 번째 생활양식', 즉 육체노동으로 살아가는 것도 자발적 가난을 선택하는 자들에게 어울린다.

3083. '첫 번째' 반론(III 132, n.3043)이 주장한 것처럼, 현세적인 것들을 육체노동으로 다시 얻기 위해 그것들을 포기하는 것은 쓸데없는 짓이 아니다. 부富의 소유는 그것을 얻거나 심지어 지키면서 걱정하도록 만들었고, 부富에 대한 인간의 애착을 불러일으켰기 때문이다. 인간이 육체노동으로 일용할 양식을 얻는 데 전념할 때는 이런 일이 일어나지 않는다.

3084. 그런데 육체노동으로 생계유지를 위해 충분할 만큼의 양식을 획득하는 데 짧은 시간이면 충분하며 큰 걱정이 필요치 않다는 게 분명하다. 하지만 세속적인 일꾼들의 목표처럼 부富를 축적하거나 일용할 양식 이상을 얻는 것은 많은 시간을 소비하고 많은 걱정을 해야 한다. 이 점에서 '두

impendere et magnam sollicitudinem adhibere. In quo patet solutio *secundae* rationis (3044).

3085. Considerandum autem quod Dominus in Evangelio (3045) non laborem prohibuit, sed sollicitudinem mentis pro necessariis vitae. Non enim dixit, *Nolite laborare:* sed, *Nolite solliciti esse.* Quod a minori probat. Si enim ex divina providentia sustentantur aves et lilia, quae inferioris conditionis sunt, et non possunt laborare illis operibus quibus homines sibi victum acquirunt; multo magis providebit hominibus, qui sunt dignioris conditionis, et quibus dedit facultatem per proprios labores victum quaerendi; ut sic non oporteat anxia sollicitudine de necessariis huius vitae affligi. Unde patet quod per verba Domini quae inducebantur, huic modo vivendi non derogatur.

3086. a) Nec etiam iste modus vivendi potest reprobari propter hoc quod non sufficiat (3046). Quia hoc ut in paucioribus accidit, quod aliquis non possit tantum labore manuum acquirere quod sufficiat ad necessarium victum, vel propter infirmitatem, vel propter aliquid huiusmodi. Non est autem, propter defectum qui in paucioribus accidit, aliqua ordinatio repudianda: hoc enim et in naturalibus et in voluntariis ordinationibus accidit. Nec est aliquis modus vivendi per quem ita provideatur homini quin quandoque possit deficere: nam et divitiae furto aut rapina possunt auferri, sicut et qui de labo-

번째' 반론(III 132, n.3044)에 대한 답변은 분명하다.

3085. 그러나 우리는 주님께서 복음서에서(III 132, n.3045) 노동을 금하신 것이 아니라 삶에 필요한 것들에 대한 정신적 걱정을 금하신 것이라는 점에 주목해야 한다. 왜냐하면 주님께서는 "일하지 마라"라고 말씀하신 것이 아니라 "걱정하지 마라"[260]라고 하셨기 때문이다. 주님께서는 이것을 '하물며' (a minori) 논법[261]으로 입증하신다. 왜냐하면 신의 섭리가 인간들보다 더 비천한 상태에 있으며 인간처럼 생계를 꾸리도록 하는 그런 일들에 힘쓸 수 없는 새들과 나리꽃들을 부양한다면, 하물며 신의 섭리는 그것들보다 더 귀하고 노동을 통해 생계를 도모하는 능력을 부여한 인간들에게 필요한 것을 훨씬 더 많이 부여할 것이기 때문이다. 따라서 현세의 삶에 필요한 것들을 위해 괴로운 걱정에 시달릴 필요가 없다. 이런 이유로 인용된 주님의 말씀은 이런 생활양식을 배척하지 않는다는 게 분명하다.

3086. a) 이런 생활양식은 [생계유지에] 충분하지 않다는 점을 구실 삼아 거부될 수 없다. 왜냐하면 인간이 질병이나 이와 유사한 이유로 인해 육체노동으로만 생계유지에 충분한 것을 얻을 수 없는 경우는 아주 드물기 때문이다. 하지만 어떤 제도가 드물게 일어나는 결함 때문에 거부되어서는 안 된다. 왜냐하면 그것은 자연적인 것들 안에서뿐만 아니라 자발적 행위의 질서에서도 일어나기 때문이다. 인간에게 제공되는 생활양식은 때때로 결함이 일어나기 마련이다. 육체노동으로 살아가는 자가 쇠약해질 수 있

---

[260] 참조: 『성경』: 마태오 복음서 6,25-34.
[261] 만약 앞서 인정한 것이 참이라면, 현재 주장하고 있는 것은 '한층 더 강력한 이유에 의하여' 참일 수 있다는 가정에 입각한 논법.

re manuum vivit potest debilitari.

b) Remanet tamen aliquod remedium circa dictum modum vivendi: ut scilicet ei cuius labor ad proprium victum non sufficit, subveniatur vel per alios eiusdem societatis, qui plus possunt laborare quam eis necessarium sit; vel etiam per eos qui divitias possident, secundum legem caritatis et amicitiae naturalis, qua unus homo alteri subvenit indigenti. Unde et, cum Apostolus dixisset, II *Thess.* 3, 10, *Qui non vult operari,* non *manducet;* propter illos qui sibi non sufficiunt ad victum quaerendum proprio labore, subdit admonitionem ad alios, dicens 13: *Vos autem nolite deficere benefacientes.*

3087. Cum etiam ad necessarium victum pauca sufficiant, non oportet eos qui modicis sunt contenti, magnum tempus occupare in necessariis quaerendis labore manuum. Et ita non impediuntur multum ab aliis operibus spiritualibus, propter quae paupertatem voluntariam assumpserunt: et praecipue cum, manibus operando, possint de Deo cogitare et eum laudare, et alia huiusmodi facere quae singulariter sibi viventes observare oportet. Sed et, ne omnino in spiritualibus operibus impediantur, possunt etiam aliorum fidelium beneficiis adiuvari.

3088. Licet autem voluntaria paupertas non assumatur propter otium tollendum aut carnem macerandam opere manuali, quia hoc etiam divitias possidentes facere possent; (3048, 3049) non est tamen

듯이, 부富조차도 도둑질이나 강도질로 뺏길 수 있기 때문이다.

b) 그렇다 하더라도 앞서 언급된 생활양식에 대한 대책은 있는데, 그것은 노동으로 일용할 양식을 얻을 수 없는 자는 같은 사회에서 자신들에게 필요한 것 이상의 일을 할 수 있는 타인들이나 재물을 지닌 자들에 의해 도움을 받아야 한다는 것이다. 이것은 인간에게 궁핍한 타인을 돕도록 하는 애덕과 본성적 우정의 법에 부합된다. 이런 이유로 사도께서는 테살로니카 신자들에게 보낸 둘째 서간 3장 10절에서 자신의 노동으로 생계를 꾸릴 수 없는 자들을 위해 "일하기 싫어하는 자는 먹지도 말라"라고 말씀하신 다음, 13절에서 "형제 여러분, 여러분은 낙심하지 말고 계속 좋은 일을 하십시오"라는 이런 훈계를 다른 사람들에게 덧붙이신다.

3087. 얼마 안 되는 것들로도 생계를 유지하기 위해 충분하므로(III 132, n.3047) 적은 것으로 만족하는 자들은 육체노동을 통해 필요한 것을 얻는 데 많은 시간을 들일 필요도 없다. 따라서 그들은 자발적 가난을 선택하도록 한 이유인 영적인 일들을 하는 데에 크게 방해받지 않는다. 이 점은 그들이 육체노동을 하는 동안 신을 생각하고 찬미하며, 홀로 사는 사람들이 해야 하는 다른 일들을 할 수 있기에 더더욱 그러하다. 그러나 그들은 영적인 일들을 하는 데에 전적으로 방해받지 않도록 다른 신자들의 기부에 도움을 받을 수도 있다.

3088. 그런데 자발적 가난이 육체노동을 통해 게으름을 없애거나 육신을 극기할 목적으로 선택되는 것은 아니다. 왜냐하면 부를 지니는 자들도 육체노동을 통해 그렇게 할 수 있기 때문이다. 그럼에도 불구하고, 육체노동이 생계를 꾸릴 필요가 없는 경우에도 그 목적에 유용하다는 점은 의심의

dubium quin labor manualis ad praedicta valeat, etiam submota victus necessitate. Tamen otium per alias occupationes utiliores potest auferri, et carnis concupiscentia validioribus remediis edomari. Unde propter huiusmodi causas non imminet necessitas laborandi his qui alias habent, vel habere possunt, unde licite vivant. Sola enim necessitas victus cogit manibus operari: unde et Apostolus dicit, II *Thess.* 3, 10: *Qui non vult operari,* non *manducet.*

3089. Quartus etiam modus vivendi, de his quae ab aliis inferuntur, est conveniens illis qui paupertatem voluntariam assumunt.

3090. Non enim hoc est inconveniens, ut qui sua dimisit propter aliquid quod in utilitatem aliorum vergit, de his quae ab aliis dantur sustentetur (3051). Nisi enim hoc esset, societas humana permanere non posset: si enim aliquis circa sua propria tantum sollicitudinem gereret, non esset qui communi utilitati deserviret. Opportunum est igitur humanae societati quod illi qui, praetermissa propriorum cura, utilitati communi deserviunt, ab his quorum utilitati deserviunt, sustententur: propter hoc enim et milites de stipendiis aliorum vivunt, et rectoribus reipublicae de communi providetur. Qui autem voluntariam paupertatem assumunt ut Christum sequantur, ad hoc utique omnia dimittunt ut communi utilitati deserviant, sapientia et eruditione et exemplis populum illustrantes, vel oratione et intercessione sustentantes.

여지가 없다(Ⅲ 132, nn.3048-3049). 그러나 게으름은 더 유용한 다른 업무들에 의해 없어질 수 있고, 육신의 정욕은 더 효과적인 예방책에 의해 억누를 수 있다. 따라서 이런 이유들로 인해 육체노동을 해야 할 필요성은 제대로 생계를 꾸릴 다른 수단들을 가지거나 가질 수 있는 자들에게는 절박하지 않다. 왜냐하면 생계의 필요성만이 육체노동을 하도록 만들기 때문이다. 이런 이유로 사도께서는 테살로니카 신자들에게 보낸 둘째 서간 3장 10절에서 "일하기 싫어하는 자는 먹지도 말라"라고 말씀하신다.

3089. 타인들이 제공한 것들로 살아가는 '네 번째' 생활양식도 자발적 가난을 선택하는 자들에게 적합하다.

3090. 왜냐하면 타인들의 유익을 위해 자기 자신 것을 내어 주는 자가 타인들의 기부로 부양되어야 한다고 해도 부적절하지는 않기 때문이다. 실제로 그것이 부적절하다면 인간 사회는 존속될 수 없었을 것이다. 인간이 자기 자신 것만을 걱정하게 된다면 공동체의 유익을 위해 이바지하는 자는 아무도 없게 될 것이기 때문이다. 따라서 자기 자신 것에 대한 걱정을 제쳐 두고 공동체의 유익을 위해 이바지하는 자들이 그들 자신이 이바지하는 자들에 의해 부양되는 것은 인간 사회에 적합한 것이다. 바로 이런 이유로 병사들은 타인들이 납부한 급료로 생활하며, 국가의 통치자들은 공공 기금으로 부양된다. 그런데 그리스도를 따르기 위해 자발적 가난을 선택하는 자들은 공동체의 유익에 이바지하기 위해 모든 것을 포기하는데, 지혜와 학식, 그리고 모범을 통해 사람들을 일깨우고 기도와 전구轉求로 사람들을 지탱해 준다.

3091. Ex quo etiam patet quod non turpiter vivunt de his quae ab aliis dantur (3052), ex quo ipsi maiora rependunt, ad sustentationem temporalia accipientes, et in spiritualibus aliis proficientes. Unde et Apostolus dicit, II *Cor.* 8, 14: *Vestra abundantia,* scilicet in temporalibus, *illorum inopiam suppleat,* in eisdem: *ut et illorum abundantia,* scilicet in spiritualibus, *vestrae inopiae sit supplementum.* Qui enim alterum iuvat, particeps fit operis eius et in bono et in malo.

3092. Dum autem exemplis suis alios provocant ad virtutem, fit ut hi qui eorum exemplis proficiunt, minus ad divitias afficiantur, dum vident alios propter perfectionem vitae divitias omnino deserere. Quanto autem aliquis minus divitias amat, et est virtuti magis intentus, tanto facilius divitias in aliorum etiam necessitates distribuit. Unde qui, paupertatem voluntariam assumentes, de his quae ab aliis dantur vivunt, magis fiunt aliis pauperibus utiles, alios ad misericordiae opera verbis et exemplis provocando, quam fiant damnosi (3053), ad sustentationem vitae aliorum beneficia accipientes.

3093. Patet etiam quod homines in virtute perfecti, quales esse oportet qui voluntariam paupertatem sectantur, divitias contemnentes, libertatem animi non perdunt (3054) propter aliqua modica quae ad sustentationem vitae ab aliis accipiunt: cum homo libertatem animi non perdat nisi propter ea quae in affectu suo dominan-

3091. 결과적으로 그들이 타인들의 기부로 살아간다고 해서 부끄러운 일이 아니라는 점도 분명하다(III 132, n.3052). 왜냐하면 그들은 자신의 생계를 위해 현세적 원조를 얻지만, 영적인 것들에서 타인을 이롭게 함으로써 더 크게 갚아 주기 때문이다. 이런 이유로 사도께서는 코린토 신자들에게 보낸 둘째 서간 8장 14절에서 영적인 것들에서 "그들의 풍요가 여러분의 궁핍을 채워 주도록" 현세적인 재물에서 "여러분이 누리는 풍요가" 똑같은 것들에서 "그들의 궁핍을 채워 주게 하십시오"라고 말씀하신다. 왜냐하면 남을 돕는 자는 자신의 선한 일과 악한 일 모두에 함께 참여하기 때문이다.

3092. 그런데 그들은 모범을 통해 타인들을 덕으로 인도할 때, 자신들의 모범으로부터 이득을 얻는 자들이 삶의 완전성을 위해 부를 완전히 버리는 타인들을 관찰하면서 재물에 덜 애착을 갖게 되는 경우가 생긴다. 그러나 재물을 덜 사랑하고 덕에 더 전념하는 자일수록 타인들의 생계를 위해 자신의 부를 더 기꺼이 내어 준다. 이런 이유로 자발적 가난을 선택하고 타인들의 기부로 살아가는 자들은 생계를 위해 타인들에게서 기부받음으로써 가난한 자들에게 손해를 끼치기보다는(III 132, n.3053) 말과 모범을 통해 타인들을 자선의 행위를 하게 유도함으로써 다른 가난한 자들에게 더 도움이 된다.

3093. 완전한 덕을 갖춘 자들은 부富를 업신여김으로써 자발적 가난을 선택해야 하는 자들처럼 생계를 유지하기 위해 타인들에게 받는 얼마 되지 않은 것들로 인해 정신의 자유를 상실하지는 않는다(III 132, n.3054). 인간은 자신의 정념을 지배하는 것들로 인해서만 정신의 자유를 상실하기 때문이다. 이런 이유로 인간은 업신여기는 것들이 자신에게 부여되더라도 그것

tur. Unde propter ea quae homo contemnit, si sibi dentur, libertatem non perdit.

3094. Licet autem sustentatio eorum qui vivunt de his quae ab aliis dantur, ex voluntate dantium dependeat (3055), non tamen propter hoc insufficiens est ad sustentandam vitam pauperum Christi. Non enim dependet ex voluntate unius, sed ex voluntate multorum. Non est autem probabile quod in multitudine fidelis populi non sint multi qui prompto animo subveniant necessitatibus eorum quos in reverentia habent propter perfectionem virtutis.

3095. a) Non est autem inconveniens si etiam necessitates suas exponant et necessaria petant (3056), vel pro aliis vel pro se. Hoc enim Apostoli fecisse leguntur: non solum ab illis quibus praedica-bant necessaria accipientes, quod magis potestatis erat quam men-dicitatis, propter ordinationem Domini ut *qui Evangelio deserviunt, de Evangelio vivant;* sed etiam pro pauperibus qui erant in Ierusa-lem, qui sua dimittentes, in paupertate vivebant, nec tamen gentibus praedicabant; sed eorum spiritualis conversatio poterat illis valere a quibus sustentabantur. Unde APOSTOLUS talibus, non *ex necessitate* sed ex voluntate dantium, persuadet in eleemosynis subveniendum: quod nihil est aliud quam mendicare.

---

[262] 코린토 신자들에게 보낸 첫째 서간 9,13-14.

[263] 참조: 사도행전 11,27 이하; 코린토 신자들에게 보낸 둘째 서간 8-9장.

들로 인해 자유를 상실하지는 않는다.

3094. 그런데 타인들의 기부로 살아가는 자들을 부양하는 일이 기부자들의 의지에 달려 있을지라도, 이런 이유로 인해 그것이 그리스도의 가난한 자들을 부양하는 데 부족하다는 말은 아니다. 왜냐하면 그것은 한 사람의 의지가 아니라 여러 사람의 의지에 달려 있기 때문이다. 그리고 엄청난 수의 신자들 가운데 그들이 지니는 덕의 완전성을 존경하여 그들의 생계를 기꺼이 부양하려는 자들이 없을 것이라고 생각되지는 않는다.

3095. a) 그들이 타인들을 위해서든 자기 자신들을 위해서든 자신들이 필요한 것들을 알리고 구하는 행위(III 132, n.3056)도 부적절한 것은 아니다. 사실은 사도들조차도 이런 일을 했다고 쓰여 있다. 그들은 "복음을 전하는 이들에게 복음으로 생활하라"[262]라는 주님의 지시로 설교를 했던 사람들에게서 생활에 필요한 것들을 탁발이 아니라 권한의 행사로 자기 자신들을 위해 받았을 뿐만 아니라 자신의 것을 포기하고 가난하게 살았으나 이교도들을 대상으로 설교하지 않았던 예루살렘의 가난한 자들[263]을 위해서도 받았는데, 그 가난한 자들의 영적인 생활 태도는 생계를 지원받을 만한 가치가 있었다. 이와 같은 이유로 사도께서 마지못해 주어지는 것이 아니라 자발적으로 주는[264] 의연금義捐金을 통해 그러한 사람들을 지원하도록 권유하셨는데, 이것이 바로 탁발이다.

---

[264] 『성경』 코린토 신자들에게 보낸 둘째 서간 9,7: "저마다 마음에 작정한 대로 해야지, 마지못해 하거나 억지로 해서는 안 됩니다."

b) Haec autem mendicitas non reddit homines contemptibiles si moderate fiat, ad necessitatem, non ad superfluitatem, et sine importunitate: considerata conditione personarum a quibus petitur, et loci et temporis; quod necesse est observari ab his qui perfectionem vitae sectantur.

3096. Ex quo etiam patet quod talis mendicitas non habet aliquam speciem turpis (3057). Quam haberet si cum importunitate et indiscrete fieret, ad voluptatem vel superfluitatem.

3097. a) Manifestum est autem quod mendicitas cum quadam abiectione est (3059). Sicut enim pati ignobilius est quam agere, ita accipere quam dare, et regi et obedire quam gubernare et imperare: quamvis, propter aliquid adiunctum, possit recompensatio fieri.

b) Ea vero quae abiectionis sunt sponte assumere, ad humilitatem pertinet: non quidem simpliciter, sed secundum quod necessarium est. Cum enim humilitas sit virtus, nihil indiscrete operatur. Non est igitur humilitatis, sed stultitiae, si quis quodcumque abiectum assumpserit: sed si id quod necessarium est fieri propter virtutem, aliquis propter abiectionem non recusat; puta si caritas, exigit quod proximis aliquod abiectum officium impendatur, hoc per humilitatem aliquis non recuset. Si igitur necessarium est ad perfectionem pauperis vitae sectandam quod aliquis mendicet, hanc abiectionem ferre humilitatis est.

b) 그런데 이런 탁발이 그 요청을 받는 개인의 형편 그리고 장소와 시간 등을 고려함으로써 필요에 의해, 과하지 않게, 그리고 성가시지 않게 적정한 정도로 이루어진다면, 그것은 인간들을 경멸받을 만한 대상으로 만들지 않는다. 이 모든 것이 삶의 완전성에 헌신하는 이들에 의해 준수되어야 한다.

3096. 결과적으로 그러한 탁발에 수치스러운 모습이 없다는 것은 분명하다(n.3057). 그것이 쾌락이나 과잉을 위해 집요하게 그리고 무분별하게 이루어지게 되는 경우는 수치스러운 모습을 지니게 된다.

3097. a) 그런데 탁발이 어떤 굴욕과 연관되어 있음(III 132, n.3059)은 분명하다. 비록 어떤 상황이 추가되면 다음과 같은 평가는 뒤바뀔 수 있더라도, 어떤 행위를 수동적으로 당하는 것은 그것을 능동적으로 하는 것보다 열등한 것처럼, 받는 것은 주는 것보다 열등하며, 지배당하고 복종하는 것은 통치하고 명령하는 것보다 열등하기 때문이다.

b) 그러나 굴욕을 자발적으로 받아들이는 것은 겸손에 속하는 행위다. 물론 그것은 무조건 받아들이는 것이 아니라 필요한 경우에 받아들이는 것이다. 겸손은 덕이므로 무엇이든 무분별하게 하는 법이란 없다. 따라서 누군가 모든 종류의 굴욕을 받아들인다면 그것은 겸손이 아니라 어리석음에 속하지만, 덕을 위해 해야 할 것이 있다면 굴욕 때문에 그것을 거부하지는 않는다. 이를테면, 누군가 애덕으로 인해 이웃을 위해 어떤 굴욕스러운 임무를 해야 한다면, 겸손을 통해 그 임무를 마다하지 않을 것이다. 그러므로 누군가 가난한 삶의 완전성을 선택하기 위해 탁발해야 한다면, 이런 굴욕을 겪는 것은 겸손에 어울린다.

c) Quandoque etiam abiecta assumere virtutis est, etsi nostrum officium non requirat, ut alios nostro exemplo provocemus quibus incumbit, ut id facilius ferant: nam et dux interdum militis officio fungitur ut alios provocet.

d) Quandoque etiam abiectis utimur secundum virtutem ut medicina quadam. Puta, si alicuius animus ad immoderatam extollentiam sit pronus, utiliter, debita moderatione servata, abiectis utitur, vel sponte vel ab aliis impositis, ad elationem animi comprimendam: dum per haec quae gerit, sibi ipsi quodammodo parificat etiam infimos homines, qui circa vilia officia occupantur.

3098. a) Est autem omnino irrationabilis error illorum qui putant omnem sibi sollicitudinem a Domino interdictam de victu quaerendo (3060). Omnis enim actus sollicitudinem requirit. Si igitur homo nullam sollicitudinem de rebus corporalibus habere debet, sequitur quod nihil corporale agere debeat: quod neque possibile, neque rationabile est observari. Deus enim unicuique rei ordinavit actionem secundum proprietatem suae naturae.

b) Homo autem ex spirituali et corporali natura conditus est (3061). Necessarium est igitur, secundum divinam ordinationem, ut et corporales actiones exerceat et spiritualibus intendat: et tanto perfectior est quanto plus spiritualibus intendit.

c) Non est tamen hic modus perfectionis humanae quod nihil corporale agatur (3062) quia, cum corporales actiones ordinentur ad

c) 또한 비록 우리의 임무가 굴욕을 받아들이도록 요구받지 않더라도, 우리가 모범을 보임으로써 그러한 임무를 지니는 타인들을 독려하여 그들이 그것을 기꺼이 참아 낼 수 있도록 우리가 굴욕을 때때로 받아들이는 것은 덕에 속한다. 사령관은 타인들을 독려하기 위해 때때로 사병의 임무를 수행하기도 하기 때문이다.

d) 때때로 우리가 굴욕을 유덕하게 사용하면 그것은 치료제 역할을 하기도 한다. 예컨대, 어떤 사람의 정신이 지나친 자부심에 치우치게 될 경우, 그 사람은 정신의 교만을 억누르기 위해 다소 저급한 종류의 임무를 수행하는 가장 낮은 인간들의 수준으로 내려간다면 자발적으로든 다른 사람들에 의해서든 굴욕을 적당한 수준에서 이롭게 사용할 수 있다.

3098. a) 그런데 주님께서 생계를 꾸리는 것에 대해 모든 걱정을 금한 것으로 여기는 자들의 오류는 완전히 불합리하다(III 132, n.3060). 모든 행위에는 걱정이 요구되기 때문이다. 따라서 인간에게 육체적인 것들에 대하여 걱정이 없어야 한다면 어떠한 육체적인 행위도 해서는 안 된다는 결론이 도출되는데, 이것은 가능하지도 합리적이지도 않다. 왜냐하면 신은 각 사물이 지니는 본성의 고유성에 따라 각 사물의 활동에 질서를 부여하셨기 때문이다.

b) 그런데 인간은 영적인 본성과 육체적인 본성으로 이루어졌다(III 132, n.3061). 따라서 신의 명령에 따라 인간은 육체적 활동을 수행할 뿐만 아니라 영적인 것들도 추구해야 한다. 또한 더 완전한 인간일수록 영적인 것들을 더 추구한다.

c) 그러나 이런 방식의 인간적 완전성은 어떠한 육체적인 활동도 수행하지 않는 그런 것이 아니다(III 132, n.3062). 왜냐하면 육체의 활동은 생계를

ea quae sunt necessaria ad conservationem vitae, si quis eas praetermittit, vitam suam negligit, quam quilibet conservare tenetur.

d) Expectare autem a Deo subsidium in his in quibus aliquis se potest per propriam actionem iuvare, praetermissa propria actione, est insipientis et Deum tentantis (3063). Hoc enim ad divinam bonitatem pertinet, ut rebus provideat, non immediate omnia faciendo, sed alia movendo ad proprias actiones, ut supra (cap. 77) ostensum est. Non ergo est expectandum a Deo ut, omni actione qua sibi aliquis subvenire potest praetermissa, Deus ei subveniat: hoc enim divinae ordinationi repugnat, et bonitati ipsius.

3099. Sed quia, licet in nobis sit agere, non tamen in nobis est ut actiones nostrae debitum finem sortiantur, propter impedimenta quae possunt contingere; hoc dispositioni divinae subiacet, quid cuique ex actione sua proveniat. Praecipit ergo Dominus nos non debere esse sollicitos de eo quod ad Deum pertinet, scilicet de eventibus nostrarum actionum: non autem prohibuit nos esse sollicitos de eo quod ad nos pertinet, scilicet de nostro opere. Non igitur contra praeceptum Domini agit qui de iis quae ab ipso agenda sunt sollicitudinem habet: sed ille qui sollicitus est de his quae possunt emergere etiam si ipse proprias actiones exequatur, ita quod debitas actiones praetermittat ad obviandum huiusmodi eventibus, contra quos debemus in Dei providentia sperare, per quam etiam aves et herbae sustentantur; talem enim sollicitudinem habere, videtur

유지하는 데 필요한 것들로 향하게 되므로 인간은 그 활동을 등한시한다면 모든 인간이 보존해야 하는 자기 삶을 방치하는 것이 되기 때문이다.

  d) 그런데 인간이 자신의 행위로 스스로 할 수 있는 일들에서 신에게 도움을 기대하면서 자신의 행위를 하지 않는 것은 어리석은 자이면서 동시에 신을 시험하는 자의 태도다(III 132, n.3063). 왜냐하면 앞서 밝혀졌듯이(III 77), 만사를 직접 하지 않고 서로 다른 것들이 자기 자신들의 행위를 하도록 함으로써 만물을 섭리하는 것은 신의 선성에 속하기 때문이다. 따라서 누구든지 스스로 할 수 있는 행위를 하지 않은 채 신이 도움을 줄 것이라고 신에게 기대해서는 안 된다. 왜냐하면 이는 신의 명령과 선성에 상반되기 때문이다.

3099. 하지만 우리가 행위를 할 수 있는 능력을 지니더라도, 일어날 수 있는 장애로 인해 우리 행위들이 마땅한 목적을 얻는 것이 우리 자신을 통해 이루어지는 것은 아니기 때문에 모든 사람의 행위에서 나오는 결과는 신적 [섭리의] 안배에 종속된다. 그러므로 주님께서는 신에 속한 것, 즉 우리 행위들의 결과에 대해 우리에게 걱정하지 말라고 명하셨지만, 우리에게 속한 것, 즉 우리의 임무에 대해 걱정하는 것을 금하지는 않으셨다. 따라서 자신이 해야 하는 것들에 대해 걱정하는 자는 주님의 계명을 거스르는 것이 아니지만, 자신에 속한 일들을 하더라도 그 행위로 일어날 수 있는 결과들에 대해 걱정하여 이런 결과들을 방지하려는 마음에 마땅히 해야 하는 것들을 하지 못하는 자는 주님의 계명을 거스르는 것이다. 우리는 이것에 반하여 새들과 들풀들조차 부양하는 신의 섭리에 희망을 두어야 한다. 이런 방식으로 걱정하는 것은 신의 섭리를 부정하는 이교도들의 오류에 속하는 듯하기 때문이다. 이런 이유로 주님께서는 우리가 "내일을 걱정"[265]▶해

pertinere ad errorem gentilium, qui divinam providentiam negant. Propter quod Dominus concludit quod non simus *solliciti in crasti-num.* Per quod non prohibuit quin conservemus ea quae sunt nobis in crastinum necessaria suo tempore, sed ne de futuris eventibus sollicitaremur, cum quadam desperatione divini auxilii: vel ne praeoccupet hodie sollicitudinem quae erit habenda in crastino, quia quilibet dies suam sollicitudinem habet; unde subditur, *Sufficit diei malitia sua.*

3100. Sic igitur patet quod diversis modis convenientibus vivere possunt qui voluntariam paupertatem sectantur. Inter quos tanto aliquis laudabilior est, quanto magis a sollicitudine temporalium, et occupatione circa ea, hominis animum reddit immunem.

CAPITULUM CXXXVI ET CXXXVII

DE ERRORE EORUM QUI PERPETUAM CONTINENTIAM IMPUGNANT

3101. SICUT autem contra paupertatis perfectionem, ita et contra continentiae bonum QUIDAM perversi sensus homines sunt locuti. Quorum QUIDAM bonum continentiae his et similibus rationibus excludere nituntur.

◄265 마태오 복음서 6,34.
266 마태오 복음서 6,34.

서는 안 된다고 결론 내리신다. 주님께서는 우리에게 내일에 필요한 것들을 제때 알맞게 남겨 두는 것을 금하시지 않았고 신의 도움에 대한 희망을 잃어버린 채 미래 사건들에 대해 걱정하는 것을 금하셨다. 아니 어쩌면 주님께서는 내일 해야 할 걱정을 오늘 앞당겨서 하는 것을 금하셨을지 모른다. 왜냐하면 날마다 걱정거리가 있기 때문이다. 이런 이유로 "그날 고생은 그날로 충분하다"[266]라는 말씀이 덧붙여진다.

3100. 따라서 자발적 가난을 선택하는 자들은 적절한 여러 가지 방식으로 생활할 수 있다. 이런 방식들 가운데 인간의 정신을 현세적인 것들에 대한 걱정과 그것들과 연관된 일에서 자유롭게 하는 방식일수록 더욱더 칭찬할 만하다.

제136장과 제137장

평생 정절을 논박하는 자들의 오류에 대하여

3101. 그릇된 생각을 지닌 자들은 가난의 완전성에 반대한 것처럼 정절의 선에도 반대했다. 그들 가운데 어떤 자들은 다음과 같은 논거들로 정절의 선을 배척하고자 한다.[267]

---

[267] "정절은 본질적으로 덕이 아니라"(quod continentia non est essentialiter virtus)라는 명제(186번)는 1277년 파리 대주교 텅피에가 단죄한 명제들 가운데 속한다. 참조: Denifle, H. and E. Châtelain (eds.), *Chartularium Universitatis Parisiensis*, vol. 1, 553.

3102. Viri enim et mulieris coniunctio ad bonum speciei ordinatur. *Divinius autem est bonum speciei quam bonum individui.* Magis ergo peccat qui omnino abstinet ab actu quo conservatur species quam peccaret si abstineret ab actu quo conservatur individuum, sicut sunt comestio et potus, et alia huiusmodi.

3103. Adhuc. Ex divina ordinatione dantur homini membra ad generationem apta; et etiam vis concupiscibilis incitans; et alia huiusmodi ad hoc ordinata. Videtur igitur contra divinam ordinationem agere qui omnino ab actu generationis abstinet.

3104. Item. Si bonum est quod unus contineat, melius est quod multi, optimum autem quod omnes. Sed ex hoc sequitur quod genus humanum deficiat. Non igitur bonum est quod aliquis homo omnino contineat.

3105. Amplius. Castitas, sicut et aliae virtutes, in medietate consistunt. Sicut igitur contra virtutem agit qui omnino concupiscentias insequitur, et intemperatus est; ita contra virtutem agit qui omnino a concupiscentiis abstinet, et insensibilis est.

3106. Praeterea. Non est possibile quin in homine concupiscentiae venereorum aliquae oriantur: cum naturales sint. Resistere autem omnino concupiscentiis, et quasi continuam pugnam habere, ma-

3102. 남편과 아내의 결합은 [인간이라는] 종種의 선을 향한다. "그런데 종의 선은 개별자의 선보다 더 신적이다."[268] 그러므로 종을 보존하는 행위를 완전히 삼가는 자는 먹고 마시는 등의 행위처럼 개별자를 보존하는 행위를 삼가는 것보다 더 큰 죄를 범하는 것이 된다.

3103. 게다가, 신적 섭리의 안배를 통해 인간은 생식에 적합한 육체의 부위들을 부여받고, 인간을 자극하는 정욕의 능력과 그 목적을 지향하는 다른 유사한 것들도 부여받는다. 그러므로 생식 행위를 완전히 삼가는 자는 신적 섭리의 안배를 거스르는 것으로 보인다.

3104. 마찬가지로, 한 사람이 정절을 지키는 것이 선한 것이라면 여러 사람이 그렇게 하는 것은 더 선한 것이고, 모든 사람이 그렇게 하는 것은 가장 선한 것이 된다. 하지만 이를 통해 인류의 멸종이 따라올 것이다. 따라서 누구든지 완전히 정절을 지키는 삶을 영위하는 것은 선이 아니다.

3105. 나아가, 정결은 나머지 덕들처럼 중용을 취하는 것이다. 결과적으로 완전히 정욕情慾만을 좇는 자는 덕에 어긋나는 행위를 하고 무절제하듯이, 정욕을 완전히 삼가는 자도 덕에 어긋나는 행위를 하고 무감각하다.

3106. 그 밖에도, 어떤 성적인 정욕들은 인간에게 본성적이기 때문에 인간이 그것들을 소유하지 않는 것은 불가능하다. 그런데 정욕을 완전히 참아내고 그것에 맞서 끊임없이 싸우는 것은 이런 정욕을 적당히 사용하는 것

---

[268] *NE* I 2, 1094b8-10.

iorem inquietudinem animo tribuit quam si aliquis moderate con-
cupiscentiis uteretur. Cum igitur inquietudo animi maxime perfec-
tioni virtutis repugnet, videtur perfectioni virtutis adversari quod
aliquis perpetuam continentiam servet.

3107. Haec igitur contra perpetuam continentiam obiici videntur.
Quibus etiam adiungi potest praeceptum Domini, quod primis pa-
rentibus legitur esse datum, *Genesis* 1, 28 et 9, 1: *Crescite et mul-
tiplicamini, et replete terram.* Quod non est revocatum, sed magis
videtur esse a Domino in Evangelio confirmatum, *Matth.* 19, 6, ubi
dicitur: *Quod Deus coniunxit, homo non separet,* de coniunctione
matrimonii loquens. Contra hoc autem praeceptum expresse faciunt
qui perpetuam continentiam servant. Videtur igitur esse illicitum
perpetuam continentiam servare.

3108. Haec autem non difficile est solvere secundum ea quae prae-
missa sunt (cap. praec).

3109. Considerandum enim est quod alia ratio est habenda in his
quae ad necessitatem uniuscuiusque hominis pertinent: atque alia in
his quae pertinent ad multitudinis necessitatem (3102). In his enim
quae ad uniuscuiusque hominis necessitatem pertinent, oportet
quod cuilibet provideatur. Huiusmodi autem sunt cibus et potus, et
alia quae ad sustentationem individui pertinent. Unde necessarium

보다 더 큰 정신적 동요를 일으킨다. 따라서 정신적 동요는 덕의 완성과 매우 모순되기에 인간이 평생 정절을 지킨다는 것은 덕을 거스르는 것으로 보인다.

3107. 그렇다면 이런 논거들은 평생 정절에 대한 반론들로 보인다. 또한 창세기 1장 28절과 9장 1절에 쓰여 있는 우리의 첫 조상에게 준 "자식을 많이 낳고 번성하여 땅을 가득 채워라"라는 주님의 계명을 그 반론들에 추가할 수 있다. 이것은 철회되지 않고 오히려 마태오 복음서 19장 6절에서 "그러므로 하느님께서 맺어 주신 것을 사람이 갈라놓아서는 안 된다"라고 혼인의 결합에 대해 말하는 복음서에서 주님에 의해 확증된 것으로 보인다. 그런데 평생 정절을 지키는 자들은 이런 계명을 거역하는 것이 분명하다. 따라서 평생 정절을 지키는 것은 법에 어긋나는 것으로 보인다.

3108. 그러나 앞서 언급된 것들(III 135)로 이런 반론들에 대해 답하는 것은 어렵지 않다.

3109. 개인에게 필요한 것들과 연관되는 문제들에 사용되는 추론과 집단에 필요한 것들과 연관되는 문제들에 사용되는 추론은 서로 다른 것이어야 한다는 점을 헤아려야 하기 때문이다(III 136, n.3102). 개인에게 필요한 것들은 각 사람에게 공급해야 한다. 먹을 것과 마실 것 그리고 개인의 생계유지와 연관된 것들이 이 유형에 속한다. 그러므로 누구든지 먹을 것과 마실 것을 섭취해야 한다. 하지만 집단에 필요한 것들은 집단 내의 각 사람에게

est quod quilibet cibo et potu utatur. In his autem quae necessaria sunt multitudini, non oportet quod cuilibet de multitudine attribuatur: neque etiam est possibile. Patet enim multa esse necessaria multitudini hominum, ut cibus, potus, vestimentum, domus, et alia huiusmodi, quae impossibile est quod per unum procurentur. Et ideo oportet diversorum esse diversa officia: sicut et in corpore diversa membra ad diversos actus ordinantur. Quia ergo generatio non est de necessitate individui, sed de necessitate totius speciei, non est necessarium quod omnes homines actibus generationis vacent; sed quidam, ab his actibus abstinentes, aliis officiis mancipentur, puta militiae vel contemplationi.

3110. Ex quo patet solutio ad *secundum* (3103). Ex divina enim providentia dantur homini ea quae sunt toti speciei necessaria: nec tamen oportet quod quilibet homo quolibet illorum utatur. Data est enim homini industria aedificandi, virtus ad pugnandum: nec tamen oportet quod omnes sint aedificatores aut milites. Similiter, licet homini divinitus sint provisa virtus generativa et ea quae ad actum eius ordinantur, non tamen oportet quod quilibet actui generationis intendat.

3111. Unde etiam patet solutio ad *tertium* (3104). Ab his enim quae multitudini sunt necessaria, quamvis quantum ad singulos melius sit quod abstineat, melioribus deditus; non tamen est bonum quod

나누어 줄 필요가 없고, 또 실제로 나누어 줄 수도 없다. 먹고 마시고 입고 거주하는 것 따위처럼 한 사람에 의해서는 모두 획득될 수 없는 여러 가지 것이 인간의 집단에 필요하다는 점은 분명하니까 말이다. 따라서 육체의 서로 다른 부위들이 서로 다른 활동들을 위해 정해지듯이, 서로 다른 사람들에게 서로 다른 임무들이 부여되어야 한다. 따라서 출산은 개별자에게 필요한 것들과 연관되지는 않고 종 전체에게 필요한 것들과 연관되기 때문에 모든 인간이 생식 행위에 힘쓸 필요는 없고, 그 대신 이런 행위를 삼가는 어떤 자들에게 군 복무나 관조와 같은 다른 임무들이 맡겨진다.

3110. 이로써 두 번째 반론(III 136, n.3103)에 대한 답변은 분명하다. 신적 섭리는 인간에게 종 전체에 필요한 것들을 부여하지만, 각각의 인간이 그것들을 모조리 사용할 필요는 없기 때문이다. 따라서 인간에게 건물을 지을 수 있는 재능과 싸움을 할 수 있는 힘이 부여되었음에도 불구하고 모든 인간이 건축업자나 병사가 될 필요는 없다. 마찬가지로, 인간이 출산 능력과 수단들을 신에게서 받았을지라도, 모든 인간이 출산 행위를 지향할 필요는 없다.

3111. 이런 이유로 세 번째 반론(III 136, n.3104)에 대한 답변도 분명하다. 집단에 필요한 것들을 삼가는 것이 어떤 개인들에게는 더 선하더라도, 모두가 그렇게 삼가는 것은 선한 것이 아니다. 우주의 질서에도 사정은 마찬가

omnes abstineant. Sicut et in ordine universi apparet: quamvis enim substantia spiritualis sit melior quam corporalis, non tamen esset melius universum in quo essent solae substantiae spirituales, sed imperfectius. Et quamvis sit melior oculus pede in corpore animalis, non tamen esset perfectum animal nisi haberet et oculum et pedem. Ita etiam nec multitudo humani generis haberet statum perfectum nisi essent aliqui intendentes generationis actibus, et aliqui ab his abstinentes et contemplationi vacantes.

3112. Quod autem *quarto* (3105) obiicitur, quod necesse est virtutem in medio esse: solvitur per id quod supra (cap. 134) iam de paupertate dictum est. Medium enim virtutis non accipitur semper secundum quantitatem rei quae ordinatur ratione, sed secundum regulam rationis, quae debitum finem attingit, et circumstantias convenientes metitur. Et sic, ab omnibus venereorum delectationibus abstinere praeter rationem, vitium insensibilitatis dicitur. Si autem secundum rationem fiat, virtus est, quae communem hominis modum excedit: facit enim homines esse in quadam divinae similitudinis participatione; unde virginitas angelis dicitur esse cognata.

3113. a) Ad *quintum* (3106) dicendum quod sollicitudo et occupatio quam habent hi qui coniugio utuntur, de uxoribus, filiis, et necessa-

---

269 『성경』 마태오 복음서 22,30: "부활 때에는 장가드는 일도 시집가는 일도 없이 하늘에 있는 천사들과 같아진다." 참조: *CT* 221: "성자는 우리가 부활의 상태를 성취하도록 하기 위

지다. 왜냐하면 영적 실체가 물질적 실체보다 더 선하더라도, 영적 실체만 있는 우주는 더 선한 것이 아니라 오히려 더 불완전할 것이기 때문이다. 또한 동물의 육체에서 눈이 발보다 더 선한 것이더라도, 눈과 발 모두가 없는 동물은 완전하지 않을 것이다. 따라서 인간 집단도 출산 행위를 지향하는 자들도 있고 이런 행위를 삼가고 관조에 헌신하는 자들도 있어야만 완전한 상태에 이를 수 있다.

3112. 그런데 덕이 중용을 취해야 한다는 네 번째 반론(III 136, n.3105)은 가난에 대해 앞서 말한 것(III 134)으로 해결된다. 덕의 중용은 이성에 의해 질서가 부여되는 사물의 양에 항상 의존하는 것이 아니라 마땅한 목적에 다다르고 적합한 조건들을 측정하는 이성의 규칙에 의존하기 때문이다. 따라서 모든 성적인 즐거움을 비이성적으로 삼가는 것은 무감각함의 악덕이라고 불린다. 그러나 그것이 이성적으로 이루어진다면 인간의 일상적인 생활양식을 능가하는 덕이 된다. 왜냐하면 그것은 인간에게 신적 유사성에 어느 정도 참여하도록 하기 때문이다. 이런 이유로 동정童貞들은 천사들과 같아진다고 한다.[269]

3113. a) '다섯 번째 반론'(III 136, n.3106)에 대해, 기혼자들이 아내, 자녀 그리고 생계유지에 대해 짊어지는 걱정과 일은 지속적이라고 답변해야 한

해서 육신을 취하여 이 세상에 왔다. 그 부활의 상태에서는 '장가드는 일도 시집가는 일도 없이 인간들은 하늘에 있는 천사들과 같아질 것이다.' 그래서 성자는 또한 믿는 이들의 삶 안에서 어느 정도 미래 영광의 표상이 반사되어 빛나도록 금욕과 완전무결함의 가르침을 도입했다."

riis vitae acquirendis, est continua. Inquietatio autem quam homo patitur ex pugna concupiscentiarum, est ad aliquam horam. Quae etiam minoratur per hoc quod ei aliquis non consentit: nam quanto aliquis magis delectabilibus utitur, tanto magis crescit in eo delectabilis appetitus. Debilitantur etiam concupiscentiae per abstinentias, et alia exercitia corporalia quae conveniunt his qui continentiae propositum habent.

b) Usus etiam corporalium delectabilium magis abducit mentem a sua altitudine et impedit a contemplatione spiritualium, quam inquietudo quae provenit resistendo concupiscentiis horum delectabilium: quia per usum delectabilium, et maxime venereorum, mens maxime carnalibus inhaeret; cum delectatio faciat quiescere appetitum in re delectabili. Et ideo his qui ad contemplationem divinorum, et cuiuscumque veritatis, intendunt, maxime nocivum est venereis deditos esse, et maxime utile ab eis abstinere.

c) Nihil autem prohibet, quamvis universaliter dicatur uni homini melius esse continentiam servare quam matrimonio uti, quin alicui illud melius sit. Unde et Dominus, facta de continentia mentione, dicit: *Non omnes capiunt verbum* hoc, *sed qui potest capere capiat.*

3114. Ad id etiam quod de praecepto primis parentibus dato *ultimo* (3107) positum est, patet responsio per ea quae dicta sunt. Praecep-

---

[270] *NE* III 12, 1119b 10.

다. 하지만 인간이 욕정과 맞서 싸우면서 겪는 동요는 일시적이다. 게다가, 인간은 욕정에 동의하지 않음으로써 동요는 줄어들게 된다. 즐거움에 더 크게 탐닉하는 인간일수록 즐거움에 대한 욕구가 더 커지니까 말이다.[270] 욕정은 정절을 결심한 자들에게 걸맞은 절제와 다른 육체적 훈련들을 통해서도 약해진다.

b) 또한 육체적 즐거움의 향유는 이런 즐거움에 대한 욕정을 뿌리침으로써 생기는 동요에 비해 정신을 절정의 행위에서 더 이탈시키고 영적인 것들에 대한 관조를 더 방해한다. 왜냐하면 즐거움은 욕구를 즐거움의 대상에 안주하게 하므로 정신은 그러한 즐거움, 특히 성적 즐거움의 향유를 통해 성적인 것들에 대해 매우 강한 애착을 갖게 되기 때문이다. 결과적으로 성적 즐거움에 탐닉하는 것은 신적인 것들과 모든 종류의 진리에 대한 관조에 전념하는 자들에게 매우 유해하며, 그 즐거움을 삼가는 편이 매우 유익하다.

c) 그러나 일반적으로는 한 개인이 정절을 지키는 편이 혼인을 하는 편보다 더 선하다고 말할 수 있더라도, 특수한 경우에는 오히려 혼인하는 것이 더 낫지 않으리라는 법은 없다. 이런 이유로 주님께서는 정절에 대해 언급하시면서 "모든 사람이 이 말을 받아들일 수 있는 것은 아니다. 이 말을 받아들일 수 있는 사람은 받아들여라"[271]라고 말씀하신다.

3114. 우리의 첫 조상에게 부여된 계명을 토대로 하는 마지막 반론(III 136, n.3107)에 대한 답변은 앞선 언명으로 보아 분명하다. 그 계명은 출산 행위

---

[271] 마태오 복음서 19,11-12.

tum enim illud respicit inclinationem naturalem quae est in homini-
bus ad conservandum speciem per actum generationis: quod tamen
non est necessarium per omnes exequi, sed per aliquos, ut dictum est.

3115. Sicut autem non expedit cuilibet a matrimonio abstinere, ita
etiam nec expedit omni tempore, quando necessaria est multipli-
catio generis: vel propter hominum paucitatem, sicut in principio
quo humanum genus coepit multiplicari; sive propter paucitatem
fidelis populi, quando oportebat ipsum per carnalem generationem
multiplicari, ut fuit in Veteri Testamento. Et ideo consilium de
continentia perpetua observanda reservatum est temporibus Novi
Testamenti, quando fidelis populus per spiritualem generationem
multiplicatur.

3116. — (Cap. 137) — Fuerunt autem et alii qui, licet continentiam
perpetuam non improbarent, tamen ei statum matrimonii adaequa-
bant: quod est haeresis IOVINIANI. Sed huius erroris falsitas satis ex
praedictis apparet: cum per continentiam homo reddatur habilior ad
mentis elevationem in spiritualia et divina; et quodammodo supra
statum hominis ponatur, in quadam similitudine angelorum.

---

[272] 마리에티 판본에는 제137장의 제목이 '혼인을 공정성과 동등하다고 본 자들에 반대하
여'라고 나와 있다. 반면 영어 번역본(*Summa contra Gentiles*, 3-2, trans. Vernon J. Bourke
1975)은 '평생 정절에 대한 다른 오류에 대하여'라는 제목을 달기도 한다.

로 종을 보존하고자 하는 인간의 본성적 경향과 연관되더라도, 앞서 언급했듯이 이것은 모두가 아니라 일부에 의해 완수될 필요가 있기 때문이다.

3115. 그런데 모든 사람이 혼인을 삼가는 것은 바람직하지 않듯이, 때를 가리지 않고 언제나 혼인을 삼가는 것도 적절하지 않다. 예컨대, 인류가 증식하기 시작했을 때처럼 사람의 수가 부족하거나, 구약 시대처럼 신자의 수가 적어 육적 출산을 통해 그 수를 늘려야 했던 상황에서는 혼인을 삼가는 것이 바람직하지 않았다. 이런 이유로 평생 정절을 지키라는 권고는 신자들의 수가 영적 출산을 통해 늘어나는 신약 시대에 이르러 비로소 제시된 것이다.

3116. (제137장)[272] 평생 정절을 배척하지는 않았더라도 혼인한 상태를 그것과 동등하다고 본 자들도 있었는데, 이것이 요비니아누스파 이단[273]이다. 그러나 이 오류가 거짓이라는 점은 앞선 언명으로 보아 아주 명백하다. 왜냐하면 인간은 정절을 통해 정신을 영적이고 신적인 문제들로 더욱더 고양하게 되고, 어떤 면에서는 자신의 본래 상태보다 높여 천사와 유사하게 만들기 때문이다.

---

[273] 참조: 히에로니무스 『요비니아누스 반박』(*Adversus Jovinianum*) I (PL 23, 224); 아우구스티누스 『이단론』 82 (PL 42, 46) 또한 *ST* II-II 186 4c 참조.

3117. Nec obstat quod aliqui perfectissimae virtutis viri matrimonio usi sunt, ut Abraham, Isaac et Iacob: quia quanto virtus mentis est fortior, tanto minus potest per quaecumque a sua altitudine deiici. Nec tamen, quia ipsi matrimonio usi sunt, minus contemplationem veritatis et divinorum amaverunt: sed, secundum quod conditio temporis requirebat, matrimonio utebantur ad multiplicationem populi fidelis.

3118. Nec tamen perfectio alicuius personae est sufficiens argumentum ad perfectionem status: cum aliquis perfectiori mente possit uti minori bono quam alius maiori. Non igitur, quia Abraham vel Moyses perfectior fuit multis qui continentiam servant, propter hoc status matrimonii est perfectior quam status continentiae, vel ei aequalis.

Capitulum CXXXVIII

Contra eos qui vota impugnant

3119. Quibusdam autem visum est stultum esse obligare se voto ad obediendum alicui, aut ad quodcumque servandum. Unumquodque enim bonum, quanto liberius agitur, tanto virtuosius esse videtur. Quanto autem e maiori necessitate quis ad aliquid observandum adstringitur, tanto minus libere id agi videtur. Videtur igitur dero-

3117. 아브라함, 이사악, 야곱처럼 매우 완전한 덕을 지닌 사람들이 혼인 생활을 했었다는 점도 문제가 되지 않는다. 왜냐하면 정신의 능력은 강할수록 어떤 이유에서든지 간에 그 고귀함을 잃을 가능성이 덜 하기 때문이다. 그래서 그들이 혼인 생활을 영위했기 때문에 진리와 신적인 것들에 대한 관조를 덜 사랑한 것은 아니다. 오히려 그들은 당시 시대의 형편이 요구하는 대로 신자들의 수를 늘리기 위해 혼인을 활용한 것이다.

3118. 그러나 특정 개인이 지니는 완전성은 그 사람이 지니는 상태의 완전성을 입증하는 충분한 논거가 되지 못한다. 왜냐하면 더 작은 선을 사용하는 어떤 사람이 더 큰 선을 사용하는 다른 사람보다 더 완전한 정신을 소유할 수 있기 때문이다. 이런 이유로 아브라함이나 모세가 평생 정절을 지키는 많은 사람보다 더 완전했다는 사실이 혼인의 상태가 정절의 상태보다 더 완전하다거나 심지어 동등하다는 점을 의미하지는 않는다.

제138장
서원誓願을 논박하는 자들에 반대하여

3119. 어떤 이들은 서원을 통해 특정인에게 순명하겠다거나 어떤 규칙을 따르겠다고 맹세하는 것이 어리석다고 생각했다. 어떠한 선한 행위든 그것이 더 자유롭게 행해질수록 더 유덕한 것처럼 보이기 때문이다. 그런데 어떤 행위를 반드시 하게 만드는 필연성이 더 클수록 그 행위는 그만큼 덜 자유롭게 행해지는 것처럼 보인다. 결과적으로 덕행들이 순명이나 서원의

gari laudabilitati virtuosorum actuum per hoc quod ex necessitate obedientiae vel voti fiunt.

3120. a) Videntur autem huiusmodi homines necessitatis rationem ignorare. Est enim duplex necessitas.

b) Quaedam coactionis. Et haec laudem virtuosorum actuum diminuit, quia voluntario contrariatur: coactum enim est quod est voluntati contrarium.

c) Est autem quaedam necessitas ex interiori inclinatione proveniens. Et haec laudem virtuosi actus non minuit, sed auget: facit enim voluntatem magis intense tendere in actum virtutis. Patet enim quod habitus virtutis, quanto fuerit perfectior, tanto vehementius voluntatem facit tendere in bonum virtutis, et minus ab eo deficere.

d) Quod si ad finem perfectionis devenerit, quandam necessitatem infert ad bene agendum, sicut est in Beatis, qui peccare non possunt, ut infra (*lib.* IV, cap. 92) patebit: nec tamen propter hoc aut libertati voluntatis aliquid deperit, aut actus bonitati.

3121. Est autem et alia necessitas ex fine: sicut cum dicitur alicui necesse esse habere navem ut transeat mare. Patet autem quod nec haec necessitas libertatem voluntatis diminuit, nec actuum bonitatem. Quin potius quod quis agit quasi necessarium ad finem, ex hoc ipso laudabile est: et tanto laudabilius, quanto finis fuerit melior.

필연성 아래 이루어진다는 바로 그런 이유로 그 행위들의 칭찬할 만한 특성을 훼손하는 것으로 보인다.

3120. a) 그런데 이렇게 주장하는 자들은 필연성의 의미를 알지 못하는 것처럼 보인다. 사실은 두 가지 종류의 필연성이 있다.

b) 그것들 가운데 하나가 강제의 필연성이다. 이것은 자발적인 것에 반하기에 덕행들에 대한 칭찬을 감소시킨다. 강제로 당하는 것은 의지에 반하는 것이니까 말이다.

c) 그러나 내적 경향에서 생기는 또 다른 필연성이 있다. 이것은 의지를 좀 더 강렬하게 덕행을 지향하게 하므로 덕행에 대한 칭찬을 감소시키지 않고 오히려 늘린다. 왜냐하면 덕의 습성이 더 완전할수록, 그만큼 더 강하게 의지를 덕이라는 선을 지향하도록 하며 그런 선에 미치지 못할 가능성이 더욱 낮아지기 때문이다.

d) 뒤에 드러나겠지만(IV 92) 죄짓지 않을 수 있는 복자福者의 경우처럼, 덕은 완전한 목적에 이르게 되면 선한 행위를 할 필연성을 수반하게 된다. 그렇다고 해서 이것 때문에 의지가 덜 자유롭게 되거나 행위가 덜 선하게 되지는 않는다.

3121. 그러나 누군가 바다를 건너기 위해 배가 있어야 한다고 말할 때처럼, 목적에서 기인하는 또 다른 필연성이 있다. 또한 이 필연성은 의지의 자유나 행위들의 선성을 감소시키지 않는 게 분명하다. 사실 누군가 목적을 위해 필연적인 행위를 한다는 사실은 그 자체로 칭찬할 만하며, 더 선한 목적일수록 그 행위는 더더욱 칭찬할 만하다.

3122. Patet autem quod necessitas observandi quae quis vovit, aut obediendi ei cui se supposuit, non est necessitas coactionis; nec etiam ex interiori inclinatione proveniens, sed ex ordine ad finem: est enim necessarium voventi hoc vel illud agere, si debet votum impleri, aut obedientia servari. Cum igitur hi fines laudabiles sint, utpote quibus homo Deo se subiicit, necessitas praedicta nihil diminuit de laude virtutis.

3123. Est autem ulterius considerandum quod, dum implentur aliqua quae quis vovit, vel quae sibi praecipiuntur ab eo cui se subdidit propter Deum, maiori laude et remuneratione sunt digna. Contingit enim unum actum duorum vitiorum esse, dum actus unius vitii ad finem alterius vitii ordinatur: ut, cum quis furatur ut fornicetur, actus quidem secundum speciem suam est avaritiae, secundum intentionem vero luxuriae. Eodem autem modo et in virtutibus contingit quod actus unius virtutis ad aliam virtutem ordinatur: sicut, cum quis sua dat ut cum altero amicitiam habeat caritatis, actus quidem ex sua specie est liberalitatis, ex fine autem caritatis. Huiusmodi autem actus maiorem laudem habet ex maiore virtute, scilicet ex caritate, quam ex liberalitate. Unde, etsi remittatur in eo quod liberalitatis est ex eo quod ad caritatem ordinatur, laudabilior, et maiori mercede dignus erit quam si liberalius ageretur non in ordine ad caritatem.

3122. 그런데 누군가 서원한 것을 지키거나 자신이 종속되는 대상에게 순명해야 할 필연성은 강제의 필연성이나 내적 경향에서 기인하는 필연성이 아니라 목적으로 향하는 질서에서 기인하는 필연성인 게 분명하다. 만약 서원하는 자가 서원을 지키거나 순명을 실천해야 한다면, 이런저런 일을 반드시 해야 하기 때문이다. 따라서 인간은 이 목적들을 통해 스스로 신에게 순명하는 한에서 이 목적들은 칭찬할 만하므로, 앞서 말한 필연성은 결코 덕에 대한 칭찬을 감소시키지는 않는다.

3123. 나아가 한 사람이 자신이 서원한 것을 실행하거나 신을 위해 자신이 복종해야 하는 자의 명령을 이행할 때, 이 행위들이 더 큰 칭찬과 보상報償을 받을 만하다는 점을 고려해야 한다. 어떤 악덕의 행위가 또 다른 악덕을 향한다면 하나의 행위가 두 가지 악덕에 속할 수도 있으니까 말이다. 예컨대, 누군가 간음하기 위해 도둑질할 경우, 그것은 종의 측면에서 탐욕의 행위지만, 의도의 측면에서는 색욕色慾에 속한다.[274] 그것은 덕의 경우에서도 마찬가지인데, 하나의 덕과 연관되는 행위가 또 다른 덕으로 향하게 되기도 한다. 따라서 누군가 애덕이라는 우정으로 타인과 결속되기 위해 자신이 가진 것을 나누어 줄 경우, 이런 행위는 종의 측면에서 아량에 속하기는 하지만 목적의 측면에서는 애덕에 속한다. 그런데 이런 종류의 행위는 아량보다는 더 큰 덕, 즉 애덕으로 인해 더 큰 칭찬을 받을 만하다. 이런 이유로 비록 이 행위가 애덕을 향함으로써 아량의 행위로서의 특성이 약하게 되더라도, 그것은 더 큰 아량을 지니기는 하지만 애덕을 향하지 않는 행위보다 더 큰 칭찬과 보상을 받을 만하게 될 것이다.

[274] *NE* V 2, 1130a 24. 가톨릭에서는 '교만'(superbia), '탐욕'(avaritia), '질투'(invidia), '분노'(ira), '나태'(acedia), '색욕'(luxuria), '탐식'(gula)을 인간이 범하는 모든 죄악의 근원으로 보고 이를 '칠죄종'이라고 부른다.

3124. Ponamus ergo aliquem opus aliquod virtutis agentem, puta ieiunantem, vel continentem se a venereis: — et quidem si absque voto haec faciat, erit actus vel castitatis vel abstinentiae; si autem ex voto, referetur ulterius ad aliam virtutem, cuius est Deo aliquid vovere, scilicet ad religionem, quae potior est castitate vel abstinentia, utpote faciens nos recte habere ad Deum. Erit ergo actus abstinentiae vel continentiae laudabilior in eo qui ex voto facit, etiam si non ita delectetur in abstinentia vel continentia, ex eo quod delectatur in potiori virtute, quae est religio.

3125. Item. Id quod potissimum est in virtute, est debitus finis: nam ex fine principaliter ratio boni manat. Si ergo finis fuerit eminentior, etiam si in actu aliquis se remissius habeat, erit eius actus virtuosior: sicut, si aliquis proponat propter bonum virtutis longam viam agere, alius autem brevem, laudabilior erit qui maius aliquid propter virtutem intendit, licet in progressu viae lentius procedat. Si autem aliquis facit aliquid propter Deum, illum actum Deo offert: sed si ex voto hoc faciat, non solum actum, sed etiam potentiam offert Deo. Et sic patet quod propositum suum est ad aliquid maius Deo exhibendum. Erit ergo actus eius virtuosior ratione maioris boni intenti, etiam si in executione alius videatur ferventior.

3124. 그렇다면 금식하거나 성적 정절을 지키는 사람처럼 덕에 따르는 행위를 하는 사람을 가정해 보자. 그 사람이 서원하지 않고서 이런 행위를 한다면 그것은 정결이나 절제의 행위일 것이다. 하지만 그 사람이 서원을 통해 이런 행위를 한다면, 그 행위는 거슬러 올라가 신에게 어떤 것을 서원하는 행위를 포함하는 또 다른 덕, 즉 정결이나 절제보다 더 큰 덕인 종교와 연관된다. 왜냐하면 그 행위는 우리를 신에게 올바르게 처신할 수 있도록 하기 때문이다. 결과적으로 서원을 통해 절제나 정절을 수행하는 자가 절제나 정절에서 그렇게 큰 즐거움을 얻지 못할지라도, 더 큰 덕인 종교에서 즐거움을 얻기 때문에 그런 행위는 더 칭찬받을 만할 것이다.

3125. 마찬가지로, 덕에서 가장 중요한 것은 마땅한 목적이다. 왜냐하면 선한 행위의 특성은 주로 목적에서 나오기 때문이다. 결과적으로 어떤 사람의 행위가 다소 태만하더라도 그의 목적이 더 탁월하다면, 그의 행위는 더 유덕한 것이 된다. 예컨대, 어떤 사람이 덕이라는 선을 위해 먼 길을 가려는 의도가 있지만 다른 사람은 가까운 길을 가려는 의도가 있는 경우, 덕을 위해 좀 더 큰 일을 하려는 의도가 있는 사람이 더디게 가더라도 더 칭찬받을 만할 것이다. 누군가 신을 위해 무언가를 한다면, 그는 그 행위를 신에게 바치는 것이다. 하지만 그가 서원을 통해 무언가를 한다면, 행위뿐만 아니라 그의 능력까지도 신에게 바치는 것이다. 이런 이유로 그의 의도가 신에게 더 큰 것을 바치는 데에 있다는 게 분명하다. 따라서 행위를 수행하는 과정에서 [서원하지 않는] 다른 사람이 더 열정적으로 보일 수 있을지라도, 서원을 통한 그의 행위는 더 큰 선을 의도한다는 이유로 더 유덕하게 될 것이다.

3126. Praeterea. Voluntas praecedens actum manet virtute in tota prosecutione actus, et ipsum laudabilem reddit, etiam quando de proposito voluntatis propter quod actum incipit, in executione operis non cogitabit: non enim oportet ut qui propter Deum aliquod iter arripit, in qualibet parte itineris de Deo cogitet actu. Patet autem quod ille qui vovet se aliquid facturum, intensius illud voluit quam qui simpliciter facere disponit: quia non solum facere voluit, sed voluit se firmare ut non deficeret a faciendo. Ex hac igitur voluntatis intentione redditur executio voti cum intensione quadam laudabilis, etiam quando voluntas vel non actu fertur in opus, vel fertur remisse.

3127. Sic ergo laudabilius fit quod e voto fit, quam quod fit sine voto: ceteris tamen paribus.

Capitulum CXXXIX

Quod neque merita neque peccata sint paria

3128. Ex his autem manifestum est quod neque omnia bona opera, neque omnia peccata sunt paria. Consilium enim non datur nisi de meliori bono (cap. 130). Dantur autem consilia in lege divina de paupertate, continentia, et aliis huiusmodi, ut supra (ibid.) dictum est. Haec igitur meliora sunt quam matrimonio uti et temporalia

3126. 그 밖에도, 사람은 누구든지 어떤 행위를 수행하는 동안 그 행위를 시작하게 만든 의지가 의도한 목적에 대해 생각하지 않을 때도, 행위에 선행하는 의지는 행위가 수행되는 전체 과정 동안 그 능력을 계속 유지하며, 행위를 칭찬받을 만한 것으로 만든다. 실상 신을 향해 여정을 떠나는 사람은 그 여정의 모든 순간 동안 신에 대해 현실적으로 생각할 필요가 없다. 그런데 무언가를 하기로 서원하는 사람은 그것을 그냥 하려고 결심하는 사람보다 좀 더 열정적으로 그것을 원하게 될 것이라는 게 분명하다. 왜냐하면 서원하는 사람은 그것을 하기를 원할 뿐만 아니라 어김없이 하도록 자기 자신을 강하게 만들고자 할 것이기 때문이다. 따라서 비록 의지가 현실적으로 행위를 지향하지 않거나 태만하게 지향할 때조차도 이러한 의지의 지향은 강렬함 덕분에 서원의 수행을 칭찬받을 만하게 한다.

3127. 그러므로 다른 조건들이 동등한 경우 서원의 결과로 행해지는 것은 서원을 통하지 않고 행해지는 것보다 더 칭찬받을 만하다.

제139장
공로功勞들도 죄들도 서로 동등하지 않다

3128. 앞선 언명들로 보아 모든 선행이나 죄가 동등하지 않다는 게 분명하다. 사실, 권고는 더 큰 선에 대해서만 주어진다(III 130). 그런데 앞서(III 130) 말했듯이, 신법에서 권고는 가난, 정절 등과 같은 것들에 대한 것이다. 이런 이유로 이것들이 혼인 생활을 하거나 현세적인 것들을 소유하는 것보다는 더 선하지만, 앞서[275]▶ 밝혀졌듯이 누구든 이성의 질서를 지킨다

possidere: secundum quae tamen contingit virtuose agere, ordine rationis servato, ut supra ostensum est. Non igitur omnes actus virtutum sunt pares.

3129. Adhuc. Actus speciem recipiunt ex obiectis. Quanto igitur obiectum est melius, tanto et actus erit virtuosior secundum speciem suam. Finis autem melior est his quae sunt ad finem: quorum tanto aliquid melius est, quanto est fini propinquius. Inter actus igitur humanos ille est optimus qui in ultimum finem, scilicet Deum, immediate fertur. Post quem, tanto actus melior est secundum suam speciem, quanto obiectum est Deo propinquius.

3130. Amplius. Bonum in actibus humanis est secundum quod ratione regulantur. Contingit autem aliquos aliis ad rationem magis accedere: quanto actus qui sunt ipsius rationis, magis habent de bono rationis quam actus inferiorum virium, quibus ratio imperat. Sunt igitur inter actus humanos aliqui aliis meliores.

3131. Item. Praecepta legis optime ex dilectione implentur, ut supra (capp. 116, 128) dictum est. Contingit autem aliquem alio ex maiori dilectione quod faciendum est facere. Erit igitur virtuosorum actuum unus alio melior.

면 혼인 생활을 하고 현세적인 것들을 소유해서도 유덕한 행위를 할 수 있다. 그러므로 덕행들이 모두 동등한 것은 아니다.

3129. 게다가, 행위들은 그 행위들이 미치는 대상들에서 자신들의 종을 부여받는다. 따라서 대상이 더 선할수록, 행위는 그 종의 측면에서 더 유덕할 것이다. 그런데 목적은 그 목적을 향하는 수단들보다 더 선하다. 수단들 가운데 목적에 더 가까이 있는 것일수록 더 선하다. 이런 이유로 인간의 행위들 가운데 궁극 목적, 즉 신을 직접적으로 향하는 행위야말로 제일 선한 것이다. 그다음으로 종의 측면에서 더 선한 행위일수록 그 행위의 대상은 신에게 더 가까이 있게 된다.

3130. 나아가, 인간 행위들에서의 선은 그 행위들이 이성에 따라 규제될 때 생긴다. 그런데 어떤 행위들이 다른 행위들보다 이성에 더 가까이 가는 경우가 있다. 이는 이성 자체의 행위들일수록 이성이 명령하는 하위 능력의 행위들보다 이성의 선을 더 많이 소유하기 때문이다. 그러므로 어떤 인간 행위들은 다른 행위들보다 더 선하다.

3131. 마찬가지로, 앞서 말했듯이(III 116; 128), 법의 계명들은 사랑을 통해 가장 잘 완수된다. 그런데 어떤 이는 자신이 해야 할 일을 다른 이가 하는 것보다 더 큰 사랑을 가지고 하는 경우가 있다. 이런 이유로 어떤 유덕한 행위는 다른 유덕한 행위보다 더 선하게 될 것이다.

◀275 참조: *SCG* III 126, 126(3064), 136(3113c), 137(3117).

3132. Praeterea. Si ex virtute actus hominis boni redduntur; contingit autem intensiorem esse eandem in uno quam in alio: oportet quod humanorum actuum sit unus alio melior.

3133. Item. Si ex virtutibus actus humani boni redduntur, oportet meliorem esse actum qui est melioris virtutis. Contingit autem virtutem unam altera meliorem esse: puta magnificentiam liberalitate, et magnanimitatem moderantia. Erit igitur humanorum actuum unus alio melior.

3134. Hinc est quod dicitur I *Cor.* 7, 38: *Qui matrimonio iungit* virgines suas, *bene facit: qui* autem *non iungit, melius facit.*

3135. Ex eisdem etiam rationibus apparet quod non omnia peccata sunt paria: cum per unum peccatum magis discedatur a fine quam per aliud; et magis pervertatur ordo rationis; et maius nocumentum proximo inferatur.

3136. Hinc est quod dicitur Ezech. 16, 47: *Sceleratiora fecisti illis in omnibus viis tuis.*

---

276 토마스는 앞선 134장(n.3074)에서 '웅지'와 '관후'가 이성의 규칙에 따른다는 점에서 다른 덕들보다 인간을 탁월함의 상태로 완성하는 도덕적 덕들이라고 말한다. 한편, 토마스

3132. 그 밖에도, 인간의 행위들이 덕에 의해 선하게 된다면 똑같은 덕이 두 가지 행위 중 한 행위에서 더 강할 수가 있다. 그렇다면 더 강한 덕을 지니는 행위는 나머지 행위보다 더 선하게 된다.

3133. 마찬가지로, 인간의 행위들이 덕에 의해 선하게 된다면, 더 선한 행위는 더 선한 덕에서 나오는 게 틀림없다. 그런데 관대寬大가 아량雅量보다 더 선하고, 웅지雄志가 절도節度보다 더 선한 것처럼,[276] 어떤 덕이 다른 덕보다 더 선할 수 있다. 따라서 인간의 어떤 행위는 다른 행위보다 더 선할 것이다.

3134. 이런 이유로 코린토 신자들에게 보낸 첫째 서간 7장 38절에서 "자기 약혼녀와 혼인하는 사람도 잘하는 것이지만, 혼인하지 않는 사람은 더 잘하는 것입니다"라고 말한다.

3135. 같은 이유로 모든 죄가 동등하지 않다는 점도 분명하다. 왜냐하면 인간은 어떤 죄보다 다른 죄로 인해 자신의 목적에서 더 멀리 벗어나고, 이성의 질서가 더 파괴되기도 하며 이웃에게 더 큰 해를 입힐 수도 있기 때문이다.

3136. 이런 이유로 에제키엘서 16장 47절에서 "너는 네가 걷는 모든 길에서 그들보다 더 타락하였다"라고 말한다.

는 덕의 등급을 논하는 대목에서 아량이 있는 사람이라고 해서 반드시 관후한 사람이 되지 않고, 절도가 있는 사람이라고 해서 웅지가 있는 사람이 되는 것은 아니라고 한다. 참조: 『사추덕에 관한 토론 문제』(*Quaestio disputata de virtutibus cardinalibus*) a. 2, ad. 5.

3137. Per hoc autem excluditur QUORUNDAM error dicentium omnia merita et peccata paria esse.

3138. Quod tamen omnes virtuosi actus sint aequales, ex hoc videbatur aliquam rationem habere, quia omnis actus virtuosus est ex fine boni. Unde, si omnium bonorum actuum est idem finis boni, oportet omnes aequaliter bonos esse.

3139. Licet autem sit unus finis ultimus boni, actus tamen qui ex illo bonitatem habent, diversum bonitatis gradum accipiunt. Est enim in his bonis quae ad ultimum finem ordinantur, differentia gradus, secundum quod quaedam sunt aliis meliora, et fini ultimo propinquiora. Unde et in voluntate et actibus eius gradus bonitatis erit, secundum diversitatem bonorum ad quae terminatur voluntas et eius actus, licet ultimus finis sit idem.

3140. Similiter etiam quod omnia peccata sint paria, videtur ex hoc habere rationem, quia peccatum in actibus humanis accidit ex hoc solo quod aliquis praeterit regulam rationis. Ita autem praeterit regulam rationis qui in modico a ratione recedit, sicut qui in magno. Videtur igitur peccatum esse aequale sive in modico sive in magno peccetur.

3141. Huic autem rationi videtur suffragari quod in humanis iudiciis

3137. 이로써 모든 공로와 죄가 동등하다고 주장하는 자들의 오류가 제거된다.

3138. 그러나 모든 유덕한 행위가 동등하다고 말하는 데에는 이유가 있어 보인다. 왜냐하면 모든 행위는 선한 목적을 향해 나아갈 때 유덕한 행위가 되기 때문이다. 이런 이유로 모든 선한 행위에 대해 선한 목적이 똑같다면, 모든 행위는 반드시 동등하게 선할 것이다.

3139. 하지만 선의 궁극 목적은 단 하나일지라도, 그 목적에서 선성을 도출하는 행위들은 서로 다른 등급의 선성을 받아들인다. 왜냐하면 어떤 행위들이 다른 행위들보다 더 선하고 궁극 목적에 더 가까이 다가가는 한에서, 궁극 목적을 향하는 선들 안에 등급의 차이가 있기 때문이다. 이런 이유로 궁극 목적은 똑같더라도 그 행위들이 다다르는 선들이 다양함에 따라 의지와 그 행위들에서도 선성의 등급들이 있게 될 것이다.

3140. 마찬가지로 모든 죄가 동등하다고 주장하는 데에도 이유가 있어 보인다. 왜냐하면 인간 행위들에서 죄는 오로지 누군가 이성의 규칙을 어김으로써 일어나기 때문이다. 그런데 이성에서 조금 벗어나는 자는 많이 벗어난 자와 마찬가지로 이성의 규칙을 어긴 것이다. 따라서 저지른 죄가 작든 크든 상관없이 죄는 동등한 것처럼 보이게 된다.

3141. 이런 논거는 인간의 법정에서 행해지는 관행에 의해 입증되는 것으

agitur. Nam si alicui statuatur limes quem non transgrediatur, nihil refert apud iudicem sive multum sive modicum sit transgressus: sicut non refert, ex quo pugil limites campi exivit, utrum longius progrediatur. Ex quo igitur aliquis regulam rationis pertransiit, non refert utrum in modico vel in magno ipsam transiverit.

3142. Sed si quis diligenter inspiciat, in omnibus quorum perfectio et bonum in quadam commensuratione consistit, quanto magis a debita commensuratione receditur, tanto maius erit malum. Sicut sanitas consistit in debita commensuratione humorum; et pulchritudo in debita proportione membrorum; veritas autem in commensuratione intellectus vel sermonis ad rem. Patet autem quod quanto est maior inaequalitas in humoribus, tanto est maior infirmitas; et quanto est maior inordinatio in membris, tanto est maior turpitudo; et quanto magis a veritate receditur, tanto est maior falsitas; non enim est tam magna falsitas aestimantis tria esse quinque, sicut eius qui aestimat tria esse centum. Bonum autem virtutis in quadam commensuratione consistit: est enim medium, secundum debitam limitationem circumstantiarum, inter contraria vitia constitutum. Quanto igitur magis ab hac harmonia receditur, tanto est maior malitia.

3143. Non est autem simile virtutem transgredi, et terminos a iudice positos transire. Nam virtus est secundum se bonum: unde virtutem transgredi est secundum se malum. Et ideo oportet quod magis a

로 보인다. 왜냐하면 어떤 이에게 넘어서는 안 되는 경계가 정해진다면, 그가 조금 넘어섰는지 많이 넘어섰는지에 대한 여부는 재판관에게는 큰 상관이 없기 때문이다. 이를테면, 권투 선수가 경기장을 벗어날 때 많이 나갔는지에 대한 여부는 큰 상관이 없다. 따라서 이성의 규칙을 넘어서는 자의 경우 그가 그것을 조금 넘어서든 많이 넘어서든 큰 상관이 없다.

3142. 하지만 누군가 이 문제를 주의 깊게 살펴본다면, 완전성과 선이 일종의 균형을 이루는 모든 것들에서 적절한 균형에서 더 크게 벗어날수록 그만큼 더 큰 악이 있게 된다는 것을 알게 된다. 따라서 건강은 체액의 적절한 균형을 이루는 데 있고, 아름다움은 육체 부위들의 적절한 비례를 이루는 데 있지만, 진리는 지성이나 말과 사물이 균형[277]을 이루는 데 있다. 그런데 체액이 더 불균등할수록 병은 더 심하고, 육체 부위들이 더 무질서할수록 추함은 더 심하며, 더 크게 진리에서 벗어날수록 거짓은 더 커지게 된다는 점은 분명하다. 예컨대, 3을 5라고 생각한다는 것은 3을 100이라고 생각하는 만큼 그렇게 틀린 것이 아니다. 그런데 덕과 연관된 선은 일종의 균형을 이루는 데 있다. 왜냐하면 그것은 상황들이 적절하게 제한됨에 따라 상반되는 악덕들 사이에 놓이는 중용이기 때문이다. 그러므로 이런 조화에서 더 이탈할수록 사악함은 더 커지게 된다.

3143. 덕을 어기는 것과 재판관이 정한 경계를 어기는 것은 똑같지 않다. 덕은 그 자체로 선한 것이므로 덕을 어기는 것은 그 자체로 악이다. 따라

---

virtute recedere sit maius malum. Transgredi autem terminum hunc a iudice positum, non est secundum se malum, sed per accidens, inquantum scilicet est prohibitum. In his autem quae sunt per accidens, non est necessarium quod, *si simpliciter sequitur ad simpliciter, et magis sequatur ad magis,* sed solum in his quae sunt per se: non enim sequitur, si album est musicum, quod magis album sit magis musicum; sequitur autem, si album est disgregativum visus, quod magis album sit magis disgregativum visus.

3144. Est autem hoc inter peccatorum differentias attendendum, quod quoddam est mortale, et quoddam veniale. Mortale autem est quod animam spirituali vita privat. Cuius quidem vitae ratio ex duobus sumi potest, secundum similitudinem vitae naturalis. Vivit enim corpus naturaliter per hoc quod animae unitur, quae est ei principium vitae. Corpus autem, vivificatum per animam, ex seipso movetur: sed corpus mortuum vel immobile manet, vel ab exteriori tantum movetur. Sic igitur et voluntas hominis, cum per rectam intentionem ultimo fini coniungitur, quod est eius obiectum et quodammodo forma, et vivida est; et, cum per dilectionem Deo et proximo inhaeret, ex interiori principio movetur ad agendum recta. Intentione autem ultimi finis et dilectione remota, anima fit velut mortua: quia non movetur ex seipsa ad agendum recta, sed vel

[278] 아리스토텔레스 『변증론』 V, 8, 137b 20-138a 2. 참조: *SCG* III 27, 2100. 어떤 속성이 우유적인 방식으로(per accidens) 주어에 속하는 경우에는, 그 속성의 정도가 더 강해진다고

서 덕에서 더 크게 벗어나는 것은 더 큰 악이다. 그러나 재판관이 정한 경계를 어기는 것은 그 자체로 악한 것이 아니라 우유적으로, 즉 금지된 것이기 때문에 악한 것이다. 그런데 우유적으로 [어떠어떠하다고] 진술되는 것들에서 "'단적으로'가 '단적으로'를 따른다면, '더'는 '더'를 따르게 된다"는 점이 귀결될 필요가 없고 그 자체로 [어떠어떠하다고] 진술되는 것에서 귀결될 뿐이다.[278] 흰 대상이 음악에 능하다면 더 희다고 해서 음악에 더 능하게 되지는 않지만, 흰 대상이 시각視覺에 분명하게 보이는 것이라면 더 흰 대상은 훨씬 더 분명하게 보이게 될 것이기 때문이다.[279]

3144. 하지만 죄들의 차이 가운데는 대죄도 있지만 소죄도 있다는 점에 주목해야 한다. 대죄는 영혼에서 영적 생명을 빼앗는다. 이런 생명의 특성은 자연적 생명과의 비교를 통해 두 가지 점에서 이해될 수 있다. 육체는 생명의 원리인 영혼과 합일됨으로써 자연적으로 살아 있게 된다. 영혼에 의해 살아 있게 되는 육체는 스스로 움직이지만, 시체는 움직이지 않거나 외부의 원리에 의해서만 움직이게 된다. 따라서 인간의 의지도 올바른 의도를 통해 그것의 대상이자 어떤 의미에서는 그것의 형상이기도 한 그것의 궁극 목적과 결합할 때 생기가 넘칠 뿐만 아니라, 사랑을 통해 신과 이웃에 머물러 있을 때 내적 원리를 통해 올바른 행위도 하게 된다. 그러나 영혼은 궁극 목적에 대한 의도와 사랑이 제거될 때 죽은 것인 셈이다. 왜냐하면 그것은 올바른 행위를 수행하기 위해 스스로 움직이지 않은 채, 올바른 행위를 하는 것을 전적으로 중단하거나 오직 외적 원리에 의해, 즉 처

___

해서 결과도 더 강해진다고 할 수는 없다. 이런 논리는 오직 그 속성이 본질적인 방식, 즉 그 자체로(per se) 주어에 속할 때만 적용된다는 것이다.

[279] 이 예시는 아리스토텔레스의 『변증론』(III 5, 119a 27-33)과 『형이상학』(X 7, 1057b8-19)에 토대를 두고 있으며, 플라톤의 『티마이오스』(67D-E)까지 거슬러 올라간다.

omnino ab eis agendis desistit, vel ad ea agenda solum ab exteriori inducitur, scilicet metu poenarum. Quaecumque igitur peccata intentioni ultimi finis et dilectioni opponuntur, mortalia sunt. Si vero, his salvis, aliquis in aliquo recto ordine rationis deficiat, non erit mortale peccatum, sed veniale.

Capitulum CXL

Quod actus hominis puniuntur vel praemiantur a Deo

3145. Ex praemissis autem manifestum est quod actus hominis puniuntur vel praemiantur a Deo.

3146. Eius enim est punire vel praemiare cuius est legem imponere: legis enim latores per praemia et poenas ad observantiam legis inducunt. Sed ad divinam providentiam pertinet ut legem hominibus poneret, ut ex supra (cap. 114) dictis patet. Ergo ad Deum pertinet homines punire vel praemiare.

3147. Praeterea. Ubicumque est aliquis debitus ordo ad finem, oportet quod ordo ille ad finem ducat, recessus autem ab ordine finem excludat: ea enim quae sunt ex fine, necessitatem sortiuntur ex fine; ut scilicet ea necesse sit esse, si finis debeat sequi; et eis absque impedimento existentibus, finis consequatur. Deus autem imposuit

벌을 두려워해서 올바른 행위를 하게 되기 때문이다. 그러므로 궁극 목적에 대한 의도와 사랑에 반대하는 죄는 모두 대죄다. 하지만 누군가 이것들을 보존한 채로 이성의 올바른 질서에 미치지 못한다면, 그의 죄는 대죄가 아니라 소죄가 될 것이다.

제140장
인간의 행위들은 신에게 벌을 받거나 상을 받는다

3145. 앞선 언명들로 보아 인간의 행위들은 신에게 벌을 받거나 상을 받는 게 분명하다.

3146. 벌이나 상을 주는 일은 법을 제정한 자의 권한이다. 왜냐하면 입법자는 상급과 처벌을 통해 법을 지키도록 유도하기 때문이다. 그런데 앞서 (III 114) 밝혀졌듯이, 인간들을 위해 법을 세우는 일은 신적 섭리에 속한다. 그러므로 인간들에게 벌과 상을 주는 일은 신에게 속한다.

3147. 그 밖에도, 목적을 향하는 합당한 질서가 있는 곳마다 이런 질서는 그 목적에 반드시 이르게 되는 데 반해, 이런 질서에서 이탈하게 되면 그 목적과 차단된다. 왜냐하면 목적으로 말미암아 존재하는 것들은 그 목적에서 자신들의 필연성을 얻기 때문이다. 즉, 목적을 추구해야 한다면 이런 것들이 반드시 필요하며, 이런 조건들하에서 장애가 없다면 목적은 성취

actibus hominum ordinem aliquem in respectu ad finem boni, ut ex praedictis (cap. 115) patet. Oportet igitur quod, si ordo ille recte positus est, quod incedentes per illum ordinem finem boni consequantur, quod est praemiari: recedentes autem ab illo ordine per peccatum, a fine boni excludi, quod est puniri.

3148. Adhuc. Sicut res naturales ordini divinae providentiae subduntur, ita et actus humani, ut ex praedictis (cap. 90) patet. Utrobique autem contingit debitum ordinem servari, vel etiam praetermitti: hoc tamen interest, quod observatio vel transgressio debiti ordinis est in potestate humanae voluntatis constituta; non autem in potestate naturalium rerum est quod a debito ordine deficiant vel ipsum sequantur. Oportet autem effectus causis per convenientiam respondere. Sicut igitur res naturales, cum in eis debitus ordo naturalium principiorum et actionum servatur, sequitur ex necessitate naturae conservatio et bonum in ipsis, corruptio autem et malum cum a debito et naturali ordine receditur; ita etiam in rebus humanis oportet quod, cum homo voluntarie servat ordinem legis divinitus impositae, consequatur bonum, non velut ex necessitate, sed ex dispensatione gubernantis, quod est praemiari; et e converso malum, cum ordo legis fuerit praetermissus, et hoc est puniri.

3149. Amplius. Ad perfectam Dei bonitatem pertinet quod nihil in rebus inordinatum relinquat: unde in rebus naturalibus videmus

된다. 그런데 앞서(III 115) 밝혀졌듯이, 신은 인간의 행위들에 대해 목적으로서의 선과 연관되는 어떤 질서를 도입했다. 결과적으로 질서가 올바르게 정해진다면, 이 질서를 따르는 자들은 목적으로서의 선을 성취하게 되는데, 이것이 상을 받는 것이다. 그러나 죄를 통해 이런 질서에서 이탈하는 자들은 목적으로서의 선과 단절되는데, 이것이 벌을 받는 것이다.

3148. 게다가, 앞서(III 90) 드러났듯이, 자연 사물들이 신적 섭리의 질서에 종속되듯이, 인간의 행위들도 그 질서에 종속된다. 어떤 경우든 합당한 질서가 준수될 수도 있고 위반될 수도 있다. 그렇지만 합당한 질서를 준수하거나 위반하는 것은 인간 의지의 힘으로 어찌할 수 있지만 합당한 질서에서 벗어나거나 그 질서를 따르는 것은 자연 사물들의 힘으로 어찌할 수 없다는 차이가 있다. 그런데 결과는 그 원인과 적절한 방식으로 부합해야 한다. 그러므로 자연적 원리들과 행위들의 합당한 질서가 자연 사물들 안에 보존되면 그것들 안에 있는 본성과 선의 보존이 필연적으로 따라오지만 합당한 자연적 질서에서 이탈하면 타락과 악이 따라오듯이, 인간사에서도 인간이 신이 정한 법의 질서를 자발적으로 지키면 선이 마치 필연적인 것처럼 따라오지 않고 [만물을] 다스리는 자의 관대함에 의해 따라오는데, 이것이 상을 받는 것이다. 이와는 반대로, 법의 질서가 방치될 때 악이 따라오는데, 이것이 벌을 받는 것이다.

3149. 나아가, 그 무엇도 무질서한 채로 두지 않는 것은 신의 완전한 선성에 속한다. 그 결과 우리는 자연 사물들에서 모든 악이 어떤 선의 질서 아

contingere quod omne malum sub ordine alicuius boni concluditur; sicut corruptio äeris est ignis generatio, et occisio ovis est pastus lupi. Cum igitur actus humani divinae providentiae subdantur, sicut et res naturales; oportet malum quod accidit in humanis actibus, sub ordine alicuius boni concludi. Hoc autem convenientissime fit per hoc quod peccata puniuntur. Sic enim sub ordine iustitiae, quae ad aequalitatem reducit, comprehenduntur ea quae debitam quantitatem excedunt. Excedit autem homo debitum suae quantitatis gradum dum voluntatem suam divinae voluntati praefert, satisfaciendo ei contra ordinationem Dei. Quae quidem inaequalitas tollitur dum, contra voluntatem suam, homo aliquid pati cogitur secundum ordinationem divinam. Oportet igitur quod peccata humana puniantur divinitus: et, eadem ratione, bona facta remunerationem accipiant.

3150. Item. Divina providentia non solum disponit rerum ordinem, sed etiam movet omnia ad ordinis ab eo dispositi executionem, ut supra (cap. 67) ostensum est. Voluntas autem a suo obiecto movetur, quod est bonum vel malum. Ad divinam igitur providentiam pertinet quod hominibus bona proponat in praemium, ut voluntas ad recte procedendum moveatur: et mala proponat in poenam, ad hoc quod inordinationem vitet.

3151. Praeterea. Divina providentia hoc modo res ordinavit quod una alteri prosit (cf. capp. 77 sq.). Convenientissime autem homo

래 포함되는 것을 관찰한다. 따라서 공기를 소멸하는 것은 불을 생성시키는 것이고, 양을 죽이는 일은 늑대를 먹이는 일이다. 그러므로 자연 사물들처럼 인간의 행위들도 신적 섭리에 종속되기 때문에 인간의 행위들에서 일어나는 악은 어떤 선의 질서 아래 포함되어야 한다. 그런데 이것이 매우 적절하게 이루어지는 방식은 죄가 벌을 받는 것이다. 왜냐하면 이런 방식으로 합당한 양을 넘어서는 그런 정의의 질서 아래 포함되는데, 정의는 그런 행위들을 동등하게 만들기 때문이다. 그러나 인간은 신이 세운 [섭리의] 질서에 맞서 자신의 의지를 충족시킴으로써 신의 의지보다 자신의 의지를 선호할 때 합당한 양의 정도를 넘어서게 된다. 그런데 인간이 신이 세운 [섭리의] 질서에 순응해서 자신의 의지에 반해 어쩔 수 없이 어떤 일을 겪을 때 이런 부등성不等性은 제거된다. 그러므로 인간의 죄들은 신에 의해 벌을 받아야 하며, 같은 이유로 선한 행위들도 보상받아야 한다.

3150. 마찬가지로, 앞서(Ⅲ 67) 밝혀졌듯이, 신적 섭리는 사물들의 질서를 안배할 뿐만 아니라 만물을 신이 안배한 질서의 집행을 향해 움직이게 한다. 그런데 의지는 그것의 대상에 의해 움직여지는데, 그 대상은 선하거나 악한 것이다. 이런 이유로 인간들의 의지가 올바른 진전을 이루게 되도록 인간들에게 선한 것들을 상급으로 내세우며 그들의 의지가 무질서함을 피할 수 있게 되도록 악한 것들을 처벌로 내놓는 것은 신의 섭리에 속한다.

3151. 그 밖에도, 신적 섭리는 하나의 사물이 또 다른 사물에 이롭게 되는 그런 방식으로 사물들에 질서를 부여한다. 그런데 인간은 선한 일을 하

proficit ad finem boni tam ex bono alterius hominis quam ex malo, dum excitatur ad bene agendum per hoc quod videt bene operantes praemiari; et dum revocatur a male agendo per hoc quod videt male agentes puniri. Ad divinam igitur providentiam pertinet quod mali puniantur, et boni praemientur.

3152. Hinc est quod dicitur *Exod.* 20: 5 *Ego sum Deus tuus, visitans iniquitatem patrum in filios, 6 et faciens misericordiam his qui diligunt me et custodiunt praecepta mea.* Et in *Psalmo: Tu reddes unicuique iuxta opera sua.* Et *Rom.* 2: 6 *Reddet unicuique secundum opera* sua: 7 his *quidem qui* sunt *secundum patientiam boni operis, gloriam et honorem;* 8 his *autem qui non acquiescunt veritati, credunt autem iniquitati,* iram et indignationem.

3153. Per hoc autem excluditur error QUORUNDAM dicentium quod Deus non punit. Dicebant enim MARCION et VALENTINUS alium esse Deum bonum: et alium esse Deum iustum, qui punit.

---

280 『성경』: "주 너의 하느님인 나는 … 조상들의 죄악을 삼 대 사 대 자손들에게까지 갚는다. 그러나 나를 사랑하고 내 계명을 지키는 이들에게는 천대에 이르기까지 자애를 베푼다."
281 62(61),13.

는 자들이 상을 받는 것을 봄으로써 선한 행위를 하도록 자극을 받을 수 있으며, 악한 일을 하는 자들이 처벌을 받는 것을 관찰함으로써 악한 행위를 외면할 수 있다는 의미에서, 인간이 타인의 선뿐만 아니라 악을 통해서도 목적으로서의 선을 달성하는 것은 매우 당연하다. 따라서 악한 자들이 벌을 받고 선한 자들이 상을 받는 것은 신적 섭리에 속한다.

3152. 이런 이유로 탈출기 20장 5-6절에서 "주 너의 하느님인 나는 아버지들이 지은 불의에 대한 벌을 자식들에게 주며, 나를 사랑하고 내 계명을 지키는 자들에게는 자비를 베푼다"[280]라고 말한다. 또 시편[281]에서 "당신께서는 각자에게 그 행실대로 갚으십니다"라고 말한다. 그리고 로마 신자들에게 보낸 서간 2장 6-8절에서 "하느님께서는 각자에게 그 행실대로 갚으실 것입니다. 꾸준히 선행을 하면서 영광과 명예를 [추구하는 자들에게 영원한 생명으로 갚으시지만], 진리를 따르지 않고 불의를 믿는 자들에게는 진노와 격분으로 갚으십니다"라고 말한다.[282]

3153. 이로써 신은 벌을 주지 않는다고 말하는 자들의 오류가 제거된다. 아닌 게 아니라 마르키온과 발렌티누스는 선한 신과 벌을 주는 의로운 신이 다르다고 말했다.[283]

---

[282] 『성경』: "하느님께서는 각자에게 그 행실대로 갚으실 것입니다. 꾸준히 선행을 하면서 영광과 명예와 불멸을 추구하는 이들에게는 영원한 생명을 주십니다. 그러나 이기심에 사로잡혀 진리를 거스르고 불의를 따르는 자들에게는 진노와 격분이 쏟아집니다."
[283] 아우구스티누스 『이단론』 21-22 (PL 42, 29). 마르키온(시노페 출신)과 발렌티누스는 2세기에 활동한 신학자들로서 구약의 신과 신약의 신이 다르다고 주장했다.

DE DIFFERENTIA ET ORDINE POENARUM

3154. QUIA vero, sicut ex dictis (cap. praec) patet, praemium est quod voluntati proponitur quasi finis quo excitatur ad bene agendum; e contrario poena voluntati proponitur ut a malo retrahatur, quasi aliquid fugiendum malum: sicut de ratione praemii est quod sit bonum voluntati consonum, ita de ratione poenae est quod sit malum et contrarium voluntati. Malum autem est privatio boni. Unde oportet quod secundum differentiam et ordinem bonorum, sit etiam differentia et ordo poenarum.

3155. Est autem summum bonum hominis felicitas, quae est ultimus finis eius: quantoque aliquid est huic fini propinquius, tanto praeminet inter hominis bonum. Huic autem propinquissimum est virtus, et si quid est aliud quod ad bonam operationem hominem proficiat, qua pervenitur ad beatitudinem. Consequitur autem et debita dispositio rationis, et virium ei subiectarum. Post hoc autem et corporis incolumitas, quae necessaria est ad expeditam operationem. Demum autem ea quae exterius sunt, quibus quasi adminiculantibus utimur ad virtutem.

3156. Erit igitur maxima poena hominem a beatitudine excludi. Post hanc autem, virtute privari, et perfectione quacumque naturalium

제141장

처벌들의 차이와 등급에 대하여

3154. 앞서(Ⅲ 140) 밝혀졌듯이, 상급은 선한 행위를 촉구할 목적으로 의지에게 약속한 것이며, 이와는 반대로 처벌은 의지가 악을 삼가도록 마치 피해야 하는 악처럼 의지에게 약속한 것이다. 이런 이유로 의지에 들어맞는 선이라는 점이 상급의 본질 규정이듯이, 의지에 상반되는 악이라는 점이 처벌의 본질 규정이다. 그런데 악은 선의 결여다.[284] 이런 이유로 처벌들의 차이와 등급은 선들의 차이와 등급에 부합되어야 한다.

3155. 그런데 행복은 인간의 최고선이자 궁극 목적이며, 이 목적에 더 가까이 있는 것일수록 인간의 선들 가운데 더 상위를 차지하게 된다. 하지만 그 목적에 가장 가까이 있는 것은 덕이며,[285] 인간이 행복에 이르게 하는 선한 행위를 하도록 도움을 주는 모든 것도 마찬가지다. 그다음에 이성과 그 이성에 종속되는 능력들의 마땅한 소질들이 온다. 이것 다음에는 구애받지 않는 행위에 필요한 육체의 무탈함이 온다. 마지막에는 우리가 덕을 위한 보조 수단으로 사용하는 외적인 사물들[286]이 위치한다.

3156. 따라서 인간에게 가장 큰 벌은 행복과 단절되는 것이다. 이것 다음에 선한 행위와 연관되는 영혼의 본성적 능력들이 지니는 모든 완전성과

---

[284] 참조: *SCG* III 6.

[286] 참조: *SCG* III 26, 2089.

[285] *NE* I 9, 1099b 9-32.

virtutum animae ad bene agendum. Dehinc autem, naturalium potentiarum animae deordinatio. Post hoc autem, corporis nocumentum. Demum autem, exteriorum bonorum sublatio.

3157. Sed quia de ratione poenae est non solum quod sit privativa boni, sed etiam quod sit contraria voluntati; non autem cuiuslibet hominis voluntas existimat bona secundum quod sunt: contingit interdum quod id quod est maioris boni privativum, est minus contrarium voluntati, et propter hoc minus poenale esse videtur. Et inde est quod plures homines, qui bona sensibilia et corporalia magis aestimant et cognoscunt quam intellectualia et spiritualia, plus timent corporales poenas quam spirituales. Secundum quorum aestimationem, contrarius ordo videtur poenarum ordini supradicto. Apud hos enim maxima poena aestimantur laesiones corporis, et damna rerum exteriorum: deordinatio autem animae, et damnum virtutis, et amissio fruitionis divinae, in qua consistit ultima hominis felicitas, aut modicum aut nihil reputatur ab eis.

3158. Hinc autem procedit quod hominum peccata a Deo puniri non aestimant: quia vident plerumque peccatores incolumitate corporis vigere, et exteriori fortuna potiri, quibus interdum homines virtuosi privantur.

3159. Quod recte considerantibus mirum videri non debet. Cum

덕의 박탈이 자리한다. 그다음에는 영혼이 지니는 본성적 능력들의 무질
서함이 차지한다. 그다음에 육체의 손상, 마지막에는 외적 선들의 상실이
자리한다.

3157. 그러나 벌의 본질 규정이 선의 박탈일 뿐만 아니라 의지에 반하는
것이지만 모든 인간의 의지가 다 선한 것들을 있는 그대로 평가하지 않기
때문에, 더 큰 선을 박탈하는 것이 의지에 덜 반하는 경우가 때때로 생길
수 있으며, 이런 이유로 그런 박탈이 더 작은 벌처럼 보이기도 한다. 그러
므로 지성적이고 영적인 선들보다 감각될 수 있고 육체적인 선들에 대해
더 높게 평가하고 더 많이 알고 있는 여러 사람이 영적인 벌보다는 육체적
인 벌을 더 두려워한다. 이런 사람들의 평가에 따르면, 벌들 간의 등급은
앞서 언급된 등급과 정반대인 것 같다. 왜냐하면 그들에게 육체의 손상과
외적인 선들의 상실은 가장 큰 벌로 여겨지는 데 반해, 영혼의 무질서, 덕
의 상실 그리고 인간의 궁극적 행복이기도 한 신적 향유의 상실은 대수롭
지 않거나 전혀 중요하지 않은 것으로 여겨지기 때문이다.

3158. 그런데 이런 까닭에 그들은 신이 인간들의 죄를 벌한다고 생각하지
않는다. 왜냐하면 그들은 죄인들 대부분이 육체의 무탈함으로 인해 건강
하고 외적인 운을 누리는 데 반해 유덕한 인간들의 경우 때때로 이런 것들
이 결핍되어 있다는 사실을 보기 때문이다.

3159. a) 이것은 문제를 올바르게 고찰하는 자들에게 놀라운 일처럼 보여

enim bona exteriora ad inferiora ordinentur, corpus autem ad animam; in tantum exteriora et corporalia bona sunt homini bona, in quantum ad bonum rationis proficiunt; secundum vero quod bonum rationis impediunt, homini vertuntur in mala. Novit autem rerum dispositor Deus mensuram virtutis humanae. Unde interdum homini virtuoso corporalia et exteriora bona ministrat in adiutorium virtutis: et in hoc ei beneficium praestat. Interdum vero ei praedicta subtrahit, eo quod considerat huiusmodi esse sibi ad impedimentum virtutis et fruitionis divinae: ex hoc enim exteriora bona vertuntur homini in mala, ut dictum est; unde et eorum amissio, eadem ratione, homini vertitur in bonum. Si ergo omnis poena malum est; non est autem malum hominem exterioribus et corporalibus bonis privari secundum quod expedit ad profectum virtutis: non erit hoc homini virtuoso poena si privetur exterioribus bonis in adiumentum virtutis. E contrario autem erit malis in poenam si eis exteriora bona conceduntur, quibus provocantur ad malum. Unde et *Sap.* 14, 11 dicitur quod *creaturae Dei in odium factae sunt, et in tentationem* animae *hominum, et in muscipulam pedibus insipientium.*

b) Quia vero de ratione poenae est non solum quod sit malum, sed quod sit contrarium voluntati; amissio corporalium et exteriorum bonorum, etiam quando est homini in profectum virtutis et non in malum, dicitur poena abusive, ex eo quod est contra voluntatem.

---

287 『성경』 지혜서 14,11: "그것들이 하느님의 창조물 사이에 역겨운 것이 되고, 사람들의 영혼에 올가미가, 어리석은 이들의 발에 덫이 되었기 때문이다."

서는 안 된다. 외적 선들은 내적 선들을 향하며 육체는 영혼을 향하므로, 외적이고 육체적인 선들은 이성의 선에 이바지하는 한에서 인간에게 선이 되지만, 그것들이 이성의 선을 방해하는 한에서 인간에게 악이 되기 때문이다. 만물들을 안배하는 신은 인간이 지니는 덕의 정도를 안다. 이런 이유로 신은 때때로 유덕한 사람을 위해 덕에 도움이 되도록 육체적이고 외적 선들을 제공하는데, 이 과정에서 신은 그 사람에게 은혜를 베푸는 것이다. 하지만 때때로 신은 이런 것들이 덕에는 물론 신의 향유에도 장애가 된다고 보기 때문에 이것들을 제거하기도 한다. 우리가 말했듯이, 외적 선들이 인간에게 악한 것이 될 수 있다는 사실로 미루어 보면 똑같은 추론을 통해 그것들의 상실이 인간에게는 선한 것이 될 수도 있다. 따라서 모든 처벌이 악이라면, 그리고 인간에게서 외적이고 육체적인 선들을 박탈하는 것이 덕을 향해 전진하는 데 도움이 되는 한에서 나쁜 일이 아니라면, 덕에 도움이 되는 외적 선들을 유덕한 사람에게서 박탈하더라도 그 사람에게 처벌이 되지는 않을 것이다. 하지만 이와는 반대로 악을 조장하는 외적 선들이 악한 사람들에게 주어질 경우, 그것은 그들에게 처벌이 될 것이다. 이런 이유로 지혜서 14장 11절에서 "하느님의 창조물은 가증스러운 것이 되고, 사람들의 영혼을 홀리는 것이 되며, 어리석은 이들의 발에 덫이 되었다"[287]라고 말한다.

  b) 그러나 처벌의 본질 규정에는 단지 그것이 악이라는 점뿐만 아니라 그것이 의지에 반한다는 점도 포함되므로, 육체적이고 외적 선들의 상실이 인간을 악이 아니라 덕을 향해 전진하도록 하는 데 도움이 되더라도 말을 억지로 끌어 붙여서 그것을 처벌이라고 한다. 왜냐하면 그 상실은 의지에 반하기 때문이다.

3160. Ex inordinatione autem hominis contingit quod homo non aestimet res secundum quod sunt, sed corporalia spiritualibus praeferat. Inordinatio autem talis aut est culpa, aut ex aliqua culpa praecedente procedit. Unde consequenter patet quod poena non sit in homine, etiam secundum quod est contra voluntatem, nisi culpa praecedente.

3161. Hoc etiam ex alio patet. Quia ea quae sunt secundum se bona, non verterentur homini in malum per abusum, nisi aliqua inordinatione in homine existente.

3162. Item, quod oporteat ea quae voluntas acceptat eo quod sunt naturaliter bona, homini subtrahi ad profectum virtutis, provenit ex aliqua hominis deordinatione, quae vel est culpa, vel sequitur culpam. Manifestum enim est quod per peccatum praecedens fit quaedam inordinatio in affectu humano, ut facilius postmodum ad peccatum inclinetur. Non ergo est absque culpa etiam quod oportet hominem adiuvari ad bonum virtutis per id quod est ei quodammodo poenale, inquantum est absolute contra voluntatem ipsius, licet quandoque sit volitum secundum quod ratio respicit finem. Sed de hac inordinatione in natura humana existente ex peccato originali, posterius dicetur (*lib.* IV, cap. 50). Nunc autem intantum manifestum sit quod Deus punit homines pro peccatis: et quod non punit absque culpa.

3160. 그런데도 인간은 자신 안에 있는 무질서함의 결과로 사물들을 있는 그대로 판단하지 않고 영적인 사물들보다 육체적인 사물들을 우선시할 수 있다. 그러한 무질서함은 죄과이거나 아니면 선행하는 죄과에서 기인한다. 결과적으로 처벌은 비록 의지에 반하는 것이라 하더라도, 선행하는 죄과 없이는 인간에게 주어지지 않는다는 게 분명하다.

3161. 이것은 또 다른 점을 통해서도 분명하게 드러난다. 어떤 무질서함이 인간 안에 이미 존재하지 않았다면, 그 자체로 선한 것들은 잘못 사용된다고 해서 인간들에게 악한 것들이 되지는 않을 것이기 때문이다.

3162. 마찬가지로, 본성적으로 선하기 때문에 의지가 받아들이는 것들이 덕의 증진을 위해 인간에게서 박탈되어야 한다는 사실은 인간 안의 무질서함으로 인해 생기게 되는데, 그 무질서함이란 죄과이거나 아니면 죄과의 결과다. 분명한 것은, 선행하는 죄가 인간의 감정 안에 어떤 무질서함을 초래하므로 나중에 그가 좀 더 쉽사리 죄로 기울게 되기 때문이다. 그러므로 비록 인간의 이성은 목적을 내다보는 만큼 때때로 [시련과도 같은] 모종의 처벌을 바란다고 해도, 인간이 덕과 연관되는 선을 향하기 위해 어떤 면에서 그 처벌을 통해 도움을 받아야 할 경우 그것이 그의 의지에 반하기 때문에 인간 안에 어떤 죄과가 있다고 보아야 한다. 하지만 원죄로 인해 인간 본성 안에 존재하는 이런 무질서함에 대해서는 나중에(IV 50) 말하겠다. 그렇지만 신이 인간들의 죄에 대해 그들을 벌한다는 점, 그리고 어떠한 죄과도 없다면 신이 벌하지 않는다는 점은 이제 분명하다.

Quod non omnia praemia et poenae sunt aequales

3163. Cum autem divina iustitia id exigat quod, ad aequalitatem in rebus servandam, pro culpis poenae reddantur, et pro bonis actibus praemia; oportet, si est gradus in virtuosis actibus et in peccatis, ut ostensum est (cap. 139), quod sit etiam gradus praemiorum et poenarum. Aliter enim non servaretur aequalitas, si non plus peccanti maior poena, aut melius agenti maius praemium redderetur: eiusdem enim rationis esse videtur quod differenter retribuatur secundum differentiam boni et mali, et secundum differentiam boni et melioris, vel mali et peioris.

3164. Praeterea. Talis est aequalitas distributivae iustitiae, ut inaequalia inaequalibus reddantur. Non ergo esset iusta recompensatio per poenas et praemia, si omnia praemia et omnes poenae essent aequales.

3165. Adhuc. Praemia et poenae a legislatore proponuntur ut homines a malis ad bona trahantur, ut ex supra (cap. 140) dictis patet. Oportet autem homines non solum trahi ad bona et retrahi a malis, sed etiam bonos allici ad meliora, et malos retrahi a peioribus. Quod non fieret si praemia et poenae essent aequalia. Oportet igitur et poenas et praemia inaequalia esse.

제142장

모든 상급과 처벌이 다 동등한 것은 아니다

3163. 신의 정의는 사물들 사이의 동등성을 유지하기 위해 죄과에 대해서는 벌, 선한 행위에 대해서는 상을 내리기를 요구하기 때문에, 앞서(III 139) 밝혀졌듯이 유덕한 행위와 죄에 등급이 있다면, 상급과 처벌에도 등급이 있어야 한다. 이와는 달리, 더 큰 처벌이 더 큰 죄를 범한 자에게 내려지지 않거나 더 큰 상급이 더 선한 행위를 한 자에게 주어지지 않는다면 동등성은 지켜지지 않을 테니까 말이다. 사실상 선과 악의 차이 그리고 선한 것과 더 선한 것 또는 악한 것과 더 악한 것의 차이에 따라 다르게 대갚음하는 것도 똑같은 논거에 속하는 것처럼 보인다.

3164. 그 밖에도, 분배적 정의의 동등성이란 동등하지 않은 자들에게 동등하지 않은 것들을 주는 데에 있다. 결과적으로 모든 상급과 처벌이 동등하다면, 처벌과 상급을 통해 대가代價(recompensatio)가 정당하게 돌아가지 않게 될 것이다.[288]

3165. 게다가, 앞서(III 140) 밝혀졌듯이, 상급과 처벌이란 인간들이 악한 것들을 떠나 선한 것들을 향하도록 입법자가 정한 것이다. 그런데 인간들은 선에 이끌리면서 악을 떠나야 할 뿐만 아니라 선한 인간들은 더 선한 것들로 유도되기도 해야 하고 악한 인간들은 더 악한 것들을 떠나게도 해야 한다. 이런 일은 상급과 처벌이 동등하다면 이루어질 수 없다. 그러므로 처벌과 상급은 동등해서는 안 된다.

---

[288] 분배적 정의에 대한 토마스의 설명은 *ST* I, 21 1c 참조.

3166. Amplius. Sicut per dispositiones naturales aliquid disponitur ad formam, ita per opera bona et mala aliquis disponitur ad poenas et praemia. Sed hoc habet ordo quem divina providentia statuit in rebus, quod magis disposita perfectiorem formam consequuntur. Ergo, secundum diversitatem bonorum operum vel malorum, oportet quod sit diversitas poenarum et praemiorum.

3167. Item. Contingit excessum esse in operibus bonis et malis dupliciter: uno modo, secundum numerum, prout unus alio plura habet opera bona vel mala; alio modo, secundum qualitatem operum, prout unus alio vel melius vel peius opus habet. Oportet autem quod excessui qui est secundum numerum operum, respondeat excessus praemiorum vel poenarum: alias non fieret recompensatio in divino iudicio pro omnibus quae quis agit, si aliqua mala remanerent impunita et aliqua bona irremunerata. Pari ergo ratione, excessui qui est secundum inaequalitatem operum, inaequalitas praemiorum et poenarum respondet.

3168. Hinc est quod dicitur *Deut.* 25, 2: *Pro mensura peccati erit et plagarum modus.* Et Isaiae 27, 8: *In mensura contra mensuram, cum abiecta fuerit,* vindicabo *eam.*

3166. 나아가, 사물은 자연적 성향을 통해 형상을 향하게 되듯이, 인간은 선한 행위와 악한 행위를 통해 처벌과 상급을 향하는 성향이 있다. 그런데 신의 섭리가 사물들 안에 세운 질서는 그런 성향을 더 많이 지니는 것일수록 더 완전한 형상을 받아들이도록 한다. 그러므로 선한 행위나 악한 행위의 차이에 상응하는 처벌과 상급의 차이가 있어야 한다.

3167. 마찬가지로, 선한 행위와 악한 행위에서 [어떤 정도를] 지나침은 두 가지 방식으로 일어날 수 있다. 첫째, 어떤 사람이 다른 사람보다 선한 행위나 악한 행위를 더 많이 함으로써 수적 측면에서 지나침이 생길 수 있다. 둘째, 어떤 사람이 다른 사람보다 더 선한 행위나 더 악한 행위를 함으로써 질적 측면에서 지나침이 생길 수 있다. 그런데 상급이나 처벌의 지나침은 행위들의 수적 측면의 지나침에 상응해야 한다. 다른 방식으로 어떤 악한 행위들이 벌을 받지 않고 어떤 선한 행위들이 상을 받지 못하게 된다면 신의 심판에서 인간이 하는 모든 행위에 대한 대가는 치러지지 않게 될 것이다. 그러므로 마찬가지로 상급과 처벌에서의 부등성不等性은 행위들의 부등성에 대한 지나침에 상응해야 한다.

3168. 이런 이유로 신명기 25장 2절에서 "매질의 정도는 과실의 정도에 따를 것이다"[289]라고 말한다. 이사야서 27장 8절에서도 "그 백성이 내던져질 때 나는 정도껏 알맞게 심판할 것이다"[290]라고 말한다.

---

[289] 『성경』: "그의 잘못에 해당하는 대 수만큼 매질하게 해야 한다."
[290] 『성경』: "그분께서는 그를 내몰고 내쫓으시어 벌하시고 ….."

3169. Per hoc autem excluditur error QUORUNDAM dicentium in futuro omnia praemia et poenas esse aequales.

Capitulum CXLIII

De poena quae debetur peccato mortali et veniali per respectum ad ultimum finem

3170. Est autem ex praedictis (cap. 139) manifestum quod dupliciter contingit peccare.

a) Uno modo, sic quod totaliter intentio mentis abrumpatur ab ordine ad Deum, qui dicitur ultimus finis bonorum: et hoc est peccatum mortale.

b) Alio modo, sic quod, manente ordine humanae mentis ad ultimum finem, impedimentum aliquod afferatur quo retardatur ne libere tendat in finem: et hoc dicitur peccatum veniale.

c) Si ergo secundum differentiam peccatorum oportet esse differentiam poenarum (cap. praec.), consequens est quod ille qui mortaliter peccat, sit puniendus sic quod excidat ab hominis fine: qui autem peccat venialiter, non ita quod excidat, sed ita quod retardetur, aut difficultatem patiatur, in adipiscendo finem. Sic enim iustitiae servatur aequalitas: ut quo modo homo peccando voluntarie a fine divertit, ita poenaliter, contra suam voluntatem, in finis adeptione impediatur.

3169. 이로써 미래의 상급과 처벌이 모두 동등할 것이라고 말하는 자들의 오류가 배제된다.

제143장

궁극 목적과 연관된

대죄와 소죄에 기인하는 처벌에 대하여

3170. 앞선 언명(Ⅲ 139)으로 보아 죄가 두 가지 방식으로 생길 수 있음은 분명하다.

a) 첫째, 정신의 지향이 선한 사람들의 궁극 목적인 신으로 향하는 질서에서 완전히 벗어나게 되는 그런 방식인데, 이런 방식으로 생기는 것이 대죄다.

b) 둘째, 궁극 목적을 향하는 인간의 질서를 침해하지는 않은 채 그 목적으로 자유로이 향해 가는 것을 가로막는 장애가 생기게 되는 그런 방식인데, 이런 방식으로 생기는 것을 소죄라고 한다.

c) 따라서 죄들 사이의 차이에 따라 처벌들 사이에 차이가 있어야 한다면(Ⅲ 142), 대죄를 범한 자는 인간의 목적과 차단되는 방식으로 벌을 받아야 하지만, 소죄를 지은 자는 인간의 목적과 차단되는 방식이 아니라 그 목적을 성취하는 데 지연되거나 어려움을 겪는 방식으로 벌을 받아야 한다. 정의의 동등성은 이런 방식으로 유지되기 때문이다. 인간은 죄를 범함으로써 자신의 목적을 자발적으로 외면하는 것과 마찬가지로 벌을 받음으로써 자신의 의지에 반하여 자신의 목적을 이루는 데 방해받게 된다.

3171. Adhuc. Sicut est voluntas in hominibus, ita est inclinatio naturalis in rebus naturalibus. Si autem ab aliqua re naturali tollatur inclinatio eius ad finem, omnino finem illum consequi non potest: sicut corpus grave, cum gravitatem amiserit per corruptionem et factum fuerit leve, non perveniet ad medium. Si autem fuerit in suo motu impeditum, inclinatione ad finem manente, remoto prohibente, perveniet ad finem. In eo autem qui peccat mortaliter, omnino avertitur intentio voluntatis a fine ultimo: in illo autem qui venialiter peccat, manet intentio conversa ad finem, sed aliqualiter impeditur, ex hoc quod plus debito inhaeret his quae sunt ad finem. Igitur ei qui peccat mortaliter, haec poena debetur, ut omnino excludatur a consecutione finis: ei autem qui peccat venialiter, quod difficultatem aliquam patiatur antequam ad finem perveniat.

3172. Amplius. Cum aliquis consequitur aliquod bonum quod non intendebat, est a fortuna et casu (cf. capp. 74, 92). Si igitur ille cuius intentio est aversa a fine ultimo, finem ultimum assequatur, erit hoc a fortuna et casu. Hoc autem est inconveniens. Quia ultimus finis est bonum intellectus. Fortuna autem intellectui repugnat: quia fortuita absque ordinatione intellectus proveniunt. Inconveniens autem est quod intellectus suum finem consequatur non per viam intelligibilem. Non ergo consequetur finem ultimum qui, peccans mortaliter, habet intentionem aversam ab ultimo fine.

3171. 게다가, 의지가 인간들 안에 있듯이 자연적 경향도 자연의 사물들 안에 있다. 그런데 어떤 자연의 사물이 목적으로 향하는 경향을 박탈당한다면 그 사물은 목적에 전혀 이를 수 없게 된다. 예컨대, 무거운 물체는 부패함으로써 무게가 줄어 가볍게 될 때 중심에 이르지 못할 것이다. 그러나 목적에 이르는 경향이 그 물체에 남아 있는 동안 그것의 움직임에 장애가 생긴다면, 장애물이 제거될 때 그것은 목적에 이르게 될 것이다. 대죄를 범하는 자의 경우 의지가 추구하려는 의도는 궁극 목적에서 완전히 돌아서는 반면, 소죄를 범하는 자의 경우 그의 의도는 계속 목적을 향하고는 있지만 그가 목적을 위한 수단들에 필요 이상으로 집착함으로써 다소 방해받게 된다. 결과적으로 대죄를 범하는 자에게 마땅한 벌은 목적을 이루는 데서 완전히 단절시키는 것이지만, 소죄를 범하는 자에게 마땅한 벌은 목적을 이루기 이전에 어떤 어려움을 겪게 하는 것이다.

3172. 나아가, 누군가 의도치 않은 선을 얻을 때 이것은 운과 우발에 기인한다(III 74; 92). 따라서 궁극 목적을 외면하려는 의도를 지니는 자가 궁극 목적을 성취한다면, 이것은 운과 우발에 기인할 것이다. 하지만 이것은 부당하다. 왜냐하면 궁극 목적은 지성의 선이기 때문이다. 그런데 운에 의해 생기는 예기치 않은 사건들은 지성의 명령 없이 일어나기에 운은 지성과 어울리지 않는다. 더욱이, 지성이 지성적이지 않은 방식으로 목적을 달성하는 것은 적절하지 않다. 그러므로 대죄를 범함으로써 궁극 목적을 외면하는 의도를 지니는 자는 궁극 목적에 이르지 못할 것이다.

3173. Item. Materia non consequitur formam ab agente nisi fuerit ad formam disposita. Finis autem et bonum est perfectio voluntatis sicut forma materiae. Voluntas igitur non consequetur ultimum finem nisi fuerit disposita convenienter. Disponitur autem ad finem voluntas per intentionem et desiderium finis. Non igitur consequetur finem cuius intentio a fine avertitur.

3174. Praeterea. In his quae sunt ordinata ad finem, talis habitudo invenitur quod, si finis est vel erit, necesse est ea quae sunt ad finem fore; si autem ea quae sunt ad finem non sunt, nec finis erit: si enim finis esse potest etiam non existentibus illis quae sunt ad finem, frustra per huiusmodi media quaeritur finis. Confessum est autem apud omnes quod homo per opera virtutum, in quibus praecipuum est intentio finis debiti, consequitur ultimum finem suum, qui est felicitas. Si ergo aliquis contra virtutem agat, ab intentione ultimi finis aversus, conveniens est quod ultimo fine privetur.

3175. Hinc est quod dicitur MATTH. 7, 23: *Discedite a me, omnes qui operamini iniquitatem.*

CAPITULUM CXLIV

QUOD PER PECCATUM MORTALE ULTIMO

FINE ALIQUIS IN AETERNUM PRIVATUR

3173. 마찬가지로, 질료에게 형상을 향하는 성향이 없다면, 질료는 작용자에게서 자신의 형상을 얻지 못한다. 그런데 형상이 질료의 완전성이듯이 목적과 선은 의지의 완전성이다. 따라서 의지에게 적절한 성향이 없다면, 의지는 자신의 궁극 목적을 이루지 못할 것이다. 그러나 의지는 목적을 의도하고 바람으로써 그 목적으로 향하는 성향이 있게 된다. 따라서 목적을 외면하려는 의도를 지니는 자는 그 목적을 이루지 못할 것이다.

3174. 그 밖에도, 목적을 향하는 사물들 안에는 목적이 지금 존재하거나 장차 존재하게 될 것이라면 그 목적에 이르는 수단들도 있어야 하고, 그 목적에 이르는 수단들이 없다면 그 목적도 존재하지 않게 되는 그런 관계가 있다. 목적이 그 목적에 이르는 수단들 없이도 존재할 수 있다면 그러한 수단들에 의해 목적을 추구하는 것은 소용없는 일이기 때문이다. 그런데 인간이 덕행들을 통해 궁극 목적인 행복을 얻을 수 있고, 그 덕행들 가운데 으뜸가는 것이 마땅한 목적의 의도라는 점은 모든 사람에 의해 인정된다. 그러므로 궁극 목적을 외면하려는 의도를 지닌 채 덕에 반하는 행위를 하는 자가 있다면, 그가 궁극 목적을 박탈당하는 것은 당연하다.

3175. 이런 이유로 마태오 복음서 7장 23절에서 "악한 일을 일삼는 자들아, 나에게서 물러가거라"라고 말한다.

제144장

인간은 대죄로 말미암아

궁극 목적을 영원토록 박탈당한다

3176. Oportet autem hanc poenam qua quis privatur ultimo fine, esse interminabilem.

3177. Privatio enim alicuius non est nisi quando natum est haberi: non enim catulus mox natus dicitur visu privatus. Ultimum autem finem consequi non est homo aptus natus in hac vita, ut probatum est (capp. 47 sq.). Privatio ergo huiusmodi finis oportet quod sit poena post hanc vitam. Sed post hanc vitam non remanet homini facultas adipiscendi ultimum finem. Anima enim indiget corpore ad consecutionem sui finis: inquantum per corpus perfectionem acquirit et in scientia et in virtute. Anima autem, postquam a corpore fuerit separata, non redit iterum ad hunc statum quod per corpus perfectionem accipiat, sicut dicebant transcorporationem PONEN-TES, contra quos superius (1680c–1683), disputatum est. Necesse est igitur quod ille qui hac poena punitur ut ultimo fine privetur, in aeternum privatus remaneat.

3178. Adhuc. Si aliquid privatur eo quod est in natura eius ut habeatur, impossibile est illud reparari nisi fiat resolutio in praeiacentem materiam, ut iterum aliud de novo generetur: sicut cum animal amittit visum aut alium sensum. Impossibile est autem quod id quod iam generatum est, iterum generetur, nisi prius corrumpatur: et tunc ex eadem materia poterit aliud integrum generari, non idem numero, sed specie. Res autem spiritualis, ut anima vel angelus,

3176. 인간에게서 궁극 목적을 박탈하는 이런 벌은 끝없이 지속되는 게 틀림없다.

3177. 일찍이 무언가를 지니지 않은 채로 태어났다면 그것을 박탈당하지도 않을 테니까 말이다. 실제로 갓 태어난 강아지가 시력을 박탈당한다고 말하지 않는다. 그런데 앞서(III 47 이하) 입증된 것처럼, 인간은 현세에서 자신의 궁극 목적을 이룰 본성적 소질을 지니지 않은 채 태어난다. 따라서 이런 목적의 박탈은 현세 이후에 벌이 되는 게 틀림없다. 그러나 현세 이후 인간에게는 궁극 목적을 이루는 능력이 남아 있지 않게 된다. 영혼은 지식에서뿐 아니라 덕에서도 육체를 통해 완전성을 획득하는 한에서 자신의 목적을 이루기 위해 육체가 필요하기 때문이다. 그러나 우리가 앞서(II 44, nn.1680c-1683) 논박한 영혼의 윤회를 주장하는 자들이 말한 것처럼, 영혼은 육체에서 분리된 이후 육체를 통해 완전성을 받아들이는 이런 상태로 다시 돌아가지 않을 것이다. 그러므로 궁극 목적을 박탈당하는 이런 벌을 받는 자는 영원토록 그것을 박탈당한 채로 남게 되는 게 틀림없다.

3178. 게다가, 동물이 시력이나 다른 감각 능력을 상실하는 경우처럼 본성적으로 지녀야 하는 어떤 것이 박탈당할 때, 그것이 다시 생성되기 위해 이미 존재하는 질료로 분해되지 않는다면 복구될 리가 없다. 그런데 이미 생성된 것이 먼저 소멸하지 않는다면 다시 생성되는 것은 불가능하다. 그런 경우 같은 질료에서 또 다른 온전한 것이 생성될 수 있는데, 그것은 수적으로 동일하지 않더라도 종적으로는 동일하다. 그런데 영혼이나 천사와 같은 영적인 존재자들은 같은 종에 속하는 다른 존재자가 다시 생성되도록

non potest resolvi per corruptionem in aliquam praeiacentem materiam, ut iterum generetur aliud idem specie. Si igitur privetur eo quod est in natura ipsius ut habeat, oportet quod in perpetuum maneat talis privatio. Est autem in natura animae et angeli ordo ad ultimum finem, qui est Deus. Si ergo ab hoc ordine decidat per aliquam poenam, in perpetuum talis poena manebit.

3179. Item. Naturalis aequitas hoc habere videtur, quod unusquisque privetur bono contra quod agit: ex hoc enim reddit se tali bono indignum. Et inde est quod, secundum civilem iustitiam, qui contra rempublicam peccat, societate reipublicae privatur omnino, vel per mortem vel per exilium perpetuum: nec attenditur quanta fuerit mora temporis in peccando, sed quid sit contra quod peccavit. Eadem autem est comparatio totius vitae praesentis ad rempublicam terrenam, et totius aeternitatis ad societatem Beatorum, qui, ut supra (capp. 62 sq.) ostensum est, ultimo fine aeternaliter potiuntur. Qui ergo contra ultimum finem peccat, et contra caritatem, per quam est societas Beatorum et tendentium in beatitudinem, in aeternum debet puniri, quamvis aliqua brevi temporis mora peccaverit.

3180. Praeterea. *Apud divinum iudicium voluntas pro facto computatur:* quia, *sicut homines vident ea quae exterius aguntur, ita Deus inspicit hominum corda.* Qui autem propter aliquod temporale

소멸을 통해 이미 존재하는 질료로 분해될 수 없다. 결과적으로 그러한 존재자가 본성적으로 지녀야 하는 것이 박탈당한다면, 그러한 박탈은 영구적으로 지속되어야 한다. 그런데 영혼과 천사의 본성에는 궁극 목적인 신으로 향하는 질서가 있다. 그러므로 그것이 어떤 벌을 통해 이런 질서에서 벗어나게 되면, 이 벌은 영구적으로 지속될 것이다.

3179. 마찬가지로, 자연적 형평성은 저마다의 사람이 거스른 선을 각 사람에게서 박탈할 것을 요구하는 것으로 보인다. 왜냐하면 각 사람은 이런 행위를 통해 스스로 그러한 선에 적합하지 않도록 만들기 때문이다. 이런 이유로 민사民事 정의에 따르면 국가에 반하는 죄를 지은 자는 사형死刑이나 영구 추방으로 국가와의 유대를 완전히 박탈당하게 된다. 그가 죄를 짓는 데 시간이 얼마나 드는지에 주목하지 않고 그가 저지른 죄가 무엇인지에 주목한다. 그런데 지상 국가와 현세의 삶 전체 사이의 관계는 앞서(III 62 이하) 드러난 것처럼 궁극 목적을 영원토록 소유하는 복자福者들의 집단과 영원성 전체 사이의 관계와 같다. 따라서 궁극 목적에 반하는 죄를 짓고, 복자들과 지복을 지향하는 자들의 유대를 이루는 애덕에 반하는 죄를 범하는 자는 단지 짧은 기간 죄를 범했다 하더라도 영원토록 벌을 받아 마땅하다.

3180. 그 밖에도, "사람은 외면적으로 행해지는 것들을 추구하듯이, 하느님은 사람의 마음을 보시기"[291] 때문에 "의지는 신의 심판에서 행위로 여겨진다".[292] 그런데 현세적 선을 위해 영원토록 소유했을 수도 있었던 궁극

---

[291] 『성경』 사무엘기 상권 16,7: "사람들은 눈에 들어오는 대로 보지만 주님은 마음을 본다."
[292] 아우구스티누스 『시편 상해(詳解)』(*Enarrationes in Psalmos*) LVII 3 (PL 36, 675-676).

bonum aversus est ab ultimo fine, qui in aeternum possidetur, praeposuit fruitionem temporalem illius boni temporalis aeternae fruitioni ultimi finis. Unde patet quod multo magis voluisset in aeternum illo bono temporali frui. Ergo, secundum divinum iudicium, ita puniri debet ac si aeternaliter peccasset. Nulli autem dubium est quin pro aeterno peccato aeterna poena debeatur. Debetur igitur ei qui ab ultimo fine avertitur, poena aeterna.

3181. Adhuc. Eadem iustitiae ratione poena peccatis redditur, et bonis actibus praemium (cap. 140). *Praemium autem virtutis est beatitudo.* Quae quidem est aeterna, ut supra (l. c.) ostensum est. Ergo et poena qua quis a beatitudine excluditur, debet esse aeterna.

3182. Hinc est quod dicitur MATTH. 25, 46: *ibunt hi in supplicium aeternum, iusti autem in vitam aeternam.*

3183. Per hoc autem excluditur error DICENTIUM poenas malorum quandoque esse terminandas. Quae quidem positio ortum habuisse videtur a positione quorundam PHILOSOPHORUM, qui dicebant omnes poenas purgatorias esse, et ita quandoque terminandas.

3184. Videbatur autem hoc persuasibile:

---

[293] *NE* I 9, 1099b 15.

목적에서 벗어난 자는 이런 현세적 선의 현세적 향유를 궁극 목적의 영원한 향유 위에 두었다. 이런 이유로 그가 이런 현세적 선을 영원토록 향유하기를 훨씬 더 바랐다는 것은 분명하다. 따라서 신의 심판에 따르면 그는 마치 영원토록 죄를 지은 것과 마찬가지로 벌을 받아야 한다. 그런데 영원한 죄에 대해 영원한 벌이 있어야 한다는 점은 의심의 여지가 없다. 그러므로 영원한 벌은 궁극 목적에서 벗어나는 자에 기인한다.

3181. 게다가, 똑같은 정의의 원리에 따라 벌은 죄들에 대해 내려지고 상은 선행들에 대해 내려진다(III 140). 그런데 "덕에 대한 보상은 지복이다".[293] 또 앞서(III 140) 드러났듯이, 지복은 영원하다. 그러므로 인간을 지복에서 배제하는 벌은 영원해야 한다.

3182. 이런 이유로 마태오 복음서 25장 46절에서 "그들은 영원한 벌을 받는 곳으로 가고 의인들은 영원한 생명을 누리는 곳으로 갈 것이다"라고 말한다.

3183. 이로써 악인들에 대한 벌이 언젠가 끝나야 한다고 말하는 자들의 오류는 배제된다. 사실상 이 견해는 모든 벌이 정화를 위한 것이므로 언젠가 끝나야 한다고 말한 일부 철학자들의 입장[294]에서 비롯된 것 같다.

3184. 이런 견해는 설득력 있는 것처럼 보인다.

---

[294] 토마스는 악인들이 받는 벌은 언젠가 끝나야 한다고 오리게네스의 주장을 염두에 두고 있으며, 그 주장이 플라톤주의자들의 입장에 토대를 두는 것으로 본다.

a) Tum ex humana consuetudine. Poenae enim humanis legibus inferuntur ad emendationem vitiorum: unde sicut medicinae quaedam sunt.

b) Tum etiam ratione. Si enim poena non propter aliud infertur a puniente, sed propter se tantum, sequitur quod in poenis propter se delectetur: quod bonitati divinae non congruit. Oportet igitur poenas propter aliud inferri. Nec videtur alius convenientior finis quam emendatio vitiorum.

c) Videtur igitur convenienter dici omnes poenas purgatorias esse, et per consequens quandoque terminandas: cum illud quod est purgabile, accidentale sit rationi creaturae, et possit removeri absque consumptione substantiae.

3185. Est autem concedendum quod poenae inferuntur a Deo non propter se, quasi Deus in ipsis delectetur, sed propter aliud: scilicet propter ordinem imponendum creaturis, in quo bonum universi consistit. Exigit autem hoc ordo rerum, ut proportionaliter omnia divinitus dispensentur: propter quod dicitur in libro *Sapientiae,* quod Deus omnia facit *in pondere, numero et mensura.* Sicut autem praemia proportionaliter respondent actibus virtuosis, ita poenae peccatis. Et quibusdam peccatis proportionantur poenae sempiternae, ut ostensum est. Infligit igitur Deus pro quibusdam peccatis poenas aeternas, ut debitus ordo servetur in rebus, qui eius sapientiam demonstrat.

a) 인간의 습관은 이 견해를 설득력이 있게끔 만드는 것으로 보인다. 왜냐하면 벌은 인정법에 의해 악덕을 바로잡기 위해 가해지기 때문이다. 그래서 일부 벌은 약처럼 취급된다.

b) 이성을 통해서도 이 견해는 설득력 있는 것으로 보인다. 벌을 주는 자가 다른 어떤 것을 위해서가 아니라 벌 그 자체를 위해 벌을 내린다면, 그는 벌 그 자체를 위해 벌을 내리는 것을 기뻐하게 될 것인데, 그것은 신의 선성과 어울리지 않는다. 따라서 벌은 다른 어떤 것을 위해 내려져야 한다. 또한 악덕을 바로잡는 것보다 더 적절한 목적은 없는 것 같다.

c) 결과적으로 모든 벌이 정화를 위한 것이므로 언젠가 끝나야 한다고 말하는 것은 마땅한 것처럼 보인다. 왜냐하면 정화될 수 있는 것은 이성적 피조물에게 우유적인 것이며 실체가 소멸하지 않고서도 제거될 수 있기 때문이다.

3185. 신은 마치 벌을 내리는 것을 즐기는 것처럼 벌을, 그 자체를 위해 내리는 것이 아니라 어떤 다른 것을 위해, 즉 우주의 선이 놓여 있는 질서를 피조물들 사이에 세우기 위해 내린다는 점이 인정되어야 한다. 그런데 사물들의 이런 질서는 신이 만물을 비례적으로 안배할 것을 요구한다. 이런 이유로 지혜서[295]는 신이 모든 것을 "재고, 헤아리고 달아서" 처리했다고 말한다. 그런데 상급이 덕행과 비례하여 주어지듯이 처벌은 죄와 비례하여 주어진다. 또 우리가 밝힌 것처럼, 영원한 벌은 특정 죄에 비례한다. 그러므로 신은 자신의 지혜를 드러내는 마땅한 질서가 사물들 안에 유지될 수 있도록 특정 죄에 대해 영원한 벌을 내린다.

---

[295] 불가타 역본에는 11장 21절이지만, 『성경』에는 11장 20절이다

3186. a) Si quis tamen concedat omnes poenas ad emendationem morum induci, et non propter aliud: non tamen propter hoc cogitur ponere omnes poenas purgatorias et terminabiles esse.

b) Nam et secundum leges humanas aliqui morte puniuntur, non quidem ad emendationem sui, sed aliorum. Hinc est quod *Prov.* 19, 25 dicitur: *Pestilente flagellato, stultus sapientior erit.* Quidam etiam, secundum humanas leges, a civitate perpetuo exilio excluduntur, ut, eis subtractis, civitas purior reddatur. Unde dicitur *Prov.* 22, 10: *Eiice derisorem, et exibit cum eo iurgium, cessabuntque causae et contumeliae.*

c) Nihil igitur prohibet, etiam si poenae non nisi ad emendationem morum adhibeantur, quin, secundum divinum iudicium, aliqui debeant a societate bonorum perpetuo separari et in aeternum puniri, ut ex perpetuae poenae timore homines peccare desistant, et bonorum societas purior ex eorum separatione reddatur: sicut dicitur *Apoc.* 22, 27: *Non intrabit in eam,* idest in Ierusalem caelestem, per quam designatur societas bonorum, aliquid *coinquinatum, aut faciens abominationem et mendacium.*

Capitulum CXLV

Quod peccata puniuntur etiam
per experientiam alicuius nocivi

3186. a) 그런데도 누군가 모든 벌이 품행의 개선改善을 위해 도입될 뿐 그 밖의 다른 목적을 위해 도입되는 것이 아니라는 점을 인정하더라도, 이런 이유로 모든 벌이 죄를 정화하고 언젠가 끝날 수 있다고 부득불 주장할 필요는 없다.

b) 왜냐하면 인정법들에 따라서도 자신들의 개선을 위해서가 아니라 타자들의 개선을 위해 처형당하는 자들도 있기 때문이다. 이런 이유로 잠언 19장 25절에서 "유해한 자를 때리면 미련한 자도 지혜로워진다"[296]라고 말한다. 또한 인정법에 따라서 어떤 자들은 자기 나라에서 영구 추방되므로, 그들이 제거되면 나라가 정화될 수 있다. 이런 이유로 잠언 22장 10절에서 "빈정꾼을 내쫓아라, 싸움도 없어지고 다툼과 수치도 그친다"라고 말한다.

c) 결과적으로 벌이 품행의 개선을 위해서만 내려진다고 하더라도, 신의 심판에 따라 어떤 자들이 선한 사람들의 사회에서 영구적으로 분리되고 영원토록 벌을 받아야 할 수도 있는데, 이것은 인간들이 영원한 벌을 두려워함으로써 죄를 짓는 것을 삼가고 그들이 제거됨으로써 선한 사람들의 사회가 더 정화될 수 있도록 하기 위함이다. 이런 이유로 요한묵시록 21장 27절에서 "부정한 것은 그 무엇도, 역겨운 짓과 거짓을 일삼는 자는 그 누구도 도성에" 즉, 선한 사람들의 사회를 지시하는 천상의 예루살렘에 "들어가지 못합니다"라고 말한다.

제145장

죄는 고통스러운 것을 경험함으로도 벌을 받는다

---

[296] 『성경』: "빈정꾼을 때리면 어수룩한 자도 깨닫게 된다."

3187. Non solum autem qui contra Deum peccant, puniendi sunt per hoc quod a beatitudine perpetuo excluduntur, sed per experimentum alicuius nocivi. Poena enim debet proportionaliter culpae respondere, ut supra (cap. 42) ostensum est. In culpa autem non solum avertitur mens ab ultimo fine, sed etiam indebite convertitur in alia quasi in fines. Non solum ergo puniendus est qui peccat per hoc quod excludatur a fine, sed etiam per hoc quod ex aliis rebus sentiat nocumentum.

3188. Amplius. Poenae inferuntur pro culpis ut timore poenarum homines a peccatis retrahantur, ut supra (cap. praec.) dictum est. Nullus autem timet amittere id quod non desiderat adipisci. Qui ergo habent voluntatem aversam ab ultimo fine, non timent excludi ab illo. Non ergo per solam exclusionem ab ultimo fine a peccando revocarentur. Oportet igitur peccantibus etiam aliam poenam adhiberi, quam timeant peccantes.

3189. Item. Si quis eo quod est ad finem inordinate utitur, non solum fine privatur, sed etiam aliud nocumentum incurrit: ut patet in cibo inordinate assumpto, qui non solum firmitatem non confert, sed etiam aegritudinem inducit. Qui autem in rebus creatis finem constituit, eis non utitur secundum quod debet, referendo scilicet ad ultimum finem. Non ergo solum debet puniri per hoc quod beatitudine careat, sed etiam per hoc quod aliquod nocumentum ab ipsis experiatur.

3187. 신에게 죄를 짓는 자들은 지복에서 영구히 배제됨으로써 뿐만 아니라 고통스러운 것을 경험함으로써도 벌을 받아야 한다. 왜냐하면 앞서(III 42) 드러났듯이 벌은 죄과에 비례하기 때문이다. 그런데 죄과를 저지를 때 정신은 궁극 목적을 외면할 뿐만 아니라 다른 것들을 목적들로 삼아 그것들로 부당하게 향하기도 한다. 따라서 죄인은 자신의 목적에서 배제됨으로써 뿐만 아니라 다른 것들에게서 해를 당함으로써도 벌을 받아야 한다.

3188. 나아가, 앞서(III 144) 말한 것처럼 죄에 대해 벌을 내리는 목적은 인간들이 벌을 받는 것을 두려워해서 죄를 삼가도록 함이다. 그런데 아무도 자기 자신이 얻으려고 하지 않는 것을 빼앗길까 봐 두려워하지 않는다. 결과적으로 자신들의 의지로 궁극 목적을 외면하는 자들은 그 목적과 단절되는 것을 두려워하지 않는다. 이런 이유로 그들은 그저 궁극 목적에서 배제된다고 해서 죄를 짓는 것을 삼갈 리는 없다. 그러므로 죄인들이 두려워할 만한 또 다른 벌이 그들에게 가해져야 한다.

3189. 마찬가지로, 인간은 목적에 도달하기 위한 수단을 지나치게 사용하게 되면 목적을 박탈당할 수 있을 뿐만 아니라 또 다른 해를 당할 수도 있다. 이를테면, 음식물의 지나친 섭취는 체력을 유지하지 못하도록 할 뿐만 아니라 병을 유발하기도 한다. 그런데 자신의 목적을 피조물들 사이에 두는 자는 해야 할 바대로, 즉 그것들을 자신의 궁극 목적과 연관시킴으로써 사용하지는 않는다. 따라서 그는 지복을 박탈당함으로써 뿐만 아니라 피조물들에게서 해를 당함으로써도 벌을 받아야 한다.

3190. Praeterea. Sicut recte agentibus debentur bona, ita perverse agentibus debentur mala. Sed illi qui recte agunt, in fine ab eis intento percipiunt perfectionem et gaudium. E contrario ergo debetur haec poena peccantibus, ut ex his in quibus sibi finem constituunt, afflictionem accipiant et nocumentum.

3191. Hinc est quod DIVINA SCRIPTURA peccatoribus comminatur non solum exclusionem a gloria, sed etiam afflictionem ex aliis rebus. Dicitur enim MATTH. 25, 41: *Discedite a me, maledicti, in ignem aeternum, qui paratus est diabolo et angelis eius.* Et in *Psalmo* 10, 7: *Pluet super peccatores laqueos: ignis, sulphur, et spiritus procellarum pars calicis eorum.*

3192. Per hoc autem excluditur opinio ALGAZELIS, qui posuit quod peccatoribus haec sola poena reddetur, quod affligentur amissione ultimi finis.

CAPITULUM CXLVI

QUOD IUDICIBUS LICET POENAS INFERRE

---

297 『성경』에는 11편 6절로 나와 있다.

298 『성경』: "그분께서 악인들 위에 불과 유황의 비를 그물처럼 내리시어 타는 듯한 바람이 그들 잔의 몫이 되리라."

3190. 그 밖에도, 선한 것들이 올바르게 행동하는 자들에게서 기인하듯이, 악한 것들은 삐뚤어지게 행동하는 자들에게서 기인한다. 그런데 올바르게 행동하는 자들은 자신들이 지향하는 목적에서 완전성과 기쁨을 얻는다. 따라서 그와는 반대로 이런 처벌은 죄인들에게서 기인하기에 그들은 자신들의 목적을 둔 것들에게서 괴로움과 해로움을 당한다.

3191. 이런 이유로 성경은 죄인들을 영광에서의 배제뿐만 아니라 다른 것들로부터 받는 괴로움으로 위협한다. 마태오 복음서 25장 41절은 "저주받은 자들아, 나에게서 떠나 악마와 그 부하들을 위하여 준비된 영원한 불 속으로 들어가라"라고 하니까 말이다. 시편 10편 7절[297]에도 "그분께서 죄인들 위에 그물을 비처럼 쏟아부어 불, 유황 그리고 폭풍이 그들 잔의 몫이 되리라"[298]라고 말한다.

3192. 이로써 죄인들에게 주어지는 유일한 벌이란 그들의 궁극 목적이 상실당하는 것이라고 주장한 알가잘리의 오류가 제거된다.[299]

제146장
재판관들이 벌을 주는 것은 적법하다

---

[299] Al-Ghazali, *Algazel's Metaphyscis: A Mediaeval Translation*, ed. Joseph Muckle (Toronto: St. Michael's College 1933) II 5, 4-5. 이 라틴어 판본은 알가잘리가 아랍어로 쓴 『철학자들의 목표』(*Maqāṣid al-falāsifa*)의 라틴어 번역이다.

3193. QUIA vero poenas a Deo inflictas aliqui parvipendunt, propter hoc quod, sensibilibus dediti, solum ea quae videntur curant; ideo per divinam providentiam ordinatum est ut in terris sint homines qui per poenas sensibiles et praesentes aliquos ad observantiam iustitiae cogant. Quos manifestum est non peccare dum malos puniunt. Nullus enim peccat ex hoc quod iustitiam facit. Iustum autem est malos puniri: quia per poenam culpa ordinatur, ut ex supra (cap. 140) dictis patet. Non igitur iudices peccant malos puniendo.

3194. Adhuc. Homines qui in terris super alios constituuntur, sunt quasi divinae providentiae executores: Deus enim, per suae providentiae ordinem, per superiora inferiora exequitur, ut ex supra (capp. 77 sqq.) dictis patet. Nullus autem ex hoc quod exequitur ordinem divinae providentiae, peccat. Habet autem hoc ordo divinae providentiae, ut boni praemientur et mali puniantur, ut ex supra (capp. 140) dictis patet. Non igitur homines qui aliis praesunt, peccant ex hoc quod bonos remunerant et puniunt malos.

3195. Amplius. Bonum non indiget malo, sed e converso. Illud igitur quod est necessarium ad conservationem boni, non potest esse secundum se malum. Ad conservationem autem concordiae inter homines necessarium est quod poenae malis infligantur. Punire igitur malos non est secundum se malum.

3193. 어떤 이들은 감각될 수 있는 대상들에 몰두하며 눈에 보이는 것들에만 관심을 가지기 때문에 신이 내리는 처벌을 대수롭지 않게 여긴다. 따라서 신적 섭리는 이런 이들에게 감각될 수 있고 당장 받는 처벌을 통해 정의를 지키게 만드는 사람들이 지상에 있어야 한다는 지시를 내렸다. 그런데 이런 사람들이 악인들을 벌할 때 죄를 짓는 것이 아니라는 게 분명하다. 왜냐하면 그 누구도 정의를 실현함으로써 죄를 짓지는 않기 때문이다. 그런데 앞서(III 140) 밝혀졌듯이, 처벌을 통해 죄과는 질서를 되찾기 때문에 악인이 벌받는다는 것은 정의롭다. 그러므로 재판관들은 악인들을 벌함으로써 죄를 범하는 것이 아니다.

3194. 게다가, 지상에서 남들보다 높은 위치에 있는 사람들은 마치 신적 섭리의 집행자들과 같다. 왜냐하면 앞서(III 77 이하) 밝혀졌듯이, 신은 섭리의 질서를 통해 상위의 것들로 하위의 것들을 집행하기 때문이다. 그런데 그 누구도 신적 섭리의 질서를 집행함으로써 죄를 짓지 않는다. 앞서(III 140) 드러난 것처럼, 신적 섭리의 이런 질서는 선한 자들이 상을 받고 악한 자들이 벌을 받도록 한다. 그러므로 남들보다 높은 위치에 있는 사람들은 선한 자들에게 상을 주고 악한 자들에게 벌을 내림으로써 죄를 범하는 게 아니다.

3195. 나아가, 선은 악이 필요치 않지만, 악은 선이 필요하다. 따라서 선의 보존을 위해 필요한 것은 그 자체로 악일 리가 없다. 그런데 인간들 사이의 조화를 보존하기 위해서 벌은 악한 자들에게 내려야 한다. 그러므로 악한 자들을 벌하는 것은 그 자체로 악이 아니다.

3196. Item. Bonum commune melius est quam bonum particulare unius. Subtrahendum est igitur bonum particulare ut conservetur bonum commune. Vita autem quorundam pestiferorum impedit commune bonum, quod est concordia societatis humanae. Subtrahendi igitur sunt huiusmodi homines per mortem ab hominum societate.

3197. Praeterea. Sicut medicus in sua operatione intendit sanitatem, quae consistit in ordinata concordia humorum, ita rector civitatis intendit in sua operatione pacem, quae consistit in civium *ordinata concordia.* (3003) Medicus autem abscindit membrum putridum bene et utiliter, si per ipsum immineat corruptio corporis. Iuste igitur et absque peccato rector civitatis homines pestiferos occidit, ne pax civitatis turbetur.

3198. Hinc est quod Apostolus dicit, I *Cor.* 5, 6: *Nescitis quia modicum fermentum totam massam corrumpit?* Et post pauca subdit: 13 *Auferte malum ex vobis ipsis.* Et *Rom.* 13, 4, dicitur de potestate terrena quod *non sine causa gladium portat: Dei enim minister est, vindex in iram ei qui* male *agit.* Et I Petr. 2, dicitur: 13 *Subiecti estote omni humanae creaturae propter Deum: sive regi, quasi praecellenti; 14 sive ducibus,* quasi *missis ad vindictam malefactorum, laudem vero bonorum.*

3196. 마찬가지로, 공동선은 한 개인의 특수한 선을 능가한다.[300] 따라서 공동선을 보존하기 위해 특수한 선은 없어져야 한다. 그런데 어떤 유해한 자들의 삶은 인간 사회의 조화인 공동선에 장애가 된다. 그러므로 이런 자들은 죽어서 인간들의 사회에서 없어져야 한다.

3197. 그 밖에도, 의사가 자기 행위에서 체액의 질서정연한 조화에 좌우되는 건강을 지향하듯, 국가를 다스리는 자는 자기 행위에서 시민의 '질서정연한 조화'(III 128, n.3003)에 좌우되는 평화를 지향한다. 그런데 병든 장기로 인해 육체의 건강이 상할 조짐이 보이면 의사가 그것을 잘라 내는 것은 적절하며 유익하다. 그러므로 국가를 다스리는 자가 국가의 평화가 파괴되지 않도록 유해한 자를 처형하는 것은 정의로우며 죄를 짓는 일이 아니다.

3198. 이런 이유로 사도께서 코린토 신자들에게 보낸 첫째 서간 5장 6절에서 "여러분은 적은 누룩이 온 반죽을 부풀린다는 것을 모릅니까?"라고 말씀하신다. 그리고 사도께서는 조금 뒤 13절에서 "여러분은 여러분 가운데에서 그 악인을 제거해 버리십시오"라고 덧붙인다. 또한 로마 신자들에게 보낸 서간 13장 4절에서 세속적인 권력에 대해 "그는 공연히 칼을 차고 있는 것이 아닙니다. 그는 악을 저지르는 자에게 하느님의 진노를 집행하는 그분의 일꾼입니다"라고 말한다. 베드로의 첫째 서간 2장 13-14절에서도 "여러분은 하느님을 위해 모든 인간 피조물에 복종하되, 주권자인 임금이든지 악을 저지르는 자들에게 벌을 주고 선을 행하는 이들에게는 상을 주도록 임금이 파견한 총독이든지 다 복종하십시오"[301]▶라고 말한다.

---

[300] *NE* I 2, 1094b 9. 참조: *SCG* III 69, 2446.

3199. Per hoc autem excluditur error QUORUNDAM dicentium vindictas corporales non licite fieri.

a) Qui ad sui fulcimentum erroris inducunt quod dicitur *Exod.* 20, 13: *Non occides.* Quod etiam MATTH. 5, 21 resumitur.

b) Inducunt etiam quod dicitur MATTH. 13, 30, quod Dominus ministris volentibus zizaniam colligere de medio tritici, respondit: *Sinite utraque crescere usque ad messem.* Per zizaniam autem 38 *filii nequam* intelliguntur, per messem autem 39 *saeculi finis,* ut ibidem dicitur. Non igitur mali subtrahendi sunt de medio bonorum per occisionem.

c) Inducunt etiam quod homo quandiu in mundo est, potest in melius transmutari. Non ergo est per occisionem subtrahendus a mundo, sed ad poenitentiam reservandus.

3200. Haec autem frivola sunt.

a) Nam in lege quae dicit, *Non occides,* postmodum subditur: *Maleficos non patieris vivere.* Ex quo datur intelligi occisionem hominum iniustam prohibitam esse. Quod etiam ex verbis Domini apparet MATTH. 5. Nam cum dixisset, *Audistis quia dictum est antiquis, Non occides,* subiunxit: 22 *Ego autem dico vobis, Qui*

◀301 『성경』: "주님을 생각하여, 모든 인간 제도에 복종하십시오. 임금에게는 주권자이므로 복종하고, 총독들에게는, 악을 저지르는 자들에게 벌을 주고 선을 행하는 이들에게는 상을 주도록 임금이 파견한 사람이므로 복종하십시오."

302 '체형'은 징역, 태형, 사형 따위와 같이 직접 사람의 몸에 형벌을 가하는 형벌을 뜻하는데, 여기서 토마스는 '사형'을 염두에 둔다.

3199. 이로써 체형體刑[302]은 법에 어긋난다고 말하는 자들의 오류가 제거된다.

a) 그들은 자신들의 오류를 마태오 복음서 5장 21절에도 언급되는 탈출기 20장 13절의 "살인해서는 안 된다"라는 구절에 근거를 둔다.

b) 그들은 주님께서 밀 가운데서 가라지를 거두고자 하는 일꾼에게 "수확 때까지 둘 다 함께 자라도록 내버려두어라"라고 대답한 마태오 복음서 13장 30절의 구절을 인용하기도 한다. 마태오 복음서 13장 38-39절에서 언급되듯, 가라지들은 '악한 자의 자녀들'인 반면, 수확 때는 '세상 종말'로 해석된다. 따라서 악한 자들은 죽임을 통해 선한 자들에게서 단절되어서는 안 된다는 것이다.

c) 그들은 인간이 이 세상에 존재하는 동안에 더 나은 쪽으로 변할 수 있다고 지적하기도 한다. 따라서 인간은 죽임을 당함으로써 이 세상에서 제거되어서는 안 되고 참회를 위해 남겨 두어야 한다는 것이다.

3200. 그러나 이런 논거들은 대수롭지 않다.

a) 왜냐하면 "살인해서는 안 된다"라고 말하는 법에는 "너희는 마법사들을 살려 두어서는 안 된다"[303]라는 구절이 덧붙기 때문이다. 이것을 통해 우리는 이 금지가 부당한 살인에 대한 것임을 이해해야 한다. 이 점은 마태오 복음서 5장에 있는 주님의 말씀에서도 분명하다. 왜냐하면 주님께서는 21절에 "'살인해서는 안 된다 …'고 옛사람들에게 이르신 말씀을 너희는 들었다"라고 말씀하신 후에 22절에 "그러나 나는 너희에게 말한다. 자기

---

[303] 『성경』 탈출기 22,17: "너희는 주술쟁이 여자를 살려 두어서는 안 된다". 탈출기 22,18-19에서도 사형에 처할 죄인에 대해 말한다: "짐승과 교접하는 자는 누구든 사형을 받아야 한다. 주님 말고 다른 신들에게 제사를 지내는 자는 처형되어야 한다."

irascitur fratri suo etc. Ex quo dat intelligere illam occisionem esse prohibitam quae procedit ex ira, non autem illam quae procedit ex zelo iustitiae.

b) Quod etiam Dominus dicit, *Sinite utraque crescere usque ad messem,* qualiter intelligendum sit, apparet per id quod sequitur: 29 *Ne forte, colligentes zizania, eradicetis simul et triticum.* Ibi ergo interdicitur malorum occisio ubi hoc sine periculo bonorum fieri non potest. Quod plerumque contingit quando mali nondum discernuntur a bonis per manifesta peccata; vel quando timetur periculum ne mali multos bonos post se trahant.

c) Quod vero mali, quandiu vivunt, emendari possunt, non prohibet quin iuste possint occidi: quia periculum quod de eorum vita imminet, est maius et certius quam bonum quod de eorum emendatione expectatur. Habent etiam in ipso mortis articulo facultatem ut per poenitentiam convertantur ad Deum. Quod si adeo sunt obstinati quod etiam in mortis articulo cor eorum a malitia non recedit, satis probabiliter aestimari potest quod nunquam a malitia resipiscant.

CAPITULUM CXLVII

QUOD HOMO INDIGET DIVINO AUXILIO

AD BEATITUDINEM CONSEQUENDAM

3201. QUIA vero ex superioribus (capp. 112 sqq.) manifestum est

형제에게 성을 내는 자” 등을 덧붙이시기 때문이다. 이것을 통해 주님께서는 분노로 인해 일어나는 살인은 금지되더라도 정의에 대한 열의로 인해 일어나는 살인은 금지되지 않는다는 점을 우리에게 이해하도록 만드신다.

b) “수확 때까지 둘 다 함께 자라도록 내버려두어라”라는 주님의 말씀이 이해되어야 하는 방식은 29절에 “아니다. 너희가 가라지들을 거두어 내다가 밀까지 함께 뽑을지도 모른다”라는 다음 구절에 드러난다. 이런 이유로 악한 자들을 처형하는 것이 선한 자들에게 해를 끼치지 않고서는 이루어질 수 없을 때 금지된다. 물론 이것은 종종 악한 자들이 입증된 죄를 통해 선한 자들과 분명하게 구별되지 않는 경우나 악한 자들이 수많은 선한 자들을 악한 길로 유인하게 될 위험이 두려울 경우 일어난다.

c) 악한 자들이 살아 있는 동안 교정될 수 있다는 점이 그들에 대한 정당한 처형을 금하도록 하지는 않는다. 왜냐하면 그들이 살아남음으로써 닥치는 위험은 그들의 교정에서 기대되는 선보다 더 크고 더 확실하기 때문이다. 더구나 그들은 죽는 순간에 참회를 통해 신에게 회개할 수도 있다. 그리고 그들은 죽는 순간에조차 마음이 사악함에서 떠나지 않을 정도로 완고하다면 결코 사악함에서 떠나 잘못을 뉘우칠 가능성이 매우 낮다고 평가할 수 있다.

제147장
인간은 지복을 얻기 위해 신의 도움이 필요하다

3201. 이성적 피조물들이 본성적 조건에서 나머지 피조물들과 다른 만큼

quod divina providentia aliter disponit creaturas rationales quam res alias secundum quod in conditione naturae propriae ab aliis differunt, restat ostendendum quod etiam ex dignitate finis altior gubernationis modus a divina providentia eis adhibetur (cf. cap. 111).

3202. Manifestum est autem quod secundum convenientiam suae naturae, ad altiorem participationem finis perveniunt. Quia enim intellectualis naturae sunt, per suam operationem intelligibilem veritatem attingere possunt: quod aliis rebus non competit, quae intellectu carent. Et quidem secundum quod ad intelligibilem veritatem naturali operatione perveniunt, manifestum est eis aliter provideri divinitus quam aliis rebus: inquantum homini datus est intellectus et ratio, per quae veritatem et discernere et investigare possit; datae sunt etiam ei vires sensitivae, et interiores et exteriores, quibus ad investigandam veritatem adiuvetur; datus est etiam ei loquelae usus, per cuius officium veritatem quam aliquis mente concipit, alteri manifestare possit; ut sic homines seipsos iuvent in cognitione veritatis, sicut et in aliis rebus necessariis vitae, cum sit homo *animal naturaliter sociale.*

3203. Sed ulterius ultimus finis hominis in quadam veritatis cognitione constitutus est quae naturalem facultatem ipsius excedit: ut scilicet ipsam primam Veritatem videat in seipsa, sicut supra (capp. 50 sqq.) ostensum est. Hoc autem inferioribus creaturis non com-

신의 섭리가 이성적 피조물들을 나머지 피조물들과는 다른 방식으로 다스
린다는 점은 앞선(III 112 이하) 언명들로 보아 분명하므로, 신의 섭리가 이
성적 피조물들의 목적이 지니는 고귀함 때문에 그들에게 더 고귀한 방식의
통치를 사용한다는 점을 드러내는 일이 남아 있다(III 111 참조).

3202. 그런데 이성적 피조물들은 자신들의 본성에 따라 목적에 더 고귀한
방식으로 참여한다. 그것들은 지성적 본성을 지니기에 자신들의 작용으로
가지적인 진리에 도달할 수 있기 때문이다. 이는 지성을 소유하지 않은 다
른 피조물들에 있어서 불가능한 것이다. 또한 이성적 피조물들이 자신들
의 본성적 작용을 통해 가지적인 진리에 도달하는 한에서, 신은 그것들을
나머지 피조물들과는 다른 방식으로 섭리한다는 게 분명하다. 인간에게는
진리를 식별할 수 있을 뿐만 아니라 진리를 탐구할 수 있도록 하는 지성과
이성이 주어져 있고, 진리를 추구하는 데 도움을 주는 내적 감각 능력들은
물론 외적 감각 능력들도 주어져 있으며, 그리고 자신의 정신 속에서 품는
진리를 남에게 전달할 수 있게 하는 기능이기도 한 언어의 사용 능력이 주
어져 있는 만큼, 인간들은 삶에 필요한 다른 것들에 대해 서로 도울 수 있
듯이 진리를 인식하는 과정에서도 서로 도울 수 있다. 이는 인간이 "본성
적으로 사회적 동물"[304]이라는 사실에서 비롯한다.

3203. 더욱이, 인간의 궁극 목적은 자신의 본성적 능력을 능가하는 진리의
인식에 놓여 있다. 즉, 앞서(III 50 이하) 드러난 것처럼, 그것은 인간이 제일
진리 그 자체를 보는 행위에 있다. 그런데 이것, 즉 본성적 능력을 능가하

---

[304] *NE* I 7, 1097b 11.

petit, ut scilicet ad finem pervenire possint qui eorum facultatem naturalem excedat. Oportet igitur ut etiam ex hoc fine attendatur diversus gubernationis modus circa homines, et alias inferiores creaturas. Ea enim quae sunt ad finem, necesse est fini esse proportionata. Si igitur homo ordinatur in finem qui eius facultatem naturalem excedat, necesse est ei aliquod auxilium divinitus adhiberi supernaturale, per quod tendat in finem.

3204. Adhuc. Res inferioris naturae in id quod est proprium superioris naturae non potest perduci nisi virtute illius superioris naturae: sicut luna, quae ex se non lucet, fit lucida virtute et actione solis; et aqua, quae per se non calet, fit calida virtute et actione ignis. Videre autem ipsam primam veritatem in seipsa ita transcendit facultatem humanae naturae, quod est proprium solius Dei, ut supra (cap. 52) ostensum est. Indiget igitur homo auxilio divino ad hoc quod in dictum finem perveniat.

3205. Item. Unaquaeque res per operationem suam ultimum finem consequitur. Operatio autem virtutem sortitur ex principio operante: unde per actionem seminis generatur aliquid in determinata specie, cuius virtus in semine praeexistit. Non potest igitur homo per operationem suam pervenire in ultimum finem suum, qui transcendit facultatem naturalium potentiarum, nisi eius operatio ex divina virtute efficaciam capiat perducendi ad finem praedictum.

는 목적에 도달할 가능성은 하위의 피조물들에는 어울리지 않는다. 결과적으로 이런 목적을 통해 인간들과 하위의 다른 피조물들에게 적용되는 서로 다른 통치의 방식에 주목해야 한다. 왜냐하면 목적에 이르는 수단들은 그 목적에 비례해야 하기 때문이다. 따라서 인간이 자신의 본성적 능력을 능가하는 목적을 향한다면, 인간이 그 목적을 지향할 수 있도록 하는 어떤 도움이 신에 의해 초자연적인 방식으로 인간에게 제공되어야 한다.

3204. 게다가, 열등한 본성을 지닌 것은 탁월한 본성의 능력에 의하지 않고서는 탁월한 본성에 어울리는 것에 다다를 수 없다. 이를테면, 저절로 빛을 발하지 않는 달은 태양의 능력과 작용을 통해 어둠에서 빛을 발하게 되며, 저절로 뜨겁지 않은 물은 불의 능력과 작용을 통해서 뜨겁게 된다. 그런데 앞서(III 52) 드러났듯이, 제일 진리 그 자체를 보는 행위는 인간 본성의 능력을 넘어서기에 신에게만 고유한 것이다. 그러므로 인간은 이런 목적에 도달하기 위해 신의 도움이 필요하다.

3205. 마찬가지로, 만물은 자신의 작용으로 자신의 궁극 목적에 다다른다. 그런데 작용은 그 능력을 작용 원리에서 얻는다. 이런 이유로 어떤 존재자는 정액의 작용으로 정해진 종으로 생성되는데, 그것의 능력은 정액 안에 미리 존재한다. 그러므로 인간의 작용이 궁극 목적에 도달하게 되는 효력을 신의 능력에서 얻지 못한다면, 인간은 자신의 작용을 통해서는 자신의 본성적 능력들의 한도를 넘어서는 궁극 목적에 도달할 수 없다.

3206. Amplius. Nullum instrumentum secundum virtutem propriae formae perducere potest ad ultimam perfectionem, sed solum secundum virtutem principalis agentis: quamvis secundum propriam virtutem aliquam dispositionem facere possit ad ultimam perfectionem. A serra enim secundum rationem propriae formae est sectio ligni, sed forma scamni est ab arte, quae utitur instrumento: similiter resolutio et consumptio in corpore animalis est a calore ignis, sed generatio carnis, et determinatio augmenti, et alia huiusmodi, sunt ab anima vegetabili, quae utitur calore igneo sicut instrumento. Sub Deo autem, qui est primus intellectus et volens, ordinantur omnes intellectus et voluntates (capp. 67, 70) sicut instrumenta sub principali agente. Oportet igitur quod eorum operationes efficaciam non habeant respectu ultimae perfectionis, quae est adeptio finalis beatitudinis, nisi per virtutem divinam. Indiget igitur rationalis natura divino auxilio ad consequendum ultimum finem.

3207. Praeterea. Homini adsunt impedimenta plurima perveniendi ad finem. Impeditur enim debilitate rationis, quae de facili trahitur in errorem, per quem a recta via perveniendi in finem excluditur. Impeditur etiam ex passionibus partis sensitivae, et ex affectionibus quibus ad sensibilia et inferiora trahitur, quibus quanto magis inhaeret, longius ab ultimo fine distat: haec enim infra hominem sunt, finis autem hominis superior eo existit. Impeditur etiam plerumque corporis infirmitate ab executione virtuosorum actuum, quibus ad

3206. 나아가, 비록 도구는 자신의 고유한 능력으로 궁극 완성에 이르기 위한 준비 태세를 갖출 수는 있더라도, 자신의 고유한 능력으로는 궁극 완성에는 이를 수 없고 주요 작용자의 능력에 의해서만 이를 수 있다. 아닌 게 아니라 톱은 자기 형상의 본질 규정에 따라 목재를 자르는 작용을 일으키지만, 나무 의자의 형상은 도구를 사용하는 기술에서 생긴다. 마찬가지로, 동물의 육체에서 먹이를 분해하여 섭취하는 작용은 체열體熱[305]에 기인하지만, 살을 생성하고 성장을 조절하는 등과 같은 작용은 체열을 도구로 사용하는 생장적 혼에서 나온다. 그런데 모든 지성과 의지는 제일의 지성이자 제일의 의지하는 자인 신에게 주요 작용자 아래 있는 도구들로서 종속된다. 결과적으로 그것들의 작용은 신의 능력을 통하지 않고서는 최종적인 지복의 성취인 궁극 완성에 대한 효력을 가질 리가 없다. 그러므로 이성적 본성은 궁극 목적에 다다르기 위해 신의 도움이 필요하다.

3207. 그 밖에도, 인간이 자신의 목적에 도달하는 과정에서 많은 장애가 가로막는다. 인간은 이성의 나약함으로 장애가 생기는데, 그 나약함으로 인해 자신의 목적으로 인도하는 올바른 길에서 차단되게 하는 오류에 쉽사리 빠지기 때문이다. 인간은 감각 능력들의 정념과 감각될 수 있는 하위의 대상들에게 이끌리는 감정으로 장애를 겪기도 하는데, 이런 것들에 더 애착을 가지는 인간일수록 궁극 목적과는 더 동떨어지게 된다. 왜냐하면 이런 것들은 인간보다 아래에 있지만, 인간의 목적은 자신보다 위에 있기 때문이다. 인간은 육체의 잦은 질병으로 인해 지복을 향하게 하는 자신의 덕

---

[305] 직역하자면 '불의 열기'라는 뜻인데, 사람이나 동물의 몸에서 나는 열을 가리킨다.

beatitudinem tenditur. Indiget igitur auxilio divino homo ne per huiusmodi impedimenta totaliter ab ultimo fine deficiat.

3208. Hinc est quod dicitur IOAN. 6, 44: *Nemo potest venire ad me nisi Pater, qui misit me, traxerit illum;* et 15, 4: *Sicut palmes non potest ferre fructum a semetipso nisi manserit in vite, sic nec vos nisi in me manseritis.*

3209. Per hoc autem excluditur error PELAGIANORUM qui dixerunt quod per solum liberum arbitrium homo poterat Dei gloriam promereri.

CAPITULUM CXLVIII

QUOD PER AUXILIUM DIVINAE GRATIAE HOMO
NON COGITUR AD VIRTUTEM

3210. POSSET autem videri ALICUI quod per divinum auxilium aliqua coactio homini inferatur ad bene agendum, ex hoc quod dictum est, *Nemo potest venire ad me nisi Pater, qui misit me, traxerit eum;* et ex hoc dicitur *Rom.* 8, 14, Qui *Spiritu Dei aguntur,* hi *filii Dei sunt* et II *Cor.* 5, 14, *Caritas Christi urget nos.* Trahi enim, et agi, et

---

[306] 아우구스티누스 『이단론』 88 (PL 42, 47).

행을 수행하면서 장애를 겪기도 한다. 그러므로 인간은 이런 장애들에 의해 궁극 목적에서 완전히 멀어지지 않도록 신의 도움이 필요하다.

3208. 이런 이유로 요한 복음서 6장 44절에서 "나를 보내신 아버지께서 이끌어 주지 않으신다면 아무도 나에게 올 수 없다"라고 말하며, 15장 4절에서 "가지는 포도나무에 붙어 있지 않으면 스스로 열매를 맺을 수 없는 것처럼, 너희도 내 안에 머무르지 않으면 열매를 맺지 못한다"라고 말한다.

3209. 이로써 인간은 자신의 자유재량으로만 신의 영광을 누릴 수 있다고 말한 펠라기우스파의 오류[306]가 배제된다.

제148장
신적 은총의 도움은 인간으로 하여금 덕을 행하도록 강제하지는 않는다

3210. 누군가에게는 신의 도움이 인간에게 선한 행위를 하도록 강제를 행사하는 것처럼 보일 수 있다. 왜냐하면 "나를 보내신 아버지께서 이끌어 주지 않으시면 아무도 나에게 올 수 없다"[307]라고 말하고, 로마 신자들에게 보낸 서간 8장 14절에서 "하느님의 영의 인도를 받는 이들은 모두 하느님의 자녀입니다"라고 말하며, 코린토 신자들에게 보낸 둘째 서간 5장 14절에서 "그리스도의 사랑이 우리를 다그칩니다"라고 말하기 때문이다. 과연

---

[307] 요한 복음서 8,14.

urgeri, coactionem importare videntur.

3211. Hoc autem non esse verum manifeste ostenditur. Divina enim providentia rebus omnibus providet secundum modum eorum, ut supra (cap. 71) ostensum est. Est autem proprium homini, et omni rationali naturae, quod voluntarie agat et suis actibus dominetur, ut ex supra (*lib.* 11, capp. 47 sq) dictis patet. Huic autem coactio contrariatur. Non igitur Deus suo auxilio hominem cogit ad recte agendum.

3212. Adhuc. Divinum auxilium sic intelligitur ad bene agendum homini adhiberi, quod in nobis nostra opera operatur, sicut causa prima operatur operationes causarum secundarum, et agens principale operatur actionem instrumenti: unde dicitur Isaiae 26, 12: *Omnia opera nostra operatus es* in *nobis, Domine.* Causa autem prima causat operationem causae secundae secundum modum ipsius. Ergo et Deus causat in nobis nostra opera secundum modum nostrum, qui est ut voluntarie, et non coacte agamus. Non igitur divino auxilio aliquis cogitur ad recte agendum.

3213. Amplius. Homo per voluntatem ordinatur in finem: obiectum enim voluntatis est bonum et finis. Auxilium autem divinum nobis ad hoc praecipue impenditur ut consequamur finem. Eius ergo au-

이끎을 받는 것, 인도를 받는 것 그리고 다그침을 받는 것은 강제를 함의하는 것 같다.

3211. 하지만 이것이 참이 아니라는 게 분명하다. 왜냐하면 앞서(III 71) 드러난 것처럼, 신적 섭리는 만물을 그 양태에 따라 보살피기 때문이다. 그런데 앞서(II 47 이하) 밝혀졌듯이, 자발적으로 행위를 하는 것과 자신의 행위들을 지배하는 것은 인간뿐만 아니라 모든 이성적 본성에도 속한다. 그러나 강제는 이것과 상반된다. 그러므로 신은 자신의 도움으로 인해 인간들에게 올바른 행위를 하도록 강제하지는 않는다.

3212. 게다가, 인간이 행위를 잘할 수 있도록 신의 도움이 인간에게 제공된다는 것은 제일 원인이 제이 원인들의 작용을 이루며 주요 작용자가 도구의 작용을 이루는 것처럼 신의 도움이 우리 안에서 우리가 하는 일들을 이루게 한다는 뜻으로 이해된다. 이런 이유로 이사야서 26장 12절에서 "주님, 저희가 한 모든 일도 당신께서 저희 안에서 이루신 것입니다"라고 말한다. 그런데 제일 원인은 제이 원인의 양태에 따라 제이 원인이 수행하는 작용의 원인이 된다. 따라서 신도 우리의 양태에 따라 우리 안에서 우리가 하는 일들의 원인이 된다. 그러므로 그 누구도 신적 도움으로 인해 올바른 행위를 하도록 강제되지는 않는다.

3213. 나아가, 인간은 자기 의지로 자신의 목적을 지향한다. 의지의 대상이 선이자 목적이기 때문이다. 그런데 신의 도움은 주로 우리가 목적을 이룰 수 있도록 우리에게 주어진다. 따라서 이런 도움은 우리에게서 의지 행

xilium non excludit a nobis actum voluntatis, sed ipsum praecipue in nobis facit: unde et APOSTOLUS dicit, *Philipp.* 2, 13: *Deus est qui operatur in* nobis *velle et perficere, pro bona voluntate.* Coactio autem excludit in nobis actum voluntatis: coacte enim agimus cuius contrarium volumus. Non ergo Deus suo auxilio nos cogit ad recte agendum.

3214. Item. Homo pervenit ad ultimum suum finem per actus virtutum: felicitas enim virtutis praemium ponitur. Actus autem coacti non sunt actus virtutum: nam in virtute praecipuum est electio, quae sine voluntario esse non potest, cui violentum contrarium est. Non igitur divinitus homo cogitur ad recte agendum.

3215. Praeterea. Ea quae sunt ad finem, debent esse fini proportionata. Finis autem ultimus, qui est felicitas, non competit nisi voluntarie agentibus, qui sunt domini sui actus: unde neque inanimata, neque bruta animalia felicia dicimus, sicut nec fortunata aut infortunata, nisi secundum metaphoram. Auxilium igitur quod homini datur divinitus ad felicitatem consequendam, non est coactivum.

3216. Hinc est quod *Deut.* 30 dicitur: 15 *Considera quod hodie* proposuerit Dominus *in conspectu tuo vitam et bonum, et e contrario*

위를 배제하는 것이 아니라 특별한 방식으로 우리 안에서 이런 행위를 일으킨다. 이런 이유로 사도께서 필리피 신자들에게 보낸 서간 2장 13절에서 "하느님은 당신 선의에 따라 우리 안에서 활동하시어, 의지를 일으키시고 그것을 실천하게 하시는 분이십니다"[308]라고 말씀하신다. 그렇지만 강제는 우리에게서 의지 행위를 배제한다. 우리는 우리 의지에 반하는 것을 강제로 하니까 말이다. 그러므로 신은 자신의 도움으로 우리에게 올바른 행위를 하도록 강제하지는 않는다.

3214. 마찬가지로, 인간은 덕행을 통해 자신의 궁극 목적에 이른다. 행복은 덕에 대한 상급으로 주어져 있으니 말이다. 그런데 강제된 행위는 덕행이 아니다. 왜냐하면 덕에서 으뜸가는 것은 선택인데, 그것은 강제적인 것의 반대편에 있는 자발적인 것 없이는 불가능하기 때문이다. 그러므로 신은 인간에게 올바른 행위를 하도록 강제하지는 않는다.

3215. 그 밖에도, 목적에 이르는 수단들은 목적에 비례해야 한다. 그런데 궁극 목적인 행복은 자발적으로 작용하며 자신의 행위들을 지배하는 자에게만 어울린다. 이런 이유로 우리는 무생물체들이나 짐승들에 대해 단지 비유적으로만 운이 좋거나 나쁘다고 하는 것처럼, 그것들이 단지 비유적으로만 행복하다고 말한다. 그러므로 신이 인간에게 행복을 얻도록 부여하는 도움은 강제적이지 않다.

3216. 이런 이유로 신명기 30장 15-18절에서 "보아라, 주 너희 하느님을

---

[308] 『성경』: "하느님은 당신 호의에 따라 여러분 안에서 활동하시어, 의지를 일으키시고 그것을 실천하게 하시는 분이십니다."

mortem et malum: 16 *ut diligas dominum Deum tuum, et ambules in viis eius.* 17 *Si autem aversum fuerit cor tuum et audire nolueris,* 18 *praedico tibi hodie quod pereas.* Et *Eccli.* 15, 18 dicitur: *Ante hominem* est *vita et mors, bonum et malum. Quod placuerit ei, dabitur illi.*

Capitulum CXLIX

Quod divinum auxilium homo promereri non potest

3217. Ex dictis autem manifeste ostenditur quod auxilium divinum homo promereri non potest. Quaelibet enim res ad id quod supra ipsam est, materialiter se habet. Materia autem non movet seipsam ad suam perfectionem sed oportet quod ab alio moveatur. Homo igitur non movet seipsum ad hoc quod adipiscatur divinum auxilium, quod supra ipsum est, sed potius ad hoc adipiscendum a Deo movetur. (cap. 147) Motio autem moventis praecedit motum mobilis ratione et causa. Non igitur propter hoc nobis datur auxilium divinum quia nos ad illud per bona opera promovemus, sed potius ideo nos per bona opera proficimus, quia divino auxilio praevenimur.

---

309 『성경』: "보아라, 내가 오늘 너희 앞에 생명과 행복, 죽음과 불행을 내놓는다. … 주 너희 하느님을 사랑하며 그분의 길을 따라 걷고 …. 그러나 너희의 마음이 돌아서서 말을 듣지 않는다면, … 내가 오늘 너희에게 분명히 일러두는데, 너희는 멸망할 것이다."

사랑하며 그분의 길을 따라 걷도록 주님께서 오늘 너희 앞에 생명과 선, 죽음과 악을 내놓는다. … 그러나 너희의 마음이 돌아서서 말을 듣지 않는다면, … 내가 오늘 너희에게 분명히 일러두는데, 너희는 멸망할 것이다"[309]라고 말한다. 또 집회서 15장 18절[310]에서 "사람 앞에는 생명과 죽음, 선과 악이 있으니, 어느 것이나 바라는 대로 받으리라"[311] 하고 말한다.

제149장
인간은 신의 도움을 공로功勞로 받을 수 없다

3217. 앞선 언명으로 보아 인간은 신의 도움을 공로로 받을 수 없다는 게 분명하다. 모든 것은 자신보다 상위에 있는 것에 대해 질료로서 연관되기 때문이다. 그런데 질료는 스스로 자신의 완전성을 향해 움직이지 않고 다른 무엇에 의해 움직여질 필요가 있다. 따라서 인간은 자신보다 상위에 있는 신의 도움을 얻기 위해 자기 자신을 움직이게 하는 것이 아니라 그것을 얻기 위해 신에 의해 움직여진다(III 147). 그런데 움직이게 하는 자의 운동은 논리적으로도 인과적으로도 움직여질 수 있는 자의 운동보다 앞선다. 그러므로 우리가 선한 행위들을 통해 당초에 우리 자신을 신의 도움으로 향하도록 한 덕분에 그 도움이 우리에게 주어지는 것이 아니라 도리어 신의 선행하는 도움 때문에 우리는 선한 행위들을 통해 그러한 성과를 거두게 된다.

---

³¹⁰ 『성경』에는 집회서 15장 17절로 나온다.
³¹¹ 『성경』: "사람 앞에는 생명과 죽음이 있으니 어느 것이나 바라는 대로 받으리라."

3218. Adhuc. Agens instrumentale non disponit ad perfectionem inducendam a principali agente nisi secundum quod agit ex virtute principalis agentis: sicut calor ignis non magis praeparat materiam ad formam carnis quam ad aliam formam, nisi inquantum agit in virtute animae. Sed anima nostra operatur sub Deo sicut agens instrumentale sub principali agente (cap. praec). Non igitur potest se anima praeparare ad suscipiendum effectum divini auxilii nisi secundum quod agit ex virtute divina. Praevenitur igitur divino auxilio ad bene operandum, magis quam divinum auxilium praeveniat, quasi merendo illud vel se praeparando ad illud.

3219. Amplius. Nullum agens particulare potest universaliter praevenire actionem primi universalis agentis: eo quod omnis actio particularis agentis originem habet ab universali agente; sicut in istis inferioribus omnis motus praevenitur a motu caelesti. Sed anima humana ordinatur sub Deo sicut particulare agens sub universali. Impossibile est ergo esse aliquem rectum motum in ipsa quem non praeveniat actio divina. Unde et IOAN. 15, 5, Dominus dicit: *Sine me nihil potestis facere.*

3220. Item. Merces proportionatur merito: cum in retributione mercedis aequalitas iustitiae observetur. Effectus autem divini auxilii, qui facultatem naturae excedit, non est proportionatus actibus quos homo ex naturali facultate producit. Non igitur per huiusmodi actus

3218. 게다가, 도구적 작용자는 주요 작용자의 능력을 통해 행위를 하는 한에서만, 주요 작용자에 의해 완전성으로 이르게 되는 준비 태세를 갖출 수 있게 된다. 예컨대, 체열은 영혼의 능력을 통해 작용하는 경우에만, 다른 어떤 형상보다 우선적으로 질료가 육체의 형상을 취할 수 있도록 준비시킨다. 그런데 도구적 작용자가 주요 작용자 아래서 작용하듯이, 우리 영혼도 신 아래서 작용한다(III 147). 결과적으로 영혼은 신적 도움의 결과를 받기 위해 스스로 준비할 수 없으며, 오직 신의 능력을 통해 작용할 때만 그 준비가 가능하다. 그러므로 선한 행위를 하기 위해서는 영혼이 마치 신적 도움을 받을 만한 공로를 세워 얻거나 그 도움을 받을 준비를 스스로 함으로써, 신적 도움보다 선행하는 것이 아니라 신적 도움이 영혼보다 선행한다.

3219. 나아가, 특수한 작용자의 모든 행위는 보편적 작용자에게서 비롯되기 때문에 일반적으로 어떠한 특수한 작용자도 제일의 보편적 작용자의 행위보다 선행할 수 없다. 이처럼 천체의 운동은 하위 세계의 모든 운동보다 선행한다. 그런데 특수한 작용자가 보편적 작용자에 종속되듯 인간 영혼도 신에게 종속된다. 그러므로 영혼 안에는 신의 행위보다 선행하는 올바른 움직임이란 있을 수 없다. 이런 이유로 주님께서는 요한 복음서 15장 5절에서 "너희는 나 없이 아무것도 못 한다"라고 말씀하신다.

3220. 마찬가지로, 품삯은 공로에 비례한다. 왜냐하면 보상報償이 주어질 때 정의의 동등성이 지켜지기 때문이다. 그런데 자연의 능력을 초월하는 신적 도움의 결과는 인간이 자신의 자연적 능력으로 수행하는 행위들에 비례하지 않는다. 그러므로 인간은 그러한 행위들로는 앞서 말한 도움을 마

potest homo praedictum auxilium mereri.

3221. Praeterea. Cognitio praecedit voluntatis motum. Cognitio autem supernaturalis finis est homini a Deo: cum per rationem naturalem in ipsum attingere homo non possit, eo quod facultatem naturalem excedit. Oportet ergo quod motus voluntatis nostrae in ultimum finem auxilium divinum praeveniat.

3222. Hinc est quod dicitur Tit. 3, 5: *Non ex operibus iustitiae quae fecimus nos, sed secundum suam misericordiam salvos nos fecit.* Et *Rom.* 9, 16: *Non est volentis,* scilicet velle, *nec currentis* scilicet currere, *sed miserentis Dei:* quia scilicet oportet quod ad bene volendum et operandum homo divino praeveniatur auxilio; sicut consuetum est quod effectus aliquis non attribuitur proximo operanti, sed primo moventi; attribuitur enim victoria duci, quae labore militum perpetratur. Non ergo per huiusmodi verba excluditur liberum voluntatis arbitrium, sicut QUIDAM male intellexerunt, quasi homo non sit dominus suorum actuum interiorum et exteriorum: sed ostenditur Deo esse subiectum. Et *Thren.* 4 dicitur: *Converte nos, Domine, ad te, et convertemur:* per quod patet quod conversio nostra ad Deum praevenitur auxilio Dei nos convertentis.

---

312 『성경』: "그러므로 그것은 사람의 의지나 노력이 아니라 하느님의 자비에 달려 있습니다."

땅히 받을 공로를 가질 수 없다.

3221. 그 밖에도, 인식은 의지의 움직임보다 선행한다. 그런데 초자연적 목적에 대한 인식은 신에게서 인간으로 온다. 왜냐하면 그것은 인간의 자연적 능력을 초월하므로 인간은 자연 이성으로는 그것을 획득할 수 없기 때문이다. 따라서 신적 도움은 궁극 목적을 향하는 우리 의지의 움직임보다 선행해야 한다.

3222. 이런 이유로 티토에게 보낸 서간 3장 5절에서 "[그분께서] 우리가 한 의로운 일 때문이 아니라 당신 자비에 따라 우리를 구원하신 것입니다"라고 말한다. 그리고 로마 신자들에게 보낸 서간 9장 16절에서 "그것은 원하는 자에", 즉 원하는 행위에 "속한 것이 아니며", "달리는 자에", 즉 달리는 행위에 "속하는 것도 아니지만, 자비를 베푸시는 하느님께 속한다"[312]라고 말한다. 왜냐하면 인간이 선한 의지 작용과 선한 행위를 수행하기 위해서 신의 도움이 선행해야 하기 때문이다. 예컨대, 결과는 근접한 작용자가 아니라 제일 운동자에게 귀속하는 것이 관례다. 따라서 승리가 병사들의 노력으로 이룩되더라도 사령관에게 귀속된다. 따라서 이런 언명들은 의지의 자유재량을 배제하는 것이 아니고, 일부 사람들이 잘못 이해한 것처럼 인간이 마치 자신의 내적 행위들과 외적 행위들을 지배하지 않는 것처럼 해석되지 않는다. 오히려 이 언명들은 자유 의지가 신에게 복종한다는 것을 의미한다. 그리고 애가에서 "주님, 저희를 당신께 되돌리소서, 저희가 돌아가오리다"[313]라고 말한다. 이것으로 보아 우리를 회개하게 하는 신의 도움이 신으로 향하는 우리의 회개보다 선행한다는 점은 분명하다.

---

[313] 5,21.

3223. Legitur tamen Zach. 1, 3, ex persona Dei dictum, *Con-vertimini ad me, et convertar ad vos:* non quin Dei operatio nos-tram conversionem praeveniat, ut dictum est, sed quia conversio-nem nostram, qua ad ipsum convertimur, adiuvat subsequenter, eam roborando ut ad effectum perveniat, et stabiliendo ut finem debitum consequatur.

3224. Per hoc autem excluditur error Pelagianorum, qui dicebant huiusmodi auxilium propter merita nobis dari; et quod iustifica-tionis nostrae initium ex nobis sit, consummatio autem a Deo.

Capitulum CL

Quod praedictum divinum auxilium gratia nominatur, et quid sit gratia gratum faciens

3225. Quia vero hoc quod datur alicui absque suis meritis prae-cedentibus, *gratis* ei dicitur dari; cum divinum auxilium homini exhibitum omne meritum humanum praeveniat ut ostensum est (cap. praec), consequitur quod hoc auxilium gratis homini impendatur, et ex hoc convenienter *gratiae* nomen accepit. Unde et Apostolus di-

---

[314] 참조: *SCG* III 147.

3223. 그런데도 즈카르야서 1장 3절에서 신의 이름으로 개진된 "너희는 나에게 돌아와라. 그러면 나도 너희에게 돌아가리라"라는 구절이 적혀 있다. 하지만 이 구절은 신의 작용이 우리의 회개보다 선행한다는 우리의 언명을 부정하지 않지만, 신은 우리의 회개가 그 결과에 이를 수 있도록 그것을 견고히 함으로써, 그리고 우리의 회개가 마땅한 목적을 이룰 수 있도록 그것을 뒷받침함으로써 우리를 신에게 되돌아가도록 하는 우리의 회개를 차후에 돕는다는 뜻이다.

3224. 이로써 이런 종류의 도움이 우리의 공로 때문에 우리에게 주어지며, 또 우리의 의화義化의 성취는 신에게 나오더라도 그것의 시작은 우리 자신에게 나온다고 주장한 펠라기우스파의 오류[314]가 제거된다.

제150장

앞서 언급한 신적 도움은 은총이라고 부른다.

또 성화聖化 은총이란 무엇인가?

3225. 인간에게 선행하는 공로 없이도 주어지는 것은 인간에게 '무상無償으로' 주어진다고 하기에 그리고 앞서(III 149) 밝혀진 대로 인간에게 제공되는 신의 도움이 인간의 모든 공로에 앞서기 때문에, 이런 도움은 인간에게 '무상으로' 부여되므로 '은총[315]'이라는 이름으로 부르는 것이 적절하다. 이런 이유로 사도께서는 로마 신자들에게 보낸 서간 11장 6절에서 "만일 은총으

---

[315] 신약 성경에서 '은총'은 그리스어 *charis*에 해당하며, 그것의 라틴어 번역어인 gratia는 '무상으로'라는 뜻을 지니는 gratis에서 나왔다.

cit, *Rom.* 11, 6: *Si gratia* est, *iam non ex operibus: alioquin gratia iam non est gratia.*

3226. Est autem et alia ratio propter quam praedictum Dei auxilium *gratiae* nomen accepit. Dicitur enim aliquis alicui esse *gratus,* quia est ei dilectus: unde et qui ab aliquo diligitur, dicitur *gratiam* eius habere. Est autem de ratione dilectionis ut diligens bonum velit ei quem diligit, et operetur. Et quidem Deus bona vult et operatur circa omnem creaturam: ipsum enim esse creaturae, et omnis eius perfectio, est a Deo volente et operante, ut supra (*lib.* 11, cap. 15) ostensum est; unde dicitur *Sap.* 11, 25: *Diligis omnia quae sunt, et nihil odisti eorum quae fecisti.* Sed specialis ratio divinae dilectionis ad illos consideratur quibus auxilium praebet ad hoc quod consequantur bonum quod ordinem naturae eorum excedit, scilicet perfectam fruitionem non alicuius boni creati, sed sui ipsius. Hoc igitur auxilium convenienter *gratia* dicitur, non solum quia gratis datur, ut ostensum est: sed etiam quia hoc auxilio homo speciali quadam praerogativa redditur Deo *gratus.* Unde et APOSTOLUS dicit, *Ephes.* 1, 5 *Praedestinavit nos in adoptionem filiorum, secundum propositum voluntatis suae,* 6 *in laudem gloriae gratiae suae, in qua gratificavit nos in dilecto Filio suo.*

---

[316] 『성경』에는 11장 24절로 나온다.

[317] 『성경』: "당신께서는 존재하는 모든 것을 사랑하시며, 당신께서 만드는 것을 하나도 혐오하지 않으십니다.

로 된 것이면 행위로 된 것이 아닙니다. 그렇지 않으면 은총이 더 이상 은총일 수가 없습니다"라고 말씀하신다.

3226. 하지만 앞서 언급한 신의 도움이 '은총'이라는 이름을 얻게 되는 또 다른 이유가 있다. 한 사람이 다른 사람에게 사랑받는다는 이유로 전자는 후자의 '마음에 든다'고 말하니까 말이다. 결과적으로 다른 사람에게 사랑받는 자는 그 사람의 '은총'을 입는다고 말한다. 그런데 사랑하는 자가 사랑하는 대상을 위해 선을 원하고 선을 행하는 것은 사랑의 본질에 속한다. 물론 신은 모든 피조물에 대해 선한 것들을 원하고 행한다. 앞서(II 15) 드러난 것처럼, 피조물의 존재 자체와 모든 완전성은 신의 의지와 작용에서 나오기 때문이다. 이런 이유로 지혜서 11장 25절[316]에서 "당신께서는 존재하는 모든 것을 사랑하시며, 당신께서 만드는 것을 하나도 혐오하지 않으시기 때문입니다"[317]라고 말한다. 하지만 신적 사랑의 특별한 의미는 신의 도움을 받는 자들에게 관찰되는데, 신은 그들이 지니는 자연의 질서를 능가하는 선, 다시 말해 창조된 선이 아니라 신 자체의 완전한 향유를 얻을 수 있도록 그들에게 도움을 준다. 따라서 이런 도움은 '은총'이라 부르는 게 적절하다. 왜냐하면 앞서 살펴보았듯이 그것은 무상으로 주어지기 때문만이 아니라 이런 도움으로 인간은 특별한 특권을 통해 신의 마음에 들기도 하기 때문이다. 이런 이유로 사도께서는 에페소 신자들에게 보낸 서간 1장 5-6절에서 "우리를 당신의 자녀로 삼으시기로 미리 정하셨습니다. 이는 하느님 의지의 목적에 따라 이루어진 것입니다. 그리하여 사랑하시는 아드님 안에서 우리에게 베푸신 그 은총의 영광을 찬양하게 하셨습니다"라고 말씀하신다.

3227. Oportet autem hanc gratiam aliquid in homine gratificato esse, quasi quandam formam et perfectionem ipsius. Quod enim in aliquem finem dirigitur, oportet quod habeat continuum ordinem in ipsum: nam movens continue mutat quousque mobile per motum finem sortiatur. Cum igitur auxilio divinae gratiae homo dirigatur in ultimum finem, ut ostensum est (cap. 147), oportet quod continue homo isto auxilio potiatur, quousque ad finem perveniat. Hoc autem non esset si praedictum auxilium participaret homo secundum aliquem motum aut passionem, et non secundum aliquam formam manentem, et quasi quiescentem in ipso: motus enim et passio talis non esset in homine nisi quando actu converteretur in finem; quod non continue ab homine agitur, ut praecipue patet in dormientibus. Est ergo gratia gratum faciens aliqua forma et perfectio in homine manens, etiam quando non operatur.

3228. Adhuc. Dilectio Dei est causativa boni quod in nobis est: sicut dilectio hominis provocatur et causatur ex aliquo bono quod in dilecto est. Sed homo provocatur ad specialiter aliquem diligendum propter aliquod speciale bonum in dilecto praeexistens. Ergo ubi ponitur specialis dilectio Dei ad hominem, oportet quod consequenter ponatur aliquod speciale bonum homini a Deo collatum. Cum igitur, secundum praedicta, gratia gratum faciens designet specialem dilectionem Dei ad hominem, oportet quod aliqua specialis bonitas et perfectio per hoc homini inesse designetur.

3227. 이런 은총은 무상으로 받은 인간 안에서 일종의 형상과 완전성으로서 존재해야 한다. 왜냐하면 움직이게 하는 자는 움직이는 대상이 움직임의 결과로 그 목적에 이를 때까지 계속해서 그 대상을 움직이도록 하기에, 목적을 향해 가는 것은 목적을 계속해서 향하는 질서를 지녀야 하기 때문이다. 따라서 앞서(III 147) 밝혀졌듯이, 인간은 신적 은총의 도움으로 궁극 목적을 향해 가기 때문에, 인간은 목적에 도달할 때까지 계속해서 이런 도움을 누려야 한다. 그런데 인간이 자신 안에 머무르면서 안식하는 것과 같은 존재하는 형상으로서가 아니라 움직임이나 영향을 받음으로 앞서 말한 도움에 참여한다면 이런 일은 일어나지 않을 것이다. 왜냐하면 움직임이나 영향을 받음은 인간이 목적을 향해 현실적으로 돌아설 때만 인간 안에 있게 될 것이며, 특히 잠자는 인간의 경우에 드러나듯이 이런 행위는 인간에 의해 계속해서 수행되지 않는다. 그러므로 성화聖化 은총[318]은 인간이 아무것도 하지 않을 때조차 인간 안에 머무르는 형상이자 완전성이다.

3228. 게다가, 인간의 사랑은 자신이 사랑하는 대상 안에 있는 어떤 선한 것에 의해 우러나고 말미암듯이, 신의 사랑도 우리 안에 있는 선의 원인이 된다. 그런데 인간은 자신이 사랑하는 대상 안에 이미 존재하는 어떤 특별한 선으로 인해 그 대상을 특별한 방식으로 사랑하게 된다. 결과적으로 인간에 대한 신의 특별한 사랑이 있는 곳에는 신이 인간에게 부여하는 어떤 특별한 선이 있어야 한다. 따라서 앞선 언명에 따르면 성화 은총은 인간에 대한 신의 특별한 사랑을 가리키기 때문에, 이것은 인간 안에 특별한 선성과 완전성이 있다는 점을 가리키는 게 틀림없다.

---

[318] 성화 은총은 늘 인간에게 지속된다고 해서 '상존 은총'(常存恩寵, gratia habitualis)이라고도 불린다.

3229. Amplius. Unumquodque ordinatur in finem sibi convenientem secundum rationem suae formae: diversarum enim specierum diversi sunt fines. Sed finis in quem homo dirigitur per auxilium divinae gratiae, est supra naturam humanam. Ergo oportet quod homini superaddatur aliqua supernaturalis forma et perfectio, per quam convenienter ordinetur in finem praedictum.

3230. Item. Oportet quod homo ad ultimum finem per proprias operationes perveniat. Unumquodque autem operatur secundum propriam formam. Oportet igitur, ad hoc quod homo perducatur in ultimum finem per proprias operationes, quod superaddatur ei aliqua forma, ex qua eius operationes efficaciam aliquam accipiant promerendi ultimum finem.

3231. Praeterea. Divina providentia omnibus providet secundum modum suae naturae, ut ex supra (cap. 71) dictis patet. Est autem hic modus proprius hominum, quod ad perfectionem suarum operationum oportet eis inesse, super naturales potentias, quasdam perfectiones et habitus, quibus quasi connaturaliter et faciliter et delectabiliter bonum et bene operentur. Igitur auxilium gratiae, quod homo a Deo consequitur ad perveniendum in ultimum finem, aliquam formam et perfectionem homini inesse designat.

3232. Hinc est quod gratia Dei in Scriptura quasi lux quaedam

3229. 나아가, 만물은 자신이 지니는 형상의 본성에 따라 자신에게 적합한 목적을 향한다. 왜냐하면 각기 다른 종들은 각기 다른 목적들을 지니기 때문이다. 그런데 인간이 신적 은총의 도움에 의해 향하게 되는 목적은 인간 본성을 넘어선다. 그러므로 인간이 앞서 언급된 목적을 적절하게 향할 수 있도록 초자연적인 형상과 완전성이 인간에게 더해져야 한다.

3230. 마찬가지로, 인간은 자신의 고유한 작용을 통해 궁극 목적에 도달해야 한다. 그런데 만물은 자신의 고유한 형상에 따라 작용한다. 따라서 인간이 자신의 고유한 작용을 통해 궁극 목적에 다다르기 위해서는 자신의 작용들이 궁극 목적을 마땅히 획득하는 데 효력을 제공할 수 있는 형상이 인간에게 더해져야 한다.

3231. 그 밖에도, 앞서(III 71) 밝혀졌듯이, 신적 섭리는 만물을 그 본성의 양태에 따라 보살핀다. 그런데 인간들의 고유한 양태는 인간들에게 본성적 능력들 외에도 자신들이 수행하는 작용의 완전성을 위해 자신들이 마치 타고난 것과 같이 그리고 쉽사리, 또 기꺼이 선을 행하며 제대로 작용하도록 하는 어떤 완전성과 습성이 필요하다는 것이다. 그러므로 인간이 궁극 목적에 도달하기 위해 신에게서 얻는 은총의 도움은 인간 안에 있는 형상이자 완전성을 나타낸다.

3232. 이런 이유로 성경에는 신의 은총이 일종의 빛으로 표시된다. 사도께

designatur: dicit enim Apostolus Ephes. 5, 8: *Eratis aliquando tenebrae: nunc autem lux in Domino.* Decenter autem perfectio per quam homo promovetur in ultimum finem, quae in Dei visione consistit, dicitur *lux,* quae est principium videndi.

3233. Per hoc autem excluditur opinio quorundam dicentium quod gratia Dei nihil in homine ponit: sicut nihil in aliquo ponitur ex hoc quod dicitur gratiam regis habere, sed solum in rege diligente. Patet ergo eos fuisse deceptos ex hoc quod non attenderunt differentiam inter dilectionem divinam et humanam. Divina enim dilectio est causativa boni quod in aliquo diligit: non semper autem humana.

Capitulum CLI

Quod gratia gratum faciens causat in nobis dilectionem Dei

3234. Ex praemissis autem manifestum fit quod per auxilium gratiae divinae gratum facientis hoc homo consequitur, quod Deum diligat.

3235. Gratia enim gratum faciens est in homine divinae dilectionis effectus. Proprius autem divinae dilectionis effectus in homine esse videtur quod Deum diligat. Hoc enim est praecipuum in intentione

서는 에페소 신자들에게 보낸 서간 5장 8절에서 "여러분은 한때 어둠이었지만 지금은 주님 안에 있는 빛입니다"라고 말하기 때문이다. 인간을 당초에 자신의 궁극 목적인 신의 봄[신을 보는 것]을 향해 움직이도록 하는 완전성에 대해 보는 행위의 원리인 '빛'이라고 부르는 것은 합당하다.

3233. 이로써 어떤 사람이 왕의 은총을 입는다는 말을 통해 그 사람 안에 아무것도 없고 그 사람을 사랑하는 왕 자신 안에만 그 무언가가 있는 것처럼 신의 은총이 인간 안에 아무것도 두지 않는다고 말하는 자들의 견해가 제거된다. 그렇다면 그들은 신의 사랑과 인간의 사랑 간의 차이에 주목하지 못함으로써 현혹된 게 분명하다. 왜냐하면 신의 사랑은 어떤 대상 안에 자신이 사랑하는 선의 원인이 되지만 인간의 사랑은 항상 그렇지는 않기 때문이다.

제151장

성화 은총은 우리 안에서 신에 대한 사랑이 일어나도록 한다

3234. 앞선 언명으로 보아, 인간은 신이 베푸는 성화 은총의 도움을 통해 신을 사랑하게 된다는 것이 분명해진다.

3235. 왜냐하면 성화 은총은 인간 안에 있는 신적 사랑의 결과이기 때문이다. 그런데 인간 안에 있는 신적 사랑의 고유한 결과는 인간이 신을 사랑하게 된다는 점인 것 같다. 자신이 사랑하는 대상에 의해 도로 사랑받는 것은 사랑하는 자의 의도 안에 있는 으뜸가는 것이니까 말이다. 사랑하는

diligentis, ut a dilecto reametur: ad hoc enim praecipue studium diligentis tendit, ut ad sui amorem dilectum attrahat; et nisi hoc accidat, oportet dilectionem dissolvi. Igitur ex gratia gratum faciente hoc in homine sequitur, quod Deum diligat.

3236. Adhuc. Eorum quorum est unus finis, oportet aliquam unionem esse inquantum ordinantur ad finem: unde et in civitate homines per quandam concordiam adunantur ut possint consequi reipublicae bonum; et milites in acie oportet uniri et concorditer agere ad hoc quod victoriam, quae est communis finis, consequantur. Finis autem ultimus, ad quem homo per auxilium divinae gratiae perducitur, est visio Dei per essentiam, quae propria est ipsius Dei: et sic hoc finale bonum communicatur homini a Deo. Non potest igitur homo ad hunc finem perduci nisi uniatur Deo per conformitatem voluntatis. Quae est proprius effectus dilectionis: nam *amicorum proprium est idem velle et nolle, et de eisdem gaudere et dolere.* Per gratiam ergo gratum facientem homo constituitur Dei dilector: cum per eam homo dirigatur in finem ei communicatum a Deo.

3237. Amplius. Cum finis et bonum sit proprium obiectum appetitus sive affectus, oportet quod per gratiam gratum facientem, quae hominem dirigit in ultimum finem, affectus hominis principaliter perficiatur. Principalis autem perfectio affectus est dilectio. Cuius signum est, quod omnis motus affectus ab amore derivatur: nullus

자의 노력은 무엇보다도 자신이 사랑하는 대상이 자신을 사랑하도록 하는 경향이 있는데, 이런 일이 일어나지 않는다면 자신의 사랑은 수포로 돌아갈 게 틀림없다. 따라서 인간이 신을 사랑하게 되는 것은 성화 은총을 통해 인간 안에 생기는 결과다.

3236. 게다가, 같은 목적을 지니는 것들은 그 목적을 향하게 됨으로써 합일되어야 한다. 이런 이유로 사람들은 국가에서 공공선을 획득할 수 있도록 어떤 조화를 통해 합일되고, 병사들은 전투에서 공동의 목적인 승리를 얻도록 합일되고 합심해서 행동해야 한다. 그런데 인간이 신적 은총의 도움을 통해 향하게 되는 궁극 목적은 신을 그 본질에 의해 보는 것(봄, visio)인데, 그것은 신 자신에게 고유한 것이다. 따라서 신은 이런 최종적 선을 인간과 공유한다. 결과적으로 인간은 자신의 의지를 신에게 부합시켜 신과 합일되는 한에서만 이런 목적에 인도될 수 있다. 그리고 이것은 사랑에 어울리는 결과다. 왜냐하면 "똑같은 것들을 좋아하거나 싫어하는 것, 그리고 똑같은 것들에 대해 기뻐하거나 슬퍼하는 것은 친구들에게 어울리기 때문이다".[319] 이런 이유로 성화 은총에 의해 인간은 신을 사랑하는 자가 된다. 왜냐하면 인간은 그것을 통해 신이 인간과 공유하는 목적으로 향하기 때문이다.

3237. 나아가, 목적과 선은 욕구나 애정의 고유한 대상이기 때문에, 인간의 애정은 주로 인간을 궁극 목적으로 향하게 하는 성화 은총에 의해 완전하게 될 필요가 있다. 그런데 애정의 으뜸가는 완전성은 사랑이다. 이 점은 애정의 모든 움직임이 사랑에서 나온다는 데서 잘 드러난다. 왜냐하면

---

[319] *NE* IX 3, 1165b 27.

enim desiderat, aut sperat, aut gaudet, nisi propter bonum amatum; similiter autem neque aliquis refugit, aut timet, aut tristatur, aut irascitur, nisi propter id quod contrariatur bono amato. Principalis ergo effectus gratiae gratum facientis est ut homo Deum diligat.

3238. Item. Forma per quam res ordinatur in aliquem finem, assimilat quodammodo rem illam fini: sicut corpus per formam gravitatis acquirit similitudinem et conformitatem ad locum ad quem naturaliter movetur. Ostensum est autem (3227) quod gratia gratum faciens est forma quaedam in homine per quam ordinatur ad ultimum finem, qui Deus est. Per gratiam ergo homo Dei similitudinem consequitur. Similitudo autem est dilectionis causa: *omne* enim simile *diligit sibi simile.* Per gratiam ergo homo efficitur Dei dilector.

3239. Praeterea. Ad perfectionem operationis requiritur quod aliquis constanter et prompte operetur. Hoc autem praecipue facit amor: propter quem etiam difficilia levia videntur. Cum igitur ex gratia gratum faciente oporteat hominis operationes perfectas fieri, ut ex dictis (3229) patet, necessarium est quod per eandem gratiam Dei dilectio constituatur in nobis.

3240. Hinc est quod APOSTOLUS dicit, *Rom.* 5, 5: *Caritas Dei diffusa est in cordibus nostris per Spiritum Sanctum, qui datus est*

그 누구도 자신이 사랑하는 선 때문이 아니라면 바라지도 희망하지도 기뻐하지도 않기 때문이다. 마찬가지로, 그 누구도 자신이 사랑하는 선에 상반되는 것 때문이 아니라면 꺼리지도, 두렵지도, 슬프지도 화내지도 않는다. 그러므로 성화 은총에서 나오는 으뜸가는 결과는 인간이 신을 사랑하게 된다는 것이다.

3238. 마찬가지로, 어떤 사물을 자신의 목적으로 향하도록 하는 형상은 그 사물을 어느 정도 목적과 닮게 만든다. 이를테면, 어떤 물체는 무게의 형상을 통해 자연적으로 움직이게 되는 장소와 닮게 되며 부합하게 된다. 그런데 성화 은총은 인간을 자신의 궁극 목적인 신으로 향하도록 하는 인간 안에 있는 어떤 형상이라는 게 드러났다(III 150). 따라서 인간은 은총을 통해 신과의 유사성을 얻는다. 그런데 유사성은 사랑의 원인이다. "모든 피조물은 저와 비슷한 존재를 사랑하"[320]기 때문이다. 그러므로 인간은 은총에 의해 신을 사랑하는 자가 된다.

3239. 그 밖에도, 작용이 완전해지기 위해서는 한결같고 신속해야 한다. 그런데 사랑이 주로 이런 결과들을 산출하는데, 사랑으로 인해 어려운 일들조차 가볍게 여기게 된다. 따라서 앞서(III 148) 밝혀졌듯이, 인간의 작용들이 성화 은총을 통해 완전해져야 하기에, 신에 대한 사랑은 이런 은총을 통해 우리 안에서 산출되어야 한다.

3240. 이런 이유로 사도께서 로마 신자들에게 보낸 서간 5장 5절에서 "우리가 받은 성령을 통하여 하느님의 사랑이 우리 마음 안에 부어졌다"라고

---

[320] 집회서 13,16.

nobis. Dominus etiam dilectoribus suis visionem suam repromittit, dicens, Ioan. 14, 21: *Qui diligit me, diligetur a Patre meo: et ego diligam eum, et manifestabo ei meipsum.*

3241. Unde patet quod gratia, quae ad finem divinae visionis dirigit, dilectionem Dei causat in nobis.

Capitulum CLII
Quod divina gratia causat in nobis fidem

3242. Ex hoc autem quod divina gratia caritatem in nobis causat (cap. praec.), necessarium est quod etiam in nobis fides per gratiam causetur.

3243. Motus enim quo per gratiam in ultimum finem dirigimur, est voluntarius, non violentus, ut supra (cap. 148) ostensum est. Voluntarius autem motus in aliquid esse non potest nisi sit cognitum. Oportet igitur quod per gratiam in nobis cognitio ultimi finis praestituatur, ad hoc quod voluntarie dirigamur in ipsum. Haec autem cognitio non potest esse secundum apertam visionem in statu isto, ut supra (capp. 48, 52) probatum est. Oportet igitur quod sit cognitio per fidem.

말씀하신다. 또한 주님께서는 자신을 사랑하는 자들에게 자신을 보게 되리라 약속하시면서, 요한 복음서 14장 21절에서 "나를 사랑하는 사람은 내아버지께 사랑을 받을 것이다. 그리고 나도 그를 사랑하고 그에게 나 자신을 드러내 보일 것이다"라고 말씀하신다.

3241. 따라서 신을 보고자 하는 목적으로 우리를 이끄는 은총이 우리 안에 신에 대한 사랑을 일으킨다는 게 분명하다.

제152장
신적 은총은 우리 안에서 신앙이 일어나도록 한다

3242. 신적 은총이 우리 안에서 애덕[321]을 일어나도록 한다는 점으로 보아, 은총에 의해 우리 안에서 신앙도 일어나야 한다는 것이 필연적이다.

3243. 앞서(III 148) 밝혀졌듯이, 은총이 우리를 궁극 목적으로 이끄는 움직임은 강제적이 아니라 자발적이다. 그런데 인식되지 않은 것으로 향하는 움직임은 자발적일 리가 없다. 따라서 우리가 자발적으로 궁극 목적으로 향하기 위해서는 그 목적에 대한 인식이 은총에 의해 우리에게 먼저 부여되어야 한다. 하지만 앞서(III 48; 52) 입증되었듯이, 이런 인식은 현세에서 막힘없는 봄을 통해서는 일어날 수 없다. 그러므로 그것은 신앙을 통해 생기는 인식이어야 한다.

---

[321] 이 장에서는 앞 장에 말한 '신에 대한 사랑'을 '애덕'이라 부른다.

3244. Amplius. In quolibet cognoscente modus cognitionis consequitur modum propriae naturae: unde alius modus cognitionis est angeli, hominis, et bruti animalis, secundum quod eorum naturae diversae sunt, ut ex praemissis (*lib.* 11, capp. 68, 82; 96 sqq.) patet. Sed homini, ad consequendum ultimum finem, additur aliqua perfectio super propriam naturam, scilicet gratia, ut ostensum est (cap. 150). Oportet igitur quod etiam super cognitionem naturalem hominis, addatur in eo aliqua cognitio quae rationem naturalem excedat. Et haec est cognitio fidei, quae est de his quae non videntur per rationem naturalem.

3245. Item. Quandocumque ab aliquo agente movetur aliquid ad id quod est proprium illi agenti, oportet quod a principio ipsum mobile subdatur impressionibus agentis imperfecte, quasi alienis et non propriis sibi, quousque fiant ei propriae in termino motus: sicut lignum ab igne primo calefit, et ille calor non est proprius ligno, sed praeter naturam ipsius; in fine autem, quando iam lignum ignitum est, fit ei calor proprius et connaturalis. Et similiter, cum aliquis a magistro docetur, oportet quod a principio conceptiones magistri recipiat non quasi eas per se intelligens, sed per modum credulitatis, quasi supra suam capacitatem existentes: in fine autem, quando iam edoctus fuerit, eas poterit intelligere. Sicut autem ex dictis (cap. 147) patet, auxilio divinae gratiae dirigimur in ultimum finem. Ultimus autem finis est manifesta visio Primae Veritatis in seipsa: ut

3244. 나아가, 모든 인식자에게 인식의 양태는 인식자에 고유한 본성의 양태를 따른다. 이런 이유로 앞서(II 68; 82; 96 이하) 밝혀졌듯이, 천사, 인간, 그리고 짐승의 본성들이 제각기 다른 한에서 인식의 양태도 제각기 다르다. 그런데 앞서(III 150) 드러났듯이, 인간이 자신의 궁극 목적에 도달하기 위해서는 자신의 본성보다 상위에 있는 완전성, 즉 은총이 인간에게 보태져야 한다. 결과적으로 인간의 본성적 인식 외에도 자연 이성을 넘어서는 인식이 인간에게 보태져야 한다. 그리고 이것이 바로 신앙의 인식인데, 그것은 자연 이성으로는 볼 수 없는 것들에 관한 것이다.

3245. 마찬가지로, 어떤 대상이 작용자에 의해 그 작용자에게 고유한 것으로 움직여질 때, 그 대상은 처음에는 작용자의 영향에 불완전하게 종속되어야 한다. 이러한 영향은 그 대상에게 다소 이질적이고 어울리지 않은 것처럼 남아 있다가, 움직임이 끝날 무렵 작용자의 영향은 그 대상에게 고유한 것이 된다. 이를테면, 목재는 처음에는 불에 의해 뜨거워지며, 그 열은 목재에 고유하지 않고 목재의 본성에 속하지 않는 것이지만, 목재에 불이 붙게 되는 마지막에 열은 목재에 고유하게 되고 목재와 같은 성질을 지니게 될 것이다. 마찬가지로, 누군가 교사에 의해 가르침을 받을 때 그 사람은 처음에 교사의 생각을 스스로 이해하듯이 받아들이는 것이 아니라 마치 자기 능력을 넘어선 것처럼 그 생각을 믿음(credualitas)을 통해 받아들이지만, 그 사람에게 학식이 생기는 마지막에는 그 생각을 이해할 수 있게 된다. 그런데 앞선(III 147) 언명에서 드러나듯이, 우리는 신적 은총의 도움으로 우리의 궁극 목적을 향해 간다. 하지만 앞서(III 50 이하) 밝혀졌듯이, 우

supra (capp. 50 sqq.) ostensum est. Oportet igitur quod, antequam ad istum finem veniatur, intellectus hominis Deo subdatur per modum credulitatis, divina gratia hoc faciente.

3246. Praeterea. In principio huius Operis positae sunt utilitates propter quas necessarium fuit divinam veritatem hominibus per modum credulitatis proponi (*lib.* 1, capp. 3 sqq.). Ex quibus etiam concludi potest quod necessarium fuit fidem esse divinae gratiae effectum in nobis.

3247. Hinc est quod APOSTOLUS dicit, *ad Ephes.* 2, 8: *Gratia salvati estis per fidem. Et hoc non ex vobis: Dei enim donum est.*

3248. Per hoc autem excluditur error PELAGIANORUM, qui dicebant quod initium fidei in nobis non erat a Deo, sed a nobis.

CAPITULUM CLIII

QUOD DIVINA GRATIA CAUSAT IN NOBIS SPEM

---

[322] 토마스는 이성을 통해 인식할 수 없는 대상에 대해 신의 은총으로 동의하도록 하는 인간의 자연적 성향이라고 설명한다. 참조: *ST* II-II 12, 1c. 믿음(credulitas)은 신앙(fides)과 동의어로 사용되기도 한다. 참조: *ST* II-II 11, 1c.

리의 궁극 목적은 제일 진리 자체에 대한 막힘없는 봄이다. 그러므로 인간의 지성은 이런 목적에 도달하기 전에 이것을 이루는 신적 은총의 도움을 받아 믿음을 통해 신에게 종속되어야 한다.

3246. 그 밖에도, 이 저술의 서두에서 인간들이 믿음을 통해[322] 신적 진리를 받아들여야 하는 이유와 그 장점들을 보여 준 바 있다(I 3 이하). 또한 이런 점들을 통해 신앙이 신적 은총에 의해 우리 안에서 산출될 필요가 있었다고 결론 내릴 수 있다.

3247. 이런 이유로 사도께서는 에페소 신자들에게 보낸 서간 2장 8절에서 "여러분은 신앙을 통하여 은총으로 구원을 받았습니다. 이것은 여러분에게서 나온 것이 아닙니다. 왜냐하면 그것은 하느님의 선물이기 때문입니다"[323]라고 말한다.

3248. 이로써 우리 안에서 신앙의 시작이 신이 아니라 우리 자신에게서 나온 것이라고 말한 펠라기우스파의 오류[324]가 제거된다.

제153장
신적 은총은 우리 안에서 희망이 일어나도록 한다

---

[323] 『성경』: "여러분은 믿음을 통하여 은총으로 구원을 받았습니다. 이는 여러분에게서 나온 것이 아니라 하느님의 선물입니다."

[324] 참조: *SCG* III 147.

3249. Ex eisdem etiam ostendi potest quod oportet in nobis per gratiam spem futurae beatitudinis causari.

3250. a) Dilectio enim quae est ad alios, provenit in homine ex dilectione hominis ad seipsum, inquantum ad amicum aliquis se habet sicut ad se. Diligit autem aliquis seipsum inquantum vult sibi bonum: sicut alium diligit inquantum vult ei bonum. Oportet igitur quod homo, per hoc quod circa proprium bonum afficitur, perducatur ad hoc quod afficiatur circa bonum alterius. Per hoc igitur quod aliquis ab alio sperat bonum, fit homini via ut illum diligat a quo bonum sperat, secundum seipsum: diligitur enim aliquis secundum seipsum quando diligens bonum eius vult, etiam si nihil ei inde proveniat. Cum igitur per gratiam gratum facientem causetur in homine quod Deum propter se diligat (cap. 151), consequens fuit ut etiam per gratiam homo spem de Deo adipisceretur.

b) Amicitia vero, qua quis alium secundum se diligit, etsi non sit propter propriam utilitatem, habet tamen multas utilitates consequentes, secundum quod unus amicorum alteri subvenit ut sibi ipsi. Unde oportet quod, cum aliquis alium diligit, et cognoscit se ab eo diligi, quod de eo spem habeat. Per gratiam autem ita constituitur homo Dei dilector, secundum caritatis affectum, quod etiam instruitur per fidem quod a Deo praediligatur: secundum illud quod habetur 1 IOAN. 4, 10: *In hoc est dilectio, non quasi nos dilexeri-*

3249. 은총이 다가올 지복에 대한 희망을 우리 안에 일으켜야 한다는 것도 똑같은 방식으로 입증될 수 있다.

3250. a) 한 사람이 타인을 향해 갖는 사랑은 자기 자신을 향한 사랑에서 비롯된다. 이는 사람이 친구에게 품는 태도는 자신에게 품는 태도와 같기 때문이다. 그런데 사람은 타인을 사랑할 때 타인에게 선善이 있기를 바라듯이, 자기 자신을 사랑할 때 자신에게 선이 있기를 바란다. 결과적으로 사람은 자신의 선에 관심을 가지게 됨으로써 타인의 선에도 관심을 가지게 된다. 그러므로 어떤 사람이 타인에게서 선을 희망하게 되면, 희망하는 그 타인을 그 자체로 사랑하게 되는 길이 열리게 된다. 왜냐하면 어떤 사람을 그 자체로 사랑한다는 것은, 자신이 그 사람에게서 아무것도 얻지 못하더라도, 그 사람의 선을 바라는 것이기 때문이다.[325] 따라서 성화 은총을 통해 인간 안에는 신을 그 자체로서 사랑하게 되는 행위가 일어나므로(III 151), 그 결과 사람은 은총을 통해 신에게 희망을 품게 된 것이다.[326]

b) 하지만 인간에게 자기 자신을 위해 타인을 사랑하도록 하는 우정은 자기 자신을 이롭게 하는 것이 아닐지라도, 그것은 한 친구가 자기 자신을 돕듯이 타인을 돕기 때문에 여러 가지 이로움이 따라온다. 결과적으로 누군가 타인을 사랑하고, 또 자신이 그 타인에 의해 사랑을 받는다는 것을 인식할 때, 그 타인에게서 희망을 얻을 필요가 있다. 그런데 은총은 인간을 애덕이라는 사랑에 따라 신을 사랑하는 자로 만들기에, 인간은 신이 먼저 자신을 사랑한다는 사실을 신앙을 통해 배운다. 이 점은 요한의 첫째 서간 4장 10절의 "그 사랑은 이렇습니다. 우리가 하느님을 사랑했던 것

---

[325] *NE* VII 3, 1156b 7.

[326] 참조: *ST* II-II, 17, 8c.

mus Deum, sed quoniam ipse prior dilexit nos. Consequitur igitur
ex dono gratiae quod homo de Deo spem habeat.

c) Ex quo etiam patet quod, sicut spes est praeparatio hominis
ad veram Dei dilectionem, ita et e converso ex caritate homo in spe
confirmatur.

3251. Amplius. In omni diligente causatur desiderium ut uniatur
suo dilecto inquantum possibile est: et hinc est quod delectabilissi-
mum est amicis convivere. Si ergo per gratiam homo Dei dilector
constituitur, oportet quod in eo causetur desiderium unionis ad
Deum, secundum quod possibile est. Fides autem, quae causatur ex
gratia, declarat possibilem esse unionem hominis ad Deum secun-
dum perfectam fruitionem, in qua beatitudo consistit. Huius igitur
fruitionis desiderium in homine consequitur ex Dei dilectione. Sed
desiderium rei alicuius molestat animam desiderantis nisi adsit spes
de consequendo. Conveniens igitur fuit ut in hominibus in quibus
Dei dilectio et fides causatur per gratiam, quod etiam causetur spes
futurae beatitudinis adipiscendae.

3252. Item. In his quae ordinantur ad aliquem finem desideratum, si
aliqua difficultas emerserit, solatium affert spes de fine consequendo:
sicut amaritudinem medicinae aliquis leviter fert propter spem sani-

---

327 『성경』: "그 사랑은 이렇습니다. 우리가 하느님을 사랑한 것이 아니라, 그분께서 우리
를 사랑하시어 ⋯."

이 아니라, 그분께서 우리를 먼저 사랑하셨던 것입니다"[327]는 구절에 드러난다. 그러므로 은총의 선물을 통해 인간이 신 안에서 희망을 얻게 된다는 점이 귀결된다.

c) 이런 이유로 희망이 신의 참된 사랑을 위한 인간의 준비이듯이, 역으로 인간은 희망 안에서 애덕을 통해 견고해진다는 점도 분명하다.

3251. 나아가, 사랑하는 자는 누구든지 자신이 사랑하는 대상과 가능한 한 합일되고자 하는 바람이 일어난다. 이런 이유로 친구들과 더불어 사는 것보다 더 큰 즐거움이란 없다. 따라서 인간이 은총을 통해 신을 사랑하는 자가 될 경우, 가능한 한 신과 합일되고자 하는 바람이 인간 안에 일어나야 한다. 그런데 은총에서 생기는 신앙은 인간이 신과의 합일을 완전하게 향유하는 지복을 누릴 수 있다는 점을 명시한다. 그러므로 인간 안에 있는 이런 향유에 대한 바람은 신에 대한 사랑에서 생긴다. 하지만 무언가를 이루고자 하는 희망이 없다면 그것에 대한 바람은 바라는 자의 영혼을 성가시게 한다. 따라서 은총에 의해 신에 대한 사랑과 믿음이 생기는 인간 안에서 미래의 지복을 획득하고자 하는 희망도 생기는 것이 마땅했다.

3252. 마찬가지로, 바라던 소기의 목적으로 인도되는 자들에게 어떤 어려움이 생긴다면, 그들은 목적을 이루고자 하는 희망으로 위안받는다. 예컨대, 누군가 건강해질 희망으로 인해 약의 쓴맛을 대수롭지 않게 참아 낸다. 그런데 우리가 모두 바라는 목적인 지복을 향해 가는 과정에서 짊어져야 하는 많은 어려운 일이 산재해 있다. 왜냐하면 지복을 향해 나아가도록

tatis. In processu autem quo in beatitudinem tendimus, quae est finis omnium desideriorum nostrorum, multa difficilia imminent sustinenda: nam virtus, per quam ad beatitudinem itur, *circa difficilia est.* Ad hoc igitur ut levius et promptius homo in beatitudinem tenderet, necessarium fuit ei spem de obtinenda beatitudine adhibere.

3253. Praeterea. Nullus movetur ad finem ad quem aestimat esse impossibile perveniri. Ad hoc igitur quod aliquis pergat in finem aliquem, oportet quod afficiatur ad finem illum tanquam possibilem haberi: et hic est affectus spei. Cum igitur per gratiam dirigatur homo in ultimum finem beatitudinis, necessarium fuit ut per gratiam imprimeretur humano affectui spes de beatitudine consequenda.

3254. Hinc est quod dicitur 1 Petri 1: 3 *Regeneravit nos in spem vivam, 4 in hereditatem immarcescibilem, conservatam in caelis.* Et *Rom.* 8, 24 dicitur: *Spe salvi facti sumus.*

Capitulum CLIV

De donis gratiae gratis datae;

in quo de divinationibus daemonum

하는 덕이 "어려운 일들과 연관되기"[328] 때문이다. 그러므로 인간이 가벼운 마음으로 또 기꺼이 지복을 향해 가기 위해서는 인간에게 지복을 얻고자 하는 희망이 제공될 필요가 있었다.

3253. 그 밖에도, 아무도 달성하기 불가능하다고 여기는 목적을 향해 움직이지는 않는다. 따라서 누구든지 어떤 목적을 향해 나아가려면 그 목적이 이룰 수 있는 것이라고 느껴야 하는데, 이것이 바로 희망의 감정이다. 그러므로 인간은 은총에 의해 지복이라는 궁극 목적으로 향하기 때문에 지복을 얻고자 하는 희망은 은총을 통해 인간의 감정에 새겨지는 것이 필요했다.

3254. 이런 이유로 베드로의 첫째 서간 1장 3-4절에서 "그분께서는 우리를 새로 태어나시게 하시어, 우리에게 생생한 희망을 주셨고, 또한 썩지 않고 하늘에 보존되어 있는 상속 재산을 얻게 하셨습니다"라고 말한다. 로마 신자들에게 보낸 서간 8장 24절에서도 "우리는 희망으로 구원을 받았습니다"라고 말한다.

제154장

무상 은총의 은사恩賜에 대하여.

그리고 마귀들의 점술占術에 대한 추가적인 논의

---

[328] *NE* II 3, 1150a 9.

3255. QUIA vero ea quae homo per se non videt, cognoscere non potest nisi ea recipiat ab eo qui videt; fides autem est de his quae non videmus: oportet cognitionem eorum de quibus est fides, ab eo derivari qui ea ipse videt. Hic autem Deus est, qui seipsum perfecte comprehendit, et naturaliter suam essentiam videt (*lib.* 1, cap 47): de Deo enim fidem habemus. Oportet igitur ea quae per fidem tenemus, a Deo in nos pervenire. Cum autem quae a Deo sunt, ordine quodam agantur, ut supra (cap. 77) ostensum est, in manifestatione eorum quae sunt fidei, ordinem quendam observari oportuit: scilicet ut quidam immediate a Deo reciperent, alii vero ab his, et sic per ordinem usque ad ultimos.

3256. In quibuscumque autem est aliquis ordo, oportet quod, quanto aliquid est propinquius primo principio, tanto virtuosius inveniatur. Quod in hoc ordine manifestationis divinae apparet. Invisibilia enim, quorum visio beatos facit, de quibus fides est, primo a Deo revelantur angelis beatis per apertam visionem, ut ex supra (capp. 79 sq.) dictis patet.

3257. Deinde, angelorum interveniente officio, manifestantur quibusdam hominibus, non quidem per apertam visionem, sed per quandam certitudinem provenientem ex revelatione divina.

3255. 인간은 자신 스스로 보지 못하는 것들을, 그것들을 보는 자에게서 받아들이지 않는다면 그것들을 인식할 수 없기에, 그리고 신앙은 우리가 보지 못하는 것들에 속하기에 신앙의 대상들에 대한 인식은 그것들을 스스로 보는 자에게서 넘겨받아야 한다. 그런데 그런 것들을 스스로 보는 존재자는 자신을 완전하게 이해하며 본성적으로 그 자신의 본질을 보는 신이다 (I 47). 우리에게 신앙의 대상은 신이기 때문이다. 따라서 우리가 신앙으로 붙잡고 있는 것들은 신에게서 우리에게로 오는 게 틀림없다. 그런데 앞서 (III 77) 드러난 것처럼, 신에게서 나오는 것들이 특정한 질서 속에서 일어나기에 신앙에 속하는 것들의 현시에는 특정한 질서가 준수되어야 했다. 즉, 어떤 이들은 그것들을 신에게서 직접 받아야 했고, 그다음에 이들에게서 간접적으로 받아야 했던 이들도 있으며, 이런 식으로 마지막 사람들에 이르기까지 질서 정연한 방식으로 진행되어야 했다.

3256. 그런데 사물들 사이에 질서가 있는 곳은 어디에나 제일 원리에 가까운 것일수록 더 강력하기 마련이다. 이것은 신적 현시의 질서에서 분명하게 드러난다. 앞서(III 79 이하) 말했듯이 보이지 않는 것들의 봄(visio)이 지복인데, 신앙의 대상인 보이지는 않는 것들은 신에 의해 복된 천사들에게 막힘없는 봄을 통해 가장 먼저 계시되기 때문이다.

3257. 이어서, 그것들은 천사들의 중재하는 임무를 통해 어떤 사람들에게 알려지는데, 물론 막힘없는 봄을 통해서가 아니라 신적 계시에서 생기는 일종의 확실성을 통해 알려진다.

3258. Quae quidem revelatio fit quodam interiori et intelligibili lumine mentem elevante ad percipiendum ea ad quae per lumen naturale intellectus pertingere non potest. Sicut enim per lumen naturale intellectus redditur certus de his quae lumine illo cognoscit, ut de primis principiis; ita et de his quae supernaturali lumine apprehendit, certitudinem habet. Haec autem certitudo necessaria est ad hoc quod aliis proponi possint ea quae divina revelatione percipiuntur: non enim cum securitate aliis proferimus de quibus certitudinem non habemus. Cum praedicto autem lumine mentem interius illustrante, adsunt aliquando in divina revelatione aliqua exteriora vel interiora cognitionis auxilia: utpote aliquis sermo, vel exterius sensibiliter auditus, qui divina virtute formetur; aut etiam interius per imaginationem, Deo faciente, perceptus; sive etiam aliqua corporaliter visa exterius a Deo formata, vel etiam interius in imaginatione descripta; ex quibus homo, per lumen interius menti impressum, cognitionem accipit divinorum. Unde huiusmodi auxilia sine interiori lumine ad cognitionem divinorum non sufficiunt: lumen autem interius sufficit sine istis.

3259. Haec autem invisibilium Dei revelatio ad *sapientiam* pertinet, quae proprie est cognitio divinorum. Et ideo dicitur *Sap.* 7 quod sapientia Dei 27 *per nationes in animas sanctas se transfert:* 28 *neminem enim diligit Deus nisi eum qui cum sapientia inhabitat.* Et *Eccli.* 15, 5 dicitur: *Implevit eum Dominus spiritu sapientiae et intellectus.*

3258. 그런데 이런 계시는 어떤 내적인 지성적인 빛을 통해 이루어지는데, 그 빛은 지성이 자연적인 빛을 통해 도달할 수 없는 것들을 지각하도록 정신을 고양한다. 지성은 자연적인 빛에 의해 그 빛으로 인식하는 것들, 예컨대 제일 원리들에 대해 확실성을 얻듯이, 초자연적인 빛으로 파악하는 것들에 대해서도 확실성을 얻기 때문이다. 신적 계시를 통해 파악되는 것들이 다른 사람들에게 제공되기 위해서 이런 후자의 확실성이 필요하다. 우리는 사물들에 대한 확실성을 가지고 있지 않을 때 그것들에 대해 확신을 가진 채로 타인에게 내놓을 수 없기 때문이다. 그런데 앞서 언급된 정신을 내부에서 조명하는 이런 빛 외에도 신적 계시에는 때때로 인식을 위해 제공되는 다른 외적이거나 내적 도움이 있다. 예컨대, 신의 능력으로 만들어져 외적 감각을 통해 들리는 말이 있을 수 있거나, 신의 작용으로 표상력을 통해 내적으로 지각되는 어떤 것이 있을 수 있으며, 또는 신이 만든 어떤 것들이 육체의 시각을 통해 외적으로 보이거나 표상력 안에서 내적으로 그려질 수도 있다. 이런 것들로부터 인간은 정신 안에 비추어진 내적인 빛으로 신적인 것들에 대한 인식을 받아들인다. 이런 이유로 내적인 빛이 없이 이런 도움들만으로는 신적인 것들을 인식하기에 충분치 않지만, 내적인 빛은 이런 도움들 없이도 충분하다.

3259. 하지만 보이지 않는 것들에 대한 신의 이런 계시는 '지혜'에 속하는데, 지혜는 정확히 말해 신적인 것들에 대한 인식이다. 이런 이유로 지혜서 7장 27-28절에서 신의 지혜는 "여러 나라를 거쳐 거룩한 영혼들 안으로 들어간다. … 왜냐하면 하느님께서는 지혜와 함께 사는 사람만을 사랑하시기 때문이다"[329]▶라고 말한다. 집회서 15장 5절에서도 "주님께서는 그를 지혜와 지성의 영으로 가득 채우셨다"[330]▶라고 말한다.

3260. Sed quia *invisibilia* Dei *per ea quae facta sunt intellecta conspiciuntur,* per divinam gratiam non solum revelantur hominibus divina, sed etiam aliqua de rebus creatis: quod ad *scientiam* pertinere videtur. Unde dicitur *Sap.* 7, 17: *Ipse dedit mihi horum quae sunt scientiam veram: ut sciam dispositionem orbis terrarum, et virtutes elementorum.* Et II *Paralip.* 1, 12, Dominus dixit ad Salomonem: *Scientia et sapientia data sunt tibi.*

3261. a) Ea vero quae homo cognoscit, in notitiam alterius producere convenienter non potest nisi per sermonem. Quia igitur illi qui a Deo revelationem accipiunt, secundum ordinem divinitus institutum, alios instruere debent; necessarium fuit ut etiam his *gratia locutionis* daretur, secundum quod exigeret utilitas eorum qui erant instruendi. Unde dicitur Isaiae 50, 4: *Dominus dedit mihi linguam eruditam, ut sciam sustentare eum qui* lapsus est verbo. Et Dominus discipulis dicit, Luc. 21, 15: *Ego dabo vobis os et sapientiam, cui non poterunt resistere et contradicere omnes adversarii vestri.*

b) Et propter hoc etiam, quando oportuit per paucos veritatem fidei in diversis gentibus praedicari, instructi sunt quidam divinitus

---

◀329 『성경』: "대대로 거룩한 영혼들 안으로 들어가 ⋯ 그래서 하느님께서는 지혜와 함께 사는 사람만을 사랑하신다."

◀330 『성경』: "지혜는 그를 이웃들보다 높이 들어 올리고, 회중 가운데에서 그의 입을 열어 주리라."

331 『성경』 로마 신자들에게 보낸 서간 1,20: "하느님의 보이지 않는 본성 ⋯ 을 조물을 통하여 알아보고 깨달을 수 있게 되었습니다."

3260. 하지만 "하느님의 보이지 않는 것들은 조물을 통하여 뚜렷하게 보이고 깨닫게 되기"[331]에 신적인 것들뿐만 아니라 피조물들에 대한 것들도 신적 은총에 의해 인간들에게 계시되는데, 이것은 '지식'(scientia)에 속하는 것 같다. 이런 이유로 지혜서 7장 17절에서 "바로 그분께서 나에게 존재하는 것들에 대한 참된 지식을 주셔서 온 세계의 성향과 구성 요소의 힘을 알게 해 주셨다"[332]라고 말한다. 역대기 하권 1장 12절에서도 주님께서 솔로몬에게 "너에게 지식과 지혜를 주겠다"[333]라고 말씀하신다.

3261. a) 인간은 말을 통하지 않고서는 자신이 인식하는 것들을 타인에게 적절히 전달할 수 없다. 따라서 신의 계시를 받은 자들은 신이 세운 질서에 따라 다른 사람들을 가르쳐야 하므로, 가르침을 받는 자들의 유익을 위해 요구되는 대로 '말씀의 은총'도 그들에게 부여될 필요가 있었다. 이런 이유로 이사야서 50장 4절에서 "주 하느님께서 나에게 박식한 혀를 주시어 지친 이를 말로 북돋울 줄 알게 하신다"[334]라고 말한다. 루카 복음서 21장 15절에서도 주님께서는 제자들에게 "어떠한 적대자도 맞서거나 반박할 수 없는 언변과 지혜를 내가 너희에게 주겠다"라고 말씀하신다.

  b) 또한 이런 이유로 소수의 사람이 신앙의 진리를 다양한 민족들에게 설교해야 했을 때, 사도행전 2장 4절에서 "그들은 모두 성령으로 가득 차, 성령께서 말하도록 하심에 따라 다른 언어들로 말하기 시작하였다"[335]라고

---

[332] 『성경』: "바로 그분께서 만물에 관한 어김없는 지식을 주셔서 세계의 구조와 기본 요소들의 활동을 알게 해 주셨다."
[333] 『성경』: "너에게 지혜와 지식을 주겠다."
[334] 『성경』: "주 하느님께서 나에게 제자의 혀를 주시어 지친 이를 말로 격려할 줄 알게 하신다."
[335] 『성경』: "그들은 모두 성령으로 가득 차, 성령께서 표현의 능력을 주시는 대로 다른 언어들로 말하기 시작하였다."

ut *linguis variis loquerentur:* sicut dicitur *Act.* 2, 4: *Repleti sunt omnes Spiritu Sancto, et coeperunt loqui variis linguis, prout Spiritus Sanctus dabat eloqui illis.*

3262. Sed quia sermo propositus confirmatione indiget ad hoc quod recipiatur, nisi sit per se manifestus; ea autem quae sunt fidei, sunt humanae rationi immanifesta: necessarium fuit aliquid adhiberi quo confirmaretur sermo praedicantium fidem. Non autem confirmari poterat per aliqua principia rationis, per modum demonstrationis: cum ea quae sunt fidei, rationem excedant. Oportuit igitur aliquibus indiciis confirmari praedicantium sermonem quibus manifeste ostenderetur huiusmodi sermonem processisse a Deo, dum praedicantes talia operarentur, *sanando infirmos, et alias virtutes operando,* quae non posset facere nisi Deus. Unde Dominus, discipulos ad praedicandum mittens, dixit, MATTH. cap. 10, 8: *Infirmos curate, mortuos suscitate, leprosos mundate, daemones eiicite.* Et MARCI ult. dicitur: *Illi autem profecti praedicaverunt ubique, Domino cooperante, et sermonem confirmante sequentibus signis.*

3263. Fuit autem et alius confirmationis modus: ut, dum praedicatores veritatis vera invenirentur dicere de occultis quae postmodum manifestari possunt, eis crederetur vera dicentibus de his quae homines experiri non possunt. Unde necessarium fuit *donum prophetiae,* per quod futura, et ea quae communiter homines latent,

말하는 것처럼, 어떤 이들은 신에게서 다양한 언어로 말하는 것을 배우게 되었다.

3262. 그러나 전하는 말이 그 자체로 명백하지 않다면 그것이 받아들여지기 위해 확증이 필요한 데 반해 신앙에 속한 것들은 인간 이성에게 명백하지 않으므로, 신앙을 설교한 자들의 말이 확증될 수 있도록 하는 어떤 수단이 제공될 필요가 있었다. 그런데 신앙에 속하는 것들은 이성을 넘어서기 때문에 그 말은 이성적 원리에 의한 증명으로 확증될 수 없다. 따라서 설교하는 자들의 말은 신에게서 나왔다는 점과 그들이 '앓는 이들을 고쳐 주고', 신만이 할 수 있는 '다른 능력들을 행사하는 것'과 같은 일을 했다는 점이 분명하게 드러날 수 있도록 하는 어떤 표징을 통해 그 말이 확증되어야 했다. 이런 이유로 주님께서는 제자들을 복음을 선포하도록 파견하시면서 마태오 복음서 10장 8절에서 "앓는 이들을 고쳐 주고 죽은 이들을 일으켜 주어라. 나병 환자들을 깨끗하게 해 주고 마귀들을 쫓아내어라"라고 말씀하신다. 마르코 복음서의 마지막에도 "그들은 떠나가서 곳곳에 복음을 선포하였다. 주님께서는 그들과 함께 일하시면서 표징들이 뒤따르게 하시어, 그들이 전하는 말씀을 확증해 주셨다"[336]라고 말한다.

3263. 하지만 또 다른 확증의 방식도 있었다. 진리를 선포하는 자들이 나중이 되어서야 명백해질 수 있는 그런 숨겨진 사건들에 대해 진실을 말한 것으로 밝혀졌을 때, 인간이 경험할 수 없는 것들에 대해 진실을 말하는 자들을 신뢰하도록 하기 위함이었다. 이런 이유로 그들에게 신의 계시를 통해 미래 사건들과 인간에게 흔히 숨겨진 것들에 대해 인식하고 그것들을 타인

---

[336] 16,20.

Deo revelante, possent cognoscere et aliis indicare: ut sic, dum in his invenirentur vera dicere, in his quae sunt fidei eis crederetur. Unde APOSTOLUS dicit I *Cor.* 14: 24 *Si omnes prophetent, intret autem quis infidelis vel idiota convincitur ab omnibus, diiudicatur ab omnibus:* 25 *occulta* enim *cordis eius manifesta fiunt, et ita cadens in faciem adorabit Deum, pronuntians quod Deus vere in vobis sit.*

3264. Non autem per hoc prophetiae donum sufficiens testimonium fidei adhiberetur, nisi esset de his quae a solo Deo cognosci possunt: sicut et miracula talia sunt quod solus Deus ea potest operari. Huiusmodi autem praecipue sunt in rebus inferioribus occulta cordium, quae solus Deus cognoscere potest, ut supra (*lib.* 1, cap. 68) ostensum est; et futura contingentia, quae etiam soli divinae cognitioni subsunt, quia ea in seipsis videt, cum sint ei praesentia ratione suae aeternitatis, ut supra (*ibid.* cap. 67) ostensum est.

3265. a) Possunt tamen aliqua futura contingentia etiam ab hominibus praecognosci: non quidem inquantum futura sunt, sed inquantum in causis suis praeexistunt; quibus cognitis, vel secundum seipsas, vel per aliquos effectus earum manifestos, quae signa dicuntur, de aliquibus effectibus futuris potest ab homine praecognitio haberi; sicut medicus praecognoscit mortem vel sanitatem futuram ex statu virtutis naturalis, quam cognoscit pulsu, urina, et huiusmodi signis.

들에 드러내도록 하는 '예언의 은사恩賜'가 필요했다. 따라서 이런 방식으로 그들이 이것들에 대해 진실을 말한 것으로 밝혀질 때, 그들은 신앙의 문제에 대해 신뢰를 얻게 되었다. 이런 이유로 사도께서는 코린토 신자들에게 보낸 첫째 서간 14장 24-25절에서 "모두 예언하는데 믿지 않는 이나 배우지 못한 이가 들어온다면, 그는 모든 이에 의해 잘못을 깨닫게 되고 그 모든 이에게 심판을 받게 됩니다. 또 그 마음속에 숨겨진 것들이 드러납니다. 그러면 그는 얼굴을 바닥에 대고 엎드려 하느님께 경배하며, '참으로 하느님께서 여러분 가운데에 계십니다'라고 선언할 것입니다"[337]라고 하신다.

3264. 그러나 기적들도 오직 신만이 행할 수 있는 그런 것들이듯이, 이런 예언의 은사가 신만이 인식할 수 있는 것들에 속하지 않는다면 이런 은사는 신앙에 대한 충분한 증언이 되지 않는다. 그런데 앞서(I 68) 밝혀졌듯이, 이런 것들은 이 세계의 사건들 가운데 특히 우리 마음에 불가사의한 사건들로서 신만이 인식할 수 있으며, 신의 인식에만 속하는 미래의 우연적인 사건들이기도 하다. 왜냐하면 앞서(I 67) 드러났듯이 그것들은 신의 영원성으로 인해 신에게 현재적이므로 신은 그것들을 그 자체로 보기 때문이다.

3265. a) 그런데도 미래의 우연적인 사건들 가운데는 인간들도 예지할 수 있는 것들이 있는데, 그 사건들은 미래에 일어날 것들로서 예지되는 것이 아니라 그 사건들의 원인들 안에 미리 존재하는 것들로서 예지될 수 있다. 그 원인들 안에 미리 존재하는 것들이 그 자체로든 아니면 징표로 불리는

---

[337] 『성경』: "모두 예언하는데 믿지 않는 이나 초심자가 들어온다면, 그는 모든 이에게 질책을 받고 그 모든 이에게 심판을 받게 됩니다. 또 그 마음속에 숨겨진 것들이 드러납니다. 그러면 그는 얼굴을 바닥에 대고 엎드려 하느님께 접하면서, '참으로 하느님께서 여러분 가운데에 계십니다' 하고 선언할 것입니다."

b) Huiusmodi autem cognitio futurorum partim quidem certa
est: partim vero incerta. Sunt enim quaedam causae praeexistentes
ex quibus futuri effectus ex necessitate consequuntur: sicut, prae-
existente compositione ex contrariis in animali, ex necessitate
sequitur mors. Quibusdam vero causis praeexistentibus, sequuntur
futuri effectus non ex necessitate, sed ut frequenter: sicut ex semine
hominis in matricem proiecto, ut in pluribus, sequitur homo per-
fectus; quandoque tamen monstra generantur, propter aliquod im-
pedimentum superveniens operationi naturalis virtutis. Primorum
igitur effectuum praecognitio certa habetur: horum autem qui pos-
terius dicti sunt, non est praecognitio infallibiliter certa.

c) Praecognitio autem quae de futuris habetur ex revelatione di-
vina, secundum gratiam prophetalem, est omnino certa: sicut et
divina praecognitio est certa. Non enim Deus praecognoscit futura
solum prout sunt in suis causis, sed infallibiliter, secundum quod
sunt in seipsis, sicut superius (*lib*. I, l. c.) ostensum est. Unde et
cognitio prophetica per eundem modum datur homini de futuris
cum certitudine perfecta. — Nec tamen haec certitudo repugnat
contingentiae futurorum, sicut nec certitudo scientiae divinae, ut
supra (ibid.) ostensum est.

3266. Revelantur tamen aliquando aliqui futuri effectus prophetis,
non secundum quod sunt in seipsis, sed secundum quod sunt in
causis suis. Et tunc nihil prohibet, si causae impediantur ne perve-

어떤 분명한 결과들을 통해서든 알려질 때, 인간은 미래의 어떤 결과들을 예지할 수 있다. 이런 식으로 의사는 맥박, 소변과 유사한 다른 징표들에서 인식하게 되는 자연적 힘의 상태를 보아 죽음이나 건강을 예지한다.

  b) 그런데 이런 종류의 미래 사건들에 대한 인식은 일부는 확실하고 일부는 불확실하다. 선행하는 원인들 가운데 미래의 사건들이 필연적으로 일어나도록 하는 것들이 있다. 예컨대, 동물 안에 상반되는 것들로 이루어진 합성이 선행한다면, 죽음은 필연적으로 따라온다. 하지만 미래의 결과들은 선행하는 어떤 원인들에서 필연적으로 귀결되지는 않더라도 대부분 귀결된다. 예컨대, 자궁에 배출된 남자의 정액에서 대부분 온전한 인간이 생기지만, 때때로 자연적 힘의 작용을 저해하는 장애로 인해 괴물들이 태어나기도 한다. 따라서 첫 번째 종류의 결과에 대한 확실한 예지는 있지만, 두 번째 사례에서 언급된 결과들에 대해서 무류無謬적으로 확실한 예지란 없다.

  c) 하지만 신의 예지가 확실하듯이, 예언의 은총을 통해 신적 계시에서 획득되는 미래의 사건들에 대한 예지도 전적으로 확실하다. 왜냐하면 앞서(I 67-68) 밝혀졌듯이, 신은 미래의 사건들을 그 원인들 안에 존재하는 것들로서 예지할 뿐만 아니라 그것들 자체 안에 있는 그대로 무류적으로도 예지하기 때문이다. 따라서 미래의 사건들에 대한 예언적 인식도 같은 방식으로 완전한 확실성을 지닌 채 인간에게 부여된다. 앞서(I 67-68) 드러난 것처럼, 이런 확실성은 신적 지식의 확실성에 상반되지 않듯이 미래 사건들의 우연성에도 상반되지 않는다.

3266. 그러나 미래의 어떤 사건들은 때때로 예언자들에게 그 자체로 존재하는 것들로서가 아니라 그 원인들 안에 존재하는 것들로서 계시된다. 그

niant ad suos effectus, quin etiam prophetae praenuntiatio immute-
tur: sicut Isaias praenuntiavit Ezechiae aegrotanti, *Dispone domui
tuae, quia morieris et non vives,* qui tamen sanatus est; et Ionas
Propheta praenuntiavit quod post *quadraginta dies Ninive* subver-
teretur, nec tamen est subversa. Praenuntiavit igitur Isaias mortem
futuram Ezechiae secundum ordinem dispositionis corporis et alia-
rum causarum inferiorum ad istum effectum; et Ionas subversionem
Ninive secundum exigentiam meritorum; utrobique tamen aliter
evenit secundum operationem Dei liberantis et sanantis.

3267. Sic igitur prophetica denuntiatio de futuris sufficiens est fidei
argumentum: quia, licet homines aliqua de futuris praecognoscant,
non tamen de futuris contingentibus est praecognitio cum certi-
tudine, sicut est praecognitio prophetiae. Etsi enim aliquando fiat
prophetae revelatio secundum ordinem causarum ad aliquem effec-
tum, simul tamen, vel postea, fit eidem revelatio de eventu futuri
effectus, qualiter sit immutandus: sicut Isaiae revelata fuit sanatio
Ezechiae, et Ionae liberatio Ninivitarum.

3268. Maligni autem spiritus, veritatem fidei corrumpere molien-
tes, sicut abutuntur operatione miraculorum ut errorem inducant et
argumentum verae fidei debilitent, tamen non vere miracula faci-
endo, sed ea quae hominibus miraculosa apparent, ut supra (cap.
103) ostensum est: ita etiam abutuntur prophetica praenuntiatione,

런 경우 원인들이 그 결과들을 산출하는 데 방해받게 된다면, 예언자들의 예언이 변경되는 것을 막을 길이 없다. 따라서 이사야는 병든 히즈키야에게 "너희 집안일 정리하여라. 너는 회복하지 못하고 죽을 것이다"[338]라고 예언했지만, 히즈키야는 건강을 회복했다. 예언자 요나는 "이제 사십 일이 지나면 니네베는 무너진다!"[339]라고 예언했으나 무너지지 않았다. 따라서 이사야는 히즈키야에게 다가올 죽음을 그의 육체의 상태와 이런 결과와 연관되는 하위 원인들의 질서에 따라 예언했고, 요나는 니네베의 멸망을 공로가 요구하는 바에 따라 예언했다. 그런데도 두 가지 경우 모두 구원하며 치유하는 신의 작용에 따라 사건이 달리 일어났다.

3267. 따라서 인간들이 미래의 어떤 사건들을 예지하더라도, 미래의 우연적인 것들에 대한 그들의 인식은 예언의 예지처럼 확실성이 동반되지 않기에 미래 사건들에 대한 예언적 선포는 신앙을 위한 충분한 논거가 된다. 왜냐하면 예언자의 계시가 때때로 주어진 결과에 대한 원인의 질서를 토대로 이루어지더라도, 동시에 혹은 그 이후에 미래 사건의 결과가 어떤 방식으로 변경되어야 하는지에 대한 계시가 그 선지자에게 주어질 수 있기 때문이다. 이처럼 히즈키야에 대한 치유가 이사야에게 계시되었고,[340] 니네베 사람들에 대한 구원이 요나에게 계시되었다.[341]

3268. 하지만 앞서(III 103) 밝혀졌듯이, 신앙의 진리를 부패시키기를 힘쓰는 악령들은 사람들을 오류에 빠뜨리고 참된 신앙에 대한 증명을 약화하기 위해 기적을 실제로 행하지 않은 채 인간들에게 기적처럼 보이는 일들을

---

[338] 이사야서 38,1.
[340] 이사야서 38,5.

[339] 요나서 3,4.
[341] 요나서 4,5 이하.

non quidem vere prophetando, sed praenuntiando aliqua secundum ordinem causarum homini occultarum, ut videantur futura praecognoscere in seipsis. Et licet ex causis naturalibus effectus contingentes proveniant, praedicti tamen spiritus, subtilitate intellectus sui, magis possunt cognoscere quam homines quando et qualiter effectus naturalium causarum impediri possint: et ideo in praenuntiando futura mirabiliores et veraciores apparent quam homines quantumcumque scientes. Inter causas autem naturales, supremae, et a cognitione nostra magis remotae, sunt vires caelestium corporum: quas praedictis spiritibus cognitas esse secundum proprietatem suae naturae, ex superioribus (*lib.* 11, capp. 99 sq.) patet. Cum ergo omnia inferiora corpora secundum vires et motum superiorum corporum disponantur (cap. 82), possunt praedicti spiritus multo magis quam aliquis astrologus, praenuntiare ventos et tempestates futuras, corruptiones aëris, et alia huiusmodi quae circa mutationes inferiorum corporum accidunt ex motu superiorum corporum causata. Et licet caelestia corpora super partem intellectivam animae directe non possint imprimere, ut supra (capp. 84 sq.) ostensum est, plurimi tamen sequuntur impetus passionum et inclinationes corporales, in quas efficaciam habere caelestia corpora manifestum est: solum enim sapientum, quorum parvus est numerus, est huiusmodi passionibus ratione obviare. Et inde est quod etiam de actibus hominum multa praedicere possunt: licet quandoque et ipsi in praenuntiando deficiant, propter arbitrii libertatem.

행함으로써 기적의 작용을 악용한다. 마찬가지로, 악령들은 미래의 사건들을 그 자체로 미리 알고 있는 것처럼 보이기 위해 진짜로 예언하지 않은 채 인간에게 숨겨져 있는 원인들의 질서에 따라 어떤 일들을 미리 알림으로써 예언자가 행하는 예언을 악용한다. 그런데 우연적 결과들이 자연적 원인에서 생기더라도, 이런 악령들은 지성의 예민함으로 자연적 원인의 결과들이 언제 그리고 어떻게 저해될 수 있는지에 대해 인간들보다 더 잘 알 수 있다. 따라서 인간들이 아무리 지식이 있다고 할지라도, 악령들은 미래의 일들을 예언하는 동안 인간들보다 더 불가사의하고 더 진실한 것처럼 보인다. 그런데 자연적 원인들 가운데 가장 높은 위치에 있고 우리의 인식으로부터 가장 멀리 떨어져 있는 것은 천체들이 지니는 능력들이다. 앞서 말한 악령들이 자기 본성의 고유성에 따라 이런 능력들을 알고 있다는 점은 이미(II 99 이하) 밝혀졌다. 따라서 하위 천체들은 모두 상위 천체들의 능력과 운동을 통해 지배되기 때문에(III 82) 이런 악령들은 미래에 일어날 바람, 폭풍, 기후 변화 그리고 상위 천체들의 운동을 통해 하위 천체들의 변화에서 일어나는 다른 것들까지도 어느 천문학자보다 훨씬 더 잘 예언할 수 있다. 그리고 앞서(III 84 이하) 드러난 것처럼 천체들이 영혼의 지성적 부분에 직접 영향을 미칠 수는 없더라도, 천체들이 명백히 영향을 미치는 정념과 육체적 경향으로 생기는 충동을 따르는 자들은 많다. 왜냐하면 적은 수의 현명한 사람들만이 자신들의 이성을 사용함으로써 이런 종류의 정념을 뿌리칠 수 있기 때문이다. 이런 이유로 이런 악령들조차 결단의 자유로 인해 인간의 행위를 예언하는 데 때때로 실패할지라도 그 행위에 대해 여러 가지 예언을 할 수는 있다.

3269. Ea vero quae praecognoscunt, praenuntiant quidem non mentem illustrando, sicut fit in revelatione divina: non enim eorum intentio est ut mens humana perficiatur ad veritatem cognoscendam, sed magis quod a veritate avertatur. Praenuntiant autem quandoque quidem secundum imaginationis immutationem, vel in dormiendo, sicut cum per somnia aliquorum futurorum indicia monstrant; sive in vigilando, sicut in arreptitiis et phreneticis patet, qui aliqua futura praenuntiant; aliquando vero per aliqua exteriora indicia, sicut per motus et garritus avium, et per ea quae apparent in extis animalium, et in punctorum quorundam descriptione, et in similibus, quae sorte quadam fieri videntur; aliquando autem visibiliter apparendo, et sermone sensibili praenuntiando futura.

3270. Et licet horum ultimum manifeste per malignos spiritus fiat, tamen alia QUIDAM reducere conantur in aliquas causas naturales. Dicunt enim quod, cum corpus caeleste moveat ad aliquos effectus in istis inferioribus, ex eiusdem corporis impressione in aliquibus rebus illius effectus signa quaedam apparent: caelestem enim impressionem diversae res diversimode recipiunt. Secundum hoc ergo dicunt quod immutatio quae fit a corpore caelesti in aliqua re, potest accipi ut signum immutationis alterius rei. Et ideo dicunt quod motus qui sunt praeter deliberationem rationis, ut visa somniantium et eorum qui sunt mente capti, et motus et garritus avium, et descriptiones punctorum cum quis non deliberat quot puncta debeat

3269. 그러나 악령들은 자신들이 미리 아는 것을 예언할 때 신의 계시처럼 정신을 일깨우지는 않는다. 왜냐하면 그들의 의도는 인간 정신이 진리의 인식을 위해 완벽해지도록 하는 것이 아니라 반대로 인간 정신을 진리에서 벗어나도록 하는 것이기 때문이다. 그런데 악령들은 때로는 표상력의 변화에 따라 예언을 하기도 하는데, 꿈속에서 미래 사건들에 대한 조짐을 드러낼 때처럼 잠을 자는 동안 예언을 하거나, 또는 최면이나 정신착란의 상태에 있는 사람들이 미래 사건들을 예언할 때처럼 깨어 있는 동안 예언을 하는 경우가 있다. 악령들은 외적인 표지標識를 통해 예언하기도 하는데, 때로는 새의 날갯짓과 지저귐을 관찰[342]하거나 동물 내장의 겉모습, 점들의 배열을 살펴봄으로써 그리고 운에 의존하는 듯 보이는 다른 유사한 방식을 통해서 예언을 한다. 때때로 그들은 눈에 보이는 출현물과 귀에 들리는 말을 통해 미래 사건들을 미리 알려 주기도 한다.[343]

3270. 이런 방식들 가운데 마지막 방식은 분명 악령의 개입을 통해 이루어지는 것이지만, 어떤 이들은 자연적 원인들을 통해 나머지 방식들을 설명하려고 시도한다. 왜냐하면 천체가 이 하위 세계에서 운동을 통해 어떤 결과들에 이바지할 때, 서로 다른 사물들은 서로 다른 방식으로 천체의 영향을 받으므로 어떤 사물들 안에서 이런 결과들의 표징이 똑같은 천체의 영향을 통해 나타난다는 게 그들의 주장이기 때문이다. 따라서 그들은 이것을 토대로 하나의 사물에서 천체에 의해 만들어지는 변화가 다른 사물 안에 만들어지는 변화에 대한 표징으로 받아들일 수 있다고 말한다. 이런 이

---

[342] 새는 공기의 상태에 매우 민감하기 때문에 새가 몇 번 우는지에 따라 날씨 변화를 예측할 수 있었다고 한다. 참조: 리처드 킥헤퍼『마법의 역사』166.
[343] 참조: *SCG* III 104.

describere, sequuntur impressionem corporis caelestis. Et ideo dicunt quod huiusmodi possunt esse signa effectuum futurorum qui ex motu caeli causantur.

3271. Sed quia hoc modicam rationem habet, magis aestimandum est quod praenuntiationes quae ex huiusmodi signis fiunt, ab aliqua intellectuali substantia originem habeant, cuius virtute disponuntur praedicti motus praeter deliberationem existentes, secundum quod congruit observationi futurorum. Et licet quandoque haec disponantur voluntate divina, ministerio bonorum spirituum, quia et a Deo multa per somnia revelantur, sicut Pharaoni et Nabuchodonosor; et *sortes* quae *mittuntur in sinu,* quandoque etiam *a Domino temperantur,* ut Salomon dicit: tamen plerumque ex operatione spirituum malignorum accidunt; ut et sancti Doctores dicunt, et etiam ipsi gentiles censuerunt; dicit enim MAXIMUS VALERIUS quod observatio auguriorum et somniorum et huiusmodi ad religionem pertinent, qua idola colebantur. Et ideo in veteri lege, simul cum idololatria, haec omnia prohibebantur: dicitur enim *Deut.* 18: 9 *Ne imitari velis abominationes illarum gentium,* quae scilicet idolis serviebant; 10 *nec inveniatur in te qui lustret filium suum aut filiam ducens per ig-*

---

344 여기서 토마스는 '자연 마법'(natural magic)의 범주를 인정하지 않는다. 중세의 마법은 크게 자연 세계에 있는 감추어진 또는 숨겨진 힘에 의존하는 '자연 마법'과 마귀나 악령의 도움에 의존하는 '마귀 마법'(demonic magic)으로 구분된다. 토마스는 천체나 별이 지상 세계의 인간과 사물에 신비로운 방식으로 영향을 미친다고 주장하지만, 자연 세계에서 발견되는

유로 꿈을 꾸거나 제정신이 아닌 자들에게 보이는 것, 그리고 새의 날갯짓이나 지저귐, 어떤 이가 얼마나 많은 점을 찍을지 숙고하지 않고서 되는대로 점들을 배열하는 행위처럼 이성의 심사숙고와는 무관한 운동은 모두 천체가 미친 영향의 결과라고 말한다. 결과적으로 이와 같은 것들이 천체의 운동으로 일어나는 미래 사건의 표징일 수 있다는 것이 그들의 주장이다.

3271. 하지만 이 주장의 논거는 하찮으므로, 차라리 이런 종류의 표징들을 통해 이루어지는 예언이 어떤 지성적 실체에서 유래한다고 생각하는 편이 더 낫다. 그 지성적 실체의 능력에 의해, 앞서 말한 숙고 없이 일어나는 운동이 미래 사건의 관찰과 어울리도록 통제된다는 것이다.[344] 또한 파라오,[345] 네부카드네자르[346] 그리고 "제비는 무릎에 던져지지만 때때로 주님에 의해 결정되기도 한다"[347]라고 말하는 솔로몬의 말처럼 신이 여러 가지 것을 꿈을 통해 계시하기 때문에 이런 운동들이 때때로 선령善靈의 직무를 통해 신의 의지로 결정되기도 하지만, 거룩한 박사들이 말하고 이교도들조차도 동의하듯이 거의 다 악령들의 작용으로 일어난다. 이런 이유로 발레리우스 막시무스[348]는 징조徵兆와 꿈 등을 관찰하는 행위가 우상을 숭배하는 종교에 속한다고 말한다. 따라서 옛 법에서는 이런 모든 것이 우상숭배와 함께 금지되었다. 왜냐하면 신명기 18장 9-11절에서 "너희는 그 민

불가사의한 힘에 대해서는 무차별적으로 마법이라는 용어를 사용하는 것에 대해 회의적이다. 왜냐하면 그는 자연 마법의 상당 부분이 악마의 개입 없이는 일어날 수 없다고 주장하기 때문이다. 즉, 불가사의한 현상들이 천체의 영향에 의해 일어난다는 점을 부정하지 않지만, 마법이라는 용어는 마귀들이 개입되는 과정일 때만 사용한다는 것이다.

[345] 창세기 41,25.
[346] 다니엘서 2,28.
[347] 『성경』 잠언 16,33 : "제비는 옷 폭에 던져지지만 결정은 온전히 주님에게서만 온다."
[348] 발레리우스 막시무스 『기억할 만한 언행의 아홉 가지 책』 I 1.

*nem; aut qui ariolos sciscitetur, et observet somnia atque auguria;
nec sit maleficus* 11 neque *incantator;* neque *qui pythones consulat
nec divinos,* et *quaerat a mortuis veritatem.*

3272. Attestatur autem praedicationi fidei prophetia per alium modum: inquantum scilicet aliqua fide tenenda praedicantur quae temporaliter aguntur, sicut nativitas Christi, passio et resurrectio, et huiusmodi; et ne huiusmodi ficta a praedicantibus esse credantur, aut casualiter evenisse, ostenduntur longe ante per prophetas praedicta. Unde APOSTOLUS dicit, *Rom.* 1: 1 *Paulus, servus Iesu Christi, vocatus Apostolus, segregatus in evangelium Dei, 2 (quod ante promiserat per prophetas suos in Scripturis Sanctis) 3 de Filio suo, qui factus est ei ex semine David secundum carnem.*

3273. Post gradum autem illorum qui immediate revelationem a Deo recipiunt, est necessarius alius gratiae gradus. Quia enim homines revelationem a Deo accipiunt non solum pro praesenti tempore, sed etiam ad instructionem omnium futurorum, necessarium fuit ut non solum ea quae ipsis revelantur, sermone narrarentur praesentibus; sed etiam scriberentur ad instructionem futurorum. Unde et oportuit aliquos esse qui huiusmodi scripta *interpretarentur.* Quod divina

---

[349] 『성경』: "너희는 … 그 민족들의 역겨운 짓을 배워 그대로 해서는 안 된다. 너희에게는 제 아들이나 딸을 불 가운데로 지나가게 하는 자와, 점쟁이와 복술가와 요술사와 주술사, 그리고 주문을 외우는 자와 혼령이나 혼백을 불러 물어보는 자와 죽은 자들에게 문의하는 자가 있어서는 안 된다."

족들의", 즉 우상을 숭배하는 자들의, "역겨운 짓을 본받아서는 안 된다. 너희에게는 제 아들이나 딸을 불 가운데로 지나가게 하면서 제물로 바치는 자와, 점쟁이와 복술가와 요술사와 주술사 그리고 주문을 외우는 자와 혼령이나 혼백을 불러 물어보는 자와 죽은 자들에게 진리를 구하는 자가 있어서는 안 된다"[349]라고 말한다.

3272. 더구나, 예언은 또 다른 방식으로 신앙의 설교를 증언한다. 즉, 설교자가 그리스도의 탄생, 수난, 부활 등과 같이 시간 속에서 일어난 사건들을 신앙의 교의들로 선포할 때다. 사람들이 이런 것들을 설교자들에 의해 꾸며 낸 이야기나 우연히 일어난 일로 생각하지 않도록, 그것들은 예언자들에 의해 이미 오래전에 선포된 것으로 입증된다. 결과적으로 사도께서는 로마 신자들에게 보낸 서간 1장 1-3절에서 "그리스도 예수님의 종으로서 사도로 부르심을 받고 하느님의 복음을 위하여 선택을 받은 바오로가 이 편지를 씁니다. 이 복음은 하느님께서 당신의 예언자들을 통하여 미리 성경에 약속해 놓으신 것으로, 당신 아드님에 관한 말씀입니다. 그분께서는 육으로는 다윗의 후손으로 태어나셨습니다"라고 말씀하신다.

3273. 신으로부터 직접 계시를 받아들이는 이들의 등급 다음으로 또 다른 등급의 은총이 필요하다. 인간들은 현재를 위해서뿐만 아니라 미래의 모든 인간을 가르치기 위해서도 신으로부터 계시를 받아들이기 때문에, 그들에게 계시된 것들이 구두로 현재 세대들에게 전달될 필요가 있을 뿐만 아니라 미래 세대들의 가르침을 위해서 문자로 기록될 필요가 있었다. 결과적으로, 이런 종류의 기록을 '해석할' 사람들이 있어야 했다. 계시 자체가 신의 은총으로 이루어지듯이, 해석하는 것도 신적 은총이어야 한다. 따

gratia esse oportet, sicut et ipsa revelatio per gratiam Dei fuit. Unde et *Gen.* 40, 8 dicitur: *Numquid non Dei est interpretatio?*

3274. Sequitur autem ultimus gradus: eorum scilicet qui ea quae aliis sunt revelata, et per alios interpretata, fideliter credunt. Hoc autem Dei donum esse superius (cap. 152) ostensum est.

3275. Quia vero per malignos spiritus aliqua similia fiunt his quibus fides confirmatur, tam in signorum operatione quam in futurorum revelatione, ut supra (cf. 3268) dictum est, ne per huiusmodi homines decepti mendacio credant, necessarium est ut adiutorio divinae gratiae instruantur *de huiusmodi spiritibus discernendis:* secundum quod dicitur I IOAN. 4, 1: *Nolite omni spiritui credere, sed probate spiritus, si ex Deo sunt.*

3276. Hos autem gratiae effectus, ad instructionem et confirmationem fidei ordinatos, APOSTOLUS enumerat I *ad Cor.* 12, dicens: 8 *Alii per Spiritum datur sermo sapientiae* (3259), *alii autem sermo scientiae, secundum eundem Spiritum* (3260); 9 *alteri fides, in eodem Spiritu* (3274); *alii gratia sanitatum, in uno Spiritu;* 10 *alii operatio virtutum* (3262); *alii prophetia* (3263); *alii discretio spirituum* (3275); *alii genera linguarum* (3261); *alii interpretatio sermonum*(3273).

---

[350] 『성경』: "꿈 풀이는 하느님만이 하실 수 있는 일이 아닙니까?"

라서 창세기 40장 8절에서 "해석은 하느님에게 속한 것이 아닙니까?"[350]라
고 말한다.

3274. 다음으로 마지막 등급, 즉 타인들에게 계시되고 타인들에 의해 해석
되는 것들을 신앙으로 믿는 사람들의 등급이 있다. 그런데 이것이 신의 선
물이라는 점은 앞서(III 152) 드러났다.

3275. 하지만 앞서(III 155, n.3268) 말했듯이, 악령들은 표징을 보여 줄 때와
미래의 사건들을 드러낼 때를 불문하고 신앙을 확증하는 것과 비슷한 행위
들을 하기에, 그러한 것들에 속은 인간들이 거짓을 믿지 않도록 신적 은총
의 도움으로 '이런 종류의 영들을 식별하는 안목'을 배울 필요가 있다. 이
점은 요한의 첫째 서간 4장 1절의 "아무 영이나 다 믿지 말고 그 영이 하느
님께 속한 것인지 시험해 보십시오"라는 구절과 부합한다.

3276. 사도께서는 코린토 신자들에게 보낸 첫째 서간 12장 8-10절에서 신
앙의 가르침과 확증으로 인도하는 은총의 이런 결과들을 열거하면서, "어
떤 이에게는 성령을 통하여 지혜의 말씀(III 154, n.3259)이, 어떤 이에게는 같
은 성령을 따라 지식의 말씀(III 154, n.3260)이 주어집니다. 어떤 이에게는 같
은 성령 안에서 믿음이(III 155, n.3274), 어떤 이에게는 그 한 성령 안에서 병
을 고치는 은총이 주어집니다. 어떤 이에게는 기적을 일으키는 은총(III 154,
n.3262)이, 어떤 이에게는 예언을 말하는 은총(III 154, n.3263)이. 어떤 이에
게는 영들을 식별하는 은총(III 155, n.3275)이, 어떤 이에게는 다양한 언어로
말하는 은총(III 154, n.3261)이. 어떤 이에게는 언어를 해석하는 은총(III 154,
n.3273)이 주어집니다"[351]▶라고 말씀하신다.

3277. a) Per hoc autem excluditur error quorundam MANICHAEO-
RUM, qui dicunt corporalia miracula non esse a Deo facta.

b) Simul etiam excluditur eorum error quantum ad hoc quod dic-
unt prophetas non esse Spiritu Dei locutos.

c) Excluditur etiam error PRISCILLAE et MONTANI, qui dicebant
prophetas, tanquam arreptitios, non intellexisse quae loquebantur.
Quod divinae revelationi non congruit, secundum quam mens prin-
cipalius illuminatur.

3278. In praemissis autem gratiae effectibus (capp. 151 sqq.) consi-
deranda est quaedam differentia. Nam etsi omnibus *gratiae* nomen
competat, quia *gratis*, absque praecedenti merito, conferuntur; so-
lus tamen dilectionis effectus ulterius nomen gratiae meretur ex hoc
quod *gratum Deo facit:* dicitur enim *Proverb.* 8, 17: *Ego diligentes
me diligo.* Unde fides et spes, et alia quae ad fidem ordinantur,
possunt esse in peccatoribus, qui non sunt Deo grati: sola autem
dilectio est proprium donum iustorum, quia *qui manet in caritate,
in Deo manet, et Deus in eo*, ut dicitur I IOAN. 4, 16.

◀351 『성경』: "어떤 이에게는 성령을 통하여 지혜의 말씀이, 어떤 이에게는 같은 성령에 따
라 지식의 말씀이 주어집니다. 어떤 이에게는 같은 성령 안에서 믿음이, 어떤 이에게는 그 한
성령 안에서 병을 고치는 은사가 주어집니다. 어떤 이에게는 기적을 일으키는 은사가, 어떤
이에게는 예언을 하는 은사가, 어떤 이에게는 영들을 식별하는 은사가, 어떤 이에게는 여러
가지 신령한 언어를 말하는 은사가, 어떤 이에게는 신령한 언어를 해석하는 은사가 주어집니
다."

3277. a) 이런 결론을 통해 물질적 기적이 신에 의해 이루어지지 않는다고 말하는 일부 마니교도의 오류가 제거된다.

b) 그와 동시에, 우리는 예언자들이 하느님의 영으로 말하지 않았다는 그들의 오류도 제거한다.

c) 우리는 예언자들을 두고 마치 홀린 사람들처럼 자신들이 무슨 말을 하는지 이해하지 못했다고 주장한 프리스킬라와 몬타누스의 오류[352]도 제거한다. 왜냐하면 이것은 정신을 주로 조명하는 신적 계시와 양립하지 않기 때문이다.

3278. 우리는 앞서(III 151 이하) 언급된 은총의 결과들 안에서 어떤 차이를 살펴보아야 한다. 은총이 선행하는 공로 없이 '무상으로 받은 것'인 한에서 '은총'이라는 명칭은 모든 결과에 어울리기는 하지만, "사람은 사랑을 통해 신의 마음에 들게 된다"라는 사실로 인해 사랑의 결과만이 은총이라는 명칭에 더 어울린다. 왜냐하면 잠언 8장 17절에서 "나를 사랑하는 이들을 나는 사랑해 준다"라고 말하기 때문이다. 따라서 신앙, 희망 그리고 신앙과 연관되는 다른 것들은 신의 마음에 들지 않는 죄인들에게 있을 수 있지만 사랑만이 의로운 자들에게 특별한 은사다. 왜냐하면 요한의 첫째 서간 4장 16절에서 말하듯이, "사랑 안에 머무르는 사람은 하느님 안에 머무르고 하느님께서도 그 사람 안에 머무르시기" 때문이다.

---

[352] 아우구스티누스 『이단론』 26 (PL 42, 30). 몬타누스(Montanus, 135~177)는 자신을 추종한 여성 예언자 막시밀라(Maximilla)와 프리스킬라(Priscilla)와 함께 무아경에 빠져 받은 신탁을 새 예언이라 했고 자신을 통해 성령의 시대가 왔음을 증명하려 했다.

3279. Est autem et alia differentia in praedictis effectibus gratiae consideranda.

a) Nam quidam eorum sunt ad totam vitam hominis necessarii, utpote sine quibus salus esse non potest: sicut credere, sperare, diligere, et praeceptis Dei obedire. Et ad hos effectus necesse est habituales quasdam perfectiones hominibus inesse, ut secundum eas agere possint cum fuerit tempus.

b) Alii vero effectus sunt necessarii, non per totam vitam, sed certis temporibus et locis: sicut facere miracula, praenuntiare futura, et huiusmodi. Et ad hos non dantur habituales perfectiones, sed impressiones quaedam fiunt a Deo quae cessant actu cessante, et eas oportet iterari cum actus iterari fuerit opportunum: sicut prophetae mens in qualibet revelatione novo lumine illustratur; et in qualibet miraculorum operatione oportet adesse novam efficaciam divinae virtutis.

Capitulum CLV

Quod homo indiget auxilio gratiae ad perseverandum in bono

3280. Indiget etiam homo divinae gratiae auxilio ad hoc quod perseveret in bono.

3281. Omne enim quod de se est variabile, ad hoc quod figatur in

3279. 더구나, 앞서 말한 은총의 결과들 가운데 고려해야 할 또 다른 차이가 있다.

  a) 은총의 결과들 가운데 인간에게 평생 필요한 것들이 있다. 왜냐하면 그것들 없이 인간은 구원받을 수 없기 때문이다. 예를 들자면, 믿음, 희망, 사랑 그리고 신의 계명에 대한 순명이 그런 결과들이다. 따라서 인간들에게 기회가 될 때 이런 행위들을 수행할 수 있도록 이런 결과들에 대한 습성적 완전성들이 있어야 한다.

  b) 그러나 다른 결과들은 평생 필요하지는 않고 기적을 행하고 미래의 사건들을 예언하는 행위 등처럼 특정한 시간과 장소에 필요하다. 그래서 습성적 완전성들은 이런 행위들을 위해 부여되지는 않지만, 행위를 중단하자마자 존재하지 않고 행위가 되풀이되어야 할 때 되풀이되어야 하는 어떤 영향들이 신에 의해 만들어진다. 따라서 예언자의 정신은 각각의 계시에서 새로운 빛으로 일깨워지며, 기적을 일으키는 각각의 경우마다 신적 능력이 새롭게 영향을 미쳐야 한다.

제155장

인간은 선을 항구히 견지하기 위해 은총의 도움이 필요하다

3280. 인간은 선을 항구히 견지하기 위해서도 신적 은총의 도움이 필요하다.

3281. 그 자체로 가변적인 것은 모두 하나의 목표에 고정되기 위해서는 부

uno, indiget auxilio alicuius moventis immobilis. Homo autem variabilis est et de malo in bonum, et de bono in malum. Ad hoc igitur quod immobiliter perseveret in bono, quod est *perseverare,* indiget auxilio divino.

3282. Adhuc. Ad illud quod excedit vires liberi arbitrii, indiget homo auxilio divinae gratiae. Sed virtus liberi arbitrii non se extendit ad hunc effectum qui est perseverare finaliter in bono. Quod sic patet. Potestas enim liberi arbitrii est respectu eorum quae sub electione cadunt. Quod autem eligitur, est aliquod particulare operabile. Particulare autem operabile est quod est hic et nunc. Quod igitur cadit sub potestate liberi arbitrii, est aliquid ut nunc operandum. Perseverare autem non dicit aliquid ut nunc operabile, sed continuationem operationis per totum tempus. Iste igitur effectus qui est perseverare in bono, est supra potestatem liberi arbitrii. Indiget igitur homo ad perseverandum in bono auxilio divinae gratiae.

3283. Amplius. Licet homo per voluntatem et liberum arbitrium sit dominus sui actus, non tamen est dominus suarum naturalium potentiarum. Et ideo, licet liber sit ad volendum vel ad non volendum aliquid, non tamen volendo facere potest quod voluntas in eo quod vult, ad id quod vult vel eligit immobiliter se habeat. Hoc autem re-

---

동의 동자의 도움이 필요하다. 그런데 인간은 악에서 선으로 변할 수 있을 뿐만 아니라 선에서 악으로도 변할 수 있다. 따라서 인간이 선을 확고하게 견지하기 위해, 즉 '항구히 견지함'(perseverare)[353]을 위해 신의 도움이 필요하다.

3282. 게다가, 인간은 자유재량의 능력을 넘어서는 것에 대해 신적 은총의 도움이 필요하다. 하지만 자유 결단의 능력은 선을 마지막까지 항구히 견지하는 결과에까지 미치지는 않는다. 이 점은 다음과 같이 분명하다. 자유 결단의 능력은 선택의 대상에 속하는 것들에게 적용된다. 그런데 선택되는 것은 특수하게 실행될 수 있는 것이다. 하지만 그러한 특수한 것은 지금 여기에 당면한 어떤 것이다. 그러므로 자유 결단의 능력에 속하는 것은 지금 해야 하는 어떤 것이다. 그러나 항구히 견지한다는 것은 지금 해야 하는 무언가를 뜻하는 것이 아니라 오랫동안 작용을 지속하는 것을 뜻한다. 따라서 이런 결과, 즉 선을 항구히 견지하는 것은 자유 결단의 능력을 넘어선다. 그러므로 인간은 선을 항구히 견지하기 위해 신적 은총의 도움이 필요하다.

3283. 나아가, 인간은 의지와 자유 결단을 통해 자신의 행위들을 지배할 수는 있을지라도, 자신의 본성적 능력들까지 마음대로 할 수는 없다. 결과적으로 인간은 자유롭게 무언가를 원하거나 원하지 않는 의지를 지녔을지라도, 자신의 의지가 원한다고 해서 자신이 원하거나 선택한 것을 확고하

런데 '항구함'이라는 표현은 형용사적 표현이기 때문에 꾸준하게 어떤 목적이나 일을 이루려는 동작이나 작용을 담지 못한다. 따라서 '항구히 견지함'이라는 동사적 표현이 더 적절한 것으로 보인다.

quiritur ad perseverantiam: ut scilicet voluntas in bono immobiliter permaneat. Perseverantia igitur non est in potestate liberi arbitrii. Oportet igitur adesse homini auxilium divinae gratiae ad hoc ut perseveret.

3284. Praeterea. Si sunt plura agentia successive, quorum scilicet unum agat post actionem alterius; continuitas actionis istorum non potest causari ex aliquo uno ipsorum, quia nullum eorum semper agit; nec ex omnibus, quia non simul agunt; unde oportet quod causetur ab aliquo superiori quod semper agat: sicut PHILOSOPHUS probat, in VIII *Phys.,* quod continuitas generationis in animalibus causatur ab aliquo superiori sempiterno. Ponamus autem aliquem perseverantem in bono. In eo igitur sunt multi motus liberi arbitrii tendentes in bonum, sibi invicem succedentes usque ad finem. Huius igitur continuationis boni, quod est perseverantia, non potest esse causa aliquis istorum motuum: quia nullus eorum semper durat. Nec omnes simul: quia non simul sunt, non possunt igitur simul aliquid causare. Relinquitur ergo quod ista continuatio causetur ab aliquo superiori. Indiget igitur homo auxilio superioris gratiae ad perseverandum in bono.

3285. Item. Si sint multa ordinata ad unum finem, totus ordo eorum quousque pervenerint ad finem, est a primo agente dirigente

___
354 *Phys* VIII 6, 258b 10-259a 13.

게 고수하게 되는 그런 결과를 의지 행위를 통해 산출할 수는 없다. 하지만 항구히 견지함에는 이것, 즉 의지가 선을 확고하게 고수해야 하는 것이 필요하다. 결과적으로 항구히 견지함은 자유 결단의 능력에 속하지 않는다. 그러므로 인간은 항구히 견지하기 위해 신적 은총의 도움이 필요하다.

3284. 그 밖에도, 연이어 있는 여러 작용자 가운데 한 작용자가 또 다른 작용자의 행위 다음에 행위를 한다면, 그들이 하는 행위의 지속은 그들 가운데 그 누구에 의해서도 귀결될 수 없다. 왜냐하면 그들 가운데 아무도 항상 작용하고 있지는 않기 때문이다. 그 지속이 그들 모두에 의해서 생길 수도 없다. 왜냐하면 그들은 동시에 다 같이 행위를 하지 않기 때문이다. 결과적으로 철학자가 『자연학』 제8권[354]에서 동물들에 일어나는 생식 과정의 지속이 영구永久한 상위의 작용자에 의해 생긴다고 입증하듯이, 지속은 언제까지나 활동하는 상위의 작용자에 의해 생기게 되는 것이 틀림없다. 그런데 선을 항구히 견지하는 인간의 경우를 가정해 보자. 그에게 선을 향해 가는 자유 결단의 여러 가지 움직임들이 있고, 그 움직임들은 목적에 이르기까지 잇따른다. 따라서 이런 움직임들 가운데 그 무엇도 언제까지나 지속될 수 없기에 선의 이런 지속, 즉 항구히 견지함을 위한 원인이 될 리는 없다. 그것들은 모두 동시에 있지 않기에 동시에 원인이 될 수도 없으므로 어떤 것을 동시에 일으킬 수도 없다. 그렇다면 이런 지속의 원인은 어떤 상위의 존재자여야 한다. 그러므로 인간은 선을 항구히 견지하기 위해 상위 은총의 도움이 필요하다.

3285. 마찬가지로, 여러 가지 것들이 하나의 목적을 향한다면, 그것들이 목적에 도달할 때까지 그것들의 전체 질서는 그것들을 목적으로 향하도록

in finem. In eo autem qui perseverat in bono, sunt multi motus et multae actiones pertingentes ad unum finem. Oportet igitur quod totus ordo istorum motuum et actionum causetur a primo dirigente in finem. Ostensum est autem (cap. 147) quod per auxilium divinae gratiae diriguntur in ultimum finem. Igitur per auxilium divinae gratiae est totus ordo et continuatio bonorum operum in eo qui perseverat in bono.

3286. Hinc est quod dicitur *ad Philipp.* 1, 6: *Qui coepit in vobis opus bonum, perficiet usque in diem Iesu Christi;* et I Petri ult.: *Deus omnis gratiae, qui vocavit nos in aeternam gloriam suam, modicum passos ipse perficiet, confirmabit solidabitque.*

3287. Inveniuntur etiam in Sacra Scriptura multae orationes quibus a Deo petitur perseverantia: sicut in *Psalmo, Perfice gressus meos in semitis tuis, ut non moveantur vestigia mea;* et II ad *Thess.* 2, 16, *Deus, Pater noster,* 17 *exhortetur corda vestra, et confirmet in omni opere et sermone bono.* Hoc etiam ipsum in *Oratione Do-*

---

[355] 『성경』: "여러분 가운데서 좋은 일을 시작하신 분께서 그리스도 예수님의 날까지 그 일을 완성하시리라고 나는 확신합니다."

[356] 『성경』: "여러분이 잠시 고난을 겪고 나면, 모든 은총의 하느님께서, 곧 그리스도 예수님 안에서 당신의 영원한 영광에 참여하도록 여러분을 불러 주신 그분께서 몸소 여러분을 온전하게 하시고 굳세게 하시며 든든하게 하시고 굳건히 세워 주실 것입니다."

하는 제일 작용자에게서 나온다. 그런데 선을 항구히 견지하는 자에게 목적에 이르는 여러 가지 움직임들과 행위들이 있다. 결과적으로 이런 움직임들과 행위들의 전체 질서는 그것들을 목적으로 향하도록 하는 제일 작용자에게 기인해야 한다. 하지만 앞서(III 147) 드러난 것처럼, 그것들은 신적 은총의 도움으로 궁극 목적으로 향하게 된다. 그러므로 선을 항구히 견지하는 자 안에 있는 선한 행위들의 전체 질서와 지속은 신적 은총의 도움에 기인한다.

3286. 이런 이유로 필리피 신자들에게 보낸 서간 1장 6절에서 "여러분 가운데서 좋은 일을 시작하신 분께서 그리스도 예수님의 날까지 그 일을 완성하실 겁니다"[355]라고 말하며, 베드로의 첫째 서간 5장 10절에서 "여러분이 잠시 고난을 겪고 나면, 그분의 영원한 영광에 참여하도록 우리를 불러 주신 모든 은총의 하느님께서, 몸소 여러분을 온전하게 하시고 굳세게 하시며 든든하게 하실 겁니다"[356]라고 말한다.

3287. 항구히 견지함을 신에게 간구하는 여러 기도가 성경에 나오기도 한다. 따라서 시편에서 "제 발걸음이 미끄러지지 않도록 당신 길에서 제 걸음걸이를 완벽하게 하소서"[357]라고 말하며, 테살로니카 신자들에게 보낸 둘째 서간 2장 16-17절에서 "하느님 우리 아버지께서 여러분의 마음을 격려하시고 온갖 좋은 일과 좋은 말로 굳건하게 해 주시기를 빕니다"[358]라고 말한다. 이것은 주님의 기도에서 특히 "아버지의 나라가 오시며"라고 말할

---

[357] 『성경』 시편 17(16),5: "계명의 길을 저는 꿋꿋이 걷고 당신 길에서 제 발걸음 비틀거리지 않았습니다."

[358] 『성경』: "하느님 우리 아버지께서 여러분의 마음을 격려하시고 여러분의 힘을 북돋우시어 온갖 좋은 일과 좋은 말을 하게 해 주시기를 빕니다."

minica petitur, maxime cum dicitur, *Adveniat regnum tuum:* non enim nobis adveniet regnum Dei nisi in bono fuerimus perseverantes. Derisorium autem esset aliquid a Deo petere cuius ipse dator non esset. Est igitur perseverantia hominis a Deo.

3288. Per hoc autem excluditur error PELAGIANORUM, qui dixerunt quod ad perseverandum in bono sufficit homini liberum arbitrium, nec ad hoc indiget auxilio gratiae.

3289. Sciendum tamen est quod, cum etiam ille qui gratiam habet, petat a Deo ut perseveret in bono; sicut liberum arbitrium non sufficit ad istum effectum qui est perseverare in bono, sine exteriori Dei auxilio, ita nec ad hoc sufficit aliquis habitus nobis infusus. Habitus enim qui nobis infunduntur divinitus, secundum statum praesentis vitae, non auferunt a libero arbitrio totaliter mobilitatem ad malum: licet per eos liberum arbitrium aliqualiter stabiliatur in bono. Et ideo, cum dicimus hominem indigere ad perseverandum finaliter auxilio gratiae, non intelligimus quod, super gratiam habitualem prius infusam ad bene operandum, alia desuper infundatur ad perseverandum: sed intelligimus quod, habitis omnibus habitibus gratuitis, adhuc indiget homo divinae providentiae auxilio exterius gubernantis.

때 청하는 것이기도 하다. 우리가 선을 항구히 견지하지 않는다면 신의 나라는 우리에게 오지 않을 것이다. 그런데 신에게 무언가를 구할 때 그것을 주는 자가 신이 아니라면 구하는 것은 어리석은 일일 것이다. 그래서 인간의 항구히 견지함은 신에게서 나온다.

3288. 이로써 인간이 자유 결단으로도 선을 항구히 견지하기에 충분하므로 이를 위해 은총의 도움이 필요하지 않다고 말한 펠라기우스파의 오류가 제거된다.

3289. 하지만 알아두어야 할 것은, 은총을 소유하고 있는 자조차도 선을 항구히 견지할 수 있도록 신에게 간구한다는 점이다. 자유 결단으로 신의 외적 도움 없이는 선을 항구히 견지하는 이런 결과를 이루기에 충분치 않듯이, 우리 안에 주입된 습성만으로도 이런 목적에 충분치 않다는 것이다. 왜냐하면 자유 결단은 현세에서 신이 우리에게 주입한 습성들을 통해 선을 어느 정도 고수할지라도, 그 습성들이 자유 결단으로부터 악을 향해 움직여질 가능성을 완전히 제거하는 것은 아니기 때문이다. 따라서 우리가 인간이 끝까지 항구히 견지하기 위해 은총의 도움이 필요하다고 말할 때, 이는 선한 행위를 하기 위해 이전에 주입된 습성적 은총 말고도 항구히 견지함을 위해 또 다른 은총이 부가적으로 주입되어야 한다는 점을 의미하는 것이 아니라, 인간이 주입된 모든 무상의 습성을 소유하더라도 여전히 인간을 외적으로 다스리는 신적 섭리의 도움이 필요하다는 점을 의미한다.

Capitulum CLVI

Quod ille qui decidit a gratia per peccatum, potest iterum per gratiam reparari

3290. Ex his autem apparet quod per auxilium gratiae homo, etiam si non perseveraverit, sed in peccatum ceciderit, potest reparari ad bonum.

3291. Eiusdem enim virtutis est continuare salutem alicuius, et interruptam reparare: sicut enim per virtutem naturalem continuatur sanitas in corpore, ita per eandem virtutem naturalem sanitas interrupta reparatur. Homo autem perseverat in bono auxilio divinae gratiae, ut ostensum est (cap. praec.). Igitur, si per peccatum lapsus fuerit, eiusdem gratiae auxilio poterit reparari.

3292. Adhuc. Agens quod non requirit dispositionem in subiecto, potest suum effectum imprimere in subiectum qualitercumque dispositum: et propter hoc Deus, qui in agendo non requirit subiectum dispositum, potest absque dispositione subiecti formam naturalem inducere; utpote dum caecum illuminat, mortuum vivificat, et sic de similibus. Sed sicut non requirit dispositionem naturalem in subiecto corporeo, ita non requirit meritum in voluntate ad gratiam conferendam: quia sine meritis datur, ut ostensum est (cap. 149). Ergo gratiam gratum facientem, per quam peccata tolluntur, Deus

제156장

죄로 말미암아 은총을 잃는 자는

다시 은총을 통해 회복될 수 있다

3290. 이런 점들로 보아 인간이 항구히 견지하지 못하고 죄에 빠지더라도 은총의 도움으로 선을 되찾을 수 있다는 점이 분명해진다.

3291. 자연의 힘으로 육체 안에서 건강이 유지되며 건강을 해쳤을 때 똑같은 힘으로 회복되듯이, 인간의 구원을 유지하는 것과 중단된 구원을 회복하는 것은 똑같은 힘에 속한다. 그런데 앞서(III 155) 드러난 것처럼, 인간은 신의 은총을 통해 선을 항구히 견지한다. 그러므로 인간은 죄로 인해 타락한다면, 똑같은 은총의 도움으로 회복될 수 있다.

3292. 게다가, 작용자가 작용을 받는 대상 안의 어떠한 성향도 필요치 않다면, 그 작용자는 그 대상이 어떠한 성향을 지니더라도 그 대상 안에 자신의 결과를 산출할 수 있다. 이런 이유로 인해 작용을 수행하는 과정에서 대상 안에 어떠한 성향도 필요치 않은 신은 그 대상의 성향 없이도 자연적 형상을 산출할 수 있다. 예컨대, 신이 시각장애인에게 시력을 주고, 죽은 자를 살리는 등이 경우다. 그러나 신은 작용을 받는 물질적 대상 안에 있는 자연적 성향을 필요치 않듯이, 은총을 내리기 위해 의지 안에 있는 공로를 필요치 않는다. 왜냐하면 앞서(III 149) 밝혀졌듯이, 은총은 공로와 무관하게 부여되기 때문이다. 그러므로 신은 심지어 인간이 죄로 인해 은총

alicui conferre potest etiam postquam a gratia cecidit per peccatum.

3293. Amplius. Haec sola homo recuperare amissa non potest quae per generationem ei adveniunt, sicut potentias naturales et membra: eo quod homo non potest iterum generari (cf. cap. 144). Auxilium autem gratiae datur homini non per generationem, sed postquam iam est. Potest igitur post amissionem gratiae per peccatum, iterum reparari ad peccata delenda.

3294. Item. Gratia est quaedam habitualis dispositio in anima, ut ostensum est (cap. 150). Sed habitus acquisiti per actus, si amittantur, possunt iterum reacquiri per actus per quos acquisiti sunt. Multo igitur magis gratia Deo coniungens et a peccato liberans, si amittatur, divina operatione reparari potest.

3295. Praeterea. In operibus Dei non est aliquid frustra, sicut nec in operibus naturae: hoc enim et natura habet a Deo. Frustra autem aliquid moveretur, nisi posset pervenire ad finem motus. Necessarium est ergo quod id quod natum est moveri ad aliquem finem, sit possibile venire in finem illum. Sed homo postquam in peccatum cecidit, quandiu status huius vitae durat, remanet in eo aptitudo ut moveatur ad bonum: cuius signa sunt desiderium de bono, et dolor de malo, quae adhuc in homine remanent post peccatum. Est igitur possibile hominem post peccatum iterum redire ad bonum quod

을 잃어버린 다음에도 죄들을 없애는 성화 은총을 인간에게 내릴 수 있다.

3293. 게다가, 인간이 잃어버린 후에 다시 회복할 수 없는 것들이란 자연적 능력들과 지체들뿐이다. 왜냐하면 인간은 두 번 태어날 수 없기 때문이다. 그런데 은총의 도움은 인간에게 태어날 때 부여되는 것이 아니라, 이미 존재하고 있을 때 부여되는 것이다(III 144 참조). 그러므로 인간은 죄로 인해 은총을 잃어버린 이후에 죄를 없애기 위해 은총을 되찾을 수 있다.

3294. 마찬가지로, 앞서(III 150) 드러났듯이, 은총은 영혼 안에 있는 습성적 성향이다. 그러나 행위들을 통해 획득된 습성들을 상실하게 되더라도, 그것들을 당초에 획득하게 했던 같은 행위들을 통해 다시 획득할 수 있다. 그러므로 하물며 우리가 신과 우리를 합일시키며 죄에서 우리를 해방하는 은총이 상실되었다고 하더라도, 더욱더 신의 작용으로 그것을 되찾을 수 있다.

3295. 그 밖에도, 자연의 작용 가운데는 헛된 일이 없듯이, 신의 작용 가운데도 헛된 일이란 없다. 자연은 이런 특성을 신에게서 받았으니까 말이다. 그런데 움직여지는 대상이 그것의 목적에 도달할 수 없다면, 그것이 움직여지는 것은 헛된 일일 것이다. 이런 이유로 어떤 목적을 향해 자연적으로 움직여지는 것은 그 목적에 도달할 수 있어야 한다. 그런데 인간이 죄의 길에 빠진 이후에도 현세의 삶을 사는 동안은 선을 향해 움직여지는 적성이 인간에게 남아 있다. 이 점은 죄를 범한 이후 인간이 여전히 선을 바라고 악을 슬퍼한다는 사실에서 드러난다. 그러므로 인간이 죄를 범한 이후에 인간 안에 은총이 작용한 결과인 선으로 다시 돌아가는 것은 가

gratia in homine operatur.

3296. Amplius. Nulla potentia passiva invenitur in rerum natura quae non possit reduci in actum per aliquam potentiam activam naturalem. Multo igitur minus est aliqua potentia in anima humana quae non sit reducibilis in actum per potentiam activam divinam. Manet autem in anima humana, etiam post peccatum potentia ad bonum: quia per peccatum non tolluntur potentiae naturales, quibus anima ordinatur ad suum bonum. Potest igitur per divinam potentiam reparari in bono. Et sic auxilio gratiae homo potest consequi remissionem peccatorum.

3297. Hinc est quod dicitur ISAIAE 1, 18, *Si fuerint peccata vestra ut coccinum, quasi nix dealbabuntur;* et *Proverb.* 10, 12, *Universa delicta operit caritas.* Hoc etiam quotidie a Domino non frustra petimus, dicentes: *Dimitte nobis debita nostra.*

3298. Per hoc autem excluditur error NOVATIANORUM, qui dixerunt quod de peccatis quae homo post baptismum peccat, homo veniam consequi non potest.

능하다.

3296. 나아가, 사물들의 본성 안에는 어떤 본성적 작용 능력에 의해 현실 태로 될 수 없는 수동적 가능태가 발견되지 않는다. 그러므로 하물며 인간 영혼 안에는 신의 작용 능력에 의해 현실태로 될 수 없는 가능태란 있을 수 없다. 그런데 인간 영혼에는 죄를 범한 이후에도 선을 향하는 가능태가 남아 있다. 왜냐하면 영혼을 자신의 선으로 향하게 하는 본성적 능력들은 죄에 의해 제거되지 않기 때문이다. 따라서 그것은 신의 능력에 의해 선을 되찾을 수 있다. 결과적으로 인간은 은총을 통해 자신이 지은 죄에 대한 용서를 받을 수 있다.

3297. 이런 이유로 이사야서 1장 18절에서 "너희의 죄가 진홍빛 같아도 눈 같이 희어지게 되리라"라고 말하며, 잠언 10장 12절에서 "애덕은 모든 허물을 덮어 준다"[359]라고 말한다. 우리가 "저희 죄를 용서하시고"라고 암송하면서 날마다 주님께 비는 것도 헛된 일이 아니다.

3298. 이로써 인간은 세례성사 이후에 저지른 죄들에 대해 용서받을 수 없다고 말한 노바티아누스파의 오류[360]가 제거된다.

---

[359] 『성경』: "사랑은 모든 허물을 덮어 준다."
[360] 참조: 아우구스티누스 『이단론』 28 (PL 42, 31).

Capitulum CLVII

Quod homo a peccato liberari non potest nisi per gratiam

3299. Ex eisdem etiam ostendi potest quod homo a peccato mortali resurgere non potest nisi per gratiam.

3300. Per peccatum enim mortale homo ab ultimo fine avertitur. In ultimum autem finem homo non ordinatur nisi per gratiam (cap. 147). Per solam igitur gratiam homo potest a peccato resurgere.

3301. Adhuc. Offensa non nisi per dilectionem tollitur. Sed per peccatum mortale homo Dei offensam incurrit: dicitur enim quod *Deus peccatores odit,* inquantum vult eos privare ultimo fine, quem his quos diligit praeparat. Non ergo homo potest a peccato mortali resurgere nisi per gratiam, per quam fit quaedam amicitia inter Deum et hominem.

3302. Ad hoc etiam induci possunt omnes rationes superius (capp. 147 sqq.) positae de gratiae necessitate.

3303. Hinc est quod dicitur Isaiae 43, 25: *Ego sum ipse qui deleo iniquitates tuas propter me;* et in *Psalmo: Remisisti iniquitatem*

---

[361] 참조: 지혜서 14,9; 집회서 12,3.7

제157장

인간은 은총을 통하지 않고서는 죄에서 해방될 수 없다

3299. 인간은 은총을 통하지 않고서는 대죄에서 거듭날 수 없다는 점이 앞서 말한 같은 논거로 입증될 수 있다.

3300. 인간은 대죄를 범함으로써 자신의 궁극 목적을 외면하게 된다. 하지만 인간은 은총으로만 자신의 궁극 목적을 향하게 된다(III 147). 그러므로 인간은 은총으로만 죄에서 거듭날 수 있다.

3301. 게다가, 거스르는 행위는 사랑을 통해서만 제거될 수 있다. 그런데 인간은 대죄를 범함으로써 신을 거스르게 된다. 신이 자신이 사랑하는 자들을 위해 예비한 궁극 목적을 죄인들에게서 빼앗고자 하는 만큼 "하느님께서는 죄인들을 미워하신다"[361]라고 하기 때문이다. 그러므로 인간은 신과 인간 사이에 일종의 우정을 일으키는 은총을 통해서만 대죄에서 거듭날 수 있다.

3302. 이런 결론은 앞서 제시된 은총의 필요성을 입증하는 모든 논거(III 147장 이하)에서 도출될 수 있다.

3303. 이런 이유로 이사야서 43장 25절에서 "나, 바로 나는 나 자신을 위하여 너의 불의를 지워 없애는 이"[362]라고 말하며, 시편에서 "당신 백성의

---

[362] 『성경』: "나, 바로 나는 나 자신을 위하여 너의 악행들을 씻어 주는 이."

plebis tuae: operuisti omnia peccata eorum.

3304. Per hoc autem excluditur error PELAGIANORUM, qui dixerunt hominem posse a peccato resurgere per liberum arbitrium.

CAPITULUM CLVIII
QUALITER HOMO A PECCATO LIBERATUR

3305. a) QUIA vero homo non potest ad unum oppositorum redire nisi recedat ab alio, ad hoc quod homo auxilio gratiae ad statum rectitudinis redeat, necessarium est quod a peccato, per quod a rectitudine declinaverat, recedat. Et quia homo in ultimum finem dirigitur et ab eo avertitur praecipue per voluntatem, non solum necessarium est quod homo exteriori actu a peccato recedat, peccare desinens, sed etiam quod recedat voluntate, ad hoc quod per gratiam a peccato resurgat. Voluntate autem homo a peccato recedit dum et de praeterito poenitet, et futurum vitare proponit. Necessarium est igitur quod homo a peccato resurgens et de peccato praeterito poeniteat, et futura vitare proponat. Si enim non proponeret desistere a peccato, non esset peccatum secundum se contrarium voluntati. Si vero vellet desistere a peccato, non tamen doleret de peccato praeterito, non esset illud idem peccatum quod fecit, contrarium voluntati.

불의를 용서하시고, 그들의 모든 죄를 덮어 주셨습니다"[363]라고 말한다.

3304. 이로써 인간이 자신의 자유 결단을 통해 죄에서 거듭날 수 있다고 주장한 펠라기우스파의 오류[364]가 제거된다.

제158장
인간은 어떻게 죄에서 해방되는가?

3305. a) 인간은 서로 반대되는 두 가지 것 가운데 하나에서 멀어지지 않은 채로는 나머지로 돌아갈 수 없기에, 은총의 도움으로 올바름의 상태로 돌아가기 위해서는 올바름에서 벗어나도록 만든 죄에서 멀어져야 한다. 그리고 인간은 주로 자신의 의지를 통해 궁극 목적을 향하기도 하고 외면하기도 하므로, 은총을 통해 죄에서 거듭나기 위해서는 외적인 행위들에서 죄를 버려야 할 뿐만 아니라 자신의 의지로써도 죄를 단념해야 한다. 그런데 인간은 과거의 죄를 뉘우치고 미래에는 죄를 회피할 결심을 한다면 자신의 의지로 죄를 버리게 된다. 그러므로 죄에서 거듭나려는 사람은 과거의 죄를 회개하고 미래의 죄를 삼가려고 결심해야 한다. 인간이 죄를 삼가려고 결심하지 않는다면 죄는 그 자체로 인간의 의지에 반하는 것이 되지 않기 때문이다. 하지만 인간이 죄를 삼가려고 결심하더라도 과거의 죄를 회개하지 않는다면, 그가 범한 이런 죄는 그의 의지에 반하는 것이 되지 않게 된다.

---

[363] 『성경』: "당신 백성의 죄를 용서하시고, 그들의 모든 잘못을 덮어 주셨습니다."
[364] 참조: *SCG* III 127.

b) Est autem contrarius motus quo ab aliquo receditur, motui quo ad illud pervenitur: sicut dealbatio contraria est denigrationi. Unde oportet quod per contraria voluntas recedat a peccato his per quae in peccatum inclinata fuit. Fuit autem inclinata in peccatum per appetitum et delectationem circa res inferiores. Oportet igitur quod a peccato recedat per aliqua poenalia, quibus affligatur propter hoc quod peccavit: sicut enim per delectationem tracta fuit voluntas ad consensum peccati, sic per poenas confirmatur in abominatione peccati.

3306. Item. Videmus quod etiam bruta animalia a maximis voluptatibus retrahuntur per dolores verberum. Oportet autem eum qui a peccato resurgit, non solum detestari peccatum praeteritum, sed etiam vitare futurum. Est igitur conveniens ut affligatur pro peccato, ut sic magis confirmetur in proposito vitandi peccata.

3307. Praeterea. Ea quae cum labore et poena acquirimus, magis amamus, et diligentius conservamus: unde illi qui per proprium laborem acquirunt pecunias, minus eas expendunt quam qui sine labore accipiunt, vel a parentibus, vel quocumque alio modo. Sed homini resurgenti a peccato hoc maxime necessarium est ut statum gratiae et Dei amorem diligenter conservet, quem negligenter peccando amisit. Est ergo conveniens ut laborem et poenam sustineat pro peccatis commissis.

b) 그런데 어떤 것에서 멀어지도록 하는 움직임은 그것으로 다가가도록 하는 움직임에 상반된다. 따라서 희게 하는 작용은 검게 하는 작용과 상반된다. 결과적으로 의지는 죄로 기울어지도록 한 그런 움직임에서 상반되는 방향으로 움직임으로써 죄를 버려야 한다. 그런데 그것은 하위의 사물들을 욕구하고 즐거워함으로써 죄로 기울어졌다. 그러므로 의지는 자신이 범한 죄로 인해 벌을 받음으로써 죄에서 멀어져야 한다. 의지가 즐거움을 통해 죄에 동의하게 되듯이 죄에 대한 증오는 벌을 통해 강하게 되기 때문이다.

3306. 마찬가지로, 우리는 고통스러운 채찍질을 통해 짐승들조차도 가장 큰 쾌락을 단념하게 되는 것을 관찰한다. 그런데 죄에서 거듭나는 인간은 과거의 죄를 증오해야 할 뿐만 아니라 미래의 죄도 삼가야 한다. 그러므로 인간이 죄를 삼가려는 결심이 더 강해지도록 죄로 인해 고통을 받는 것이 마땅하다.

3307. 그 밖에도, 우리는 노동과 고통을 통해 획득하는 것들을 더 사랑하고 더 세심하게 보존한다. 따라서 자신의 노동으로 재물을 모으는 자들은 노동하지 않고서 부모에게서나 다른 방식으로 재물을 얻는 자들보다 덜 소비한다. 그런데 죄에서 거듭나는 인간은 죄를 저지름으로써 부주의하게 잃어버렸던 은총의 상태와 신에 대한 사랑을 세심하게 유지해야 한다. 그러므로 인간이 자신이 저지른 죄에 대해 노동과 고통을 겪는 것은 마땅한 일이다.

3308. Adhuc. Ordo iustitiae hoc requirit ut peccato poena reddatur. Ex hoc autem quod ordo servatur in rebus, sapientia Dei gubernantis apparet. Pertinet igitur ad manifestationem divinae bonitatis et Dei gloriam quod pro peccato poena reddatur. Sed peccator peccando contra ordinem divinitus institutum facit, leges Dei praetergrediendo. Est igitur conveniens ut hoc recompenset in seipso puniendo quod prius peccaverat: sic enim totaliter extra inordinationem constituetur.

3309. a) Per hoc ergo patet quod, postquam homo per gratiam remissionem peccati consecutus est, et ad statum gratiae reductus, remanet obligatus, ex Dei iustitia, ad aliquam poenam pro peccato commisso. Quam quidem poenam si propria voluntate a se exegerit, per hoc Deo *satisfacere* dicitur: inquantum cum labore et poena ordinem divinitus institutum consequitur, pro peccato se puniendo, quem peccando transgressus fuerat propriam voluntatem sequendo.

b) Si autem a se hanc poenam non exigat, cum ea quae divinae providentiae subiacent, inordinata remanere non possint, haec poena infligetur ei a Deo. Nec talis poena satisfactoria dicetur, cum non fuerit ex electione patientis: sed dicetur *purgatoria,* quia, alio puniente, quasi purgabitur, dum quicquid inordinatum fuit in eo, ad debitum ordinem reducetur.

Hinc est quod Apostolus dicit, I *ad Cor.* 11: 31 *Si nosmetipsos diiudicaremus, non utique iudicaremur:* 32 cum *autem iudicamur, a*

3308. 더구나, 정의의 질서는 죄에 대해 벌이 내려지기를 요구한다. 그런데 [사물들을] 다스리는 신의 지혜는 사물들 안에 질서가 보존된다는 사실에서 드러난다. 따라서 죄에 대해 벌이 주어지는 것은 신의 선성과 영광을 드러내는 것에 속한다. 하지만 죄인은 죄를 저지르면서 신이 세운 질서를 거스르는 행위를 하므로 신법을 어기게 된다. 따라서 그는 이전에 죄를 저질렀으므로 스스로 벌을 받음으로써 이 행위에 대한 대가를 치러야 하는 것이 마땅하다. 왜냐하면 그는 이렇게 하여 무질서에서 완전히 벗어날 것이기 때문이다.

3309. a) 그렇다면 이를 통해 인간이 은총을 통해 자신의 죄를 용서받고 은총의 상태로 되돌아간 다음에도 여전히 신의 정의에 따라 자신이 저지른 죄에 대해 어떤 벌을 받아야 하는 채로 있다는 점은 분명하다. 그런데 인간이 자기 의지로 자신에게 이런 벌을 내린다면, 그는 이로써 신에게 '보속補贖을 바친다'라고 말해진다. 이는 그가 자기 의지에 따라 죄를 저질러서 신이 세운 질서를 저버렸지만, 노동과 고통을 통해 자기가 지은 죄에 대해 자신을 벌함으로써 신이 세운 바로 그 질서를 따르기 때문이다.

 b) 그러나 인간이 스스로 이런 벌을 감수하지 않는다면, 신의 섭리에 종속되는 것들은 무질서한 채로 있을 수 없기에 이런 벌은 신이 인간에게 내리게 될 것이다. 그러한 처벌은 보속으로 여기지 않을 것이다. 왜냐하면 그것은 벌받는 자의 선택에 기인하지 않기 때문이다. 오히려 그것은 '정화하는 것'(purgatoria)으로 불릴 것이다. 왜냐하면 인간은 타인이 내리는 벌을 받음으로써 마치 정화되는 듯할 것이고, 자신 안에 무질서하게 있던 모든 것이 올바른 질서를 회복할 것이기 때문이다.

 이런 이유로 코린토 신자들에게 보낸 첫째 서간 11장 31-32절에서 사도

Domino corripimur, ut non cum hoc mundo damnemur.

3310. a) Considerandum tamen quod, cum mens a peccato avertitur, tam vehemens potest esse peccati displicentia, et inhaesio mentis ad Deum, quod non remanebit obligatio ad aliquam poenam. Nam, ut ex praedictis colligi potest, poena quam quis patitur post peccati remissionem, ad hoc necessaria est ut mens firmius bono inhaereat, homine per poenas castigato, poenae enim medicinae quaedam sunt; et ut etiam ordo iustitiae servetur, dum qui peccavit, sustinet poenam.

b) Dilectio autem ad Deum sufficit mentem hominis firmare in bono, praecipue si vehemens fuerit: displicentia autem culpae praeteritae, cum fuerit intensa, magnum affert dolorem. Unde per vehementiam dilectionis Dei, et odii peccati praeteriti, excluditur necessitas satisfactoriae vel purgatoriae poenae: et, si non sit tanta vehementia quod totaliter poenam excludat, tamen, quanto vehementius fuerit, tanto minus de poena sufficiet.

3311. *Quae autem per amicos facimus, per nos ipsos facere videmur:* quia amicitia ex duobus facit unum per affectum, et prae-

---

365 『성경』: "우리가 자신을 잘 분별하면 심판을 받지 않을 것입니다. 그러나 주님께서 우리를 심판하셔도, 그것은 우리가 이 세상과 함께 단죄받지 않도록 우리를 교육하시는 것입니다."

께서 "우리가 자신을 잘 분별하면 심판을 받지 않을 것입니다. 그러나 우리가 심판을 받는 동안 우리가 이 세상과 함께 단죄받지 않도록 주님께 징계를 받는 것입니다"[365]라고 말씀하신다.

3310. a) 하지만 우리는 정신이 죄를 외면할 때 죄에 대한 혐오가 아주 강하게 되어 그 정신이 신을 매우 굳건하게 고수할 수 있기 때문에, 벌을 받아야 할 의무가 남아 있지 않을 것이라는 사실을 명심해야 한다. 앞선 언명들로 미루어 보아, 누군가 죄를 용서받은 이후에 받는 벌은 마치 치료제와도 같으므로 벌로 징계받음으로써 정신이 선을 좀 더 견고하게 고수하는 데에 필요하기 때문이다. 또한 죄를 범한 자가 벌을 받아야 한다는 의미에서 이런 벌은 정의의 질서가 유지되기 위해서도 필요하다.

b) 그런데 무엇보다도 신에 대한 사랑이 강하다면, 그런 사랑은 인간의 정신을 확고하게 선으로 향하도록 하기에 충분하고, 과거에 지은 죄에 대한 혐오가 강력할 경우 그런 혐오는 큰 슬픔을 일으킨다. 결과적으로 보속의 벌이든 정화의 벌이든 벌받아야 할 필요성은 신에 대한 강력한 사랑과 과거의 죄에 대한 강력한 혐오를 통해 제거된다. 이런 강력함이 벌을 완전히 배제하는 데 충분할 만큼 크지 않더라도, 강력함이 더 클수록 더 적은 벌로도 족할 것이다.

3311. "그런데 우리가 친구들을 통해 이루는 것들도 우리 스스로 이루는 것같이 보인다."[366] 우정은 사랑, 특히 애덕의 사랑 안에 두 사람을 하나로 묶기 때문이다. 따라서 우리는 스스로 신에게 보속을 바칠 수 있듯이, 특

---

[366] *NE* III, 3, 1112 b 28.

cipue dilectio caritatis. Et ideo, sicut per seipsum, ita et per alium potest aliquis satisfacere Deo: praecipue cum necessitas fuerit. Nam et poenam quam amicus propter ipsum patitur, reputat aliquis ac si ipse pateretur: et sic poena ei non deest, dum patienti amico compatitur; et tanto amplius, quanto ipse est ei causa patiendi. Et iterum affectio caritatis in eo qui pro amico patitur, facit magis satisfactionem Deo acceptam quam si pro se pateretur: hoc enim est promptae caritatis, illud autem est necessitatis. Ex quo accipitur quod unus pro alio satisfacere potest, dum uterque in caritate fuerit. Hinc est quod APOSTOLUS dicit, *Galat.* 6, 2: *Alter alterius onera portate, et sic adimplebitis legem Christi.*

CAPITULUM CLIX

QUOD RATIONABILITER HOMINI IMPUTATUR SI AD DEUM NON CONVERTATUR, QUAMVIS HOC SINE GRATIA NON POSSIT

3312. a) CUM autem, sicut ex praemissis (capp. 147 sqq.) habetur, in finem ultimum aliquis dirigi non possit nisi auxilio divinae gratiae; sine qua etiam nullus potest habere ea quae sunt necessaria ad tendendum in ultimum finem, sicut est fides, spes, dilectio, et perseverantia: potest alicui videri quod non sit homini imputandum si praedictis careat; praecipue cum auxilium divinae gratiae mereri

히 보속이 긴급히 필요한 경우 남을 통해 보속을 바칠 수도 있다. 왜냐하면 우리는 우리 자신을 위해 친구가 받는 벌을 우리 자신이 그 벌을 받는 것으로 여기기 때문이다. 따라서 우리가 벌을 받는 친구와 함께 고통받는 것으로 보아, 우리도 벌을 받지 않는 것은 아니다. 우리가 친구에게 벌을 받게 만든 원인일수록 더더욱 고통을 받는다. 또한, 자기 친구를 위해 고통을 받는 자 안에 있는 애덕의 사랑은 자기 자신을 위해 고통을 받는 경우보다 신이 보속을 더 잘 받아들일 수 있게 만든다. 전자의 경우 애덕에 의해 일어나지만, 후자의 경우 필연성에 의해 일어나기 때문이다. 이것으로 보아 두 사람 모두에게 애덕이 깃드는 한에서 한 사람이 다른 사람을 위해 보속을 바칠 수 있다고 추론할 수 있다. 이런 이유로 갈라티아 신자들에게 보낸 서간 6장 2절에서 사도께서는 "서로 남의 짐을 져 주십시오. 그러면 그리스도의 법을 완수하게 될 것입니다"라고 말씀하신다.

제159장

비록 인간은 은총 없이는 신으로 돌아설 수 없더라도,

인간이 신으로 돌아서지 않으면 인간에게 책임을 묻는 게 합당하다

3312. a) 앞선(III 147 이하) 언명들로 미루어 보건대, 그 누구도 신의 은총을 통하지 않고서는 궁극 목적을 향해 나갈 수 없고, 또 그 은총 없이는 신앙, 희망, 사랑 그리고 항구히 견지함과 같이 궁극 목적을 지향하는 데 필요한 것들을 소유할 수 없기에, 어떤 이에게는 그러한 것들이 결여되어 있더라도 그 책임을 인간에게 물어서는 안 되는 것처럼 보일 수 있다. 특히 신의 은총은 인간이 공로를 세워 얻을 수 있는 것이 아니며, 신에게 돌아서는

non possit, nec ad Deum converti nisi Deus eum convertat; nulli enim imputatur quod ab alio dependet. Quod si hoc concedatur, plura inconvenientia consequi manifestum est.

b) Sequetur enim quod ille qui fidem non habet, nec spem, nec dilectionem Dei, nec perseverantiam in bono, non sit poena dignus: cum expresse dicatur, IOANN. 3, 36: *Qui incredulus est Filio, non videbit vitam, sed ira Dei manet super eum.*

c) Et cum nullus ad beatitudinis finem sine praemissis perveniat, sequetur ulterius quod aliqui homines sint qui nec beatitudinem consequantur, nec poenam patiantur a Deo. Cuius contrarium ostenditur ex eo quod dicitur MATTH. 25, quod omnibus in divino iudicio existentibus dicetur, 34 *Venite, possidete paratum vobis regnum; vel,* 41 *Discedite in ignem aeternum.*

3313. Ad huius dubitationis solutionem considerandum est quod, licet aliquis per motum liberi arbitrii divinam gratiam nec promereri nec advocari possit, potest tamen seipsum impedire ne eam recipiat: dicitur enim de quibusdam, IOB 21, 14, *Dixerunt Deo: recede a nobis, scientiam viarum tuarum nolumus;* et IOB 24, 13, *Ipsi fuerunt rebelles lumini.* Et cum hoc sit in potestate liberi arbitrii, impedire divinae gratiae receptionem vel non impedire, non immerito in culpam imputatur ei qui impedimentum praestat gratiae receptioni. Deus enim, quantum in se est, paratus est omnibus gratiam dare, *vult* enim *omnes homines salvos fieri, et ad* cognitionem *veritatis venire,*

것도 신이 먼저 인간을 돌이키지 않으면 불가능하기 때문이다. 타인에 의해 좌우되는 일은 그 누구의 탓이 아니라는 것이다. 그런데 이 점을 받아들이게 되면 여러 부적절한 귀결이 생기게 된다.

b) 신앙도 없고 희망도 없으며, 신에 대한 사랑도, 선에 대한 항구히 견지함도 지니지 못한 자는 벌을 받을 만하지 않다는 결론이 따라오기 때문이다. 요한 복음서 3장 36절에서는 "아드님을 믿지 않는 자는 생명을 보지 못할 뿐만 아니라, 하느님의 진노가 그 사람 위에 머무르게 된다"라고 분명하게 말한다.

c) 그리고 누구도 앞서 언급된 것들 없이는 지복에 이르지 못하기에 신에게서 지복을 획득하지도 벌을 받지도 못하는 자들이 있게 된다는 결론도 따라온다. 이와는 정반대 주장이 마태오 복음서 25장의 언명에 드러나는데, 신의 심판에 있는 모든 자에게 "와서, … 너희를 위하여 준비된 나라를 차지하여라"(34절)와 "… 떠나 … 영원한 불 속으로 들어가라"(41절)라고 한다.

3313. 이런 의혹을 불식시키기 위해서는 인간이 자유 결단의 움직임을 통해서는 신의 은총을 받을 만한 공로도 없고 그 은총의 도움을 청할 수도 없지만, 이런 은총을 받아들이는 것을 저해할 수는 있음에 주목해야 한다. 욥기 21장 14절에서 어떤 이들에 대해 "그런데도 하느님께 이런 소리나 한다네. '우리 앞에서 비키십시오. 당신의 길을 안다는 것이 우리 마음에는 내키지 않습니다"라고 말하며 24장 13절에서 "이들은 빛의 적이 된 자들"이라고 말하기 때문이다. 그리고 자유 결단의 능력으로 신적 은총의 수용을 저해할 수 있거나 저해하지 않을 수도 있기에 은총의 수용에 장애물을 두는 자의 죄과에 대한 책임을 묻는 것이 부당하지는 않다. 신은 모든 인간에게 은총을 줄 준비가 되어 있으니까 말이다. 티모테오에게 보낸 첫째

ut dicitur I *ad Tim.* 2, 4: sed illi soli gratia privantur qui in seipsis gratiae impedimentum praestant; sicut, sole mundum illuminante, in culpam imputatur ei qui oculos claudit, si ex hoc aliquod malum sequatur, licet videre non possit nisi lumine solis praeveniatur.

Capitulum CLX

Quod homo in peccato existens sine gratia peccatum vitare non potest

3314. Quod autem dictum est (cap. praec), in potestate liberi arbitrii esse ne impedimentum gratiae praestet, competit his in quibus naturalis potentia integra fuerit. Si autem per inordinationem praecedentem declinaverit ad malum, non erit omnino in potestate eius nullum impedimentum gratiae praestare. Etsi enim, ad aliquod momentum, ab aliquo peccati actu particulari possit abstinere propria potestate: si tamen diu sibi relinquitur, in peccatum cadet, per quod gratiae impedimentum praestatur. Cum enim mens hominis a statu rectitudinis declinaverit, manifestum est quod recessit ab ordine debiti finis. Illud igitur quod deberet esse in affectu praecipuum, tanquam ultimus finis, efficitur minus dilectum illo ad quod mens inordinate conversa est sicut in ultimum finem. Quandocumque igitur occurrerit aliquid conveniens inordinato fini, repugnans autem

서간 2장 4절에서 "하느님께서는 모든 사람이 구원을 받고 진리를 깨닫게 되기를 원하십니다"라고 말한다. 하지만 은총을 방해하는 장애물을 자신들 안에 두는 자들에게만 은총이 박탈된다. 이처럼 인간은 자신에게 태양의 빛이 미리 제공되지 않는다면 볼 수 없더라도, 태양이 이 세상을 비추는 동안 눈을 감고 있는 자는 그 결과로 어떤 악이 일어난다면 그의 죄과에 대한 책임을 물어야 한다.

제160장
죄의 상태에 있는 인간은 은총 없이는 죄를 피할 수 없다

3314. 자유 결단의 능력으로 은총을 방해하는 장애물을 두지 않을 수 있다는 언명(III 159)은 본성적 능력을 온전하게 보유하고 있는 자들에게 적용된다. 하지만 누군가 선행하는 무질서함으로 인해 악으로 방향을 튼다면, 은총에 어떠한 장애물도 두지 않는 것은 전적으로 그의 능력 안에 있지 않게 될 것이다. 왜냐하면 인간은 어떤 순간에는 자기 능력으로 죄짓는 특정 행위를 삼갈 수는 있더라도, 오랫동안 혼자 남겨지면 죄에 빠지게 됨으로써 은총에 장애물이 놓이게 될 것이기 때문이다. 인간의 정신이 올바름의 상태를 외면할 때 그것의 고유한 목적이 놓인 질서를 떠나게 된다는 것은 분명하니까 말이다. 결과적으로 자신의 애정 안에서 으뜸가는 것이어야 하는 궁극 목적은 자신의 정신이 마치 궁극 목적인 것처럼 무질서하게 따르는 대상보다 덜 사랑하는 대상이 되고 만다. 따라서 무질서한 목적과 어울리지만 마땅한 목적과는 양립될 수 없는 어떤 대상이 생길 때마다, 은총이 작용하여 인간의 정신이 마땅한 질서로 다시 돌아감으로써 마땅한 목적을

fini debito, eligetur, nisi reducatur ad debitum ordinem, ut finem debitum omnibus praeferat, quod est gratiae effectus. Dum autem eligitur aliquid quod repugnat ultimo fini, impedimentum praestat gratiae, quae dirigit in finem. Unde manifestum est quod, post peccatum, non potest homo abstinere ab omni peccato, antequam per gratiam ad debitum ordinem reducatur.

3315. Praeterea. Cum mens inclinata fuerit ad aliquid, non se iam habet aequaliter ad utrumque oppositorum, sed magis ad illud ad quod est inclinata. Illud autem ad quod mens magis se habet, eligit, nisi per rationis discussionem ab eo quadam sollicitudine abducatur: unde et in repentinis signum interioris habitus praecipue accipi potest. Non est autem possibile mentem hominis continue in ea vigilantia esse ut per rationem discutiat quicquid debet velle vel agere. Unde consequitur quod mens aliquando eligat id ad quod est inclinata, inclinatione manente. Et ita, si inclinata fuerit in peccatum, non stabit diu quin peccet, impedimentum gratiae praestans, nisi ad statum rectitudinis reducatur.

3316. Ad hoc etiam operantur impetus corporalium passionum; et appetibilia secundum sensum; et plurimae occasiones male agendi; quibus de facili homo provocatur ad peccandum, nisi retrahatur per firmam inhaesionem ad ultimum finem, quam gratia facit.

만물보다도 선호하지 않는 한 그 대상이 선택될 것이다. 하지만 궁극 목적과 양립할 수 없는 어떤 대상이 선택되는 한에서, 우리를 목적으로 향하도록 하는 은총에 장애물이 놓이게 된다. 이런 이유로 인간이 죄를 범한 이후 은총에 의해 마땅한 질서로 되돌아가기 전에는 모든 죄를 삼갈 수는 없다는 게 분명하다.

3315. 그 밖에도, 정신이 어떤 대상으로 기울어지게 되면 상반되는 선택지들을 동등하게 다루지 않고 기울어지게 되는 대상에 더 호의적인 태도를 보이게 된다. 그런데 정신은 이성이 깊이 따져 봄으로써 생기는 어떤 걱정 때문에 더 호의적인 대상에서 멀어지지 않는다면 그 대상을 선택하게 된다. 그러므로 특히 예기치 못한 상황에서 일어나는 인간의 행위는 자신의 내적 성품의 표시가 된다.[367] 그러나 인간의 정신은 바라거나 해야만 하는 모든 것에 대해 이성이 깊이 따져 볼 수 있도록 부단히 깨어 있을 수는 없다. 이런 이유로 정신은 때때로 기울어져 있는 대상을 선택하게 되는데, 이는 기울어지는 경향이 정신에 남아 있기 때문이다. 따라서 그것이 죄로 기울어지게 되면 올바름의 상태로 회복되지 않는 한, 은총에 장애물을 두게 되며, 죄를 짓지 않을 수 없게 될 것이다.

3316. 인간은 궁극 목적을 확고하게 고수함으로써 억제되지 않는다면, 인간을 죄짓도록 부추기는 감각적 욕구 대상들과 악한 행위를 하게 하는 대다수의 계기처럼 육체적 정념의 충동도 [은총에 장애물을 두는] 이런 결과로 이끌게 된다. 궁극 목적을 확고하게 고수하는 행위는 은총의 결과물이다.

---

[367] 참조: *NE* III 8, 1117 a 21. 여기서 '성품'은 라틴어 habitus에 해당하는 용어로 그리스어 *hexis*와 연관되며 '품성 상태'로 번역되기도 한다.

3317. Unde apparet stulta PELAGIANORUM opinio, qui dicebant hominem in peccato existentem sine gratia posse vitare peccata. Cuius contrarium apparet ex hoc quod *Psalmus* petit: Dum *defecerit virtus mea, ne derelinquas me.* Et Dominus orare nos docet: *Et ne nos inducas in tentationem, sed libera nos a malo.*

3318. Quamvis autem illi qui in peccato sunt, vitare non possint per propriam potestatem quin impedimentum gratiae ponant, ut ostensum est, nisi auxilio gratiae praeveniantur; nihilominus tamen hoc eis imputatur ad culpam, quia hic defectus ex culpa praecedente in eis relinquitur; sicut ebrius ab homicidio non excusatur quod per ebrietatem committit, quam sua culpa incurrit.

3319. Praeterea, licet ille qui est in peccato, non habeat hoc in propria potestate quod omnino vitet peccatum, habet tamen in potestate nunc vitare hoc vel illud peccatum, ut dictum est. Unde quodcumque committat, voluntarie committit. Et ita non immerito ei imputatur ad culpam.

---

[368] 참조: *SCG* III 147, 3209.

3317. 이런 이유로 죄의 상태에 있는 인간이 은총 없이도 죄를 삼갈 수 있다고 주장한 펠라기우스파의 의견[368]은 부조리하다는 점이 드러난다. 이것의 정반대 주장은 "저의 힘이 빠질 때 저를 버리지 마소서"[369]라는 시편의 청원에 드러난다. 또 주님께서는 우리에게 "저희를 유혹에 빠지지 않게 하시고 악에서 구하소서"[370]라고 기도하는 법을 가르치신다.

3318. 하지만 앞서 밝혀졌듯이 죄의 상태에 있는 자들이 선행하는 은총의 도움을 받지 않는 한 자신들의 능력으로는 은총에 장애물을 두는 것을 피할 수는 없다. 그런데도 이것은 그들의 죄과 탓으로 여겨진다. 왜냐하면 이런 결함은 선행하는 죄과의 결과로 그들에게 남겨진 것이기 때문이다. 따라서 술에 취한 사람은 취중에 자기 죄과로 저지른 살인이 용서되지 않는 것과 같다.

3319. 그 밖에도, 앞서 언급된 것처럼 죄의 상태에 있는 자는 자기 능력으로 죄를 완전히 삼갈 수 없을지라도, 주어진 순간에 자기 능력으로 특정한 죄를 삼갈 수는 있다. 이런 이유로 그는 자신이 범한 모든 죄를 자발적으로 범한 것이다. 결과적으로 그의 죄과에 대해 그에게 책임을 묻는 게 부당하지는 않다.

---

[369] 『성경』 시편 71(70),9: "저의 기운이 다한 지금 저를 버리지 마소서."
[370] 마태오 복음서 6,13

Capitulum CLXI

Quod Deus aliquos a peccato liberat, et aliquos in peccato relinquit

3320. LICET autem ille qui peccat impedimentum gratiae praestet, et, quantum ordo rerum exigit, gratiam non deberet recipere: tamen, quia Deus praeter ordinem rebus inditum operari potest (cap. 99), sicut cum caecum illuminat vel mortuum resuscitat; interdum, ex abundantia bonitatis suae, etiam eos qui impedimentum gratiae praestant, auxilio suo praevenit, avertens eos a malo et convertens ad bonum. Et sicut non omnes caecos illuminat, nec omnes languidos sanat, ut et in illis quos curat, opus virtutis eius appareat, et in aliis ordo naturae servetur; ita non omnes qui gratiam impediunt, auxilio suo praevenit ut avertantur a malo et convertantur ad bonum, sed aliquos, in quibus vult suam misericordiam apparere, ita quod in aliis iustitiae ordo manifestetur. Hinc est quod APOSTOLUS dicit, *Rom.* 9, 22: *Volens Deus ostendere iram, et notam facere potentiam suam, sustinuit in multa patientia vasa irae apta in interitum, ut ostenderet divitias gloriae suae in vasa misericordiae, quae praeparavit in gloriam.*

3321. Cum autem Deus hominum qui in eisdem peccatis detinentur,

---

371 『성경』: "하느님께서 당신의 진노를 보이시고 당신의 힘을 알리기를 원하시면서도, 멸망하게 되어 있는 진노의 그릇들을 큰 은혜로 참아 주셨다면, 그리고 영광을 받도록 미리 마

제161장

신은 어떤 이들을 죄에서 해방하고

다른 이들은 죄의 상태에 내버려두기도 한다

3320. 그런데 죄를 짓는 자는 은총에 장애물을 두며 사물들의 질서에 비추어 보면 은총을 받아서는 안 될지라도, 신이 때로는 자신의 풍부한 선성으로 시각장애인에게 시력을 주거나 죽은 자를 다시 살리는 경우처럼 사물들 안에 부여된 질서를 넘어 행위를 할 수 있기에(III 99), 신은 은총에 장애물을 두는 자들에게조차 악을 외면하고 선으로 향하도록 자신의 도움을 앞당겨 베푼다. 그리고 신은 자기 능력을 통한 행위가 자신이 치유하는 자들에게는 분명히 드러날 수 있고 나머지 사람들에게는 자연의 질서가 지켜질 수 있도록 시각장애인 누구에게나 시력을 주거나 병든 누구나 치유하지는 않는다. 마찬가지로, 신은 모든 사람이 악을 외면하고 선을 향할 수 있도록 은총을 방해하는 모든 사람에게 도움을 베풀지 않고, 정의의 질서가 나머지 사람들에게는 분명하게 드러날 수 있도록 자신의 자비가 나타내 보이기를 원하는 어떤 이들에게만 도움을 베푼다. 이런 이유로 로마 신자들에게 보낸 서간 9장 22-23절에서 "하느님께서 영광을 받도록 미리 마련하신 자비의 그릇들에 대해 당신의 풍성한 영광을 알리려고 당신의 진노를 보이시고 당신의 힘을 알리기를 원하시면서도, 멸망하기에 마땅한 진노의 그릇들을 큰 인내로 참아 주셨습니다"[371]라고 말한다.

3321. 하지만 신이 똑같은 죄에 사로잡혀 있는 인간들 가운데 어떤 이들에

___

련하신 자비의 그릇들에게 당신의 풍성한 영광을 알리려고 그리하셨다면 …."

hos quidem praeveniens convertat, illos autem sustineat, sive permittat secundum ordinem rerum procedere, non est ratio inquirenda quare hos convertat et non illos. Hoc enim ex simplici voluntate eius dependet: sicut ex simplici eius voluntate processit quod, cum omnia fierent ex nihilo, quaedam facta sunt aliis digniora; et sicut ex simplici voluntate procedit artificis ut ex eadem materia, similiter disposita, quaedam vasa format ad nobiles usus, et quaedam ad ignobiles. Hinc est quod APOSTOLUS dicit, ad *Rom.* 9, 21: *An non habet potestatem figulus luti ex eadem massa facere aliud quidem vas in honorem, aliud vero in contumeliam?*

3322. Per hoc autem excluditur error ORIGENIS, qui dicebat hos ad Deum converti et non alios, propter aliqua opera quae animae eorum fecerant antequam corporibus unirentur. Quae quidem positio in secundo libro (capp. 44; 83 sqq.) diligentius improbata est.

CAPITULUM CLXII

QUOD DEUS NEMINI EST CAUSA PECCANDI

3323. QUAMVIS autem quosdam peccatores Deus ad se non convertat, sed in peccatis, secundum eorum merita, eos relinquat, non tamen eos ad peccandum inducit.

게 실제로 도움을 주어 회개하도록 하는 데 반해, 다른 이들이 통상적으로 계속 죄를 범하는 것을 참아 내거나 허락한다면, 왜 신이 어떤 이들은 회개하도록 하지만 다른 이들은 그리하지 않는지를 물어볼 이유가 없다. 이것은 신의 단순한 의지에 달려 있으니까 말이다. 이처럼 만물이 무로부터 만들어질 때 어떤 것들이 다른 것들보다 더 품위 있게 만들어진 것은 오로지 신의 의지에 기인한다. 마찬가지로 제작자가 균일한 소질을 갖춘 똑같은 질료를 가지고 고상한 용도의 그릇들을 만들기도 하지만 고상하지 않은 용도의 그릇들을 만들기도 하는 것은 바로 그 제작자의 단순한 의지에 달려 있다. 그래서 이런 이유로 로마 신자들에게 보낸 서간 9장 21절에서 "옹기장이가 진흙을 가지고 한 덩이는 귀한 데 쓰는 그릇으로, 한 덩이는 천한 데 쓰는 그릇으로 만들 권한이 없습니까?"라고 말한다.

3322. 이로써 영혼이 육체와 합일되기 전에 행한 일들 때문에 신을 향하는 이들도 있고 그렇지 않은 이들도 있다고 말한 오리게네스의 오류[372]가 제거된다. 사실 우리는 이 견해가 틀렸음을 제2권(44, 83 이하)에서 주의 깊게 입증한 바 있다.

제162장
그 누가 죄를 범하든 신은 그 행위의 원인이 아니다

3323. 신은 어떤 죄인들을 자신에게 돌아오게 하지 않고서 그들의 공로대로 죄의 상태에 내버려두더라도, 그들을 죄로 이끄는 것은 아니다.

---

[372] 오리게네스『원리론』II 9 (PL 11, 229).

3324. Homines enim peccant per hoc quod deviant ab ipso, qui est ultimus finis, ut ex superioribus (capp. 139, 143) patet. Cum autem omne agens agat ad proprium finem et sibi convenientem, impossibile est quod, Deo agente, aliqui avertantur ab ultimo fine, qui Deus est. Impossibile igitur est quod Deus aliquos peccare faciat.

3325. Item. Bonum causa mali esse non potest. Sed peccatum est hominis malum: contrariatur enim proprio hominis bono, quod est vivere secundum rationem. Impossibile est igitur quod Deus sit alicui causa peccandi.

3326. Praeterea. Omnis sapientia et bonitas hominis derivatur a sapientia et bonitate divina, sicut quaedam similitudo ipsius. Repugnat autem sapientiae et bonitati humanae quod aliquem peccare faciat. Igitur multo magis divinae.

3327. Adhuc. Peccatum omne ex aliquo defectu provenit proximi agentis, non autem ex influentia primi agentis: sicut peccatum claudicationis provenit ex dispositione tibiae, non autem ex virtute motiva; cum tamen ex ea sit quicquid de perfectione motus in claudicatione apparet. Proximum autem agens peccati humani est voluntas. Est igitur defectus peccati ex voluntate hominis, non autem a Deo, qui est primus agens: a quo tamen est quicquid ad perfectionem actionis pertinet in actu peccati.

3324. 앞선(III 139; 143) 언명에서 드러나듯이, 인간은 자신의 궁극 목적인 신을 외면함으로써 죄를 짓기 때문이다. 그런데 모든 작용자는 자신에게 고유하고 부합하는 목적을 위해 행위를 하므로 누구든지 신 자신의 작용으로 궁극 목적인 신을 외면하는 것은 불가능하다.

3325. 마찬가지로, 선은 악의 원인일 수 없다. 그런데 죄는 인간에게는 악이다. 왜냐하면 그것은 인간의 고유한 선, 즉 이성에 따라 삶을 영위하는 것에 상반되기 때문이다. 그러므로 그 누가 죄를 범하든지 그 행위의 원인이 신일 리가 없다.

3326. 그 밖에도, 인간의 지혜와 선성은 모두 신의 지혜와 선성에서 유래하는데, 그것들은 신의 지혜와 선성과 유사하다. 그런데 인간을 죄짓게 만드는 것은 인간의 지혜와 선성과 양립할 수 없다. 하물며 그것은 신의 이런 속성들과는 더더욱 양립할 수 없다.

3327. 게다가, 모든 죄는 근접 작용자 안에 있는 결함에서 비롯되며, 제일 작용자의 영향에서 비롯되지는 않는다. 이를테면 절뚝거리는 행위에 드러나는 운동의 완전성에 속한 것이 모두 운동 능력에서 기인하더라도, 절뚝거리는 결함은 다리뼈의 상태에서 기인하는 것이지 운동 능력에서 기인하는 것이 아니다. 그런데 인간이 저지르는 죄의 근접 작용자는 의지다. 그러므로 죄를 짓는 행위에서 행위의 완전성에 속하는 것은 무엇이든지 신에게서 나오더라도, 죄의 결함은 인간의 의지에서 나올 뿐 제일 작용자인 신에게서 나오지는 않는다.

3328. Hinc est quod dicitur *Eccli.* 15, 12: *Non dicas, Ille me implanavit. Non enim necessarii sunt ei homines impii.* Et infra: 21 *Nemini mandavit impie agere, et nemini dedit spatium peccandi.* Et Iac. 1, 13 dicitur: *Nemo, cum tentatur, dicat quoniam a Deo tentetur: Deus enim intentator malorum est.*

3329. Inveniuntur tamen quaedam in Scripturis ex quibus videtur quod Deus sit aliquibus causa peccandi. Dicitur enim *Exodi* 10, 1, *Ego induravi cor* Pharaonis *et servorum illius* et Isaiae 6, 10, *Excaeca cor populi huius, et aures eius aggrava: ne forte* videant *oculis suis et* convertantur, *et sanem* eos et Isaiae 63, 17, *Errare nos fecisti de viis tuis, indurasti cor nostrum, ne timeremus te.* Et *Rom.* 1, 28, dicitur: *Tradidit illos Deus in reprobum sensum, ut faciant quae non conveniunt.* Quae omnia secundum hoc intelligenda sunt, quod Deus aliquibus non confert auxilium ad vitandum peccatum, quod aliis quibusdam confert.

3330. a) Hoc autem auxilium non solum est infusio gratiae, sed etiam exterior custodia, per quam occasiones peccandi homini ex divina providentia tolluntur, et provocantia ad peccatum comprimuntur.

b) Adiuvat etiam Deus hominem contra peccatum per naturale

---

373 『성경』에는 집회서 15장 20절로 나온다.

374 『성경』: "너는 저 백성의 마음을 무디게 만들고 그 귀를 어둡게 하며, ⋯ 그들이 눈으로 보고 ⋯ 돌아와 치유되는 일이 없게 하여라."

3328. 이런 이유로 집회서 15장 12절에 "'그분께서 나를 빗나가게 만드셨다고'고 하지 마라. 그분께는 죄인이 필요하지 않다"라고 말한다. 21절[373]에는 "그분께서는 아무에게도 불경하게 되라도 명령하신 적이 없고, 어느 누구에게도 죄를 지으라고 허락하신 적이 없다"라고 말한다." 야고보 서간 1장 13절에도 "유혹을 받을 때에 하느님께 유혹을 받고 있다고 말해서는 안 됩니다. 하느님께서는 … 아무도 유혹을 하지 않으십니다"라고 말한다.

3329. 그러나 어떤 사람들에게 신이 죄의 원인인 것처럼 보이는 구절이 성경에서 발견된다. 왜냐하면 탈출기 10장 1절에서 "파라오의 마음과 그 신하들의 마음을 완강하게 만든 것은 나다"와 이사야서 6장 10절에서 "이 백성이 돌아와 내가 그들을 치유하는 일이 없도록 그들의 마음을 현혹하고 그 귀를 무겁게 만들어라"[374] 그리고 이사야서 63장 17절에 "당신은 저희를 당신의 길에서 벗어나게 하십니까? 저희 마음이 굳어져 당신을 경외할 줄 모르게 만드십니까?"라고 말하기 때문이다. 로마 신자들에게 보낸 서간 1장 28절에도 "하느님께서는 그들이 버림받았다는 생각에 빠져 부당한 짓들을 하게 내버려두셨습니다"[375]라고 말한다. 이 모든 구절은 신이 어떤 이들에게는 죄를 삼가도록 자신의 도움을 베풀지 않지만, 다른 이들에게는 도움을 베푼다는 식으로 이해해야 한다.

3330. a) 이런 도움은 신의 섭리로 인간에게 죄를 짓는 계기를 없애고 죄의 도발을 억누르게 하는 은총의 주입일뿐만 아니라 외적 수호이기도 하다.

b) 신은 인간에게 부여하는 이성의 자연적 빛과 나머지 본성적 선들을

---

[375] 『성경』: "하느님께서는 그들이 분별없는 정신에 빠져 부당한 짓들을 하게 내버려두셨습니다."

lumen rationis, et alia naturalia bona quae homini confert.

c) Cum ergo haec auxilia aliquibus subtrahit, pro merito suae actionis, secundum quod eius iustitia exigit, dicitur eos *obdurare* vel *excaecare,* vel aliquid eorum quae dicta sunt.

Capitulum CLXIII

De praedestinatione, reprobatione, et electione divina

3331. a) Quia ergo ostensum est (cap. 161) quod divina operatione aliqui diriguntur in ultimum finem per gratiam adiuti, aliqui vero, eodem auxilio gratiae deserti, ab ultimo fine decidunt; omnia autem quae a Deo aguntur, ab aeterno per eius sapientiam provisa et ordinata sunt, ut supra (cap. 64) ostensum est: necesse est praedictam hominum distinctionem ab aeterno a Deo esse ordinatam.

b) Secundum ergo quod quosdam ab aeterno praeordinavit ut dirigendos in ultimum finem, dicitur eos *praedestinasse.* Unde Apostolus dicit ad *Ephes.* 1, 5: *Qui praedestinavit nos in adoptionem filiorum, secundum propositum voluntatis suae.*

c) Illos autem quibus ab aeterno disposuit se gratiam non daturum, dicitur *reprobasse,* vel *odio habuisse:* secundum illud quod habetur Malach. 1, 2 *Iacob dilexi,* 3 *Esau odio habui.*

통해 인간에게 도움을 베풀어 죄를 거스르도록 한다.

c) 따라서 신은 자신의 정의가 요구하는 대로 어떤 이들이 행한 행위의 공로에 따라 그들에게서 이런 도움을 철회할 때, 신은 그들을 '완고하게 만들거나' '눈멀게 만들거나' 앞서 언급된 다른 방식으로 대한다고 일컬어진다.

제163장

예정, 배척, 신의 선택에 대하여

3331. a) 따라서 앞서(Ⅲ 161) 밝혀졌듯, 신의 작용으로 은총의 도움을 받아 궁극 목적으로 향하게 되는 이들도 있지만, 똑같은 은총의 도움을 상실해 궁극 목적에 이르지 못하는 이들도 있기에, 그리고 앞서(Ⅲ 64) 입증되었듯이 신에 의해 이루어지는 일은 모두 신의 지혜를 통해 영원으로부터 예견되고 질서가 부여되기에, 앞서 말한 인간들 사이의 구별은 영원으로부터 신에 의해 질서가 부여된 것이 틀림없다.

b) 따라서 신이 영원으로부터 어떤 이들을 미리 정해 궁극 목적을 향하도록 하는 만큼, 신이 그들을 '예정했다'라고 한다. 이런 이유로 사도께서 에페소 신자들에게 보낸 서간 1장 5절에서 "그분의 의지가 지향하는 목적에 따라 우리를 자녀로 삼으시기로 예정하셨습니다"[376]라고 말씀하신다.

c) 한편, 말라키서 1장 2-3절의 "나는 야곱을 사랑하고 에사우를 미워하였다"라는 구절에 따라 신은 영원으로부터 자신의 은총을 베풀지 않기로 정한 자들을 '배척했다'라거나 '미워했다'라고 한다.

---

[376] 『성경』: "우리를 자녀로 삼으시기로 미리 정하셨습니다. 이는 하느님의 그 좋으신 뜻에 따라 …."

d) Ratione vero ipsius distinctionis, secundum quod quosdam reprobavit et quosdam praedestinavit, attenditur divina *electio:* de qua dicitur *Ephes.* 1, 4: *Elegit nos in ipso ante mundi constitutionem.*

3332. Sic igitur patet quod praedestinatio et electio et reprobatio est quaedam pars divinae providentiae, secundum quod homines ex divina providentia ordinantur in ultimum finem. Unde per eadem manifestum esse potest quod praedestinatio et electio necessitatem non inducunt, quibus et supra (cap. 72) ostensum est quod divina providentia contingentiam a rebus non aufert.

3333. Quod autem praedestinatio et electio causam non habent ex aliquibus humanis meritis, potest fieri manifestum, non solum ex hoc quod gratia Dei, quae est praedestinationis effectus, meritis non praevenitur, sed omnia merita praecedit humana, ut ostensum est (cap. 149): sed etiam manifestari potest ex hoc quod divina voluntas et providentia est prima causa eorum quae fiunt, nil autem potest esse causa voluntatis et providentiae divinae (cap. 97; *lib.* 1, cap. 87), licet effectuum providentiae, et similiter praedestinationis, unus possit alterius esse causa.

3334. QUIS ENIM, UT APOSTOLUS DICIT, PRIOR DEDIT ILLI, ET RETRIBUETUR EI? QUONIAM EX IPSO, ET IN IPSO, ET PER IPSUM SUNT OMNIA. IPSI HONOR ET GLORIA IN SAECULA SAECULORUM. AMEN.

d) 신이 배척한 자들도 있고 예정한 자들도 있게 되는 이런 구별 때문에 우리는 "그분께서는 세상 창조 이전에 그분[그리스도] 안에서 우리를 선택하시어"라는 에페소서 1장 4절에 언급되는 신의 '선택'에 주목한다.

3332. 따라서 인간은 신의 섭리로 말미암아 자신의 궁극 목적으로 향하는 만큼 예정, 선택 그리고 배척이 신적 섭리의 일부가 되는 게 분명하다. 결과적으로 앞서(III 72) 신적 섭리가 사물들에서 우연성을 빼앗지 않는다는 점을 드러내기 위해 사용된 똑같은 추론을 통해 예정과 선택이 어떠한 필연성도 부과하지 않는다는 점을 드러낼 수 있다.

3333. 앞서(III 149) 드러난 것처럼 공로가 예정의 결과인 신의 은총에 선행하는 것이 아니라 은총이 모든 인간의 공로에 선행한다는 사실에 비추어 볼 때, 예정과 선택이 인간의 공로에서 비롯된 것이 아니라는 게 분명해질 수 있다. 그뿐만 아니라 이것은 신의 의지와 섭리가 이루어지는 일들의 제일 원인이라는 점, 그리고 섭리와 예정의 결과들 가운데 하나가 또 다른 것의 원인일 수 있을지라도 신의 의지와 섭리에 대한 원인이란 있을 수 없다는 점(III 97; I 87)을 통해서 볼 때도 입증될 수 있다.

3334. 사도께서 말씀하시듯, "누가 먼저 그분께 드린 적이 있어 그분의 보답을 받을 일이 있겠습니까? 만물이 그분에게서 나와, 그분 안에 있고 그분으로 말미암아 있습니다. 영원토록 찬미와 영광을 그분께 바칩니다".[377]

---

[377] 『성경』 로마 신자들에게 보낸 서간 11,35-36: "누가 그분께 무엇을 드린 적이 있어 그분의 보답을 받을 일이 있겠습니까? 과연 만물이 그분에게서 나와, 그분을 통하여 그분을 향하여 나아갑니다. 그분께 영원토록 영광이 있기를 빕니다."

색인 사항

수호천사angelus custodiens 185
천체corpus caelestis 71-2 80-1 107-59
    171 177 181-93 197-203 241 271
    275 281 291 299 305-317 321-7
    345 353 367-9 425 433 667 711-5
철야vigilia 525
청원petitio 73-4 229 233 757
체액humor 137 601 647
체질complexio 119 137 371
체형體刑vindicta corporalis 648-9
추상abstractio 157
출산generatio 88-90 217 445 447 453-
    61 477 479 577-83
    육적 출산carnalis generatio 583
    영적 출산spiritualis generatio 583
충동impetus 125 131 711
    자연적 충동impetus naturalis 137
    정념의 충동impetus passionum 451
    755
치료제remedium 567 747
칭찬laus 229 327 533 541 571 587-93

쾌락voluptas 465 471 473 565 743

탁발mendicitas 531 533 563 565
    탁발수도자mendicantes 531

파악apprehensio 121 271 285 297-301
    345-9 377 387 399 409 699
평화pax 395 405 491 647
표상력imaginatio 119 179 297-9 321
    699 713
표상상phantasma 115 347
표징signum 92 133 297 321 507 509
    703 713 715 719

품행mores
    선한 품행boni mores 461 469-73
필연성necessitas 72-3 139-45 177 187
    205 219 223 243 265 269 325 585-9
    강제의 필연성necessitas coactionis
    587 589
    본성적 필연성necessitas naturalis 259
    325
    서원의 필연성necessitas voti 585
    숙명적 필연성necessitas fatalis 115
    순명의 필연성necessitas obedientiae
    589
    자연의 필연성necessitas naturae 265
    277

하늘caelum 92 115 117 133 157 253
    333 381 507 521 578 695
학문scientia 285 309 329
    논증적 학문scientia demonstrativa 461
합성compositio 115 217 251 349 351
    409 707
합일unio 86 92 97 113 345 347 355
    377 403 419 503 603 681 693 735
    761
    신과의 합일unio ad Deum 92 97 503
    681 693 735
    애정의 합일unio affectus 403
항구히 견지함perseverantia 363 723-33
    749
행복felicitas 85-6 133 174 257 395 403
    407 427 487 533 613 629 663-4
    궁극적 행복ultima felicitas 427 615
향유usus 403 407 427 465 581 615 617
    635 673 693
현명prudentia 253 389 451 473 711
현시manifestatio 697

　　　　토마스 아퀴나스Thomas Aquinas는 1225년경 이탈리아 남부 아퀴노 인근 로카세카에서 귀족의 아들로 태어났다. 유년기에 몬테카시노의 베네딕도회 수도원과 나폴리 대학에서 수학한 그는 1244년경 도미니코회 수도원에 입회했다. 이를 반대한 문중에서는 그를 일 년 동안 납치하여 결정을 철회할 것을 종용했다. 이런 난관에도 뜻을 굽히지 않고 알베르투스 마뉴스의 지도를 받기 위해 쾰른으로 간다.

학창 시절, 과묵하고 몸집이 커서 '벙어리 황소'라는 별명이 붙어 다녔다. 토마스의 탁월한 재능을 간파한 알베르투스는 "우리는 그를 '벙어리 황소'라 부르지만 언젠가는 그의 이론이 울부짖는 소리가 온 세상에 울려 퍼질 것이다"라고 예언했다.

토마스는 1256년 신학 석사학위를 받은 후 파리 대학을 필두로 강의 · 설교 · 저술에 정진했다. 1259년부터 이탈리아로 돌아가 여러 도시에서 강의했고 1269년에는 두 번째 파리 대학 교수직을 맡아 1272년까지 가르쳤다. 일생에서 가장 왕성하게 학문 활동을 한 시기가 바로 이때였다. 아리스토텔레스 해석을 둘러싸고 일어난 파리 대학 인문학부 교수와 신학자들과의 논쟁에 깊이 개입한 것도 이 무렵이었다.

토마스는 1274년 리옹 공의회에 참석하기 위해 가던 중 포사노바의 한 수도원에서 병을 얻어 세상을 떠났다. 1323년 시성되었으며, 1879년 교황 레오 13세의 회칙 「영원하신 아버지」에 의해 그의 사상이 가톨릭교회의 공식 학설로 인정되었다.

주저 『신학대전』과 『대이교도대전』 외에도 토론 문제집, 성경 주해서, 아리스토텔레스 주해서, 논쟁적 저작 등 방대한 저작이 전해진다.

　　　　이재경은 연세대학교 철학과를 졸업하고 캐나다 토론토 대학교에서 박사학위를 받았다. 지금은 연세대학교 철학과 교수로 있다. 『토마스 아퀴나스와 13세기 심리철학』(대구가톨릭대 출판부 2002)을 썼고, 아베로에스의 『결정적 논고』(책세상 2005)를 우리말로 옮겼다. 그 밖에 "Intellect-Body Problem in Aquinas", *Archiv für Geschichte der Philosophie* 88 (2006), 「부활, 분리된 영혼 그리고 동일성 문제: 토마스 아퀴나스의 경우」 『철학연구』 97 (2012), 「아베로에스에서 이븐 루슈드로」 『철학논집』 52 (2018), 「토마스 아퀴나스의 기적과 마법 그리고 자연의 신비로운 작용」(공저) 73 (2024) 『생명연구』 등의 연구 논문이 있다.